教育部人文社会科学重点研究基地重大项目
"长江三角洲全面建设小康社会中的共享发展研究"（16JJD790024）
教育部"创新团队发展计划"滚动支持项目（IRT_17R52）
南京大学文科卓越研究计划"十层次"项目
"面向长三角区域一体化发展的重大理论和实践问题研究"
资助

"十三五"国家重点出版物出版规划项目

长三角区域践行新发展理念丛书

南京大学文科卓越研究计划"十层次"项目

长三角共享发展的实现路径：
基于益贫式增长视角的研究

范从来　王宇伟　赵锦春 等 ◎著

The Realization Path of the Shared
Development in Yangtze River Delta:

A Study from the Perspective of Pro-poor Growth

中国财经出版传媒集团

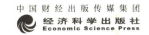

经济科学出版社
Economic Science Press

　　长三角地区一直是我国经济发展的"领头羊",尽管三省一市(江苏、浙江、安徽和上海)的面积是全国的1/26,常住人口是全国的1/6,但经济总量是全国的近1/4;长三角城市群已经跻身六大世界级城市群。无论是全面小康社会建设还是即将开启的现代化建设,都需要长三角地区发挥"领头羊"的作用。2018年11月5日,习近平在首届中国国际进口博览会开幕式上宣布,长江三角洲区域一体化发展上升为国家战略。进入新时代,长三角地区一体化发展进入新的历史起点,面临新的现实挑战,承担新的发展任务。长三角地区在一体化进程中既要高质量全面建成小康社会,又要通过建设现代化经济体系高质量开启现代化建设的新征程,其有效路径就是践行新发展理念。

　　新发展理念是针对我国经济发展现阶段的重大问题提出的重要理论创新。我国已经告别低收入发展阶段,正在进入中等收入发展阶段,但仍处于并将长期处于社会主义初级阶段,这是现阶段我国经济发展面临的基本国情。在这一阶段,面临一系列重大问题。第一,增长速度从高速转向中高速,必须依靠新旧动能接续转换,才能保证中高速增长的可持续。第二,必须直面"中等收入陷阱"这一历史难题,避免像国际上一些国家和地区在进入中等收入阶段后,由于收入差距过大、结构矛盾加剧等原因陷入经济发展停滞甚至倒退状态。第三,我国经济发展迫切需要提升质量,从低质量发展向高质量发展转变。高质量发展意味着经济发展的效率改进、效益提升、结构优化、生态改善与区域平衡等诸多内涵。新发展理念正是针对我国发展面临的这些重大问题提出来的，是我国当前和今后一个时期经济社会发展的战略指引。

创新着重解决发展动力问题。改革开放40年是破除制度壁垒、优化生产关系、解放生产力、发挥初级生产要素对经济增长推动力的40年。但是，在经历多年的高速增长后，初级生产要素对经济增长的推动力在减弱。创新作为高级生产要素，不仅属于新动能，能直接推动经济增长，而且对其他生产要素的经济增长效应能起到增幅作用。现在，我国产业发展和科技创新在世界上的位置已从跟跑并跑提升到并跑领跑，抢占战略制高点、实现创新驱动发展的任务更为紧迫。长三角地区科技创新资源较为丰富，企业的创新主体地位突出，有必要也有能力依靠创新，着力培育以技术、品牌、质量、服务为核心竞争力的新优势。

协调着重解决发展不平衡问题。改革开放允许一部分地区先发展，效果明显，长三角地区总体上是得益者。但是，地区发展不平衡随之而来。虽然长三角地区是全国城乡居民收入差距最小的区域，但其三省一市内部的不同区域都存在地区差距、城乡差距，相比其他领域，农业现代化仍然是短板。因此，在全面建成小康社会中，长三角地区不仅要彰显优势，还要根据协调发展的理念，解决地区之间、城乡之间的发展不平衡问题，补齐发展的短板。

绿色着重解决人与自然和谐问题。绿色发展要求牢固树立"保护生态环境就是保护生产力，改善生态环境就是发展生产力"的核心理念。长三角地区是我国最早实现工业化的地区，发展开放型经济，形成了"世界工厂"。在其工业化水平进入全国前列的同时，也不可避免地带来环境和生态遭到破坏的问题。因此，绿色发展成为长三角地区全面小康建设的着力点，不仅要改变粗放式发展，走集约式低消耗低排放的发展道路，还要修复已经遭到破坏的环境和生态，让长三角地区重现绿水青山、蓝天白云。

开放着重解决发展内外联动问题。长三角地区对外开放水平一直较高，不仅外向度高，引进外资规模也大。进入新时代，长三角地区的开放发展不但要继续走在全国前列，还需要由数量型转向质量效益型，在更高层次上实现改革与开放之间的互动，发挥两者之间的正反馈机制，向发达国家和发展中国家开放。根据习近平关于构建人类命运共同体思想的重要论述，建立高质量的开放型经济体系的主要表现是：开放战略坚持"引进来"和"走出去"并重，利用自由贸易区等开放载体，形成陆海内外联动、东西双向互济的开放格局；服从于创新驱动发展战略，引进国外要素的着力点将转向创新要素；参与全球化分工将从比较优势转向竞争优势；重视我国产业在全球价值链中地位的提升，争取在价值链中形成主导地位，并且依托核心技术建立以我为主的全球价值链，形成面向全球的贸易、投融资、生产、服务的价值链，培育国际经济合作和竞争新优势。

共享着重解决社会公平正义问题。中国特色社会主义经济发展的根本目标是以人民为中心，是要满足人民日益增长的美好生活需要。改革开放 40 年来，人民生活水平普遍提高，但也出现了收入差距扩大问题。共享发展是要在发展中共享、在共享中发展，努力实现改革发展成果全民共享、全面共享、共建共享。在共享发展中，人民群众共同分享改革发展成果，不断得到实实在在的利益，在民生改善中有更多获得感，逐步实现共同富裕，从而进一步激发广大人民群众的积极性和创造性，为经济发展提供不竭的动力源泉。

作为教育部人文社会科学重点研究基地，南京大学长江三角洲经济社会发展研究中心多年来坚持发挥研究的比较优势，始终聚焦长三角地区经济社会发展中的重大问题，取得了一系列具有影响力的研究成果。2016 年初，中心结合长三角全面建设小康社会的战略任务，制定中心发展的"十三五"规划，并根据这五大新发展理念发布五个重大项目，由刘志彪教授、范从来教授、张二震教授、李晓春教授和洪银兴教授分别作为带头人，组织南京大学经济学科整体力量申报的长江三角洲全面建设小康社会中的协调发展研究、长江三角洲全面建设小康社会中的共享发展研究、长江三角洲全面建设小康社会中的开放发展研究、长江三角洲全面建设小康社会中的绿色发展研究、长江三角洲全面建设小康社会中的创新发展研究等课题，获批 2018 年和 2019 年教育部人文社会科学重点研究基地项目。展现在读者面前的这系列著作，就是这五个重大项目的研究成果，希望能为国内外学者研究长三角问题提供有益的借鉴和参考，也能为各地政府部门厘清贯彻新发展理念、实现高质量发展提供可行的政策建议。

长三角区域发展一体化上升为国家战略以后，长三角区域高质量发展研究成为研究热点，并且提出一系列的新课题。南京大学长江三角洲经济社会发展研究中心的新成果也将纳入本丛书陆续出版。这些成果可以说是长三角地区践行新发展理念的新成就的总结。

洪银兴

2018 年 12 月

前　言

共享发展就是发展为了人民、发展依靠人民、发展成果由人民共享的新理念，这种共享发展的意义有三点。第一，共同富裕的实现，不是单一的如何切"蛋糕"的制度安排，而是在一心一意谋发展、做大"蛋糕"的基础上，共享发展成果，是发展和分配的统一。第二，共享发展成果，强调的是政府主导的二次分配；共享发展是二次分配和一次分配的统一，是政府和市场共同作用的结果。第三，共享发展成果强调的是各阶层人群之间要和谐，共享是被动实现的；共享发展强调的是所有生产要素的所有者，活力激发，相互组合，是社会各阶级、阶层的统一。只有发展了，各阶层各阶级才能共享。共建共享，共生共荣。在新的历史阶段，发展不仅应是发展和分配的统一、二次分配和一次分配的统一、政府和市场的统一，更为重要的是，发展必须基于社会各阶层的统一，即一切生产要素的所有者相互组合共同做"蛋糕"，同时将"蛋糕"更多地分配给低收入人群。显然，亚洲发展银行1999年率先提出的益贫式增长（pro - poor growth）（Kakwani & Pernia，2000），即在经济增长的同时，确保低收入人口分享更多发展成果是实现共享发展的重要思路。长三角地区是我国极具影响力的经济区域，经济总量接近全国1/4，人均 GDP 显著高于全国，按照世界银行2020年的收入划分标准，长三角三省一市早在2011年就进入中等偏上收入阶段，上海、江苏、浙江则分别于2011年、2014年、2017年达到高收入阶段，但区域内不平衡不充分问题依然存在。省际之间，2020年上海、江苏、浙江的人均 GDP 分别是安徽的2.5倍、1.9倍、1.6倍。在我国经济转向高质量发展阶段，长三角区域如何实现共享发展成为十分重要的问题。本书就是以益贫式增长作为理论框架，分析探讨长三角地区共享发展的实现路径。

一、共享发展：中国特色的共同富裕道路

（一）共同富裕是社会主义制度的本质要求

共同富裕思想古已有之。在中国传统思想文化中有着丰富的富民、均等的思想，以天下大同为经济社会发展的最高理想。马克思和恩格斯创立科学社会主义，

深入挖掘了共同富裕的理论内涵，科学阐述了生产力和生产关系的辩证关系，将共同富裕思想由空想变为科学。未来社会要实现全体劳动人民的共同富裕，让所有劳动者过最美好的最幸福的生活，这是社会主义区别于以往一切社会制度的本质所在（卫兴华，2012）。

共同富裕作为未来社会的本质特征，马克思是从生产关系的演进和生产力的发展两个角度加以阐明的。

从生产关系的演进来讲，马克思在《哲学的贫困》中指出："资产阶级借以在其中活动的那些生产关系的性质绝不是单一的、单纯的，而是两重的；在产生财富的那些关系中也产生贫困；在发展生产力的那些关系中也发展一种产生压迫的力量；这些关系只有不断消灭资产阶级单个成员的财富和产生出不断壮大的无产阶级，才能产生资产者的财富，即资产阶级的财富；这一切都一天比一天明显了。"[1] 马克思这里的分析说明，资产阶级生产关系的性质本身决定了资本主义条件下"两极分化"的制度属性。这样的制度属性因财富积累和贫困积累的同一性，最终会导致整个社会再生产过程的崩溃，因而作为"两极分化"对立面的共同富裕就成为未来社会最根本的价值标准。

从生产力的发展角度来讲，马克思在《1857—1858 年经济学手稿》中指出："生产力的增长再也不能被占有他人的剩余劳动所束缚了，工人群众自己应当占有自己的剩余劳动。当他们已经这样做的时候，那时，一方面，社会的个人的需要将成为必要劳动时间的尺度，另一方面，社会生产力的发展将如此迅速，以致尽管生产将以所有的人富裕为目的，所有的人的可以自由支配的时间还是会增加。因为真正的财富就是所有个人的发达的生产力。"[2] 马克思在这里的分析有三点重要的论断：第一，要使得生产力得到充分的发展，就必须共同富裕，即"生产力的增长再也不能被占有他人的剩余劳动所束缚了，工人群众自己应当占有自己的剩余劳动"。共同富裕是一种结果，是分配层面上的共同富裕。第二，共同富裕是生产的目的，即"生产将以所有的人富裕为目的"，这层意义上的"富裕"，是一个动词，是使全体人民共同致富。共同富裕是一个过程，是一条道路，主要是指走共同富裕道路，向着共同富裕目标不断迈进。第三，共同富裕能够促使社会生产力的迅速发展，即"当他们已经这样做的时候，那时……社会生产力的发展将如此迅速"。这实际上是从生产力发展的角度指出了共享发展实现共同富裕的可能性。

从上面的分析我们可以看出，作为目标的共同富裕和作为结果的共同富裕是科

---

[1] 马克思恩格斯文集（第1卷）[M]. 北京：人民出版社，2009：614.

[2] 马克思恩格斯文集（第8卷）[M]. 北京：人民出版社，2009：199 - 200.

学社会主义创始人从社会制度的演变和生产力发展的规律两个角度，对未来社会做出的本质规定。

中国改革开放的实践，不断丰富马克思主义共同富裕思想的内涵。邓小平同志多次强调："社会主义的目的就是要全国人民共同富裕，不是两极分化。如果我们的政策导致两极分化，我们就失败了；如果产生了什么新的资产阶级，那我们就真是走了邪路了。"① 习近平同志指出："共同富裕是社会主义的本质要求，是人民群众的共同期盼。我们推动经济社会发展，归根结底是要实现全体人民共同富裕。"② 中国特色社会主义的共同富裕财富观是鼓励每个人创造财富争取富裕的行为，不断解放劳动者推进共同富裕（中国社会科学院中国特色社会主义理论体系研究中心，2011）。

可以说，中国特色社会主义是人民主体地位和国家根本利益两者的统一，共同富裕是中国特色社会主义的内在要求和必然归宿，是社会主义的本质，是社会主义的根本目的，也是判断改革开放成败的根本标准。正如习近平同志所说："检验我们一切工作的成效，最终都要看人民是否真正得到了实惠，人民生活是否真正得到了改善，人民权益是否真正得到了保障。我们必须再接再厉，使发展成果更多更公平惠及全体人民，朝着共同富裕方向稳步前进。"③ 中国特色社会主义经济理论必须解决共同富裕的实现问题。

（二）　中国共产党推进共同富裕的理论与实践演进

作为马克思主义政党，中国共产党以为中国人民谋幸福当作自己的初心和使命。共同富裕受生产力和生产关系的束缚，不可能一蹴而就。马克思就指出："那时，一方面，社会的个人的需要将成为必要劳动时间的尺度，另一方面，社会生产力的发展将如此迅速，以致尽管生产将以所有的人富裕为目的。"④。可见，共同富裕实现的一个重要前提就是生产力的不断发展。鉴于生产力和生产关系之间的辩证关系，随着生产力的不断发展，与之相适应的共同富裕的制度安排也会发生变化。

在新民主主义革命时期，我们党实行"打土豪分田地"等政策开始探索共同富裕道路。马克思对资本主义经济社会制度进行分析之后认为，社会化大生产同资本主义私有制之间的矛盾，将会阻碍社会生产力的发展。因此，其政策主张就是消灭

---

① 邓小平文选（第3卷）［M］. 北京：人民出版社，1993：110 – 111.
② 习近平：关于《中共中央关于制定国民经济和社会发展第十四个五年规划和二〇三五年远景目标的建议》的说明［EB/OL］. 新华网，2020 – 11 – 05.
③ 十八大以来重要文献选编（上）［M］. 北京：中央文献出版社，2014.
④ 马克思恩格斯全集（第31卷）［M］. 北京：人民出版社，1998：104.

剥削，消灭私有制。新民主主义革命时期，我国是典型的农业国，农民占据从业人口的绝大部分，因此"打土豪分田地"就成为为广大农民争取利益实现共同富裕的政策选择。

新中国成立后实行计划经济，通过"平均主义"实现共同富裕的探索。新中国成立后面临着巩固政权、如何从一个贫穷积弱的农业国成为一个先进的工业国等一系列问题。这些问题归根结底是如何带领全国人民走上共同富裕道路。为此，我国一方面破除旧的生产关系实行社会主义改造，另一方面集中力量发展生产力。"一五"时期完成了社会主义三大改造，并且初步铺开我国工业布局的骨架。这些都为共同富裕奠定了经济基础。在对共同富裕道路的探索上，认为人民公社规模越大、公有化程度越高，越可以消除贫富差距，能够在全社会范围内实现"同步富裕"。因此，在所有制上是单一的公有制，分配上是以平均主义为导向。

改革开放之初"允许一部分人、一部分地区先富起来"的探索。"大锅饭"虽然保障了相对公平，但是也限制了人们劳动的积极性。结果是我们经济"蛋糕"总量很小，平均分配也难以改变贫困的状态。因此促进生产力水平提高，做大"蛋糕"是当务之急。邓小平同志提出"允许一部分人、一部分地区先富起来"，这解放了人们的观念，推动了社会财富快速增长。强调效率成为被广泛接受的分配观念，让一部分人先富起来也就成为这一阶段共同富裕的重要内涵。先富带后富的理论基础类似于经济增长的涓滴效应，即增长所带来的经济利益会在社会各阶层扩散，增长能消除贫困（梁向东和乔洪武，2008）。但是，越来越多的研究表明，经济增长的涓滴效应在大多数发展中国家的经济增长中没有得到证实，相反更多的经验研究表明经济发展成果没有从高收入人群扩散至低收入人群，以至于有经济学家提出了负向涓滴效应。效率优先的原则极大促进了社会生产力的发展，但是地区差距、城乡差距、不同群体的差距快速拉大。根据国家统计局提供的数据，中国的总体基尼系数从 1981 年的 0.298 上升至 2008 年的 0.491，之后有所下降，2020 年的整体基尼系数是 0.468，总体上仍然处于高位。[①] 如此大的贫富差距意味着经济活动参与者的收入分布不均衡，先富并不必然能带动后富。先富带动后富的主要任务是解放、发展生产力，让中国迅速摆脱"低收入陷阱"。在实现这一目标后，我们党迅速转换发展思路，党的十三大报告指出"在促进效率提高的前提下体现社会公平"，对于我们这样一个人口众多而又基础落后的国家，人民普遍丰衣足食，安居乐业，仍然要在共同富裕的目标下鼓励一部分人通过诚实劳动和合法经营先富起

[①] 本研究中，2003 年以后的基尼系数来自国家统计局，2003 年以前的基尼系数来源于陈宗胜和周云波（2001）的测算。

来。党的十四届五中全会指出:"在收入分配中,必须坚持按劳分配为主体、多种分配方式并存的原则,体现效率优先、兼顾公平,把国家、企业、个人三者的利益结合起来。"因此,要采取有针对性的措施,保护合法收入,取缔非法收入,调节过高收入,保障低收入者的基本生活。党的十六大则进一步发展为"初次分配注重效率,再分配注重公平"。但是我国的收入差距依然不断扩大。党的十七大就特别强调"初次分配和再分配都要处理好效率和公平的关系,再分配更加注重公平"。公平放在了比效率更重要的地位。

党的十八大强调:"不断在实现发展成果由人民共享、促进人的全面发展上取得新成效。"党的十八大以来,随着中国特色社会主义进入新时代,我国主要矛盾已经发生变化。党的十九大报告指出,我国的主要矛盾已经转化为人民日益增长的美好生活需要和不平衡不充分的发展之间的矛盾。这种转化从生产力角度说明,生产力得到充分发展,我们过去的"短缺"已经过去,2010 年我国经济总量超越日本成为世界第二大经济体,并在此后稳居世界第 2 位。脱贫攻坚取得决定性成果。中国人民摆脱绝对贫困,从总体小康到全面小康,人均国民收入超过 1 万美元,处于中等偏上收入经济体行列,正在向高收入国家迈进。全体人民共同富裕取得更为明显的实质性进展。

在做大"蛋糕"的同时,还需要进一步分好"蛋糕"。这就需要不断深化收入分配制度改革,合理调整政府、企业与居民的收入分配关系,积极拓宽农村居民增收渠道,不断缩小城乡、地区、贫富差距,民生保障不断加强,经济社会发展成果全民共享。党的十八届五中全会首次提出了共享发展理念。我们党在先富带动后富的基础上,提出了"发展为了人民、发展依靠人民、发展成果由人民共享"的共享发展理念。党的十九大报告则明确提出在新时代要由共同富裕逐步实现现代化,实现中华民族的伟大复兴。可以说走出了一条中国式的共同富裕道路。

(三) 共享发展是共同富裕道路的新阶段

新发展理念是中国特色社会主义政治经济学新思想,同时也促进了发展经济学理论的本土化创新。共享发展理念的提出进一步深化了人们对共同富裕内涵的认识。长期以来,人们把共同富裕当作静态概念来理解,将共同富裕仅仅作为物质财富分配结果来认识 (陈娟,2016)。共同富裕是一个动态过程,共享发展正是要在共建中共享。共享发展作为一个动态过程,不仅包括结果也包括过程。共享发展是"共享"与"发展"的辩证统一,生产决定分配,分配反作用于生产,这是马克思主义政治经济学关于生产和分配之间辩证关系的基本观点。因此,共享发展实现共同富裕,既不是强调公平也不是单纯强调效率,而是既要经济保持快速稳定增长,又要将经济发展成果分配好，最终实现共同富裕。

共享发展理念深刻阐释了发展"为了谁、依靠谁和发展成果的分配"等问题，是与人民最广泛最关切的利益诉求形成的共振和共鸣，要实现好、维护好、发展好最广大人民群众的根本利益。共享式发展有利于推进和整合多重利益的价值诉求，促进社会公平、公正、公开地分享改革发展成果，因此共享的"对象"也更加广阔，不仅包括经济方面，还包括民主权利、精神文化以及生态环境等。因此，在新的历史阶段，发展不仅应是发展和分配的统一、二次分配和一次分配的统一、政府和市场的统一，更为重要的是，发展必须基于社会各阶层的统一，即一切生产要素的所有者互相组合共同做"蛋糕"，同时将"蛋糕"更多地分配给低收入人群，大力推进共同富裕，建成中国特色的社会主义。

2021年8月17日，中央财经委员会第十次会议中强调，共同富裕不是少数人的富裕，也不是整齐划一的平均主义，而是要扩大中等收入群体规模，形成橄榄型分配结构。需要注重"共同"与"富裕"的辩证关系，在高质量发展中促进共同富裕，正确处理效率和公平的关系，构建初次分配、再分配、三次分配协调配套的基础性制度安排。

2021年10月，习近平指出："党的十八大以来，党中央把握发展阶段新变化，把逐步实现全体人民共同富裕摆在更加重要的位置上，推动区域协调发展，采取有力措施保障和改善民生，打赢脱贫攻坚战，全面建成小康社会，为促进共同富裕创造了良好条件。现在，已经到了扎实推动共同富裕的历史阶段。适应我国社会主要矛盾的变化，更好满足人民日益增长的美好生活需要，必须把促进全体人民共同富裕作为为人民谋幸福的着力点，不断夯实党长期的执政基础。共同富裕是全体人民共同富裕，是人民群众物质生活和精神生活都富裕，不是少数人的富裕，也不是整齐划一的平均主义，要深入研究不同阶段的目标，分阶段促进共同富裕。"[①]

这种分阶段促进共同富裕战略部署的科学性就在于对中国国情的准确把握。"必须认识到，我国社会主要矛盾的变化，没有改变我们对我国社会主义所处历史阶段的判断，我国仍处于并将长期处于社会主义初级阶段的基本国情没有变，我国是世界最大发展中国家的国际地位没有变。"党的十九大对我国仍处于并将长期处于社会主义初级阶段的判断，表明的是我们党认为，发展才是硬道理，是解决我国主要矛盾的根本出路。共同富裕不可能短时间就实现，必须经历从"迈出坚实步伐"到"基本实现"这个阶段。在这个阶段，中国经济需要实现动力转换和实现共同富裕的双重目标。动力转换是要解决经济增长的动力问题，实现共同富裕是要

---

① 习近平. 扎实推动共同富裕 [J]. 求是, 2021 (20).

解决分配的公平性问题。

双重目标能否实现的关键是增长与分配之间能否统一。马克思在《1857—1858 年经济学手稿》中指出，要使得生产力得到充分的发展，就必须共同富裕，即"生产力的增长再也不能被占有他人的剩余劳动所束缚了，工人群众自己应当占有自己的剩余劳动。""当他们已经这样做的时候，那时……社会生产力的发展将如此迅速。"在这里，马克思从生产力发展的角度指出了增长与分配之间实现统一的可能性。加洛尔和莫阿夫（Galor & Moav，2004）认为，在工业化早期，不平等是有利于经济增长的；但是在人力资本逐渐成为经济发展的主要动力之后，均等化的分配更有利于经济增长。奥斯特里等（Ostry et al.，2014）利用跨国数据得出稳健的结论，即持续的不平等对经济的中长期增长是有严重影响的，如果对不平等放任不管，将会使经济增长不可持续和不稳定。因此，共同富裕不是简单地切"蛋糕"，而是在共建共享的基础上，做大"蛋糕"，实现中华民族的美丽富强。

二、益贫式增长：实现共享发展的增长方式

改革开放以来，中国经济经历了一轮长达 40 年的高速增长。经济的快速增长带来了人均收入大幅上升和贫困发生率大幅下降，但收入差距也随之不断拉大。中国 1981 年时的基尼系数约为 0.298，到 2020 年时已高达 0.468。正是在这样的背景下，党的十八届五中全会提出了"创新、协调、绿色、开放、共享"的新发展理念。其中，共享发展是新发展理念的出发点，也是落脚点。共享发展的内涵十分丰富，涵盖了经济、政治、文化、社会和生态在内的多方面发展成果。从经济的角度出发，共享发展主要关注财富的分配问题，尤其是要在发展的过程中彻底解决贫困问题，实现真正意义上的共同富裕。

从中国发展的实践来看，改革开放之初形成的"先富带动后富"发展理念在解放思想、解放生产力上发挥了重要的作用，其理论基础类似于经济增长的"涓滴效应"（trickle-down effect），即通过将增长带来的经济利益在各阶层间扩散，来达到减少贫困的效果。但是，收入差距的不断拉大表明，涓滴效应未能在我国充分实现，未来的经济增长应更多遵循共享发展的理念，实现"益贫式增长"（pro-poor growth）。这里的益贫式增长是指更有利于贫困人群的经济增长，它要求一国在实现增长的同时，使贫困人口能最大程度受益，享受经济增长的好处。从字面含义理解，共享发展要求经济发展过程中各阶层都能获益，这比关注贫困人群的益贫式增长似乎更为宽泛。但实际上能否实现共享发展，主要取决于低收入群体是否能在经济发展中享受到更多的利益，因此，两者的目标是一致的。

（一）益贫式增长的内涵与判定方法

改革开放之初的"让一部分人先富起来，先富带动后富，最终实现共同富裕"经济政策的理论逻辑是经济发展成果可以自动地扩散至所有人群，即市场经济存在由上至下的正向涓滴效应。库兹涅茨（Kuznets）倒"U"型曲线应该是这一逻辑最好的理论解释。库兹涅茨（1955）利用跨国横截面数据分析认为，在工业化前期，经济快速增长，劳动力向生产效率高的部门流动，人均财富分配不平衡加剧；在一段时间内工业社会继续发展，收入分配不平衡趋势缓和；随着工业化的完成，收入分配不平衡缩小。如果以人均财富增长为横坐标，以人均财富分配为纵坐标，二者呈倒"U"型关系。

倒"U"型曲线生动诠释了"先富带动后富"的涓滴效应，因而该研究引起了极大反响，支持者有之，反对者亦有之。但是，越来越多的研究表明，在大多数国家中经济增长的正向涓滴效应没有得到证实，相反更多的经验研究表明经济发展成果没有从高收入人群扩散至低收入人群，以至于有经济学家提出了负向涓滴效应的概念（Holt & Greenwood，2012）。联合国《2005年世界社会状况报告：不平等的困境》显示，自20世纪80年代以来，很多国家在经历史无前例的经济增长的同时，贫富差距在不断恶化。在此期间，只有5%的样本国家在缩小收入差距方面略有起色，而大多数国家都没有取得任何进展，甚至发生了倒退。这说明世界经济的发展是以牺牲穷人的利益为代价的（周华等，2011）。费雷拉等（Ferreira et al.，2010）利用1985~2004年的巴西相关数据分析认为，巴西高增长率是无法解释较低的减贫率的。皮凯蒂和赛斯（Piketty & Saez，2003，2006）研究表明，美国收入最高的1%的人群在1979~2007年收入增长了60%，而底部的90%的家庭收入仅增加了9%。

针对上述现象，世界银行早在1990年便提出了"普遍增长"（broad-based growth）的概念，旨在强调利益均等化。1999年，益贫式增长作为亚洲发展银行减少贫困战略的三项支柱之一被提出。益贫式增长是经济学家们在关注贫困、增长与分配问题时提出的一个发展经济学概念，与普遍增长、包容性增长（inclusive growth）等概念一脉相承。

顾名思义，益贫式增长是指有益于贫困人口的增长。关于何为"益贫"，目前学术界有三种不同的判定方法，按照判定条件由弱到强，依次为广义益贫、相对益贫和绝对益贫。

广义益贫的观点认为，只要经济增长能够给贫困人口带来收入增长，便属于益贫式增长。这种判定方法的缺点是忽略了不同群体的收入差距，而这恰恰是益贫式增长最关注的问题，因此，该判定方法在现实中很少被人采纳。相对益贫是指经济增长给贫困人口带来的收入增长率大于非贫困人口的收入增长率，或者大于所有人口的平均收入增长率。若能够达到相对益贫式增长，贫困人口和非贫困人口的相对收入差距将被有效缩小，这显然更符合益贫式增长被提出的初衷。目前，大部分学者都采用这一标准（Kakwani & Pernia，2000；Ravallion & Chen，2003；Son，2004）对益贫式增长加以判定和测度。绝对益贫式增长（White & Anderson，2000）要求穷人从增长中获得的绝对利益不少于非穷人获得的绝对利益。绝对益贫是益贫式增长的最高要求，卡瓦尼和松（Kakwani & Son，2008）因此将其称为超级益贫（super pro-poor）。因其限定太强，在现实中较难实现，其应用也相对较少。

在本书中，我们采用的是学术界普遍认可的相对益贫定义。在该定义下，益贫式增长不仅关注贫困人口的减少，更关注贫困人口和非贫困人口相对收入差距的缩小。这意味着，益贫式增长是机会平等的增长；益贫式增长更强调对贫困群体的关注，有利于大多数人并且具有持续性；益贫式增长还是充分就业的增长，应该使穷人充分就业并使劳动收入增长率高于资本报酬增长速度，这样有利于缩小贫富差距。

（二）益贫式增长是实现共享发展的可行战略

改革开放之初，"让一部分人先富起来"的理念给经济增长带来极大动力，释放出巨大的改革红利，令世人瞩目。但我们知道，一部分人先富起来是手段，先富带动后富、最终实现共同富裕才是目标。从事实来看，虽然一部分人先富了起来，但"先富带动后富"的效果还不尽如人意。从收入分配上讲，基尼系数从改革开放之初的绝对平均到后来的超出国际警戒线；从地区发展来看，东部经济发展的扩散、涓滴效应并没有在中西部地区的发展中明显体现出来，相反东部地区的发展对西部地区产生了虹吸效应，从而在地区发展中出现极化。这或许说明市场经济的正向涓滴效应并非内在必然，而是潜在的，需要人为引导才能实现。

对于经济发展中不断扩大的收入差距问题，既然涓滴效应不能自发形成，那能否通过再分配来缓解呢？再分配主要是通过税收调节，加大对低收入人群的转移支付，在这个过程中需要充分考虑效率和公平的问题。党的十六大提出要保证全民共享发展成果。保证全民共享发展成果的现实意义在于更加注重再分配，强调分好"蛋糕"。党的十六大之后更加关注社会保障建设，增加了社会保障支出，陆续推行了新型农村合作医疗制度（以下简称"新农合"）、城镇居民基本医疗保险制度以及新型农村社会养老保险试点工作。尽管我国政府的社会保障收支规模日益扩大，扩大了最低生活保障覆盖面，使得贫困发生率大幅降低，但是对转移支付效果的评估还很难达成一致。卢现祥和徐俊武（2009）对政府转移支付的效果进行评估后认为，转移支付政策不符合有利于穷人的增长标准。齐良书（2011）在对新农合的减贫和再分配政策效果的分析中认为，新农合政策的减贫效果非常明显，基本实现了解决农民因病致贫的目标。需要注意的是再分配自身的问题，诸如税收的最终承担者以及转移支付的瞄准效率等（杨穗等，2015）。从学者们的研究来看，对再分配政策能否彻底消除贫困并推动实现全面小康等问题尚存疑问。这是因为，对于消除绝对贫困而言，提高劳动者的脱贫能力是至关重要的，仅仅依靠"输血"并不能一劳永逸地消除贫困，也无法从根本上解决收入差距不断拉大的问题。而且，再分配政策的调整似乎很难进一步提高广大居民的获得感。虽然居民的收入水平普遍提高，但"看病贵""上学难"依然是普通劳动者最为关心的问题。

在上述问题基础上，益贫式增长的理念逐渐浮出水面。与仅仅追求让低收入人群从再分配中获益不同，益贫式增长力图寻求在初次分配中实现向低收入者倾斜的办法，使得在人口中占更大比重的低收入人群在人力资本、收入结构等方面发生改善，让所有人都从经济增长中有更强的获得感，形成经济增长与收入分配的良性互动，发展成果更多、更公平地惠及全体人民。这正是共享发展理念期望实现的目标。

新发展理念是中国特色社会主义政治经济学的新思想，同时也是促进发展经济学理论本土化创新的新探索。"十三五"规划中正式提出了共享发展新理念：坚持发展为了人民、发展依靠人民、发展成果由人民共享。共享发展的实现，不仅仅是如何切"蛋糕"的问题，更重要的是令广大人民在共同做大"蛋糕"的基础上共享发展成果。这就意味着，一切生产要素的所有者必须相互组合，激发活力，推动社会进步。也只有共建，各阶层才能共享。这就要求通过公平合理的制度安排，实现分配和发展的统一、一次分配和二次分配的统一，解决相对贫困和绝对贫困的统一。因此，在新的历史阶段，发展不仅应基于经济政治文化社会生态的统一、财富的客体尺度和价值尺度的统一，更为重要的是，发展必须基于社会各阶级阶层的统一。通俗地说，一切生产要素的所有者相互组合共同"做蛋糕"，同时将"蛋糕"更多地分给低收入人群，使得社会和谐健康发展。

共享发展以全体人民共同富裕为目标。习近平指出："共享理念实质就是坚持以人民为中心的发展思想，体现的是逐步实现共同富裕的要求。"① 富裕要靠发展实现，没有发展共同的只能是贫困。因此，共享发展要求生产力充分发展，做大

---

① 习近平在省部级主要领导干部学习贯彻十八届五中全会精神专题研讨班开班式上发表重要讲话［EB/OL］. 新华社，2016 - 01 - 18.

"蛋糕"。同时分配会从短期和长期影响经济增长，因此需要不断调整分配关系适应生产力的发展，实现共建与共享。

综上所述，益贫式增长和共享发展都强调处理好增长与分配的辩证关系，实现增长与分配的统一，两者具有一致性。从某种意义上说，无论创新发展、协调发展，还是绿色发展、开放发展，最终目的都是要让人民共享发展成果。共享发展是最终目标，而益贫式增长则是实现共享发展的可行战略。

（三）长三角地区是研究共享发展实现路径的理想样本

长江三角洲原意为长江三角洲冲积平原，是由长江和钱塘江冲积而成的河口三角洲（辞海，1999）。受历史因素影响，该概念被提出后，在不同学科领域包含不同空间范围，并未形成统一共识。若从自然地理范围上看，其范围包括江苏镇江以东、通杨运河以南、浙江杭州湾以北。但从经济地理范围角度看，其存在时变特征，在不同政策时期包含不同的空间范围。1992年6月，国务院召开长江三角洲及长江沿江地区经济发展规划座谈会，界定长三角地区包括上海、南京、苏州、无锡、常州、镇江、扬州、南通、杭州、嘉兴、湖州、宁波、绍兴和舟山共14座城市。2010年3月，在长江三角洲城市经济协调会第十次市长联席会议上，合肥和马鞍山代表安徽省首次进入长三角一体化城市群范围，加上之前加入的泰州、台州，以及在本次会议中加入的盐城、淮安、金华和衢州，长三角地区扩容到江苏、浙江、安徽、上海（以下简称"三省一市"）共22座城市。2013年4月，在长江三角洲城市经济协调会第十三次市长联席会议上，江苏和浙江全域纳入长三角一体化，加上安徽省的芜湖、滁州和淮南，长三角地区扩容为30座城市。2018年4月，习近平在上海市委有关报告上作出重要指示后，长三角区域一体化发展进一步快速推进。同月，安徽省的铜陵、安庆、池州和宣城四市进入长三角地区。2018年11月，习近平在首届中国国际进口博览会上宣布，支持长江三角洲区域一体化发展并上升为国家战略。2019年5月，《长江三角洲区域一体化发展规划纲要》提出要紧扣"一体化"和"高质量"两个关键，将一体化范围扩大至三省一市全域，首次将安徽全省纳入长三角一体化发展。至此，长三角地区基本确定了三省一市全域一体化发展的格局。

长三角地区在发展的数十年间，面对的内部基础不同、外部环境不同，区域发展的竞合关系和合作模式不断转变。长三角地区所吸纳的城市，也正从传统的地理邻近逐渐扩大到更广范围的经济圈概念，形成打破地理边界的集群发展（王全忠和彭长生，2018）。从改革开放初期"上海经济区"的横向协作，到开放时代依赖地理区位上与上海的临近，组建"长江三角洲城市经济协调会"，形成较长时期的"15（+1）"模式的区域竞合联盟，再到新时代国家战略下的长三角"北上、南下、西进"稳步扩容，组建区域共同体（徐琴，2019）。产业分工、协同与要素转移加速带来长三角地区不断向外扩展空间地域范围，逐步打破"俱乐部收敛"，促进全方位合作和共同发展（施建军和梁琦，2007）。长三角地区的区域一体化扩容所创造的成就，实现了长三角地区数十年的黄金发展期。目前，长三角已成为我国改革开放最前沿、市场经济最发达、人口集聚最多、综合实力最强的城市群，同时也是公认的世界第六大城市群。

首先，从经济总量水平来看，长三角地区以不到全国 4% 的土地面积，创造了近全国 1/4 的经济总量，其作为中国经济增长极的作用十分显著。长三角地区各省市之间的发展还存在不平衡的现象，但随着区域一体化战略的不断推进，区域间差距有不断缩小的迹象。为直观体现长三角地区发展的成果，本书先将长三角地区与同样上升为国家战略的京津冀城市群和粤港澳大湾区进行了对比，具体结果如表 1 所示。由表 1 可见，相比于京津冀城市群和粤港澳大湾区在全国经济中占比的下降趋势，长三角地区经济占比相对稳定在 24%。这说明在部分沿海城市、中部城市群后发优势的追赶下，长三角地区凭借良好的城市协作，依旧承担起了经济增长极的角色，实现稳增长的重任。表 2 显示了三省一市 GDP 占长三角地区 GDP 的比重。从中可以发现，自 2003 年以来，上海年平均增速为 11.35%，江苏年平均增速为 13.82%，浙江年平均增速为 12.31%，安徽年平均增速为 14.36%，安徽与江苏发展速度相对较快。

表 1　　　　　2003～2020 年三大城市群 GDP 占全国 GDP 比重　　　单位：%

年份	长三角地区	京津冀城市群	粤港澳大湾区
2003	23.84	10.56	21.77
2004	24.40	10.89	20.86
2005	24.88	11.15	20.41
2006	24.67	10.96	19.54
2007	23.93	10.63	18.04
2008	23.61	10.60	16.70
2009	23.69	10.59	15.94
2010	23.94	10.61	15.31
2011	23.76	10.67	14.61
2012	23.42	10.65	14.17

年份	长三角地区	京津冀城市群	粤港澳大湾区
2013	23.37	10.57	13.91
2014	23.26	10.33	13.84
2015	23.25	10.07	13.89
2016	23.74	10.13	14.23
2017	23.47	9.68	13.88
2018	24.07	8.59	14.00
2019	23.94	8.54	13.85
2020	24.16	8.51	13.45

资料来源：国家统计局、Wind 数据库。其中，香港和澳门 GDP 数据来自世界银行，使用平均汇率计算。

进一步结合表 2 可以看出，江苏经济规模占比不断攀升，上海和浙江占比呈下降趋势。安徽占比在 2010 年前呈下降趋势，但自 2010 年安徽部分城市加入长三角城市群后，其经济占比规模快速攀升，至 2019 年底，已逐步追近上海占比水平。由此可以初步判断，在由上海主导的"中心—外围"结构下，上海较好带动了周边地市的发展，发挥了涓流扩散效用。自改革开放以来，江苏通过外向经济发展相比浙江在全球化中更受益。从扩容时间节点看，随着各省新进外围城市加入长三角地区，各省的经济增速均有进一步增加，尤其是江苏与安徽在 2010 年后经济增长更显著。

表 2　　　2003～2020 年三省一市 GDP 占长三角地区 GDP 的比重　　单位：%

年份	上海	江苏	浙江	安徽
2003	20.43	37.36	29.28	12.93
2004	20.49	37.49	29.04	12.97
2005	19.98	39.37	28.31	12.33
2006	19.76	39.60	28.53	12.12
2007	19.68	39.71	28.48	12.13
2008	19.06	40.57	27.90	12.48
2009	18.76	41.08	27.21	12.95
2010	17.92	41.41	27.41	13.26

年份	上海	江苏	浙江	安徽
2011	17.10	41.75	27.23	13.92
2012	16.68	42.04	26.92	14.36
2013	16.52	42.25	26.58	14.65
2014	16.55	42.47	26.22	14.75
2015	16.25	43.06	26.29	14.40
2016	16.53	42.78	26.14	14.55
2017	16.39	42.75	26.09	14.77
2018	16.28	42.13	26.22	15.37
2019	16.10	41.81	26.47	15.62
2020	15.81	41.98	26.40	15.81

资料来源：国家统计局、Wind 数据库，由作者计算。

其次，从产业结构看，长三角地区已逐渐从以劳动密集型工业推动经济发展的工业化时期，转向以高新技术产业为主体、服务业做支撑的双引擎推动经济发展阶段，产业结构持续优化。2003～2020 年长三角地区各产业对总产值的贡献率如图 1 所示。从中可以看出，2003～2020 年，长三角地区三次产业的比重从 8.13∶50.17∶41.70 变化为 4.08∶39.47∶56.44。其中，第一产业占比呈现持续下降趋势，第二产业占比

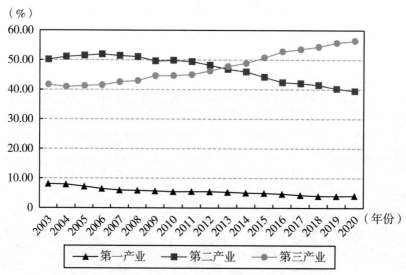

图 1　2003～2020 年长三角地区产业结构演变

资料来源：国家统计局。

与第三产业占比呈现出"剪刀差",第三产业占比在 2013 年第一次实现反超,成为长三角城市群第一主导产业。长三角地区产业结构由此从"二三一"阶段步入"三二一"阶段。

进一步分析三省一市的产业结构。由图 2 可见,上海产业结构一直领先于苏浙皖,产业结构在样本期内均为"三二一"结构,体现了上海在长三角城市群发展中的绝对龙头地位。并且,2003~2020 年上海三次产业结构占比从 1.16∶47.61∶51.23 进一步发展成 0.27∶26.59∶73.14,可见在城市群发展过程中,上海已经成功转型为由以金融、科技、贸易、航运等为核心的第三产业推动经济增长的龙头城市。

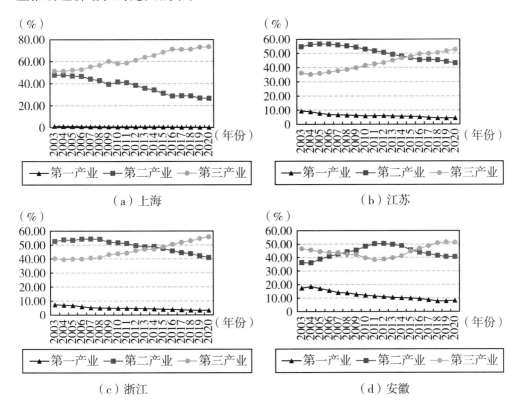

图 2　2003~2020 年长三角地区产业结构演变

资料来源:国家统计局。

从长三角地区扩容的两个时间看,在新进外围城市进入长三角地区后,上海加速了向周边城市的非核心功能疏解。江苏和浙江具有相似的产业结构演变过程,样本期内产业结构均从"二三一"转变成"三二一",可见,得益于城市群发展带来的经济结构战略调整与产业升级转型,三次产业发展协调性显著增强。从城市群扩容的时间看，2010 年以前，由于中心 16 市的形成，江苏和浙江两省内的城市早期还需要承接一部分来自上海的产业结构转移，因此第二产业占比维持在相对的高位。但随着城市群内产业规划的整体推进，尤其是城市群扩容后，一方面城市群内战略结构的调整，使江苏和浙江省内城市（尤其是中心城市）优先发展第三产业实现产业升级；另一方面是新进外围城市开始承接江苏和浙江的产业结构转移，可以看出江苏和浙江两省在城市群扩容后，第二产业占比加速下降，而第三产业加速上升。安徽省内城市加入长三角城市群时间晚，且本身产业基础较不完善，因此走出了与江苏和浙江不同的产业演变，样本期内产业结构出现两次反转，从"三二一"转变成"二三一"最后再转变成"三二一"。第一产业总体呈现持续下降趋势，但比值依旧远高于苏浙沪；第二产业占比呈现先上升后下降的趋势；第三产业占比则呈现先下降再上升的趋势。在发展初期，安徽的工业基础十分薄弱，无法提供足够的生产力，造成第三产业产值占比高于第二产业。随着长三角地区的发展，尤其是 2010 年和 2013 年对安徽城市的两次扩容，皖江城市带不断承接来自中心城市的产业转移，使安徽省第二产业快速发展，上升势头强劲。皖江城市带通过承接产业转移实现自身经济发展，反过来进一步吸引来自农业的劳动力转入服务业，促进第三产业发展。

再次，从城市化发展水平来看，除上海一直维持着较高的城镇化水平外，苏浙皖城镇化水平均实现大幅提升。城市人口的演化包含两方面：一是城市对乡村人口的吸引作用，通常由城市化水平（城镇化率）表示；二是城市对外来人口的吸引作用，通常可从城市规模的变化水平看出。本书根据 2000 年、2010 年和 2020 年三次人口普查公布的数据分析长三角地区城镇化率的变化，结果如表 3 所示。从中可以看出，与全国城镇化水平对比，苏浙沪城镇化率均超过全国，安徽虽然城镇化率仍低于全国水平，但随着长三角地区的发展，近 20 年来增长幅度均大于全国平均水平，差距已大大缩小。具体来看，三省一市中上海城市化水平最高，已经达到西方发达国家水平（2017 年德国城市化率为 77.3%、美国为 82.2%、英国为 83.4%、日本为 91.6%）[1]，不过从增长幅度看，上海近 20 年城镇化率增长不足 1%，进入城市发展"S"型曲线的缓慢发展阶段。江苏省与浙江省城镇化发展轨迹较为相近，均处于城市发展"S"型曲线快速发展阶段。城镇化率是城市发展的重要指标，它关系到城乡人口转化、产业结构调整、科技进步水平，城镇化率提高的背后是城市生活质量水平的提升。长三角地区在 20 年间城镇化水平大幅提升，反映出区域一体化建设对城市发展的推动作用。

---

① Wind 数据库。

表 3　　　　2000 年、2010 年和 2020 年全国及长三角地区城镇化率

地区	项目	2000 年	2010 年	2020 年
上海	城镇人口（万人）	1 449	2 056	2 221
	乡村人口（万人）	192	246	266
	总人口（万人）	1 641	2 302	2 487
	城镇化率（%）	88.31	89.30	89.30
江苏	城镇人口（万人）	3 041	4 768	6 224
	乡村人口（万人）	4 286	3 102	2 251
	总人口（万人）	7 327	7 869	8 475
	城镇化率（%）	41.50	60.58	73.44
浙江	城镇人口（万人）	2 236	3 354	4 660
	乡村人口（万人）	2 357	2 089	1 797
	总人口（万人）	4 593	5 443	6 457
	城镇化率（%）	48.67	61.63	72.17
安徽	城镇人口（万人）	1 665	2 558	3 560
	乡村人口（万人）	4 321	3 392	2 543
	总人口（万人）	5 986	5 950	6 103
	城镇化率（%）	27.81	42.99	58.33
全国	城镇人口（万人）	45 906	66 978	90 199
	乡村人口（万人）	80 837	67 113	50 979
	总人口（万人）	126 743	134 091	141 178
	城镇化率（%）	36.22	49.95	63.89

注：由于全国人口普查最终数据会经过一定校正，因此不同途径收集到的数据存在细微差别，但总体趋势不变，不影响本书分析。

资料来源：全国人口普查公报，由作者整理计算。

　　城市发展还会引发人口流动。人口流动的直观表象是引起城市规模的变化。根据 2014 年国务院印发的《关于调整城市规模划分标准的通知》，新的城市规模划分标准以城镇常住人口为统计口径，将城市划分为五类七档。城区常住人口 50 万以下的城市为小城市，其中 20 万以上 50 万以下的城市为 Ⅰ 型小城市，20 万以下的城市为 Ⅱ 型小城市；城区常住人口 50 万以上 100 万以下的城市为中等城市；城区常住人口 100 万以上 500 万以下的城市为大城市，其中 300 万以上 500 万以下的城市为 Ⅰ 型大城市，100 万以上 300 万以下的城市为 Ⅱ 型大城市；城区常住人口 500 万

以上 1 000 万以下的城市为特大城市；城区常住人口 1 000 万以上的城市为超大城市（以上包括本数，以下不包括本数）。根据分类标准对长三角地区 2000 年、2010 年和 2020 年的城市规模等级进行划分，结果如表 4 所示。样本期内，上海一直是长三角地区唯一的超大城市。江苏城市规模等级提升数量较多，2000～2010 年，有两个Ⅰ型大城市成为特大城市，有 4 个Ⅱ型大城市成为Ⅰ型大城市；2010～2020 年，有两个Ⅰ型大城市突破为特大城市，有 5 个Ⅱ型大城市发展为Ⅰ型大城市。浙江在 2000～2010 年，城市规模等级提升较明显，有 3 个Ⅰ型大城市发展为特大城市，两个Ⅱ型大城市发展为Ⅰ型大城市，1 个中等城市发展为Ⅱ型大城市；2010～2020 年城市规模提升速度变慢，只有两个Ⅱ型大城市发展为Ⅰ型大城市，1 个中等城市发展为Ⅱ型大城市。安徽的城市规模基础较小，规模等级提升显得最快。2000～2010 年，除合肥从Ⅱ型大城市升为Ⅰ型大城市外，还有 11 个中等城市发展为Ⅱ型大城市，小城市均发展为中等城市；2010～2020 年，合肥发展为特大城市，阜阳上升为Ⅰ型大城市，马鞍山上升为Ⅱ型大城市。

表 4　　2000 年、2010 年和 2020 年长三角地区城市规模体系分布统计

规模等级	2000 年					2010 年					2020 年				
	上海	江苏	浙江	安徽	合计	上海	江苏	浙江	安徽	合计	上海	江苏	浙江	安徽	合计
超大城市	1	0	0	0	1	1	0	0	0	1	1	0	0	0	1
特大城市	0	0	0	0	0	0	2	3	0	5	0	4	3	1	8
Ⅰ型大城市	0	2	3	0	5	0	4	2	1	7	0	7	4	1	12
Ⅱ型大城市	0	11	5	1	17	0	7	4	11	22	0	2	3	11	16
中等城市	0	0	3	12	15	0	0	2	4	6	0	0	1	3	4
Ⅰ型小城市	0	0	0	3	3	0	0	0	0	0	0	0	0	0	0
Ⅱ型小城市	0	0	0	0	0	0	0	0	0	0	0	0	0	0	0

注：由作者汇总整理。

进一步观察 2010 年、2013 年长三角地区扩容带给新进外围城市的影响。2010～2020 年间，2010 年扩容的 6 个城市的平均城镇化率提升了 9.83%，2013 年扩容的 8 个城市的平均城镇化率提升了 9.125%，同期全国平均城镇化率提升水平为 13.94%，新进外围城市城镇化进程弱于全国平均水平，这与新进外围城市加入长三角地区后劳动力流失或有一定关联。表 5 所示全国人口动态监测数据也反映了这一点。从表 5 可以看出，除合肥主要通过吸收同市的跨县流动（占比 74.19%）实现城市规模上升外，其余五大中心城市均大量吸收了新进外围城市的劳动力。

流入城市	第一来源地		第二来源地		第三来源地		第四来源地		第五来源地		合计
	城市	比例	城市	比例	城市	比例	城市	比例	城市	比例	
上海	**盐城**	13.73	南通	11.49	**合肥**	9.46	**芜湖**	7.83	泰州	7.51	50.02
南京	**马鞍山**	15.87	**亳州**	10.23	**盐城**	9.60	南通	7.70	**安庆**	7.30	50.70
苏州	**盐城**	29.84	**亳州**	11.11	南通	7.46	泰州	7.46	**合肥**	6.72	62.59
杭州	杭州	15.59	**金华**	11.05	**亳州**	9.72	绍兴	8.83	**安庆**	8.53	53.72
宁波	台州	32.48	**亳州**	22.36	绍兴	6.11	**金华**	4.35	宁波	4.26	69.56
合肥	合肥	74.19	**安庆**	7.82	**芜湖**	4.23	**亳州**	3.64	**铜陵**	2.84	92.72

表5　　　　　长三角地区主要城市区域内流动人口来源地分析　　　单位:%

注:加粗字体表示2010年以后加入长三角地区的新进外围城市;如果流入城市与来源地相同,代表的是市内跨县流动。

资料来源:2017年中国流动人口动态监测调查数据。

最后,从共同富裕的水平来看,长三角地区的收入差距较全国的收入差距相对更小,共同富裕的程度更高。众所周知,中国的居民收入差距首先表现为城乡差距。表6显示了2013~2020年全国和长三角地区的城乡收入比。可见,2013年以来,① 不管是全国还是长三角地区的城乡收入差距都有明显的缩小,总体而言,长三角地区的城乡收入差距明显小于全国平均水平。在长三角地区内部,浙江的城乡收入差距相对最小,安徽相对最高。我们还计算了长三角地区各地级市的城乡收入比,表7列出了比值最高和最低的10个地级市。可以看到,城乡收入比最高的阜阳,其比值依然小于全国平均水平。此外,除南京外,城乡收入比最高的10个城市全部来自安徽省。

虽然与全国水平相比,长三角地区的共同富裕程度相对更高,但毋庸讳言,长三角地区各城市之间的发展水平和居民收入水平仍有一定差距。以2020年的城镇和农村可支配收入为例,长三角地区城镇居民平均可支配收入最大值和最小值之间比例为2.388,超过了同时期长三角地区的城乡收入比。农村居民平均可支配收入最大值和最小值之间的比例更是高达2.792,超过了全国平均城乡收入比,也超过了长三角地区所有地级市的城乡收入比。

---

① 国家统计局于2013年开始启动城乡一体化住户调查,导致收入数据与2013年之前不可比。

表6　　　　　2013～2020年全国和长三角地区城乡收入差距比较

年份	全国	上海	江苏	浙江	安徽
2013	2.807	2.336	2.336	2.120	2.575
2014	2.750	2.305	2.296	2.085	2.505
2015	2.731	2.282	2.287	2.069	2.489
2016	2.719	2.261	2.281	2.066	2.488
2017	2.710	2.250	2.277	2.054	2.480
2018	2.685	2.240	2.264	2.036	2.457
2019	2.644	2.218	2.252	2.014	2.435
2020	2.559	2.189	2.194	1.964	2.373

注：作者根据统计局公布的数据计算获得。

表7　　　　　　　　2014～2020年苏浙沪各地级市城乡收入比

城市		2014年	2015年	2016年	2017年	2018年	2019年	2020年	均值
城乡收入比最低10城	嘉兴	1.708	1.695	1.687	1.688	1.676	1.656	1.611	1.674
	舟山	1.744	1.731	1.711	1.706	1.675	1.671	1.629	1.695
	宿迁	1.747	1.741	1.729	1.711	1.700	1.689	1.645	1.709
	湖州	1.739	1.730	1.728	1.722	1.712	1.696	1.658	1.712
	盐城	1.794	1.791	1.776	1.770	1.763	1.744	1.707	1.763
	宁波	1.818	1.808	1.805	1.803	1.788	1.771	1.738	1.790
	绍兴	1.834	1.823	1.813	1.795	1.784	1.770	1.724	1.792
	徐州	1.880	1.875	1.861	1.856	1.845	1.822	1.768	1.844
	杭州	1.895	1.879	1.870	1.851	1.843	1.822	1.774	1.848
	无锡	1.874	1.868	1.859	1.857	1.851	1.844	1.810	1.852
城乡收入比最高10城	亳州	2.363	2.374	2.369	2.351	2.329	2.298	2.234	2.331
	南京	2.410	2.366	2.363	2.358	2.348	2.329	2.281	2.351
	滁州	2.409	2.400	2.399	2.395	2.379	2.353	2.292	2.375
	安庆	2.450	2.432	2.451	2.427	2.401	2.373	2.309	2.406
	六安	2.487	2.418	2.483	2.462	2.431	2.400	2.329	2.430
	铜陵	1.782	2.843	2.541	2.532	2.511	2.486	2.408	2.443
	淮南	2.490	2.458	2.590	2.568	2.542	2.514	2.445	2.515
	淮北	2.609	2.600	2.558	2.547	2.508	2.471	2.394	2.527
	宿州	2.633	2.585	2.575	2.551	2.521	2.471	2.392	2.533
	阜阳	2.644	2.610	2.607	2.578	2.545	2.511	2.424	2.560

注：作者根据各地统计局公布的数据计算获得。

为进一步分析长三角地区不同省市内部各地级市间的居民收入差距，我们计算了苏浙皖三省地级市间城镇和农村居民可支配收入的变异系数（见表 8）。从表 8 可以看出，与城镇相比较，浙皖两省各地级市间农村居民的收入差距都显得更大。这表明，这两个省省内区域间的收入不平等主要由低收入群体的收入差距所带来。江苏各地级市的城镇与农村居民收入差距较为接近，城镇居民间的收入差距甚至略高于农村地区。而且，相对而言，江苏各地级市之间的收入差距最大，浙江各地级市之间的收入差距最小。综上所述，长三角地区不同省市在实现共同富裕的路径上或许还存在不同的着力点。这值得我们进一步深入研究。

表 8　　　　2014～2020 年苏浙皖各地级市可支配收入的变异系数

项目	省份	2014 年	2015 年	2016 年	2017 年	2018 年	2019 年	2020 年
城镇	江苏	0.248	0.245	0.244	0.243	0.242	0.243	0.243
	浙江	0.117	0.117	0.113	0.110	0.108	0.106	0.104
	安徽	0.137	0.137	0.128	0.129	0.131	0.131	0.132
农村	江苏	0.244	0.241	0.239	0.235	0.232	0.232	0.231
	浙江	0.183	0.179	0.177	0.173	0.171	0.169	0.166
	安徽	0.244	0.212	0.216	0.215	0.214	0.213	0.211
全体	江苏	0.319	0.316	0.313	0.310	0.304	0.304	0.302
	浙江	0.184	0.170	0.166	0.161	0.159	0.156	0.151
	安徽	0.228	0.245	0.218	0.227	0.227	0.225	0.224

注：作者根据各地统计局公布的数据计算获得。

综上所述，长三角地区作为中国经济发展最强劲的板块之一，在经济总量、产业结构、城市化进程等诸方面都处于领先地位，已率先实现小康。党的十九大明确提出在全面建成小康社会的基础上，分两步走在 21 世纪中叶建成富强民主文明和谐美丽的社会主义现代化强国。根据"两个一百年"奋斗目标，全面建成小康社会是现代化的起点。在这个起点上，我国社会主要矛盾转化为人民日益增长的美好生活需要和不平衡不充分的发展之间的矛盾。这表明新时代社会主义现代化的着力点是解决发展的不平衡、不充分问题。这需要我们用共享发展的理念，在长三角地区加快推进现代化建设。因此，以长三角地区为样本研究共享发展问题具有很强的必要性和必然性。

与此同时，与国内其他地区相比，长三角地区具有更低的城乡收入比，这意味着在共享发展方面长三角地区具有更好的基础，在积极探索更有效的共享发展路径的同时，也能为其他地区提供一定的经验借鉴。而且，随着长三角地区的不断扩容，长三角地区各城市间的发展差异明显加大。这一方面为我们研究共享发展问题提供了更为多样的研究样本，有利于我们探索不同经济发展水平下实现共享发展的路径；另一方面，在长三角区域一体化上升为国家战略的大背景下，如何在协调发展中实现共享发展，通过共享发展促进区域内的协调发展，成为长三角地区必须面临的新课题。可以说，在一体化背景下研究长三角地区如何实现共享发展具有一定的独特性。

三、本书的篇章结构以及创新

中国的共享发展理念要求经济发展为了人民，不仅要求居民平均收入快速增长，还要使全体国民，尤其是低收入群体在经济增长中有更高的获得感和幸福感。长三角地区在全面建成小康社会的进程中，一直努力通过益贫式增长朝共享发展的方向不断前行，具有重要的研究价值。本书将在系统梳理益贫式增长测度方法的基础上，结合全国层面的数据，重点以长三角地区三省一市为研究对象，从不同视角研究通过益贫式增长实现共享发展的机制与路径。具体的研究内容分以下几个方面。

首先，尽管贫困是一个多维的概念，但毫无疑问，在机会均等条件下使全体劳动者特别是低收入人群实现增收是首要目标。中国经济增长长期依赖投资拉动、出口带动以及自然资源等要素的粗放扩张，尽管国内生产总值快速增长，但是人民的幸福感和获得感并没有随着经济快速增长而迅速提升。如何实施带有益贫效果的收入优先增长战略值得研究。本书第三章将从居民收入结构的角度入手，研究其与益贫式增长之间的关系，以寻找具有益贫性及可持续的增长点。

其次，尽管增加居民收入属于微观领域，但其前提是要求更广泛的就业和更高的劳动参与率，因此宏观的财政金融政策同样能为共享发展产生作用。在财政政策方面，本书第四章利用全国层面数据探讨财政支出结构对益贫式增长影响效应，并在此基础上，重点在第五章中研究基础设施建设对长三角地区经济增长益贫性的影响。在第六章，本书将对普惠金融的益贫性开展研究。

最后，党的十八届五中全会提出创新、协调、绿色、开放、共享的新发展理念。在这五大发展理念中，共享发展无疑是最终目标。因此，有必要研究其他发展理念与共享发展之间的关联。本着有限目标的原则，本书重点研究了创新发展、协调发展、开放发展与共享发展之间的关联。具体来说，长三角地区科教资源丰富，是创新发展的重要阵地，本书在第七章和第八章重点研究了产业结构升级与产业智能化对益贫式增长的影响。长三角地区整体经济发展水平虽然较高，但同样存在发展不协调、不平衡的问题，区域一体化战略是实现区域协调发展的重要手段，本书第九章从区域内协调和共享发展的角度，研究了长三角地区经济一体化对益贫式增长的影响，第十章则从区域间协调和共享发展的角度，探讨了长三角城市群扩容能否在区域间产生益贫效应，能否推动区域的协调和共享发展。长三角地区历来是中国开放型经济的发展前沿，第十一章重点关注了外向型经济与益贫式增长之间的关系。绿色发展与共享发展之间同样存在重要的关联，本书暂未对其开展研究主要基于以下两方面考虑：一是从长三角地区发展实际来看，作为中国重要的制造业基地，绿色发展的重点之一便是产业升级，这在本书中已有专门章节研究；二是绿色发展的目标是建设美丽中国，这与基础设施建设的投入密不可分，本书中同样对此进行了专门研究。当然，如何在长三角地区的绿色发展与共享发展之间取得平衡还有很多其他的研究视角，我们将力求在未来的研究中进一步拓展该领域的研究。

　　以长三角地区为例对共享发展开展研究具有很强的学术价值和应用价值。新中国成立以来尤其是改革开放以来，我国的社会经济发展取得了巨大的成就，不仅解决了占世界总人口1/5的中国人的吃饭问题，而且使95%的中国人民告别贫困，实现了富起来的目标。当前，中国经济正在发生历史性的转换，告别低收入阶段，进入中等收入甚至是上中等收入阶段；全面建成小康社会开启社会主义现代化新征程；由改革开放以来的高速增长转向高质量发展；构建以国内大循环为主体、国内国际双循环相互促进的新发展格局。在这样一个关键时点，围绕中国如何高质量发展、如何强起来、如何共同富裕、如何实现现代化等重大经济理论问题，建设起中国特色、中国风格、中国气派的经济学，可以说是国家急需，更是我们广大理论经济学教学科研工作者的历史责任。中国经济学需要解决的命题很多，制度和发展是两个最为根本的问题。长三角地区是中国经济制度改革和中国经济发展的先行区和示范区，这有利于我们以长三角地区为样本系统深入地研究中国经济发展的重大现实问题。这也有利于我们在研究长三角地区经济发展的基础上，积极探索指导中国经济高质量发展、共同富裕、实现现代化的经济理论，通过实践、认识、再实践、再认识的融合循环，为构建中国发展经济学作出贡献。

　　具体来说，第一，传统的经济理论面对的是贫困阶段、低收入阶段，解决的是如何摆脱贫困的陷阱，全面建成小康社会。中国急需构建基于上中等收入阶段，摆脱"中等收入陷阱"实现社会主义现代化的经济理论，长三角地区作为中国经济发展最强劲的板块之一，在经济总量、产业结构、城市化进程等诸方面都在国内处于领先地位，率先进入这个阶段。2021年7月15日，《中共中央　国务院关于支持浦东新区高水平改革开放打造社会主义现代化建设引领区的意见》发布，浦东将率领长三角地区打造社会主义现代化建设引领区,共同富裕是社会主义现代化的本质要求,以长三角地区为样本研究共享发展的实现问题,这是我们立足长三角地区的引领性实践,对中国现代化经济理论的积极探索。

第二,传统的经济理论面对的是效率性增长,新时代急需的是包容型发展的新经济理论。在低收入阶段,由于要素供给严重不足以及激励经济起飞的需要,强调的是效率优先兼顾公平,是一种效率性增长。允许一部分人先富起来,其实是允许一部分地区先发展起来,改革举措也是先行先试,其选择的主要依据就是效率优先。在这样的理念之下,形成了不平衡发展战略,这种战略是符合当时的中国国情的,其正面效应是充分调动发展的要素,释放出巨大的生产力。但其负面效应也逐步显现:收入差距逐步拉大,并导致城乡、地区间发展不平衡,进而反过来影响效率,而且这种不平衡发展与社会主义现代化共同富裕的本质要求是相悖的,中国急需公平与效率兼顾的包容型发展的新经济理论。其目标就是要坚持以人民为中心的发展思想,不断促进人的全面发展、全体人民共同富裕,发展的不平衡、不充分问题是一切工作的着力点。当前,长三角的先发展地区,全面小康水平走在全国前列,率先基本实现现代化是没有悬念的。问题是,长三角区域内的不平衡问题同样存在。2021 年 6 月 10 日,《中共中央 国务院关于支持浙江高质量发展建设共同富裕示范区的意见》发布,共享发展是建设共同富裕示范区的重要手段。以长三角地区为样本研究共享发展的实现问题,是我们立足于长三角地区的引领性实践,对中国包容型发展新经济理论进行的积极探索。

与此同时,与国内其他地区相比,长三角地区具有更低的城乡收入比,这意味着在共享发展方面,长三角地区具有更好的基础,在积极探索更有效的共享发展路径的同时,也能为其他地区提供一定的经验借鉴。而且,随着长三角地区的不断扩容,长三角内各城市间的发展差异明显加大。一方面,这为我们研究共享发展问题提供了更为多样的研究样本,有利于我们探索不同经济发展水平下实现共享发展的路径;另一方面,在长三角区域一体化上升为国家战略的大背景下,如何在协调发展中实现共享发展,通过共享发展促进区域内的协调发展,成为长三角地区必须面临的新课题。可以说,在一体化背景下研究长三角地区如何实现共享发展将有利于长三角区域一体化的高质量推进。

本书研究的创新性主要体现在以下两个方面。

第一,把共享发展放在益贫式增长的理论分析框架下进行深入研究,体现了研究的理论性、学术性和政策性。本书研究坚持以马克思主义政治经济学理论和习近平新时代中国特色社会主义思想为指导开展研究,开篇即开宗明义地提出共享发展是中国特色的共同富裕道路的观点,并从共同富裕是社会主义制度的本质要求、中国共产党推进共同富裕的理论与实践演进、共享发展是共同富裕的新阶段三个层面进行了系统的论证。全书的研究始终坚持马克思主义的方法论与中国实践相结合，力求用中国的实践，丰富马克思主义共同富裕思想的内涵。共享发展就是要坚持发展为了人民、发展依靠人民、发展成果由人民共享。共享发展的实现，不仅仅是如何切"蛋糕"的问题，更重要的是在广大人民共同做大"蛋糕"的基础上，共享发展成果。这就要求通过公平合理的制度安排，实现分配和发展的统一、一次分配和二次分配的统一，解决相对贫困和绝对贫困的统一。发展不仅应基于经济政治文化社会生态的统一、财富的客体尺度和价值尺度的统一，更为重要的是，发展必须基于社会各阶级阶层的统一。通俗地说，一切生产要素的所有者相互组合共同做"蛋糕"，同时将"蛋糕"更多地分给低收入人群，使得社会和谐健康发展。从这一意义上说，共享发展与过去学术界讨论的益贫式增长具有一致性，两者共同强调处理好增长与分配的辩证关系，实现增长与分配的统一。基于此，本书研究着重从益贫式增长的角度，对如何实现共享发展展开系统的研究。这种研究，把共享发展放在益贫式增长的理论分析框架下进行，体现了研究的理论性、学术性和政策性。

第二，坚持宏观研究与微观研究的统一。本书的研究紧紧围绕长三角地区的共享发展问题展开，课题组先以江苏省为例，对创建区域共同富裕的江苏范例进行了研究，对江苏和浙江的益贫式增长和共享发展水平进行了比较研究，并对整个长三角地区益贫式增长进行了研究。在此基础上，课题组重点从财政政策、金融发展、贸易自由化和全球价值链分工等不同角度，研究了宏观经济政策环境对益贫式增长及共享发展的影响。研究发现，提升金融包容性水平对于中国实现益贫式增长具有重要意义；贸易自由化会同时通过纯收入增长和纯分配改善两个渠道促进益贫式增长，而提高企业的全球价值链参与度，促进我国产业迈向全球价值链中高端是提升全球价值链分工背景下国内企业劳动要素报酬的重要途径。在宏观研究的基础上，分别从微观企业和微观家庭的角度对共享发展的实现路径进行了进一步的研究。例如，从微观企业视角的研究发现，人力资本积累、产业智能化的新工作创造效应和生产率效应对益贫式发展存在显著的正向影响；从微观家庭视角的研究发现，人力资本对摆脱持续性贫困的作用显著优于农业资产和商业资产积累，不同生产性资产配置农户风险应对机制的差异是导致低资产农户陷入持续性贫困的根本原因；提高经营性、财产性收入与农村家庭消费信贷规模，推动职业教育均等化，增加稳定的涉农就业机会，加强城市贫困家庭识别与帮扶，均有助于提升消费均等化的益贫效应。一方面，本书既关注从宏观的角度讨论财政政策、金融发展、区域一体化等各类宏观因素对益贫式增长的影响，也关注从收入结构、产业智能化等微观的角度，研究微观行为对益贫式增长的影响；另一方面，本书对益贫式增长的测算也兼顾了宏观方法和微观方法的统一，这种宏观研究与微观研究的统一，有利于共享发展在国家层面政策和制度的变革，也有利于微观层面在机制和具体行动上的创新，大大增强了本书研究结论的现实应用价值。

目　录 CONTENTS

第一章

共享发展的测度：益贫式增长的视角

党的十八届五中全会提出的共享发展要求坚持发展为了人民、发展依靠人民、发展成果由人民共享。从其内涵来看，共享发展是个多维度问题，各维度之间具有不可替代性和非补偿性，都应实现平衡、协调发展。发展为了人民是根本目的，要求提高人民的生活水平，提供更好的教育、医疗、社保等，以实现共同富裕；发展依靠人民是根本动力，强调人民的广泛参与，推动"大众创业、万众创新"，充分利用人民群众的智慧和力量；发展成果由人民共享是根本价值，要求加大收入分配的调节力度，使得改革成果更多更公平地惠及全体人民。可以看出，共享发展的评价维度涉及人民生活的方方面面。目前，国内有学者采用主成分分析法、因子分析法等方法评估了省际共享发展评价体系（李晖和李詹，2017），以及京津冀地区的共享发展状况（赵培红等，2018）。这些指标虽然尝试尽可能利用更多信息对共享发展水平进行综合评价，但在测度维度、指标选择、权重设定中仍然存在一定的主观性，很难形成统一的测度标准。

我们尝试从益贫式增长的视角对共享发展的程度进行测度，这主要是基于两方面的考虑。

首先，益贫式增长是实现共享发展的增长方式和可行战略。虽然益贫式增长更多关注初次分配的过程，而共享发展的目标涵盖了从初次分配到二次分配以及三次分配，但毫无疑问，二次和三次分配重在调节与改善收入分配状况。初次分配中存在的劳动报酬占比偏低、最广大人民获取资产要素收入机会有限等问题，才是导致贫富悬殊、两极分化的根本原因，是实现共享发展的最大阻碍。因此，通过"益贫"的增长方式，在初次分配阶段减少居民的收入差距，是从根本上提高居民获得感、实现共享发展的重点。通过益贫式增长的视角对共享发展进行测度具有理论上的可行性。

其次，从学术界已有的研究来看，虽然对共享发展尚无明确的评价标准，但在益贫式增长的测度方面已有较为成熟的方法。从宏观的角度，我们可以采用减贫等值增长率这个与贫困减少存在单调关系的益贫式增长度量指标。从微观的角度，依照数据来源的不同，一方面，可以采用中国家庭收入调查（CHIP）的微观调查数据，测算居民收入维度的益贫式增长指数；另一方面，以中国家庭追踪调查（CFPS）为分析样本，可以用家庭总消费支出除以人口数计算人均消费支出，测算消费支出的益贫性。此外，还可以直接从收入差距的角度，对益贫式增长的成效加以测度。因此，通过益贫式增长的视角对共享发展进行测度具有技术上的可行性。

一、益贫式增长的宏观测度

（一）测量方法

一国或地区经济增长是否实现益贫式增长，通常取决于收入分配和经济增长两个因素，而不平等和经济增长两者相互交织，因此一个经济体是否是益贫式增长需要构建益贫式增长的度量方式，即将经济增长的减贫效应和收入分配改善的减贫效应区分开来。为度量经济增长是否实现益贫式增长，所提出的测度方法需要满足单调性标准，即要寻找一个与贫困减少存在单调关系的益贫式增长度量指标，该指标最大化意味着贫困减少最大化。目前认为，只有卡瓦尼和孙（Kakwani & Son，2008）提出的减贫等值增长率（poverty equivalent growth rate，PEGR）符合标准。PEGR 方法就是融合这两个因素为一个指标，该指标能保证经济增长和减贫的单调关系，即 PEGR 越大，经济增长的减贫效应也越大。

1. 贫困的度量

卡瓦尼和孙（2008）将贫困定义为受到绝对剥夺，即一个人的生活水平低于全社会最低生活标准。若有样本量为 n 的家庭调查数据，家庭人均消费或收入为 x_i，贫困线为 z，那么全社会的贫困状况就可以由全社会的平均受剥夺程度来定义，采用福斯特、格里尔和托尔贝克（Foster，Greer & Thorbecke，1984）提出的贫困测度指标 FGT 对贫困进行度量：

$$P_\alpha = \sum_{i=1}^{n} I_i \left[\frac{z - x_i}{z} \right]^\alpha w_i \tag{1.1}$$

其中，I_i 为取值 0 或 1 的示性系数，即家庭人均收入或消费 x_i 小于贫困线 z 时取 1，反之取 0；w_i 是 i 个家庭的权重，可用家庭人数占样本总数的比重来表示。α 为不平等厌恶系数，当 $\alpha = 0$ 时，贫困测度指标表示贫困人口比例，即贫困发生率 P_0；当 $\alpha = 1$ 时，贫困测度指标表示贫困差距，即贫困深度 P_1；当 $\alpha = 2$ 时，贫困测度指标表示贫困差距的平方，即贫困强度 P_2。

2. 减贫等值增长率

贫困的减少源于两个方面：一是经济的增长；二是分配的改善。而这两者又相互影响。因此，减贫等值增长率希望得到在收入分配不发生变化的情形下，减少同样比例的贫困人口对应的增长率水平。

若以 η 表示减贫增长弹性即表示当收入增加 1% 时贫困变化的百分比，我们希望能够将其分解为纯粹增长效应（以 δ 表示）和分配效应（以 ε 表示），可以表示为 $\eta = \delta + \varepsilon$。$\delta$ 为纯粹增长效应，即当收入分配情况没有发生变化时，经济增长率变化 1% 时贫困变化的百分比；而 ϵ 是分配效应，即当经济增长不发生变化时由于收入分配改善带来的贫困变化的百分比。根据卡瓦尼和孙（2008）提出的分解公式，可计算出 δ 和 ε。

若以 γ^* 表示减贫等值增长率，那么 PEGR 可以表示为：

$$\gamma^* = \frac{\eta}{\delta} \gamma \tag{1.2}$$

其中，γ 为社会平均收入增长率，对于经济增长的益贫性的判定可以分为以下几种情形。卡瓦尼和孙（2008）指出，当且仅当 $\gamma^* > \gamma > 0$ 时是益贫的。如果 $\gamma > \gamma^* > 0$，意味着经济增长的同时收入分配恶化，但是贫困在减少，这就是涓滴机制；如果 $\gamma^* < 0$、$\gamma > 0$，意味着经济在增长，但是贫困在恶化，也就是虽然经济增长，但是收入分配恶化，导致贫困增加的程度超过了经济增长的效果；如果 $\gamma^* > 0$、$\gamma < 0$，意味着经济衰退，但是如果收入分配情况改善，也可以带来贫困的减少；如果 $\gamma^* < \gamma < 0$，意味着经济衰退的同时，贫困者的境况更加恶化，贫困者受到经济衰退的冲击要大于高收入者；如果 $\gamma < \gamma^* < 0$，则意味着经济衰退的同时，贫困者受到的冲击要小于高收入者。

3. 减贫等值增长率的计算

贫困度量指标一般可表示为 $P = P(z, \mu, L(p))$，其中 z 为贫困线，μ 为平均收入（或消费），$L(p)$ 为洛伦兹曲线。若用下标 1、2 分别表示各个变量在期初和期末的值，那么减贫增长弹性为：

$$\hat{\eta} = \left[\ln(P(z,\mu_2,L_2(p))) - \ln(P(z,\mu_1,L_1(p))) \right] / \hat{g} \qquad (1.3)$$

其中，$\hat{\gamma}$ 表示经济增长率，可用平均收入（或消费）的对数差分表示，即 $\hat{\gamma} = \ln(\mu_2) - \ln(\mu_1)$，那么 PEGR 的估计值为：

$$\hat{\gamma}^* = \left(\frac{\hat{\eta}}{\hat{\delta}} \right) \hat{g} = \hat{\phi} \hat{g} \qquad (1.4)$$

而且有 $\hat{\eta} = \hat{\delta} + \hat{\varepsilon}$，根据卡瓦尼和佩尼亚（Kakwani & Pernia，2000）提出的贫困分解方法可得：

$$\hat{\delta} = \frac{1}{2} \left[\ln(P(z,\mu_2,L_1(p))) - \ln(P(z,\mu_1,L_1(p))) + \ln(P(z,\mu_2,L_2(p))) \right.$$
$$\left. - \ln(P(z,\mu_1,L_2(p))) \right] / \hat{\gamma}$$

$$\hat{\varepsilon} = \frac{1}{2} \left[\ln(P(z,\mu_1,L_2(p))) - \ln(P(z,\mu_1,L_1(p))) + \ln(P(z,\mu_2,L_2(p))) \right.$$
$$\left. - \ln(P(z,\mu_1,L_1(p))) \right] / \hat{\gamma} \qquad (1.5)$$

（二）测量结果

发展理念是发展行动的先导，没有正确的路径和方法，实现共同富裕只能是空中楼阁。共享发展作为实现共同富裕路径的新阶段，要着力解决当前经济社会发展中的诸多问题，其中一个关键难题是促进中低收入者收入快速增加。

我们通过计算减贫增长弹性以及益贫式增长指数来说明中国共同富裕道路走向新阶段的必要性和迫切性。为此，我们需要确定贫困的标准。本书选择世界银行提出的极端贫困标准。1990 年，世界银行根据 1985 年的购买力平价数据，将贫困线标准定在每天 1.01 美元。2005 年，世界银行根据新的购买力平价数据将标准提高到 1.25 美元。所以，本书在 2005 年之前采用每人每天 1 美元的贫困标准，而 2005 年之后采用 1.25 美元。由于世界银行的贫困线是根据购买力平价计算所得，限于数据可得性，本书以美国 1985 年价格为基期计算出 1985～2004 年定基消费者价格指数，然后计算出相应年份以美元计价的贫困线，并按照中国价格总水平变化率计算出的实际汇率计算出相应年份以人民币计价的贫困线，然后以定基价格指数调整消除价格变动的影响。2005～2015 年的贫困线采用同样方法处理。① 一年按照 365

---

① 美国同比消费者物价指数来源于 Wind 数据库。

天计算，将每天的最低生活标准折算成年贫困线。

至于贫困的度量，卡瓦尼和孙（2006）采用了一类加性可分贫困度量方法，并认为他们的方法最具一般性。若有样本量为 n 的家庭调查数据，家庭人均消费或收入为 x_i，贫困线为 z，那么衡量全社会贫困情况可以有三种度量方法：一是低于贫困线的人数占全部人口的百分比，这种方法直观但不精确，无法度量出每个人的贫困程度；二是用个体的人均收入与贫困线"距离"的和来表示，这样能表示出每个人的贫困程度，在求和的过程中将每个人视为相同的，但是有些人的收入距离贫困线更远，有些人距离更近，距离更远的人意味着更加贫困，脱贫更困难；三是将距离更远的人赋予更大权重，即"距离"的加权和。本书采用一类加性可分的贫困测度指标 FGT 对贫困进行度量：

$$P_{\alpha} = \sum_{i=1}^{n} I_i \left[\frac{z - x_i}{z} \right]^{\alpha} w_i \qquad (1.6)$$

其中，I_i 为取值 0 或 1 的示性系数，即家庭人均收入或消费 x_i 小于贫困线 z 时取 1，反之取 0；w_i 是 i 个家庭的权重，可用家庭人数占样本总数的比重来表示。当 $\alpha = 0$ 时，贫困测度指标就表示贫困人口比例，即贫困发生率 P_0；当 $\alpha = 1$ 时，贫困测度指标就表示贫困差距，即贫困深度 P_1；当 $\alpha = 2$ 时，贫困测度指标就表示贫困差距的平方，即贫困强度 P_2。α 为不平等厌恶系数，可以理解为 α 取值越大，赋予贫困的权重越大。

我国统计部门在 2013 年之前分别开展了城镇住户调查和农村住户调查，2013 年之后实施城乡一体化住户收支与生活状况抽样调查，同时公布全国居民可支配收入、城镇居民可支配收入、农村居民可支配收入等收支数据。2012 年及以前的数据只有城镇居民可支配收入、农村居民纯收入，而且城镇居民人均可支配收入还公布了最低收入户（10%）、较低收入户（10%）以及较高收入户（10%）、最高收入户（10%）的人均可支配收入，农村人均纯收入以及城乡一体化的人均可支配收入均是按照五等分组公布的。鉴于此，本书首先将 2013 年之前各年份的城镇人均可支配收入分成五等分，即取最低收入户和较低收入户、较高收入户和最高收入户的简单平均。由于不同收入人群在城市和农村的分布不同，因此计算了国家统计局公布的 2013 年对应分组的城镇与农村居民可支配收入的差距 l，以及对应分组的城镇居民可支配收入与全国平均水平的差距 c，那么 c/l 为各相应收入分组的城镇居民人均可支配收入在城乡一体化统计中的权重，[①] 以此计算出 2002~2012 年全国城乡一

---

① 计算的结果按照低收入组到高收入组排列，分别为 0.22、0.32、0.46、0.60、0.72。

体化的人均可支配收入。

　　图1-1展示了利用全国居民五等分可支配收入计算的2002~2019年贫困指标变化情况。其中，贫困发生率是指家庭人均可支配收入低于绝对贫困线的贫困人口占总人口的比重。从图1-1可以看出，中国贫困发生率迅速下降，时至今日，贫困发生率不足10%。贫困深度和贫困强度是贫困人口的居民收入与贫困线差距的加权和，也表现出了与贫困发生率类似的趋势。由此可见，在经济高速发展的同时，中国贫困发生率加速下降，国内减贫事业取得显著成效。

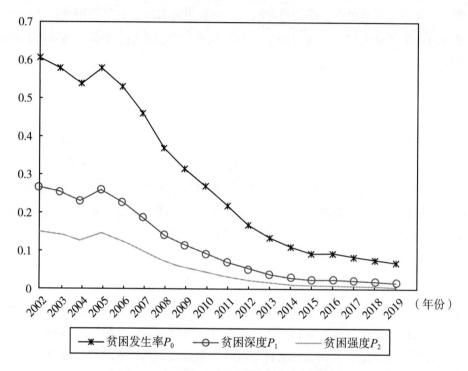

图1-1　2002~2019年贫困指标变化情况

　　在此基础上，我们计算了减贫增长弹性 η，即当经济增长率变化1%时贫困指标变化的百分比。该值为负，意味着经济发展伴随着贫困的减少，当然这种减少一部分是因为"蛋糕"更大了，另一部分是因为分配改善了；该值为正，则意味着经济发展了但贫困增加了。计算结果如图1-2所示。

　　从图1-2可以看出，减贫增长弹性总体为负，意味着伴随着经济增长贫困情况也得到改善。但是，2012年之后经济增长的减贫效果有所减弱。

　　本书按照贫困发生率、贫困深度、贫困强度三种指标计算的益贫式增长判定系数如表1-1所示。

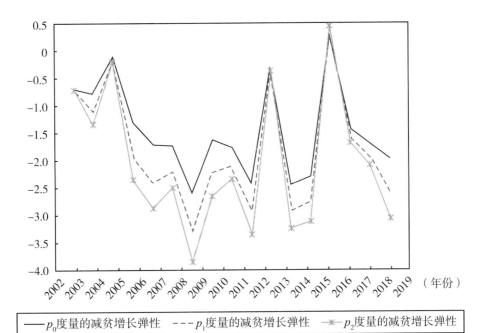

图 1-2　2002~2019 年的减贫增长弹性

表 1-1　　全国益贫式增长判定系数

时期	以贫困发生率计算	以贫困深度计算	以贫困强度计算
2002~2003 年	1.19	0.84	0.86
2003~2004 年	0.97	0.97	0.98
2004~2005 年	-1.25	-1.63	-1.91
2005~2006 年	1.23	1.27	1.27
2006~2007 年	1.37	1.38	1.39
2007~2008 年	1.33	1.27	1.30
2008~2009 年	1.49	1.48	1.49
2009~2010 年	1.41	1.53	1.41
2010~2011 年	1.35	1.30	1.34
2011~2012 年	1.42	1.43	1.41
2012~2013 年	1.40	1.42	1.38
2013~2014 年	1.31	1.31	1.29
2014~2015 年	1.30	1.34	1.27
2015~2016 年	1.00	1.00	1.00
2016~2017 年	1.03	1.02	1.01
2017~2018 年	1.02	1.02	1.01
2018~2019 年	1.02	1.02	1.02

从表1-1可以看出，进入21世纪以来，我国经济增长总体来说具有益贫性，但在2005年之前还不能认为具有较强的益贫性。因为2002~2003年以贫困发生率计算的益贫指标虽然大于1，但是以贫困深度和贫困强度计算的数值均小于1，这表明经济增长并非严格益贫，低收入人群的收入增长速度要低于高收入人群，特别是人均收入离贫困线更远的低收入者的收入增速要低于高收入人群。这充分说明我国从改革开放之初的先富带动后富转向现在的共享发展十分必要，共享发展是共同富裕道路的新阶段。

借鉴蔡荣鑫（2009）对经济增长和收入分配之间关系的描述，我们同样利用人口和收入的分布曲线（见图1-3）来分析经济快速增长与共享发展成果、共同富裕之间的关系。

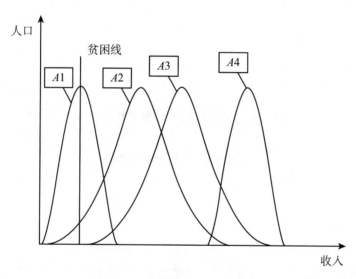

图1-3　经济增长与收入分布

从图1-3可以看出，期初一个发展中国家的经济状况可由曲线A1表示，此时大部分人口处于贫困线以下，但收入分配比较平均。通过少数人先富实现经济快速增长，平均收入增加，但同时收入差距快速拉大，大部分人的生活水平随着经济发展水涨船高，但随着经济增长减贫效应递减，仍有一部分人难以摆脱贫困，此时居民收入分布的状况可由曲线A2所示。进一步发展，有助于低收入人群增收但对减少不平等的作用可能有限，所以此时的收入分布就如曲线A3所示，所有人都摆脱了绝对贫困但收入分配的差距仍然较大。如果消除绝对贫困之后，使低于平均收入的人群获得比平均收入增长更高的收入，就能使收入增加、收入差距缩小，形成经济增长与收入分配的良性互动如曲线A4所示。

这里的分析表明，先富带动后富的主要任务是解放、发展生产力，让中国迅速摆脱"低收入陷阱"。在实现这一目标后，我们必须迅速转换发展思路，坚持共享发展成果和共享发展的新理念，这实质上是在马克思主义共同富裕道路上迈向了新阶段。

二、益贫式增长的微观测度

（一）适用于 CHIP 的测量方法

1. 测度指标说明

近年来，随着国内大样本微观调查数据的公开，我们有机会利用国内不同地区的城乡居民家庭收支调查数据，对中国经济发展进程中城乡居民收支的益贫式增长成效开展更为精确的测度。北京师范大学开展的中国家庭收入调查（China House-hold Income Project，CHIP）是我国较早开展微观居民收支调查的项目，其样本覆盖面较广、数据权威性较强，且已有大量国内外文献使用该数据库进行收入分配、贫困代际传递以及城乡居民收入影响因素等方面的实证研究。鉴于此，本节结合 1988 ~ 2013 年中国家庭收入调查的微观调查数据测算居民收入维度的益贫式增长指数。卡瓦尼和孙（2008）提出了标准的益贫式增长衡量指标，认为减贫等值增长率符合单调性标准，是测度益贫式增长的合理指标。

定义指标 $KAW = \hat{\mu}/\hat{\sigma} = (\hat{\gamma} + \hat{\sigma})/\hat{\sigma}$，其中，$\hat{\sigma}$ 为纯增长效应，$\hat{\gamma}$ 为纯分配效应。当 $KAW > 1$ 时，界定为强益贫式增长，即穷人从经济增长中的获益高于非穷人；当 $0 < KAW < 1$ 时，增长的减贫弹性为负。但纯分配效应对贫困的正面影响能够被增长的减贫促进效应所抵消，此时定义为涓滴式增长，或弱益贫式增长；当 $KAW < 0$ 时，纯分配效应强于纯增长效应，经济增长导致贫困增加。

2. 数据来源

以 1988 ~ 2013 年中国家庭收入调查的微观调查数据中家庭人均总收入数据进行测算。[①] 2005 年之前采用每人每天 1 美元的贫困线标准，2005 年之后采用 1.25

---

① 中国家庭收入调查（CHIP）已经相继在 1989 年、1996 年、2003 年、2008 年、2014 年和 2019 年进行了六次入户调查。使用家庭总收入与人口比值表示的人均收入测度益贫式增长指数，原始数据均来自该数据库(http://www.ciidbnu.org/)。受 CHIP 数据期间及数据公开性的制约，本书使用该数据库针对国内益贫式增长进行的微观测算只测算到 2013 年。

美元作为贫困线标准。① 选取 $\alpha=1$，即测度贫困差距（又称贫困深度）的益贫性（谢超峰等，2017）。设定权重为调查户人口占地区总调查人数的比重，利用 Stata 提供的 DASP 程序包进行测度。②

3. 测算结果与分析

CHIP 数据库并不是连续年份和固定个体的跟踪调查。益贫式增长指标测度至少需要同一地区两个年份的样本，因此，我们按照最近年份相邻的原则，剔除调查期间只出现一次的省份，以各个调查时间节点内出现两次以上的国内省际地区为样本，③ 测算各期各地区居民人均收入的益贫式增长指数，主要测算结果见表 1-2。

表 1-2　　　　1988~2013 年以家庭人均收入计算的收入增长益贫性（贫困强度 $\alpha=1$）

时期	纯增长效应（G）			纯分配效应（KAW）			减贫等值增长率（PEGR）		
	东部地区	中部地区	西部地区	东部地区	中部地区	西部地区	东部地区	中部地区	西部地区
1988~1990 年	4.0178	2.7448	1.0076	0.2303	0.1439	0.1566	1.0236	0.4135	0.1650
1990~1991 年	0.1498	0.1342	0.1226	0.2590	0.1571	0.1728	0.0406	0.0191	0.0214
1991~1992 年	0.1708	0.3009	0.0515	0.1355	0.2281	0.0292	0.1624	0.2072	0.0337
1992~1993 年	0.2190	0.1819	0.2108	0.3636	0.2327	0.2449	0.0793	0.0421	0.0516
1993~1994 年	0.1854	0.2021	0.1826	0.3754	0.2784	0.2909	0.0699	0.0562	0.0537
1994~1995 年	0.4951	0.3331	0.3354	0.6802	0.5257	0.4879	0.3289	0.1771	0.1664
1995~1996 年	0.0754	0.0625	0.0541	0.4515	0.3556	0.3489	0.0360	0.0222	0.0189
1996~1997 年	0.0870	0.1117	0.0832	0.5942	0.3706	0.3877	0.0530	0.0414	0.0324
1997~1998 年	0.1176	0.0992	0.0963	0.5293	0.3872	0.3863	0.0642	0.0384	0.0371
1998~1999 年	0.1428	0.0921	0.1052	1.0541	0.4577	0.5716	0.0955	0.0428	0.0540
1999~2000 年	0.0782	0.0829	0.0929	0.6374	0.4911	0.4969	0.0533	0.0401	0.0460
2000~2001 年	0.0868	0.1004	0.0856	0.5140	0.4674	0.4869	0.0495	0.0448	0.0419

---

① 1990 年，世界银行根据 1985 年的购买力平价数据，将贫困线标准定在每天 1.01 美元。2005 年，世界银行根据新的购买力平价数据将标准提高到 1.25 美元。

② Stata11.0 以上版本均可直接下载 DASP 程序包进行各项贫困度指标及益贫式增长指标的测算。

③ 截至目前，公开获得 CHIP 数据库中只在 1988 年数据样本中出现一次的省份有：福建、广西、海南、黑龙江、内蒙古、宁夏、青海、上海和天津，本书分析中剔除了这些省份样本。

续表

时期	纯增长效应（G）			纯分配效应（KAW）			减贫等值增长率（PEGR）		
	东部地区	中部地区	西部地区	东部地区	中部地区	西部地区	东部地区	中部地区	西部地区
2001～2002 年	0.1063	0.1191	0.1373	1.5814	1.6901	1.1147	0.1632	0.2019	0.1478
2002～2007 年	0.6990	0.8016	0.3104	0.6279	0.5587	0.5425	0.4663	0.4471	0.1015
2007～2011 年	0.2250	0.4388	0.6515	0.3441	0.5004	1.0439	0.7854	0.2026	0.6764
2011～2012 年	0.1058	0.1125	0.1134	0.8588	0.7107	0.6538	0.0902	0.0794	0.0719
2012～2013 年	0.1347	0.1630	0.1272	0.8946	0.6784	0.7212	0.1221	0.1149	0.0909
平均	0.4174	0.3577	0.2216	0.5960	0.4843	0.4786	0.2167	0.1289	0.1065

注：家庭收入调查原始数据来自 CHIP 数据库。总收入是以下分项收入之和：务农、农业产业、集体经济、土地流转、外地寄回、礼金、出租生产资料、副业、工资、财产性收入、转移性收入、利息、分红、津贴、补贴。在有效的 20 个样本省份中，东部地区 7 个，包括北京、河北、辽宁、江苏、浙江、山东、广东；中部地区 7 个，包括吉林、山西、安徽、江西、河南、湖北、湖南；西部地区 6 个，包括重庆、四川、贵州、云南、陕西、甘肃。涉及单个省份的测算结果备索。

从表 1-2 可以看出，首先，1988～2013 年间的多数年份，中国各地区 KAW 指数均在 0～1 之间，均未实现严格意义上的强益贫式增长，但实现了涓滴式增长，即弱益贫式增长。其次，从国内三大经济区的分类数据看，东部地区居民家庭人均收入增长的益贫效应强于中部和西部地区。东、中、西部地区的 KAW 指数均值分别为 0.596、0.484、0.479。1998～1999 年仅东部地区的 KAW 大于 1，具有强益贫效应。再次，从纯增长效应的地区分类看，东部地区家庭人均收入的纯增长效应同样强于中部和西部地区。东部地区的 G 指数均值达到 0.417，高于中部地区（0.358）和西部地区（0.222）。最后，减贫等值增长率 PEGR 的均值也呈现东、中、西部依次递减的态势。

（二）适用于 CFPS 的测量方法

20 世纪 90 年代，益贫式增长作为亚洲发展银行减少贫困战略的三项支柱之一被首次提出。益贫式增长可分为绝对益贫式增长和相对益贫式增长。其中，绝对益贫式增长是指穷人获得增长的绝对利益等于或多于非穷人（White & Anderson，2000），相对益贫式增长则是指经济增长给穷人带来的收入增长比例大于非穷人（Kakwani & Son，2008）。中国贫困发生率随着居民家庭人均分项收入水平不断提高显著下降已成为不争的事实（王朝明和姚毅，2010）。较多的研究也论证了中国已经实现益贫式增长（韩秀兰和李宝卿，2011；范从来和谢超峰，2018）。然而，单纯的收入维度只是衡量增长减贫效应的一个方面（李实和Knight，2002）。布吉尼翁和查克拉瓦蒂（Bourguignon & Chakravarty，2003）认为，以消费支出衡量的多维贫困程度远高于单纯收入维度测度的贫困水平。埃萨马-恩萨和兰伯特（Essama-Nssah & Lambert，2009）同样认为，益贫式增长更应重点关注居民消费支出的益贫性问题。消费支出的益贫性能够更为准确地衡量经济发展的益贫式增长绩效（谢超峰等，2017）。居民家庭人均消费支出的益贫性示意见图1-4。

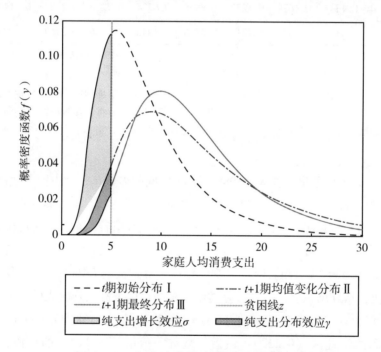

图1-4 人均消费支出的减贫效应分解

图1-4横轴表示家庭人均消费支出，纵轴表示消费支出概率分布值。垂直于横轴的直线表示消费贫困线z。三条人均消费支出的概率密度曲线与贫困线z所形成的封闭区域面积表示低于消费贫困线的家庭比例。假设t到$t+1$期，消费支出增加会对减贫产生纵向的支出增长效应σ，即消费支出由初始分布Ⅰ过渡到均值变化导致的分布Ⅱ，下降幅度为：

$$\sigma = \int_0^z \left[pdf'_{\mathrm{I}}(exp_{k,t}) - pdf'_{\mathrm{II}}(exp_{k,t+1}) \right] dg \tag{1.7}$$

其中，σ表示单纯人均消费支出增加对减贫的影响；$pdf'_{\mathrm{I}}(exp_{k,t})$表示$t$期人均消费支出的分布函数；$pdf'_{II}(exp_{k,t+1})$ 为仅由人均消费支出均值增长导致的支出分布函数；$t+1$ 期实际的消费分布函数还应包括消费支出分布变化所带来的贫困减少效应 γ，即在人均消费支出均值不变的情况下，由消费结构改变所导致的消费支出分布变化，可由 $t+1$ 期的中间分布 II 过渡到 $t+1$ 期的最终分布 III 表示为：

$$\gamma = \int_0^z \left[pdf'_{II}(exp_{k,t+1}) - pdf'_{III}(exp_{k,t+1}) \right] dg \tag{1.8}$$

其中，γ 表示消费分布变化的减贫效应，$pdf'_{III}(exp_{k,t+1})$ 表示 $t+1$ 期最终消费分布函数。由式（1.7）和式（1.8）及图 1-4 可知，消费支出益贫性应包括消费支出增加所引致的支出增长效应 σ 和由消费分布变化引致的支出分布效应 γ 两部分。本书以居民家庭消费支出益贫性的测算为基础，使用 2010~2016 年 CFPS 微观调查数据，[①] 测度全国 162 个市县级层面家庭消费支出益贫性。

1. 指标说明与数据来源

以北京大学中国家庭追踪调查为分析样本，用家庭总消费支出除以人口数计算人均消费支出，测算消费支出的益贫性。使用家庭所在省份消费价格指数（以2010 年为基期）对人均家庭消费支出进行平减。世界银行 2005 年之前采用每人每天 1 美元的贫困线标准，2005 年之后采用每人每天 1.25 美元作为贫困线标准。2015 年，世界银行将国际贫困线标准从此前的每人每天生活支出 1.25 美元上调至1.9 美元。使用 2010~2016 年官方人民币兑美元汇率换算成人民币确定贫困线，2010~2014 年的贫困线为每人每天生活支出 1.25 美元，2016 年则调整为 1.9 美元，年人均贫困线消费支出按照 365 天测算。选取 $\alpha=1$。权重为调查户人口占地区总调查人数比重。

2. 测算结果与分析

（1）全国层面的整体分析。按照最近年份相邻原则，剔除样本中非连续出现的省份，以各调查时间节点均出现的市县级地区为样本。利用 Stata 提供的 DASP 程序包，按照 CFPS 数据库中 162 个市县区代码测度分年度消费支出的益贫性，测度包括人均消费支出增长率（G）、消费益贫效应（KAW）和减贫等值增长率（$PEGR$）在内的三个消费益贫性指数。测算结果见表 1-3。

---

① 在本书初稿写作时 CFPS 数据仅公布至 2016 年，因此，本书采用该数据进行的测算截至 2016 年。

表1-3　　　　　居民家庭人均消费益贫性测算结果（贫困强度 $\alpha=1$）

时期	消费益贫效应（KAW）					减贫等值增长率（PEGR）		
	均值	标准差	KAW>1 占比(%)	0<KAW<1 占比(%)	KAW<0 占比(%)	均值	标准差	PEGR>0 占比(%)
2010~2011年	-0.540	5.084	4.4	91.5	4.1	-0.085	0.340	95.9
2011~2012年	0.675	2.904	2.9	91.9	5.3	0.390	0.171	94.8
2012~2014年	0.288	2.203	2.9	94.3	2.9	0.101	0.269	97.2
2014~2016年	0.048	3.550	3.3	92.1	4.3	0.023	0.209	95.4

注：家庭总支出包括衣着消费、食品消费、医疗保健、文教娱乐、居住、日用品、交通通信等消费性支出以及转移性、福利性和购房建房贷款支出。2011年和2016年CFPS数据库没有直接提供分项支出的指标，参考2010年和2012年的测算方法自行统计。

从表1-3中家庭人均消费益贫效应指数测算结果可以看出：首先，2010~2016年，消费益贫效应均值呈现先提升后下降的倒"U"型变化，标准差逐年下降，表明消费支出的益贫效应有集中化的趋势。考察期内，0<KAW<1的市县区占比始终保持在91%以上，说明消费支出呈现"弱益贫式增长"。其中，2010~2011年，消费益贫效应均值为-0.540，消费呈现显著的非益贫性。该年度，消费益贫效应的标准差为5.084，说明消费支出益贫性在不同地区之间呈现较大差异。强益贫性、弱益贫性和非益贫性的地区占比分别为4.4%、91.5%和4.1%。此外，2014~2016年度，消费益贫效应均值下降为0.048。标准差有所增大，但该年度依然有92.1%的地区消费支出呈现弱益贫性，强益贫性和非益贫性的地区占比分别为3.3%和4.3%。其次，减贫等值增长率同样呈现先提升后下降的倒"U"型变化，且地区之间差距在缩小。2010~2011年度，减贫等值增长率均值为-0.085，标准差为0.340，PEGR>0的地区占比为95.9%。2014~2016年度，减贫等值增长率均值下降为0.023，PEGR>0的地区占比为95.4%。综上所述，中国家庭消费支出呈现明显的弱益贫性。消费支出增加对减贫有较强促进作用，但消费差距改善对减贫的促进效应未充分发挥。

（2）区域层面的差异分析。进一步分析消费减贫等值增长率的地区差异。从表1-4可以看出：第一，东北地区减贫等值增长率均值在2010~2011年度和2014~2016年度呈现负值，且PEGR>0的地区占比在2012~2014年度达到98.1%的最大值后逐年下降；第二，沿海发达地区减贫等值增长率均值在考察期内均为正，且PEGR>0的地区占比均在95%以上；第三，2010~2011年度，黄河中游和长江中游地区人均消费减贫等值增长率均值均为负，但在随后的考察期内均为正值，而减贫等值增长率的标准差下降明显，说明沿江中游地区人均消费的减贫等值增长率有所提升，且趋同性更强；第四，西南和西北地区消费支出的减贫等值增长率均值在国内保持领先水平，特别是 2011 ~ 2012 年度，西南和西北地区人均消费的减贫等值增长率分别达到 0.559 和 0.386，显著高于全国同期的其他地区。可以看出，不同地区的消费支出益贫性上还是存在比较明显的差异的。总体来看，西南和西北地区表现较好，沿海发达地区次之，中部地区在近年表现有明显提升，东北地区整体表现相对较弱。

表 1 - 4　　　　居民家庭人均消费减贫等值增长率的
地区差异（贫困强度 $\alpha = 1$）

地区	时期	减贫等值增长率（PEGR）		
		均值	标准差	$PEGR > 0$ 占比（%）
东北 （24）	2010 ~ 2011 年	- 0.110	0.701	93.8
	2011 ~ 2012 年	0.326	0.377	97.5
	2012 ~ 2014 年	0.314	0.303	98.1
	2014 ~ 2016 年	- 0.106	0.431	91.4
北部沿海 （17）	2010 ~ 2011 年	0.158	0.379	93.8
	2011 ~ 2012 年	0.193	0.421	98.1
	2012 ~ 2014 年	0.009	0.458	96.3
	2014 ~ 2016 年	0.056	0.269	96.9
东部沿海 （24）	2010 ~ 2011 年	0.032	0.295	94.4
	2011 ~ 2012 年	0.191	0.430	96.3
	2012 ~ 2014 年	0.110	0.844	96.3
	2014 ~ 2016 年	0.128	0.581	94.4
南部沿海 （18）	2010 ~ 2011 年	0.070	0.151	97.5
	2011 ~ 2012 年	0.190	0.223	97.5
	2012 ~ 2014 年	0.227	0.204	98.8
	2014 ~ 2016 年	0.199	0.309	97.5
黄河中游 （26）	2010 ~ 2011 年	- 0.146	0.697	91.4
	2011 ~ 2012 年	0.251	0.733	96.9
	2012 ~ 2014 年	0.267	0.331	97.5
	2014 ~ 2016 年	0.026	0.253	93.8

续表

地区	时期	减贫等值增长率（PEGR）		
		均值	标准差	PEGR>0 占比（%）
长江中游 （15）	2010~2011 年	−0.103	0.667	95.1
	2011~2012 年	0.193	0.356	97.5
	2012~2014 年	0.142	0.538	96.9
	2014~2016 年	0.111	0.543	97.5
西南 （22）	2010~2011 年	−0.055	0.400	93.2
	2011~2012 年	0.559	0.344	94.5
	2012~2014 年	0.327	1.622	94.4
	2014~2016 年	0.156	1.144	97.4
西北 （16）	2010~2011 年	−0.050	0.345	95.7
	2011~2012 年	0.386	0.606	97.5
	2012~2014 年	0.063	0.296	96.9
	2014~2016 年	0.146	0.309	97.3

注：按照 2005 年国务院发展研究中心发布的《地区协调发展的战略和政策》报告提出的八大经济区划分。括号内为市县区个数。

第二章 ◁

长三角地区经济增长的益贫性

长三角地区是中国改革开放的排头兵，经济发展处于全国领先地位，人均收入以及城镇化水平都较高。[①] 但经过多年发展，其依然存在着零星贫困以及人民的获得感不高等问题。我们需要反思先富能否必然带动后富，仅仅通过共享发展成果能否实现全面建成小康社会所要求的共同富裕，以及经济发达地区如何以共享发展为指导率先实现全面建成小康社会的目标等问题。本章基于新卡莱斯基增长模型，将增长与不平等纳入一个统一框架，分析贫富差距缩小与经济增长相结合的理论逻辑合理性，并对长三角地区经济增长的益贫性进行讨论。

一、基于新卡莱斯基增长模型的不平等与增长分析

（一）模型基本假定

借鉴巴杜里和马格林（Bhaduri & Marglin, 1990）以及帕利（Palley, 2017）的研究，假定社会由工人和企业家构成，他们的收入来自工资和利润。这里考虑一种更为一般的情况：工人的收入来自工资，同时也有一部分分红，当然工人所获得的分红小于企业家的分红。企业家的收入来自利润分红，但是其作为企业管理者，也从企业获得工资。同时假定工人和企业家都有正的储蓄倾向。根据这些假设，有如下方程：

[①] 苏浙沪皖四地的 GDP 总和从 2002 年开始占全国 GDP 的 1/5 以上。

$$Y = W + \Pi \tag{2.1}$$

$$W = (1 - z)Y \tag{2.2}$$

$$\Pi = zY \tag{2.3}$$

$$\varphi_K + \varphi_L = 1 \tag{2.4}$$

$$\sigma_K + \sigma_L = 1 \tag{2.5}$$

其中，Y 为国民总收入；W 为工资总额；Π 为利润总额；z 为总收入中的利润份额；φ_K 为工资总额中企业家获得的工资份额；φ_L 为工资总额中工人获得的工资份额，显然 $0 \leqslant \varphi_K \leqslant 1$、$0 \leqslant \varphi_L \leqslant 1$，且 $\varphi_K < \varphi_L$；σ_K 为利润总额中企业家获得的利润份额，σ_L 为利润总额中工人获得的利润份额，根据假定有 $\sigma_K > \sigma_L$、$\sigma_K > \varphi_K$、$\sigma_L < \varphi_L$，也就是说，工人的收入来源主要是工资，企业家的收入来源主要是利润分红。

根据以上假定，不难得出：

$$y_W = (\varphi_L W + \sigma_L \Pi)/Y \tag{2.6}$$

$$y_K = (\varphi_K W + \sigma_K \Pi)/Y \tag{2.7}$$

其中，y_W 为工人的收入份额，y_K 为企业家的收入份额。两者一定满足以下关系：

$$y_W + y_L = 1 \tag{2.8}$$

$$y_W = \varphi_L(1 - z) + \sigma_L z \tag{2.9}$$

$$y_K = \varphi_K(1 - z) + \sigma_K z \tag{2.10}$$

由此可以定义整个社会的收入不平等指标：

$$\psi = \frac{y_K}{y_W} \tag{2.11}$$

即两类家庭的收入之比。显然，在总收入一定的前提下，企业家收入增加则全社会收入不平等会增加，而增加工人收入则可以降低收入不平等。根据式（2.9）和式（2.10），可以将收入不平等指标表示为：

$$\psi = \frac{\varphi_K(1 - z) + \sigma_K z}{\varphi_L(1 - z) + \sigma_L z} \tag{2.12}$$

也就是说，收入不平等取决于功能性收入分配。

（二）卡莱斯基增长模型中不平等与增长的均衡分析

首先，引入资本积累率函数如式（2.13）。其中，I 为投资，K 为资本存量。

$$\frac{I}{K} = I = \alpha_0 + \alpha_1 u + \alpha_2 z + \alpha_3 \pi \qquad (2.13)$$

其中,$I = I/K$ 表示资本积累率;在投资决策过程中,企业家的资本积累热情和冲动对投资起着非常重要的作用,因此用 α_0 表示企业家的投资热情即"动物精神";u 为产能利用率,即 Y/K;z 为总收入中的利润份额;π 表示利润率即 Π/K。也就是说,在一个利润导向的经济环境中,将投资函数简化为产能利用率、利润份额和利润率的线性函数。根据以上对经济投资过程的刻画,利润率可以表示为:

$$\pi = zu \qquad (2.14)$$

利润率等于利润份额与产能利用率的乘积。利润份额是企业成本加成定价能力的函数。企业成本加成定价的能力取决于企业在产品市场上的垄断力量和在劳动力市场上讨价还价的能力。

其次,定义经济的储蓄函数。令 S 表示总储蓄,S_K 和 S_L 分别表示企业家和工人的储蓄函数。那么:

$$S = S_K + S_L^{①} \qquad (2.15)$$
$$S_K = \beta_K [(1 - \varphi_L)(1 - z)u + (1 - \sigma_L)zu] \qquad (2.16)$$
$$S_L = \beta_L [\varphi_L(1 - z)u + \sigma_L zu] \qquad (2.17)$$

其中,β_K 和 β_L 分别表示企业家和劳动者的储蓄倾向,当然,企业家的储蓄倾向大于工人的储蓄倾向。

最后,定义均衡条件,即

$$I = S \qquad (2.18)$$

表示产品市场的出清。同时假定经济增长率等于资本积累率,即

$$g = \frac{I}{K} \qquad (2.19)$$

为了简单起见,这里不考虑折旧,即折旧为零。

合并式(2.15)、式(2.16)和式(2.17),可得:

$$S = \beta_L [\varphi_L(1 - z)u + \sigma_L zu] + \beta_K [(1 - \varphi_L)(1 - z)u + (1 - \sigma_L)zu] \qquad (2.20)$$

基于式(2.20),对利润份额、工人的工资份额、工人的分红份额求导,不难发现,收入分配的结构性因素对储蓄有着重要影响。

---

① 在这里后凯恩斯主义模型建立在凯恩斯主义宏观均衡条件 $I = S$ 基础上,通过将均衡条件两端同时除以资本存量得到。所以,这里的储蓄方程表示单位资本的储蓄率。

$$\frac{\mathrm{d}S}{\mathrm{d}z} = (\beta_L - \beta_K)(\sigma_L - \varphi_L)u > 0 \tag{2.21}$$

增加利润份额将会增加总储蓄。因为工人的分红比重小于工资比重，那么更高的利润份额将会从工人手中转移到企业家手中，而企业家有更高的储蓄倾向，因此总储蓄会增加。以此类推，同样可以发现：

$$\frac{\mathrm{d}S}{\mathrm{d}\varphi_L} = (\beta_L - \beta_K)(1 - z)u < 0 \tag{2.22}$$

$$\frac{\mathrm{d}S}{\mathrm{d}\varphi_L} = (\beta_L - \beta_K)zu < 0 \tag{2.23}$$

（三）比较静态分析

根据均衡条件式（2.18）以及式（2.13）和式（2.20），可以得出：

$$\alpha_0 + \alpha_1 u + \alpha_2 z + \alpha_3 zu = S = \beta_L[\varphi_L(1-z)u + \sigma_L zu] + \beta_K[(1-\varphi_L)(1-z)u + (1-\sigma_L)zu] \tag{2.24}$$

那么，IS 曲线的斜率为：

$$\frac{\mathrm{d}z}{\mathrm{d}u} = \frac{(S_u - I_u)}{(I_z - S_z)}$$

$$= \frac{\{\beta_L[\varphi_L(1-z) + \sigma_L z] + \beta_K[(1-\varphi_L)(1-z) + (1-\sigma_L)z]\} - \alpha_1 - \alpha_3 u}{\alpha_2 + [\alpha_3 - \beta_L(\varphi_L - \sigma_L) - \beta_K[(1-\varphi_L) - (1-\sigma_L)]]u} \tag{2.25}$$

显然，IS 曲线的斜率取决于 3 个和分配有关的参数 z、φ_L 和 σ_L。参数的不同取值将会形成不同形状的 IS 曲线。不同的 IS 曲线，在外生的利润份额调整下会有不同的结论。根据巴杜里和马格林（1990）的新卡莱斯基增长模型（以下简称"BM模型"），可将经济分为工资主导型、冲突型以及利润主导型三种状态。在工资主导型的状态中，更高的利润份额可以降低产能利用率以及经济增长率；在冲突型的状态中，更高的利润份额可以降低产能利用率，但可以提高经济增长率；在利润主导型的状态中，更高的利润份额将提高产能利用率以及经济增长率。这三种情况分别对应 IS 曲线平缓的向下倾斜、陡峭的向下倾斜和向上倾斜三种情况。借助这种思想，可以进一步检验经济增长和不平等之间的关系。

这里主要进行短期的比较静态分析。所谓短期，就是假定资本存量的所有权结构外生给定。首先考虑一个工资主导型的经济（见图 2-1）。根据 BM 模型，图 2-1 第一象限中以向下倾斜较为平坦的 IS 曲线表示工资主导型经济。利润份额方程即式（2.14）以 PP 曲线表示。这里为了分析方便，假定利润份额独立于产能利用率。第四象限是积累方程即式（2.19），积累方程是产能利用率的增函数。第二象限为不平等的函数图象，根据式（2.12）可知收入不平等是利润份额 z 的函数。

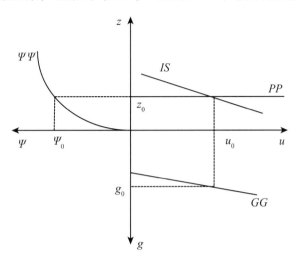

图 2 - 1　包含不平等指标的工资主导型经济新卡莱斯基增长模型

这里通过比较静态分析来理解收入不平等与经济增长之间的关系。假定外生因素导致总需求增加，如企业家或工人的储蓄倾向下降，这会导致 IS 曲线向右平移，同时增加了产能利用率以及经济增长率，但是不平等程度不发生改变。同样，如果是"动物精神"变化而增加了总需求，也会使得 IS 曲线向右平移，但也不会改变不平等的程度。

如果是由于企业的垄断能力提高或者与工人讨价还价能力提高，使得企业成本价格加成变化导致了利润份额增加，这种情况下会导致 PP 曲线和增长曲线发生移动（见图 2 - 2）。当利润份额提高时，PP 曲线向上平移，并且会使得第四象限的增长曲线旋转和平移。最终结果是导致经济增长减缓同时不平等增加。这也就意味着，如果利润份额降低，会带来更大的平等和更高的增长率。政策含义也就意味着要降低企业的垄断程度以及增强工人的讨价还价能力，这样有利于降低不平等同时提高经济增速。

同样可以讨论如果增加企业家工资比重和分红比重对经济增长及收入不平等的影响。在总产出不变的前提下，当增加企业家工资比重和分红比重时就意味着降低工人的工资比重和分红比重，因而会提高不平等。同时，由于企业家拥有更高的储蓄倾向，因此会降低总需求，IS 曲线向左平移（见图 2 - 3）。结果是不平等程度加深，总需求下降，经济增速降低。

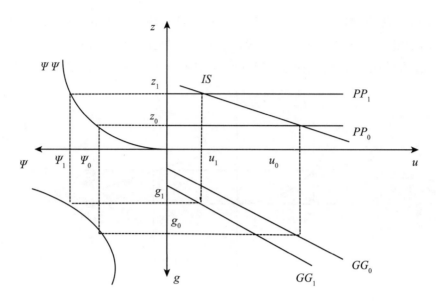

图 2－2　工资主导型经济下利润份额增加的比较静态分析

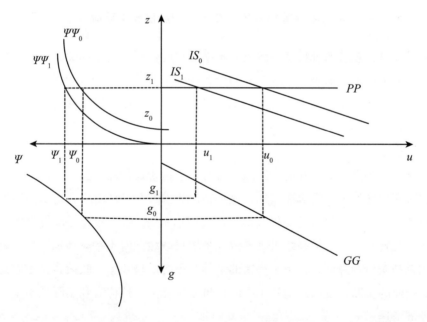

图 2－3　工资主导型经济下企业家收入比重增加的比较静态分析

以此类推，可以讨论利润主导型以及冲突型经济中，各因素变化对经济增长和收入不平等的影响。帕利（2017）总结了外生的宏观经济参数 α_0、β_K、β_L 以及与收入分配有关的参数 z、φ_K、σ_K 对不同经济环境下的经济增长和收入分配的影响（见表 2－1）。

表 2 - 1　　　　三种经济状态下外生变量变化对经济增长和收入不平等的影响

工资主导型	$d\alpha_0$	$d\beta_K$	$d\beta_L$	dz	$d\varphi_K$	$d\sigma_K$
dg	+	−	−	−	+	+
$d\psi$	0	0	0	+	+	+
冲突型	$d\alpha_0$	$d\beta_K$	$d\beta_L$	dz	$d\varphi_K$	$d\sigma_K$
dg	+	−	−	+	−	−
$d\psi$	0	0	0	+	+	+
利润主导型	$d\alpha_0$	$d\beta_K$	$d\beta_L$	dz	$d\varphi_K$	$d\sigma_K$
dg	+	−	−	+	−	−
$d\psi$	0	0	0	+	+	+

注：表中 + 表示正向影响， − 表示负向影响，0 表示没有影响。

从表 2 - 1 可以看出，当利润份额增加时，在各种状态下都会增加收入不平等的程度，但在冲突型和利润主导型的经济中会提高经济增长率。也就是说，在这两种情况下，牺牲经济的平等性，允许一部分人先富起来，经济增速可以得到提高。同时，在控制其他因素不变的情况下，调整企业家的工资收益和分红份额，可以实现收入均等化与经济增长的"双赢"。当然以上分析存在缺陷：一是主要分析了短期的经济状态；二是收入不平等在现实经济中是"内生"于经济之中的，会对经济增长等宏观变量产生影响。这里的分析其实是将收入不平等当作外生变量来处理，因此还需要进一步分析它们之间复杂的因果关系。

这个结论并不仅仅在短期成立，后凯恩斯主义经济学中无论是剑桥模型还是卡莱斯基模型，都表明有可能存在一个既促进增长又减少不平等的政策组合（Pally，2017）。当然，这类政策组合有赖于借助数据展开进一步的分析。

二、长三角城镇地区经济增长益贫性的检验与分析

根据以上理论分析可知，经济增长和减少不平等可以同时共存，益贫式增长并非单纯的概念。长江三角洲地区经济发达，但在推进共同富裕目标上仍需要有显著成效，因此有必要检验长三角地区经济的益贫性，特别是长三角地区经济较为发达的苏浙沪城镇地区的经济益贫性，以及经济中哪些因素会影响经济的益贫性。但是，由于经济增长和收入分配之间的内生关系，运用相关数据进行检验与分析时，需要从经济增长改善人们收入状况中分解出收入分配所起的作用，进而将其运用于

进一步的分析。这里主要运用第一章第二节中的方法，对长三角城镇地区相关数据进行检验和分析。

（一）长三角城镇地区经济益贫性检验

对于发达地区经济增长的共享发展问题，需要从收入和支出两个角度综合考虑衡量劳动者在经济增长中的获得感。通常认为收入和支出是一枚硬币的两面，因而采用哪一个作为度量居民从经济增长中获得收益的指标似乎并无太大差别。但考虑预期、生命周期、储蓄动机等因素之后，收入和消费之间的相关性就不是那么明确了。弗里德曼提出测得收入和永久性收入、测得消费和永久性消费这一对新的概念来解释收入和消费的关系，认为虽然永久性消费难以直接观察到，但可以从人们的消费行为中推断出来。这表明衡量贫困的标准可以尝试从多角度考察。家庭消费与其持久收入有关，因此，现期消费可以是持久收入的一个很好的代理变量，从而可以成为分析贫困的一种度量指标。李实等（2002）利用收入和消费之间的关系区分了持久性贫困、暂时性贫困和选择性贫困。持久性贫困是指收入和消费都低于贫困线，暂时性贫困是指收入低于贫困线而消费高于贫困线，选择性贫困则是指收入高于贫困线而消费低于贫困线。因此，可以从实际收入和支出两个角度，以 PEGR 方法为基础，考察经济发达地区经济增长的益贫性。

1. 数据说明

对于贫困及不平等问题的度量，家庭调查数据是更为恰当合适的。[1] 限于数据可得性以及本章分析重点，这里使用的是苏浙沪皖四地统计局公布的抽样调查并汇总之后的城镇居民家庭按收入五等分的可支配收入和消费性支出的平均数据。[2] 从图 2-4 可以看出，三省一市居民在消费之后的实际感受是有很大差别的。四地低收入家庭的名义收入与支出之比在 0.8 左右，但是个别年份出现了收支相抵的情况，这意味着消费之后没有任何剩余。上海能获取的相关数据跨度更长，上海低收入家庭在 2000 年之前的收支之比都超过了 1，这可能意味着不仅没有剩余而且要靠借贷消费。而安徽的中低收入人群的收支之比也不断提高，2016 年也超过了 1。即便是上海的中

---

① 应用大型微观调查数据（或称单元数据）对贫困问题的分析已非常成熟，基于 Stata 的程序包 DASP 可以计算多种贫困指数及分解。但多数大型微观数据往往缺乏连续年份样本，故此，本章使用长三角地区三省一市统计局公布的城镇居民收入五等分数据作为考察样本。

② 个别年份统计年鉴给出的是最低收入 10% 和最高收入 10% 的七组数据，本章进行了简单算术平均，将其变为五等分数据。

低收入人群收支之比在 2007 年前也达到了 0.8 以上，和江苏、浙江两地的低收入人群相当。可见尽管上海经济发展水平和居民收入都很高，但是其居民实际生活感受可能与此并不相匹配。①　四地的高收入人群收支之比在 2000 年之后都稳定在 0.6 左右。

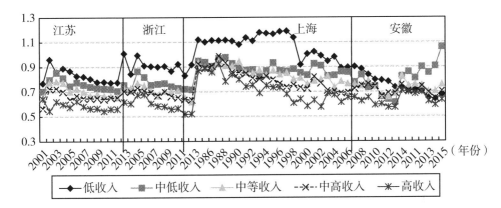

**图 2－4　2001～2016 年长三角城镇地区不同收入组
消费性支出占可支配收入比重**

人均可支配收入由工资性收入、经营性收入、财产净收入和转移净收入四部分构成。生活消费性支出包括食品、衣着、居住、生活用品及服务、交通通信、教育文化娱乐、医疗保健以及杂项等日常生活的各个方面。由于数据的可得性，本节对苏浙沪皖四地经济增长益贫性考察的时间跨度并不相同。苏浙沪皖四地基于收入角度的益贫性考察的时间跨度分别为 1990～2014 年、2005～2015 年、1985～2014 年、2003～2018 年。而基于消费角度的考察则分别是 2001～2014 年、2005～2012 年、2003～2013 年、2003～2018 年。同时，为了消除价格的影响，这里估计时采用的数据均为有固定基期的实际值。由于不同收入人群对不同商品消费数量不同，自然居民所消费的各类商品的价格波动对消费者的影响也不相同（Deaton，2001）。

从图 2－5 可以看出，各类商品价格波动幅度明显不同，其中食品价格振幅最大，而其他商品除去个别年份外价格相对稳定。这种价格不同步、不同比例的波动显然会对不同居民的实际消费产生不同影响。为此，本节在以支出考察经济增长益贫性的时候，是用各类商品的定基价格指数调整居民各项分类支出，然后加总以表示其实际消费支出。为了便于比较，各省市的价格基期选为 2001 年。

在根据式（1.1）计算贫困指标时，会涉及贫困线的选择问题。贫困的度量和贫困线的选择紧密联系在一起，确定了贫困的内涵，才能考虑什么样的人才属于贫

---

① 2014 年，上海和江苏的低收入人群平均可支配收入分别为 24 317 元和 22 192 元。

困，因此无论是绝对贫困还是相对贫困，都需要确定贫困的标准即贫困线。在使用
FGT 指标度量贫困时，贫困线的选择可以是绝对贫困线也可以是相对贫困线。目
前，对我国贫困情况进行度量时，绝对贫困线通常会有两种选择：一是我国制定的
贫困线；二是世界银行采用的贫困线。我国缺乏科学统一的城镇贫困标准，而且劳
动社会保障部门、民政部门等对贫困的界定都存在差异，又鉴于我国城乡二元经济
差别，因此文献中通常会以农村人均年纯收入作为我国的贫困线。我国制定的贫困
线在 2000 年之前为 865 元，2011 年将贫困线提高至 2 300 元，之后 2015 年提高至
2 800 元，2016 年提高至 3 000 元。

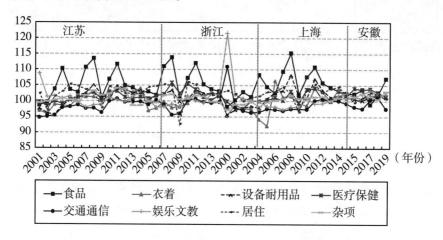

图 2 - 5 2001～2019 年苏浙沪城镇居民消费分类价格指数

世界银行在 1990 年的一项研究中发现，亚非国家和地区贫困线大多数集中在
1 美元左右，因此世界银行根据 1985 年的购买力平价数据，将贫困线标准定在每天
1.01 美元。2005 年，世界银行根据新的购买力平价数据将标准提高到 1.25 美元。
所以，本节在 2005 年之前采用每人每天 1 美元的贫困标准，而 2005 年之后采用
1.25 美元的贫困标准。2015 年世界银行将贫困标准上调至 1.9 美元。① 由于世界银
行的贫困线是根据购买力平价计算所得，根据世界银行比较项目数据库（Interna-
tional Comparison Program database）得到的购买力平价数据，以美国 1985 年价格为
基期计算出之后各年的定基消费者价格指数，然后按照世界银行提供的贫困标准折
算成相应年份的以人民币计价的贫困线。一年按照 365 天计算，将每天的最低生活
标准折算成年贫困线（见表 2 - 2）。②

———————————

① 世界银行上调国际贫困线标准 ［EB/OL］. 新华网，2015 - 10 - 05.
② 美国同比消费者物价指数来源于 Wind 数据库。

表 2 - 2　　　　1990~2019 年以人民币计价的世界银行贫困标准　　　单位：元

年份	贫困线	年份	贫困线
1990	1 390.37	2005	2 401.99
1991	1 540.82	2006	2 391.10
1992	1 664.88	2007	2 235.06
1993	1 918.82	2008	2 004.14
1994	1 791.46	2009	1 981.56
1995	1 602.67	2010	1 888.55
1996	1 571.47	2011	1 757.05
1997	1 604.51	2012	1 745.38
1998	1 661.23	2013	1 731.96
1999	1 744.24	2014	1 763.84
2000	1 806.65	2015	2 892.45
2001	1 859.67	2016	3 126.89
2002	1 907.75	2017	3 185.47
2003	1 937.40	2018	3 177.56
2004	1 910.37	2019	2 859.82

注：购买力平价数据来自世界银行网站。

　　我国现行贫困标准比本章计算出的世界银行的标准略低，由于长三角地区经济发展形势较好，所以本章选择世界银行提出的贫困标准。

2. 收入/消费的分布及洛伦兹曲线估计和拟合

　　本章采用江苏、浙江、安徽和上海统计局所公布的相应年份按收入分组的城镇居民可支配收入来进行分析，这主要是因为城镇居民收入数据相对完整。由于所用的数据是分组数据，需要首先拟合出收入分布函数。收入分布曲线是全社会成员收入情况最全面的反映，基于此可以进一步计算获得 FGT 指数以及基于这些指数度量贫困的三个指标：贫困发生率（P_0）、贫困深度（P_1）和贫困强度（P_2）。因而收入分布曲线是全面分析社会成员收入增长及分配的基础。

　　基于分组数据估计收入分布曲线的方法有参数法和非参数法。这里采用参数法，并基于对数正态分布假定估计收入分布函数。很多研究表明在人口基数很大的情况下收入服从对数正态分布（林伯强，2003），康璞和蒋翠侠（2009）基于中国数据的研究表明对数正态分布的估计效果较好。收入 X 为随机变量，其对数值服从正态分布 $\ln X \sim N(\mu, \sigma^2)$，通过极大似然法可以估计出其参数：

$$\hat{\mu} = \frac{\sum\limits_{j=1}^{J} n_j \ln x_j}{n}, \quad \hat{\sigma}^2 = \frac{\sum\limits_{j=1}^{J} n_j (\ln x_j - \hat{\mu})^2}{n}$$

其中，n_j 为各组的样本（康璞和蒋翠侠，2009）。在估计出人口累积百分比之后可以计算出对应的收入百分比，得到洛伦兹点。在只有分组数据的情况下，估计洛伦兹曲线的常用方法主要有插值法、经验分布法和洛伦兹曲线模型法（颜节礼和王祖祥，2014）。传统的模型法中，主要有广义二次模型法（general quadratic model，GQ Model）和贝塔模型法（Beta Lorenz model）。贝塔模型法是卡瓦尼（1980）在度量贫困问题时采用的新的曲线模型，该模型后来也被应用于世界银行有关机构建立的"Program for Calculating Poverty Measures from Grouped Data"（POVCAL）软件中（S. Cheong，2000）。因而本节采用贝塔模型。[①]

由于城镇居民五等分的可支配收入的可获得性，我们将安徽 2003 ~ 2018 年、江苏 2001 ~ 2018 年、浙江 2005 ~ 2015 年和上海 2001 ~ 2017 年的名义可支配收入数据，以相应各省市 2005 年为基期的居民消费价格指数，转换成对应年份的实际可支配收入。利用上述公式得到了各省市的收入分布曲线（见图 2 - 6）。

从图 2 - 6 可以看出，各地平均收入都随着时间推移而大幅提高，但同时收入差距拉大了。粗略地从收入分布曲线左端和右端移动的距离来看，高收入人群收入增长幅度大于低收入人群。在"让一部分人先富起来"的分配政策带动下，四地城镇居民的收入都呈现出稳步上涨态势。从更长时间跨度来看，江苏城镇居民 2000 年最低收入人群的收入比 1990 年最高收入人群的收入还要高；上海也是呈现类似情形，1995 年低收入人群的收入比 1985 年高收入人群的收入高。但是"让一部分人先富起来"政策的另一个效应就是不平等状况不断扩大，反映在图形上就是高收入人群和低收入人群之间的距离越来越大。江苏 1990 ~ 2010 年收入差距在不断拉大，但是 2010 ~ 2014 年收入差距拉大的速度在放缓。浙江城镇居民收入差距拉大的速度也在放缓，但是上海却没有表现出类似情形。从基于收入分布曲线所估计的各省市的基尼系数来看，安徽的基尼系数 2003 年为 0.40，2018 年为 0.50；江苏 2001 年为 0.38，2018 年为 0.48；浙江 2005 年为 0.43，2015 年为 0.41；上海 2001 年为 0.35，2017 年为 0.40，峰值为 2004 年的 0.43。虽然没有官方公布的各省市基

---

① 贝塔模型表达式为 $L(p) = p - \beta_1 p^{\beta_2} (1-p)^{\beta_3}$，其中 p 和 L 分别表示收入由低到高排列的人口份额和相对应的收入份额。采用非线性回归，可以估计出相关参数值，这样每给定 p 值就可以得到相应的 L。

尼系数数据，但这个趋势基本和我国总体基尼系数类似，因此，可以认为本章所估计的收入分布曲线较为可信。

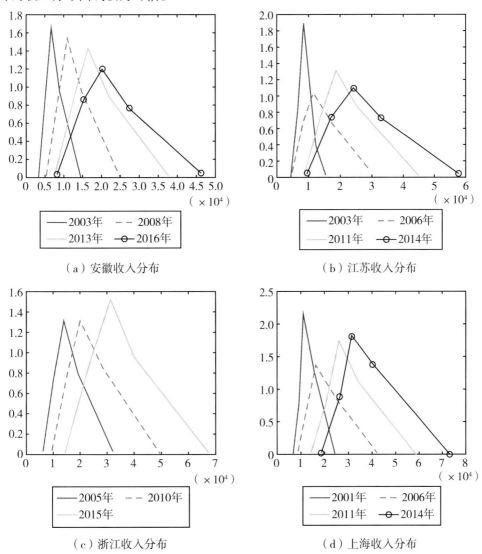

图 2 – 6　长三角地区城镇居民收入分布曲线

3. 贫困指标及 PEGR 计算

根据历年的收入分布情况可以计算出表示长三角地区城镇贫困状况的三个指标：贫困发生率（P_0）、贫困深度（P_1）和贫困强度（P_2）。洛佩兹等（Lopez et al. , 2006）给出由对数正态分布得到的贫困指数：

$$P_0 = \Phi\left(\frac{\ln(z/\nu)}{\sigma} + \frac{\sigma}{2}\right) \qquad (2.26)$$

$$P_1 = \Phi\left(\frac{\ln(z/\nu)}{\sigma} + \frac{\sigma}{2}\right) - \frac{\nu}{z}\Phi\left(\frac{\ln(z/\nu)}{\sigma} - \frac{\sigma}{2}\right) \qquad (2.27)$$

$$P_2 = \Phi\left(\frac{\ln(z/\nu)}{\sigma} + \frac{\sigma}{2}\right) - 2\frac{\nu}{z}\Phi\left(\frac{\ln(z/\nu)}{\sigma} - \frac{\sigma}{2}\right) + \left(\frac{\nu}{2}\right)^2 e^{\sigma^2}\Phi\left(\frac{\ln(z/\nu)}{\sigma} - \frac{3\sigma}{2}\right)$$

$$(2.28)$$

其中，Φ 为标准正态分布的累积分布函数，$\nu = e^{\mu + \frac{\sigma^2}{2}}$。

本节选取安徽 2003 ~ 2018 年、江苏 2001 ~ 2018 年、浙江 2005 ~ 2015 年、上海 2001 ~ 2017 年的样本计算了贫困发生率、贫困深度和贫困强度，结果见图 2 - 7。

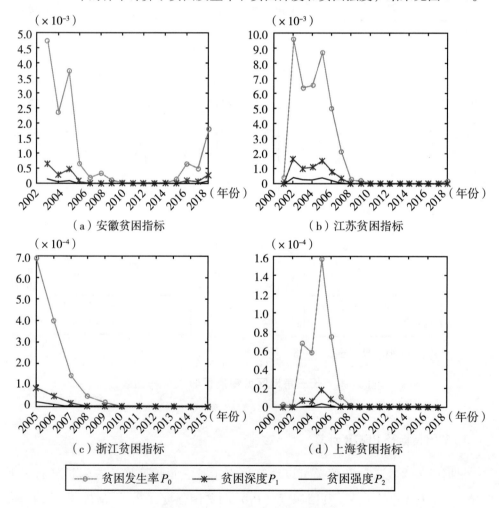

图 2 - 7　长三角地区贫困指标

从图 2 - 7 可以看出，自 2010 年以来，江苏、浙江和上海的城镇居民贫困发生率基本稳定在 0，已基本不存在绝对贫困；安徽虽不为零，但是数值也很小，2018 年约为 0.2%。结合国家统计局住户与生活调查所公布的农村贫困规模和发生率来看，上海自 2010 年、江苏和浙江从 2015 年起已消灭绝对贫困，安徽 2017 年的贫困发生率为 3%。[①] 整体来看，我们使用分组数据估计的情况和调查情况基本吻合。贫困深度与贫困强度均表现出类似态势。但不容忽视的问题是价格总水平上涨对居民财富的侵蚀。张克中和冯俊诚（2010）发现，物价上涨会在很大程度上抵消经济增长对贫困的正面影响，而且对贫困者和富有者的影响是不同的。特别是 2008 年之后长三角地区乃至全国物价都处在上升通道，货币购买力显著下降。2009 年货币购买力只是 2000 年的 80% 左右，而到 2014 年则变为 70% 左右。而在 2008 年之后人们平均可支配收入增速在 9% 左右，低于以 2001 年价格为基期的货币实际购买力两位数的变化速度。

根据消费计算的贫困指标如图 2 - 8 所示。从中可以发现贫困发生率等指标也都呈递减趋势。江苏以消费支出计算的贫困发生率从 2001 年的 0.2224 下降至 2014 年的 0.0065；浙江从 2005 年的 0.1163 下降至 2012 年的 0.00065；上海从 2003 年的 0.187 下降到 2013 年的 0.00056。总体趋势都说明，以消费为指标来考察贫困问题，长三角地区城镇减贫工作依然是卓有成效的。但是，以支出为标准度量的贫困发生率要高于以收入为标准度量的贫困发生率，表明若按照收入指标有一部分人将会被排除在贫困线之外，但是其实际生活水平却非常窘迫。

4. 经济增长益贫性的判断

我们以三省一市的五等份城镇居民可支配收入为依据，以 FGT 所计算的贫困发生率、贫困深度和贫困强度为贫困的度量指标，以世界银行给出的贫困线为标准，计算了减贫等值增长率，并结合平均收入的变化率来综合判断经济增长的益贫性。

表 2 - 3 到表 2 - 6 依次是安徽、江苏、浙江和上海经济增长益贫性的测算结果。可以看到，安徽在 2003 ~ 2004 年和 2009 ~ 2010 年经济增长表现出非益贫

---

① 国家统计局住户调查办公室. 中国农村贫困监测报告（2018）［M］. 北京：中国统计出版社，2018.

性，居民平均收入在提高，但是贫困人口状况在恶化。其他年份经济增长的同时贫困都在减少，多数年份表现出一定的益贫性。江苏在 2004 ~ 2005 年、2008 ~ 2009 年、2015 ~ 2016 年、2016 ~ 2017 年表现出非益贫性，其他年份经济增长的同时贫困也在减少，特别是 2005 ~ 2008 年、2009 ~ 2013 年连续多年呈现益贫特征。浙江除 2005 ~ 2006 年外，在绝大部分年份中表现出益贫性，而且非常稳定。上海除在 2001 ~ 2002 年、2011 ~ 2013 年表现为非益贫外，多数年份表现出益贫性，在 2004 ~ 2011 年表现出较长时间的益贫性。从以上结果来看，长三角地区的经济增长具有一定的益贫性，但在空间和时间上还不均衡。上海、江苏和浙江经济增长益贫性的稳定性较好，安徽的益贫性还不够持续。

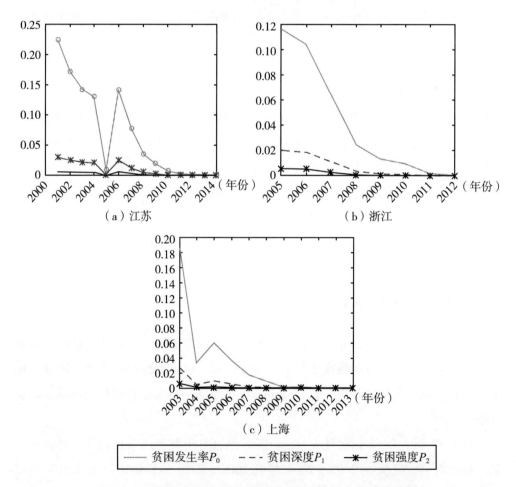

（a）江苏　　　　　　　　　　（b）浙江

（c）上海

———— 贫困发生率 P_0　　- - - 贫困深度 P_1　　＊ 贫困强度 P_2

图 2 - 8　依据实际消费计算的苏浙沪历年贫困变化趋势

表 2－3　　　　　　　　　　　安徽经济增长的益贫性

时期	PEGR			平均增长率	判定
	贫困发生率	贫困深度	贫困强度		
2003～2004 年	－ 0.0159	－ 0.0126	－ 0.0147	0.0587	非益贫
2004～2005 年	0.0964	0.0910	0.0982	0.1068	涓滴
2005～2006 年	0.3169	0.3301	0.3789	0.1307	益贫
2006～2007 年	3.0080	－ 1.4641	4.0433	0.1093	益贫
2007～2008 年	0.0589	0.0651	0.0890	0.0643	涓滴
2008～2009 年	0.0723	0.0707	0.0817	0.0901	涓滴
2009～2010 年	－ 2.3959	－ 2.8690	－ 3.3901	0.0832	非益贫
2010～2011 年	0.2420	0.2441	0.2678	0.1101	益贫
2011～2012 年	0.2652	0.2691	0.2936	0.0998	益贫
2012～2013 年	0.0720	0.0726	0.0818	0.0710	益贫
2013～2014 年	0.0104	0.0102	0.0114	0.0558	涓滴
2014～2015 年	0.1017	0.1016	0.1096	0.0683	益贫
2015～2016 年	0.0719	0.0733	0.0886	0.0614	益贫
2016～2017 年	0.0313	0.0296	0.0354	0.0698	涓滴
2017～2018 年	0.0814	0.0837	0.1095	0.0636	益贫
2018～2019 年	0.0418	0.0418	0.0699	0.0750	益贫

资料来源：作者根据各年度《安徽统计年鉴》提供的数据计算获得。

表 2－4　　　　　　　　　　　江苏经济增长的益贫性

时期	PEGR			平均增长率	判定
	贫困发生率	贫困深度	贫困强度		
2001～2002 年	0.0637	0.0595	0.0739	0.1194	涓滴
2002～2003 年	0.0231	0.0239	0.0313	0.1156	涓滴
2003～2004 年	0.0117	0.0273	0.0708	0.0874	涓滴
2004～2005 年	－ 0.7877	－ 0.7349	－ 1.0502	0.1417	非益贫
2005～2006 年	0.3842	0.3823	0.5149	0.1181	益贫
2006～2007 年	0.2954	0.3248	0.3155	0.1107	益贫
2007～2008 年	0.1800	0.1822	0.2134	0.0808	益贫
2008～2009 年	－ 0.1004	－ 0.0870	－ 0.1086	0.0995	非益贫

续表

时期	PEGR			平均增长率	判定
	贫困发生率	贫困深度	贫困强度		
2009～2010 年	0.1844	0.1844	0.2087	0.0748	益贫
2010～2011 年	0.2345	0.2381	0.2643	0.0883	益贫
2011～2012 年	3.5961	6.8721	3.3609	0.0936	益贫
2012～2013 年	0.0438	0.0445	0.0519	0.0396	益贫
2013～2014 年	0.0332	0.0328	0.0383	0.0620	涓滴
2014～2015 年	0.0754	0.0743	0.0790	0.0622	益贫
2015～2016 年	- 0.0481	- 0.0499	- 0.0597	0.0534	非益贫
2016～2017 年	- 0.0076	- 0.0060	- 0.0057	0.0651	非益贫
2017～2018 年	0.0784	0.0803	0.0989	0.0561	益贫
2018～2019 年	0.0130	0.0113	0.0109	0.0590	涓滴

资料来源：作者根据各年度《江苏统计年鉴》提供的数据计算获得。

表 2 - 5　　　　　　　　浙江经济增长的益贫性

时期	PEGR			平均增长率	判定
	贫困发生率	贫困深度	贫困强度		
2005～2006 年	- 0.0162	- 0.0131	- 0.0147	0.103660	非益贫
2006～2007 年	0.2378	0.2433	0.2602	0.078148	益贫
2007～2008 年	0.2972	0.3172	0.3120	0.050462	益贫
2008～2009 年	0.3338	0.3360	0.3659	0.095033	益贫
2009～2010 年	0.2877	0.2946	0.3171	0.068195	益贫
2010～2011 年	2.6604	8.7618	2.3103	0.071571	益贫
2011～2012 年	0.2290	0.2294	0.2529	0.087754	益贫
2012～2013 年	0.0300	0.0307	0.0354	0.047953	涓滴
2013～2014 年	0.0865	0.0858	0.0968	0.065235	益贫
2014～2015 年	0.0680	0.0668	0.0698	0.065109	益贫

资料来源：作者根据各年度《浙江统计年鉴》提供的数据计算获得。浙江的收入五等份数据只公布到 2015 年，因此计算结果截至 2015 年。

表 2 - 6   上海经济增长的益贫性

时期	PEGR			平均增长率	判定
	贫困发生率	贫困深度	贫困强度		
2001~2002 年	-0.0087	-0.0077	-0.0088	0.028096	非益贫
2002~2003 年	0.1390	0.1406	0.1616	0.110201	益贫
2003~2004 年	0.0063	0.0043	0.0030	0.114550	涓滴
2004~2005 年	0.2277	0.2381	0.2436	0.089899	益贫
2005~2006 年	0.6014	0.6769	0.6501	0.090937	益贫
2006~2007 年	0.2596	0.2637	0.2871	0.102608	益贫
2007~2008 年	0.7549	0.8911	0.7945	0.065298	益贫
2008~2009 年	0.2481	0.2499	0.2731	0.082058	益贫
2009~2010 年	0.7298	0.7864	0.7830	0.068385	益贫
2010~2011 年	1.4268	1.7412	1.5037	0.078761	益贫
2011~2012 年	-0.1672	-0.1599	-0.1731	0.075718	非益贫
2012~2013 年	-0.0704	-0.0659	-0.0686	0.064508	非益贫
2013~2014 年	0.1383	0.1380	0.1485	0.058168	益贫
2014~2015 年	0.0265	0.0266	0.0284	0.020315	益贫
2015~2016 年	0.0288	0.0289	0.0328	0.053455	涓滴
2016~2017 年	-0.0393	-0.0381	-0.0418	0.065860	非益贫

资料来源：作者根据各年度《上海统计年鉴》提供的数据计算获得。上海的收入五等份数据只公布到 2017 年，因此计算结果截至 2017 年。

以按收入五等分的实际人均消费性支出作为衡量经济增长益贫性的基础数据，采用同样方法，江苏、浙江和上海的计算结果分别见表 2 - 7。受数据可得性限制，表 2 - 7 中计算的是 2001~2014 年的结果。可见，计算结果和以可支配收入为基础计算的结果趋势一致，经济增长越来越表现出益贫性。但相应数值相对于可支配性收入计算的结果总体来说偏小。由于 PEGR 是单调性指标，如果以消费为基础数据，那么长三角地区城镇经济增长的益贫性更弱。

表 2 - 7　　　　　　　以消费性支出计算的苏浙沪三地 PEGR 相关指标

时期	江苏			浙江			上海		
	以 P_0 计算	以 P_1 计算	以 P_2 计算	以 P_0 计算	以 P_1 计算	以 P_2 计算	以 P_0 计算	以 P_1 计算	以 P_2 计算
2001～2002 年	0.05	0.04	0.04						
2002～2003 年	0.03	0.02	0.03						
2003～2004 年	0.05	0.02	0.01				0.03	0.01	0.01
2004～2005 年	-0.35	-0.12	-0.17				0.12	0.08	0.09
2005～2006 年	0.18	0.17	0.10	0.79	0.38	0.20	0.60	0.78	0.42
2006～2007 年	0.76	0.67	0.59	0.70	0.74	0.41	0.25	0.17	0.19
2007～2008 年	0.13	0.15	0.19	0.76	0.67	0.58	0.96	0.74	0.07
2008～2009 年	0.17	0.08	0.06	1.20	1.10	1.08	0.20	0.22	0.25
2009～2010 年	0.17	0.10	0.08	0.21	0.23	0.22	-0.69	-0.92	-2.83
2010～2011 年	0.27	0.16	0.15	0.09	0.05	0.04	0.88	0.85	0.72
2011～2012 年	0.16	0.10	0.07	0.10	0.16	0.17	-2.94	-3.34	-2.82
2012～2013 年	0.13	0.13	0.09				0.51	0.40	0.59
2013～2014 年	0.03	0.12	0.16						

　　简单对比以上计算结果，可以说明尽管长三角地区经济增长对城镇居民脱贫具有显著作用，但从共享发展的角度而言，还没有实现共建共享。特别是以消费性支出作为分析对象时，长三角地区经济增长的益贫性表现得更弱，表明长三角地区还存在支出型贫困问题。

　　对比以收入和消费分别计算的长三角地区城镇经济增长的益贫性，可以发现：以收入为标准时，2000 年之后长三角地区的经济增长益贫性逐渐增强；而若以消费计算其益贫性，则经济的益贫性有所减弱，特别是以贫困广度和深度为标准时，经济增长更多地表现为涓滴效应。这种反差可以说明长三角地区经济发展的增收效果明显，仅从收入来衡量，居民的温饱乃至小康都已不是问题。但如果将现期消费视为永久收入的代理变量，那么以实际消费衡量的经济增长尚不具有益贫性，距离共享发展还有很大距离。这从侧面可以说明，长三角作为发达地区，高收入与高消费并存，存在支出型贫困，同时现期的高收入从某种意义上讲是透支未来收入而获得的，所以城镇居民虽然生活水平不断提高，但是获得感不高，存在经济增长但幸福感不高的悖论。城镇居民已较早解决温饱问题，更注重发展。著名经济学家、诺贝尔经济学奖得主阿马蒂亚·森（Amartya Sen）在其《以自由看待发展》一书中就提出了能力和权利的贫困。所以，发达地区富裕中的贫困更多的是权利的贫困。

（二）苏浙沪皖城镇地区经济增长益贫性的影响因素分析

从益贫效应较高及益贫效应为负的若干年份对比中，我们可以发现作为发达地区的长三角共享发展的可能路径。考虑到部分省份的益贫式增长指标只能计算到2015年，本章后续的比较和研究均截至2015年。

首先，人民增收离不开经济增长，益贫式增长是要将做大"蛋糕"与分好"蛋糕"统一，因此益贫式增长离不开将"蛋糕"做大。图2-9展示了苏浙沪皖四地经济增长率。从中可以看出，四地在经济波动中存在共性，在1986年、1990年、1994年、1997年、1998年、2001年、2012年都处于各自经济周期内的波谷，而这几年四地的经济增长益贫性恰恰为负。可见，若希望经济发展成果更多惠及低收入人群，需要保持经济平稳增长。换言之，经济增长与稳定是经济益贫性的必要条件。夏庆杰等（2007）利用微观调查数据对中国1988～2002年城镇贫困变化趋势进行了计量分析，认为来自政府反贫困措施的生活困难救助对减少城镇贫困影响很小。城镇贫困的缓解几乎完全归因于经济增长而非收入再分配。从本章计算的较长的时间跨度来看，也基本如此：江苏和上海在2000年以前经济波动较大，经济增长的益贫性也不稳定，益贫性指标频繁出现负值；而2000年之后，随着改革的深入，中国特色社会主义市场经济地位逐渐确立之后，经济运行表现较为稳定，益贫性也逐渐增强。所以，继续深化改革、保持经济稳定增长是经济增长益贫的一个重要前提。

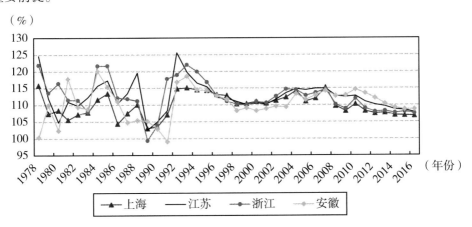

图2-9　1978～2016年苏浙沪皖经济增长速度

　　其次，本章在控制再分配的因素下，考察益贫指标与居民福利相关的物价、房价以及就业水平的关系，以进一步确定影响经济增长益贫性的宏观因素。其中，再分配因素以地方财政支出合计（locpubexp）为代理变量；房价（hprice）采用当年房屋销售总额与销售面积之比；失业率（unemployment）采用统计局公布的登记失业率；物价（cpi）采用城镇居民环比消费价格指数。以实际可支配收入为基础，按照贫困发生率计算的益贫性指标为因变量。[①] 而且，因变量按照卡瓦尼和孙（2008）的解释是单调的，这意味着解释变量的单调增加会引起因变量的单调递增。除因变量外，其他变量均来自 Wind 数据库。本章采用固定效应的面板模型来估计物价、房价和就业等因素对经济增长益贫性的影响。[②]

　　考虑到苏浙沪皖四地经济联系紧密，本章采用德里斯科尔和克雷（Driscoll & Kraay，1998）提出的估计方法以消除异方差等因素的影响。估计结果见表 2 - 8，其中房价和地方财政支出均以对数形式进入模型。

表 2 - 8　　　　　　　　　　益贫式增长影响因素回归结果

自变量	(1)	(2)	(3)
	p_0	p_1	p_2
ln*locpubexp*	- 1. 54 * (- 2. 54)	- 1. 41 (- 1. 55)	- 1. 43 (- 1. 44)
ln*hprice*	1. 01 *** (20. 04)	1. 05 * (2. 32)	1. 08 (2. 19)
unemployent		0. 39 (1. 24)	0. 35 (1. 18)
cpi			- 4. 74 *** (- 6. 17)
常数项	19. 91 (1. 66)	16. 02 (1. 83)	21. 09 (1. 55)
N	30	30	30
within R^2	0. 04	0. 04	0. 04

　　注：圆括号内为 t 统计量；*** 、* 分别表示在 1%、10% 的水平上显著。

---

　　① 由于按照实际消费计算的益贫性指标时间跨度较短，因此没有使用。
　　② CPI 中的居住价格主要是指房租以及水、电等相关费用。这里使用和居民生活密切相关的住宅价格来衡量居民生活的成本。

从表2-8可以看出，地方政府的公共支出增加并不利于经济增长的益贫性，这从侧面说明，再分配不是共享发展的充分条件。[①] 房价的回归结果在这里始终为正，意味着房价越高经济的益贫性越强。尽管这一结果和我们的直觉相悖，但也可以得到解释。因为本节使用的是城镇居民统计数据，我国城市居民住房制度改革使得广大城市居民至少拥有一套自己的住房，所以住房平均价格上涨其实使得本地城市居民财富增加、外来居民感觉房价沉重。另外，本节使用的是苏浙沪皖全部地区的平均数据，如2015年江苏住宅平均价格为7 177元/平方米、浙江为10 755元/平方米、上海为21 501元/平方米，这就会和我们的实际感受有较大差异。所以，房价上涨有利于经济增长的益贫性。当然本章对房价与经济增长的益贫性之间的关系持慎重态度，只能笼统得出有利于广大居民财富增加的经济增长会更具有益贫性。失业率在回归中并不显著。物价的变动与经济增长的益贫性呈负相关，而且回归结果显著。这意味着，物价上涨不利于经济的益贫性。在共建中共享，从宏观角度来讲可以认为要保持经济增长和物价的稳定，同时有利于居民财产性收入增加，这将有利于经济增长的益贫性，有利于实现共享发展。

另外要看到，经济这块"蛋糕"的分配还需要不断提高产业竞争力和优化分配结构。从表2-9可以看出，2014年江苏各个行业吸纳的劳动人员数量、行业创造的产值以及工资是非常不匹配的。例如，制造业吸纳的就业人数最多，但是其人均产值并非最大，说明其效率还有提升空间，需要进一步增强制造业实力，做大"蛋糕"；对于农业、批发零售等行业，资金周转快产值高，但是工资水平依然偏低，两个行业的人均产值与工资之比分别是188倍和19倍。所以，还依然需要优化分配结构。

表2-9　　　　2014年江苏城镇各行业从业人数、工资和产值

行业	从业人员 （万人）	产值 （亿元）	人均产值 （万元）	工资 （元）
农、林、牧、渔业	6.30	3 835.16	608.76	32 347
采矿业	11.77	251.44	21.36	60 621
制造业	612.32	25 484.27	41.62	58 409
电力、热力、燃气及水生产和供应业	18.12	1227.26	67.73	104 454

---

① 本章尝试使用生均教育经费、生均公共财政预算公用经费支出作为代理变量，结果依然是负值。

续表

行业	从业人员 （万人）	产值 （亿元）	人均产值 （万元）	工资 （元）
建筑业	450.20	3 899.47	8.66	51 856
批发和零售业	59.36	6 559.03	110.50	56 749
交通运输、仓储和邮政业	49.78	2591.15	52.05	61 473
住宿和餐饮业	19.76	1 094.45	55.39	34 786
信息传输、软件和信息技术服务业	29.04	1579.55	54.39	102 341
金融业	33.32	4 723.69	141.77	111 934
房地产业	22.14	3 564.44	161.00	61 740
租赁和商务服务业	31.23	2 469.55	79.08	34 786
科学研究、技术服务业	21.51	884.5	41.12	81 571
水利、环境和公共设施管理业	14.96	428.27	28.63	49 111
居民服务、修理和其他服务业	3.75	1 073.53	286.27	49 159
教育	94.62	1 866.58	19.73	70 130
卫生和社会工作	46.67	1 015.45	21.76	73 779
文化、体育和娱乐业	7.77	536.56	69.06	71 787
公共管理、社会保障和社会组织	69.80	2 003.97	28.71	76 028

资料来源：《江苏统计年鉴（2015）》。

总之，通过对具有经济增长益贫性的若干年份的观察以及相关数据的回归分析表明，若要实现共享发展，经济保持一定的增速是非常有必要的，同时需要控制物价以避免物价快速上涨带来的再分配效应。长三角地区制造业效率提升还有很大空间，第三产业的分配制度还有待进一步调整以促进公平和效率的同步提高。

（三）结论

共享发展理念强调要依靠全体劳动者共同合作，同时又以维护和保障全体人民生存和发展权益为经济发展的出发点和落脚点，要在共建中共享，因此经济发展成果能否惠及广大人民特别是低收入人群，就是问题的关键。本节使用苏浙沪皖四地相关数据，检验了发达地区城镇经济增长的益贫性，并从宏观层面粗略探讨了共享发展的实现路径。结果显示，长三角地区作为我国经济发达地区，按照收入计算经济增长具有一定的益贫性，但是按照实际消费计算的结果显示益贫性下降。为此，本节继续探讨以经济发展推动益贫式增长可行的路径。从宏观角度讲，保持经济稳定增长同时物价稳定是必不可少的，同时从产业与劳动者收入角度讲，产业调整升级还有较大空间。总之，发达地区富裕中的贫困以及经济增长的益贫性要求对当地政府的扶贫工作和宏观调控提出了更高要求，需要用科学有效的方法对扶贫对象进行精确识别、精确帮扶、精确管理；抓住机遇，促进本地产业转型升级以保证经济增长健康稳定。

三、江苏和浙江两省经济增长益贫性对比分析

2021 年《中共中央 国务院关于支持浙江高质量发展建设共同富裕示范区的意见》发布。浙江要在促进共同富裕的目标体系、评价体系等方面先行先试，为全国其他地方促进共同富裕探索路径、积累经验。浙江和江苏在长三角地区都是具有较好的经济基础的，在探索共同富裕问题上也都进行了卓有成效的探索，因此有必要比较两省的经济增长益贫性，寻找共同富裕的影响因素。

（一）江苏和浙江经济增长益贫的对比

1. 江苏经济发展现状

就江苏而言，按照世界银行 2010 年的分类标准，江苏大体相当于中上等收入国家的上限水平。如果用收入增长率减去经济增长率表示收入增长率与经济增长率的偏离程度（见表 2－10），从全样本来看，1985～2015 年只有低收入组国家收入增长率低于经济增长率，其他各组收入增长率均高于经济增长率，其中，中上等收入国家收入增长率高于经济增长率的程度是最高的。江苏目前正处于这个阶段，因此从理论研究和经验证据来看，江苏应该考虑紧紧抓住促进经济增长内在动力转换这一关键契机，以收入优先带动经济内生增长，着力促使江苏经济向高级阶段跨越。

表 2 - 10 　　　　　不同发展阶段下收入增长率与经济增长率

关系的国际比较　　　　　单位：%

组别	收入增长率对经济增长率的累计偏离程度			
	1985 ~ 1994 年	1995 ~ 2004 年	2005 ~ 2015 年	1985 ~ 2015 年
高收入国家	58.07	6.96	12.69	77.72
中上等收入国家	28.93	6.99	68.19	104.10
中下等收入国家	- 15.95	0.93	29.64	24.62
低收入国家	- 22.81	- 16.52	25.67	- 13.66

注：收入增长率由调整后的国民净人均收入（2010 年不变价美元）计算得到，经济增长率由 GDP 增长率（年百分率）表示。

资料来源：世界银行网站。

合理的收入分配制度是经济增长的内在动力。表 2 - 11 考察了城乡收入变化对 GDP 增速的影响，从中可以看出，若城乡居民收入差距缩小 1 个标准差单位，则江苏 GDP 增速可以提高 2.1%。

表 2 - 11 　　　　　　　城乡收入变化的增长效应

GDP 增速	城镇居民收入增速上升 1 个标准差单位	农村居民收入增速上升 1 个标准差单位	城乡收入差距上升 1 个标准差单位
全国	0.024	- 0.044	0.006
江苏	0.027	- 0.019	- 0.021

从以上定量分析来看，目前江苏相对于全国平均水平而言已率先跨入中上等收入水平，在此阶段缩小收入差距有利于经济增长，因此，富民与增长相统一应当成为现阶段发展的主要思路，即要让低收入居民收入更快增长以实现益贫式增长。

2. 基于减贫等值增长率的分析

聚焦富民是指要能将经济发展成果惠及全体劳动者，特别是低收入者在经济增长中的获得感成为富民与增长相统一成功与否的关键。

为了寻找江苏益贫式增长的路径，这里对比了江苏和浙江经济增长的益贫性。本书首先按照减贫等值增长率（PEGR）以贫困发生率（P_0）、贫困深度（P_1）和贫困强度（P_2）计算江苏和浙江的情况。

从表 2 - 12 可以看出，江苏和浙江作为东部经济发达省份，经济增长都表现出一定的益贫性，即 PEGR 指数都大于 1，且都高于全国平均水平。但是，与浙江相比，江苏的 PEGR 指数总体较小，由 PEGR 的单调性可知，江苏经济增长在惠及广大低收入人群方面仍大有可为。

表 2 – 12　　以可支配收入计算的江苏、浙江以及全国的 **PEGR** 相关指标

时期	江苏			浙江			全国		
	以 P_0 计算	以 P_1 计算	以 P_2 计算	以 P_0 计算	以 P_1 计算	以 P_2 计算	以 P_0 计算	以 P_1 计算	以 P_2 计算
2005 ~ 2006 年	1.31	1.23	1.27	1.58	1.52	1.53	1.23	1.27	1.27
2006 ~ 2007 年	1.46	1.53	1.47	1.82	1.77	1.76	1.37	1.38	1.39
2007 ~ 2008 年	1.83	1.82	1.81	2.15	2.06	2.12	1.33	1.27	1.30
2008 ~ 2009 年	1.26	1.13	1.23	1.96	1.92	1.86	1.49	1.48	1.49
2009 ~ 2010 年	1.37	1.36	1.35	2.32	2.35	2.03	1.41	1.53	1.41
2010 ~ 2011 年	1.85	1.89	1.75	2.01	1.93	1.98	1.35	1.30	1.34
2011 ~ 2012 年	1.79	1.81	1.69	2.83	2.82	2.43	1.42	1.43	1.41
2012 ~ 2013 年	1.35	1.60	1.08	- 0.91	- 1.13	- 4.66	1.40	1.42	1.38
2013 ~ 2014 年	2.05	2.14	1.81	3.37	3.40	2.64	1.31	1.31	1.29
2014 ~ 2015 年	1.79	1.85	1.61	4.60	4.68	3.10	1.30	1.34	1.27

许多研究表明，经济增长与减贫之间存在因果关系，甚至更早的发展经济学家们认为经济发展的成果可以通过纵向涓滴效应扩散至所有人群。但是，近年来一些国家在拥有正的经济增长率的同时，贫困依然在增加（Ravallion & Chen，2001），因而近年来的研究越来越倾向于认为经济增长并不是减贫的充要条件，而仅仅是必要条件。对于我国而言，大规模减贫的重要推动力量是经济增长（汪三贵，2008；林伯强，2003）。因此，本章将人均 GDP 增长率（*gdp*）视为比较江苏和浙江经济益贫性的控制变量。韩秀兰（2013）利用中国健康与营养调查（CHNS）提供的家庭就业率、劳动参与率、劳动报酬率、劳动时间等微观数据，考察了劳动力市场对居民收入的影响。鉴于我国居民收入结构中工资性收入占据半壁江山，劳动力市场在初次分配中势必会影响经济增长的益贫性。本章所使用的是宏观数据，采用城镇登记失业率（*ur*）和工资变化率（*w*）为劳动力市场的替代变量。张克中和冯俊诚（2010）研究指出通货膨胀在很大程度上抵消了经济增长的益贫性，物价上涨特别是食品类价格上涨不利于低收入人群。由此，本章以 CPI 来考察物价变动（*cpi*）对益贫性的影响。在我国，居民拥有的住房往往和诸多福利相挂钩，而 CPI 中不包含房价变动，因此，控制变量包括了商品房住宅平均价格（*hp*），该指标由商品房住

宅销售额除以销售面积获得。关于政府支出对减贫的作用存在争议（卢现祥和徐俊武，2012），但是"有形之手"在分"蛋糕"中的作用不可忽视。在政府各项支出中，有些被视为亲贫性支出，包括教育、医疗、社会保障等方面的支出（鲁元平和张克中，2010），这些与民生改善相关的民生支出对低收入人群具有重要的益贫性（林伯强，2005；周绍杰等，2015），本章以政府的教育、医疗和养老支出在地方公共支出中的比重（pub）来表示再分配因素。同时，最低工资制度也被认为有利于低收入人群，因此将各省市的最低工资线（mw）也视为再分配因素。以上数据均来自 Wind 数据库和各省市的统计年鉴。

综合以上分析，以下式为基础进行相关分析：

$$y = \alpha + \beta_1 x_1 + \beta_2 x_2 + \beta_3 x_3 \tag{2.29}$$

其中，y 是以贫困发生率为度量指标所计算的 PEGR 指数，x_1 为人均 GDP 变化率；x_2 表示初次分配的因素，包括劳动力市场的失业率、工资变动率和物价水平的 CPI 和房屋住宅价格变动率；x_3 表示再分配因素，包括政府民生支出比重和最低工资，其中最低工资以对数形式进入回归方程中。

（二）江苏提高经济增长益贫性的四个着力点

对江苏、浙江 2005～2015 年的样本按式（2.23）进行回归，结果见表 2-13。从表 2-13 可以看出，江苏要提高经济增长的益贫性，应着重考虑以下四个着力点。

表 2-13 回归结果

变量	江苏	浙江
人均 GDP 变化率	1.47** (4.22)	3.85* (2.38)
物价水平变动率	-1.71* (-2.67)	-4.71 (-2.06)
商品房住宅价格变动率	1.12 (1.30)	1.65 (0.28)
城镇登记失业率	-1.57* (-2.76)	-0.10* (-2.89)
职工平均工资变动率	0.05 (1.50)	-1.45 (-0.04)

变量	江苏	浙江
民生支出比重	-1.27 (-1.97)	-5.24 (-1.49)
最低工资	0.34*** (7.10)	0.06* (2.20)
常数项	-2.20** (-4.67)	2.67* (2.50)
样本量	11	11
Adj-R^2	0.94	0.86

注:括号中为 t 统计量;*** 、** 、* 分别表示在 1%、5%、10% 的水平上显著。

1. 经济增长与物价稳定是实现江苏益贫式增长的必要条件

从表 2 - 13 回归结果中可以看到经济增长率的系数都为正,意味着人均 GDP 增长 1% 可以带来益贫性的提高。但是该系数在江苏和浙江的回归中存在差异,这意味着经济增长带来的益贫性并不相同,江苏的回归系数为 1.47,浙江的回归系数为 3.85,这意味着浙江人均 GDP 的增长能带来更大的益贫性。事实上江苏和浙江的经济体量在 20 世纪 90 年代之前几乎没有差别,90 年代之后,江苏的经济总量开始超越浙江,2016 年江苏 GDP 超过 7 万亿元,浙江仅为 4.6 万亿元。即便是人均 GDP,也表现出相类似的情况,2016 年江苏人均 GDP 为 95 259 元,而浙江为 83 538 元。但是,江苏高速经济增长没有转变成居民收入的高速增加。

从图 2 - 10 可以看出,江苏各等级的收入水平均低于浙江,特别是低收入人群,江苏低收入居民的收入水平大致相当于浙江低收入人群 2008 年的水平。而两地居民各收入等级的平均增速大致相当,均在 10% 左右,没有明显差异。

这都表明,相对于江苏而言,浙江的经济发展成果能更好地惠及广大劳动者。这一点能从对劳动力市场的回归结果得到说明。在劳动力市场中,工资对经济益贫性的影响虽不显著,但苏、浙两省在初次分配中存在差异。对比两省分行业人均产值和工资,江苏各行业就业人口的贡献与其回报极不相称。[①] 以吸纳劳

---

① 由于江苏没有公布细分行业的全部从业人数,只公布了细分行业的城镇从业人数,而浙江既公布了细分行业的全部从业人数,同时也公布了分行业的城镇从业人数,为了比较的口径一致,这里的人均产值是指城镇从业人数的人均产值。所以,农业人均产值虽然很大,但是经济意义是有误差的。

动力较多的建筑业为例,江苏建筑业人均产值9.7万余元,人均工资仅为5.5万余元,浙江工业人均产值虽仅为6.4万余元,但人均工资却有4.5万余元,江苏和浙江两省建筑业工资占人均产值的比重分别为57%和70%。除农业外,其他行业也都出现了类似情形,即在初次分配中,浙江的劳动者从中分得了更多的"蛋糕"。

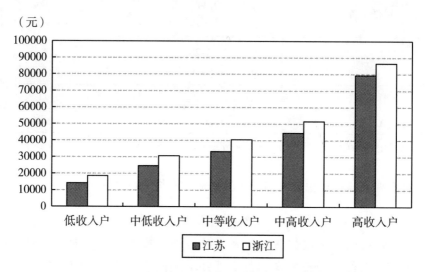

图2-10　2015年江苏和浙江城镇居民五等分的可支配收入情况

对上述情况一个更直观的考察是对比两省收入法核算的GDP结构。具体如图2-11和图2-12所示。

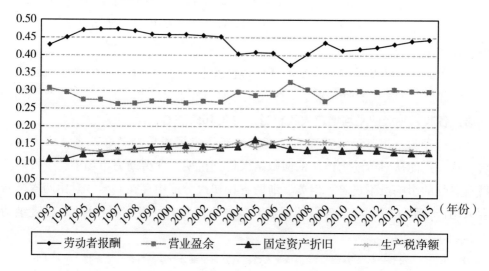

图2-11　1993~2015年江苏按收入法核算GDP构成情况

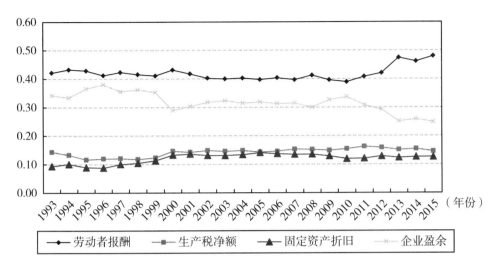

图 2 - 12　1993 ~ 2015 年浙江按收入法核算 GDP 构成情况

收入法核算 GDP 是指将 GDP 分为劳动者报酬、营业盈余、固定资产折旧和生产税净额四部分。从图 2 - 11 中可看到，江苏劳动者报酬和营业盈余呈负相关关系，即劳动者收入比重增加时营业盈余比重减少。江苏劳动者收入比重目前稳定在 44% 左右。图 2 - 12 反映了浙江"分蛋糕"的情况，2010 年以后，浙江劳动者收入持续增加，目前为 48%。从初次分配情况来看，浙江劳动者的获得感更强。但是需要注意的是，浙江并没有因为劳动者收入提高导致企业活力下降，事实上浙江 GDP 增速一直保持快速增长。

影响益贫性的另外一个重要因素是物价。从表 2 - 13 回归结果来看，物价水平变动率是影响经济增长益贫性的关键因素。稳定物价有利于低收入人群。由于不同人群消费结构的差异，商品价格的相对变化会给不同人群带来不同影响。高收入人群消费是以非食品类为主，这些商品价格表现相对稳定，而食品类价格变动对低收入人群的影响非常大，因而稳定物价特别是核心 CPI 是有利于经济的益贫性的。商品房住宅价格变动率回归系数在两个样本中都为正但不显著，这可能是因为房子是老百姓的主要财产，房价上涨意味着居民财产性收入增加，当然这个逻辑的前提是人者有其居。居住同样是民生的基本要求之一，改革居住制度，增加廉租房、经济适用房的供给有利于低收入人群。总之，保持经济稳定增长以及与民生相关物价的稳定是保证经济益贫性的基本条件。

2. 充分就业是江苏益贫式增长的基本导向

在初次分配的因素中，城镇登记失业率的影响是显著的，江苏和浙江两省该变量的回归系数分别为 - 1.57 和 - 0.10（见表 2 - 13），这意味着失业率增加，益贫性减弱，而且江苏的失业率对益贫性的影响更大。所以，尽管江苏 GDP 远超浙江，但在近些年江苏的城镇登记失业率却高于浙江（见图 2 - 13），这对工资性收入占比较高的江苏而言，显然是不利于居民增收的。因此，更广泛的就业是江苏实现益贫式增长的重要途径之一。

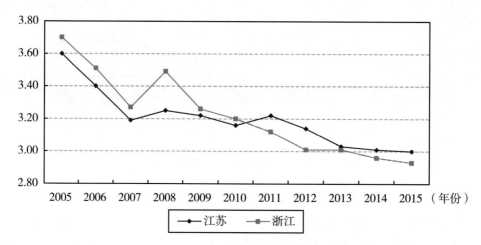

图 2 - 13　2005 ~ 2015 年江苏和浙江的城镇居民登记失业率

3. 创新创业是江苏实现益贫式增长的主要渠道

从表 2 - 14 和表 2 - 15 所示的两地居民的收入构成来看，江苏、浙江两地的居民收入都是以工资性收入为主导，占比均在 50% 以上，其次为转移性收入。

表 2 - 14　　　　　　　**2005 ~ 2013 年江苏居民收入构成情况**　　　　单位：%

年份	工资性收入	经营性收入	财产性收入	转移性收入
2005	63	8	2	27
2006	62	8	2	28
2007	61	8	2	28
2008	61	10	2	28
2009	60	10	2	29
2010	59	10	2	29
2011	61	10	2	26
2012	62	11	2	26
2013	62	10	2	25

表 2 - 15　　　　　　2005～2013 年浙江居民收入构成情况　　　　单位：%

年份	工资性收入	经营性收入	财产性收入	转移性收入
2005	67	11	3	19
2006	65	11	4	19
2007	64	12	5	19
2008	62	13	5	20
2009	62	12	5	21
2010	61	12	5	22
2011	59	13	5	23
2012	59	12	4	25
2013	59	12	4	25

　　但是，浙江居民的工资性收入呈下降趋势，经营性收入和财产性收入有增加趋势，而江苏居民的工资性收入占比没有明显变化。尽管江苏金融业更发达，但是江苏居民的财产性收入和经营性收入占比都低于浙江，这使得经济发展成果难以通过其他途径惠及广大居民。同时，从表 2 - 13 可以看出，职工平均工资变动率对江苏和浙江经济益贫性的影响都不显著，这可能意味着相对浙江而言，江苏居民收入来源单一，如果没有工资正常增长机制，那么居民很难共享经济发展的成果。

　　如何增加财产性收入和经营性收入呢？从江苏和浙江两省的产业结构对比可见端倪。对比江苏和浙江各行业人均产值可以发现，按人均产值从大到小排序的话，江苏依次为：农林牧副渔、居民服务、房地产、金融、批发零售、租赁、文体娱、住宿餐饮、信息软件、交通运输、工业、科研服务、公共管理、水利、卫生、教育、建筑业；浙江依此为：农林牧副渔、居民服务、房地产、批发零售、金融、住宿餐饮、信息软件、工业、交通运输、文体娱、租赁、科研服务、公共管理、水利、卫生、教育、建筑业。从排序当中不难发现，江苏和浙江两省行业相对实力具有相似性，但同时具有差异性。除农林牧副渔业和居民服务业外，房地产业、金融业以及批发零售业分别位居前三，但是浙江的批发零售业人均产值要高于金融业。而批发零售业是增加居民经营性收入门槛较低的行业，无疑有利于改善居民收入结构，提高经济增长益贫性。同时，江苏信息软件业和工业人均产值分列第

9 位和第 11 位，浙江分列第 8 位和第 9 位。因此，从行业相对地位而言，浙江的工业企业正加快发展。作为新结构经济学的倡导者，林毅夫（2014）认为，采取遵循比较优势发展战略的国家比其他国家表现得更好，有着更高的经济增长率、更低的经济波动和更小的不平等。如果将这种观点运用于省级之间的比较的话，在长三角地区，浙江充分发展了以阿里巴巴为代表的"互联网＋零售"的比较优势。反观江苏，房地产业和金融业高度发展，但相对于上海而言，并非其比较优势。沈坤荣和李永友（2010）曾经分析了上海、江苏和浙江的产业情况，发现浙江主导产业劳动密集型特征显著，在地区间竞争关系上，上海与江苏之间的竞争往往强于上海与浙江。

4. 最低工资制度是江苏实现益贫式增长的主要抓手

从再分配的角度来看，政府的民生支出对江苏和浙江两省的益贫性影响都不显著，而且符号为负。但是，最低工资变化率却对经济益贫性有利，其回归系数虽然很小但均是显著的（见表 2－13）。从某种意义上讲，政府的再分配政策并非都是益贫的，益贫的再分配政策需要更加精准，以更好地有利于低收入人群。最低工资制度主要是针对低收入人群的，而民生支出的受益面较宽。例如，对基础教育的投入增加，但如果低收入人群接受基础教育的制度成本（如户籍、房子等）没有下降的话，那么低收入人群是难以享受到民生支出的福利的。所以，从这个意义上讲，以再分配实现经济益贫，需要注重低收入人群特征，使得再分配政策的设计更加精准。

从江苏和浙江两省全体居民的收入格局来看，江苏省政府税收再分配的益贫性低于浙江。2015 年江苏城镇居民工资性收入为 24 948 元，浙江为 22 460 元，两省居民工资性收入一直有稳定的差距，从 2010 年开始两地居民的工资性收入差距有所缩小。若以政府地方财政收入中个人所得税与全部从业人员之比表示人均个人所得税的话，[①] 从图 2－14 可以看出，浙江工资较高，在 2011 年之前其人均个人所得税也一直高于江苏，但是 2011 年之后江苏的人均个人所得税始终高于浙江，同时不难发现，由于自 2010 年开始江苏工资性收入上涨，其自 2011 年开始所缴纳的个人所得税超过了浙江。

从这一点来讲，可以发现江苏居民相对于浙江而言，工资低但承担的税负较高。因而对于江苏而言，减少居民税收负担是通过再分配提高经济益贫性的举措

---

① 个人所得税分地方公共财政收入和省本级财政收入，省级个人所得税占比较小，时间序列较短，且两省差别不大，因此将其忽略。

之一，更重要的是实施再分配政策需要更加注重政策的精准性，最低工资制度能够保证低收入者的基本利益，因而完善最低工资制度能确保低收入者从中提高获得感。

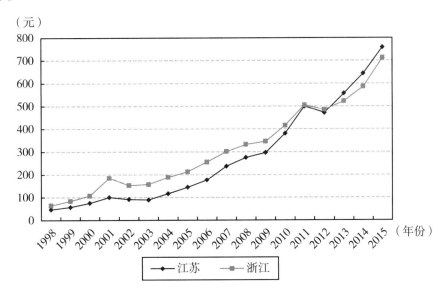

图 2 - 14　1998~2015 年江苏和浙江从业人员人均个人所得税

四、本章小结

富民与增长两者之间并不矛盾，通过适当的制度安排是可以实现二者的统一的。特别是对于江苏而言，其经济已经步入上中等国家水平，这时候要更加注重收入分配结构的合理性，以保持经济健康稳定持续发展。促进低收入居民提高收入就成为当前政府工作的重中之重。基于江苏和浙江两省的回归结果来看，有利于低收入人群分享发展成果的宏观环境的共性是保持宏观经济稳定，稳定物价，增加就业。而政府的再分配，需要格外注意制度设计，强调对低收入人群的关注，需要更加注重公平才能保障再分配的益贫性。对于江苏而言，经济高速发展暂时不应成为经济发展的主要目标，因为从其总量以及对益贫的影响来看，其经济高速发展带来的益贫效果不及浙江。所以，对于江苏而言，需要更加注重经济发展质量，能藏富于民。江苏作为工资性收入占比较高的省份，工资水平值虽然低于浙江，但是人均缴纳的个人所得税收高于浙江。而且江苏城镇登记失业率也高于浙江。这均不利于居民共享发展成果。从产业及企业效率来讲，浙江第三产业略发达，特别是批发零售业，在本省批发零售业的人均产值高居榜首，这有利于居民收入结构的改善，有利于居民共享发展成果。反观江苏，批发零售业人均产值虽然高于浙江，但是在本省的行业排名中位次却低于金融业，而发达的金融业却没能做到藏富于民。因此，将发达的金融业同扶贫开发相结合可以成为江苏共享发展理念落地的途径之一。从政府再分配角度讲，提高再分配政策的精准性，才能保证再分配的益贫性。

第三章

居民收入结构与长三角地区
益贫式增长

一、引 言

"坚决打赢脱贫攻坚战"不仅是党的十九大报告提出的"三大攻坚战"之一，也为正确处理中国减贫与发展的关系提供了重要的理论依据。共同富裕是社会主义的本质和目标。中国在关注经济增长的同时，始终关注穷人是否会从增长中受益，努力寻求更有利于穷人的增长模式。近年来，随着居民家庭人均分项收入水平不断提高，贫困发生率也显著下降（王朝明和姚毅，2010）。北京大学中国家庭追踪调查显示，2010 年，居民家庭人均工资性收入、财产性收入、经营性收入和转移性收入分别为5 602.2 元、192.1 元、203.2 元和 1 150.8 元，到 2016 年，分项收入分别增长至 7 502.2 元、1 055.8 元、2 910.8 元和 3 955.1 元。[①] 家庭人均总收入增幅超过 110%。城镇家庭人均各类纯收入均值由 2010 年的 2 176 元增长至 2016 年的 4 762 元。农村家庭人均各类纯收入均值由 2010 年的 772 元增长至 2016 年的 2 382 元（见图 3 - 1）。与家庭收入增长相对应的是家庭消费支出的增长。城乡家庭人均消费支出分别从 2010 年的 10 893 元和 6 133 元，增长至 2016 年的 24 073 元和 13 711 元，增幅均达到两倍以上。家庭消费信贷规模也从 2010 年的人均 263 元增长至 2016 年的人均 2 692 元。然而，在消费支出增长的同时，居民消费支出差距逐步扩大（见图 3 - 2）。

---

① 本章使用 2010 年和 2016 年两个年份 CFPS 家庭库中连续出现的家庭分项收入，按照国家统计局城乡划分标准统计。原始数据来自 CFPS 官网。

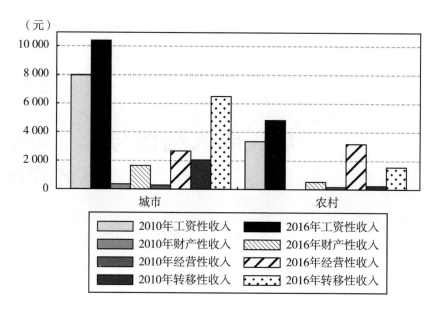

图 3 - 1　CFPS 调查样本城乡居民家庭分项收入变化

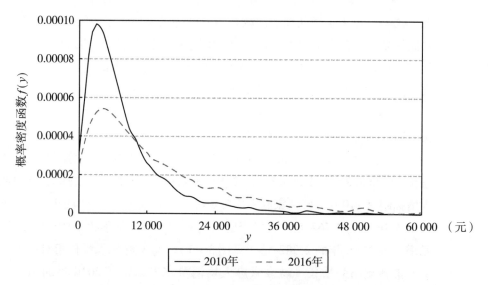

图 3 - 2　CFPS 调查样本家庭消费支出分布变化

　　20 世纪 90 年代，益贫式增长作为亚洲发展银行减少贫困战略的三项支柱之一被提出。益贫式增长可分为绝对益贫式增长和相对益贫式增长。绝对益贫式增长是指，穷人获得的增长的绝对利益要等于或多于非穷人获得的增长的绝对利益（White & Anderson，2000）。而相对益贫式增长则是指经济增长给穷人带来的收入增长比例大于非穷人，或者穷人的收入增长率超过平均收入增长率（Son & Kakwani，

2008；Fan & Zhang，2008）。收入和支付能力依然是影响消费支出以及消费益贫式增长的最主要因素。流动性约束以及信贷约束的存在会抑制居民消费支出。2014年，牛津大学人类发展与研究中心更是提出从教育、健康、财产、服务、是否享有良好的烹饪材料、学校教育、电力、营养和卫生系统等 10 个主要变量来测算支出型贫困水平。因此，消费支出的益贫性理应成为益贫式增长的重要组成部分。随着更多的研究开始从消费支出的角度衡量居民福利和贫困水平（李实和 Knight，2002；Démurger & Wang，2016），学界开始意识到单纯以收入维度衡量益贫式增长只是衡量增长减贫效应的一个方面。布吉尼翁和查克拉瓦蒂（2003）就认为，收入增长对减贫的影响并不能反映居民摆脱贫困的实际情况，以消费支出衡量的多维贫困程度远高于单纯收入维度测度的贫困水平。因此，以收入衡量的益贫式增长会远比现实情况乐观得多。益贫式增长更应重点研究消费支出的益贫性问题，消费支出的益贫性能够更为准确地衡量经济发展的益贫式增长绩效。埃萨马－恩萨和兰伯特（2009）认为，益贫性是益贫式增长的实质。他们在传统收入益贫性测算的基础上，拓展了经济指标益贫性的外延，论证了以消费支出为基础的多维度益贫性测算的合理性和科学性。基于家庭层面的微观数据可以对一国或特定区域的益贫式增长指数进行分解。在大型微观调查数据样本量的保证下，可以获得益贫式增长各个分解指数的具体测度。鉴于此，本章以长三角地区居民家庭微观消费支出数据的益贫式增长测算为基础，分析居民家庭分项收入增长以及信贷约束下降与居民消费益贫式增长之间的联系；基于 2010～2016 年 CFPS 的大型微观调查数据，测度县级市层面长三角地区消费支出的益贫性；从理论和实证两个层面系统讨论家庭分项收入以及家庭信贷约束对消费支出益贫性的影响。以期丰富中国消费益贫式增长的相关研究，为提升长三角地区居民消费益贫式增长水平提供政策参考。

二、文献综述

（一）消费支出益贫性的相关研究

随着学界对益贫式增长及其影响因素研究的深入，消费益贫式增长的研究逐步成为益贫式增长研究的热点问题。布吉尼翁和查克拉瓦蒂（2003）以 20 世纪 80 年代巴西农村居民为样本的实证分析表明，以教育支出衡量的巴西多维贫困程度远高于单纯收入维度测度的贫困水平。迈特拉和雷（Maitra & Ray，2003）则以南非居民家庭调查数据为样本，论证了消费支出的不平等已经成为阻碍南非减贫的重要因素，而传统的私人和公共转移支付对贫困家庭支出的边际影响则并不明显。自上海市 2007 年首次提出"支出型贫困"的概念以来，国内支出型贫困以及消费增长的益贫性逐渐受到关注。路锦非和曹艳春（2011）认为，传统收入视角的贫困界定难以衡量生活水平高于最低生活保障线，但仍处于相对贫困状态居民的实际贫困水平。随着我国经济的发展，出现了更多"消费大于收入"的支出型贫困家庭。也有较多的研究从消费支出的角度衡量居民福利和贫困水平（李实和 Knight，2002；Démurger & Wang，2016）。谢超峰等（2017）结合 2001～2014 年苏浙沪样本，以五等分的城镇实际人均可支配收入和实际人均消费为核心变量，对苏浙沪三地经济增长的益贫效果进行测算。分析结论认为，以消费衡量的益贫性低于以收入衡量的益贫性，间接说明在发达地区存在支出型贫困问题。

（二）信贷约束与消费支出

消费主体、支付能力、消费意愿以及消费实现环境均会对消费产生影响。然而，收入和支付能力依然是影响消费支出以及消费益贫式增长的最主要因素。国外的学者更多地从不同时期收入结构的角度探究收入的时间结构与消费之间的关系。其中，较有代表性的有绝对收入假说、相对收入假说、生命周期假说以及持久收入假说。随后，更多的研究在上述假说的基础上进行拓展，采用实证分析方法验证上述假说在不同国家和地区的适用性，并进一步提出了随机游走假说、流动性约束假说、预期性储蓄假说以及缓冲存货储蓄模型的多种消费理论。哈佩利和帕加诺（Jappelli & Pagano，1989）以及迪顿和帕克森（Deaton & Paxson，1994）的研究均提到流动性约束的存在会抑制居民消费支出，而消费信贷水平提高能够缓冲居民对于资金货币的需求，刺激居民消费支出。流动性约束的存在必然会造成消费水平的下降，而消费信贷能够平滑居民生命周期不同时间段收入的差异，进而会减少流动性约束对消费的负面影响。在上述理论认识的基础上，国内外学者更多地使用经验数据开展信贷约束对居民消费影响的实证检验。泽尔德斯（Zeldes，2000）使用美国 1968 年和 1982 年两次 PSID 微观调查数据实证分析了家庭信贷约束与消费的关系，并检验了永久收入假说在美国家庭消费模式中的适用性。结论认为，存在家庭信贷约束或获得贷款能力较低的家庭的消费对短期收入的依赖性更强，信贷约束会减少家庭消费支出。臧旭恒和裴春霞（2002）分析了短期和中长期流动性约束对消费者消费支出的影响，认为短期流动性约束会减少居民消费，转型期国内信贷交易成本较高、主要信贷产品价格不合理以及风险防范不健全等因素均会加剧流动性约束对消费的抑制作用。申朴和刘康兵（2003）使用 1982～2000 年中国宏观经济有关数据，采用工具变量法对转轨时期收入不确定性和流动性约束对城镇居民消费行为的影响进行经验分析。结论认为，城镇居民在收入增长率减缓，并面临较强的不确定性和流动性约束的条件下，必然会减少当前消费，增加储蓄。赵霞和刘彦平（2006）使用 1978～2004 年中国城镇居民人均消费支出和人均可支配收入数据，实证分析了流动性约束对消费的抑制作用，认为受流动性约束影响的家庭消费占总消费的比重高达 70.62%。自 1999 年开展居民消费信贷推广以来，居民消费水平有显著提升。坎贝尔和曼昆（Campbell & Mankiw，2009）使用 1953～1985 年美国家庭人均可支配收入和非耐用消费品消费额实证分析了永久收入假设在美国家庭中的适用性，认为美国家庭的收入过度敏感性为 50%，居民的消费模式并没有按照永久收入假设的模型进行，适度提高消费信贷规模能够减少流动性约束对消费的负面影响。杭斌和修磊（2016）通过构建 2010～2014 年两期 CFPS 居民家庭数据，实证分析了地位寻求与收入不平等对消费的影响，认为在国内信贷约束较强以及社会保障不健全的条件下，收入差距的扩大在增加地位性消费需求的同时，促使非地位性消费需求减少并导致总需求下降。

（三）收入结构与消费支出

近年来，国内学者也开始从分项收入的角度，关注同一时间截面不同收入来源所造成的收入维度差异对消费支出与消费结构的影响。巩师恩和范从来（2012）使用 2002～2009 年国内省际面板数据实证分析了分项收入对消费支出的边际消费促进效应。结果表明，工资性收入对于非食品消费水平的提升作用明显。经营性收入的总消费促进效应稍弱于总收入的消费促进效应，但经营性收入的食品消费促进效应高于总收入的食品消费促进效应。温涛等（2013）利用拓展性消费支出系统（ELES）模型，结合 2004～2010 年国内 31 个省（区、市）的省际面板数据实证分析了农民分项收入结构对消费水平和消费结构的影响，认为家庭经营收入是分项消费支出的最主要影响因素，虽然财产性收入在农民收入构成中占比远远低于其他各项收入，但其边际消费支出倾向却最大。贺洋和臧旭恒（2016）利用 2012 年中国家庭追踪调查微观调查数据，分析了居民家庭资产结构与消费倾向之间的关系，认为家庭持有流动性较强的资产会显著促进消费。张慧芳和朱雅玲（2017）基于 AIDS 分析框架，使用 1992～2015 年全国时间序列数据分析了分项收入结构对城乡居民消费结构的影响，认为工资性收入和转移性收入是促进消费结构优化升级最主要的收入因素，经营性收入和财产性收入则在特定阶段或群体中对各项消费产生较大的影响。

通过上述文献可以看出，家庭消费支出的益贫式增长的测度与实现路径是益贫式增长研究的重要课题。国内外学者从收入的时间维度和截面维度两个层面的差异，研究了不同收入结构对消费以及消费结构的影响，在信贷约束以及分项收入对消费的影响领域均有较多的深入研究，但并没有对分项收入以及信贷约束对消费益贫式增长的影响进行分析。本章首先构建一个收入和信贷约束影响消费益贫式增长的理论分析框架；其次，基于 2010 ~ 2016 年 CFPS 的大型微观调查数据，从消费支出的益贫式增长测度的角度出发，测度 162 个市县级层面中国消费益贫式增长水平；最后，计量分析分项收入以及消费信贷约束对消费益贫式增长的影响。

三、收入结构影响益贫式增长的理论分析

（一）基本假设

沿用拓展性消费支出系统模型（ELES）以及线性近似理想需求系统模型（LA/AIDS）的建模思想（Choi et al.，2009），假设家庭消费支出可分为两大类：一类是日常生活必需品的消费数量为 x；另一类是满足家庭非基本需求消费差异化商品的数量为 y_k，其产品集合为 $k \in (1, \cdots, K)$。社会中存在两类收入家庭 i，$i \in (l, h)$，分别为低收入家庭和高收入家庭。假设他们对家庭日常生活必需品的消费数量是相同的，消费支出差异主要体现在差异化非必需品的消费上。必需品价格为单位价格，非必需品的价格为 p_k。差异化产品的生产厂商为完全竞争市场，产品价格由边际成本决定。于是有：

$$p_k = mc_k = c \cdot \exp(\phi_k y_k)$$

其中，ϕ_k 表示商品 y_k 的边际价格弹性，c 表示同质生活必需品的单位成本。

（二）消费最优决策

低收入家庭的特点是只有工资性收入，同时家庭可以通过借贷获得当期收入用以消费支出（Jappelli & Pagano，1989；Campbell & Mankiw，1990；Galí et al.，2004）。于是，低收入家庭的跨期效用最大化问题可表述为：

$$\sum_{t=0}^{\infty} \beta_{l,t} \{ x_t \cdot \exp[\sum_{k=1}^{K_l} \alpha_{l,k} y_{l,t}^k] \}$$

$$\text{s. t.} \quad L_{l,t-1} + x_t + \sum_{k=1}^{K_l} p_{lk,t}(y_{l,t}^k) \leqslant w_{l,t} + L_{l,t}/p_t$$

(3.1)

其中，$\alpha_{l,k} > 1$，表示差异化商品 $y_{l,k}$ 对低收入家庭的边际效用弹性；$p_{lk,t}$ 表示低收入家庭所消费的差异化产品价格；$K_l \in (1, \cdots, K_l)$，表示低收入家庭收入可以消费的差异化商品区间；w_l 表示低收入家庭的工资性收入；$L_{l,t}$ 和 $L_{l,t-1}$ 分别表示 t 期和 $t-1$ 期家庭贷款数量，假设 $t-1$ 期贷款价格为 1，则 $0 < p_t < 1$ 表示 t 期贷款的价格。求解式（3.1）得到以下欧拉方程：

$$E_t\{\exp[\sum_{k=1}^{K_l} \alpha_{l,k} y_{l,t}^k]\} = \exp[\sum_{k=1}^{K_l} \alpha_{l,k} y_{l,t-1}^k] / \beta_l p_t \tag{3.2}$$

由式（3.2）可知，低收入家庭差异化非必需消费品的需求变化率与跨期效用贴现率 β 以及贷款成本 p_t 负相关。因此，当低收入家庭贷款成本下降后，家庭可获得贷款数额增加，信贷约束下降，会提高当期实际收入，进而增加对差异化非必需品的消费，并促使家庭消费向更高质量的产品线延伸。用 $\bar{p}$ 和 $\bar{L}_l$ 表示稳态时低收入家庭贷款成本及数量。于是，稳态时差异化商品的需求表示为：

$$y_l^k = \underbrace{\frac{1}{\phi_k}\ln[w_l + (\frac{1}{\bar{p}} - 1) \cdot \bar{L}_l]}_{\text{收入增长效应}} + \underbrace{\frac{1}{\phi_k}\ln(\frac{\alpha_{l,k}/\phi_k}{1 + \sum_1^{K_l} \alpha_k/\phi_k})}_{\text{偏好分布效应}} - \frac{1}{\phi_k}\ln c \tag{3.3}$$

高收入家庭同样可以利用信贷进行消费，但家庭拥有财产性收入，能够获得财产收益回报以增加当期收入。于是，高收入家庭的跨期效用最大化问题可表述为：

$$\sum_{t=0}^{\infty} \beta_{h,t}\{x_t \cdot \exp[\sum_{k=K_l}^{K} \alpha_{h,k} y_{h,t}^k]\} \tag{3.4}$$

$$\text{s. t.} \quad L_{h,t-1} + D_{t-1} + x_t + \sum_{k=K_l}^{K} p_{hk,t}(y_{h,t}^k) \leqslant w_{h,t} + r_t D_t + L_{h,t}/p_t$$

其中，$\alpha_{h,k} < \alpha_{l,k}$，表示差异化商品 $y_{h,k}$ 对低收入消费者的边际效用弹性，受规模报酬递减的影响，差异化商品对高收入家庭的边际效用弹性 $\alpha_{h,k} < \alpha_{l,k}$；$r_t$ 和 D_t 表示高收入家庭财产收益率及财产数量；$L_{h,t}$ 和 $L_{h,t-1}$ 分别表示 t 期和 $t-1$ 期高收入家庭贷款数量，p_t 表示 t 期贷款的价格；$p_{hk,t}$ 表示低收入阶层所消费的差异化产品价格；$K_h \in (K_l, \cdots, K)$，表示高收入阶层收入可以消费的差异化商品区间；w_h 表示低收入家庭的工资性收入；$L_{h,t}$ 和 $L_{h,t-1}$ 分别表示 t 期和 $t-1$ 期家庭贷款数量，假设 $t-1$ 期贷款价格为 1，于是有：

$$E_t\{\exp[\sum_{k=K_l}^{K} \alpha_{h,k} y_{h,t}^k]\} = r_t \cdot \exp[\sum_{k=K_l}^{K} \alpha_{h,k} y_{h,t}^k] / \beta_h p_t \tag{3.5}$$

由式（3.5）可知，高收入家庭差异化非必需消费品的需求变化率与跨期效用贴现率 β 以及贷款成本 p_t 负相关，与财产收益率 r_t 正相关。稳态时高收入阶层消费者对差异化非必需商品的需求为：

$$y_h^k = \underbrace{\frac{1}{\phi_k}\ln\left[w_h + \left(\frac{1}{\bar{p}} - 1\right)\cdot \bar{L}_h + (\bar{r} - 1)\cdot \bar{D}_h\right]}_{\text{收入增长效应}} + \underbrace{\frac{1}{\phi_k}\ln\left(\frac{\alpha_{h,k}/\phi_k}{1 + \sum_{k=K_l}^{K}\alpha_k/\phi_k}\right)}_{\text{偏好分布效应}} - \frac{1}{\phi_k}\ln c$$

(3.6)

其中，$\bar{L}_h$ 和 $\bar{D}_h$ 分别表示稳态时高收入家庭的贷款和财产性资产数量，$\bar{r}$ 为稳态时高收入家庭资产收益率。由式（3.3）和式（3.6）可知，家庭对差异化商品的消费数量与当期工资的对数 $\ln w_i$、贷款数量 $\bar{L}_i$、财产性收入 $\bar{D}_h$ 以及差异化产品对该类家庭的相对边际效用弹性正相关，与产品生产成本 $\ln c/\phi_k$ 负相关。因此，家庭对差异化商品的消费需求分布函数与家庭实际收入的对数分布相关。低收入家庭的贷款以及高收入家庭的财产性收入提升均能够促进差异化商品消费需求。此外，家庭收入提升必然带来商品偏好的改变，于是，依据式（3.3）和式（3.6），可界定收入增长带动消费提升的机制为消费需求的收入增长效应 $\hat{\sigma}$，而消费者偏好随着收入增加改变的机制为偏好分布效应 $\hat{\gamma}$。

（三）消费支出的益贫性

假设 t 时期以消费支出度量的贫困一般性指标为 $P = P[z, \bar{y}^k, L(z)]$。其中，$z$ 表示贫困线，$\bar{y}^k$ 表示全社会差异化商品的平均支出，$L(z)$ 表示消费分布洛伦兹曲线。定义减贫增长弹性表示为：

$$\hat{\mu} = \{\ln[P(z, y_{t+1}^k, L_{t+1}(z))] - \ln[P(z, y_t^k, L_t(z))]\}/\hat{g} \qquad (3.7)$$

其中，$\hat{g} = g(L_i, D_i, w_i)$，且 $g'(L_i, D_i, w_i) > 0$，表示实际收入增长率，是家庭贷款、财产性收入以及工资性收入的函数，用各期家庭实际收入的对数差分表示。结合前文分析以及式（3.3）和式（3.6）的定义，可将消费的减贫增长弹性分解为纯增长效应 $\hat{\sigma}$ 和纯分配效应 $\hat{\gamma}$ 两部分，即 $\hat{\mu} = \hat{\sigma} + \hat{\gamma}$。收入增长效应 $\hat{\sigma}$ 表示差异化商品消费分布没有发生变化时单纯家庭收入增长对消费贫困的弹性。纯分配效应 $\hat{\gamma}$ 则表示收入增长不变条件下家庭消费偏好分布变化对减贫的影响。将式（3.7）的消费减贫增长弹性进行简单变化可得纯增长效应和纯分配效应如下：

$$\hat{\sigma} = \{\ln[P(z, \bar{y}_{k,t+1}, L_t(z))] - \ln[P(z, \bar{y}_{k,t}, L_t(z))]$$
$$+ \ln[P(z, \bar{y}_{k,t+1}, L_{t+1}(z))] - \ln[P(z, \bar{y}_{k,t}, L_{t+1}(z))]\}/2\hat{g} \qquad (3.8)$$

$$\hat{\gamma} = \{\ln[P(z, \bar{y}_{k,t}, L_{t+1}(z))] - \ln[P(z, \bar{y}_{k,t}, L_t(z))]$$
$$+ \ln[P(z, \bar{y}_{k,t+1}, L_{t+1}(z))] - \ln[P(z, \bar{y}_{k,t+1}, L_t(z))]\}/2\hat{g} \qquad (3.9)$$

因此，消费支出的减贫等值增长率（PEGR）可定义为：

$$PEGR = \frac{\hat{\mu}}{\hat{\sigma}} \cdot \hat{g} \qquad (3.10)$$

参考孙和卡瓦尼（2008）关于益贫式增长的论述及定义，界定指标 $KAW = \hat{\mu}/\hat{\sigma} = (\hat{\gamma} + \hat{\sigma})/\hat{\sigma}$。当 $KAW > 1$ 时，界定为强益贫式增长，即穷人从消费支出增长中的福利提升高于非穷人；当 $0 \leqslant KAW \leqslant 1$ 时，增长的减贫弹性为负，但纯分配效应对贫困的正面影响能够被消费福利增长的减贫促进效应所抵消，此时定义为涓滴式增长，或消费支出的弱益贫式增长；当 $KAW < 0$ 时，纯分配效应强于纯增长效应，消费支出增长导致贫困增加。若贫困测度指标选择 FGT 指数，则 $P(z, \bar{y}) = [(z - \bar{y})/z]^\alpha$。其中，$z$ 表示贫困线；$\bar{y}$ 为人均消费支出；$\alpha = 0,1,2$，分别表示贫困发生率、贫困强度和贫困深度（Foster et al., 1984）。

如图 3 - 3 所示，假定贫困线 z 不变，收入以及家庭消费信贷增加均会对消费支出产生纵向的增长效应 G，即消费支出由 t 期的初始分布 I 过渡到 $t+1$ 期均值变化

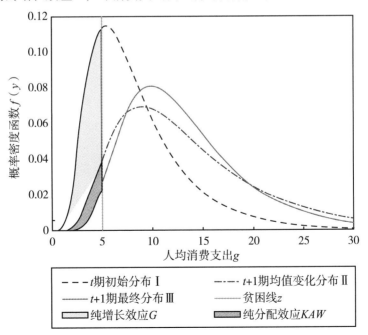

图 3 - 3 人均消费增长的减贫效应分解

导致的分布 Ⅱ，促使贫困线以下的消费下降，具体下降幅度为：

$$G = \int_0^z \left[pdf_{\mathrm{I}}(y_{k,t}) - pdf_{\mathrm{II}}(y_{k,t+1}) \right] dg \qquad (3.11)$$

同时，收入以及家庭消费信贷增加均会对消费支出产生横向的分配效应（KAW），即收入和信贷约束不变前提下，不同收入阶层消费者对差异化商品的偏好改变，导致消费分布由 $t+1$ 期的中间分布 Ⅱ 过渡到 $t+1$ 期的最终分布 Ⅲ，表示为：

$$KAW = \int_0^z \left[pdf_{\mathrm{II}}(y_{k,t+1}) - pdf_{\mathrm{III}}(y_{k,t+1}) \right] dg \qquad (3.12)$$

基于上述分析，提出如下研究假说：家庭分项收入和消费信贷增加能够同时提高不同收入阶层家庭对差异化非必需商品的消费需求，家庭收入增加以及信贷约束下降均有利于促进消费的益贫式增长。

四、居民家庭消费支出益贫性的测度与评价

（一）指标说明与数据来源

本章以北京大学中国家庭追踪调查中长三角地区的调查家庭为分析样本，[①] 用家庭总消费收支除以家庭人口数量计算人均消费支出，测算调查年份各地区人均消费支出的益贫式增长绩效。利用《中国统计年鉴》中给出的样本家庭所在省份的消费价格指数（以 2010 年为基期）作为平减指数对居民人均家庭消费进行平减。世界银行 2005 年之前采用每人每天 1 美元的贫困线标准，2005 年之后采用 1.25 美元作为贫困线标准。2015 年，世界银行宣布，按照购买力平价计算，将国际贫困线标准从此前的每人每天生活支出 1.25 美元上调至 1.9 美元。我们按照这一标准，使用 2010~2016 年官方人民币对美元汇率换算成人民币确定贫困线，2010~2014 年的贫困线为每人每天生活支出 1.25 美元，2016 年则调整为 1.9 美元，年人均贫困线消费支出按照 365 天测算。[②] 选取 $\alpha = 1$，即测度贫困差距（又称贫困深度）的益贫性。设定权重为调查户人口占地区总调查人数的比重。

---

① 北京大学中国家庭追踪调查已经相继在 2010 年、2011 年、2012 年、2014 年和 2016 年进行了五次正式入户调查。每年调查的省际样本涉及国内 25 个省（区、市），且为跟踪调查样本，能够形成连续的面板数据。本章涉及测度益贫式增长指数以及家庭和户主特征的原始数据均来自该数据库。

② 2010~2016 年人民币对美元官方汇率数据来自世界银行世界发展指数。

（二）测算结果与分析

1. 长三角地区的整体分析

按照最近年份相邻的原则，剔除调查期间非连续出现的省份，以各个调查时间节点内均出现的国内市县级地区为样本。[①] 利用 Stata 提供的 DASP 程序包[②]，按照 CFPS 数据库中长三角地区各个调查样本，参考式（3.11）和式（3.12），测度 2010～2016 年长三角地区居民家庭人均消费的益贫式增长指数，主要测算结果见表 3－1。[③]

表 3－1　　　　　长三角地区家庭人均总消费益贫性测算结果
（贫困强度 $\alpha = 1$）

时期	样本数	纯分配效应（KAW）					减贫等值增长率（PEGR）		
		均值	标准差	KAW>1 占比（%）	0<KAW<1 占比（%）	KAW<0 占比（%）	均值	标准差	PEGR>0 占比（%）
2010～2011 年	1 617	−1.104	4.913	38.59	21.09	40.32	−0.060	0.400	59.68
2011～2012 年	1 246	−0.386	4.163	24.40	46.07	29.53	0.236	0.171	79.94
2012～2014 年	1 274	0.489	4.709	11.93	60.52	27.55	0.512	0.599	85.71
2014～2016 年	989	0.652	5.402	10.11	64.51	25.38	0.522	0.674	88.98

注：家庭总消费支出的原始数据来自 CFPS 数据库。总支出包括：衣着消费、食品消费、医疗保健、文教娱乐、居住性支出、日用品支出、交通通信支出等消费性支出以及转移性支出、福利性支出和购房建房贷款支出。2011 年和 2016 年 CFPS 数据库没有直接提供分项支出的相关指标，参考 2010 年和 2012 年的变量测算方法自行统计。

---

① 截至目前，公开获得 CFPS 数据库中，只在 2014 年和 2016 年数据样本出现的省份有内蒙古（2014 年）、海南（2014 年）、宁夏（2014 年）、新疆（2014 年）、西藏（2016 年）。实际分析中剔除上述省份样本。

② Stata11.0 以上版本均可直接下载 DASP 程序包进行各项贫困度指标及益贫式增长指标的测算。

③ 162 个市县区人均消费的益贫式增长的 KAW 与 PEGR 指数的具体测算结果备索：zhaojinchun1986@126.com。

从表 3-1 的家庭人均消费减贫的纯分配效应和减贫等值增长率测算结果可以看出，首先，2010~2016 年，长三角地区居民消费支出减贫的纯分配效应（KAW）均值持续增长、标准差逐渐增加，说明家庭消费支出的分配效应有集中化的趋势，长三角地区的居民消费支出整体呈现弱益贫式增长。2010~2011 年，纯分配效应均值为 -1.104，说明居民消费呈现显著的非益贫性，消费支出的增加会导致贫困增长；纯分配效应的标准差为 4.913，说明消费的纯分配效应在不同地区之间呈现较大的差异性。其中，强益贫式增长、弱益贫式增长和非益贫式增长的地区占比分别为 21.09%、38.59% 和 40.32%。2014~2016 年度，消费的纯分配效应均值增长至 0.652，标准差有所增大，但该年度依然有 64.51% 的样本家庭消费呈现弱益贫式增长，强益贫式增长和非益贫式增长的地区占比分别为 10.11% 和 25.38%。其次，家庭人均消费的减贫等值增长率变化趋势与纯分配效应类似，长三角地区家庭居民消费支出的减贫等值增长率（PEGR）同样逐年提升，其样本家庭标准差有所增加。2010~2011 年度，减贫等值增长率均值为 -0.060，标准差为 0.400，PEGR > 0 的地区占比为 59.68%。2014~2016 年度，长三角地区家庭居民消费支出的减贫等值增长率均值上升至 0.522，PEGR > 0 的地区占比增加至 88.98%。

2. 长三角地区的差异分析

表 3-2 提供了长三角地区按照家庭人均消费支出维度减贫的纯分配效应（KAW）的测算结果。从中可以看出，首先，在考察期内，沿海的沪苏浙三地居民家庭人均消费支出的纯分配效应平均值均为正值，且其年平均增速也基本保持在 0.5 以上。此外，除上海外，浙江和江苏家庭人均消费支出的纯分配效应标准差下降明显，0 < KAW < 1 的地区占比基本保持在 60% 以上。说明长三角地区沿海发达省份人均消费呈现显著的弱益贫式增长特征，且沿海地区家庭人均消费的益贫性差异正逐步缩小。其次，CFPS 样本中安徽居民家庭人均消费的纯分配效应整体呈现上升趋势，但 KAW 指数在考察期内始终为负值。说明安徽居民家庭人均消费支出的不均等程度比较严重。具体来看，2010~2011 年度，安徽居民家庭人均消费支出的纯分配效应均值为 -11.297；2014~2016 年度，纯分配效应均值增长至 -7.457。与此同时，安徽也是纯分配效应为负的样本占比最多的地区。2010~2016 年，安徽样本家庭中人均消费支出 KAW < 0 的样本占比从 78.54% 下降至 31.03%，说明考察期内安徽的家庭人均消费差距逐渐缩小，但消费支出的非均等化情况在长三角地区中最为严重，消费支出增加所导致的消费不平等恶化有可能导致安徽贫困率的增加。

表 3 - 2　　　　　居民家庭人均消费纯分配效应的地区差异

（贫困强度 $\alpha = 1$）

地区	年度	纯分配效应（KAW）				
		均值	标准差	$KAW > 1$ 占比（%）	$0 < KAW < 1$ 占比（%）	$KAW < 0$ 占比（%）
上海	2010～2011	0.683	2.029	27.89	42.21	29.89
	2011～2012	0.910	1.400	25.74	50.45	23.81
	2012～2014	1.905	3.007	13.89	64.77	21.35
	2014～2016	2.549	4.813	0.00	83.48	16.52
江苏	2010～2011	0.699	1.254	32.62	30.47	36.91
	2011～2012	1.888	1.106	64.73	33.82	1.45
	2012～2014	2.342	0.476	49.01	49.50	1.49
	2014～2016	1.756	0.484	42.46	55.87	1.68
浙江	2010～2011	0.176	0.392	0.00	75.62	24.38
	2011～2012	1.349	1.247	37.65	62.35	0.00
	2012～2014	2.062	2.497	30.32	68.09	1.60
	2014～2016	2.574	1.037	28.90	71.10	0.00
安徽	2010～2011	-11.297	5.238	8.58	12.88	78.54
	2011～2012	-8.155	4.680	14.42	19.23	66.35
	2012～2014	-7.706	4.952	20.10	30.15	49.75
	2014～2016	-7.457	4.720	22.99	45.98	31.03

进一步分析长三角地区人均消费减贫等值增长率的地区差异，分析结果见表 3-3。

表 3 - 3　　　　居民家庭人均消费减贫等值增长率的地区差异

（贫困强度 $\alpha = 1$）

地区	年度	减贫等值增长率（PEGR）		
		均值	标准差	$PEGR > 0$ 占比（%）
上海	2010～2011	0.048	0.242	70.11
	2011～2012	0.300	0.484	85.42
	2012～2014	0.546	0.736	82.75
	2014～2016	0.543	0.920	86.91

续表

地区	年度	减贫等值增长率（PEGR）		
		均值	标准差	PEGR >0 占比（%）
江苏	2010~2011	0.022	0.185	63.09
	2011~2012	0.549	0.307	100.00
	2012~2014	0.547	0.266	99.50
	2014~2016	0.475	0.225	100.00
浙江	2010~2011	0.159	0.150	75.62
	2011~2012	0.347	0.211	100.00
	2012~2014	0.706	0.213	98.94
	2014~2016	0.798	0.095	100.00
安徽	2010~2011	−0.775	0.459	42.92
	2011~2012	−0.367	0.492	71.36
	2012~2014	0.175	0.411	75.00
	2014~2016	0.239	0.322	72.41

从表3-3可以看出，第一，安徽人均消费的减贫等值增长率在2010~2011年度和2011~2012年度呈现负值，且 PEGR >0 的地区占比在2012~2014年度达到75.00%的最大值后逐年下降，2010~2011年度，PEGR >0 的地区数占比为42.92%，为同期长三角地区的最低水平；第二，沪苏浙三地居民家庭人均消费的减贫等值增长率在考察期内均为正值，且 PEGR >0 的地区占比均接近70%以上的水平，说明长三角区域沪苏浙三地居民家庭人均消费的益贫式增长水平较高，消费支出增加显著降低了沿海地区的贫困强度。

五、分项收入影响消费益贫性的实证检验

（一）实证设计

理论分析认为，分项收入会对消费益贫式增长产生积极的促进作用。同时，家庭消费信贷水平提升也会对消费益贫式增长产生促进作用。基于上述认识，我们设

定基础计量模型如下：

$$PRP_{it} = \beta_0 + \beta_1 \cdot INC_{ijt} + \beta_2 \cdot CRD_{it} + \sum \beta_3 \cdot control_{it} + \lambda_i + \lambda_t + \xi_{it}$$

$$(3.13)$$

其中，i、t 分别表示家庭户编码和年份；βi 为估计系数；PRP_{it} 为家庭人均总消费支出的益贫式增长相关指标，是核心因变量；分别用前文测算的人均消费纯增长效应 G_{it}、纯分配效应 KAW_{it} 和减贫等值增长率表示 $PERG_{it}$；INC_{ijt} 是家庭人均收入分解指标，其中，$j = 1,2,3,4$ 分别表示人均工资性收入、人均财产性收入、人均经营性收入（含农业）和人均转移性收入，是核心解释变量；CRD_{it} 为家庭信贷规模指标；$control_{it}$ 为一组家庭层面的控制变量集合；λ_i 和 λ_t 分别表示家庭和年份控制变量；ξ_{it} 为随机误差项。

（二）指标界定及样本筛选

1. 分项收入

直接使用 CFPS 数据库中长三角地区调查样本分项收入表示家庭人均分项收入水平。人均家庭工资性收入记为 $WAGE_{it}$，人均家庭财产性收入记为 $PRTY_{it}$，人均家庭经营性收入记为 $OPET_{it}$，人均家庭转移性收入记为 $TRSF_{it}$。其中，CFPS 数据库中同时提供家庭成员打工收入和工资收入指标，本章将二者加总作为工资性收入进行分析。财产性收入包括房租收入、房屋拆迁补偿款、出租土地所得、土地征用补偿款、出租其他资产所得。2010 年和 2011 年的原始数据中家庭经营性收入是按照农业经营和非农业经营分类统计的，本章也将二者加总，分析含农业经营收入的人均经营性收入对消费益贫式增长的影响。转移性收入则包括政府补助、社会捐助、离退休养老金以及亲友赠予。2016 年的 CFPS 原始数据并没有给出分项收入统计，我们按照 2010 年和 2012 年分项收入核算方法测算。

2. 信贷约束

衡量居民信贷约束的方法很多。较多文献采用坎贝尔和曼昆（2009）的过度敏感性模型方法（申朴和刘康兵，2003；艾春荣和汪伟，2008；刘雯，2018），也有研究使用家庭金融资产和住房资产等可抵押资产作为衡量家庭信贷规模及信贷约束的替代变量（杭斌和修磊，2016）。我们认为，金融资产是衡量家庭可获得贷款能力的重要变量，但二者并没有直接反映家庭消费信贷的规模。本章使用各类消费按揭贷款支出总额与家庭人口数量的比值表示人均消费信贷规模 CRD_{it}，表示家庭信贷约束。显然，CRD_{it} 越大，家庭面临的信贷约束越小。

3. 控制变量

本章的控制变量主要选择家庭层面的三类微观变量。一是个体信息，包括户主年龄（AGE_{it}）[1]；健康情况（HEA_{it}），赋值 1~5，表示不健康到非常健康；受教育程度（EDU_{it}），用户主已完成的最高学历表示，赋值 1~8，分别为文盲/半文盲、小学、初中、高中/中专/技校、大专、大学本科、硕士和博士。二是职业信息，包括工作性质（ARG_{it}），用是否从事农业相关工作表示，取值 0 或 1，分别表示非农工作和农业相关工作（农、林、牧、副、渔）；户主的主要工作类型（JBZ_{it}），赋值 1~5，分别表示自家农业生产经营、私营企业/个体工商户/其他自雇户主、农业打工、受雇以及非农散工；职业的行业特征（IDS_{it}），取值 1~21，直接用 QG302 行业编码表示。三是家庭信息，包括家庭中儿童占比（CHD_{it}），使用家庭中 15 周岁以下人口占总人口比重表示；家庭中老年人占比（OLD_{it}），使用家庭中 65 周岁以上人口占总人口比重表示；家庭人口规模（FSZ_{it}），用家庭总人口表示。控制变量数据来自 CFPS 成人库样本。

4. 样本筛选与数据预处理

我们将前文测算的长三角市县区层面人均消费支出的益贫式增长指数以 2010 年设定为基期，与 CFPS 数据库中的家庭户所处的长三角市县区代码进行匹配。剔除各年份数据中只出现一次的家庭户样本。同时，将 CFPS 家庭库收入支出数据和成人库中户主信息按照户编码进行匹配。删除各个考察指标中异常值样本。[2] 收入和支出相关指标均使用长三角地区省级层面各年度的 CPI 指数进行平减，CPI 数据来自长三角各省份统计年鉴。为了消除异方差性的影响，对收入和支出相关指标以及户主年龄、受教育程度及家庭人口规模取对数处理。最后得到包含 2 327 户共 6 972 个观察值的非平衡面板数据作为实证分析样本。省份参照历年 CHIPS 调查涉及的苏浙皖沪三省一市。变量定义、指标说明及数据来源见表 3-4。各变量描述性统计分析结果见表 3-5。

---

[1] 由于 CFPS 家庭调查问卷中没有一般调查数据中的户主概念，我们参考杭斌和修磊（2016）的做法，将家庭事务的主要决策者确定为户主。

[2] 异常值主要包括统计过程中出现的"不知道""数据错误""拒绝回答""不适用"等。部分年份出现的家庭总收入小于总消费支出的样本，也一并剔除。

表 3-4　　　　　　　变量定义、指标说明及数据来源

项目	变量	符号	指标说明	数据来源
消费益贫式增长相关指标	纯增长效应	G	剔除分配效应后的家庭人均消费增长	家庭人均消费数据来自 CFPS 家庭库,使用 Stata 的 DASP 软件包计算
	纯分配效应	KAW	剔除增长效应后的家庭人均消费的分配效应	
	减贫等值增长率	PEGR	家庭人均消费增长的益贫性绩效	
收入结构	工资性收入	WAGE	打工收入和工资收入之和	家庭细分收入数据来自 CFPS 家庭库,按照统一口径重新计算
	财产性收入	PRTY	房租、拆迁补偿、土地出租征用及其他资产出租所得	
	经营性收入	OPET	含农业经营人均经营性收入	
	转移性收入	TRSF	政府补助、社会捐助、离退休养老金以及亲友赠予	
信贷约束	家庭信贷规模	CRD	住房建房、车辆以及非车辆消费按揭贷款支出	家庭人均消费数据来自 CFPS 家庭库
控制变量	年龄	AGE	户主实际年龄	户主及人口数据来自 CFPS 成人库
	健康状况	HEA	户主健康情况	
	教育程度	EDU	户主已获得的最高学历水平	
	工作性质	ARG	反映是否从事农业相关工作	
	行业特征	IDS	反映户主就业的行业特征	
	工作类型	JBZ	反映户主的就业属性	
	儿童占比	CHD	家庭儿童人口占总人口比重	
	老人占比	OLD	家庭老年人口占总人口比重	
	家庭规模	FSZ	家庭总人口	

表 3-5　　　　　　　变量的描述性统计分析结果

变量	符号	观察值	均值	标准差	最小值	最大值
纯增长效应	G	6 972	0.6	0.63	0	2.82
纯分配效应	KAW	6 972	-0.14	4.16	-23.84	14.85
减贫等值增长率	PEGR	6 972	0.2	0.52	-3.13	1.92
工资性收入	WAGE	6 972	9.39	1.03	0.29	14.23

续表

变量	符号	观察值	均值	标准差	最小值	最大值
财产性收入	*PRTY*	6 972	1.59	3.11	-3.4	13.53
经营性收入	*OPET*	6 972	1.39	2.99	-8.7	12.99
转移性收入	*TRSF*	6 972	3.1	3.97	0	14
家庭信贷规模	*CRD*	6 972	0.79	2.64	0	13.41
年龄	*AGE*	6 965	3.76	0.38	2.77	4.6
健康状况	*HEA*	6 972	4.06	2.53	0	7
教育程度	*EDU*	6 964	0.99	0.55	0	2.2
工作性质	*ARG*	6 922	0.34	0.47	0	1
工作类型	*JBZ*	6 972	2.84	1.31	1	5
行业特征	*IDS*	6 972	5.17	4.7	0	21
儿童占比	*CHD*	6 972	10.83	16.05	0	50
老人占比	*OLD*	6 972	0.73	5.16	0	66.67
家庭规模	*FSZ*	6 972	1.14	0.46	0	2.48

注：表中分项收入、信贷约束、户主年龄、受教育程度以及家庭规模为取对数后的描述性统计结果。

（三）基础模型的实证结果分析

1. 控制变量相关性检验

考虑到控制变量间可能存在多重共线性问题，正式回归之前需要对解释变量的相关性进行检验。对所有家庭层面的控制变量进行多重共线性检验。从表3－6的解释变量相关系数检验结果可以看出，主要解释变量中的相关系数均小于0.5，且均不显著。因此，可以排除主要解释变量之间存在多重共线性的可能。

表3－6　　　　　　　　主要解释变量相关系数检验结果

变量	*AGE*	*HEA*	*EDU*	*ARG*	*JBZ*	*IDS*	*CHD*	*OLD*	*FSZ*
AGE	1.000								
HEA	-0.027	1.000							
EDU	-0.114	0.122	1.000						
ARG	0.007	0.251	-0.023	1.000					

续表

变量	AGE	HEA	EDU	ARG	JBZ	IDS	CHD	OLD	FSZ
JBZ	- 0.006	- 0.074	0.178	- 0.122	1.000				
IDS	- 0.024	0.013	0.047	- 0.114	0.113	1.000			
CHD	- 0.117	0.012	0.029	0.016	0.015	- 0.022	1.000		
OLD	0.124	- 0.012	- 0.094	0.006	- 0.047	- 0.008	0.104	1.000	
FSZ	- 0.039	0.219	0.001	0.104	- 0.027	- 0.071	0.371	0.138	1.000

2. 基础模型回归结果

本章应用式（3.13）的基础回归模型实证检验分项收入结构与家庭信贷约束对消费益贫式增长相关指标的影响。考虑非平衡面板数据的结构特征，本章采用豪斯曼（Hausman）检验确定模型采用固定效应还是随机效应回归，在确定均使用固定效应回归的基础上，采用异方差稳健标准误方法进行最终模型的确定。表 3 - 7 至表 3 - 9 分别是以消费纯增长效应（G）、消费纯分配效应（KAW）以及消费减贫等值增长率（$PEGR$）作为因变量的分步回归结果。

表 3 - 7　　　　　　基础模型全样本回归结果（因变量：G）

变量	工资性收入		财产性收入		经营性收入		转移性收入	
	（1）	（2）	（3）	（4）	（5）	（6）	（7）	（8）
INC	0.123 *** (7.530)	0.179 *** (10.059)	0.024 *** (7.152)	0.041 *** (10.493)	0.045 *** (15.736)	0.043 *** (14.515)	0.045 *** (17.175)	0.067 *** (28.783)
CRD	0.009 *** (2.911)	0.011 *** (2.734)	0.010 *** (3.007)	0.012 *** (2.751)	0.009 *** (2.829)	0.012 *** (2.803)	0.011 *** (3.527)	0.017 *** (4.603)
AGE	0.328 *** (9.032)		0.335 *** (9.065)		0.323 *** (8.978)		0.298 *** (8.414)	
ARG	0.483 *** (21.090)		0.485 *** (20.531)		0.469 *** (20.091)		0.462 *** (20.347)	
HEA	0.023 *** (8.734)		0.025 *** (9.126)		0.032 *** (11.261)		0.001 (0.428)	
EDU	0.236 *** (9.210)		0.247 *** (9.634)		0.247 *** (9.996)		0.217 *** (8.788)	
IDS	0.006 ** (2.411)		0.006 ** (2.548)		0.007 *** (2.927)		0.005 ** (2.116)	

续表

变量	工资性收入		财产性收入		经营性收入		转移性收入	
	(1)	(2)	(3)	(4)	(5)	(6)	(7)	(8)
JBZ	−0.128*** (−12.977)		−0.131*** (−13.015)		−0.140*** (−14.494)		−0.124*** (−12.970)	
CHD	−0.004*** (−3.268)		−0.004*** (−3.587)		−0.004*** (−3.424)		−0.004*** (−3.456)	
OLD	0.002 (0.745)		0.002 (0.696)		0.002 (0.635)		0.001 (0.591)	
FSZ	0.227*** (8.075)		0.216*** (7.697)		0.218*** (7.896)		0.232*** (8.500)	
常数项	−2.901*** (−14.282)	−1.092*** (−6.529)	−1.820*** (−12.098)	0.526*** (76.190)	−1.857*** (−12.757)	0.531*** (106.797)	−1.645*** (−11.256)	0.380*** (47.400)
观察值	6 921	6 972	6 921	6 972	6 921	6 972	6 921	6 972
R^2	0.284	0.048	0.272	0.029	0.295	0.034	0.314	0.147
家庭户数	2 323	2 327	2 323	2 327	2 323	2 327	2 323	2 327

注：括号内数值为 t 统计量。***、**、* 分别表示在 1%、5%、10% 的水平上显著。经检验，表中所有模型均可以采用包含固定效应的异方差稳健标准误进行估计。模型形式的 F 检验以及 Hausman 检验结果及对应的伴随概率备索。

表 3−8　　　　基础模型全样本回归结果（因变量：*KAW*）

变量	工资性收入		财产性收入		经营性收入		转移性收入	
	(1)	(2)	(3)	(4)	(5)	(6)	(7)	(8)
INC	0.040 (0.745)	0.059 (1.075)	0.029* (1.841)	0.055*** (3.523)	0.138*** (7.385)	0.162*** (7.892)	0.028** (2.258)	0.053*** (5.613)
CRD	0.031* (1.932)	0.043*** (2.579)	0.034** (2.083)	0.046*** (2.732)	0.025 (1.603)	0.033** (2.006)	0.032* (1.960)	0.040** (2.389)
AGE	0.368*** (2.805)		0.358*** (2.719)		0.418*** (3.165)		0.390*** (2.974)	
ARG	0.197** (2.263)		0.175** (1.986)		0.284*** (3.295)		0.215** (2.510)	
HEA	0.150*** (9.250)		0.148*** (9.235)		0.129*** (8.408)		0.164*** (8.353)	
EDU	0.164* (1.840)		0.152* (1.702)		0.174* (1.925)		0.180** (2.025)	

续表

变量	工资性收入		财产性收入		经营性收入		转移性收入	
	(1)	(2)	(3)	(4)	(5)	(6)	(7)	(8)
IDS	0.001 *** (2.139)		0.002 *** (2.177)		0.003 *** (2.333)		0.001 *** (2.068)	
JBZ	-0.250 *** (-8.299)		-0.246 *** (-8.119)		-0.229 *** (-7.414)		-0.255 *** (-8.401)	
CHD	-0.004 (-0.865)		-0.004 (-0.811)		-0.005 (-1.083)		-0.004 (-0.888)	
OLD	-0.045 (-1.349)		-0.045 (-1.349)		-0.045 (-1.272)		-0.045 (-1.289)	
FSZ	0.996 *** (6.836)		0.991 *** (6.799)		1.010 *** (6.854)		0.992 *** (6.789)	
常数项	-3.735 *** (-5.143)	-0.663 (-1.286)	-4.068 *** (-7.425)	-0.194 *** (-7.052)	-3.999 *** (-7.193)	0.108 *** (3.380)	-4.194 *** (-7.683)	-0.277 *** (-8.270)
观察值	6 921	6 972	6 921	6 972	6 921	6 972	6 921	6 972
R^2	0.069	0.002	0.069	0.004	0.085	0.025	0.070	0.006
家庭户数	2 323	2 327	2 323	2 327	2 323	2 327	2 323	2 327

注：同表 3 - 7。

表 3 - 9　　　　基础模型全样本回归结果（因变量：*PEGR*）

变量	工资性收入		财产性收入		经营性收入		转移性收入	
	(1)	(2)	(3)	(4)	(5)	(6)	(7)	(8)
INC	0.037 *** (3.582)	0.068 *** (5.905)	0.015 *** (5.265)	0.024 *** (7.890)	0.003 *** (6.118)	0.001 *** (7.238)	0.017 *** (8.099)	0.035 *** (17.561)
CRD	0.007 *** (2.779)	0.004 (1.530)	0.006 *** (2.614)	0.004 (1.367)	0.007 *** (2.965)	0.006 * (1.922)	0.007 *** (3.044)	0.007 *** (2.678)
AGE	0.175 *** (6.572)		0.175 *** (6.582)		0.178 *** (6.683)		0.163 *** (6.156)	
ARG	0.160 *** (10.003)		0.157 *** (9.802)		0.163 *** (10.254)		0.151 *** (9.772)	
HEA	0.033 *** (15.038)		0.033 *** (14.982)		0.034 *** (15.139)		0.024 *** (10.772)	

变量	工资性收入		财产性收入		经营性收入		转移性收入	
	(1)	(2)	(3)	(4)	(5)	(6)	(7)	(8)
EDU	0.130 *** (8.697)		0.131 *** (8.893)		0.134 *** (9.090)		0.122 *** (8.282)	
IDS	0.001 *** (2.287)		0.001 *** (2.248)		0.001 *** (2.183)		0.001 *** (2.479)	
JBZ	− 0.051 *** (− 8.370)		− 0.051 *** (− 8.367)		− 0.053 *** (− 8.569)		− 0.049 *** (− 8.264)	
CHD	− 0.002 *** (− 2.742)		− 0.002 *** (− 2.837)		− 0.002 *** (− 2.872)		− 0.002 *** (− 2.767)	
OLD	− 0.003 (− 1.500)		− 0.003 (− 1.542)		− 0.003 (− 1.541)		− 0.003 (− 1.632)	
FSZ	0.171 *** (8.259)		0.165 *** (8.043)		0.169 *** (8.163)		0.173 *** (8.532)	
常数项	− 1.442 *** (− 10.085)	− 0.444 *** (− 4.125)	− 1.115 *** (− 10.731)	0.155 *** (31.196)	− 1.123 *** (− 10.823)	0.192 *** (45.955)	− 1.052 *** (− 10.232)	0.083 *** (12.751)
观察值	6 921	6 972	6 921	6 972	6 921	6 972	6 921	6 972
R^2	0.167	0.014	0.170	0.018	0.164	0.001	0.178	0.079
家庭 户数	2 323	2 327	2 323	2 327	2 323	2 327	2 323	2 327

注：同表 3 - 7。

根据表 3 - 7 至表 3 - 9 的回归结果，可以得到以下结论。

第一，分项收入的消费益贫效应。长三角地区居民家庭收入水平提升能够促进消费的益贫式增长，但分项收入提高对消费益贫式增长的影响存在差异性。具体而言，工资性收入与消费的纯增长效应和减贫等值增长率之间存在显著的正相关关系。平均而言，工资收入提高 1 个单位，会促使家庭人均消费的纯增长效应提升 0.123 个单位，会促使人均消费的减贫等值增长率提升 0.053 个单位。① 然而，工资收入对人均消费的纯分配效应并不存在显著影响。本章研究发现，家庭工资收入

① 由表 3 - 7 和表 3 - 9 中第（1）列和第（2）列工资性收入和消费益贫式增长指标回归系数均值表示。

的提升会对消费的益贫式增长产生积极作用，但对人均消费不平等的缓解并没有显著影响。此外，家庭财产性收入、经营性收入和转移性收入均能对消费的益贫式增长产生积极作用，并且三者对消费益贫式增长相关指标的促进作用依次递增，且平均影响程度均超过了工资性收入对消费益贫式增长的边际影响。其中，家庭财产性收入提升 1 个单位，能够促使消费纯增长效应、纯分配效应和减贫等值增长率分别提升 4.2%、1.7% 和 2%。经营性收入每提高 1 个百分点，能够促进消费纯增长效应、纯分配效应和减贫等值增长率分别提升 4.45%、1.5% 和 2%。转移性收入对人均消费益贫式增长的促进作用最强。转移性收入每提高 1 个单位，会促使消费纯增长效应、纯分配效应和减贫等值增长率分别提升 5.6%、4.05% 和 2.6%。[①] 因此，就分项收入的消费支出纯增长效应以及减贫等值增长率的边际效应而言，转移性收入 > 工资性收入 > 经营性收入 > 财产性收入；而对于消费纯分配的边际效应而言，则有转移性收入 > 财产性收入 > 经营性收入 > 工资性收入。巩师恩和范从来（2012）认为，工资性收入对非食品消费支出的边际效应强于转移性收入、经营性收入和财产性收入，并且工资性收入是构成居民收入的主体，因此应提高工资性收入促进消费水平提升和内需扩大。谢超峰和范从来（2017）则认为，工资提升与收入益贫式增长之间并不存在必然联系，相反，单纯地提高工资水平只会助推物价水平上涨，甚至可能会对益贫式增长产生不利影响。从本章的分析结果看，工资性收入对消费的纯增长效应和减贫等值增长率均存在显著的促进作用，但工资性收入对消费支出的均等化却并不存在显著的影响。这也恰好说明，在当前一段时期，单纯提高工资性收入对促进居民家庭消费支出均等化并没有可观察的显著性影响。应着力提高家庭财产性收入、经营性收入和转移性收入水平，以促进消费增长减贫效应的提升。

第二，家庭信贷规模对消费益贫式增长的影响。进一步分析家庭信贷规模对消费益贫式增长的影响。可以发现，家庭信贷规模提高对居民家庭消费支出的纯增长效应具有明显的促进作用。与此同时，家庭信贷规模提高、信贷约束下降也能同时提升人均消费支出的纯增长效应，家庭信贷规模每提高 1%，能够促使消费支出的纯增长效应增加 1.35%。而信贷约束减弱对消费支出单纯分配效应同样存在显著的正面促进作用，信贷约束每降低 1 个单位，会促使消费支出分配改善 3.55 个单位。综合而言，放松 1% 的家庭消费信贷约束也能够提高人均消费支出的减贫等值增长率水平增长 0.55%。[②] 在控制户主及家庭相关控制变量之后，家庭信贷约束对人均

---

① 由表 3-7 至表 3-9 中相关分项收入对人均消费益贫式增长回归系数均值表示。
② 由表 3-7 至表 3-9 中家庭信贷规模对人均消费益贫式增长相关指标的回归系数均值计算所得。

消费的益贫式增长指标的影响方向和显著性均没有发生显著变化，说明信贷约束减弱能够促进人均消费益贫式增长的结论是稳健可信的。家庭信贷约束下降能够促进平滑低收入阶层在不同时期的消费预算约束，提升贫困人口的消费和福利水平，减少贫困的发生（Dercon & Christiaensen，2011）。奥比西桑和阿金雷德（Obisesan & Akinlade，2013）也认为，低收入家庭面临的信贷约束会抑制家庭消费支出，存在信贷约束的家庭的贫困发生率显著高于没有信贷约束的家庭。从本章的实证结果看，家庭消费信贷规模扩大、信贷约束下降对消费支出减贫的纯增长效应、纯分配效应和减贫等值增长率均有显著的促进作用。

第三，其他控制变量回归结果。户主年龄（*AGE*）、是否从事农业相关工作（*ARG*）、户主健康程度（*HEA*）、受教育程度（*EDU*）和户主工作所处行业特征（*IDS*）均与消费支出减贫的纯增长效应（*G*）、纯分配效应（*KAW*）和减贫等值增长率（*PEGR*）之间存在显著的正相关关系。而户主工作类型（*JBZ*）和家庭儿童占比（*CHD*）与消费益贫式增长指数均呈现负相关关系。家庭老人比重（*OLD*）以及家庭人口数量（*FSZ*）对消费益贫式增长指数没有可观测的显著性影响。我们认为，首先，户主年龄越大、身体健康程度越好越有利于家庭消费支出的提升。在生命周期理论假设下，人们按照生命周期内全部收入预算安排消费支出。而中年和老年家庭获得稳定收入的可能性越大，家庭消费的减贫效果越强。此外，"因病致贫""因病返贫"所导致的"支出型贫困"已成为城乡贫困发生的重要因素（李实和Knight，2002；Démurger & Wang，2016）。因此，良好的健康状况也能够提高消费益贫式增长的绩效。其次，教育水平提升在提高家庭收入水平的同时，能够促进消费商品结构的趋同以及消费行为模式的转变，也能够提高消费的益贫式增长水平（周华，2008）。再次，户主的工作性质以及行业特征均会显著影响家庭消费支出的益贫式增长绩效。从事农业相关工作以及从事服务业工作均会促进消费的益贫式增长。当前，农业贫困人口依然构成我国贫困人口的主体。推动农业发展，吸收农业人口当地就业能够显著提高益贫式增长绩效。产业结构优化与服务业比重提升是经济增长和经济发展的必然趋势。服务业逐步成为经济的主导产业，服务业中小企业也吸纳了最多的就业人口，因此服务业就业家庭的比重提高能够促进消费益贫式增长的提升。最后，从家庭规模及成员构成看，儿童占比提高会降低消费的益贫式增长绩效。儿童数量提高会增加家庭的消费负担，特别是贫困家庭儿童数量增加会在短期内加剧"支出型"贫困，不利于消费益贫式增长（Danziger，2016）。

3. 家庭信贷约束的边际影响

理论假说认为，减少家庭信贷约束，从而促进家庭消费提升，也能够促进收入对消费增长益贫效应的提高。可以通过引入消费信贷约束和分项收入的交叉项进行检验。设定扩展计量模型如下：

$$PRP_{it} = \gamma_0 + \gamma_1 \cdot INC_{it} + \gamma_2 \cdot INC_{it} \cdot CRD_{it} + \sum \gamma_3 \cdot control_{it} + \theta_i + \theta_t + \upsilon_{it}$$

$$(3.14)$$

其中，i、t 分别表示地区、年份；γ_i 为估计系数；PRP_{it} 为家庭人均消费的益贫式增长相关指标，是核心因变量；INC_{ijt} 是家庭人均收入分解指标，其中，$j = 1,2,3,4$，分别表示人均工资性收入、人均财产性收入、人均经营性收入（含农业）、人均转移性收入，是核心解释变量；CRD_{it} 为家庭信贷规模指标；$control_{it}$ 为一组家庭层面的控制变量集合；θ_i 和 θ_t 分别表示家庭和年份控制变量；υ_{it} 为随机误差项。因此，消费信贷规模对分项收入对消费益贫式增长的边际效应改写为：

$$\partial PRP_{it} / \partial INC_{ijt} = \gamma_1 + \gamma_2 \cdot CRD_{it}$$

$$(3.15)$$

由式（3.15）可知，此时分项收入的边际消费益贫效应取决于式（3.15）的估计系数 γ_1 和 γ_2。从表 3 - 10 的估计结果看，在引入分项收入与信贷规模的交乘项后，家庭分项收入与信贷规模的交叉项对长三角地区居民家庭消费支出的纯增长效应在较多的计量模型中均存在显著的正相关关系，但家庭信贷约束与分项收入交叉项对消费支出的分配效应则并不存在显著影响。此外，家庭信贷约束与分析收入的交叉项对家庭消费支出的益贫式增长减贫等值增长率也存在显著的促进作用。因此，本章的研究发现，居民家庭信贷约束下降会提高分项收入增长对消费支出的纯增长效应与益贫式增长效应，但对消费支出均等化却不存在显著的边际影响。理论上说，放松家庭信贷约束并不会改变长三角地区居民家庭消费支出偏好倾向。在既定的家庭分项收入条件下，信贷约束的放松并不会扩大收入提升对消费支出的促进作用。

表 3 - 10　　引入家庭信贷约束的收入结构对消费益贫效应的边际影响

因变量	变量	工资性收入		财产性收入		经营性收入		转移性收入	
G	INC	0.122 *** (7.496)	0.179 *** (10.024)	0.022 *** (6.260)	0.038 *** (9.158)	0.046 *** (15.180)	0.043 *** (13.741)	0.044 *** (16.659)	0.064 *** (27.308)
	$CRD \times INC$	0.001 *** (2.736)	0.001 ** (2.502)	0.002 ** (2.392)	0.003 *** (2.833)	0.001 (0.917)	0.001 (0.982)	0.002 *** (2.829)	0.003 *** (4.577)
	常数项	−2.898 *** (−14.260)	−1.087 *** (−6.496)	−1.820 *** (−12.099)	0.536 *** (85.359)	−1.871 *** (−12.849)	0.541 *** (131.080)	−1.639 *** (−11.170)	0.396 *** (55.267)
	R^2	0.283	0.047	0.271	0.029	0.294	0.032	0.314	0.147

因变量	变量	工资性收入		财产性收入		经营性收入		转移性收入	
KAW	INC	0.039 (0.729)	0.060 (1.102)	0.032** (2.000)	0.057*** (3.517)	−0.132*** (−6.935)	−0.158*** (−7.552)	−0.029** (−2.326)	0.052*** (5.343)
	CRD × INC	0.003 (1.589)	0.004** (2.226)	0.004 (1.194)	0.003 (0.968)	0.007* (1.930)	0.006 (1.590)	0.002 (0.595)	0.003 (1.013)
	常数项	−3.737*** (−5.146)	−0.680 (−1.321)	−4.059*** (−7.425)	−0.228*** (−9.238)	−3.999*** (−7.195)	0.084*** (2.936)	−4.163*** (−7.642)	−0.309*** (−10.579)
	R^2	0.069	0.001	0.069	0.002	0.085	0.025	0.069	0.005
PEGR	INC	0.036*** (3.529)	0.067*** (5.867)	0.014*** (4.802)	0.022*** (7.136)	0.003 (1.125)	−0.001 (−0.332)	0.016*** (7.507)	0.033*** (16.418)
	CRD × INC	0.001*** (2.963)	0.001* (1.677)	0.001*** (2.291)	0.001*** (2.432)	0.001 (1.363)	0.001 (0.648)	0.001*** (2.613)	0.002*** (3.488)
	常数项	−1.437*** (−10.049)	−0.441*** (−4.095)	−1.116*** (−10.732)	0.159*** (33.398)	−1.127*** (−10.850)	0.197*** (52.706)	−1.047*** (−10.165)	0.089*** (14.519)
	R^2	0.167	0.014	0.169	0.018	0.162	0.089	0.178	0.080
控制变量		有	无	有	无	有	无	有	无
观察值		6 921	6 972	6 921	6 972	6 921	6 972	6 921	6 972
家庭户数		2 323	2 327	2 323	2 327	2 323	2 327	2 323	2 327

注：括号内数值为 t 统计量。*** 、** 、* 分别表示系数统计值在 1%、5%、10% 的水平上通过显著性检验。INC 表示家庭分项收入，分别用工资性收入、财产性收入、经营性收入和转移性收入表示。表中所有模型均可以采用包含固定效应的异方差稳健标准误进行估计。

（四）拓展性分析

前文初步研究了户主和家庭特征对消费益贫式增长的影响。接着，在扩展计量模型式（3.14）的基础上，引入虚拟变量具体分析不同户主特征以及城乡差异对消费减贫等值增长率的不同影响。

1. 教育程度差异

按照 CFPS 数据库提供的受教育程度（EDU_{it}）变量，用户主已完成的最高学历表示。原始数据赋值为 1~8，分别为文盲/半文盲、小学、初中、高中/中专/技校、大专、大学本科、硕士和博士。在实际估计时，我们把户主受教育程度分成 4 组，并据此设定了 3 个虚拟变量，户主文化程度在小学及以下的家庭界定为对比组 $EDU1$，同时划分初中组 $EDU2$、高中与大专组 $EDU3$ 以及本科以上组 $EDU4$，并删去原先的 EDU 变量。具体分析结果见表 3−11。

表 3 – 11　教育程度差异下的收入结构与消费益贫式增长（因变量：*PEGR*）

变量	工资性收入	财产性收入	经营性收入	转移性收入
	（1）	（2）	（3）	（4）
INC	0.038 *** (3.735)	0.014 *** (4.916)	0.003 (1.146)	0.016 *** (7.664)
INC × *CRD*	0.001 *** (2.950)	0.001 (1.228)	0.000 (0.436)	0.001 *** (2.723)
EDU2	0.129 *** (6.795)	0.135 *** (7.098)	0.131 *** (6.926)	0.117 *** (6.272)
EDU3	0.081 *** (4.429)	0.087 *** (4.776)	0.084 *** (4.607)	0.082 *** (4.573)
EDU4	0.062 *** (3.423)	0.070 *** (3.587)	0.066 *** (3.576)	0.062 *** (3.439)
常数项	− 1.417 *** (− 9.677)	− 1.089 *** (− 10.079)	− 1.078 *** (− 9.949)	− 1.017 *** (− 9.517)
其他控制变量	有	有	有	有
观察值	6 922	6 922	6 922	6 922
R^2	0.164	0.159	0.166	0.175
家庭户数	2 323	2 323	2 323	2 323

注：括号内数值为 t 统计量。 *** 、 ** 、 * 分别表示在 1%、5%、10% 的水平上显著。表中所有模型均可以采用包含固定效应的异方差稳健标准误进行估计。

从表 3 – 11 的实证结果看，户主教育程度与消费支出减贫等值增长率呈显著正相关关系，并且不同教育程度对 *PEGR* 均有显著的正向促进作用。我们发现，高于小学及以下教育程度的任意教育程度均呈现出更高的消费益贫式增长绩效。其中，相较于低学历组而言，初中教育程度组对消费益贫式增长的促进效用高出低学历组 12.6%；高中与大专教育程度组的消费益贫效应高出低学历组 8.4%；而大学及以上学历组的家庭消费支出益贫式增长高出低学历组 2.48%。[①] 教育程度提升会促进消费益贫式增长效应提高。户主受教育程度显然存在对消费益贫式增长的"溢出效应"，但教育程度提升的消费益贫性呈现"规模报酬递减"的现象。韩秀兰和李宝卿（2011）认为，中国中等教育已经具备了益贫性且益贫性在不断改善，但仍有较大的改善空间。本章的分析表明，中等教育普及化对消费益贫式增长的促进效应最强，加大职业技能人才的培养力度能够有效提高消费益贫式增长水平。

----

① 表 3 – 11 中分类教育程度组对消费支出减贫等值增长率的平均系数值。

2. 工作类型差异

CFPS 数据库中户主的工作类型赋值为 1~5，分别为自家农业生产、私营企业/个体经营/其他自我雇佣、农业打工、受雇和非农散工。我们将户主的工作类型分为 3 组，并据此设定了 2 个虚拟变量。将非农散工的临时就业作为对比组，同时将受雇和农业打工划分为受雇组 $JBZ2$，而将自家农业生产和私营企业/个体经营/其他自我雇佣划分为自雇组。将是否从事农业相关工作与受雇相乘，生成农业受雇交叉变量 $ARG \times JBZ2$。实证分析临时就业、自雇和受雇对消费益贫式增长的影响。具体分析结果见表 3-12。

表 3-12　工作类型差异下的收入结构与消费益贫式增长（因变量：$PEGR$）

变量	工资性收入	财产性收入	经营性收入	转移性收入
	(1)	(2)	(3)	(4)
INC	0.033***	0.013***	0.000	0.015***
	(3.336)	(4.544)	(0.126)	(6.992)
$INC \times CRD$	0.001***	0.001	0.001	0.001***
	(3.158)	(1.505)	(1.061)	(2.735)
$ARG \times JBZ2$	0.253***	0.267***	0.253***	0.236***
	(12.459)	(13.253)	(12.538)	(11.863)
$JBZ3$	0.043***	0.044***	0.042***	0.040***
	(6.359)	(6.328)	(6.279)	(5.904)
常数项	-1.231***	-0.933***	-0.934***	-0.882***
	(-8.629)	(-8.840)	(-8.861)	(-8.410)
其他控制变量	有	有	有	有
观察值	6 921	6 921	6 921	6 921
R^2	0.166	0.161	0.168	0.175
家庭户数	2 323	2 323	2 323	2 323

注：括号内数值为 t 统计量。***、**、* 分别表示在 1%、5%、10% 的水平上显著。表中所有模型均可以采用包含固定效应的异方差稳健标准误进行估计。

从表 3-12 可以看出，以工作性质为临时就业的户主家庭为参照可以发现，从事农业相关工作的受雇户主以及自主经营的自雇组的工作属性对消费益贫式增长的影响均显著高于临时就业组。其中，农业受雇组的消费减贫等值增长率平均高出临时就业参照组 25.15%，自雇组的消费减贫等值增长率平均高出临时就业参照组 4.2%。可以认为，从事农业相关的具有稳定工作的家庭消费益贫式增长的水平最

高，而自家农业生产和私营企业/个体经营/其他自我雇佣等自雇组样本的消费益贫
式增长水平也要显著高于临时就业的家庭。就业稳定是劳动者获得稳定收入的基本
保障，收入稳定是保障消费支出以及家庭福利水平的重要因素。失业率提高不利于
益贫式增长（周华，2008；谢超峰等，2017）。本章以消费益贫式增长为因变量，
从微观数据层面的分析表明，家庭工作性质对消费益贫式增长有显著影响。农业相
关的稳定就业机会对消费益贫式增长而言至关重要。值得一提的是，自雇组的消费
益贫式增长水平同样较高。自雇户主拥有特殊的农地资源、人力资本、信息资源及
收入来源，能够获得较高的稳定经营性收入，是家庭获得稳定收入的重要途径。因
此，消费益贫式增长水平高于临时就业组。

3. 城乡差异

在国内城乡二元经济结构背景下，分项收入以及信贷约束对消费益贫式增长的
影响很可能存在城乡差异。因此，有必要对样本进行城乡划分，尝试分析在不同城
乡市场分割条件下，分项收入对消费益贫式增长的差异性影响。我们按照 CFPS 数
据库中基于国家统计局资料的城乡分类：$Urban = 0$ 为农村、$Urban = 1$ 为城市，以
扩展计量模型式（3.14）为基础，分析城乡分项收入与信贷约束对消费减贫等值增
长率的影响。具体分析结果见表 3 – 13。

表 3 – 13　　　　　　　　分项收入、信贷约束对消费益贫效应影响的
城乡差异（因变量：*PEGR*）

变量	工资性收入		财产性收入		经营性收入		转移性收入	
	农村	城市	农村	城市	农村	城市	农村	城市
INC	0.015 ***	0.068 ***	0.015 ***	0.010 **	0.003 ***	0.002	0.019 ***	0.015 ***
	(2.054)	(5.521)	(4.172)	(2.390)	(2.778)	(0.702)	(5.608)	(6.590)
$CRD \times INC$	0.001 **	0.001 ***	0.000	0.002 **	0.000	0.001 *	0.001	0.002 **
	(2.004)	(2.913)	(0.331)	(2.000)	(0.529)	(1.845)	(1.643)	(2.533)
常数项	− 1.210 ***	− 1.690 ***	− 1.057 ***	− 1.163 ***	− 1.069 ***	− 1.158 ***	− 0.989 ***	− 1.086 ***
	(− 5.945)	(− 10.603)	(− 7.393)	(− 9.993)	(− 7.494)	(− 9.934)	(− 6.965)	(− 9.514)
R^2	0.134	0.341	0.139	0.316	0.133	0.313	0.145	0.340
控制变量	有	有	有	有	有	有	有	有
观察值	4 971	1 904	4 971	1 904	4 971	1 904	4 971	1 904
家庭户数	1 777	610	1 777	610	1 777	610	1 777	610

注：括号内数值为 t 统计量。*** 、 ** 、 * 分别表示在 1%、5%、10% 的水平上显著。表中所有模型均
可以采用包含固定效应的异方差稳健标准误进行估计。按照 CFPS 数据库中基于国家统计局资料的城乡分类：
$Urban = 0$ 为农村，$Urban = 1$ 为城市。

从表 3 - 13 可以看出，第一，城乡之间工资性收入对消费减贫等值增长率的促进作用并不存在显著差异，而家庭消费信贷水平提高、信贷约束减弱也会同时增强工资性收入对城乡消费益贫式增长的边际影响幅度；第二，农村家庭财产性收入提高也会促进消费益贫式增长水平提升。但信贷约束下降对消费益贫式增长的影响则不显著；第三，农村经营性收入对消费益贫性的边际效应显著高于城市地区，农村家庭经营性收入提高 1 个单位，能够促使消费益贫式增长提高 0.3%，而这一指标对城市家庭而言则不显著，说明经营性收入的消费益贫促进效应主要体现在农村地区；第四，农村家庭转移性收入的消费益贫边际效应同样高于城市地区样本，城乡转移性收入的消费益贫效应相差 0.4%。造成上述现象的原因可能是城乡居民分项收入结构的差异。张慧芳和朱亚玲（2017）认为，城乡居民收入结构存在差异，分项收入在总收入中所占比重存在不同。城市主要是工资性收入和财产性收入，经营性收入不高；农村经营性收入和转移性收入所占比重较高。因此，城市地区财产性收入的边际消费益贫性强于农村地区，而农村的经营性收入和转移性收入提高更能促进消费益贫式增长。

另外，信贷约束与农村经营性收入、财产性收入和转移性收入的交叉项对消费益贫式增长的边际影响均不显著。这很可能与农村地区存在的信贷约束较高以及城乡二元金融结构有关。霍夫和斯蒂格利茨（Hoff & Stiglitz，1990）认为，在分割信用市场体系下，利率市场化及放松流动性的货币政策操作不仅不会缓解农村金融信贷约束，反而会加剧农村金融垄断和农业资金"逆向流出"。谢（Xie，2003）认为，发展中国家农村信贷市场利率相对较高，其信贷需求差异性较大，季节性因素和农户财富差异是影响传统农业信贷结构的主要原因，而交易成本扩大和不确定性提高都会增加农户信贷约束。本章的分析表明，在存在农村信贷约束的条件下，分项收入对消费益贫式增长的促进作用并没有充分发挥。

4. 地区差异

党的十九大报告明确指出：中国特色社会主义进入新时代，我国社会主要矛盾已经转化为人民日益增长的美好生活需要和不平衡不充分的发展之间的矛盾。发展的不平衡主要体现在经济领域。从宏观上讲，主要体现在社会生产关系中区域财富占有和收入分配方面的差距上；从微观上讲，主要体现在人与人之间财富占有和收入分配方面的差距上（李慎明，2018）。区域经济发展的不平衡不仅会影响地区人均可支配收入，同样也会对家庭消费产生影响。因此，有必要进一步分析我国不同经济发展阶段中，区域分析收入及信贷约束对家庭消费益贫式增长的影响。本章按照长三角地区不同省份以及 CFPS 数据库中城乡家庭分类统计，利用扩展计量模型式（3.14），分析分项收入与信贷约束对消费减贫等值增长率的地区差异化影响。

从表 3-14 中城市样本的实证对比结果看，分项收入对不同发展水平区域家庭消费益贫式增长的影响存在一定差异。其中，长三角沿海发达地区的城市家庭工资性收入对消费益贫式增长的促进作用明显强于安徽这样的内陆地区；工资性收入对江苏和浙江居民家庭消费支出益贫性的影响幅度要高于安徽；经营性收入对江苏和浙江居民家庭消费支出益贫性的促进作用也要高于安徽；但江苏和安徽居民家庭的财产性收入对消费益贫式增长没有可观察的显著性影响，浙江地区居民家庭的财产性收入则会显著促进消费益贫性的提升。此外，家庭信贷约束对收入的边际消费益贫效应在不同地区之间没有较大的差异。放松家庭信贷约束均会提高长三角地区居民家庭的消费益贫式增长绩效。通过上述分析可以发现，宏观经济调整政策在长三角地区具有较好的扩散性，能够发挥更大的作用；而城市家庭的财产性收入和经营性收入也与地区经济发展水平高度一致。因此，江苏、浙江和安徽之间居民家庭分项收入的边际消费益贫效应呈现"梯度"递减的现象。

表 3-14　　分项收入、信贷约束对消费益贫效应影响的地区差异（因变量：$PEGR$）

变量	工资性收入			财产性收入			经营性收入		
	江苏	浙江	安徽	江苏	浙江	安徽	江苏	浙江	安徽
INC	0.042*** (3.498)	0.058*** (3.165)	0.036** (2.053)	0.005 (1.136)	0.011* (1.913)	0.009 (1.486)	0.027*** (6.378)	0.033*** (10.570)	0.023*** (6.483)
$CRD \times INC$	0.001*** (2.881)	0.001*** (2.509)	0.001*** (2.360)	0.001*** (2.423)	0.001*** (2.054)	0.001*** (2.003)	0.002*** (2.762)	0.001*** (2.313)	0.002*** (2.817)
常数项	-0.675*** (-4.154)	-1.628*** (-7.567)	-2.080*** (-9.104)	-0.316** (-2.340)	-1.144*** (-6.551)	-1.776*** (-10.85)	-0.349*** (-2.682)	-1.090*** (-6.366)	-1.613*** (-10.02)
R^2	0.395	0.323	0.567	0.386	0.312	0.564	0.409	0.388	0.584
控制变量	有	有	有	有	有	有	有	有	有
观察值	1 040	935	1 051	1 040	935	1 051	1 040	935	1 051
家庭户数	314	284	326	314	284	326	314	284	326

注：括号内数值为 t 统计量。***、**、* 分别表示在 1%、5%、10% 的水平上显著。表中所有模型均可以采用包含固定效应的异方差稳健标准误进行估计。按照 CFPS 数据库中基于国家统计局资料的城乡分类：Urban =0 为农村，Urban =1 为城市。

5. 扶贫政策调整

党的十八大以来，我国扶贫工作进入精准扶贫、精准脱贫的新阶段（武沁宇，

2017；王琳，2018）。作为国家层面收入再分配政策的综合体现，扶贫开发在减少农村贫困人口、提升低收入农户收入和生活水平、完善贫困地区基础设施以及推动贫困地区经济发展等领域取得显著成效。2012 年以来，精准扶贫精准脱贫基本方略在新时期中国益贫式增长的实践进程中发挥了重要作用，国家集中社会各界力量在中西部贫困地区进行扶贫开发、精准扶贫，"就业帮扶"在拉动相对落后地区贫困人口就业的基础上提高贫困家庭工资性收入；而"小额扶贫贷款"在解决贫困家庭缺资金困难的基础上，带动贫困家庭开展生产经营，提高了中西部农村家庭的经营性收入，也对提升分项收入的边际消费益贫效应产生积极作用。综合扶贫开发阶段为 2001～2010 年。2012 年党的十八大以来，习近平提出新时期精准扶贫、精准脱贫的一系列新思想新观点，陆续出台多项扶贫开发政策文件。因此，我们将 2010～2012 年划分为"综合扶贫开发"阶段，将 2013～2016 年划分为"精准扶贫"阶段，使用扩展计量模型式（3.14）考察家庭外部宏观再分配政策变迁的条件下，转移性收入对长三角地区居民家庭人均消费支出减贫等值增长率的影响。回归结果见表 3-15。

表 3-15　　　　　　转移性收入对消费减贫等值增长率影响：
扶贫政策变化的考察

变量	综合扶贫开发阶段（2010～2012 年）			精准扶贫阶段（2013～2016 年）		
	江苏	浙江	安徽	江苏	浙江	安徽
$TRSF$	0.008 ** (2.282)	0.005 (1.487)	0.009 *** (2.373)	0.011 *** (3.187)	0.009 *** (3.932)	0.012 ** (2.097)
$CRD \times TRSF$	0.001 (0.210)	0.001 (0.965)	0.002 (0.023)	0.001 *** (3.119)	0.001 *** (3.051)	0.001 *** (3.554)
常数项	0.626 *** (4.315)	0.195 (0.878)	-1.046 *** (-3.880)	0.509 *** (5.514)	0.811 *** (12.901)	0.171 * (1.915)
R^2	0.788	0.598	0.609	0.687	0.712	0.327
控制变量	有	有	有	有	有	有
观察值	674	579	686	366	356	365
户数	284	243	289	231	228	241

注：括号内数值为 t 统计量。***、**、* 分别表示在 1%、5%、10% 的水平上显著。表中所有模型均可以采用包含固定效应的异方差稳健标准误进行估计。按照传统东、中、西部省份划分，2010～2012 年划分为综合扶贫开发阶段，2013～2016 年划分为精准扶贫阶段。

从表 3－15 可以看出，首先，在综合扶贫开发阶段，家庭转移性收入和信贷规模的增长对消费减贫等值增长的影响不显著，家庭转移性收入和信贷约束下降对消费减贫等值增长的正向促进作用在 2013 年以来才得以充分发挥，说明精准扶贫阶段国家扶贫开发政策的调整中，针对低收入家庭的转移支付更具"精准性"，扶贫开发等一系列收入再分配政策在精准扶贫时期对低收入家庭消费支出益贫性的边际弹性更强。其次，在精准扶贫阶段，江苏、浙江和安徽居民家庭获得的转移性收入对消费减贫等值增长率的提升作用都得到显著增强，这与国家扶贫开发政策的实施不无关联。党的十八大以来，国家集中社会各界力量在贫困地区进行扶贫开发、精准扶贫（王琳，2018），针对贫困人口的转移支付在提高江苏、浙江和安徽低收入家庭的消费减贫等值增长率上同样发挥了较大的作用。

六、本章小结

（一）主要结论

本章首先构建了一个收入和信贷约束影响消费益贫式增长的理论分析框架；其次基于 2010～2016 年 CFPS 的大型微观调查数据，以调查样本中长三角地区的居民家庭为分析样本，从消费支出的益贫式增长测度的角度出发，测度长三角地区居民家庭消费支出的益贫式增长指数；最后计量分析分项收入以及消费信贷约束对消费益贫式增长的影响，检验了理论假说。得出以下主要结论。

1. 长三角地区居民家庭消费支出实现益贫式增长

首先，2010～2016 年，长三角地区居民消费支出减贫的纯分配效应均值持续增长，家庭消费支出的纯分配效应标准差逐渐增加，说明家庭消费支出的分配效应有集中化的趋势，长三角地区的居民消费支出整体呈现弱益贫式增长。长三角地区家庭居民消费支出的减贫等值增长率同样逐年提升，减贫等值增长率的样本家庭标准差有所增加。其次，长三角沿海发达省份人均消费呈现显著的弱益贫式增长特征，且沿海地区家庭人均消费的益贫性差异正逐步缩小。考察期内安徽的家庭人均消费差距逐渐缩小，但消费支出的非均等化情况在长三角地区最为严重，消费支出增加所导致的消费不平等恶化有可能导致安徽贫困率的增加。

2. 分项收入影响消费益贫性的差异性

计量分析结果表明，家庭收入水平提升能够促进消费的益贫式增长，但分项收入提高对消费益贫式增长的影响存在差异性。就消费纯增长以及减贫等值增长率的边际效应而言，转移性收入 > 工资性收入 > 经营性收入 > 财产性收入；而对于消费纯分配的边际效应而言，则有转移性收入 > 财产性收入 > 经营性收入 > 工资性收入。此外，家庭信贷规模提高，能够显著提升人均消费支出的益贫式增长效应，也能提高收入对消费益贫式增长的边际促进效用。微观控制变量的分析显示，户主年龄、从事农业相关工作、户主健康程度、受教育程度以及户主工作所处行业特征均与消费支出减贫的纯增长效应（G）、纯分配效应（KAW）和减贫等值增长率（$PEGR$）之间同样存在显著的正相关关系。而户主工作属性以及家庭儿童占比则会对消费益贫式增长产生负面影响。

3. 家庭特征与扶贫政策的差异性

拓展性分析结论显示，户主受教育程度显然存在对消费益贫式增长的"溢出效应"。但教育程度提升的消费益贫性呈现"规模报酬递减"的现象。从事农业相关的稳定工作的家庭消费益贫式增长的水平最高，而自家农业生产和私营企业/个体经营/其他自我雇佣等自雇组样本的消费益贫式增长水平也要显著高于临时就业的家庭。农村家庭财产性收入提高对消费益贫式增长并不存在可观察的显著性影响。信贷约束下降对消费益贫式增长的影响也不显著。农村经营性收入对消费益贫性的边际效应显著高于城市地区。信贷约束与农村经营性收入、财产性收入和转移性收入的交叉项对消费益贫式增长的边际影响均不显著。分地区样本的分析表明，长三角地区家庭分项收入的边际消费益贫效应呈现"梯度"递减的现象。精准扶贫阶段国家扶贫开发政策的调整中，针对低收入家庭的转移支付更具"精准性"，扶贫开发等一系列收入再分配政策在精准扶贫时期对低收入家庭消费支出益贫性的边际弹性更强。

（二）政策建议

1. 大力提升家庭经营性和财产性收入

由于家庭收入结构对消费支出益贫性存在差异性影响，未来应在提升居民分项收入的同时，着重促进能够发挥消费支出益贫性的家庭收入的提升。本章的分析表明，家庭经营性收入和财产性收入的提升对消费支出益贫性有更强的促进作用。因此，应在稳定就业以保障工资性收入的前提下，积极推进城乡中小企业发展，为提升城乡居民的就业创业热情提供长期可持续的外部制度环境。同时，保障农村土地制度政策的延续性，适度放开农村土地经营权市场，建立城乡土地要素"同地同权"的政策保障机制，鼓励更多的城乡居民获得财产性收入。值得一提的是，2022年新修订的《中华人民共和国土地管理法》落地，农村集体经营建设的用地"入市"制度已由以往全国 33 个县区试点，转为在全国全面推广。长三角地区作为国内较早开展农村土地股份制改革试点的地区，应把握乡村振兴背景下农村土地市场变革的新机遇，率先探索出台适宜长三角地区的农村经营性用地创新保障政策，促进城乡生产要素，特别是资本要素的双向互动，引导更多的产业资本、工商资本向农村地区流动，提升长三角区域农民财产和经营收入。

2. 提升普惠金融对益贫式增长的促进作用

一方面，大力开展普惠金融，提升长三角区域金融包容性水平。在部分低收入国家，由于金融体系不健全，在金融部门政府垄断的条件下，部分企业基于"寻租"方式更容易获得集中的金融资源，造成实践中金融部门很难发挥金融资源优化配置的功能。因此，应当转变传统金融发展观念，坚持普惠金融理念，在吸收国外包容性金融发展的实践经验的基础上，推动金融包容性发展；同时，增加有效的金融服务供给。应着力建立需求导向、多层次、多元化的包容性金融体系，保障中小微企业、农户及贫困阶层等获得公平的发展机会和金融接入服务；同时，充分发挥长三角地区金融业资本雄厚的优势，探索区域内普惠金融制度改革。围绕泰州金融产业融合试点，丽水普惠金融服务乡村振兴，上海自贸区金融改革创新第一批国家级金融改革试验区，持续从金融供求两个方面，建立真实可信的"动态"信贷征信体系，扩大农村产权交易市场规模，推动长三角农村地区家庭抵押能力的提升，充分发挥普惠金融对城乡益贫式增长的积极作用。另一方面，以提高资金使用效率为导向，确保金融资金"精准到户"。通过建立普惠金融与包容性金融发展信息平台，为资金供求双方提供更精准的信息服务，从而降低交易成本，提升融资效率。

3. 健全提升消费支出益贫式增长的政策保障体系

本章的分析表明，党的十八大以来的扶贫开发政策调整对家庭消费益贫式增长的促进效应成效显著。在精准扶贫政策导向下，长三角地区城乡居民家庭分项收入对消费支出益贫式增长的促进作用得到了更为充分的体现。因此，应在突出家庭支出型贫困导向的基础上，加强对农村地区的"精准扶贫、精准脱贫"。增加农村居民"两不愁三保障"的资金投入力度，消除农村居民消费的后顾之忧，在确保增加的家庭收入能够用于消费的同时，促进消费支出均等化发展。此外，在关注长三角地区农村贫困的同时，应更为关注城镇贫困人口的支出型贫困问题，适当加大对城市贫困家庭的识别以及帮扶的工作力度。通过精准扶贫政策与城乡低保政策有效衔接、乡村振兴与巩固脱贫致富奔小康成果有效衔接、城乡均等的社会保障体系与现代化阶段解决相对贫困问题有效衔接，建立健全以"三大衔接"为抓手、以共建共享为目标的长三角区域高水平建设现代化阶段的包容性发展新格局。稳定城乡低收入和贫困人口的就业和收入提升能力。与此同时，应大力提升教育水平，促进中高等职业技术教育普及化，在提供稳定的城乡就业环境的同时，持续完善农村贫困地区当地的就业政策与劳动力转移的政策保障体系，稳步推进低收入群体的就业技能提升。

第四章

财政支出与长三角地区益贫式增长

　　如何才能在一国实现真正的益贫式增长？从国内外学术界的研究成果来看，不能仅靠市场的力量，必须充分发挥宏观政策在优化收入分配中的作用。世界经济的发展实践告诉我们，经济增长与收入差距不断拉大的问题并非中国独有，从某种意义上甚至具有普遍性。虽然库兹涅茨提出的经典倒"U"型曲线似乎印证了"先富带动后富"的涓滴效应，但当前全球各国社会愈演愈烈的不公平现象无法为涓滴效应的存在提供有力支持。斯蒂格利茨在《不平等的代价》（2012 年版）一书中就将 2008 年全球金融危机爆发以来全球各地的社会不稳定现象归因于社会不公平，并通过引用大量的文献和事实批评了"涓滴效应"的观点。联合国发布的《2005 年世界社会状况报告：不平等的困境》也显示，20 世纪 80 年代以来，很多国家经济快速增长的同时都伴随着贫富差距状况的明显恶化。因此，如何通过合理的政策方式推动贫困人群提高收入水平、缩小贫富差距已成为世界各国必须重视的问题。

　　通常来说，政府在减贫中的投入主要通过财政支出的形式体现。国内已有不少文献讨论了财政支出的减贫效应，其中，从财政支出结构角度进行的研究尤为多见。各方面的研究结果表明，不同类型的财政支出在减少贫困和缩小收入差距上发挥的作用有所不同，有些支出甚至可能起到了反作用。例如，李永友和沈坤荣（2007）从相对贫困的角度研究了财政支出的减贫效应，在他们研究的期间内，财政支出对减缓初始分配环节造成的相对贫困作用非常有限，医疗卫生方面的支出甚至在某种程度上扩大了相对贫困水平。王艺明和蔡翔（2010）发现农业支出和企业改造支出在全国层面上缩小了城乡收入差距，基本建设支出、科教文卫支出和福利保障支出则扩大了城乡收入差距。邓旋（2011）发现农林水务支出能够显著缩小城乡间相对收入差距,公共安全支出以及社会保障支出显著不利于城乡间收入差距的缩小。蔡萌和岳希明(2018)进一步对社会保障支出进行了分项研究,发现社会保障支出规模的整体增加会使居民收入分配状况逐步恶化,分项社会保障支出中,行政事业单位离退休金和报销医疗费的分配扩大了居民收入差距,而最低生活保障和农村养老金具有改善收入分配的积极作用。崔景华等(2018)利用农村家庭的追踪调查数据分析后发现,财政人均教育投资和农业水利生产投资对农户的扶贫效应较大,财政对村民的转移支付和行政费用支出的减贫效应相对较弱。本章认为,关于财政支出减贫效应的研究已取得一定进展,但总体来看结论还不够统一,在研究视角、指标计算和机制分析等方面仍有进一步完善的空间,具体表现为以下三个方面。

第一,已有研究大多仅从贫困发生率或城乡收入差距角度研究财政政策的减贫效果。在这两个指标中,贫困发生率的减少只代表绝对贫困水平的下降,不够全面;城乡收入差距虽在一定程度上体现了相对收入水平,但并没有针对性地研究贫困问题。本章将尝试分析财政支出结构与益贫式增长的关系,并重点关注农村地区的益贫式增长问题,这有助于我们寻找到提高贫困人口收入水平的有效办法。

第二,目前国内的已有研究大多基于宏观层面的数据开展。然而,在计算贫困以及收入差距的相关指标中,不同地区使用的贫困标准常不一致。从数据内容看,各地主要公布贫困人口占比之类的人头指数,很难全面反映一地的贫困水平。本章计划利用微观数据开展的研究相对而言将更具参考价值。而且,该微观数据还对城镇与农村人口进行了区分,有利于我们更好地观察经济增长益贫性在城乡间的不同表现,并对各类财政支出的减贫、益贫效应进行更深入的研究。

第三,从现有研究来看,不同类别的财政支出在减贫效果上存在差异。有些财政支出甚至拉大了城乡收入差距。对此,学者们(如陆铭和陈钊,2004)大都采用地方财政支出的"城市倾向"观点进行解释。该观点认为,改革开放以来,地区经济的增长主要来自城镇的非农产业,这导致地方财政支出更多被用于支持城镇经济发展,形成了财政支出的城市倾向,并拉大了城乡收入差距。财政支出的"城市倾向"观点本质上是用财政支出的城乡不平衡来解释收入的城乡不平衡,其核心建议便是推动公共支出城乡均等化。但是,城市和农村财政支出分项数据的缺乏让人们很难对该观点进行更深入的研究,而且该观点忽略了不同类型财政支出在减贫机制及推动益贫式增长上的差异。

本章将从财政支出结构的角度,研究财政支出对益贫式增长的影响。考虑到不同类型财政支出减少贫困的机制不同,对其进行了区分:以社会保障和就业支出、农林水务支出①为代表的财政支出侧重直接补助，被定义为补助类支出；以教育科技支出、医疗卫生支出等为代表的财政支出侧重支持贫困地区长期发展，被定义为发展类支出。这两类财政支出在减贫、益贫效应上的差异是要重点关注的问题。

一、基于 CHIP 测度益贫式增长

（一）数据来源与测度方法

本节利用 CHIP2013 数据，对中国 2011～2013 年的贫困程度变化以及经济增长的益贫性进行判定。CHIP2013 调查覆盖北京、辽宁、山西、江苏、安徽、河南、山东、湖北、重庆、湖南、广东、四川、云南、甘肃 14 个省份的农村、城市和流动人口三类样本，问卷涉及各受调查家庭 2011～2013 年的家庭年收入水平，据此可以对不同地区城镇和农村经济增长的益贫性进行直接判断。CHIP2013 的样本容量为 17 893，对异常数据进行清理后，获得有效样本 16 802 个。上述的 14 个省份涵盖了中国的东部、中部、西部地区，具有较好的代表性。用其研究中国的收入差距和贫困问题是恰当的。

对经济增长的益贫性进行判定前须划定贫困线水平。世界银行最新公布的贫困线标准为人均 1.9 美元/天，这一标准是根据 2011 年的购买力平价换算而来。本节将世界银行计算中国贫困率指标时采用的购买力平价水平 3.69611 换算成对应的人民币年收入水平，即 2 563.25 元，这与国家统计局公布的 2011 年国定贫困线 2 536元是基本一致的。

本节以各省份城市和农村的消费价格水平同比变化率为基础，计算出各省份以 2011 年为基期的城镇和农村定基价格指数，再以该价格指数对家庭的人均收入进行调整以消除价格变动的影响。在计算各地的贫困程度以及经济增长益贫性时，本节借助了阿拉尔和杜克洛（Araar & Duclos，2007）开发的 DASP 工具包，② 在 Stata 软件中实现。各指数的具体计算原理在前文所列文献中已有详细介绍，此处不再赘述。

---

① 农林水务支出中包括扶贫支出，同时涵盖农业生产、林业发展和水利建设等内容，也有发展类支出的属性，但相对而言更侧重直接补助。

② Araar A，Jean-Yves Duclos. DASP：Distributive Analysis Stata Package ［EB/OL］. http：//dasp. ecn. ulaval. ca/modules/DASP_V2. 2/DASP_MANUAL_V2. 2. pdf.

（二）贫困程度测度结果

本节计算了各地 2011~2013 年城镇和农村的 *FGT* 指数。其中，江苏、山东、湖北、广东四省的城镇地区样本已完全脱贫，计算出的 *FGT* 指数均为 0。因此，表 4-1 仅给出了其余各地城镇的 *FGT* 指数，表 4-2 给出了各地农村的 *FGT* 指数。可见，农村的贫困程度显著高于城镇，同时，城镇与农村的贫困发生率、贫困深度和贫困强度均呈下降趋势。地区间的贫困水平差异基本符合预期：直辖市和东部沿海发达省份贫困程度均明显低于中西部地区。

表 4-1   **2011~2013 年城镇 *FGT* 指数**

地区	*H*			*PG*			*SPG*		
	2011 年	2012 年	2013 年	2011 年	2012 年	2013 年	2011 年	2012 年	2013 年
北京	0.420	0.140	0.140	0.095	0.034	0.025	0.032	0.008	0.005
山西	2.065	1.549	1.205	0.790	0.592	0.325	0.359	0.277	0.117
辽宁	0.800	0.800	0.800	0.332	0.287	0.241	0.148	0.127	0.096
安徽	2.857	2.857	1.587	1.202	0.973	0.627	0.613	0.470	0.360
河南	0.994	0.795	0.596	0.299	0.199	0.100	0.137	0.067	0.027
湖南	1.064	0.798	0.532	0.303	0.265	0.202	0.179	0.151	0.128
重庆	0.409	0.409	0.205	0.050	0.040	0.015	0.010	0.005	0.001
四川	0.773	0.773	0.258	0.218	0.167	0.139	0.103	0.078	0.075
云南	0.829	0.276	0.000	0.227	0.067	0.000	0.092	0.016	0.000
甘肃	1.282	0.962	0.321	0.411	0.249	0.121	0.193	0.083	0.046
全样本	0.795	0.612	0.382	0.264	0.188	0.115	0.122	0.083	0.052

表 4-2   **2011~2013 年农村 *FGT* 指数**

地区	*H*			*PG*			*SPG*		
	2011 年	2012 年	2013 年	2011 年	2012 年	2013 年	2011 年	2012 年	2013 年
北京	2.639	1.173	0.587	0.420	0.096	0.058	0.118	0.009	0.006
山西	14.688	11.469	10.664	4.751	3.884	3.307	2.415	1.875	1.392
辽宁	6.960	5.128	5.495	2.174	1.872	1.767	1.013	0.961	0.854
江苏	2.606	2.109	1.365	0.783	0.566	0.325	0.386	0.235	0.139

地区	H			PG			SPG		
	2011 年	2012 年	2013 年	2011 年	2012 年	2013 年	2011 年	2012 年	2013 年
安徽	10.714	7.672	5.291	3.780	2.516	1.623	1.977	1.210	0.800
山东	4.207	3.442	2.581	1.204	0.920	0.652	0.530	0.379	0.233
河南	4.385	3.241	2.765	1.026	0.891	0.696	0.441	0.353	0.266
湖北	8.037	7.115	4.216	1.997	1.700	1.338	0.919	0.844	0.710
湖南	12.053	9.666	7.279	3.685	2.972	2.613	1.664	1.354	1.270
广东	2.533	1.762	0.991	0.498	0.319	0.231	0.204	0.080	0.076
重庆	3.030	1.732	0.866	0.639	0.404	0.321	0.256	0.172	0.164
四川	8.305	6.228	4.960	2.383	1.887	1.543	1.065	0.831	0.653
云南	9.131	6.775	5.597	2.175	1.652	1.354	0.779	0.659	0.510
甘肃	13.881	11.493	9.702	4.224	3.409	3.024	1.905	1.520	1.287
全样本	7.218	5.644	4.401	2.078	1.650	1.347	0.953	0.743	0.598

（三）益贫性指数计算结果

在对 FGT 指数进行分解的基础上，我们可以计算获得减贫等值增长率 PEGR[①]。P_0、P_1、P_2 分别表示以贫困发生率、贫困深度和贫困强度测算的 PEGR 值，结果报告于表 4 - 3。部分地区的城镇样本中无贫困家庭，故无法计算相关指标。首先，表 4 - 3 中结果显示 PEGR 指标基本为正，表明至少没有发生经济增长的同时贫困程度恶化的极端情形。其次，表 4 - 3 最后一行是根据所有城镇样本和所有农村样本分别计算出的 PEGR 值，从结果看，城镇地区从贫困发生率、贫困深度和贫困强度三个角度计算的 PEGR 值均大于收入增长率，表明样本期内经济增长在城镇地区具有显著的益贫性；农村地区的情况恰恰相反，所有的 PEGR 值均小于收入增长率，说明农村地区的经济增长总体上是非益贫的，贫困人口在经济增长过程中受益较少，不平等的现象有加重的迹象。这与我国城乡差距不断拉大的事实是吻合的。可见，要彻底消灭贫困，达到共享发展的目标，在农村地区实现益贫式增长是一个重要的突破口。

---

① 除了 PEGR 指数外，莱尼文和陈绍华（Ravallion & Chen，2003）还提供了另一种计算经济增长益贫性的指标，他们根据该方法进行了计算分析，得到的结果与 PEGR 指数的结果基本一致。

表4-3　城乡益贫性指标

地区	城镇								农村							
	2011~2012年				2012~2013年				2011~2012年				2012~2013年			
	g	P_0	P_1	P_2	g	P_0	P_1	P_2	g	P_0	P_1	P_2	g	P_0	P_1	P_2
北京	6.117	12.234	18.813	14.942	7.998	0.000	7.035	7.186	10.166	10.166	18.814	18.858	11.134	7.423	4.997	4.122
山西	7.761	23.282	10.974	6.117	13.664	27.327	20.979	18.125	5.442	5.805	6.995	6.482	7.654	3.827	5.708	7.469
辽宁	7.899	0.000	6.041	3.737	11.714	0.000	6.401	7.138	7.333	7.333	5.506	1.420	8.280	-2.760	2.412	3.430
江苏	NA	NA	NA	NA	NA	NA	NA	NA	8.450	4.829	11.027	11.819	9.361	14.041	14.193	10.880
安徽	10.419	0.000	8.825	7.371	9.331	0.000	13.247	7.080	9.215	16.303	14.268	12.480	13.109	19.664	14.526	11.084
山东	NA	NA	NA	NA	NA	NA	NA	NA	9.699	7.759	8.676	7.955	9.581	8.623	9.972	10.250
河南	9.009	4.504	13.462	14.560	10.849	10.849	17.595	13.269	9.617	7.213	4.328	5.612	11.192	6.218	7.643	6.542
湖北	NA	NA	NA	NA	NA	NA	NA	NA	5.061	2.214	4.420	2.169	7.391	7.743	6.574	4.863
湖南	7.804	3.902	5.759	5.449	9.261	9.261	10.168	5.387	9.558	10.620	7.248	5.325	11.401	12.002	4.811	1.852
广东	NA	NA	NA	NA	NA	NA	NA	NA	7.123	7.123	8.833	15.806	7.215	16.835	5.841	0.928
重庆	4.986	0.000	3.513	6.650	7.432	7.432	7.515	7.515	6.749	13.499	9.310	8.161	9.395	37.580	5.542	1.288
四川	6.775	0.000	7.004	6.946	9.919	9.919	5.599	1.234	10.846	9.761	7.880	6.421	12.475	13.722	7.034	6.368
云南	9.041	18.082	27.493	20.712	7.699	0.000	26.115	15.315	8.118	7.640	7.680	4.456	9.892	6.182	7.737	9.251
甘肃	9.426	9.426	16.967	16.715	9.329	13.994	18.698	12.446	7.725	6.821	6.923	5.465	7.160	5.728	3.948	4.099
总体	7.580	9.096	11.425	8.938	10.006	25.014	14.299	10.464	8.405	7.674	7.980	6.685	9.711	8.678	6.924	5.882

二、财政支出益贫性的实证检验

为了进一步分析各类财政支出的减贫效应，探寻财政支出的减贫效应与益贫式增长之间的关系，本节将利用之前计算出的相关指标开展实证研究。

（一）财政支出减贫效应的实证检验

首先，本节对各项财政支出的减贫效果进行实证检验。在之前 FGT 指数和 $PEGR$ 指数的计算中可知，我国的贫困主要发生在农村地区。因此，本节以农村的 FGT 指数为因变量构建如下省际面板回归模型：

$$FGT = \beta_0 + \beta_1 FIS \ or \ lagFIS + \beta_2 Control + \mu$$

其中，因变量 FGT 包括了贫困发生率（H）、贫困深度（PG）和贫困强度（SPG）。FIS 为自变量财政支出，包括科技教育支出（STE）、医疗卫生与计划生育支出（MED）为代表的发展类支出，以及社会保障和就业支出（WEL）、农林水务支出（AGR）为代表的补助类支出。为避免各地经济规模差异带来的影响，上述财政支出都用当地当年的 GDP 进行了调整。由于各项财政支出间相关度很高，[①] 本节逐一对上述指标进行检验以防止发生多重共线性。从影响机制来看，补助类支出对减贫的作用更为直接明显，而发展类支出发挥减贫作用可能需要一定的周期，因此本节预期发展类支出对贫困的影响存在滞后。为此，在实证模型中分别尝试了各分项财政支出的当期值和滞后一期值。$Control$ 为控制变量，包括各省份当年人均 GDP（GPC）、通胀率（CPI）以及社保基金支出中的新型农村养老保险支出（INS），控制变量中的规模变量均用当地的定基价格指数剔除价格因素后求自然对数。除因变量外，其余变量数据全部来自 Wind 数据库，回归软件为 Stata 14。

豪斯曼检验结果显示，随机效应模型估计效率更高。表 4 - 4 报告了财政支出当期值作为解释变量的回归结果，表 4 - 5 报告了滞后一期值作为解释变量的回归结果。可以看到：一是科教支出和医疗卫生支出的当期值前系数虽为负但都不显著，两项支出的滞后一期值则对三种贫困指数均产生显著负向影响，这意味着发展类支出在减贫效应方面存在滞后，这符合本章的预期。二是农林水务支出的当期值

[①] 相关性检验显示，各财政支出变量间相关系数均在 0.8 以上，最高的达到 0.93。若将所有财政支出变量放在同一实证模型中，变量前系数的显著性及符号都很不稳定。相关结果已留存备索。

表 4 – 4　　2011～2013 年财政支出当期值对农村贫困程度的影响（因变量：财政支出）

变量	STE			WEL			MED			AGR			RWEL		
	H_t	PG_t	SPG_t	H_t	PG_t	SPG_t	H_t	PG_t	SPG_t	H_t	PG_t	SPG_t	H_t	PG_t	SPG_t
FIS_t	-0.432 (0.602)	-0.132 (0.188)	-0.092 (0.106)	-0.868 (0.691)	-0.225 (0.255)	-0.136 (0.142)	-2.036 (1.771)	-0.543 (0.610)	-0.386 (0.327)	-1.436** (0.488)	-0.433* (0.179)	-0.236# (0.121)	-0.024# (0.013)	-0.005# (0.003)	-0.002 (0.001)
GPC_t	-0.088# (0.016)	-0.025** (0.004)	-0.011** (0.002)	-0.096** (0.021)	-0.026** (0.006)	-0.012** (0.003)	-0.098** (0.023)	-0.027** (0.006)	-0.013** (0.003)	-0.110** (0.019)	-0.031** (0.006)	-0.014** (0.003)	-0.082** (0.015)	-0.023** (0.005)	-0.009** (0.003)
INS_t	-0.009# (0.053)	-0.003# (0.002)	-0.002# (0.001)	-0.008# (0.004)	-0.003 (0.002)	-0.002# (0.001)	-0.009* (0.004)	-0.003# (0.001)	-0.002* (0.001)	-0.008* (0.004)	-0.003# (0.002)	-0.002# (0.001)	-0.004 (0.005)	-0.002 (0.002)	-0.002 (0.001)
CPI_t	0.122 (0.225)	0.014 (0.082)	0.009 (0.054)	0.192* (0.085)	0.039 (0.037)	0.009 (0.026)	0.145 (0.107)	0.025 (0.046)	0.004# (0.009)	0.061 (0.098)	0.002 (0.043)	0.015 (0.032)	0.181* (0.078)	0.040 (0.035)	0.012 (0.024)
常数项	0.099 (0.280)	0.052 (0.100)	0.043 (0.066)	0.038 (0.115)	0.027 (0.045)	0.024 (0.033)	0.102 (0.158)	0.047 (0.060)	0.042 (0.041)	0.203 (0.136)	0.080 (0.054)	0.054 (0.040)	0.111 (0.105)	0.037 (0.035)	0.022 (0.026)
Obs	42	42	42	42	42	42	42	42	42	42	42	42	42	42	42
R^2	0.582	0.510	0.491	0.531	0.467	0.437	0.591	0.532	0.527	0.517	0.463	0.457	0.524	0.470	0.457

注：**、*、#分别表示在1%、5%、10%的水平上显著，括号中是稳健性标准误。

表4-5　2011~2013年财政支出滞后一期值对农村贫困程度的影响（因变量：财政支出）

变量	STE			WEL			MED			AGR			RWEL		
	H_t	PG_t	SPG_t	H_t	PG_t	SPG_t	H_t	PG_t	SPG_t	H_t	PG_t	SPG_t	H_t	PG_t	SPG_t
FIS_{t-1}	-0.877** (0.243)	-0.211** (0.082)	-0.115** (0.045)	-0.241 (0.563)	-0.016 (0.165)	-0.001 (0.096)	-3.096* (1.399)	-1.210* (0.559)	-0.675* (0.312)	-0.980** (0.303)	-0.260* (0.123)	-0.151# (0.079)	-0.030** (0.012)	-0.007** (0.003)	-0.003# (0.002)
GPC_t	-0.079** (0.014)	-0.022** (0.005)	-0.009** (0.003)	-0.087** (0.018)	-0.023** (0.005)	-0.009** (0.003)	-0.106** (0.022)	-0.033** (0.007)	-0.015** (0.004)	-0.096** (0.015)	-0.027** (0.005)	-0.012** (0.003)	-0.083** (0.015)	-0.023** (0.005)	-0.010** (0.003)
INS_t	-0.066# (0.039)	-0.002 (0.002)	-0.002# (0.001)	-0.009# (0.005)	-0.003 (0.002)	-0.002 (0.001)	-0.011* (0.005)	-0.003# (0.002)	-0.002* (0.001)	-0.007# (0.004)	-0.003 (0.002)	-0.002# (0.001)	-0.004 (0.004)	-0.002 (0.002)	-0.002 (0.001)
CPI_t	0.135# (0.082)	0.026 (0.037)	0.001 (0.025)	0.210* (0.102)	0.053 (0.046)	0.018 (0.033)	-0.080 (0.146)	-0.070 (0.054)	-0.055 (0.035)	0.177* (0.080)	0.034 (0.040)	0.005 (0.028)	-0.016 (0.104)	-0.009 (0.043)	-0.009 (0.032)
常数项	0.081 (0.100)	0.036 (0.042)	0.030 (0.029)	0.006 (0.140)	0.002 (0.057)	0.008 (0.041)	0.365# (0.202)	0.163* (0.074)	0.103* (0.047)	0.051 (0.097)	0.032 (0.046)	0.028 (0.033)	0.341* (0.156)	0.096# (0.054)	0.050 (0.041)
Obs	42	42	42	42	42	42	42	42	42	42	42	42	42	42	42
R^2	0.551	0.501	0.491	0.574	0.498	0.457	0.589	0.517	0.526	0.552	0.494	0.478	0.526	0.469	0.448

注：**、*、#分别表示在1%、5%、10%的水平上显著，括号中是稳健性标准误。

和滞后值都对贫困形成了显著的负向影响。社会保障和就业支出虽形成了负向影响，但不显著，这可能与该指标既包括城镇保障支出，又包括农村保障支出有关。若用农村最低生活保障支出加农村五保支出（RWEL）作为替代变量替换社会保障和就业支出（WEL），[①] 变量的当期值和滞后期值前系数都为负且显著。这表明，补助类支出有助于直接减少贫困，比发展类支出起效更快。三是控制变量前符号大都符合预期：人均 GDP 的提升显著减少了贫困。社保基金中针对农村养老保险的支出对贫困有减少效应。通胀率前系数大多为正，说明通胀上升可能恶化贫困状况，但系数的显著程度较低。若将模型中的通胀率改为滞后一期值，其他变量前系数保持稳定，通胀率前系数的符号和显著性都有较大改善，说明通胀的影响可能存在滞后。限于篇幅，相关结果未全部列出。

（二）财政支出对益贫式增长的影响效应

表 4 - 4 的结果表明，财政支出表现出一定的减贫效应。但是，贫困减少未必意味着收入差距缩小，从表 4 - 3 结果可以看出，我国农村地区的经济增长总体上并非益贫式增长。因此，接下来本节将以农村地区的益贫式增长指标为因变量，考察不同类型财政支出对其产生的影响，以进一步研究财政支出与益贫式增长之间的关系。具体的实证模型如下：

$$PEGR = \beta_0 + \beta_1 lagFIS + \beta_2 Control + \mu$$

从表 4 - 4 和表 4 - 5 的实证结果初步判断，各类财政支出以及控制变量对贫困水平的影响均可能存在滞后，因此，模型重点考察了财政支出滞后值对益贫式增长的影响。本节测算了 2011 ~ 2012 年及 2012 ~ 2013 年的 PEGR 值，与其对应的滞后一期值为 2011 年和 2012 年的财政支出。控制变量选择了与财政支出变量同期的 CPI 和 INS。当选择财政支出当期值时，模型整体的拟合优度（R^2）以及各项系数的显著性都表现较差，为节约篇幅，表 4 - 6 仅报告了财政支出滞后一期和滞后两期的结果。

从表 4 - 6 结果可见，与财政支出的减贫效应相比，各分项财政支出对促进农村实现益贫式增长的作用整体上大幅下降。除科教和医疗支出表现出一定益贫性外，其他支出的益贫性均不显著，滞后一期的社会保障支出甚至在贫困强度上减少了农村经济增长的益贫性。本节认为，各类财政支出在减贫机制上的差异是形成上述结果的主要原因。如前所述，补助类支出通常能够直接作用于贫困人群，因此其

---

① 各地农村经济占比差异大，用 GDP 对该指标进行调整不合理。本节采用农业人口进行了调整。

表4-6 2011~2013年财政支出对农村益贫式增长的影响（因变量：财政支出）

变量	STE			WEL			MED			AGR			RWEL		
	P_{0t}	P_{1t}	P_{2t}	P_{0t}	P_{1t}	P_{2t}	P_{0t}	P_{1t}	P_{2t}	P_{0t}	P_{1t}	P_{2t}	P_{0t}	P_{1t}	P_{2t}
FIS_{t-1}	1.975# (1.129)	0.711 (0.595)	0.507 (0.830)	1.597 (0.190)	-0.614 (0.476)	-1.253** (0.459)	2.848* (1.524)	0.497 (1.092)	-0.323 (1.478)	1.491 (0.636)	-0.229 (0.518)	-0.502 (0.630)	3.685 (3.512)	-0.579 (1.645)	-2.588 (2.215)
INS_{t-1}	6.310** (1.798)	2.373* (1.028)	1.368# (1.565)	5.634** (1.820)	1.180 (0.877)	-0.247 (1.041)	5.220** (1.483)	1.868# (1.049)	0.746 (1.446)	4.532** (1.634)	1.537 (1.031)	0.487 (1.372)	4.658** (1.541)	1.631# (0.954)	0.540 (1.239)
CPI_{t-1}	0.836 (0.543)	1.154* (0.454)	1.131* (0.499)	0.211 (0.636)	0.730* (0.324)	0.660 (0.455)	0.131 (0.643)	0.878** (0.337)	0.875* (0.440)	0.909 (0.683)	0.787* (0.329)	0.775# (0.434)	0.161 (0.662)	0.800** (0.310)	0.716# (0.424)
常数项	-1.066# (0.577)	-1.230* (0.493)	-1.174* (0.548)	-0.356 (0.653)	-0.703* (0.324)	-0.575 (0.455)	-0.258 (0.661)	-0.904** (0.349)	-0.861# (0.452)	-0.077 (0.719)	-0.786* (0.343)	-0.742# (0.447)	-0.405 (0.705)	-0.780* (0.314)	-0.570 (0.425)
Obs	28	28	28	28	28	28	28	28	28	28	28	28	28	28	28
R^2	0.309	0.127	0.080	0.294	0.136	0.157	0.289	0.105	0.071	0.243	0.108	0.086	0.259	0.105	0.090
FIS_{t-2}	2.050* (1.062)	1.833# (1.080)	1.960* (0.864)	2.051 (1.492)	-0.389 (0.542)	-0.360 (0.964)	3.305# (1.871)	1.182 (1.285)	1.438 (1.225)	1.141 (0.859)	0.235 (0.336)	0.298 (0.590)	8.376 (5.240)	1.703 (2.386)	3.609 (4.394)
INS_{t-2}	6.772** (2.653)	3.319* (1.608)	3.956 (1.848)	6.786* (2.806)	1.765 (1.187)	2.401 (1.916)	6.224* (2.540)	2.373 (1.180)	3.157# (1.688)	5.840* (2.646)	2.217* (1.068)	2.843* (1.618)	6.031** (2.049)	2.175* (1.153)	3.210# (1.878)
CPI_{t-2}	-1.840** (0.948)	-2.426* (1.070)	-3.062** (1.108)	-1.703 (1.120)	-1.559# (0.946)	-2.157* (1.165)	-1.670# (0.970)	1.935# (0.973)	-2.620* (1.119)	-1.249 (0.956)	-1.773* (0.853)	2.374# (0.996)	-2.561* (1.321)	-1.997* (1.033)	-3.039* (1.480)
常数项	1.766# (0.934)	2.459* (1.053)	3.090** (1.100)	1.642 (1.095)	1.670# (0.959)	2.266* (1.167)	1.631 (0.963)	2.020* (0.981)	2.700* (1.127)	1.222 (0.950)	1.866* (0.871)	2.464* (1.012)	2.229* (1.171)	2.028* (0.990)	2.991* (1.351)
Obs	28	28	28	28	28	28	28	28	28	28	28	28	28	28	28
R^2	0.373	0.263	0.278	0.391	0.193	0.200	0.369	0.189	0.190	0.333	0.173	0.179	0.375	0.175	0.169

注：**、*、#分别表示在1%、5%、10%的水平上显著，括号中是稳健性标准误。

在减少贫困发生率上具有显著作用，但从机制上看，该类支出很难提高贫困人群主动获得收入的能力，无法从根本上减轻或消除贫困的发生机制，其益贫效应相对较差。而科教、医疗等发展类支出虽然在发挥减贫作用时有一定滞后，但该类支出有助于从根本上提高农村居民的人力资本水平和健康程度，从而从长期角度对农村的益贫式增长产生持续正向的影响。在控制变量中，社保基金对新型农村社会养老保险（以下简称"新农保"）发生的支出对益贫式增长形成了持续且显著的促进作用。我们知道，与旧农保主要靠农民个人缴费不同，新农保实现个人缴费、集体补助和政府补贴相结合，其中中央财政将对地方进行补助，并且会直接补贴到农民头上。因此，该保险制度既发挥了政府资金的支农作用，又利用政府投入激励了农民自我储蓄，是政府补助与市场机制相结合的方式。从实证结果看，其对农村的益贫式增长的影响十分显著且积极。受此启发，若能在补助类支出中适当地引入市场机制，将有利于提高其益贫性。通货膨胀对益贫式增长的影响不太稳定，这可能与样本期国内通货膨胀的特征有关。通常来说，通货膨胀对贫困人群的负面影响更大，因此符号为负更符合预期。但是，由于在样本覆盖的时间内，我国的通货膨胀大多与农产品价格的快速上涨有关。例如，2011 年猪肉价格的大幅上涨明显推高了通胀率，这种价格上涨对农民而言未必形成负面影响。

（三）稳健性检验

受数据本身的局限，本节的缺陷之一是实证研究的样本量偏少，可能对结果产生不利影响。为此，本节进行了两方面的稳健性检验。首先，对表 4 – 4、表 4 – 5 和表 4 – 6 中所有模型均采用普通 OLS 模型进行回归，结果基本保持不变；其次，更换财政支出变量，用其他研究中用到的财政支出总规模或者财政支出比例作为自变量，变量符号基本保持不变，部分变量的显著性有所变化。总体而言，本节获得的实证结果是稳健的。

三、本章小结

本章通过 CHIP 2013 的微观数据，对中国城镇和农村的贫困程度以及益贫式增长状况进行了研究，并讨论了分类财政支出的影响，得出如下主要结论。一是样本期内城镇和农村的贫困程度都有明显改善；总体来说，城镇基本上实现了益贫式增长，但农村还未达到这一目标，这意味着缩小城乡之间的差距仍任重道远。二是各类财政支出总体上对减少贫困意义重大，补助类支出对减少贫困的作用较为直接，起效也较快，发展类支出的影响则存在滞后。三是各类财政支出对农村实现益贫式增长的促进效应总体较低，相比较而言，发展类支出在减贫效应上虽然存在滞后，但科教支出能提高农村的人力资本水平，医疗支出能改善农民的健康状况，这些都有可能从长期的角度增加农民收入，改善农民生活；补助类支出虽对减贫有明显作用，但在促进益贫式增长上意义有限，这可能与纯补助类支出无法从根本上提升贫困人口获取收入的能力有关。四是以新农保为代表的面向农村、意在改善农村收入水平的支出不同于简单的直接补助，它通过适度的财政补贴充分调动农民参保的积极性，更好地实现了"精准扶贫"的目标，对益贫式增长表现出积极的作用。这表明，若能适当地与市场机制结合，通过政府补助调动农民实现自我积累、自我发展，补助类支出或能在促进益贫式增长上发挥更大的作用。

上述结论表明，要实现益贫式增长，让城市和农村居民共享发展的成果，不仅要关注财政支出的城市倾向问题，还应进一步改进财政支出结构，增加直接有益于改善农民收入水平的支出内容，实现"精准扶贫"。近年来，随着基本公共服务均等化进程的推进，财政支出的城市倾向有所好转。根据财政部提供的数据（详见Wind数据库），在地方财政各项支出中，主要用于农村的农林水务支出占比在2008年之前低于5%，之后保持上升趋势，到2013年时达到6.9%，2016年时已达8.1%。在社会保障和就业支出中，目前并无详细的城乡分项数据，但根据财政部公布的农村和城镇居民的最低生活保障和社会救济支出计算可见，农村该两项支出的总和在2010年时与城镇基本相同，此后逐步上升，2014年已达到城镇的1.37倍。可见，上述两种补助类支出的城市倾向问题有明显缓解，补助类支出有向农村倾斜的趋势。从教育支出和医疗支出来看，教育支出中公布了农村地区小学和初中的"生均公共财政预算公用经费支出"，以及农村地区小学和初中的"国家财政性教育经费"。根据这两项数据基本可判断在九年制义务教育上财政支出是否存在城市倾向。计算结果显示，农村地区九年义务教育阶段的"生均公共财政预算公用经费支出"与全国平均支出水平的比值在2010年达到0.95左右，2013年最高达到0.98，此后有所下降，2016年在0.90左右。九年义务教育阶段农村地区获得的国家财政性教育经费在全国经费中的占比2010年在63%左右，2013年下降到最低的60%，2016年回升至64%的水平。在医疗卫生与计划生育支出中，农村地区的医疗保障支出［包括新型农村合作医疗（以下简称"新农合"）和农村医疗救助］与乡镇卫生院的支出合计占全部医疗卫生和计划生育支出的占比在2010～2013年依次为29%[①]、34%、

---

① 2009年中国才确立新农合为农村基本医疗保障制度的地位，因此，2010年新农合的支出水平相对较低。

36%和37%，之后连续下降，至2016年降至28%。可见，总体而言，以教育和医疗支出为代表的发展类支出的城市倾向在近年来虽未明显恶化，但也无显著改善。这与补助类支出形成了一定的反差。综合来看，对益贫式增长作用较小的补助类支出在农村地区的投入力度上升，而能推动益贫式增长的发展类支出在农村地区的投入占比却相对稳定。这或许是近年来农村地区未能实现益贫式增长的关键原因。

综上所述，在公共服务均等化的过程中，既要重视增加对农村地区的补助类支出，解决贫困人口的基本生活保障，尽快消除农村的绝对贫困，更要重视加大发展类支出对农村地区的倾斜力度，不断提高财政对农村地区科教和医疗卫生的投入，实现农村地区的益贫式增长。此外，在对农村增加补助类支出的同时，还应充分注重利用市场机制，最大化补助类支出的益贫效应，尽快实现城乡统筹下的共享发展，达到共同富裕的最终目标。

第五章

基础设施与长三角地区益贫式增长

一、引　言

从益贫式增长的实现方式来看，较多的观点认为，宏观经济稳定、开放的贸易政策、小额信贷配给充足、教育水平提升以及合理的健康与环境政策均有利于实现益贫式增长（周华，2008；韩秀兰，2015；范从来和谢超峰，2017）。长三角地区是中国区域经济最为活跃的地区之一。20 世纪90 年代以来，长三角地区的经济发展水平逐步提升，区域经济一体化进程不断深入。在经济增长的推动下，长三角地区的减贫事业取得显著成效，逐渐走出一条具有区域发展特色的益贫式增长之路（谢超峰等，2017）。长三角地区作为我国经济发展最富有活力的经济板块，不仅形成了产业集群的模块式发展，而且这里的区域经济与城市发展也呈现典型的群落式发展特征（徐康宁等，2005；吴福象和刘志彪，2008）。因此，从长三角地区益贫式增长模式的实现路径上看，产业化、工业化、城市化以及区域内"雁阵式齐飞"的城市群竞争格局是推动长三角地区经济、社会结构及运行效率快速提升的重要路径（徐现祥和李郇，2005）。

经济主体的空间区位以及经济主体之间的区位联结是经济发展的重要推动要素（Eaton & Kortum，2002）。从经济地理的角度看，任何经济活动都是经济行为主体的行为表现。然而，经济活动是以时空或地理历史为基础的，即经济发展有其历史的延续性、暂存性且与区域区位有密切关系，经济主体之间的空间区位以及迁移也必然会影响区域乃至国家整体的经济发展成效（Baldwin & Okubo，2006；Ottaviano，2010）。因此，长三角地区经济主体和地区之间的空间区位因素也会对经济增长产生影响。从空间形态上看，开发区、产业集群、专业市场和区域经济网络格局是长三角地区经济发展的重要空间形态（杨上广和吴柏均，2007）。基础设施建设是联结上述空间经济形态的物理因素。任何经济政策和区域一体化发展的创新制度都必须承载于发达的基础设施体系之上，方能发挥其应有的作用（段进军，2002；王维，2006）。鉴于此，本章聚焦长三角地区的基础设施建设，着重讨论基础设施建设对长三角地区益贫式增长的影响，在系统论述长三角地区贫困特征、益贫式增长绩效以及基础设施发展水平的基础上，结合空间面板计量分析工具，实证研究基础设施对长三角地区41个地级市益贫式增长的影响机制，进而从基础设施这一重要的区域经济发展物理要素视角，阐述长三角地区益贫式增长的实现路径与模式，从而丰富基础设施促进益贫式增长的理论研究，为阐释长三角地区的益贫式增长实现路径提供基于基础设施视角的新解读。

二、文献综述

相关的文献可以分为三类：第一类是基础设施对经济增长的影响研究；第二类是基础设施与地区收入差距；第三类是基础设施对规模性收入分配及消除贫困的影响。

（一）基础设施与经济增长

对于基础设施与经济增长的关系，较多的观点认为，基础设施建设能够提升经济主体在空间格局上的经济可达性，不同种类的基础设施还会增强区域经济活动的空间吸引力（attraction）和可及性（accessibility），从而提升物流和商品与服务的传达速度，增强经济运行效率（Limao，2001；Amiti & Pissarides，2005）。此外，以交通基础设施建设为代表的基础设施体系，可以有效降低交易成本，基础设施建设降低交通运输成本，从而加速经济活动和经济生产的过程（Easterly & Rebelo，1993；Sanchez-Robles，1998；Loayza et al.，2003）。

（二）基础设施与收入分配

相较于基础设施推动经济增长的研究，学界更多地探讨了基础设施是否会造成收入差距扩大和地区极化效应的出现。因此，第二类文献更多地研究了基础设施对地区间收入差距以及规模性收入分配的影响。基础设施对全球和地方经济发展的经验性、相关性更多会以同时影响经济增长和收入不平等的形式呈现（Calderon & Serven，2004）。就基础设施与地区收入差距而言，一种观点认为，基础设施建设会缩小地区之间的收入差距并促进区域经济一体化进程的加快。由于基础设施对区域经济增长存在显著的溢出效应，也能够通过价格效应和数量效应重塑市场潜力（Marshall，1890；Krugman，1990；Gannon & Liu，1997；Agenor，2013）。在工资和租金梯度的影响下，基础设施建设会促进知识创造的外溢性，从而显著提高区域整体的生产率水平。因此，工资和租金与经济活动密度的地理变化正相关，基础设施也能够提升地区生产率的溢出效应（Ottaviano，2010；Caliendo et al.，2015）。另一种观点则认为，基础设施建设会促进地理极化，加剧地区间的收入差距和收入不平等，这被称为"吸管效应"（straw effect），因为经济活动通过新的基础设施迁移到发达地区，如杯子被吸管吸干了（Behrens et al.，2007；2008）。此外，改善特定地区的基础设施条件也并不一定使一个地方更具吸引力。如果较不发达地区的非贸易品价格低得多，与发达地区的交通联系改善会导致公司和工人迁往较不发达地区（Puga，1999）。相反，改善发达地区与欠发达地区之间的全局运输基础设施（global infrastructure）可以提升欠发达地区的吸引力，更好的全局基础设施会促进经济地理更为均衡化。特别是，在不发达地区的非贸易品价格较低的情况下，改善全局基础设施有助于促进长途通勤，促使知识从发达地区传播到较不发达地区，从而使得经济活动更为均等化（Baldwin et al.，2001；Borck et al.，2007）。鉴于基础设施影响地区收入差距的复杂性，后续的文献更加关注不同基础设施的种类以及基础设施促进区域均衡发展的基本条件的研究。奥塔维亚诺（Ottaviano，2008）认为，本地化基础设施投资也会产生外部性，这种外部性可能会在整个经济中扩散很远。因此，有效的基础设施项目要求获得经济活动在空间分布上的机制。这些机制与基础设施项目的具体细节和来源都紧密相关。地区之间不仅需要加强本地区基础设施的发展，也要同时推进区域内基础设施项目建设，从而更充分地发挥基础设施的空间溢出效应（Getachew，2010；Chatterjee & Turnovsky，2012；Cosci & Mirra，2018）。卡尔德龙和塞尔文（Calderón & Servén，2014）则认为在自身基础设施禀赋较差的情况下，基础设施的边际生产率较低，经济只能达到低增长均衡，只有融入区域内较高水平的基础设施网络体系才能提高基础设施的生产效率，从而实现高增长均衡。

（三） 基础设施与减贫

与此同时，较多的研究也基于微观数据实证分析了基础设施对规模性收入分配以及减贫的影响。此类研究发现，道路和通信中的有形基础设施有助于空间资源获取和信息区域交互流动，从而有效提高劳动力流动性，促进农村非农产业发展，并减少某些地理区域的集中性贫困发生（Jalan & Ravallion，2003；Zhu & Luo，2006；Reardon et al.，2007；Mu & Walle，2007）。公路基础设施的完善能够减少去市场的时间成本，提高非农就业比重（Foster et al.，2013）。另外一支文献也分别从城乡收入差距、教育医疗等公共服务体系、不同技能劳动力工资差异、当地私营经济发展、农业补贴、政府财政支出等角度，检验了基础设施建设通过上述机制缓解收入不平等、促进贫困人口脱贫的积极作用（Estache et al.，2000；Benitez et al.，2003；刘晓昀等，2003；Pi & Zhou，2012；Li et al.，2014；Ling & Wei，2019）。随着基础设施的扩张，教育、科学和技术方面的公共投资也有可能增加基础设施对贫困和不平等的不利影响（Fan & Zhang，2004；Zhang & Fan，2004）。

从文献分析可以发现，基础设施建设对地区经济增长存在显著的促进作用。然而，要想充分发挥基础设施促进区域经济均衡发展的效用，则需要加强全局基础设施的建设并为基础设施发挥作用创造一定的条件。此外，基础设施对于规模性收入分配和减贫的影响则在较多的微观实证检验中得到体现。文献为本章研究基础设施与长三角地区益贫式增长的关系提供了很好的借鉴。前人的研究分别从宏观和微观层面讨论了基础设施对经济增长、收入分配以及减贫的影响，但前人聚焦特定区域的研究较少，也鲜见系统地讨论基础设施影响益贫式增长的文献。鉴于此，本章利用 2003~2019 年长三角地区 41 个地级市层面的数据，结合五等分收入分组数据构建长三角地区益贫式增长的指标测算体系；利用主成分分析方法，构建长三角地区基础设施建设指数，在充分考虑交通运输、通信网络以及教育医疗等公共服务基础设施的基础上，利用动态面板空间计量经济分析方法，实证检验基础设施建设对长三角地区益贫式增长的影响。

三、长三角地区贫困特点与基础设施建设

（一）长三角地区贫困的基本特征

1. 全国绝对贫困发生率明显下降

从定义看，益贫式增长的关键是在经济增长的过程中，保障低收入群体的收入增速能够高于全社会收入平均增速。根据卡瓦尼和孙（2000）的定义，经济增长的

减贫效应受到贫困发生率的影响。因此，依据不同贫困线标准，可以界定一个国家或地区的贫困发生率水平。依据《中国农村贫困监测报告（2020）》相关数据显示，按照农村居民人均纯收入 4 000 元/年的绝对贫困线标准，2010 年全国农村贫困人口共 1.66 亿人，绝对贫困发生率高达 17.2%。整体贫困发生率较高且绝对贫困发生率较高的地区主要集中在中西部地区是当时中国贫困发生率呈现的主要特点。其中，西藏、云南、贵州和青海四个省（区）的绝对贫困发生率分别达到 49.2%、40%、45.1% 和 31.5%，上述四个省（区）是 2010 年中国绝对贫困发生率最高的省（区）。与此同时，东部沿海地区除辽宁和山东的贫困发生率分别达到 9.1% 和 7.6%，处于较高水平之外，其余东部沿海地区的贫困发生率均低于 4%，处于较低水平。就长三角地区而言，除上海的绝对贫困发生率为 0 之外，江苏和浙江的绝对贫困发生率分别为 3.8% 和 3.9%，而属于中部地区的安徽的贫困发生率较高，达到 15.7%。因此，从历史上看，除安徽外，长三角地区的绝对贫困发生率基本处于较低水平。

随着"十三五"时期精准扶贫精准脱贫方略的实施，全国贫困发生率进入快速下降的新时期。截至 2019 年，全国农村贫困人口 551 万人，绝对贫困发生率已由 2010 年的 17.2% 下降至 0.6%，与 2010 年相比，全国农村贫困人口共减少 1.60 亿人。整体而言，2019 年全国绝对贫困发生率为 0.6%，相较 2010 年有明显下降。分地区来看，各省（区、市）的绝对贫困发生率均出现下降。但较严重的地区依然集中在中西部地区。其中，东部地区农村贫困人口 47 万人，贫困发生率 0.1%；中部地区农村贫困人口 181 万人，贫困发生率 0.6%；西部地区农村贫困人口 323 万人，贫困发生率 1.1%。2019 年，贫困发生率较高的地区依然集中在西部集中连片贫困地区，如西藏、青海、贵州、云南和甘肃的绝对贫困发生率分别为 1.4%、1.2%、1.5%、1.8% 和 2.2%。东部沿海地区的绝对贫困发生率下降幅度最为明显，基本消除绝对贫困。就长三角地区而言，苏浙沪皖已全部消除绝对贫困。

2. 相对贫困是长三角地区贫困的主要特点

（1）城镇居民可支配收入的地区差距。从绝对贫困的角度看，长三角地区已经基本消除绝对贫困，相对贫困已成为长三角地区益贫式增长领域亟待解决的重要课题。2020 年后的减贫方向将转向兼顾农村贫困和城市贫困，需要调整减贫战略思路，构建减贫测算新标准，拓展减贫群体新范围，培育减贫新动能，完善减贫新治理，不断提高财政减贫资金的使用效率（黄征学等，2019）。当前，长三角区域内地区之间的收入差距依然较大。如何进一步缩小长三角地区之间与城乡之间的收入差距，实现长三角地区城乡、区域共享发展将成为实现长三角地区益贫式增长的关键。

收入差距是缓解相对贫困、实现益贫式增长的主要障碍。长三角地区的收入差距体现在地区、城乡以及规模性收入分配三个层面。在地区层面，长三角地区各地级市之间城镇居民可支配收入差异明显。表 5 – 1 展示了 2003 年和 2019 年长三角地区排名前 5 位和后 5 位的 10 个地级市城镇居民可支配收入的变化情况。从中可以看出，2003 年地级市城镇居民可支配收入最高的地区是温州、上海、宁波、台州和绍兴，5 个地级市的城镇居民人均可支配收入分别为 16 035 元、14 867 元、14 277 元、13 609 元和 13 152 元；同期，安徽和苏北地区的城镇居民可支配收入较低，其中，安徽淮南和江苏宿迁的人均可支配收入分别为 5 915 元和 5 593 元，与温州的差距在三倍以上。2019 年，长三角地区城镇居民可支配收入排名出现细微变化，苏南城市的城镇可支配收入增速明显。2019 年，上海、苏州、杭州、宁波和南京是城镇居民可支配收入较高的 5 个地区，其收入水平分别达到 73 615 元、68 629 元、66 068 元和 64 886 元和 64 372 元；同期，安徽阜阳、宿州、亳州和六安的城镇居民可支配收入较低，而江苏宿迁的城镇居民可支配收入依然处于长三角城市群最低水平。

表 5 – 1　　　　　2003 年和 2019 年长三角地区地级市城镇居民
人均可支配收入变化情况

单位：元

排名	地级市	所属省份	2003 年可支配收入	地级市	所属省份	2019 年可支配收入
前 5 位	温州	浙江	16 035	上海	上海	73 615
	上海	上海	14 867	苏州	江苏	68 629
	宁波	浙江	14 277	杭州	浙江	66 068
	台州	浙江	13 609	宁波	浙江	64 886
	绍兴	浙江	13 152	南京	江苏	64 372
后 5 位	淮北	安徽	6 568	阜阳	安徽	32 844
	宣城	安徽	6 458	宿州	安徽	32 643
	亳州	安徽	6 429	亳州	安徽	32 409
	淮南	安徽	5 915	六安	安徽	31 788
	宿迁	江苏	5 593	宿迁	江苏	30 614

资料来源：根据长三角地区各省份各年度统计年鉴数据整理。

进一步分析 2003 年和 2019 年长三角地区主要地级市城镇居民人均可支配收入的变化。从地理区位上看，长三角地区城镇居民可支配收入呈现典型的区域集中分布特征，且相邻地区之间城镇居民可支配收入的水平集中度较强。2003 年城镇居民可支配收入较高的地区主要集中在浙江和上海，苏南地区受上海经济辐射效应的影响，也具有较高的城镇可支配收入水平；相反，距离上海以及杭州湾较远的内陆地区安徽以及苏北部分地区的城镇居民可支配收入较低。对比 2003 年和 2019 年的城镇居民可支配收入变化情况看，随着长三角区域一体化和经济辐射效应的逐步深入，长三角地区城镇居民收入增幅逐步产生由上海向苏南和浙东沿海地区辐射的特点，而浙东南地区则逐步向上海集中，尤其是苏南地区，在上海的辐射带动下城镇居民可支配收入增幅较高。由此可见，长三角地区城镇居民可支配收入在相邻地区之间具有较高的空间集聚效应，苏南地区城镇居民可支配收入在上海的辐射带动下获得了更大幅度的增长。

（2）农村居民人均纯收入的地区差异。长三角地区农村居民人均纯收入的地区差异同样明显，且人均纯收入的变化同样呈现地区集中演化趋势，但农村居民人均纯收入较高的地区与城镇居民可支配收入的地区集中有较大差异。表 5-2 展示了 2003 年和 2019 年长三角地区排名前 5 位和后 5 位的 10 个地级市农村居民人均纯收入的变化情况。从中可以看出，2003 年地级市农村居民可支配收入最高的地区是苏州、马鞍山、无锡、合肥和宁波，5 个地级市的农村居民人均可支配收入分别为 6 681 元、6 610 元、6 329 元、6 234 元和 6 221 元，农村居民人均纯收入较高的地区在长三角地区的分布比较分散，从沿海的苏南地区到中部的安徽合肥均有分布；同期，苏北地区的农村居民人均纯收入水平较低，其中，苏北徐州、淮南、连云港和宿迁的农村居民人均纯收入分别为 3 612 元、3 395 元、3 139 元和 3 102 元，与苏州的差距在两倍以上，且浙江丽水的农村居民纯收入最低，仅为 3 047 元。2019 年，长三角地区农村居民人均纯收入排名出现明显变化，主要是浙江农村居民人均纯收入增幅较高，苏北地区各地级市农村居民人均可支配收入显著提升，而安徽尤其是皖北地区则处于长三角地区农村居民人均纯收入的"洼地"。

表 5-2　　　　2003 年和 2019 年长三角地区地级市农村居民
人均纯收入变化情况　　　　　　　单位：元

排名	地级市	所属省份	2003 年人均纯收入	地级市	所属省份	2019 年人均纯收入
前 5 位	苏州	江苏	6 681	嘉兴	浙江	37 413
	马鞍山	安徽	6 610	舟山	浙江	36 784
	无锡	江苏	6 329	宁波	浙江	36 632
	合肥	安徽	6 234	杭州	浙江	36 255
	宁波	浙江	6 221	绍兴	浙江	36 120

排名	地级市	所属省份	2003 年人均纯收入	地级市	所属省份	2019 年人均纯收入
	徐州	江苏	3 612	亳州	安徽	14 102
	淮安	江苏	3 395	淮北	安徽	14 052
后5位	连云港	江苏	3 139	六安	安徽	13 244
	宿迁	江苏	3 102	宿州	安徽	13 213
	丽水	浙江	3 047	阜阳	安徽	13 079

资料来源：根据长三角地区各省份各年度统计年鉴数据整理。

进一步分析 2003 年和 2019 年长三角地区主要地级市农村居民人均纯收入的变化情况。2003 年长三角地区农村居民人均纯收入较高的地区集中在苏南、杭州周边以及皖北部分地区，呈现分散化分布的特征。苏南地区受上海经济辐射效应的影响，同时具有较高的农村居民人均纯收入水平；相反，距离上海以及杭州湾较远的地区以及苏北大部分地区的农村居民人均纯收入较低。浙江农村居民人均纯收入增幅最为明显，与杭州紧邻的嘉兴和绍兴的农村居民纯收入增长幅度最大。由此可见，浙江农村居民人均纯收入在相邻地区之间具有更高的空间集聚效应。

（3）城乡收入差距。在地区层面，长三角地区城镇居民可支配收入差异逐步缩小，但城乡居民收入差距依然存在。如表 5 - 3 所示，2003 年长三角地区城乡居民年均收入比为 2.45，浙江、江苏和安徽的城乡居民收入比依次为 2.33、2.16 和 3.05。安徽是长三角区域城乡收入差距最大的省份。整体来看，长三角地区城乡居民收入差距呈现"先升后降"的倒"U"型变化。整体收入差距由 2003 年的 2.45 上升至 2009 年的 2.50 之后开始逐年下降。其中，浙江城乡收入差距总体呈逐年下降的趋势；江苏的城乡收入差距则先上升后下降，且浙江城乡收入差距下降幅度最为明显；2003 年安徽城乡收入差距为 3.05，但 2019 年下降至 2.44，始终都是长三角地区城乡收入差距较大的省份。

表5 –3　　　　　　　2003 ~ 2019 年长三角地区城乡收入比

年份	长三角地区平均	上海	江苏	浙江	安徽
2003	2.45	2.28	2.16	2.33	3.05
2004	2.44	2.42	2.18	2.32	2.85
2005	2.48	2.32	2.30	2.30	3.02
2006	2.53	2.33	2.38	2.32	3.07

年份	长三角地区平均	上海	江苏	浙江	安徽
2007	2.54	2.41	2.45	2.30	2.98
2008	2.50	2.42	2.49	2.25	2.83
2009	2.50	2.40	2.51	2.24	2.84
2010	2.43	2.38	2.46	2.18	2.69
2011	2.39	2.36	2.38	2.14	2.69
2012	2.38	2.36	2.37	2.14	2.65
2013	2.34	2.34	2.34	2.12	2.58
2014	2.30	2.30	2.30	2.09	2.50
2015	2.28	2.28	2.29	2.07	2.49
2016	2.27	2.26	2.28	2.07	2.49
2017	2.27	2.25	2.28	2.05	2.48
2018	2.25	2.24	2.26	2.04	2.46
2019	2.23	2.22	2.25	2.01	2.44

资料来源：根据长三角地区各省份各年度统计年鉴数据整理。

从地区分布来看，如表 5-4 所示，2003 年长三角地区城乡收入差距较高的地区集中在浙江，温州、金华、舟山、台州和丽水的城乡收入差距最高，同期安徽城乡收入差距较小。随着苏浙沪城乡收入差距的持续缩小，内陆省份安徽城乡居民收入倍数虽逐年下降，但始终保持在三省一市中较高的位置。2019 年，排名前 5 位的城市均是安徽地级市，其中，淮南、阜阳、铜陵、淮北和宿州五市城乡收入倍数最高。与此同时，苏北和浙东南部分地级市城乡居民收入差距则较小。

表 5-4　　　2003 年和 2019 年长三角地区地级市城乡收入比

排名	地级市	所属省份	2003 年城乡收入比	地级市	所属省份	2019 年城乡收入比
前 5 位	温州	浙江	2.890	淮南	安徽	2.514
	金华	浙江	2.762	阜阳	安徽	2.511
	舟山	浙江	2.540	铜陵	安徽	2.486
	台州	浙江	2.539	淮北	安徽	2.471
	丽水	浙江	3.544	宿州	安徽	2.471

排名	地级市	所属省份	2003 年城乡收入比	地级市	所属省份	2019 年城乡收入比
后 5 位	阜阳	安徽	1.298	盐城	江苏	1.771
	芜湖	安徽	1.298	湖州	浙江	1.770
	黄山	安徽	1.253	宿迁	江苏	1.689
	蚌埠	安徽	1.252	舟山	浙江	1.671
	合肥	安徽	1.249	嘉兴	浙江	1.656

资料来源：根据长三角地区各省份各年度统计年鉴数据整理。

2003 年浙江南部地区城乡收入差距较大，2019 年浙江南部以及苏北、苏中地区城乡收入差距下降幅度较大。与前文提到的城乡居民收入的地区分布相对比可以发现，长三角地区城乡居民收入较高的地区所对应的城乡收入差距较小，表明城乡收入较高的地区在经济发展过程中城乡收入差距会有所缩小。而对于城乡收入水平较低的安徽而言，城乡居民之间收入仍然存在一定的差距。因此，尽管江苏、浙江、上海和安徽按照全国人均 4 000 元/年的标准基本消除了绝对贫困，但地区之间、城乡之间依然存在收入差距，并且不论是省级层面，还是地级市层面，长三角区域内部各个地区城乡之间的收入差距同样呈现出一定的空间溢出性和空间集聚性。

（二）长三角地区的经济增长与规模性收入分配

经济增长和收入分配改善是影响益贫式增长的重要方面，前文分析了长三角地区基本消除绝对贫困的事实，并对地区与城乡收入差距进行了讨论。从前文的分析可以看出，相对贫困已成为制约长三角地区益贫式增长的主要问题。接下来，我们将从经济增长和规模性收入分配两个方面对长三角地区益贫式增长的两个重要影响因素进行分析。

1. 长三角地区的区域经济增长

表 5 – 5 显示了 2003 ~ 2019 年长三角地区经济规模和人均 GDP 增速的变化情况。从中可以看出，长三角地区是中国区域经济发展的重要增长极，长三角地区GDP 占全国 GDP 的比重基本保持在 23.5% 以上。分阶段来看，2003 ~ 2006 年，长三角地区 GDP 总量占全国 GDP 总量的比重不断上升，三省一市的人均 GDP 增速也显著高于全国人均 GDP 增速，特别是苏浙皖三省的人均 GDP 增速基本保持在年均

16%以上，超过同期全国人均 GDP 增速。2007 年之后长三角地区 GDP 总量占全国 GDP 总量的比重开始波动下降，但 2017 年之后该比重又开始上升，2018 年长三角地区 GDP 总量占全国 GDP 总量的比重为 24.14%，接近 2008 年的 24.18%。

表 5-5　　　　　2003~2019 年长三角地区经济增长　　　　　单位：%

年份	长三角地区 GDP 占全国比重	全国人均 GDP 增速	上海人均 GDP 增速	江苏人均 GDP 增速	浙江人均 GDP 增速	安徽人均 GDP 增速
2003	23.56	12.20	14.12	16.52	19.69	12.23
2004	24.22	17.07	15.03	18.20	15.94	18.25
2005	24.33	15.06	9.73	21.19	11.93	11.04
2006	24.34	16.49	11.38	16.19	15.75	15.63
2007	24.28	22.44	16.28	21.28	19.86	22.19
2008	24.18	17.60	8.14	18.25	12.64	19.60
2009	23.82	8.63	4.64	10.77	6.04	14.03
2010	23.98	17.68	9.72	19.23	17.38	23.75
2011	24.10	17.75	8.39	17.35	14.26	24.59
2012	23.81	9.63	4.72	9.60	7.63	12.33
2013	23.52	9.37	7.37	10.23	8.24	11.64
2014	23.49	7.85	7.88	8.96	6.90	8.55
2015	23.55	6.42	6.40	9.66	8.30	4.84
2016	23.86	7.73	11.30	8.29	7.81	9.38
2017	24.08	10.80	10.10	10.65	9.73	11.80
2018	24.14	9.97	9.28	8.19	9.26	13.44
2019	24.20	6.93	5.27	5.58	5.89	7.39

资料来源：各年《中国统计年鉴》。

　　进一步分析长三角地区各省份人均 GDP 增速可以发现，长三角区域内部各省份之间的人均 GDP 增速同样存在差异。首先，整体来看，安徽作为长三角区域内经济发展水平相对较低的地区，人均 GDP 增幅明显高于苏浙沪三地。从时间上来看，2011 年之前，江苏、浙江两省的人均 GDP 增速较高，显著高于上海和安徽；2011 年之后，安徽的人均 GDP 增速逐步超过苏浙沪三地，成为长三角地区人均

GDP 增速最快的地区。其次，2014 年之后，三省一市的人均 GDP 增速均出现较为明显的下降，特别是浙江人均 GDP 增速下降得最为明显。

2. 长三角地区的规模性收入分配

（1）规模性收入分配演变。为了更好地反映长三角地区收入分配的全貌，我们从得克萨斯州立大学全球收入不平等项目数据库中搜集并整理中国省际层面收入不平等的泰尔指数进行分析。具体而言，地区泰尔指数值越高，表明该地区收入不平等情况越严重。图 5-1 展示了 1989～2012 年长三角地区泰尔指数的变化情况。从图中可以看出，江苏是长三角区域泰尔指数较低的地区，不同年份江苏泰尔指数整体波动幅度较小，说明江苏收入不平等程度基本保持稳定，且在三省一市中处于较低水平。上海是长三角区域泰尔指数较高的地区，各年份泰尔指数均显著高于苏浙皖三地。1989 年，上海泰尔指数为 0.015，显著高于同时期的江苏（0.003）、浙江（0.019）和安徽（-0.005）。从时间维度上看，上海泰尔指数在 1990～2012 年出现较大幅度的上升。2008 年，上海泰尔指数达到历史高位 0.035，随后出现小幅度下降，但仍然处于长三角地区的较高水平。同样出现泰尔指数显著提高的是安徽。1989 年安徽泰尔指数仅为 -0.005，而到 2012 年，安徽泰尔指数已经快速增长至 -0.001。浙江泰尔指数则经历了先升后降的倒 "U" 型变化。1990 年，浙江泰尔指数为 0.001，持续增长至 2003 年的 0.021。2004～2012 年，浙江泰尔指数则出现较大幅度下降。

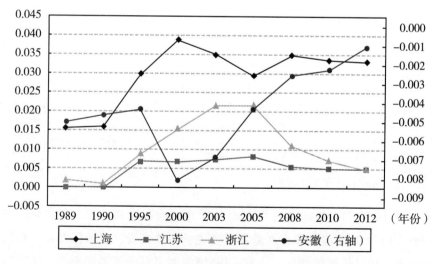

图 5-1 长三角地区居民可支配收入泰尔指数变化

资料来源：得克萨斯州立大学全球收入不平等项目组。

（2）国内其他区域比较。图5-2列举了全国平均水平、中部六省平均水平，以及长三角、珠三角和京津冀三大区域的地区泰尔指数变化。[①] 从中可以看出，1990年开始，全国主要省份的泰尔指数开始出现较大幅度的增长。1990年，全国省份泰尔指数均值为0.018，2008年则快速增长至0.083。表明1990年之后，全国收入分配出现失衡，收入不平等逐渐加剧，不同收入阶层居民之间收入不平等程度快速提高。从地区层面看，东部沿海的珠三角地区收入不平等程度明显高于长三角和京津冀地区，中部六省的收入不平等程度较低。上述分析表明，在中国经济高速增长的同时，规模性收入分配恶化和收入不平等程度同时加剧。但规模性收入分配恶化的程度在长三角和京津冀地区表现并不明显，珠三角地区的收入不平等程度也随时间的推移逐渐下降。与这一过程形成鲜明对比的是，中部六省在经济增长过程中，收入不平等程度呈现快速升高的态势。

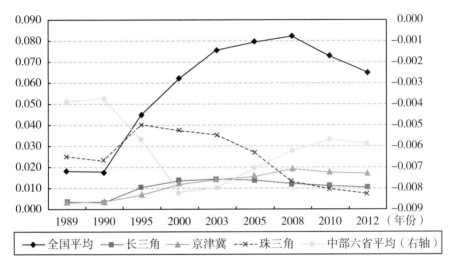

图5-2 全国主要经济区居民可支配收入泰尔指数变化

资料来源：得克萨斯州立大学全球收入不平等项目组。

（三）长三角地区的基础设施建设

长三角地区拥有高效的物流交通系统和完整的产业链体系。在相邻的地理空间区位、完备的交通基础设施网络、河道水系等自然条件和经济贸易、人文交流等社会条

[①] 中部六省包括湖南、湖北、江西、河南、山西和安徽；珠三角地区主要包括广东；京津冀地区包括北京、天津和河北。

件的基础上，长三角地区成为中国区域经济最为活跃的地区之一。2018 年初，由上海市发起共同组建"长三角区域合作办公室"，形成决策层、协调层和执行层的新工作机制，共同研究制定了《长三角地区一体化发展三年行动计划（2018—2020 年）》，为实质性推动一体化发展设计行动方案以及具体公布工作项目执行安排。

基础设施是经济社会发展的先导和物理推动因素。长三角地区依靠彼此紧邻的空间区域优势，逐步建立起全国领先的区域交通基础设施和城市基础设施体系。前文的理论分析表明，基础设施不仅有助于推动区域经济增长，也能够实现区域收入分配的改善，从而有利于实现益贫式增长。基础设施建设的系统协同对于社会再生产经济运行、居民生活和社会事业发展发挥综合支撑的作用。广义而言，在能源电力、水利、电信网络、通信设施、数据资源和信用管理等方面，基础设施建设都具有显著的基础性功能。长三角地区的交通、城市建设、宽带网络等基础设施完备，已然成为基础设施发挥益贫式增长效应的典型范例。接下来，我们从交通和邮电基础设施两个方面，对长三角地区基础设施的发展情况进行分析。

1. 长三角地区基础设施建设现状

（1）公路与城市建设。表 5 – 6 显示了 2004 ~ 2019 年全国和长三角地区人均城市道路面积及高速公路占公路总里程比重。从中可以看出，长三角地区的城市建设水平整体远超全国平均水平。首先，以人均城市道路面积为例。2004 年，全国人均城市道路面积为 10.34 平方米，上海、江苏、浙江和安徽人均城市道路面积分别为 15.36 平方米、14.72 平方米、14.04 平方米和 11.14 平方米，均超过全国平均水平。2004 年以来，全国人均城市道路面积逐年稳步提升，2019 年，全国人均城市道路面积为 17.73 平方米。同时期，长三角三省一市人均道路面积相较于 2004 年均有不同幅度的增长。受常住人口规模较大的影响，2019 年，除上海人均城市道路面积为 4.72 平方米，略低于全国平均水平外，苏浙皖三省人均城市道路面积分别增长至 25.41 平方米、19.02 平方米和 23.69 平方米，均高于全国平均水平。因此，就城市交通基础设施而言，长三角地区已经远超全国平均水平，在城市交通基础设施方面拥有较强的优势。

表 5 – 6　　　　2004 ~ 2019 年全国和长三角地区交通基础设施发展情况

年份	人均城市道路面积（平方米）					高速公路占公路总里程比重（%）				
	全国	上海	江苏	浙江	安徽	全国	上海	江苏	浙江	安徽
2004	10.34	15.36	14.72	14.04	11.14	1.83	6.41	3.07	3.20	1.81
2005	10.92	11.78	16.32	16.03	11.92	1.23	7.41	3.51	3.91	2.06

年份	人均城市道路面积（平方米）					高速公路占公路总里程比重（%）				
	全国	上海	江苏	浙江	安徽	全国	上海	江苏	浙江	安徽
2006	11.04	11.84	15.45	12.21	12.28	1.31	5.77	2.68	2.52	1.15
2007	11.43	4.5	19.28	14.6	13.55	1.50	5.36	2.69	2.71	1.48
2008	12.21	4.63	20.28	15.2	14.15	1.62	5.22	2.63	2.99	1.68
2009	12.79	4.48	20.42	16.03	14.91	1.69	6.84	2.64	3.08	1.88
2010	13.21	4.04	21.26	16.7	16.01	1.85	6.67	2.73	3.09	1.94
2011	13.75	4.04	21.86	17.53	18.00	2.07	6.61	2.69	3.13	2.01
2012	14.39	4.08	22.35	17.88	18.47	2.27	6.40	2.86	3.17	1.94
2013	14.87	4.11	23.22	17.83	19.61	2.40	6.35	2.82	3.29	2.01
2014	15.34	4.11	23.89	18.4	20.33	2.51	6.20	2.86	3.35	2.18
2015	15.60	4.27	24.42	18.12	20.82	2.70	6.06	2.83	3.31	2.25
2016	15.80	4.37	25.37	17.73	21.82	2.79	6.02	2.99	3.44	2.28
2017	16.05	4.51	25.62	17.28	22.19	2.86	6.02	2.97	3.50	2.31
2018	16.70	4.58	25.2	18.05	22.95	2.94	6.11	2.96	3.65	2.30
2019	17.73	4.72	25.41	19.02	23.69	3.44	6.15	3.06	3.78	2.24

资料来源：国家统计局网站。

其次，以高速公路占公路总里程比重表示交通基础设施的质量水平。长三角地区交通基础设施的质量居于全国前列，高速公路占公路总里程比重整体超过全国平均水平。其中，上海高速公路占公路总里程的比重较高，浙江次之，江苏和安徽略低，苏浙沪高速公路占公路总里程比重均高于全国平均水平，仅安徽公路质量略低于全国平均水平。2004 年，全国高速公路占公路总里程比重为 1.83%，上海、江苏和浙江的高速公路占公路总里程比重分别达到 6.41%、3.07% 和 3.20%，安徽为 1.81%，略低于全国平均水平。2019 年，上海高速公路占公路总里程比重最高，为 6.15%，说明上海是长三角区域内交通基础设施质量最高的地区，而江苏、浙江和安徽分别为 3.06%、3.78% 和 2.24%。

此外，从高速公路占公路总里程比重的增速看，苏浙沪三地增幅较小，且 2013～2019 年出现小幅下降，这可能与苏浙沪三地快速扩张的区域行政面积以及长三角地区高速公路的区域规划调整有关。而安徽高速公路占公路总里程比重始终保持较快增长趋势，是长三角区域交通基础设施质量提升最快的地区，但与苏浙沪三地的差距依然明显。可见，尽管安徽高速公路占公路总里程比重基数较小，交通基础设施质量略显不足，但近期提升幅度最大，与交通基础设施质量较高的苏浙沪的差距在快速缩小。

（2）公路运输量。长三角是中国东部沿海地区公路运输较发达的地区之一。从表 5-7 可以看出，2003~2019 年，长三角地区公路运输量稳步提升，公路客运和货运量均超过全国平均水平。基于发达的公路路网体系，长三角三省一市的公路客运和货运量保持平稳。尽管铁路运输和航空运输逐渐成为运输的主要载体，长三角地区的公路运输依然保持一定的增长态势。2003 年，全国公路单位里程的货运和客运量分别为 0.64 万吨/公里和 0.81 万人/公里，而上海、江苏和浙江公路货运和客运量均高于全国平均水平。安徽公路货运和客运量增幅最为明显。2003 年安徽单位里程公路货运和客运量分别为 0.57 万吨/公里和 0.86 万人/公里，单位里程公路货运量处于长三角地区的较低水平，同时也低于全国平均水平；2019 年安徽单位里程公路货运和客运量增长至 1.69 万吨/公里和 0.27 万人/公里，单位里程公路货运量超过江苏。

表 5-7　　　　2003~2019 年全国和长三角地区单位里程公路运输量

年份	单位里程公路货物运输量（万吨/公里）					单位里程公路旅客运输量（万人/公里）				
	全国	上海	江苏	浙江	安徽	全国	上海	江苏	浙江	安徽
2003	0.64	4.72	0.98	1.53	0.57	0.81	0.32	1.80	2.90	0.86
2004	0.67	4.05	0.88	1.67	0.61	0.87	0.32	1.56	3.03	0.91
2005	0.40	4.04	0.92	1.68	0.68	0.51	0.30	1.67	3.13	0.95
2006	0.42	3.25	0.66	0.94	0.37	0.54	0.27	1.21	1.74	0.51
2007	0.46	3.18	0.73	0.99	0.42	0.57	0.26	1.34	1.80	0.55
2008	0.51	3.51	0.68	0.88	0.94	0.72	0.26	1.23	1.99	0.84
2009	0.55	3.23	0.72	0.90	1.06	0.72	0.26	1.33	1.76	0.91
2010	0.61	3.41	0.82	0.94	1.23	0.76	0.30	1.44	1.96	1.03
2011	0.69	3.53	0.93	0.97	1.47	0.80	0.29	1.55	1.95	1.20
2012	0.75	3.43	1.00	1.00	1.57	0.84	0.30	1.66	1.94	1.25
2013	0.71	3.48	0.66	0.93	1.64	0.43	0.28	0.87	1.05	0.69
2014	0.70	3.32	0.73	1.01	1.81	0.39	0.29	0.87	0.97	0.75
2015	0.69	3.08	0.71	1.04	1.23	0.35	0.29	0.75	0.78	0.42
2016	0.71	2.94	0.74	1.13	1.24	0.33	0.26	0.72	0.70	0.36

续表

年份	单位里程公路货物运输量（万吨/公里）					单位里程公路旅客运输量（万人/公里）				
	全国	上海	江苏	浙江	安徽	全国	上海	江苏	浙江	安徽
2017	0.77	2.99	0.81	1.26	1.38	0.31	0.26	0.66	0.67	0.28
2018	0.82	3.02	0.88	1.38	1.36	0.28	0.24	0.61	0.60	0.24
2019	0.92	4.32	1.64	2.37	1.69	0.46	0.26	0.75	0.84	0.27

资料来源：国家统计局网站。

（3）城乡宽带接入。城乡宽带接入能力和城乡宽带接入量是反映网络基础设施建设的重要指标。我们采用城乡宽带接入户数占地区总户数的比重来表示城乡宽带业务的覆盖面和宽带接入水平。表 5－8 显示了 2011～2019 年全国和长三角地区城乡宽带接入覆盖面变化情况。从中可以看出，2011 年以来，全国城乡宽带接入覆盖面快速提升。2011 年全国城乡宽带接入户数占总户数的比重仅分别为50.8% 和 15.1%，2019 年分别增长至 95.4% 和 66.6%。与此同时，长三角地区拥有更为完备的城乡宽带接入网络，整体的城乡宽带接入覆盖面均高于全国同期水平。从长三角三省一市城乡宽带接入覆盖面来看，除安徽略低于全国平均水平外，苏浙沪三地城乡宽带接入覆盖面均超过了全国平均水平。2011 年苏浙沪三地城乡宽带接入覆盖面均值在 50% 以上，安徽城乡宽带覆盖面略低，分别为35.8% 和 10.3%。2019 年，苏浙沪三地城乡宽带接入覆盖面均值超过 92%，特别是江苏网络建设整体处于长三角地区的较高水平，城乡宽带接入覆盖面分别达到 99.8% 和 98.2%。从增长趋势看，安徽城乡宽带接入覆盖面增长最为迅速，由 2011 年的 35.8% 和 10.3% 快速提升至 2019 年的 92.1% 和 67.9%。目前，长三角地区已基本实现网络宽带基础设施的城乡全覆盖，为实现城乡网络一体化发展奠定了基础。

表 5－8　　2011～2019 年全国和长三角地区城乡宽带接入覆盖面　　单位：%

年份	城市宽带接入户数占总户数比重					农村宽带接入户数占总户数比重				
	全国	上海	江苏	浙江	安徽	全国	上海	江苏	浙江	安徽
2011	50.8	70.6	46.9	52.3	35.8	15.1	58.8	40.5	62.0	10.3
2012	56.7	76.3	48.8	57.6	40.7	19.0	63.5	55.2	72.6	12.1
2013	58.1	70.9	50.5	59.9	42.1	22.6	61.9	60.6	81.9	13.5
2014	60.8	73.5	54.0	73.1	42.2	23.6	63.6	63.7	62.3	13.9
2015	76.0	80.6	82.8	85.5	63.4	31.8	56.3	99.1	79.8	25.4

年份	城市宽带接入户数占总户数比重					农村宽带接入户数占总户数比重				
	全国	上海	江苏	浙江	安徽	全国	上海	江苏	浙江	安徽
2016	84.2	89.7	93.2	93.3	72.1	37.9	65.9	96.5	80.5	30.3
2017	94.0	96.4	96.1	95.1	80.8	48.8	68.2	97.9	92.1	43.6
2018	94.6	98.6	98.8	92.9	88.6	62.5	80.1	98.6	93.7	67.1
2019	95.4	99.8	99.8	96.8	92.1	66.6	80.2	98.2	93.9	67.9

资料来源：国家统计局网站。

2. 长三角地级市基础设施发展情况

（1）城市基本建设。进一步分析长三角地区地级市的基础设施建设情况。尽管长三角地区的基础设施建设在全国处于领先水平，但其区域内部基础设施建设仍存在较大差异。2003年苏南地区以及合肥、上海城市人均实有道路面积较多，而苏北盐城、皖北阜阳以及浙南丽水人均实有道路面积均处于较低水平。除省会城市合肥、南京、杭州以及上海城市建设水平较高之外，仅有苏南的苏锡常地区城市道路基础设施建设水平较高，且长三角地区的城市基础设施建设呈现上海、苏南地区和省会城市的空间集中分布特征。2019年，长三角地区地级市人均实有道路面积整体有显著提高，但从空间区位分布上来看，依然集中在省会城市和苏南地区。

（2）交通运输。2003年长三角地区公路运输客运量更多的集中在苏南地区和上海市，同时浙江东部沿海的宁波、温州、台州以及省会杭州的公路运输客运量也比较高。2019年，安徽的阜阳、亳州、蚌埠公路运输货运量增长幅度较大，同时上海和浙江宁波依然保持着较高的公路运输货运量。公路货物运输可以反映地区物流交通运输的基本情况。对比2003年和2019年长三角地区单位里程公路运输货运量情况可以发现，一方面，长三角区域经济增长推动了地区贸易物流的发展，2017年长三角地区各地级市单位里程公路运输货运量均有较大幅度的提升；另一方面，进一步分析各地级市公路运输货运量的变化幅度可以发现，随着安徽融入长三角经济圈，成为长三角经济一体化的重要省份，合肥，尤其是皖北地区的蚌埠、淮北、阜阳和淮南五个地级市的公路运输货运量提高幅度最大。与此同时，苏南地区公路货物运量密度稳步提升。在公路交通基础设施的助力下，皖北城市群的货物物流能力和公路货物运输密度均得到快速提升。此外，上海及宁波作为长三角地区的龙头城市和重要的外贸出关通道城市，2003～2019年在长三角地区始终保持较高的单位里程公路运输货运量，这也与宁波和上海特有的区位地理因素有关。同时，我们发现皖北城市群公路运输货运量提升的地区之间彼此相邻，也进一步表明公路运输货运量在地区空间分布上呈现典型的地区集聚特征。

四、长三角地区益贫式增长绩效评价

（一）基于全局不平等的长三角地区益贫式增长评价方法

1. 基于全局不平等的社会福利损失函数

参考孙和卡瓦尼（2008）对益贫式增长的测度方法，假设 t 时期 i 地区个体收入 x_{it} 是满足分布函数为 $F(x_{it})$ 的随机变量，p 表示贫困人口对应的人口比重。于是，$x_{it}(p) = F_{it}^{-1}(p)$ 表示按升序排列的分组收入水平。t 时期 i 地区的贫困人口收入分布洛伦兹曲线定义为：

$$L_{it}(p) = \frac{1}{\omega_{it}} \int_0^p x_{it}(q)\,\mathrm{d}q \tag{5.1}$$

其中，$\omega_{it} = \int_0^1 x_{it}(q)\,\mathrm{d}q$，表示 t 期全社会的平均收入水平。由益贫式增长的定义可知，低收入群体的收入增长率高于社会平均增长率时，可定义为益贫式增长（Kakwani & Pernia，2000）。又由洛伦兹曲线定义可知，贫困人口收入分布表示为相对收入与贫困人口比重的乘积，即：

$$L_{it}(p) = (\omega_{it}^p / \omega_{it}) \cdot p \tag{5.2}$$

其中，$\omega_{it}^p = \frac{1}{p} \int_0^p x_{it}(q)\,\mathrm{d}q$ 表示贫困人口的平均收入水平。对式（5.2）两边取对数差分，可得贫困人口收入增长率为：

$$g_{it}(\omega_{it}^p) = \underbrace{\ln\omega_{it}^p - \ln\omega_{it-1}^p}_{\text{贫困人口人均收入增长率}} = \underbrace{\ln\omega_{it} - \ln\omega_{it-1}}_{\text{全局平均收入增长率}} + \underbrace{\ln L_{it}(p) - \ln L_{it-1}(p)}_{\text{贫困人口收入分布变化率}} \tag{5.3}$$

由式（5.2）和式（5.3）以及广义洛伦兹曲线的定义（Atkinson，1987），设定全局益贫式增长率为：

$$PROG_{it} = \int_0^1 g_{it}(\omega_{it}^p)\,\mathrm{d}p = \underbrace{\ln\omega_{it} - \ln\omega_{it-1}}_{\text{全局平均收入增长率}} + \underbrace{\int_0^1 \left[\ln L_{it}(p) - \ln L_{it-1}(p)\right]\mathrm{d}p}_{\text{全社会收入分布变化率}} \tag{5.4}$$

其中，$g_{it} = \int_0^1 \left[\ln\omega_{it} - \ln\omega_{it-1}\right]\mathrm{d}p$ 表示全社会的收入平均增长率。由洛伦兹曲线的定

义可知，当 $p = L(p)$ 时，全社会收入完全平等。于是，根据收入不平等的概念可定义 t 时期的社会不平等指数为：

$$\ln D_{it} = 2 \int_0^1 \left[\ln p - \ln L_{it}(p) \right] \mathrm{d}p \tag{5.5}$$

2. 益贫式增长指数的界定

将式（5.5）代入式（5.4），可得全局益贫式增长率为：

$$PROG_{it} = g_{it} - (\ln D_{it} - \ln D_{it-1}) = g_{it} - \Delta \ln D_i \tag{5.6}$$

由式（5.6）可知，益贫式增长等于全社会平均收入水平增长率 g_{it} 与全局收入不平等变化率 $\Delta \ln D_i$ 之和。根据孙和卡瓦尼（2008）的定义，收入不平等对贫困人口收入增长存在负面影响，因此，若 $\Delta \ln D_i > 0$，则 $\Delta \ln D_i$ 可视为收入不平等对益贫式增长的"福利损失"。当收入不平等变化率 $\Delta \ln D_i < 0$ 且 $g_{it} > 0$ 时，益贫式增长率高于可观察的平均收入增长率，收入不平等程度下降，收入不平等对益贫式增长存在"福利收益"，即提高了实际平均收入增长，此时经济增长模式定义为益贫式增长（pro-poor growth）。当 $\Delta \ln D_i > 0$ 且 $g_{it} > 0$ 时，即不平等造成了益贫式增长率低于实际平均收入增长率，此时则定义为反贫式增长（anti-poor growth）。本章使用长三角地区各省份人均可支配收入表示全社会平均可支配收入水平。全局收入不平等则按照式（5.5）的定义，以收入五等分收入比 s_{it}^q 拟合洛伦兹点并与对应完全平等的收入比取对数相减后加总得到社会不平等指数 $\ln D_{it}$。再利用式（5.6）的一阶差分得到益贫式增长率 $PROG_{it}$。考虑分组居民收入差异的全面性，使用五等分组别分组人均可支配收入比衡量益贫式增长。鉴于地级市收入五等分数据难以获得，我们按照长三角地区各省份 2004～2019 年统计年鉴中省级层面城镇和农村五等分收入组居民可支配收入占全社会人均可支配收入的比重 $SINC_{it}^q$（$q = 1,2,3,4,5$），分别对应最低 20% 收入组、中低 20% 收入组、中等 20% 收入组、中高 20% 收入组和最高 20% 收入组收入占全社会收入比重引入实证检验。

（二）长三角地区益贫式增长绩效评价结果

1. 城镇居民人均可支配收入的益贫式增长指数

基于式（5.6）对长三角三省一市益贫式增长指数进行测算。

从表 5-9 城镇居民人均可支配收入的益贫式增长指数可以看出，首先，2003～2019 年长三角地区三省一市城镇居民可支配收入均保持逐年增长。分时间段来看，

2003～2011 年，上海、江苏、安徽和浙江城镇居民可支配收入年均增速分别达到 10.5%、12.2%、11.6% 和 9.8%。从 2011 年开始长三角地区城镇居民人均可支配收入增速出现较大幅度的下降。2011～2019 年，上海、江苏、安徽和浙江城镇居民可支配收入年均增速分别下降至 7.7%、8.0%、9.8% 和 8.0%。其次，分地区来看，江苏和安徽城镇居民可支配收入在 2003～2019 年的增幅分别达到 10.1% 和 10.7%，超过上海和浙江的 9.2% 和 9.0%，说明江苏和安徽两省城镇居民可支配收入增幅更大。其中，尽管安徽城镇居民人均可支配收入在长三角区域内处于较低水平，但考察期内，安徽的城镇居民可支配收入增幅最大，长三角区域内部城镇居民可支配收入的差距在逐年缩小。

从式（5.5）计算的长三角地区城镇居民人均可支配收入的福利损失结果看，2012 年以前，长三角地区三省一市均存在不同程度的收入不平等加剧的情况，社会福利分布不均等指数在部分时间段内为正值。说明 2012 年之前，长三角地区城镇居民可支配收入全局不平等程度有所加深，进而造成益贫式增长指数在经过社会福利分布指数调整后的实际值低于城镇居民可支配收入的名义增长值。按照孙和卡瓦尼（2008）对于益贫式增长指数的定义，可以判定，2012 年之前，长三角地区基本实现反贫式增长。2012 年之后，上海、江苏和浙江的社会福利分布指数在较多的时间段内为负值，说明在这一时期，苏浙沪三地的城镇居民全局可支配收入不平等有所缓解，社会福利水平有所提升。于是可以发现，2012 年之后，苏浙沪三地的益贫式增长率要高于城镇居民人均可支配收入的名义增长率，可以认为苏浙沪三地在 2012 年之后基本实现益贫式增长。值得一提的是，2012 年以来，安徽社会福利分布指数在较多的年度内为正值，说明 2012 年之后安徽城镇居民可支配收入的不平等程度有所加深，因此，对于安徽城镇居民而言，收入增长模式依然为反贫式增长。

2. 城镇居民人均消费支出的益贫式增长指数

表 5 - 10 是使用式（5.5）和式（5.6）测算的长三角地区城镇居民人均消费支出的益贫式增长指数。从表 5 - 10 可以看出，2003～2019 年，长三角地区上海、江苏、浙江和安徽城镇居民人均消费支出均保持逐年增长，但消费支出的名义增长率均值分别为 0.085、0.091、0.092 和 0.077，均略低于城镇居民人均可支配收入的增长率水平。2013～2019 年以来，长三角地区城镇居民人均消费支出的年增速有所下降。从城镇居民人均消费支出的全局不平等程度变化看，不同年度上海、江苏、浙江和安徽人均消费支出的不平等总体呈现波动变化，但上海城镇居民人均消费支

表 5 – 9 以城镇居民人均可支配收入计算的长三角地区益贫式增长指数

年度	上海			江苏			安徽			浙江		
	人均可支配收入名义增长率	福利分布变化	益贫式增长指数	人均可支配收入名义增长率	福利分布变化	益贫式增长指数	人均可支配收入名义增长率	福利分布变化	益贫式增长指数	人均可支配收入名义增长率	福利分布变化	益贫式增长指数
2003 ~ 2004	0.109	0.024	0.085	0.116	0.114	0.002	0.098	0.214	– 0.116	0.094		0.094
2004 ~ 2005	0.105	0.119	– 0.014	0.149	– 0.061	0.210	0.113	– 0.079	0.193	0.186	– 0.125	0.311
2005 ~ 2006	0.098	0.018	0.080	0.125	– 0.025	0.151	0.000	– 0.647	0.647	0.021	0.565	– 0.544
2006 ~ 2007	0.125	– 0.144	0.269	0.140	0.111	0.029	0.262	0.442	– 0.180	0.191	– 0.164	0.355
2007 ~ 2008	0.114	– 0.012	0.126	0.123	0.135	– 0.012	0.117	– 0.101	0.218	0.006	0.123	– 0.117
2008 ~ 2009	0.075	– 0.115	0.190	0.091	0.024	0.067	0.078	– 0.140	0.218	0.162	– 0.342	0.503
2009 ~ 2010	0.094	– 0.047	0.142	0.104	0.015	0.089	0.108	– 0.069	0.177	0.100	0.197	– 0.096
2010 ~ 2011	0.121	– 0.040	0.161	0.129	0.023	0.106	0.151	0.383	– 0.232	0.027	0.243	– 0.216
2011 ~ 2012	0.098	0.040	0.059	0.112	0.070	0.042	0.115	0.252	– 0.137	0.104	– 0.466	0.570
2012 ~ 2013	0.084	– 0.008	0.091	0.060	– 0.722	0.782	0.090	0.451	– 0.360	0.068	– 0.159	0.228
2013 ~ 2014	0.081	– 0.206	0.287	0.080	– 0.168	0.249	0.069	– 0.007	0.076	0.082	– 0.055	0.137
2014 ~ 2015	0.043	0.163	– 0.120	0.076	– 0.043	0.119	0.078	– 0.069	0.147	0.076	– 0.203	0.279
2015 ~ 2016	0.082	– 0.114	0.195	0.074	– 0.124	0.198	0.076	0.162	– 0.086	0.075	– 0.044	0.119
2016 ~ 2017	0.079	– 0.001	0.080	0.080	0.066	0.014	0.079	0.046	0.032	0.079	– 0.024	0.103
2017 ~ 2018	0.087	– 0.021	0.108	0.076	0.017	0.059	0.178	0.002	0.176	0.078	– 0.036	0.114
2018 ~ 2019	0.082	– 0.011	0.093	0.082	– 0.184	0.266	0.092	0.059	0.033	0.083	– 0.017	0.100
均值	0.092	– 0.022	0.115	0.101	– 0.047	0.136	0.107	0.056	0.050	0.090	– 0.034	0.121

注：各省市五等分收入组城镇居民人均可支配收入数据来自各省市统计年鉴。使用式（5.5）和式（5.6）分别计算人均可支配收入分布变化和益贫式增长指数得到表中结果。

表 5 - 10　以城镇居民人均消费支出计算的长三角地区益贫式增长指数

年度	上海			江苏			安徽			浙江		
	人均消费名义支出增长率	福利分布变化	益贫式增长指数	人均消费名义支出增长率	福利分布变化	益贫式增长指数	人均消费名义支出增长率	福利分布变化	益贫式增长指数	人均消费名义支出增长率	福利分布变化	益贫式增长指数
2003~2004	0.126	0.226	-0.100	0.085	-0.080	0.166	0.113	0.306	-0.193	0.087	-0.100	0.187
2004~2005	0.083	0.064	0.019	0.150	0.772	-0.623	0.103	0.156	-0.053	0.132	0.314	-0.182
2005~2006	0.067	-0.087	0.154	0.105	0.139	-0.034	0.127	-0.034	0.161	0.082	0.204	-0.122
2006~2007	0.144	-0.015	0.160	0.101	-0.248	0.349	0.145	-0.617	0.762	0.053	-0.165	0.218
2007~2008	0.110	0.055	0.056	0.105	0.019	0.086	0.104	0.210	-0.106	0.070	-0.191	0.261
2008~2009	0.076	-0.164	0.240	0.089	0.099	-0.009	0.069	-0.653	0.722	0.091	0.046	0.046
2009~2010	0.095	0.120	-0.025	0.084	-0.193	0.277	0.111	0.246	-0.135	0.066	0.006	0.060
2010~2011	0.076	-0.105	0.180	0.144	0.382	-0.238	0.127	0.288	-0.162	0.126	-0.121	0.247
2011~2012	0.044	0.099	-0.055	0.109	0.052	0.056	0.122	-0.030	0.152	0.051	-0.109	0.161
2012~2013	0.068	-0.029	0.096	0.154	0.091	0.063	0.078	0.523	-0.445	0.074	-0.068	0.141
2013~2014	0.077	-0.123	0.201	0.052	0.045	0.007	-0.011	-0.046	0.035	0.079	-0.002	0.081
2014~2015	0.123	0.365	-0.243	0.060	0.007	0.053	0.065	-0.093	0.159	0.079	-0.015	0.094
2015~2016	0.071	-0.135	0.206	0.055	-0.086	0.142	0.121	-0.049	0.170	0.052	-0.081	0.133
2016~2017	0.059	0.042	0.017	0.047	-0.001	0.047	0.055	0.069	-0.015	0.049	-0.104	0.153
2017~2018	0.088	-0.102	0.190	0.059	-0.019	0.077	0.036	0.043	-0.007	0.062	0.217	-0.155
2018~2019	0.049	-0.001	0.050	0.063	-0.015	0.078	0.105	0.045	0.060	0.084	-0.003	0.087
均值	0.085	0.013	0.072	0.091	0.060	0.031	0.092	0.023	0.069	0.077	-0.011	0.088

注：各省市五等分收入组城镇居民人均消费支出数据来自各省市统计年鉴。使用式（5.5）和式（5.6）分别计算人均可支配收入分布变化和益贫式增长指数指数得到表中结果。

出的均等化水平较高。由此导致经过社会福利分布调整后的消费益贫式增长率在多数年份里均高于名义消费支出增长率。江苏城镇居民人均消费支出的不平等程度属于正值的年度较多，但 2015 年以来，消费均等化程度有所提升，在江苏名义消费支出增长率保持较高的水平下，江苏城镇居民消费支出的益贫式增长率超过名义增长率。与此相对应的是安徽，2016～2019 年，安徽城镇居民人均消费支出的不平等程度有所加剧，从消费均等化的角度看，安徽城镇居民人均消费支出的益贫性是长三角地区较低的。

3. 农村居民人均纯收入的益贫式增长指数

受数据限制，我们只搜集到江苏和浙江农村居民人均纯收入和消费支出的相关数据。因此，仅对江苏和浙江做农村居民人均收支的益贫式增长分析。从表 5－11 中可以看出，与城镇居民人均可支配收入一致，江苏和浙江农村居民人均纯收入也呈现逐年增长的态势。2013 年以来，农村居民人均纯收入名义增长速度有所下降。整体而言，江苏、浙江农村居民人均纯收入名义增长率略低于城镇居民人均可支配收入增长率，但农村居民人均纯收入的不平等程度要高于城镇居民，2003～2019 年，江苏和浙江的农村居民人均纯收入的全局不平等指数在多数年度均为正值，说明江浙农村居民之间的规模性收入不平等程度要高于城镇居民。规模性收入不平等在农村地区有更为严重的呈现。对比表 5－9 与表 5－11 中苏浙地区城乡人均收入的益贫式增长率可以发现，2003～2019 年，苏浙地区城镇居民人均可支配收入的益贫式增长率均值为 10.1% 和 12.5%，农村居民人均纯收入的益贫式增长率为 9.7% 和 10.2%，经全局收入不平等调整后的苏浙城乡居民人均可支配收入增长率依然存在差异。

表 5－11　　以农村居民人均纯收入计算的长三角地区益贫式增长指数

年度	江苏			浙江		
	人均纯收入名义增长率	福利分布变化	益贫式增长指数	人均纯收入名义增长率	福利分布变化	益贫式增长指数
2003～2004	0.104	－0.299	0.403	0.109	－0.069	0.178
2004～2005	0.094	－0.217	0.311	0.085	0.238	－0.153
2005～2006	0.100	0.359	－0.26	0.092	－0.278	0.370
2006～2007	0.108	－0.346	0.453	0.113	0.106	0.007
2007～2008	0.130	0.393	－0.263	0.107	0.027	0.080
2008～2009	0.070	0.195	－0.126	0.159	0.958	－0.799

年度	江苏			浙江		
	人均纯收入名义增长率	福利分布变化	益贫式增长指数	人均纯收入名义增长率	福利分布变化	益贫式增长指数
2009~2010	0.113	0.041	0.073	0.026	-0.858	0.884
2010~2011	0.163	0.116	0.048	0.135	0.073	0.062
2011~2012	0.111	0.012	0.099	0.102	0.100	0.002
2012~2013	0.050	-0.658	0.709	0.168	-0.24	0.408
2013~2014	0.096	-0.092	0.188	0.097	0.011	0.086
2014~2015	0.080	0.134	-0.054	0.083	-0.057	0.140
2015~2016	0.077	-0.063	0.139	0.09	-0.201	0.291
2016~2017	0.081	0.073	0.008	0.082	0.001	0.081
2017~2018	0.081	0.281	-0.200	0.091	-0.136	0.227
2018~2019	0.088	0.011	0.077	0.094	-0.142	0.236
均值	0.097	-0.004	0.100	0.102	-0.029	0.131

注：各省市五等分收入组农村居民人均纯收入数据来自各省市统计年鉴。上海和安徽缺少农村五等分收入组农村居民人均纯收入数据，因此并未计算。使用式（5.5）和式（5.6）分别计算人均可支配收入分布变化和益贫式增长指数得到表中结果。

4. 农村居民人均消费的益贫式增长指数

表5－12提供了以农村居民消费支出测度的江苏和浙江农民消费支出益贫式增长指数。从中可以看出，江苏和浙江农村居民人均消费支出也同样呈现逐年增长的态势。值得一提的是，江苏和浙江农村居民人均消费支出的年增长率要高于农村居民人均纯收入增长率，也高于城镇居民人均消费支出增长率。2003~2019年，苏浙农村居民人均消费支出增长率均值分别为11.1%和9.6%，高于考察期内城镇居民人均消费支出增长率的均值（分别为9.3%和8.3%）。我们同时发现，2016年开始，苏浙地区农村居民人均消费支出的均等化水平出现恶化。2016~2019年，江苏农村居民人均消费支出的福利分布变化均为正值，说明该时期江苏农村居民消费支出的全局不平等水平有所加剧，这使得经福利分布调整后的江苏农村居民人均消费支出益贫式增长率低于人均消费支出的名义增长率，甚至出现负增长。

表 5 – 12　　　　以农村居民人均消费支出计算的长三角地区益贫式增长指数

年度	江苏			浙江		
	人均消费支出名义增长率	福利分布变化	益贫式增长指数	人均消费支出名义增长率	福利分布变化	益贫式增长指数
2003～2004	0.128	-0.386	0.514	0.080	-0.236	0.316
2004～2005	0.114	-0.222	0.335	0.107	0.031	0.075
2005～2006	0.148	0.393	-0.245	0.095	0.020	0.075
2006～2007	0.129	-0.315	0.444	0.106	-0.111	0.216
2007～2008	0.110	0.299	-0.188	0.089	0.130	-0.041
2008～2009	0.082	0.017	0.065	0.041	-0.084	0.125
2009～2010	0.104	-0.168	0.273	0.121	0.221	-0.100
2010～2011	0.154	0.109	0.046	0.130	-0.403	0.533
2011～2012	0.106	-0.104	0.210	0.055	0.176	-0.121
2012～2013	0.175	-0.140	0.315	0.132	1.445	-1.313
2013～2014	0.090	-0.049	0.139	0.104	0.154	-0.050
2014～2015	0.083	0.051	0.031	0.132	0.212	-0.080
2015～2016	0.107	-0.041	0.148	0.111	0.102	0.009
2016～2017	0.076	0.099	-0.023	0.078	-0.216	0.294
2017～2018	0.058	0.381	-0.323	0.042	-0.348	0.390
2018～2019	0.069	0.251	-0.182	0.089	-0.001	0.090
均值	0.108	0.011	0.097	0.095	0.068	0.026

注：各省市五等分收入组农村居民人均纯收入数据来自各省市统计年鉴。上海和安徽缺少农村五等分收入组农村居民人均纯收入数据，因此并未计算。使用式（5.5）和式（5.6）分别计算人均可支配收入分布变化和益贫式增长指数得到表中结果。

五、长三角地区基础设施影响益贫式增长的机制检验

由第三节和第四节关于长三角地区省级层面和地级市层面基础设施建设和益

贫式增长指数测度的分析结论可以看出，首先，2003～2019年，长三角地区三省一市城乡居民人均收入基本实现了反贫式增长，也就是说，在城乡居民人均收入逐年增长的情况下，部分年份城乡居民人均收入的不平等程度有所加深，但2012年以来，城乡居民收入的不平等程度得到缓解，长三角地区城乡居民收入可以转为益贫式增长模式。与此同时，长三角地区城乡居民人均消费支出在更多的年度内具有益贫式增长的特点，在城乡居民名义人均消费支出增长的同时，不同收入阶层之间消费支出的均等性有所提高。其次，以公路交通基础设施为例，长三角地区的城市建设和公路运输具有较强的空间集聚性，其中，上海、苏南和浙东地区城市群的建设水平较高，而上海、浙江东部沿海和皖北地区城市群的公路运输量则表现出较高水平。本节将进一步对基础设施如何影响长三角地区益贫式增长进行实证分析。

（一）实证检验

1. 指标界定与数据来源

（1）长三角地区地级市益贫式增长指标。使用式（5.6）测度的长三角地区省级益贫式增长率指数表示长三角地区的益贫式增长水平。由于不少地级市并未公布收入五等分分组收入数据，因此，我们使用省级层面的收入五等分收入组收入比重与地级市城镇居民人均可支配收入数据相乘，近似获得地级市的城镇居民收入五等分分组数据，然后再利用式（5.5）测度地级市层面全局收入不平等指数 D_{ijt} 以及地级市城乡人均可支配收入，相加计算得到地级市层面的城镇益贫式增长指数 $PEGR_{it}$，其中，i 表示地区，t 表示时期。

（2）长三角地级市基础设施指标。参考耿海清等（2009）以及武力超和孙浦阳等（2010）对基础设施的处理，本章使用全局主成分分析方法（prical component analysis）确定长三角地级市基础设施指标。首先，确定基础设施建设的四个方面的二级指标，具体包括城市建设水平、邮电业务规模、通信网络体系以及公路运输能力。按照长三角地区41个地级市2003～2017年人均实有道路面积、邮政和电信业务收入占GDP比重、户均移动电话用户数、户均互联网用户数、单位里程客运量、单位里程货运量六个细分指标对应基础设施建设四个方面的二级指标，构建长三角地区地级市基础设施评价指标体系。我们按照每年份进行一次主成分分析的方式确定各指标权重，最终将各三级指标按照加权求和，可以得到长三角地区地级市基础设施综合指数。基础设施指数构建指标如表5－13所示。

表 5 – 13　　　　　　　长三角地区地级市基础设施指数构建

一级指标	二级指标	三级指标	指标说明
基础设施指数	城建水平	人均实有道路面积	城市道路面积与总人口比重
	邮电业务	邮政与电信业务收入	邮政电信业务收入占 GDP 比重
	通信网络	户均移动电话用户数	移动电话用户数占总户数比重
		户均互联网用户数	互联网用户数占总户数比重
	公路运力	单位里程客运量	公路客运量占公路里程比重
		单位里程货运量	公路货运量占公路里程比重

注：三级指标计算的原始数据均来自长三角地区各省市的年度统计年鉴。

（3）其他控制变量。本章的控制变量选择如下。经济增长水平 $PGDP_{it}$，用人均 GDP 表示。产业结构 $MS3_{it}$，用第三产业增加值占当年 GDP 比重表示。物价水平 CPI_{it}，用城镇居民消费价格指数表示，个别年份长三角各地区统计年鉴中城镇居民消费价格指数缺失，使用当年人均 GDP 指数代替。失业率 UEM_{it}，用城镇登记失业人数占就业人数比重表示。广义上来说，基础设施既包括物理硬件的基础设施，还包括软件的公共服务设施和公共服务体系。因此，我们在综合考虑长三角地区硬件基础设施因素的基础上，参考洛佩斯（Lopez，2004）对不同政策益贫式增长效果的研究，将公共服务事业中的教育、社会保障和医疗支出等软件基础设施也纳入分析框架。同时，引入地级市教育经费比重 EDU_{it}，用教育经费支出占财政预算内支出比重表示；用社会保障和医疗支出经费占财政支出比重 SOC_{it} 和 HLH_{it}，反映社会保障和医疗资源投入对益贫式增长的影响。考虑地级市在岗职工平均工资 $WAGE_{it}$ 反映工资收入对益贫式增长的影响。引入城乡居民可支配收入差距 $URICit$，用城镇居民可支配收入与农村居民纯收入比值表示，在拓展性分析中用以检验基础设施对长三角地区地级市城乡收入差距的影响。本节所有控制变量数据均来自 2004 ~ 2020 年《中国城市统计年鉴》，部分省份地级市数据缺失，使用长三角三省一市统计公报或统计年鉴中获得的数据补齐。由于 2019 年后各地收入数据缺失较多，因此将样本的实证分析时间跨度确定在 2003 ~ 2019 年。整理后最终得到长三角地区 41 个地级市 2003 ~ 2019 年的面板数据。实证分析使用的变量定义及指标说明如表 5 – 14 所示，样本的描述性统计分析结果如表 5 – 15 所示。

表 5 - 14　　　　　　　　变量定义、指标说明及数据来源

变量	符号	指标说明	数据来源
益贫式增长率	$PEGR$	实际人均收入增长率与收入平等变化率之和	人均收入和五等分收入组收入比数据来自三省一市各年度统计年鉴，经式（5.6）测度所得
地级市城镇五等分组别收入	$SINC_p$	最低 20% 至最高 20% 分组收入，$p=1,2,3,4,5$	在测度省级五等分收入占比基础上与对应省份地级市城乡居民可支配收入相乘所得
基础设施指数	$INFI$	包含地级市交通、邮政、电信、互联网和电能消费在内的设施综合指数	细分指标原始数据来自各省市统计年鉴，经主成分分析法测度所得
经济增长率	$PGDP$	人均 GDP 增长率	长三角地区各地级市统计年鉴、统计公报，以及各年《中国城市统计年鉴》
产业结构	$MS3$	三次产业增加值占 GDP 比重	
物价水平	CPI	城镇居民消费价格指数	
失业率	UEM	城镇登记失业人数占就业人数比重	
社会保障	SOC	社会保障经费支出占财政支出比重	
教育投入	EDU	教育经费支出占财政支出比重	
医疗资源	HLH	医疗经费支出占财政支出比重	
工资水平	$WAGE$	在岗职工平均工资	
城乡收入差距	$URIC$	城乡居民可支配收入比值	

表 5 - 15　　　　　　　　变量的描述性统计分析结果

变量	符号	观察值	平均值	标准差	最小值	最大值
城镇益贫式增长率	$PEGR_u$	656	0.134	0.292	- 0.375	1.86
基础设施指数	$INFI$	697	1.626	1.527	- 0.078	12.57
经济增长率	$PGDP$	697	49 582	37 090	2 559	199 017
产业结构	$MS3$	697	40.97	7.962	23.36	72.73

续表

变量	符号	观察值	平均值	标准差	最小值	最大值
物价水平	CPI	697	106.7	4.952	98.6	121.4
失业率	UEM	697	0.006	0.004	0	0.039
社会保障	SOC	533	0.104	0.028	0.058	0.166
教育投入	EDU	697	0.13	0.069	0.001	0.364
医疗资源	HLH	533	0.072	0.014	0.041	0.096
工资水平	WAGE	696	10 044	28 336	8 129	160 256
城乡收入差距	URIC	697	1.889	0.452	1	3.638

2. 实证设计

（1）基础模型设定。理论部分的分析表明，基础设施建设对经济增长、地区收入分配以及减贫均存在较强的促进作用。因此，构建如下基础回归模型：

$$Y_{ijt} = \rho_0 + \rho_1 INFI_{it} + \rho_2 \cdot control_{it} + \lambda_i + \tau_t + \xi_{it} \tag{5.7}$$

其中，i、j、t 分别表示地区、城乡、年份；ρ_i 为估计系数；Y_{ijt} 为地区城乡益贫式增长相关指标，分别用地级市层面城乡全局收入不平等指数 D_{ijt}，以及城乡人均可支配收入相加计算得到的地级市层面的益贫式增长指数 $PEGR_{it}$ 表示；$INFI_{it}$ 为地级市基础设施指数，是核心解释变量；$control_{it}$ 为控制变量集合；λ_i 表示地级市个体固定效应，τ_t 表示时间固定效应，ξ_{it} 为随机误差项。

（2）空间计量模型设定。由前文的分析可知，基础设施建设对区域经济增长存在显著的空间溢出效应，特定地区基础设施建设极有可能会影响周边地区的经济增长和益贫式增长，而基础设施建设与益贫式增长之间也存在双向因果关系。因此，使用更为规范的空间计量分析方法检验长三角地区基础设施建设对区域益贫式增长的影响，构建如下空间计量分析模型的一般形式：

$$Y_{ijt} = \alpha + \theta Y_{ijt-1} + \beta_1 \sum_{n=1}^{41} w_{ik} Y_{ijt} + \beta_2 INFI_{it} + \sum_{n=1}^{41} w_{ik} INFI_{it} \beta_3$$
$$+ \beta_4 \cdot control_{it} + \lambda_i + \tau_t + \xi_{it} \tag{5.8}$$

$$\xi_{it} = \chi \sum_{n=1}^{41} w_{ik} \xi_{it} + \sigma_{it} \tag{5.9}$$

其中，w_{jk} 表示长三角 i 市和 k 市之间的距离权重矩阵；Y_{ijt-1} 表示滞后 1 期的益贫式增长相关指标；χ 为考虑距离权重矩阵的随机误差项估计参数；$INFI_{it}$ 仍为地级市基础设施指数，是核心解释变量；$control_{it}$ 仍为控制变量集合；λ_i 表示地级市个体固定效应，τ_t 表示时间固定效应，ξ_{it} 为随机误差项。结合式（5.8）和式（5.9）不同的参数设定可得四类空间面板计量模型：$\beta_3 = 0$ 表示带自回归扰动项的空间自回归模型（SAC）；$\chi = 0$ 表示空间杜宾模型（spatial Dubin model，SDM）；$\beta_3 = 0$ 且 $\chi = 0$ 为空间自回归模型（spatial autoreg model，SAR）；$\beta_1 = 0$ 且 $\beta_3 = 0$ 为空间误差模型（spatial error model，SEM）。如果在式（5.8）中引入因变量的滞后项，则可构建动态面板空间计量模型。

（二）实证分析

1. 空间权重矩阵的设定

设定空间权重矩阵 $\boldsymbol{W}$，用以描述城市 i 和城市 k 之间的相互作用。本节定义如下四类空间权重矩阵。第一类是根据相邻关系以及距离关系来设定，如果区域 i 与区域 k 相邻，一阶相邻 w_{ik}^N 取值为 1，二阶相邻 w_{ik}^N 则取值为 0.5，反之则取值为 0。第二类是通过距离的倒数来定义空间权重矩阵，即 $w_{ik}^D = \dfrac{1}{d_{ik}}$，其中 d_{ik} 使用地级市座标点转化为平面坐标系的距离表示。第三类是经济距离。借鉴赵涛（2018）的地区间经济距离模型，定义长三角地区 41 个地级市经济距离权重矩阵 w_{ik}^E，其表达式如下：

$$w_{ik}^E = w_{ik}^N \times diag\left(\frac{\overline{Y}_{1,t}}{\overline{Y}_t}, \frac{\overline{Y}_{2,t}}{\overline{Y}_t}, \cdots \frac{\overline{Y}_{i,t}}{\overline{Y}_t} \cdots, \frac{\overline{Y}_{k,t}}{\overline{Y}_t}\right) \tag{5.10}$$

其中，w_{ik}^N 表示长三角地区 41 个地级市空间相邻矩阵。$\overline{Y}_{1,t}, \overline{Y}_{2,t}, \cdots, \overline{Y}_{i,t}, \cdots, \overline{Y}_{k,t}$ 表示考察期内长三角地区 k 个地级市的人均 GDP。$\overline{Y}_t$ 表示考察期内长三角地区地级市人均 GDP 的平均值。第四类是参考孙晶和许崇正（2011）所定义的经济引力矩阵。由于较难获得地级市之间相互贸易流量的数据，我们用地级市实际 GDP 的乘积与地理距离的平方计算经济引力矩阵参数，具体设定如下：

$$w_{ik}^G = \frac{\overline{Y}_{i,t} \cdot \overline{Y}_{k,t}}{(d_{ik})^2} \tag{5.11}$$

其中，w_{ik}^G 表示 t 时期长三角地区地级市的经济引力矩阵，$\overline{Y}_{i,t}$ 和 $\overline{Y}_{k,t}$ 分别表示考察期内地级市 i 和地级市 k 的人均 GDP，d_{ik} 则表示两个地区之间的距离。本节设定的空间权重矩阵归纳如表 5 - 16 所示。

表 5 - 16　　　　　　　　长三角地区地级市空间权重矩阵

类型	符号	设定依据
相邻矩阵	W^N	地级市之间是否一阶相邻
距离矩阵	W^D	地级市平面坐标距离
经济距离	W^E	相邻矩阵与经济权重乘积
经济引力	W^G	地区人均 GDP 乘积与距离平方比

2. 空间相关性检验分析

（1）全局莫兰指数检验。基于前文关于长三角地区相对贫困和基础设施发展的空间集聚性图示分析，基本可以判断长三角地区基础设施和相对贫困的发展具有一定的空间相关性。接下来，我们使用更为规范的空间相关性检验对长三角地区基础设施和城市居民益贫式增长指数的空间相关性进行检验。我们分别对前文所定义的城乡居民益贫式增长指数和基础设施指数进行空间自相关性检验。本章使用的检验方法是截面全局莫兰指数检验方法。具体的检验结果如表 5 - 17 所示。

表 5 - 17　　　　　　2003～2019 年益贫式增长与基础设施指数的
残差莫兰检验结果

年份	城市 PEGR		城市居民人均可支配收入		农村居民人均可支配收入		基础设施指数	
	Moran-I	P	Moran-I	P	Moran-I	P	Moran-I	P
2003			0.724 ***	0.000	0.248 ***	0.000	0.358 ***	0.000
2004	0.699 ***	0.000	0.749 ***	0.000	0.268 ***	0.000	0.438 ***	0.000
2005	0.737 ***	0.000	0.706 ***	0.000	0.284 ***	0.000	0.434 ***	0.000
2006	0.685 ***	0.000	0.676 ***	0.000	0.290 ***	0.000	0.260 ***	0.000
2007	0.685 ***	0.000	0.682 ***	0.000	0.291 ***	0.000	0.299 ***	0.000
2008	0.744 ***	0.000	0.671 ***	0.000	0.285 ***	0.000	0.287 ***	0.000
2009	0.721 ***	0.000	0.696 ***	0.000	0.292 ***	0.000	0.226 *	0.007
2010	0.721 ***	0.000	0.710 ***	0.000	0.317 ***	0.000	0.274 **	0.001
2011	0.765 ***	0.000	0.697 ***	0.000	0.326 ***	0.000	0.184	0.021

年份	城市 *PEGR*		城市居民人均可支配收入		农村居民人均可支配收入		基础设施指数	
	Moran-I	*P*	*Moran-I*	*P*	*Moran-I*	*P*	*Moran-I*	*P*
2012	0.725 ***	0.000	0.676 ***	0.000	0.322 ***	0.000	0.241 *	0.004
2013	0.688 ***	0.000	0.679 ***	0.000	0.371 ***	0.000	0.042	0.257
2014	0.426 ***	0.000	0.697 ***	0.000	0.425 ***	0.000	0.112	0.017
2015	0.405 ***	0.000	0.699 ***	0.000	0.438 ***	0.000	0.077	0.035
2016	0.624 ***	0.000	0.716 ***	0.000	0.445 ***	0.000	0.339 ***	0.000
2017	0.742 ***	0.000	0.717 ***	0.000	0.449 ***	0.000	0.284 ***	0.001
2018	0.691 ***	0.000	0.724 ***	0.000	0.421 ***	0.000	0.301 ***	0.000
2019	0.725 ***	0.000	0.732 ***	0.000	0.458 ***	0.000	0.307 ***	0.000

注：受农村 *PEGR* 样本缺失较多的影响，并没有对农村 *PEGR* 指数进行莫兰检验；使用是否相邻定义的空间权重矩阵，*Moran-I* 表示全局莫兰指数，*P* 为伴随概率。

从表 5 - 17 的结果可以看出，考察期内，基于是否相邻的空间权重矩阵设定下的城镇居民人均可支配收入的 *PEGR* 指数，城市居民人均可支配收入与基础设施指数的空间自相关莫兰检验结果在较多的年份中均显著，表示上述变量存在较强的空间自相关性。从莫兰检验卡方值的结果看，长三角地区城市居民 *PEGR* 指数和城市居民可支配收入的莫兰指数均呈现先下降、后上升的"U"型变化趋势，2004 ~ 2010 年逐年下降，2012 年以来开始逐年上升。与此同时，农村居民人均可支配收入的全局莫兰指数则逐年提升，表明长三角地区农村居民收入的空间自相关性逐年增强。相反，长三角地区地级市基础设施指数的全局莫兰检验值呈现一定的下降趋势，特别是在 2011 ~ 2015 年间的多数年份全局莫兰指数并不显著。2016 ~ 2019 年，基础设施指数的全局莫兰指数再次显著提升。上述结果验证了本章第四节对于长三角地区城乡居民收入以及基础设施建设空间集聚特征的经验分析，也表明本章在研究基础设施对长三角地区益贫式增长的影响时使用空间计量分析方法的适用性。

同时使用空间距离矩阵、经济距离矩阵以及经济引力矩阵对长三角地区城镇居民人均可支配收入 *PEGR* 指数和基础设施指数的全局莫兰指数进行稳健性检验。表 5 - 18 和表 5 - 19 提供了城镇居民人均可支配收入 *PEGR* 指数和基础设施指数在不同空间权重矩阵设定下的全局莫兰检验结果。

表 5 – 18　　　　城镇居民人均可支配收入 *PEGR* 指数的全局莫兰检验结果

年份	距离矩阵		经济距离矩阵		经济引力矩阵	
	Moran-I	*P*	*Moran-I*	*P*	*Moran-I*	*P*
2004	0.193 ***	0.000	0.694 ***	0.000	0.372 ***	0.000
2005	0.239 ***	0.000	0.736 ***	0.000	0.398 ***	0.000
2006	0.203 ***	0.000	0.690 ***	0.000	0.282 ***	0.000
2007	0.224 ***	0.000	0.678 ***	0.000	0.304 ***	0.000
2008	0.202 ***	0.000	0.778 ***	0.000	0.422 ***	0.000
2009	0.251 ***	0.000	0.726 ***	0.000	0.357 ***	0.000
2010	0.236 ***	0.000	0.721 ***	0.000	0.355 ***	0.000
2011	0.254 ***	0.000	0.752 ***	0.000	0.366 ***	0.000
2012	0.203 ***	0.000	0.767 ***	0.000	0.434 ***	0.000
2013	0.182 ***	0.000	0.708 ***	0.000	0.285 ***	0.000
2014	0.157 ***	0.000	0.470 ***	0.000	0.250 ***	0.000
2015	0.150 ***	0.000	0.150 ***	0.000	0.056 *	0.011
2016	0.181 ***	0.000	0.638 ***	0.000	0.260 ***	0.000
2017	0.226 ***	0.000	0.757 ***	0.000	0.452 ***	0.000
2018	0.196 ***	0.000	0.792 ***	0.000	0.326 ***	0.000
2019	0.201 ***	0.000	0.695 ***	0.000	0.411 ***	0.000

注：使用不同空间权重矩阵对城镇居民人均可支配收入 *PEGR* 指数进行全局莫兰检验；具体空间权重矩阵分别为距离矩阵、经济距离矩阵和经济引力矩阵；*Moran-I* 表示全局莫兰指数，*P* 为伴随概率。

表 5 – 19　　　　　　基础设施指数的全局莫兰检验结果

年份	距离矩阵		经济距离矩阵		经济引力矩阵	
	Moran-I	*P*	*Moran-I*	*P*	*Moran-I*	*P*
2003	0.141 ***	0.000	0.359 ***	0.000	0.185 ***	0.000
2004	0.150 ***	0.000	0.427 ***	0.000	0.224 ***	0.000
2005	0.152 ***	0.000	0.430 ***	0.000	0.229 ***	0.000
2006	0.142 ***	0.000	0.294 ***	0.000	0.238 ***	0.000
2007	0.109 ***	0.000	0.309 ***	0.000	0.173 ***	0.000
2008	0.087 ***	0.000	0.235 ***	0.000	0.123 ***	0.000

年份	距离矩阵		经济距离矩阵		经济引力矩阵	
	Moran-I	*P*	*Moran-I*	*P*	*Moran-I*	*P*
2009	0.068 ***	0.000	0.304 ***	0.000	0.128 ***	0.000
2010	0.095 ***	0.000	0.198 ***	0.000	0.133 ***	0.000
2011	0.104 ***	0.000	0.235 ***	0.000	0.118 ***	0.000
2012	0.038 **	0.002	0.046	0.253	0.079	0.014
2013	0.041 ***	0.000	0.175 ***	0.000	0.109 ***	0.000
2014	0.026 ***	0.000	0.107 ***	0.000	0.056 *	0.012
2015	0.107 ***	0.000	0.366 ***	0.000	0.175 ***	0.000
2016	0.088 ***	0.000	0.304 ***	0.000	0.135 ***	0.000
2017	0.141 ***	0.000	0.359 ***	0.000	0.185 ***	0.000
2018	0.322 ***	0.000	0.312 ***	0.000	0.155 ***	0.000
2019	0.073 ***	0.000	0.167 ***	0.000	0.162 ***	0.000

注：使用不同空间权重矩阵对城镇居民人均可支配收入 *PEGR* 指数进行全局莫兰检验；具体空间权重矩阵分别为距离矩阵、经济距离矩阵和经济引力矩阵；*Moran-I* 表示全局莫兰指数，*P* 为伴随概率。

从表 5 - 18 和表 5 - 19 中可以看出，在不同的空间权重矩阵设定下，城镇居民人均可支配收入 *PEGR* 指数和基础设施指数的全局莫兰检验在考察期多数年份内均显著，此外，从全局莫兰指数的绝对值变化看，也基本符合表 5 - 13 中基于空间相邻矩阵获得的全局莫兰指数变化趋势。因此，可以认为，长三角地区城镇益贫式增长与基础设施建设的确存在显著的空间相关性。

（2）局部莫兰指数检验。从全局莫兰指数值来看，长三角地区地级市之间益贫式增长和基础设施建设具有较强的空间相关性，但对于长三角地区 41 个地级市的益贫式增长和基础设施建设是否存在着空间相关性，并不能从全局空间相关性检验中看出来，这就需要进行局部的空间相关性检验。我们通过局部莫兰散点图来分析长三角地区基础设施建设的空间相关性，空间权重矩阵设定为相邻矩阵①。限于篇幅，仅提供 2003 年和 2019 年两个时期的基础设施指数的局部莫兰散点图作为对比分析，如图 5 - 3 和图 5 - 4 所示。

---

① 其余三类空间权重矩阵的局部莫兰指数散点图结果类似，此处不再赘述。

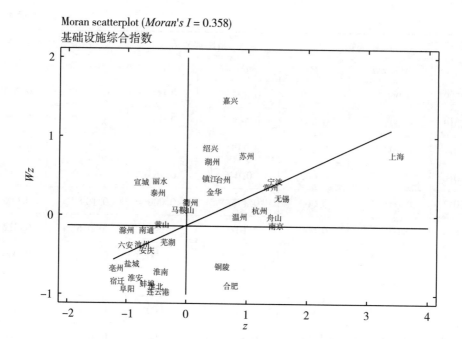

图 5 – 3　2003 年长三角地区地级市基础设施指数的局部莫兰散点图

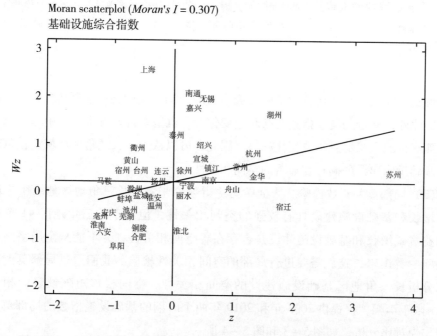

图 5 – 4　2019 年长三角地区地级市基础设施指数的局部莫兰散点图

图 5-3 和图 5-4 分别列示了 2003 年和 2019 年长三角地区 41 个地级市基础设施指数的局部莫兰指数散点图。图中的莫兰指数对应相应年度基础设施指数的全局莫兰指数。从图 5-3 和图 5-4 可以看出，2003 年和 2019 年长三角区域地级市中大多数的城市都是位于第一和第三象限，说明各个城市的基础设施建设存在着明显的正向空间相关性，这种正向的空间相关性即正向空间溢出效应，而位于第二与第四象限的城市是负的空间相关性，则出现了基础设施建设负的空间溢出效应。其中，在 2003 年长三角地区 41 个地级市中，有 17 个城市（占比为 41.5%）在第一象限"高—高"区域，说明这 17 个具备较高基础设施建设水平的城市集聚在一起；有 18 个城市（占比为 43.9%）位于第三象限"低—低"区域，说明该区域的基础设施建设水平并不是很高，但它们在空间上已经形成低水平的集聚现象。有 3 个城市（宣城、丽水、泰州）位于第二象限"低—高"区域，说明这三个城市的基础设施建设水平低，却被相邻高基础设施建设水平的城市包围。有 2 个城市（铜陵、合肥）在第四象限"高—低"区域，说明上述两市的基础设施建设水平较高，却被低水平的城市包围。2019 年，位于第一象限的城市仍为 17 个，占比为 41.6%；第二象限城市数量为 6 个；第四象限城市的数量为 5 个，分别为丽水、宁波、舟山、淮北和宿迁。对比 2003 年和 2019 年莫兰散点图可以看出，集中于第三象限即"低—低"区域的城市依然主要集中在安徽，而集中于第一象限即"高—高"区域的城市主要是苏南地区、杭州周边以及皖南城市群。从个别城市的变动看，宿迁、上海和合肥的变化较大。其中，宿迁从 2003 年的第二象限迁移至第四象限，上海由第一象限迁移至第二象限，而合肥市则从第四象限迁移至第三象限。说明 2003~2019 年，宿迁的基础设施建设水平提升较快，上海相较于苏南和杭州城市群的基础设施建设步伐有所放缓，而合肥的基础设施建设水平与安徽省内其他地区的差距正逐渐缩小。

3. 面板单位根检验

考虑到本章的样本选择考察期为 2003~2019 年，时间跨度较长，为了避免出现伪回归的情况，需要对所有变量进行面板单位根检验。我们选择适合平衡面板数据的 LLC 检验对取对数后的指标序列进行面板单位根检验。具体检验结果如表 5-20 所示。

表 5-20　　　　　　　　　面板单位根检验结果

对数序列	检验方法	检验值	伴随概率	一阶差分	检验值	伴随概率
$PEGR_u$	LLC	—	—	$PEGRu$	-3.868	0.001
$INFI$	LLC	-6.032	0.000	$INFI$	-15.121	0.000

续表

对数序列	检验方法	检验值	伴随概率	一阶差分	检验值	伴随概率
PGDP	LLC	-10.001	0.000	*PGDP*	-8.301	0.000
MS3	LLC	-1.040	1.491	*MS3*	-6.218	0.000
CPI	LLC	0.303	0.619	*CPI*	-6.137	0.000
UEM	LLC	-2.011	0.022	*UEM*	-16.552	0.000
SOC	LLC	1.389	0.918	*SOC*	-7.979	0.000
EDU	LLC	-39.155	0.000	*EDU*	-2.394	0.000
HLH	LLC	-12.838	0.000	*HLH*	-2.376	0.000
WAGE	LLC	-7.316	0.000	*WAGE*	-6.168	0.000
URINC	LLC	1.512	0.935	*URINC*	-7.841	0.000

从表 5-20 的面板单位根检验结果看，较多变量的对数序列存在单位根。通过一阶差分处理对数序列变量的单位根问题之后，全部变量均不存在单位根。因此，我们将采用对数序列的一阶差分进行面板空间计量分析。

4. 空间计量回归结果

（1）基准 OLS 回归。将城镇居民人均可支配收入的 *PEGR* 益贫式增长指数作为因变量，将基础设施指数作为核心解释变量，首先使用面板 OLS 回归作为基准回归参照。采用豪斯曼检验确定模型设定，使用异方差稳健标准误方法估计基础模型式（5.7）。回归结果如表 5-21 所示。

表 5-21　　　　基础设施与益贫式增长的面板 OLS 回归结果

因变量	(1) 城镇 *PEGR*	(2) 城镇 *PEGR*	(3) 城镇 *PEGR*	(4) 城镇 *PEGR*	(5) 城镇 *PEGR*	(6) 城镇 *PEGR*	(7) 城镇 *PEGR*	(8) 城镇 *PEGR*
INFI	0.045*** (3.579)	0.053*** (3.675)	0.084*** (5.000)	0.084*** (5.016)	0.032*** (2.828)	0.031*** (2.642)	0.026** (2.332)	0.439*** (28.086)
PGDP	0.224*** (8.507)	0.346*** (12.341)	0.544*** (19.825)	0.544*** (19.912)	0.725*** (43.122)	0.735*** (42.932)	0.746*** (47.958)	
MS3	0.347*** (4.116)	0.037 (0.405)	0.161 (1.502)	0.160 (1.536)	0.100 (1.026)	0.163 (1.644)		

续表

因变量	(1) 城镇 *PEGR*	(2) 城镇 *PEGR*	(3) 城镇 *PEGR*	(4) 城镇 *PEGR*	(5) 城镇 *PEGR*	(6) 城镇 *PEGR*	(7) 城镇 *PEGR*	(8) 城镇 *PEGR*
CPI	-0.232 (-1.082)	-0.922*** (-4.175)	-1.745*** (-7.059)	-1.748*** (-7.218)	-1.048*** (-5.571)			
SOC	0.199*** (2.742)	0.406*** (5.026)	0.095 (1.148)	0.094 (1.150)				
EDU	0.035*** (3.191)	0.010 (0.825)	0.001 (0.062)					
HLH	1.202*** (15.450)	1.148*** (12.848)						
WAGE	0.026*** (12.093)							
常数项	9.731*** (9.556)	13.801*** (12.484)	12.498*** (9.704)	12.512*** (9.874)	7.286*** (7.961)	2.282*** (12.719)	2.169*** (13.346)	9.959*** (751.523)
观察值	491	492	492	492	656	656	697	697
R^2	0.893	0.859	0.806	0.806	0.889	0.884	0.900	0.546
地区数	41	41	41	41	41	41	41	41

注：括号内数值为标准差；*** 表示在 1% 的水平上显著，括号内为 t 值；经豪斯曼检验后，均采用面板个体固定效应回归，使用异方差稳健标准误；核心因变量为城镇居民人均可支配收入的 *PEGR* 指数，核心解释变量为基础设施指数。

首先，基础设施对城镇居民人均可支配收入的 *PEGR* 指数存在显著的正向促进作用。这一结果在表 5 - 21 中不同的回归模型设定下均显著，说明长三角地区基础设施建设水平提升有助于促进益贫式增长绩效的提升。这一实证结果验证了基础设施建设对益贫式增长的促进作用，也与较多的研究结论一致（Estache，2003；Calderón & Servén，2004；Getachew，2010；Calderón & Servén，2014）。其次，从控制变量的回归结果看，人均 GDP 提高有利于促进益贫式增长。经济发展和经济增长依然是推动益贫式增长的重要力量（谢超峰等，2017）。与此同时，产业结构变化，具体而言，第三产业增加值占 GDP 比重越高，越有助于促进益贫式增长。由于劳动密集型的第三产业是吸引劳动力就业较多的行业，发展服务业和第三产业有利于创造更多的就业机会，带动低收入群体获得稳定的就业机会，从而有利于实现益贫式增长（谢超峰和范从来，2014）。消费物价水平提升则对益贫式增长存在显著的负面影响。价格水平提高会增加家庭消费支出，对低收入家庭的福利增长有明显的负面影响，从而不利于益贫式增长。再次，社会保障经费、教育经费以及医疗健康经费支出占比的提升均有助于提升益贫式增长绩效，这也与推动教育、医疗以及社会保障等公共服务建设可以促进益贫式增长的研究结论一致（Lopez，2004；周华，2008；韩秀兰和李宝卿，2011）。最后，我们发现，提高人均工资有利于促进益贫式增长。由于多数中低收入阶层的工资性收入是其主要的收入来源，提高全社会平均工资水平能够促进中低收入阶层可支配收入提高，因此工资提升可以在长三角地区实现较强的益贫式增长效应（Lopez，2004；Kakwani & Pernia，2000）。

（2）空间面板回归。将面板 OLS 回归结果作为基准参考，进一步采用空间计量模型分析基础设施对长三角地区益贫式增长的影响。首先，我们需要确定使用模型估计时具体使用空间权重矩阵的类型。我们依据勒萨热和费希尔（LeSage & Fisher，2008）最小化 AIC 信息准则的方式确定空间权重矩阵的选择。具体做法是，对表 5 - 22 中基准面板回归模型分别按照四种空间权重矩阵进行空间自回归模型估计（SAR），获得的四种空间权重矩阵设定下模型对应的 AIC 信息值如表 5 - 22 所示。

表 5 - 22 不同空间权重矩阵设定下的 AIC 信息值

类型	符号	观察值	AIC	BIC
相邻矩阵	W^N	492	- 1 311.46	- 1 269.48
距离矩阵	W^D	492	- 1 905.37	- 1 863.38
经济距离	W^E	492	- 1 308.06	- 1 266.08
经济引力	W^G	492	- 1 847.12	- 1 805.13

从表 5 - 22 可以看出，使用距离矩阵得到的 AIC 和 BIC 信息准则值最小。因此，我们选择距离矩阵进行分析。在确定空间权重矩阵之后就需要进一步确定空间计量模型的具体形式。参考陶长琪和杨海文（2014）以及俞路（2015）的做法，我们使用极大似然比确定最终模型的选择。依次对面板数据进行 SAR、动态 SAR、SDM、动态 SDM、SEM 以及 SAC 估计获得六个模型对应的两两似然比检验值（见表 5 - 23）。

表 5 - 23　　　　　　　　　空间计量模型的选择

模型比较	对数似然比 LR chi2	P
动态 SAR 对 SAR	463. 91 ***	0. 000
动态 SDM 对 SDM	378. 65 ***	0. 000
动态 SDM 对动态 SAR	4. 56	0. 327
动态 SDM 对 SEM	475. 06 ***	0. 000
SAR 对 SDM	89. 83 ***	0. 000
SAR 对 SAC	1. 63	0. 202

注：*** 表示在 1% 的水平上显著。

从表 5 - 23 可以看出，动态 SAR 模型优于静态 SAR 模型，也优于动态 SDM 模型。我们同时给出六种面板空间计量模型的设定，在纳入全部控制变量的基础上分别对基础设施影响益贫式增长进行分析。

表 5 - 24 是六种面板空间计量模型以及面板 OLS 模型的回归结果。首先，我们主要依据估计得到的 AIC 信息以及极大似然值判定具体的模型选择，该估计方法得到的 AIC 信息值越小，极大似然值越大，则表明该模型的估计效果越好。一方面，从不同面板空间计量模型估计所得的 AIC 信息与极大似然值结果看，动态面板 SAR 模型估计所得到的 AIC 信息值为 - 1 407. 76，显著低于其他面板空间计量模型得到的 AIC 信息值。同时，动态面板 SAR 模型对应的极大似然值为 715. 88，也高于其他空间面板估计模型。动态面板 SAR 对应的 $R^2 = 0.710$，在所有的空间面板计量模型中也是最高的。因此，可以认为，动态面板 SAR 模型估计结果最优。这也对应了表 5 - 23 中选择动态面板 SAR 模型估计最优的结论。另一方面，从动态面板 SAR 系数来看，滞后 1 期的城镇居民人均可支配收入 PEGR 指数与当期 PEGR 指数显著正相关。基础设施指数在动态 SAR 模型估计中依然对城镇益贫式增长存在显著的正相关关系。其他控制变量的估计系数及显著性也与基准面板 OLS 回归的结果一致。表明我们选择动态面板 SAR 模型作为空间计量模型是合理的，其估计结果也具有可信度。

表 5 - 24　　　　　基础设施与益贫式增长的空间计量模型回归结果

变量	(1) OLS	(2) SAR	(3) 动态 SAR	(4) SDM	(5) 动态 SDM	(6) SEM	(7) SAC
$Y (-1)$			0. 749 *** (30. 707)		0. 741 *** (29. 550)		
INFI	0. 045 *** (3. 579)	0. 021 *** (3. 033)	0. 008 * (1. 790)	0. 018 *** (2. 626)	0. 008 * (1. 832)	0. 020 *** (3. 313)	0. 021 *** (3. 085)

续表

变量	(1) OLS	(2) SAR	(3) 动态 SAR	(4) SDM	(5) 动态 SDM	(6) SEM	(7) SAC
PGDP	0.224*** (8.507)	0.029* (1.897)	0.016* (1.709)	0.006 (0.363)	0.017* (1.803)	−0.013 (−1.049)	0.031** (2.012)
MS3	0.347*** (4.116)	0.167*** (3.692)	0.032*** (4.182)	0.146*** (3.247)	0.029 (1.091)	0.167*** (3.968)	0.157*** (3.509)
CPI	−0.232 (−1.082)	−0.073 (−0.633)	−0.263*** (−3.197)	−0.110 (−0.966)	−0.264*** (−3.215)	−0.111 (−1.113)	−0.089 (−0.784)
SOC	0.199*** (2.742)	0.068* (1.746)	0.042* (1.828)	0.053 (1.368)	0.042* (1.824)	0.039 (1.028)	0.065* (1.746)
EDU	0.035*** (3.191)	0.004 (0.719)	0.022*** (6.331)	0.001 (0.094)	0.022*** (6.293)	0.010 (1.605)	0.004 (0.791)
HLH	1.202*** (15.450)	0.417*** (8.692)	0.160*** (4.832)	0.323*** (6.620)	0.166*** (4.995)	0.212*** (4.556)	0.397*** (8.063)
WAGE	0.026*** (12.093)	0.008*** (6.183)	0.004*** (4.493)	0.006*** (4.437)	0.004*** (4.622)	0.053*** (13.219)	0.007*** (5.243)
常数项	9.731*** (9.556)						
R^2		0.124	0.710	0.070	0.692	0.318	0.175
AIC		−1258.88	−1407.76	−1289.53	−1405.04	−1087.32	−1260.33
极大似然值		639.438	715.879	655.763	713.522	553.661	641.165
rho 伴随概率		0.720*** (32.563)	0.144*** (5.428)	0.000 (0.000)	0.000 (0.000)		0.732*** (31.404)
方差 Sigma^2 伴随概率		0.003*** (15.376)	0.001*** (16.451)	0.003*** (15.684)	0.001*** (16.382)	0.003*** (15.146)	0.004*** (16.573)
Lambda						0.942*** (100.226)	−0.116 (−1.275)
观察值	491	492	451	492	451	492	492
地区数	41	41	41	41	41	41	41

注：括号内数值为标准差；***、**、*分别表示在1%、5%、10%的水平上显著，括号内为t值；核心因变量为城镇居民人均可支配收入的PEGR指数，核心解释变量为基础设施指数；表中Y（−1）表示因变量的滞后1期，含有Y（−1）项的模型是动态空间计量模型；经过豪斯曼检验，模型均使用包含时空双向固定效应的异方差稳健标准误。

（3）边际效应分解。空间计量分析可以在获得系数边际效应的基础上对变量影响的直接和空间溢出效应进行分解，这就需要利用表5-24中动态 SAR 的估计结果对基础设施影响益贫式增长的边际效应进行分解。基于此，我们使用表5-24中动态面板 SAR 模型对基础设施影响益贫式增长的效应进行分解。其中，直接边际效应表示模型中本地区自变量对本地区因变量的平均影响；间接边际效应即空间溢出效应表示其他地区自变量对本地区因变量的平均影响；而总边际效应则表示本地区自变量对长三角地区总的平均边际影响。

第一，直接效应。由表5-25可知，$INFI$、$PGDP$、$MS3$、EDU、HLH 和 $WAGE$ 的系数均显著为正。说明基础设施建设、经济增长、平均工资、产业结构的优化升级和教育医疗经费投入的增加均会对本地区的益贫式增长产生积极作用。CPI 的系数为负则反映出物价水平上涨不利于本地区的益贫式增长。此外，我们发现本地区的社会保障支出与益贫式增长之间呈现正相关关系，但这一正面影响并不显著。说明长三角地区的居民社会保障并没有充分惠及社会中的低收入群体，也没有发挥其应有的益贫式增长作用。

表 5-25　　　　　　基础设施与益贫式增长空间溢出效应的分解

变量	总边际效应	间接边际效应	直接边际效应
$INFI$	0.009 * (1.795)	0.001 * (1.724)	0.008 * (1.790)
$PGDP$	0.019 * (1.728)	0.003 * (1.743)	0.016 * (1.710)
$MS3$	0.037 *** (4.182)	0.005 (3.153)	0.032 (3.182)
CPI	-0.306 *** (-3.238)	-0.042 *** (-2.906)	-0.264 *** (-3.200)
SOC	0.049 * (1.827)	0.007 * (1.717)	0.043 * (1.829)
EDU	0.026 *** (6.535)	0.003 *** (4.378)	0.022 *** (6.349)
HLH	0.187 *** (4.917)	0.026 *** (3.766)	0.161 *** (4.840)
$WAGE$	0.004 *** (4.602)	0.001 *** (3.742)	0.004 *** (4.502)

注：括号内为 Z 值，* 、*** 分别表示在 10%、1% 的水平上显著。

第二，空间溢出效应。表 5 - 25 中的间接效应也被称为空间溢出效应。与直接效应类似，基础设施建设、经济增长、产业结构、工资、教育和医疗水平的提高同样会对益贫式增长起到间接的空间溢出效应。但整体而言，上述变量的空间溢出效应绝对值显著低于直接边际效应。这说明长三角地区的基础设施建设、经济增长、产业结构、教育和医疗水平对区域内距离较近的地区均存在显著的空间溢出效应。这可能得益于长三角一体化进程的加快以及长三角区域协调发展能力较强。此外，对比上述变量的空间溢出效应绝对值可以发现，长三角地区产业转型升级、医疗水平以及平均工资的空间溢出效应最强，显著高于经济发展以及基础设施的空间溢出效应。由于长三角地区拥有较为完备的产业链体系，在充分的劳动力区域内流动条件下，第三产业的发展和平均工资水平的提升均起到了一定的益贫式增长空间溢出效应。同时，本地区基础设施建设在推动当地益贫式增长的同时也能够对距离较近的周边地区产生正向的溢出辐射效应。然而，我们发现，本地 CPI 的上涨对长三角区域益贫式增长具有负向的空间溢出效应。说明长三角特定地区物价上涨会提升周边地区的物价水平，也会对周边地区的益贫式增长产生负面影响。

第三，总效应。基础设施及相关控制变量对益贫式增长的总效应与直接效应和间接效应的影响方向及显著性基本相同。说明基础设施建设对长三角区域内整体益贫式增长都存在显著的正面促进作用。对比相关控制变量总效应的影响幅度可以发现，教育医疗经费支出、工资以及产业结构的优化升级对长三角区域内整体益贫式增长的促进效应较强。物价水平提高对长三角区域益贫式增长的影响幅度较高。因此，合理有效地控制物价水平过快上涨更有利于促进长三角地区的益贫式增长。

（三）拓展性分析

1. 基础设施与规模性收入分配

前文分析了基础设施对长三角地区益贫式增长的推动作用。本章接着阐述基础设施促进益贫式增长的具体机制。由于基础设施对经济增长和减贫的促进作用在较多的研究中得到了证实，这里聚焦基础设施对长三角地区收入分配改善的影响。使用空间计量分析方法实证检验基础设施建设对规模性收入分配改善以及区域收入差距的影响。在第二部分空间面板计量分析的基础上，使用动态面板 SAR 模型检验基础设施对收入分配的影响。我们使用城镇居民人均可支配收入与五等分收入组比重的乘积表示长三角地区 41 个地级市的五等分分组收入并取对数，用基础设施指数对五等分收入组的城镇居民人均可支配收入进行回归，实证结果如表 5 - 26 所示。

表 5 - 26　　　　　基础设施与收入分配的空间计量模型回归结果

（因变量：各收入组收入对数）

变量	（1）最低收入组	（2）中低收入组	（3）中等收入组	（4）中高收入组	（5）最高收入组
Y（-1）	0.885 *** (29.748)	0.805 *** (31.121)	0.817 *** (31.857)	0.620 *** (15.943)	0.690 *** (15.658)
INFI	0.023 *** (2.604)	0.009 *** (10.957)	0.002 *** (2.912)	0.003 *** (2.178)	0.002 *** (2.567)
所有控制变量	有	有	有	有	有
R^2	0.828	0.732	0.819	0.741	0.106
AIC	-1 127.82	-2 263.47	-2 472.81	-2 323.19	-2 042.27
极大似然值	574.91	1 142.74	1 247.40	1 172.59	1 032.135
rho 伴随概率	0.011 *** (2.219)	0.303 *** (7.553)	0.026 *** (3.604)	0.079 *** (2.460)	0.078 *** (2.425)
方差 Sigma^2 伴随概率	0.005 *** (16.382)	0.000 *** (16.223)	0.000 *** (16.384)	0.000 *** (16.374)	0.001 *** (16.373)
观察值	451	451	451	451	451
地区数	41	41	41	41	41

注：括号内数值为标准差；*** 表示在1%的水平上显著，括号内为 t 值；核心因变量为城镇居民人均可支配收入的 *PEGR* 指数，核心解释变量为基础设施指数；表中 Y（-1）表示因变量的滞后1期，含有 Y（-1）项的模型是动态空间计量模型；经过豪斯曼检验，模型均使用包含时空双向固定效应的异方差稳健标准误。空间计量模型选择的相关检验备索。

从表 5 - 26 可以看出，基础设施建设对长三角地区五等分收入组城镇居民人均可支配收入均存在显著的提升作用。我们发现，基础设施建设对最低收入组和中低收入组群体收入的拉动作用较强，对中高收入组的收入提升幅度较小。说明长三角地区基础设施建设能够有效改善区域内的规模性收入分配，对缩小收入差距、实现益贫式增长存在积极的推动作用。

进一步对基础设施的收入分配效应进行分解，表 5 - 27 是基础设施对五等分收入组城镇居民人均可支配收入的总边际效应的分解结果。从中可以看出，本地区的基础设施建设对当地城镇居民分组收入的提升作用明显，同时本地区基础设施建设的收入分配效应也存在正向的空间溢出影响。从直接效应和空间溢出效应幅度的比较看，基础设施建设对本地区分组收入的拉动幅度要强于空间溢出的影响幅度，说明基础设施建设对本地区的收入拉动作用更强，但同时也存在正向的空间溢出效应。

表 5 - 27　　　　　　基础设施影响收入分配的空间溢出效应分解

变量	总效应	直接效应	间接效应
最低收入组	0.023 *** (2.595)	0.023 *** (2.604)	0.000 (0.217)
中低收入组	0.008 ** (2.086)	0.005 ** (2.105)	0.002 * (1.950)
中等收入组	0.002 *** (2.912)	0.002 *** (2.912)	0.000 *** (2.503)
中高收入组	0.003 *** (2.180)	0.003 *** (2.178)	0.000 *** (2.923)
最高收入组	0.002 *** (2.568)	0.002 *** (2.567)	0.000 *** (2.528)

注：*** 、** 、* 分别表示在1%、5%、10%的水平上显著。

2. 基础设施与城乡收入差距

长三角地区在消除绝对贫困之后，依然面临着相对贫困问题的解决。一方面，衡量居民人均可支配收入的差距以及规模性收入分配是阻碍相对贫困缓解的重要因素。另一方面，城乡之间收入差距的扩大同样不利于长三角地区的益贫式增长。因此，我们进一步分析基础设施在缓解收入分配的同时是否会对长三角地区的城乡收入差距产生影响。将基础模型式（5.8）中的因变量替换为城乡收入差距 $URIC_{it}$，用同时期城市居民人均可支配收入和农村居民人均纯收入的比值表示，具体城乡收入差距的描述性统计分析结果见表 5 - 15。我们依然使用空间计量估计方法检验基础设施建设对城乡收入差距的影响，同时用面板 OLS 回归作为基准回归参照并使用六种不同的空间计量估计模型进行实证检验。具体的分析结果如表 5 - 28 所示。

表 5 - 28　　　　　基础设施与城乡收入差距的空间计量模型回归结果

变量	(1) OLS	(2) SAR	(3) 动态 SAR	(4) SDM	(5) 动态 SDM	(6) SEM	(7) SAC
Y（-1）			1.720 *** (53.129)		1.471 *** (46.094)		
INFI	-0.001 *** (-2.191)	-0.005 ** (-2.520)	-0.012 * (-1.705)	-0.018 *** (-2.264)	-0.013 (-1.334)	-0.005 (-0.405)	-0.005 (-0.627)

续表

变量	(1)	(2)	(3)	(4)	(5)	(6)	(7)
	OLS	SAR	动态 SAR	SDM	动态 SDM	SEM	SAC
所有控制变量	有	有	有	有	有	有	有
常数项	0.622*** (117.963)						
R^2	0.002	0.060	0.799	0.015	0.421	0.085	0.054
AIC		-604.08	-994.51	-607.39	-1 007.76	-603.97	-603.19
极大似然值		232.06	501.26	232.26	508.88	231.84	305.59
rho 伴随概率		0.180*** (2.898)	1.166*** (24.438)	0.162*** (2.580)	0.960*** (19.849)		0.425*** (3.056)
方差 Sigma^2 伴随概率		0.017*** (15.632)	0.006*** (14.914)	0.017*** (15.641)	0.006*** (15.400)	0.017*** (15.632)	0.017*** (12.889)
Lambda						0.179*** (2.878)	-0.303 (-1.587)
观察值	697	492	451	451	451	451	451
地区数	41	41	41	41	41	41	41

注：括号内数值为标准差；*** 表示在 1% 的水平上显著，括号内为 t 值；核心因变量为城镇居民人均可支配收入的 PEGR 指数，核心解释变量为基础设施指数；表中 Y(-1) 表示因变量的滞后 1 期，含有 Y(-1) 项的模型是动态空间计量模型；经过豪斯曼检验，模型均使用包含时空双向固定效应的异方差稳健标准误。

首先，从表 5-28 可以看出，使用动态 SAR 模型获得的空间计量估计 AIC 最小，极大似然值最大，且对应的 R^2 也处于较高水平。因此，可以认为动态面板 SAR 模型同样是检验基础设施影响城乡收入差距的最优空间计量模型。其次，基准 OLS 回归中基础设施对城乡收入差距具有显著的抑制作用，这一结果在动态面板 SAR 模型中同样显著为负，表明基础设施建设的确会缩小长三角地区的城乡收入差距，对消除城乡二元经济结构、缓解城乡收入不均等起到积极作用。

表 5-29 提供了基于动态面板 SAR 估计获得的基础设施对城乡收入差距影响的效应分解。从中可以发现，基础设施建设对长三角地区城乡收入差距的直接边际效应、间接边际效应和总边际效应均显著为负，说明本地区基础设施建设不仅会抑制本地区的城乡收入差距，也有利于周边地级市以及长三角区域整体城乡收入差距的缩小。

表 5 – 29   基础设施影响城乡收入差距空间溢出效应的分解

变量	总效应	直接效应	间接效应
INFI	– 0.081 ***	– 0.009 ***	– 0.082 *
	(– 2.473)	(2.269)	(– 1.697)

注：基于表 5 – 23 中动态 SAR 模型结果的效应分解。***、* 分别表示在 1%、10% 的水平上显著。

六、本章小结

（一）主要结论

本章重点探讨基础设施建设对长三角地区益贫式增长的影响。首先，我们结合历史数据，分析了长三角地区已然消除绝对贫困，但依然存在相对贫困和城乡收入差距的特征现实。通过研究长三角地区地级市基础设施的发展现状，发现长三角区域内部地区之间的基础设施建设水平同样存在较大的差距。在对比分析长三角地区和全国主要城市群收入分配情况的基础上，研判了当前阻碍长三角地区益贫式增长的问题集中在规模性收入分配以及城乡收入差距两个方面。实证分析部分，我们首先利用 2003 ~ 2019 年长三角地区 41 个地级市层面的数据，结合五等分收入分组数据构建长三角地区益贫式增长的指标测算体系。接着，使用主成分分析方法，构建长三角地区基础设施建设指数，在充分考虑交通运输、通信网络以及教育医疗等公共服务基础设施的基础上，测度了长三角地区 41 个地级市的基础设施综合发展指数。然后，通过构建基于地理相邻、空间距离、经济距离以及经济引力的四类空间权重矩阵，结合动态面板空间计量经济分析方法，检验了基础设施建设对长三角地区益贫式增长的直接效应与空间溢出效应，在拓展性分析部分，讨论了基础设施建设对长三角区域规模性收入分配以及城乡收入差异的边际影响和空间溢出效应。本章的主要结论如下。

1. 相对贫困与地区发展差距依然明显

一方面，相对贫困和城乡与地区收入差距依然是影响长三角地区益贫式增长绩效充分发挥的重要制度因素。2020 年，中国脱贫攻坚任务圆满完成，全面建成小康社会的阶段性目标已然实现。然而，如何巩固拓展农村脱贫致富奔小康成果、解决相对贫困依然是"十四五"时期中国益贫式增长领域的重要任务。长期以来，长三角地区都是国内经济社会发展水平较高的地区之一。尽管 2020 年之后，长三角地区已不存在绝对贫困问题，但长三角区域内部，各省、各地级市、各县域等空间尺度之间的收入差距和发展阶段差异依然明显，"省—市—县"三级空间维度内的发展差距也并未随着长三角一体化进程的加快而缩小。就各地区发展政策导向而言，"十四五"时期，江苏将开启现代化建设新征程，浙江则目标打造全国共同富裕示范区，安徽作为中部省份，其崛起和后发赶超目标导向更为明确。因此，长三角在区域经济一体化发展的新阶段，传统的针对农村低收入群体的脱贫攻坚政策，也逐步向缩小区域间发展差距、构建区域"效率公平"兼顾的包容性区域发展新格局转变。在这一进程中，长三角地区仍然面临着如何缓解相对贫困、缩小城乡收入差距的问题，应当发挥基础设施一体化作为缓解和缩小长三角区域城乡发展差距、推进长三角区域共享发展的战略性、基础性、先导性功能。然而，本章的研究发现，尽管长三角地区的基础设施建设取得了显著成效，但区域内地区之间基础设施的发展水平依然存在较大的差距。苏南地区、环杭州周边城市群地区的基础设施建设水平较高，但苏北和皖北地区仍然是长三角基础设施建设的短板地区。

2. 城乡居民收入基本实现益贫式增长

通过测度长三角三省一市益贫式增长 PEGR 指数可以发现，首先，2012 年以前，三省一市均存在不同程度收入不平等加剧的情况，地区城镇居民可支配收入全局不平等程度有所加深，进而造成益贫式增长指数在经过社会福利分布指数调整后的实际值低于城镇居民可支配收入的名义增长值。2012 年之后，上海、江苏和浙江的社会福利分布指数在较多的时间段内为负值，说明在这一时期，苏浙沪三地的城镇居民全局可支配收入不平等有所缓解，社会福利水平有所提升。与此同时，城镇居民人均消费支出的不平等水平逐年下降，但城镇居民人均可支配收入增速较快的安徽人均消费支出的不均等程度反而有所加剧，从而导致考察期内部分年份安徽城镇居民人均消费支出的 PEGR 指数出现了负增长。其次，从长三角地区农村居民家庭人均纯收入的益贫式增长指数测度结果看，农村居民的人均可支配收入以及家庭人均消费支出的不平等程度均显著高于城镇居民，这也导致部分年份长三角地区农村家庭人均收支的 PEGR 指数为负值。因此，长三角区域内各省市之间益贫式增长成效存在时空差异，即便是单一省份或地区，不同时期城乡居民收入和消费的益贫式增长成效也略有不同，这一结论与第二章的研究结论不谋而合。由此可见，即便是同属于中国沿海发达省份或经济发展地区，不同省份和地区的益贫式增长模式与进程也存在差异。

3. 基础设施建设有利于提升益贫式增长绩效

空间计量模型的检验结果表明，长三角地区的基础设施建设对城镇居民人均

可支配收入的 *PEGR* 指数存在显著的正向促进作用，说明长三角地区基础设施建设水平提升有助于促进实现益贫式增长。此外，基础设施建设对长三角地区益贫式增长同样存在显著的空间溢出效应。本地区的基础设施建设水平提高有助于促进区域内其他地区益贫式增长的绩效提升，同时也能够对长三角区域整体益贫式增长产生积极影响。此外，基础设施建设对长三角地区中低收入群体益贫式增长的影响幅度要高于中高收入群体，也能够降低城乡之间的收入差距。这一结论说明基础设施建设在长三角地区具有一定的收入分配改善作用，能够有效缩小城乡收入差距。上述益贫式增长的机制不仅体现在本地区基础设施的直接影响上，同样也在基础设施的空间溢出效应上有所反映。这一结论表明，基础设施建设能够通过空间关联的正向溢出机制对长三角区域内地级市的益贫式增长产生积极影响。因此，区域全局性基础设施建设对于提升长三角区域益贫式增长成效具有重大的战略意义和推动作用。尽管本章尚未探讨基础设施建设推进区域益贫式增长的具体微观机制，但已有研究表明，宏观层面，区域性基础设施建设能够显著提升区域贸易流、资金流、信息流传输和交换效率，降低因空间距离或物理阻隔产生的交易成本，从而提升全要素生产率与经济活力（Krugman，2008；Sahoo，2010）；微观层面，更为完善的农村基础设施，尤其是农户生产生活性基础设施的健全，能够有效促进农户从事农业生产经营。农村地区基础设施（如电力和道路）的扩张，提高了平均生活水平，降低了生活在贫困线以下的人口比例，但基础设施投资会导致贫困人口获得教育和卫生资源的剥离（Majumder，2012）。

（二）政策建议

1. 推动战略性全局性基础设施建设

基础设施建设对长三角地区益贫式增长有积极的促进作用。然而，传统"效率优先"发展范式却有可能加剧发达省份内部不同地区之间的发展差距。首先，中央政府统筹全国区域经济发展时，更多考虑政策对中西部地区的扶持，而忽略东部沿海发达地区。其次，省级地方政府会被"效率优先"所牵引，导致政策扶持只针对省内经济效率发达的地市。由此，"中央政府忽略东部，地方政府忽视省内后发展地区"的"非均衡"发展与资源错配格局由此形成，甚至造成发达省份内的后发展地区面临缺少政策支持的窘境。因此，持续加大长三角区域的基础设施建设力度、提升区域性全局性基础设施的建设有助于充分发挥基础设施的益贫式增长效应，并提升基础设施通过空间溢出的正向促进机制带动长三角区域益贫式增长绩效提升的幅度。本章的分析验证了长三角地区基础设施建设对区域益贫式增长的正向外部效应。因此，可以通过加强战略性和全局性基础设施建设，提升区域间基础设施协调能力，推动长三角地区的益贫式增长，从而有效提升基础设施促进区域内地区间要素流动，增强经济活力；加大力度建设符合三省一市不同地形地貌、区位发展优势以及经济活动空间分布的全局性、系统性基础设施建设力度；重点开展区域内交通基础设施、通信网络基础设施、城市互联互通的交通运输网络以及区域间城际轨道交通体系的建设；充分协调苏浙沪与安徽之间的区域基础设施网络体系，构建长三角全局性基础设施空间网络，促进基础设施建设的空间布局优化。

2. 加大相对落后地区的基础设施投入

　　长三角地区基础设施建设对收入分配改善以及城乡收入差距的缩小同样起到了积极作用。因此，基础设施建设可以通过改善收入不平等和缩小地区间收入差距的机制实现长三角地区城乡居民收入的益贫式增长。当前，三省一市的基础设施发展水平、投入力度、建设能力均存在一定的差异。苏浙沪地区的城乡基础设施建设水平明显高于处于内陆的安徽。事实上，社会主义现代化建设进程中，长三角地区具备率先建成现代化区域的基础条件和优势，其现代化进程也理应走在全国前列。对长三角地区而言，"率先""走在前列"不仅要求长三角区域经济先发展起来的部分地区能继续在全国保持领先、率先实现现代化，更要求长三角区域内相对后发展的苏北地区、皖北地区、浙西南地区也要迎头赶上。随着长三角区域内先发展地区的快速发展，资源和环境压力逐步显现，各级政府均开始出台土地等限制类政策。限制类政策往往又是以先发展地区为标准的"一刀切"政策，由此导致后发展地区面临与先发展地区相同的限制性约束强度，造成后发展地区发展机会、增长空间的"制度不公"。因此，如何转变发展范式，创新完善省内区际利益转移机制，高水平推进区域协同发展，加速推进省内后发展地区实现跨越式发展就成为长三角地区迈好现代化建设"率先"步伐的迫切需要。着力补齐地区间的基础设施短板、增加对于长三角区域内相对落后地区的基础设施投入力度，成为能否提升长三角地区基础设施益贫式增长绩效的重要环节。因此，建议在长三角一体化发展框架内，设立区域基础设施发展专项基金，同时创新社会资金参与长三角地区基础设施建设的可行模式，适度增加地方政府专项基础设施债务，尝试开展地方性基础设施专项债券试点；同时增加 PPP（public-private partnership）、市政债、产业基金等传统基础设施建设融资模式，大力发展城建资产证券化融资（ABS）、房地产投资信托基金（real estate investment，REITs）、市政债券等新型融资模式；提高长三角区域相对落后地区基础设施建设资金的利用效率，解决基础设施建设领域的融资困境，在创新传统基础设施融资模式的基础上，创新社会资本参与基础设施建设的可行模式。

3. 补齐城乡之间基础设施建设短板

城乡收入差距和城乡基础设施发展差距依然是阻碍长三角地区益贫式增长的主要因素。2020 年后中国的减贫战略也逐渐由消除农村绝对贫困转向缓解相对贫困，构建城乡统一的社会保障、基础设施与公共服务体系转变。通过本章的分析可以看出，基础设施建设对缩小长三角地区城乡居民收入差距有积极作用。然而，城乡基础设施建设领域依然存在短板。以江苏为例，尽管江苏目前农村各项生产性生活性基础设施实现普遍覆盖，但乡村基础设施的质量不高，乡村大部分基础设施建设质量标准低于城镇，如公路等级、网络带宽、污水处理效能等与城镇基础设施质量差距明显，苏北地区表现得尤为明显。乡村基础设施管护缺乏专门机构和专业人员，乡村基础设施管护资金的承担主体不明，对经济薄弱的乡镇来说基础设施使用和管护的资金缺口较大，建而不管的情况比较严重，导致乡村基础设施损耗折旧较大，也制约了乡村产业发展的动力和潜力。此外，长三角区域内各省市内部依然存在"断头路"问题、农村居民生活环境改善、偏远落后地区交通便利性较差、农村通信互联网普及度较低等硬件基础设施的城乡短板依然存在。在有基础设施投资的农村，农户家庭总支出增长和生活性消费支出增长，要高于村中没有基础设施投资的农户，基础设施投资还能促进户主从事非农就业的农户更快地增加生活性消费支出（刘晓昀等，2003；Majumder，2012；Li et al.，2014；Ling & Wei，2019）。因此，补齐长三角地区城乡基础设施建设的短板、推动城乡基础设施均等化发展，有利于促进区域益贫式增长的实现。

4. 持续完善区域公共服务体系建设

一方面，经济发展依然是实现益贫式增长的重要手段。优化调整产业结构，大力发展劳动密集型的第三产业能够加速农业人口向城市地区转移，通过产业的就业吸纳效应促进更多的低收入群体实现脱贫增收。另一方面，教育、医疗、社会保障等公共服务体系的完善同样能够对长三角地区益贫式增长产生积极影响。经济发展、产业结构优化以及公共服务也能够对长三角地区的益贫式增长产生正向的空间溢出效应。健康、教育、基本医疗服务等公共服务基础设施接入能力的提升可以显著提高落后地区和农村地区居民的公共服务接入能力，也能为促进长三角地区益贫式增长提供基础性保障（Calderón et al.，2014；Cosci & Mirra，2018）。相较于硬件基础设施的地区与城乡差距，公共服务领域的软件基础设施差距可能更为明显。因此，在保持经济稳定可持续增长的前提下，完善长三角地区公共服务的基础设施

"软实力"也是促进长三角地区益贫式增长的重要路径。建议持续有效地完善长三角区域内公共服务体系建设，着力实现城乡、地区之间公共服务均等化，保障低收入群体和落后地区能够充分共享经济发展成果。这也进一步支持了第四章中发展类财政支出更有利于益贫式增长的结论。具体来看，一是要完善农业转移人口市民化户籍制度。长三角区域内中小城市应率先探索将稳定收入、固定住所等因素作为限制条件，大城市则设定更高准入条件的区域内落户制度。保证进城落户、暂时性城市居住农民在农村享有与农村常住居民的权利，如土地承包权、宅基地使用权等。二是完善农业转移人口市民化的社会保障机制。通过政府、社会、企业三方共同投资，大力发展农村职业教育，构建农村转移人口教育培训体系，提高其人力资本，提高农村人口在城市获得就业的能力。同时，增加农业转移人口社会资本积累。相关部门构建农村转移人口在城市网络体系建设，引导其积极参与所在企业、社区举办的集体活动，增进其与城市同事、邻居的情感，形成新的社会网络。推进农村转移人口失业保障体系完善工作，将其纳入城镇失业保险体系，推动适宜长三角一体化的城乡最低生活保障制度和社会救济制度。三是完善城市人才下乡激励机制。构建长三角区域内城乡人才交流体系，推动企事业单位、科研院所、医疗单位等工作人员，定期、定时、定岗服务乡村，依据相关人员服务时间、效果，在职级晋升、职称评定、表彰奖励方面给予适当倾斜。同时，加大农村社会保障、金融产品政策扶持力度，鼓励高校毕业生、农村社会精英、优秀工商业者返乡就业、创业，明确城市返乡人员的社会保障费用缴存的优惠政策，解决城市家庭入乡的教育、医疗等公共服务。

第六章

金融发展与长三角地区益贫式增长

一、引言与文献综述

金融发展作为促进全社会资源合理配置与信贷自由流动的重要途径，理应在改善城乡收入分配格局中发挥重要作用。然而，过往的传统金融业过于注重金融发展的深度而忽视金融发展的广度，致使金融服务逐渐形成"嫌贫爱富"的倾向，少数群体的资本得到快速积累和扩张，从而城市金融体系对农村一直存在"虹吸效应"，这往往有悖于金融服务实体经济、城乡协同发展的初衷。

数字金融的发展有可能改变金融服务"嫌贫爱富"的状况。传统金融主要是以银行、证券公司、保险、各类信贷公司等实体机构为基础，其方式途径主要是通过开设营业网点为当地居民提供金融服务。但物理网点的辐射范围是有限的，距离金融网点较远的人群依然被金融服务排除在外，而且在较为贫困和偏远的地区开设营业网点使得金融机构面临巨大的建设和运营成本，不符合经济效益，所以通过传统金融方式惠及农村及偏远地区效果有限。而数字金融是基于互联网的发展，使得人们可以在没有实体金融机构网点的情况下也能获得金融服务。当然在发展的初期可能会面临信用机制、网络机制不健全等问题，但是发展中出现的问题总是可以用发展来解决的。在某种程度上，数字金融的发展能在传统金融的基础上再有所延伸。

目前，国内外对于金融发展与益贫式增长的研究相对较少，大多研究关注的是金融发展与收入差距之间的关系。当然，益贫式增长的目标是实现有利于低收入群体的经济增长，因此，若能够实现益贫式增长，收入差距的不断缩小是必然结果。因此，从收入差距的角度对经济增长的益贫性进行研究是可行的。德米尔古克－肯特和克拉珀（Demirguc-Kunt & Klapper，2012）在世界银行的报告中指出，普惠金融可以帮助贫困人口获得储蓄和借款，并得以积累资产、建立个人信用，从而建立更有保障的未来。李等（Li et al.，1998）实证检验出基尼系数与金融发展存在负向关系，金融深化有利于改善城乡收入分配。沿着这个思路，克拉克等（Clarke et al.，2003）利用 1960~1995 年 91 个国家的面板数据，再次检验了基尼系数与金融发展的关系，发现一国的金融发展水平越高，越能缩小城乡收入差距。当然，也有些研究并不完全认同金融发展有利于缩小城乡收入差距的观点，卡尼维尔－贝卡瑞扎和里奥哈（Canavire-Bacarreza & Rioja，2008）利用拉丁美洲和加勒比地区的数据研究后发现，金融深化对最低收入群体的收入几乎未形成正面影响。他们还发现，一个国家的经济发展水平要越过某一阈值后，金融发展的正面影响才能体现出来。在国内，早期的研究大多认为金融发展拉动了中国的城乡收入差距。例如，章奇等（2003）利用中国 1978~1998 年的数据研究认为，中国金融中介的发展扩大了城乡收入差距，而且这一负面效应主要体现在 1989~1998 年。叶志强等（2011）也认为，金融发展显著地扩大了城乡收入差距，并与农村居民收入增长显著负相关。钟腾等（2020）进一步指出，农村资金外流在金融市场化影响城乡收入差距中扮演着关键角色。可见，金融服务的"嫌贫爱富"是导致金融发展拉大收入差距的关键原因。

正因如此，近年来，如何提高金融的普惠性越来越受到人们的关注。卡普尔（Kapoor，2013）认为金融的包容性是一个均衡器，它可以促进经济增长并使得所有公民都可以从中获益。如果没有普惠金融体系，将导致持续的收入不均现象和经济增速放缓（Beck et al.，2007）。钱水土和毛绍俊（2019）通过构建传统和数字普惠金融的综合指数，通过实证分析证明了普惠金融的发展确实能缩小城乡收入差距。李建军和韩珣（2019）从县域和省际两方面采用最小二乘法和双重差分法（differences-in-differences，DID）检验了普惠金融的政策效应，发现普惠金融发展初期能缩小城乡收入差距，但这种效应仅在集中连片特困区显著。傅秋子和黄益平（2018）研究了我国数字金融对不同类别农村正规金融需求的异质性影响。研究表明，数字金融整体水平的提升一方面减少了农村生产性正规贷款的需求概率，其中拥有智能手机的群体受影响更明显；另一方面增加了农村消费性正规信贷的需求概率，反映出数字金融提升效率、促进消费的多维度效应。易行健和周利（2018）研究发现，数字金融的发展显著促进了样本期的居民消费，且这一促进效应在农村地区、中西部地区以及中低收入阶层家庭更为明显；数字金融发展过程中，除覆盖广度外，使用深度以及使用深度指标中支付、保险和货币基金这三个子指标均显著促进居民消费；人力资本差异的分样本回归结果显示，当户主的受教育程度越高、认知能力越强时，数字金融对样本期居民消费的促进效应更为明显；家庭债务收入比的分样本回归结果显示，数字金融的发展仅仅促进了中低债务收入比家庭的消费支出，而对高债务收入比家庭的消费支出却存在不显著的抑制效应；数字金融的发展确实增加了家庭的债务收入比，因此在积极推动数字金融发展的同时，也需提防居民家庭债务的过度和过快增长。张勋等（2019）研究发现，首先，中国的数字金融不但在落后地区发展速度更快，而且显著提升了家庭收入，尤其是对农村低收入群体而言；其次，数字金融的发展激励了农村居民的创业行为，并带来了创业机会的均等化；最后，通过对物质资本、人力资本及社会资本的异质性分析，发现数字金融特别有助于促进低物质资本或低社会资本家庭的创业行为，从而促进了中国的包容性增长。

本章基于现有研究成果，以长三角地区 41 个地级市为研究对象，区分传统金融与数字金融，讨论了不同内涵的金融发展对收入差距的影响，以探索金融发展的益贫性。本章的创新之处主要集中在两个方面。第一，以往的研究大多集中在我国省级层面，并根据地理位置对城市进行分组。长三角地区是中国经济较为发达的地区，但同时也存在较为显著的地区发展差异。本章针对长三角地区地级市数据的研究，对揭示金融发展在长三角地区的益贫性具有一定的价值。第二，本章将从多个角度研究不同因素对金融发展的益贫性是否产生调节效应，以更为清晰地阐述传统金融和数字金融对经济增长益贫性的影响机制。

二、传统金融、数字金融与城乡收入差距

金融发展初期，我国金融资源数量不足，而我国在改革开放以来长期实行城乡二元制发展结构，导致政策向城市倾斜。一方面，农村地区经济发展相对落后，金融服务相关的基础设施和农村地区的信用体系建设等面临诸多不足，同时金融服务需求分散且总体金额有限，因此在人口较为分散、收入不高的农村地区和偏远地区设置分支机构对于金融机构来说投入产出比太低，大部分金融机构都难以覆盖这部分人群。另一方面，传统金融由于偏好基础设施完善和人均收入较高的城市，进一步活跃了城市交易市场，使得拥有原始资本的人群更加富有，城市居民收入水平可能被进一步提高。传统金融机构在农村提供的金融服务基本上还是吸收存款的业务，为农民提供的资金支持较少。长此以往，原本属于农村地区的相关金融资源被不断吸引到经济更发达的城市，城乡居民收入差距会进一步扩大。

数字普惠金融与生俱来的均衡发展效应，可以缓解传统金融发展的非均衡性。

移动互联网的发展为数字普惠金融提供了发展土壤。首先，数字金融的用户覆盖面更广泛。由于数字金融的获取门槛低，可以兼顾各个阶层的人群，人们只需一部智能机和网络即可随时随地获取金融服务。根据中国互联网络信息中心相关数据，截至 2019 年，我国的移动支付交易规模达到 347.1 万亿元，年增长率为 25.13%，相应的用户规模高达 7.3 亿人，在手机用户中移动支付的渗透率达到了 92.4%。随着数字金融全民普及步伐深入推进，以往借助金融机构物理网点获取金融服务的困境被打破。数字金融的应用场景和地域不断拓展。凭借方便的操作方式和快捷的支付手段等优势，未来数字金融将进一步在更多收入层级人群中渗透，此过程中也不会产生金融资源投放城乡不均衡的现象。其次，由于农村的客户通常对金融服务的种类和数量需求较少，传统金融机构没有充分的意愿在农村及偏远地区大力建设分支机构，农村客户所广泛需求的小额贷款也由于其普遍家庭收入较低、资产较少、信用记录不足而接受更为严格的金融机构贷款审核。高收入人群则恰恰相反，由于良好的信用记录和丰富的个人资产，高收入人群可以更便捷地获取金融服务，并通过资本滚资本的方式获得更丰厚的收益，长此以往两极分化更趋严重，贫富差距被进一步拉大。数字金融既可以丰富农村居民可选择的金融服务种类，同时还提供了新形式的风险控制和管理方法，可以在合理的风险水平下使农村用户方便地获得小额贷款、投资理财产品和保险产品等，一定程度上填补了传统金融机构在农村地区的金融服务空白。最后，数字金融可以有效提高金融服务的效率，降低其成本。与传统金融机构信用调查一般集中在客户资产、收入和职业三大方面不同，大数据技术和人工智能技术的发展可以通过更多维度收集客户信息，如网页浏览记录、购物偏好记录、出行记录、人际好友关系等多方面，更加全面地分析刻画每个用户的信用形象，匹配潜在目标用户，进而推送个性化的金融服务，实现精准营销。除此之外，电子化、可视化的信息系统还可以拓展金融服务的生活应用场景，如线上支付水电费、社区团购等，提升用户的服务体验。可以说，数字技术的发展有效降低了金融机构服务交易和获取用户的相关成本。根据蚂蚁金服发布的相关数据，借助云计算技术的广泛运用，支付宝单笔支付成本几年前已降低至 0.02 元，其未来成本有继续下探的可能；阿里巴巴的小额贷款业务，整个借贷环节全程借助互联网实现，每单的操作成本仅 2.3 元，远低于传统银行相关操作成本。对于金融服务需求者来说，简单的操作和便捷的使用降低了使用金融服务的技术门槛，较低的服务成本降低了使用金融服务的经济成本；对于金融服务的供给者来说，摆脱了物理网点的限制，只需要建设一个信息系统，在互联网上统一操作就可以，大大降低了建设成本和人力资本。而成本的降低既可以提升公司的利润，同时也使公司可以让利于民，通过更低的成本和更高的收益不断吸收新用户，提高了金融服务的效率，同时也降低了经营成本。

基于以上分析，本节提出以下两个研究假设：

H1：传统金融的益贫性不够显著，甚至可能拉大城乡收入差距。

H2：数字金融的发展有利于提高经济增长的益贫性，缩小城乡收入差距。

三、长三角地区金融发展益贫性的实证检验

（一）指标选择和模型设定

本节主要考察传统金融与数字金融对经济增长益贫性的影响。基本的实证模型设计如下：

$$PPG_{it} = \alpha + \beta_1 FIN_{it} + \beta_2 Control_{it} + \mu_i + \varepsilon_{it} \tag{6.1}$$

其中，PPG_{it}表示 i 城市 t 年的益贫式增长水平，FIN_{it}表示 i 城市 t 年金融发展水平，$Control_{it}$是控制变量，μ_i 表示城市层面的固定效应，ε_{it} 是误差项。基于对城市代表性和数据可获得性的考虑，同时考虑到 2013 年国家统计局启动了城乡一体化的居民生活水平调查，导致 2013 年前后的居民收入水平不完全可比。结合本章的研究需要，选取 2013～2019 年长三角地区 41 个地级市的面板数据作为研究对象，数据的主要来源是国家统计局、各省市的统计年鉴、Wind 数据库、中国研究数据服务平台（Chinese Research Data Services Platform，CNRDS）等。

1. 益贫式增长水平 *PPG* 的测度

为了更全面地研究金融发展对经济增长益贫性的影响，本章选择了多项指标来体现长三角地区各地级市益贫式增长的状况。

目前对益贫式增长的测度有宏观和微观两种方法，宏观的方法需依赖地区的收入五等分数据，微观的方法则依赖微观入户调查数据。这两种方法可适用于全国或者省级层面的益贫式增长测度，但无法对地级市展开测度。在地级市层面，只有部分城市提供了城镇居民的收入五等分数据，提供农村居民收入五等分数据的城市更少。在第五章中，我们利用省级城镇居民收入五等分数据估算了数据缺失城市的收入五等分数据，并据此测算了长三角地区 41 个地级市城镇地区的益贫式增长状况。本章借鉴该方法，对 2013～2019 年长三角地区各城市城镇经济增长的益贫性进行了测算，得到益贫式增长指标 *PEGR*。

毋庸讳言，上述采用估算方法得到的益贫式增长指标难免存在误差，且目前

只能在城镇范围进行测度。众所周知，中国贫富差距的一个主要来源是城乡差距，经济是否实现益贫式增长，关键要看城乡之间的差距有没有缩小。为此，本章还尝试从益贫式增长目标的角度，对长三角地区各城市的益贫式增长效果进行了测度，以增强研究结论的稳健性。众所周知，城乡收入差距是导致中国居民收入差距的最核心原因，因此，本章构建了反映城乡收入差距的泰尔指数 *THI*，相比于常用作衡量收入差距的城乡收入比而言，该指标的一个最大优点是它考虑了城乡人口所占的比重，因而能更准确地度量不同地区的城乡收入差距水平。泰尔指数的计算公式为：

$$THI_{it} = \sum_{i=1}^{2} \left(\frac{Y_{it}}{Y_t} \right) \times \ln \left(\frac{Y_{it}}{Y_t} \middle/ \frac{X_{it}}{X_t} \right) \tag{6.2}$$

其中，$i=1$ 代表城镇，$i=2$ 代表农村，Y_{1t} 和 Y_{2t} 分别代表第 t 年城镇、农村的人均可支配收入，Y_t 代表第 t 年城镇和农村总的人均可支配收入，X_{1t} 和 X_{2t} 分别代表第 t 年城镇、农村的人口数，X_t 代表第 t 年城镇和农村总的人口数。

当然，益贫式增长指标与城乡收入差距指标存在一定的差异。理论上说，益贫式增长指标只要大于 0，增长便具有益贫性，城乡收入差距就会缩小。也就是说，某项因素对益贫式增长呈现负向影响，只能说明其降低了经济增长的益贫性，但未必会扩大城乡差距。从这个意义上说，益贫式增长指标是度量经济增长益贫性更严格和精确的指标。

2. 金融发展水平 *FIN* 的测度

下面分别从传统金融和数字金融两个角度度量一个地区的金融发展水平。

（1）传统金融发展水平。本章计划从金融资源的可获得性和金融服务的可获得性两个不同的视角度量传统金融的发展水平。从金融资源可获得性的视角度量传统金融的发展水平是已有文献通常使用的角度，代表性的指标便是贷款/GDP。本章计算了长三角地区 41 个地级市的该项指标，记为 *FR*1。张军和金煜（2005）认为，在度量一个地区金融资源可获得性时，重点要看非国有企业获得金融资源的难易程度，即分配给非国有部门的信贷余额占当地 GDP 的比例，王宇伟和范从来（2016）的研究也采用了该方法，具体如式（6.3）所示，记为 *FR*2。

$$FR2 = \frac{\text{地区年终信贷余额}}{\text{地区 GDP}} \times \left(1 - \frac{\text{地区国有及国有控股工业企业总产值}}{\text{地区规模以上工业企业总产值}} \right) \tag{6.3}$$

近年来，越来越多的研究开始用金融机构的网点信息度量金融服务的可获得性。如前所述，传统金融主要凭借其物理网点提供金融服务，因此，也可以将这类指标作为传统金融发展水平的代理指标。本章利用中国银监会公布的金融许可证信息，统计了各城市金融网点的数量，并从人均拥有网点数和单位面积网点数两个角度计算了金融机构网点的密集度指标。其中，当因变量为城镇益贫式增长指标 *PE-GR* 时，我们计算了城镇的人均拥有网点数和城镇的单位面积网点数，分别记为 *FS1* 和 *FS2*；当因变量为城乡收入差距的泰尔指数 *THI* 时，我们计算了整个城市的人均拥有网点数与单位面积网点数，分别记为 *FS3* 和 *FS4*。金融网点是否属于城镇地区是根据其所处的地址来确定的。计算城镇地区单位面积网点数时，除以的是城市的建成区面积；计算整个城市单位面积网点数时，除以的是城市的总面积。

（2）数字金融发展水平。本章采用两种方法度量了城市数字金融发展水平。一是直接采用北京大学互联网金融研究中心和蚂蚁金服研究院合作编制的"北京大学数字普惠金融指数（2011—2020年）"中提供的各地级市数字金融发展水平指标，记为 *DF1*，该指标重点采用蚂蚁金服提供的数据，从数字金融服务的覆盖广度、使用深度和数字化程度三个维度来构建体系，综合测度一个地区的数字金融发展水平。二是借鉴盛天翔和范从来（2020）的思路，利用关键词的网络搜索量构建了城市的数字金融发展水平指标，记为 *DF2*。之所以采用该方法，是因为数字金融相关的关键词搜索指数能一定程度上反映数字金融的发展情况。艾森巴赫（Eysenbach，2009）、里普伯格（Ripberger，2011）认为，人们在网络上搜索的数据是基于需求的数据，可用于进行现状追踪和趋势预测；刘涛雄和徐晓飞（2015）认为，互联网搜索行为是网络大数据中比较有代表性的信息，能够帮助进行宏观经济预测。与沈悦和郭品（2015）选择关键词在新闻中的发布次数不同，关键词的百度搜索指数能统计到各地级市和年份层面，从而满足本章对城市面板数据的要求。本章手工整理并汇总成数字金融发展指数的具体步骤如下。第一步，结合百度搜索指数的数据可得性，确定与数字金融相关的关键词。数字金融基本服务角度包括网贷、网上融资、网络融资、网络小额贷款、网络贷款、网络银行、电子银行、在线银行、开放银行、互联网银行、直销银行；资金支付角度包括在线支付、移动支付、第三方支付；底层技术角度包括互联网金融、金融科技、大数据、云计算、人工智能、区块链、生物识别。第二步，将上述各关键词的百度搜索指数全部采集后，按照基本服务、资金支付、底层技术三个角度进行汇总，并采用熵值法确定权重，将多个指数合成综合指数。该综合指数能够反映该城市对数字金融相关关键词的总搜索水平。要更准确地反映该城市的数字金融发展水平，还需要解决两方面的问题。一是各城市的人口数量差异较大，这会影响到对关键词的搜索量。二是虽然百度搜索是国内最重要的搜索引擎，但并非唯一。微软公司提供的"微软必应"等搜索引擎是其重要竞争对手，这意味着百度搜索的市场占有水平在各个城市可能存在波动，这同样会影响对关键词的搜索量。通常来说，用常住人口数对上述指数进行调整是解决第一个问题最简捷的办法，但这无法解决第二个问题。本节选择统计各城市所在省市最常用的 100 个成语的搜索量水平，并利用其对数字金融的搜索量进行了调整。常用成语的搜索量通常较为稳定，不易受到其他因素的影响，搜索量的高低既能够体现该地区的人口水平，又能体现该地区对百度搜索的使用频率变化，用其对各城市的数字金融综合指数进行调整能较好地解决上述两个方面的问题。本节用城市的成语搜索量调整综合指数并求对数后，得到各城市的数字金融发展水平指标 *DF*2。

3. 控制变量 *Control* 的选择

本节选择的控制变量包括：代表产业结构的指标第三产业增加值占比 *IS*；代表发展类财政支出（包括教育支出、科技支出、文化支出、医疗卫生支出）的指标 *ETM*；代表物价水平的指标 *CPI*。此外，在以城镇益贫式增长水平 *PEGR* 为因变量时，还控制了代表城市经济发展水平的人均 GDP 指标 *PGDP* 和代表城镇就业水平的城镇登记失业率指标 *UEM*；以城乡收入差距为因变量时则控制了城镇化率指标（各城市城镇年末常住人口/该市年末常住人口）*URB* 和全体居民平均可支配收入指标 *INC*。

上述实证分析使用的变量定义及指标说明如表 6 – 1 所示，样本描述性统计分析结果如表 6 – 2 所示。

表 6 – 1　　　　　　　　　　　　变量说明

变量类型	变量名称	变量符号	采用的统计指标或具体计算方法	数据来源
因变量	益贫式增长指数	*PEGR*	参见第五章	各级地方政府统计年鉴、Wind 数据库
	城乡差距泰尔指数	*THI*	式（6.1）	
自变量	传统金融发展水平（资源可获得性）	*FR1*	地区贷款余额/地区 GDP	各地级市统计年鉴、Wind 数据库
		FR2	式（6.2）	
	传统金融发展水平（服务可获得性）	*FS1*	城镇金融机构网点数/城镇常住人口	CNRDS、Wind 数据库
		FS2	城镇金融机构网点数/城市建成区面积	
		FS3	地区金融机构网点数/地区常住人口	
		FS4	地区金融机构网点数/城市总面积	
	数字金融发展水平	*DF1*	参见"北京大学数字普惠金融指数（2011—2020 年）"	北京大学数字普惠金融指数
		DF2	通过百度搜索指数计算获得	百度网站

续表

变量类型	变量名称	变量符号	采用的统计指标或具体计算方法	数据来源
控制变量	经济增长水平	*PGDP*	ln（地区 GDP/地区常住人口）	各省、直辖市统计年鉴，各地级市统计年鉴，Wind 数据库
	产业结构	*IS*	第三产业增加值占比	
	城镇化率	*URB*	城镇常住人口/常住人口	
	科教文卫支出占比	*ETM*	教育、科技、文化、卫生支出/GDP	
	物价水平	*CPI*	消费物价指数	
	就业水平	*UEM*	城镇登记失业率	
	收入水平	*INC*	全体居民平均可支配收入	

表 6 – 2　　　　　　　　　　各变量的描述性统计

变量	样本量	平均值	标准差	最小值	最大值
PEGR	246	0.145	0.637	− 2.200	5.096
URR	287	2.120	0.284	1.656	3.079
THI	280	0.056	0.026	0.021	0.136
*FR*1	287	5.436	0.257	4.705	6.082
*FR*2	287	5.044	0.503	3.348	6.221
*FS*1	287	1.524	0.564	0.614	3.862
*FS*2	287	1.667	0.654	0.670	3.227
*FS*3	287	1.835	0.666	0.834	3.875
*FS*4	287	0.468	0.283	0.115	1.436
*DF*1	287	1.835	0.666	0.834	3.875
*DF*2	287	1.494	0.964	− 1.712	4.101
PGDP	287	11.043	0.557	9.530	12.067
IS	287	0.454	0.080	0.247	0.727
URB	287	0.612	0.112	0.344	0.896
ETM	287	5.221	2.006	2.458	12.224
CPI	287	1.020	0.006	0.970	1.033
UEM	287	2.530	0.686	1.530	4.200
INC	287	10.243	0.387	9.413	11.148

（二）基准模型回归结果

1. 传统金融发展水平对地区经济增长益贫性的影响

我们首先以传统金融发展水平相关指标为自变量，采用固定效应模型进行回归，回归结果如表 6 – 3 所示。

表 6 – 3　　　　　　　　传统金融对经济增长益贫性的影响

变量	益贫式增长 PEGR				变量	城乡差距 THI			
	FR1	FR2	FS1	FS2		FR1	FR2	FS3	FS4
金融发展水平	0.171 (0.475)	– 0.223 (0.288)	– 0.260 (0.520)	– 0.380 (0.360)	金融发展水平	0.001 (0.005)	0.002 (0.005)	– 0.024 *** (0.003)	– 0.014 ** (0.006)
IS	1.636 (3.499)	1.472 (3.456)	1.288 (3.844)	1.621 (3.379)	IS	0.003 (0.019)	0.003 (0.019)	– 0.014 (0.017)	0.001 (0.019)
ETM	0.138 (1.692)	0.211 (1.705)	– 0.126 (1.697)	0.118 (1.712)	ETM	– 0.042 * (0.025)	– 0.042 * (0.025)	– 0.064 *** (0.022)	– 0.048 ** (0.025)
CPI	3.011 (5.973)	2.700 (5.893)	3.134 (5.734)	2.601 (5.704)	CPI	0.159 (0.102)	0.159 (0.102)	0.157 * (0.089)	0.168 * (0.102)
PGDP	– 1.361 * (0.796)	– 1.390 * (0.829)	– 1.004 (1.457)	– 1.339 (0.847)	INC	– 0.112 *** (0.021)	– 0.112 *** (0.021)	– 0.111 *** (0.021)	– 0.095 *** (0.022)
UEM	– 0.216 (0.132)	– 0.212 * (0.125)	– 0.206 (0.133)	– 0.198 (0.132)	URB	– 0.138 ** (0.048)	– 0.138 ** (0.048)	– 0.174 *** (0.042)	– 0.139 *** (0.048)
截距项	10.197 (8.424)	11.258 (8.964)	7.040 (14.351)	11.261 (8.663)	截距项	1.430 *** (0.248)	1.430 *** (0.248)	0.042 (0.268)	1.273 *** (0.254)
个体效应	控制	控制	控制	控制	个体效应	控制	控制	控制	控制
时间效应	控制	控制	控制	控制	时间效应	控制	控制	控制	控制
Obs	287	287	287	287	Obs	287	287	287	287
R^2	0.208	0.208	0.210	0.209	R^2	0.510	0.510	0.627	0.519

注：括号中是稳健性标准误，*** 、** 、* 分别表示在 1%、5%、10% 的水平上显著。

当采用减贫等值增长率指标反映地区益贫式增长水平时，体现金融资源可获得性和金融服务可获得性的传统金融发展指标对城镇地区的益贫式增长均未表现出显著影响。控制变量前系数也大多不显著。当采用城乡收入差距反映地区益贫式增长效果时，FR1 和 FR2 前系数仍不显著，但 FS3 和 FS4 前系数显著为负，表明提高金融网点的密集度有利于提高益贫式增长的效果，缩小城乡收入差距。从控制变量情况来看，收入水平 *INC* 和城镇化水平 *URB* 前系数均显著为负，表明在长三角地区，收入水平越高、城镇化程度越高的地区，城乡收入差距越小，经济增长的益贫性相对越好。财政支出中的科教文卫支出占比对城乡收入差距总体形成显著负向影响，这与第四章的结论基本保持一致。

2. 数字金融发展水平对地区经济增长益贫性的影响

采用相同的实证模型，我们对数字金融发展水平与地区经济增长益贫性之间的关系进行了回归，结果如表 6－4 所示。

表 6－4　　　　　数字金融对经济增长益贫性的影响

变量	PEGR		变量	THI	
	DF1	DF2		DF1	DF2
金融发展水平	0.630 *** (0.205)	0.181 * (0.098)	金融发展水平	－0.014 ** (0.006)	－0.005 *** (0.002)
IS	2.600 (3.487)	2.444 (3.826)	IS	－0.009 (0.018)	0.003 (0.018)
ETM	0.187 (1.686)	－0.150 (1.595)	ETM	－0.042 * (0.024)	－0.032 (0.025)
CPI	4.479 (5.334)	0.425 (5.604)	CPI	0.048 (0.105)	0.119 (0.099)
PGDP	－1.087 (0.896)	－1.119 (0.815)	INC	－0.132 *** (0.021)	－0.127 ** (0.020)
UEM	－0.159 (0.131)	－0.197 (0.121)	URB	－0.152 *** (0.048)	－0.125 *** (0.048)
截距项	－2.528 (9.328)	10.237 (9.523)	截距项	1.509 *** (0.243)	1.297 *** (0.224)
个体效应	控制	控制	个体效应	控制	控制
时间效应	控制	控制	时间效应	控制	控制
Obs	287	287	Obs	287	287
R^2	0.199	0.195	R^2	0.524	0.530

注：括号中是稳健性标准误，***、**、* 分别表示在1%、5%、10%的水平上显著。

从表6－4结果可见，当因变量为减贫等值增长率时，DF1、DF2前系数均显著为正；当因变量为城乡收入差距时，DF1、DF2前系数均显著为负。与传统金融发展水平相比，数字金融发展水平明显表现出更强的益贫性，对城乡收入差距的改善有更大的影响。

综上可见，从传统金融发展水平来看，金融资源可获得性的提高并不能提高经济增长的益贫性，但增加网点的人均覆盖率对缩小城乡收入差距有一定的意义。与传统金融发展指标相比，数字金融发展水平能更好地提高经济增长的益贫性。H1和H2基本能够得到验证。此外，从不同因变量的表现来看，城乡收入差距指标的表现更符合理论预期。这或许与PEGR指标仅能反映城镇地区的经济增长益贫性有一定关系，毕竟贫困人口主要集中在广大农村地区。

四、长三角地区数字金融益贫性的机制分析

根据上一节的研究结论，在长三角地区，数字金融的发展能够更为显著的缩小城乡收入差距，提高经济增长的益贫性。我们可以通过分组回归和门槛效应检验，对数字金融发展影响经济增长益贫性的机制进行进一步的深入研究。

（一）数字金融在不同收入城市益贫性的差异分析

我们按照各城市2013～2019年的平均居民人均可支配收入水平，把长三角地区41个地级市分为高收入组和低收入组，并进行了分组回归，结果如表6－5所示。可以看到，在低收入组所在城市，数字金融的发展更有利于城镇地区经济增长的益贫性，也更有利于降低其城乡收入差距。可以认为，在低收入地区，数字金融发展对经济增长的益贫性能够产生更为正向的影响。

表6－5　　　　　　　　　　按收入分组回归结果

变量	低收入组		高收入组	
	PEGR	THI	PEGR	THI
数字金融发展（DF1）	1.117** (0.538)	−0.018** (0.008)	0.317 (0.385)	−0.006* (0.004)
控制变量	控制	控制	控制	控制

续表

变量	低收入组		高收入组	
	PEGR	*THI*	*PEGR*	*THI*
个体效应	控制	控制	控制	控制
时间效应	控制	控制	控制	控制
Obs	147	147	140	147
R^2	0.271	0.701	0.254	0.837
数字金融发展 （*DF*2）	0.315 * （0.181）	− 0.005 * （0.003）	0.001 （0.070）	− 0.001 （0.001）
控制变量	控制	控制	控制	控制
个体效应	控制	控制	控制	控制
时间效应	控制	控制	控制	控制
Obs	147	147	140	140
R^2	0.265	0.662	0.250	0.803

注：括号中是稳健性标准误，** 、* 分别表示在 5%、10% 的水平上显著。

数字金融在低收入城市表现出更好的益贫性，进一步凸显了数字金融具有更好的普惠性这一特点。这与本章之前的分析是一致的——数字金融具有更强的包容性，能够覆盖更多的低收入人群，因而对提高经济增长的益贫性，缩小贫富差距具有更为明显的作用。正是因为数字金融具备的上述特征，使其能够与传统金融形成某种互补。可以说，数字金融之所以表现出更好的益贫性，正是因为其弥补了在低收入地区传统金融服务供给不足的问题。

（二）数字金融与传统金融的互补性分析

如前所述，数字金融能够与传统金融形成很好的互补性。在传统金融供给不足的地区，数字金融对提高经济增长的益贫性、减少收入差距能表现出更为明显的影响。为了证明这一观点，我们将根据上一节的研究结论，进一步利用门槛效应回归模型，对传统金融与数字金融之间的互补关系进行检验。具体来说，首先，我们将分析传统金融对益贫式增长及收入差距的影响是否存在门槛效应。从之前的研究可见，传统金融服务的可获得性（金融网点的密集度）对缩小城乡收入差距有一定的作用，因此，我们将重点观察以金融网点密集度表示的传统金融在对益贫式增长和收入差距产生影响时是否存在门槛效应。其次，我们在此基础上，以金融网点的密集度为门槛变量，进一步观察数字金融对益贫式增长及收入差距的影响是否存在门槛效应。

以双重门槛为例，门槛效应回归模型如式（6.4）所示：

$$PPG = \alpha_0 + \alpha_1 X \cdot I(TH \leq \xi_1) + \alpha_2 X \cdot I(\xi_1 < TH \leq \xi_2)$$
$$+ \alpha_3 X \cdot I(TH > \xi_2) + \sum Control + \varepsilon_t \quad (6.4)$$

其中，TH 为门槛变量，X 是主要解释变量，ξ_1 和 ξ_2 是门槛值。本节先以 $FS1$ 为门槛变量和主要解释变量，对金融网点密集度影响经济增长益贫性进行回归。在回归前，先依据汉森（Hansen，1999）提出的方法进行门槛效应检验，再根据门槛效应检验结果，确定门槛数量后再进行门槛回归，表6-6是分别以金融网点密集度指标 $FS1$、$FS2$ 为门槛变量时的门槛效应检验结果。可见，以 $PEGR$ 为因变量时，$FS2$ 为门槛变量的情况下在 1% 的显著性水平上存在单一门槛；以 THI 为因变量时，$FS3$ 为门槛变量的情况下在 5% 的显著性水平上存在单一门槛。表6-7进一步报告了门槛回归的结果。

表6-6　　　　　　　　门槛效应检验结果

因变量	TH	X	模型	F-Stat	$Prob$	BS次数	10%临界值	5%临界值	1%临界值
$PEGR$	$FS1$	$FS1$	单一门槛	21.230**	0.037	300	15.387	19.816	28.554
			双重门槛	2.970	0.973	300	23.195	28.808	48.542
			三重门槛	3.310	0.896	300	13.377	17.163	22.848
	$FS2$	$FS2$	单一门槛	25.920***	0.010	300	12.547	14.879	21.632
			双重门槛	22.450	0.223	300	34.411	41.039	54.596
			三重门槛	10.870	0.640	300	34.321	38.399	50.599
THI	$FS3$	$FS3$	单一门槛	69.670**	0.017	300	36.602	44.765	73.945
			双重门槛	11.610	0.773	300	40.860	84.930	136.054
			三重门槛	8.020	0.870	300	29.970	58.182	101.313
	$FS4$	$FS4$	单一门槛	17.930	0.220	300	25.988	31.365	45.741
			双重门槛	11.100	0.437	300	24.197	29.054	39.477
			三重门槛	9.520	0.463	300	22.054	25.721	50.400

表 6 – 7　　　　　　　　　　　门槛效应回归结果

因变量	TH	X	单一门槛检验伴随概率	门槛值（95%置信区间）	区制	X 前系数
PEGR	FS1	FS1	0.020**	$\xi_1 = 1.609$ (1.593, 1.657)	0 1	−0.453 [1.210] 0.553* [1.810]
	FS2	FS2	0.000***	$\xi_1 = 1.570$ (1.531, 1.589)	0 1	−0.457 [0.910] 1.078* [1.810]
THI	FS3	FS3	0.010***	$\xi_1 = 3.104$ (3.010, 3.301)	0 1	−0.003 [0.920] −0.021*** [8.040]

注：***、** 分别表示在 1%、5% 的水平上显著；单一门槛时，区制 0 和 1 分别表示 $TH < \xi_1$ 和 $TH \geq \xi_1$ 两种不同区制，方括号中是 t 值。

门槛回归结果显示，以 PEGR 为因变量时存在单一门槛，且变量前系数在区制 0 下不显著，在区制 1 下在 10% 水平上显著为正。以 THI 为因变量时，FS3 在区制 0 对收入差距的影响不显著，在区制 1 对收入差距在 1% 水平上形成显著负向影响。上述研究结果表明，金融网点密集度要越过一定的门槛值后，才能对经济增长益贫性产生正向的影响，也才能显著地减少居民的收入差距。

表 6 – 8 和表 6 – 9 显示了以 PEGR 和 THI 为因变量、金融网点的密集度指标为门槛变量的门槛效应检验结果和门槛效应回归结果。

表 6 – 8　　　　　　　　　　　门槛效应检验结果

因变量	TH	X	模型	F-Stat	Prob	BS次数	10%临界值	5%临界值	1%临界值
PEGR	FS1	DF1	单一门槛	20.160**	0.050	300	14.612	19.834	32.059
			双重门槛	3.630	0.877	300	21.053	25.712	39.420
			三重门槛	3.220	0.900	300	12.610	14.678	22.332
	FS1	DF2	单一门槛	5.090	0.573	300	12.844	16.686	25.031
			双重门槛	3.130	0.873	300	13.554	15.406	24.780
			三重门槛	4.420	0.663	300	11.357	15.001	23.722
	FS2	DF1	单一门槛	27.660***	0.010	300	12.584	17.022	25.922
			双重门槛	25.210	0.147	300	30.518	37.457	45.764
			三重门槛	10.380	0.630	300	36.778	47.078	59.847
	FS2	DF2	单一门槛	8.180	0.230	300	12.231	16.014	24.081
			双重门槛	2.550	0.910	300	12.672	15.248	25.382
			三重门槛	7.390	0.230	300	11.454	15.770	42.518

续表

因变量	TH	X	模型	F-Stat	Prob	BS次数	10%临界值	5%临界值	1%临界值
THI	FS3	DF1	单一门槛	39.360**	0.037	300	30.167	37.127	55.703
			双重门槛	14.060	0.237	300	19.388	24.799	69.269
			三重门槛	6.900	0.823	300	28.489	38.492	66.097
	FS3	DF2	单一门槛	8.030	0.757	300	29.959	37.907	51.464
			双重门槛	10.370	0.453	300	22.398	27.292	34.965
			三重门槛	5.280	0.717	300	23.174	31.386	51.460
	FS4	DF1	单一门槛	20.690	0.213	300	29.303	39.323	61.324
			双重门槛	3.97	0.953	300	30.335	38.186	73.957
			三重门槛	3.75	0.960	300	23.198	32.434	48.720
	FS4	DF2	单一门槛	16.450	0.347	300	34.516	46.898	70.269
			双重门槛	6.390	0.817	300	22.766	28.435	86.214
			三重门槛	2.950	0.967	300	23.685	28.490	38.717

注：***、**分别表示在1%、5%的水平上显著。

表6－9　　　　　　　　　　门槛效应回归结果

因变量	TH	X	单一门槛检验伴随概率	门槛值（95%置信区间）	区制	X前系数
PEGR	FS1	DF1	0.030**	$\xi_1 = 1.634$ (1.593, 1.657)	0	0.680** [2.100]
					1	0.435 [1.320]
	FS2	DF1	0.003***	$\xi_1 = 1.548$ (1.531, 1.589)	0	0.741** [2.210]
					1	0.691** [2.010]
THI	FS3	DF1	0.020**	$\xi_1 = 2.792$ (2.788, 2.906)	0	−0.013*** [2.610]
					1	−0.015*** [3.470]

注：***、**分别表示在1%、5%的水平上显著；单一门槛时，区制0和1分别表示 $TH < \xi_1$ 和 $TH \geqslant \xi_1$ 两种不同区制，方括号中是t值。

表6－8和表6－9的结果表明，以 PEGR 为因变量、DF1 为解释变量、FS1 和 FS2 分别作为门槛变量时，均存在单一门槛。门槛回归结果还显示，当 FS1 为门槛变量时，金融网点密集度较低时，数字金融在促进经济实现益贫式增长上发挥了显著作用，在金融网点密集度较高时则影响效果不显著。当 FS2 为门槛变量时，金融

网点密集度较低和较高时，数字金融都表现出促进经济实现益贫式增长的效应，但在金融网点密集度较低时影响效果相对更大。因变量为 *THI* 时，以 *FS*3 作为门槛变量，*DF*1 作为解释变量的回归中存在单一门槛，门槛回归结果显示，数字金融在不同的金融网点密集度区制下都能显著缩小城乡收入差距，相对而言，在金融网点密集度高的区制下回归系数的绝对值更大一些。

综合上面的结论可以发现，数字金融对金融网点密度较低地区的经济增长的益贫性有显著影响，对金融网点密度较高地区的影响则不够稳定。结合上述门槛效应的检验结果可以看出，由于传统金融和数字金融的覆盖范围和目标人群都存在一定的差异，数字金融与传统金融之间表现出较为明显的互补性，即在传统金融供给不足的地区，数字金融往往能够发挥更为显著的作用。

五、结论与建议

本章基于 2013～2019 年长三角地区 41 个地级市的面板数据检验了传统金融和数字金融发展对益贫式增长以及城乡收入差距的影响。研究结果表明，数字金融是互联网技术发展下的产物，是传统普惠金融的延伸，其存在降低金融门槛、促进金融资源合理配置和增加收入等效应，数字普惠金融的发展确实有利于提高经济增长的益贫性，并缩小城乡收入差距。进一步研究发现，数字金融表现出对传统金融的补充作用，即在传统金融发展水平相对较低的地区，数字金融往往能够发挥更为明显的作用，这意味着数字金融和传统金融之间存在较为明显的互补关系。

鉴于以上结论，本章提出以下几条建议。

第一，大力发展互联网创新技术，夯实数字金融的发展基础。互联网技术的发展是数字金融推进的基础，政府及社会各界要大力推进光纤、移动基站、无线网络信号、无线移动终端等向农村及偏远地区覆盖延伸；尤其是在传统金融服务供给不足的落后地区，应通过新基建进一步提升数字化水平，充分发挥数字金融的普惠作用。

第二，大力推广尤其是向偏远农村地区推广数字普惠金融，构建多层次、多元化的数字普惠金融产品服务体系。从绝对量的供给上来看，现有金融服务供给严重不足，特别是农村和偏远地区群众享受到的金融服务极其有限。目前，全国仍有1 500 多个乡镇无任何金融网点，即使有网点，农民到最近网点的距离往往超过 10公里，一个农村金融网点仅配备五六名工作人员，对应数万名农户，服务能力明显不足。鉴于传统金融服务形式的高成本，可以大力推广数字普惠金融，同时也要加强传统金融机构的数字普惠金融参与程度，鼓励传统金融机构搭建自己的金融系统平台，整合新旧资源，对接新老客户。从相对量的供给上来看，现有的金融产品种类较为集中，风险和收益不对称，现有的金融机构要充分利用互联网大数据、云计算等分析技术，拓展金融服务的广度，充分挖掘不同群体的金融需求，更有针对性地设计和提供金融产品和服务。

第三，引导新型数字金融企业找准企业定位。数字金融的根本目的是让传统金融与互联网相结合，充分配置好社会上的闲置资金，让更多有资金需求的人得到满足。其金融的经营宗旨是扎根于实体经济，为实体经济发展提供量身订制的金融产品和服务。

第七章

产业结构与长三角地区益贫式增长

大规模的贫困减少离不开经济增长提供的物质基础。产业和产业结构是支撑经济增长的重要动力，但同时生产结构也是构成分配结构的主要基础。因此，本章着重分析影响经济增长的产业结构因素如何影响经济增长的减贫效应。

一、引　言

改革开放以来，中国经济增长与贫困减少取得了举世瞩目的成绩。经济总量跃居世界第二，同时 7 亿多人走出了绝对贫困，解决了温饱问题，特别是党的十八大以来，贫困人口减少 6 800 多万，贫困发生率由 10.2%下降到 3.1%。① 在扶贫领域探索出多条成功经验，其中以政府为主导的开发式扶贫，即通过开发贫困地区优势资源，引导贫困地区发展特色产业来提高其自身的"造血功能"，是农村贫困地区脱贫致富的重要出路之一，可以说是将产业兴与百姓富有机结合在一起。

国内外理论界与实务界都注意到了产业发展与脱贫之间的关联。例如，英国国际发展部（U. K. Department for International Development，DFID）在 1990 年就提出益贫旅游业（pro-poor tourism，PPT）的概念，指出益贫旅游业的目标是直接使穷人受益。之后有大量关于旅游产业与贫困减少的研究（Yu et al.，2019）。一方面，有大量的理论和实证研究表明，旅游业可以从税收和收入两方面使低收入者受益（Blake et al.，2008）。另一

---

① 2018 年政府工作报告。

方面，也有学者认为一国旅游业快速发展未必能缓和贫困（Goodwin，2011），反而可能会带来荷兰病效应（Hazari & Nowak，2003）。对于我国的旅游业减贫问题，赵磊与张晨（2018）利用西部地区省级面板数据发现，若以人均 GDP 为门槛变量，旅游产业对减贫存在门槛效应。

归根结底，产业扶贫不仅是某一个产业的问题，还涉及经济发展的问题。贫困减少的必要条件是经济持续增长，同时经济发展和产业结构变迁紧密相连。对我国经济而言，现有研究注意到了我国经济增长与脱贫攻坚之间的关联，但是在经济增长、人民增收的同时我国的产业结构也发生了巨大变化，第一产业的比重从 1952 年的 50.5% 减少到 2018 年的 7%，而第三产业的比重在 2012 年超过第二产业，2018 年达到 53.3%。那么，我国的产业结构快速变迁是否具有共享特征，以及与经济增长的减贫效应之间有何种内在关联，需要进一步研究。

对于该问题的经验分析，如果用低收入人群的平均收入作为因变量，不能得出收入增加必然脱贫的结论，因为这需要参照贫困线；若以贫困发生率为因变量，那么影响贫困发生的因素应该包括收入增长与收入分配两方面，但是贫困发生和收入分配之间又存在双向因果关系；若以基尼系数等变量为因变量，可能会产生产业结构与收入分配之间的双向因果关系，因为居民收入不平等可能会通过消费结构影响产业结构（罗军，2008；殷凤和陈宪，2013）。因此，直接使用这些变量为因变量，难以准确度量产业结构特征减贫效果的大小。长三角地区是我国经济发展最活跃、开放程度最高、创新能力最强的区域之一，在国家现代化建设大局和全方位开放格局中具有举足轻重的战略地位。本章以长三角地区为例，利用三省一市的相关数据，尝试以卡瓦尼和孙（2008）提出的减贫等值增长率（PEGR）为因变量，来考察产业结构对减贫的作用。PEGR 表示收入分配不变情况下收入增加带来的贫困减少的百分比，是单纯考虑经济增长对脱贫的作用情况，因此能在一定程度上缓解贫困、经济增长与分配之间的内生关系。本章的研究旨在揭示产业结构何种特征具有益贫性，为促进地区产业结构优化升级和农村贫困减缓提供有益的探索。

二、理论分析及研究假设

贫困的减少根本在于经济持续增长并能惠及低收入人群。经济增长理论对产业结构与经济增长之间的关系进行了持久与广泛的讨论。根据马克思主义理论观点，不能脱离生产谈论分配，因此让经济发展成果惠及低收入人群也离不开产业的发展。需要厘清的理论问题可能包括产业益贫的效应与测度、产业益贫的模式，特别是产业结构体系的发展变化如何促进经济增长同时有利于低收入人群。

就单个产业而言，产业自身的技术特征对劳动力的需求自然不同，相对于制造业而言，农业、服务业对劳动者人力资本要求较低，而且吸纳劳动力较多，因此仅就产业自身技术特征而言，各个产业对于减贫作用的大小各不相同，一般而言，第一产业和第三产业的益贫性较第二产业要强。国内外理论界与实务界都注意到了劳动密集型产业与脱贫之间的关联。杨水根和王露（2018）利用中国省级面板数据研究表明，流通产业发展具有显著正向减贫效应，且在第三产业内部构成中减贫效应表现突出。达特和拉瓦利恩（Datt & Ravallion，2002）利用印度省级层面数据控制了非农业产出之后发现，农村发展和人力资本发展较低的地区，经济增长的减贫效果相对较差，从而得出结论减贫不仅是经济总量的问题，同时也关乎产业构成和地理区位因素。拉瓦利恩和陈（Ravallion & Chen，2007）使用中国全国层面的时间序列数据研究表明，农业发展对1980～2001年中国贫困迅速减少的作用要高于城市经济发展的作用。洛艾扎和达拉兹（Loayza & Raddatz，2010）基于跨国数据的研究也表明，劳动密集型产业的增长对贫困减少的作用更大。不同产业之所以带来不同的减贫效果，产业劳动力密集度和不同行业对劳动力技能需求的异质性是重要原因（张苹，2011；汪三贵和胡联，2014）。当然对于产业的减贫效果的大小而言，不同研究得出的结论并不相同。

产业之间还要求有技术关联，这构成了产业结构。国内外对产业结构与扶贫也有相关研究。拉瓦利恩和达特（1996，2002）以及达特和拉瓦利恩（2002）利用印度数据研究表明，经济增长的产业构成对贫困减少起着重要作用。事实上如果没有制造业的支撑，这些劳动密集型产业发展也会相对较慢。从经济发展一般路径而言，试图通过某一个产业的发展来根本解决贫困问题似乎并不科学。

凯（Kay，2009）总结了苏联、东亚地区以及拉丁美洲的发展经验，对农业优先发展和工业优先发展解决贫困的策略进行了分析，指出农业—工业二分法对解决贫困都存在局限，因此提出农业和工业协同（synergy）发展，增强两者之间的动态联系来根除农村贫困。奥奇亚（Otchia，2019）的研究其实就对协同治理贫困的观点进行了很好的诠释。刚果民主共和国2003～2015年经济增长迅速，但贫困以及不平等问题在恶化。基于可计算一般均衡模型，模拟了特色农产品行业的益贫性，奥奇亚（Otchia，2019）将农业产业扶贫的效果分解为劳动力效率提升、营销效率、运输效率三部分，结果发现营销效率的提升有利于中产阶级，劳动力效率的提升具有强烈的相对益贫性并能缩小收入差距，但是运输效率的提升有很强的绝对和相对益贫性。

可见产业协同发展本身就具有较强的益贫性。因为根据经济学经典理论的阐述，要素的自由流动有助于要素价格趋同，这将有助于提高低收入人群的收入。程莉（2014）利用中国省级面板数据发现产业结构合理化有利于城乡收入差距的缩小。吴万宗等（2018）则是采用一定的统计方法，将统计局公布的居民可支配收入的分组数据转换成微观个体数据，因此得到了时间连续、覆盖面广的面板数据，结果表明产业结构合理化对收入分配有积极影响，因此需要注重产业间的协调发展。

随着时间推移，产业结构会发生变迁，配第－克拉克定理基于发达国家产业结构变迁事实的归纳总结，认为随着人均 GDP 的提高，第一产业的比重会越来越小，第二、第三产业的比重会越来越大。库茨涅茨在此基础上，进一步提出产业结构变动受人均收入变动的影响。这个过程也被认为是产业结构高级化的过程。产业结构高级化会促进经济增长。陈兆明与李敏（2019）利用省级面板研究发现产业结构高级化水平每提高 1 个百分点会带动经济增长 0.069 个百分点的上涨，这自然会促进居民收入增加。那么，产业结构升级是否有利于经济益贫呢？

大规模贫困的减少离不开经济增长和分配的改善。理论上而言，产业结构的变迁在经济增长和收入分配两方面都能发挥作用，关于产业结构高级化对经济增长的促进作用较容易达成共识。根据马克思等量资本获取等量利润的分析，在产业结构高级化过程中，各部门的资本有机构成不同，资本会从利润低的部门流向利润高的部门。那么劳动者相应地也会从生产效率低的部门流向生产效率高的部门，这会提高劳动力配置效率，从而带来总收入的提高。常进雄等（2019）通过构建 DSGE 模型研究发现，劳动力最初从农业部门转移到非农部门，剩余劳动力丰富，使得工资低于边际产出，随着劳动力转移，工资逐渐同边际产出相当，这个过程不仅提高了劳动力配置效率而且促进了资本积累，从而成为中国经济高增长的重要原因之一。

但是，产业结构高级化在收入分配方面的影响方向却不一定。由于人力资本积累的差异，劳动力的产业转移不一定十分顺利，因此也可能会使分配情况更加恶化，这会抵消一部分经济增长的益贫性。对中国经济而言，伴随产业结构的变迁，劳动收入份额不断下降，这可能意味着劳动者对经济发展成果的共享越来越少（汤灿晴和董志强，2019），无疑会抵消经济增长减贫的作用，不利于低收入者脱贫并不返贫。也就是说，产业结构变迁既带来了收入增加又可能带来了收入差距的扩大。白重恩和钱震杰（2009）剔除统计核算因素之后，认为产业结构转型是中国 1995~2013 年劳动收入份额下降的重要因素。魏等（Wei et al.，2013）利用中国 1997~2007 年省级面板数据支持了白重恩的观点，他们使用空间截面和面板回归模型实证估计发现，产业结构和所有制结构是影响地区劳动收入份额差异的两大因素。劳动力转移会带来收入分配结构的变化，因而产业结构变迁过程中会带来收入总量和分配的变化。

所以，产业结构高级化过程中，一方面会由于劳动力资源配置效率的改善带来收入的增加；另一方面对于收入分配可能会有两方面的影响：一种可能是会促进劳动力产业转移从而缩小了收入差距，这样的产业结构高级化过程益贫性较强，另一种可能是使得收入分配恶化，宏观表现就是收入份额下降，此时综合产业结构高级化对增长和分配两方面的影响并不能一定得出益贫的结论。这取决于产业结构高级化对分配影响的机制如何。

在对我国劳动收入份额下降原因的分析中，技术进步和金融约束是被提及的两大因素。陈斌开和林毅夫（2012）指出，政府的发展战略是导致金融抑制的原因，通过金融抑制发展资本密集型产业，在这种产业结构高级化的过程中却造成低收入人群在金融市场上的机会不平等，从而使得收入分配恶化。在新常态下，我国制造业产能过剩，基于同样逻辑，在金融"去杠杆"作用下，第二产业去产能，第三产业快速发展，在这个过程中，同样会造成不同人群在金融市场上的不平等，从而使得收入分配恶化。

技术是产业结构变迁的重要因素，但在这个过程中技术能影响资本品和劳动力的相对价格，显然，技术进步更容易降低资本品的价格，从而改变企业的决策。这将会影响资本所有者和劳动者之间的收入分配。从 20 世纪 80 年代开始，全球劳动份额明显下降。卡拉巴博尼和内曼（Karabarbounis & Neiman，2014）研究表明，由于信息技术的快速发展，促使企业从劳动力转向资本，投资品价格下降能解释劳动份额下降的一半。机器在应用它的部门必然排挤工人，但是它能引起其他劳动部门就业的增加。有偏的技术进步成为产业结构高级化的动力之一（杨仁发和李娜娜，2019），但这种变迁会给收入分配带来不同的影响。埃尔斯比等（Elsby et al.，2013）指出美国的劳动密集型产业外包是美国劳动收入份额下降的一个可能的解释。王林辉和袁礼（2018）说明有偏型技术进步会诱致要素跨部门流动和重新配置，推动产业结构变迁，进而形成对劳动收入份额的影响。奥托尔等（Autor et al.，2017）则从逻辑上证明使用低劳动份额技术的企业会形成赢家通吃的局面。正如前文分析，劳动密集型产业的益贫性较强，所以这种有偏的技术进步带来的产业结构高级化也可能会恶化收入分配，降低经济的益贫性。吴万宗等（2018）认为产业结构高级化对收入差距的影响并不清晰，总体来说产业结构高级化对经济增长的益贫性并不明确。

产业发展以及结构变迁不仅需要资金和技术，还需要空间。特别是第三产业的发展要求要素在空间上的集聚，这促进了城镇化的发展，有利于提高低收入者的收入。谭昶等（2019）利用空间计量，发现产业结构合理化和高级化均能有利于本地区和相邻地区农村减贫。

综合现有研究，产业结构变迁过程中，要求资本、劳动等要素能够合理流动，提高配置效率，从而在这个过程中可以改善分配和增加收入从而减少贫困（见图7－1）。

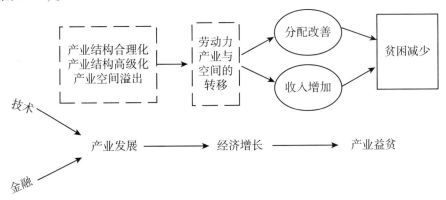

图7－1　产业发展益贫性的技术路线

由此我们可以提出以下假设：

H1：产业自身的技术特征对经济增长的脱贫效应并不相同，通常会认为第一产业和第三产业有助于脱贫，但是第二产业则不具有这样的特征，因此第一产业和第三产业的益贫性强于第二产业。

H2：从产业结构变迁的角度来看，产业结构合理化有助于经济增长的脱贫，因此产业结构合理化益贫性较强，但是高级化不一定。

H3：产业结构高级化的益贫性需要结合技术偏向和金融约束等条件，以及产业结构的空间外部性等综合判定。

三、益贫式增长与长三角地区产业结构的经验分析

（一）模型设定与拓展

为分析产业结构与地区经济增长益贫性之间的关系，基于上述分析基本思路，在考虑数据的可得性和充分借鉴现有经验研究的基础上，我们构建以下模型进行讨论。

首先，分析不同产业增长的益贫性。即设定如下模型：

$$PEGR_{it} = \alpha_0 + \alpha_1 \ln x\_1_{it} + \alpha_2 \ln x\_2_{it} + \alpha_3 \ln x\_3_{it} + \alpha_4 x_{it} + \varepsilon_{it}$$

其中，$PEGR$ 就是我们已经计算出来的减贫等值增长率，在这里主要采用以贫困发生率为基础所计算的值。具体计算方法及数据参见第二章。模型中 $\ln x\_i(i=1,2,3)$ 表示三次产业产值的对数，x 为其他控制变量。由于各省份经济发展基础不一样，这里各产业的产值参考张萃（2011）的做法，将各个产业期初的产出比重引入模型当中，即 $x_i = w_{i0} \times ind\_i$，其中 w_{i0} 为各个产业在样本期初占当年 GDP 的比重，ind_i 为三次产业当年的产值。

其次，考虑就业结构与产业结构协同以及产业结构演进对经济益贫性的影响，即产业结构合理化和高级化对经济益贫性的影响。分别设定模型：

$$PEGR_{it} = \beta_0 + \beta_1 theil_{it} + \beta_2 x_{it} + \varepsilon_{it}$$
$$PEGR_{it} = \beta_0 + \beta_1 senior_{it} + \beta_2 x_{it} + \varepsilon_{it}$$

对产业结构合理化的度量，参考戴魁早（2014）、干春晖等（2011）等的方法，我们采用泰尔指数：

$$theil = \sum_{i=1}^{3} (Y_i/Y) \ln \left(\frac{Y_i}{Y} \Big/ \frac{L_i}{L} \right)$$

其中，Y_i 和 L_i 分别表示第 i 个产业的产值和从业人数，Y 和 L 分别表示各地区 GDP 和全社会从业人员数。

衡量产业结构高级化的指标有很多，如非农业产值比重（程莉，2014）、技术密集型制造业产值占制造业总产值比重（余东华和张昆，2020）、高新技术产业产值占工业总产值比重（李政和杨思莹，2016）、穆尔（Moore）结构变化值（谢婷婷和潘宇，2018）等，这里使用第三产业与第二产业产值之比来表示产业结构高级化（干春晖等，2011；吴万宗等，2018）。

产业结构高级化对经济益贫性影响的机制较为复杂，一方面会随着经济发展自身演进；另一方面在我国经济快速发展的背景下，理论研究认为有偏的技术进步和金融约束对我国产业结构变迁有着重要的作用，这种情况下产业结构高级化的益贫性方向需要深入分析。因此，我们还将分别引入技术进步、金融约束与产业结构高级化的交叉项，进一步讨论在这些因素影响下，产业结构高级化会如何影响经济的益贫性。

最后，由于要素流动与产业发展具有一定的空间特征，需要考虑这些因素的空间溢出效应，这里采用空间计量模型考虑产业结构合理化或高级化的经济益贫性。空间模型主要有空间误差模型（SEM）、空间自回归模型（SAR）和空间杜宾模型

（SDM）。根据勒沙杰和佩斯（2014）的研究，三种模型的形式如下：

（1）空间自回归模型：

$$Y = \rho_0 \iota_n + \rho_1 W \times Y + \rho_2 x + \varepsilon$$

$$\varepsilon \sim N(0, \sigma^2 I_n)$$

其中，空间滞后项 $\rho_1 WY$ 是空间自回归模型的标志。空间自回归模型可视为线性回归模型的一个空间延伸，因此 ρ_0、ρ_2 以及 σ 等都是常见参数。

（2）空间误差模型：

$$Y = \rho_0 \iota_n + \rho_1 x + \mu$$

$$\mu = \lambda W \mu + \varepsilon$$

$$\varepsilon \sim N(0, \sigma^2 I_n)$$

由于区位基础设施、邻近区域声誉等不可观测因素因变量产生影响，为防止出现这类遗漏变量问题，形成了空间滞后模型，当然为了形式上的简单，这里没有包括因变量的空间滞后。

（3）空间杜宾模型：

$$Y = \rho_0 \iota_n + \rho_1 W \times x + \rho_2 x + \varepsilon$$

$$\varepsilon \sim N(0, \sigma^2 I_n)$$

空间杜宾模型主要考虑了自变量的空间滞后。在这里自变量本身不仅会对因变量产生作用，还可能通过空间溢出效应，借助其他地区的自变量对因变量产生作用。模型中 W 为空间权重矩阵，x 是因变量。空间权重矩阵的选择是空间计量的关键问题。根据数据以及现有研究，主要选择邻接矩阵（W_1）、地理距离权重矩阵（W_2）和经济距离权重矩阵（W_3）来充分考虑不同空间权重下产业结构的特征对经济益贫性的影响。参考钞小静和廉园梅（2019）的研究，各权重矩阵的设定如下：

$$W_{1ij} = \begin{cases} 1, \text{两个省份相邻} \\ 0, \text{两个省份不相邻} \end{cases}$$

$$W_{2ij} = \frac{1}{d_{ij}}$$

$$W_{3ij} = \frac{1}{|y_i - y_j|}$$

其中，d_{ij} 为省会之间根据经纬度计算的球面距离，y_i 和 y_j 分别表示两个省份的人均 GDP。

（二）变量测算与说明

本部分的因变量是减贫等值增长率，选择该变量是因为其剔除了分配因素对减贫的影响，能够减少计量回归中的内生性问题，当然并不排除其他问题产生的内生性问题。前面已基于 FGT 指标计算了相关 $PEGR$。

核心解释变量是表征产业及产业结构特征的指标，包括三次产业产值和比重、产业结构合理化和高级化等。

根据现有文献，我们选择开放程度、政府干预、人力资本、技术进步、金融约束和价格总水平变化率作为控制变量。开放程度对减贫和收入分配均有重要作用，赵锦春与范从来（2018）研究表明贸易自由化有助于经济的益贫性，哈里森（Harrison，2005）研究发现贸易开放度对劳动份额具有负向影响。由于数据的限制，我们采用按经营单位所在地分货物进出口总额（$impexp$）来表示贸易开放程度。政府干预一方面能够影响经济增长，另一方面能够进行转移支付影响贫困发生率，因此采用地方政府公共财政支出（gov）表示。人力资本是提高劳动效率增加收入的基本手段，对减少贫困有重要意义，按照通常做法我们选用从业人员的平均受教育年限（edu）来表示。数据以《中国统计年鉴》中全国人口变动情况抽样调查样本数据为基础，按照现行学制年限计算所得。前文分析技术进步（rd）和金融约束（fin）会影响产业结构调整，因此也被当作控制变量，分别采用研发经费与 GDP 之比和金融机构年末各项贷款余额与 GDP 之比表示。物价被视为再分配的重要因素，谢超峰和范从来（2017a、2017b）发现物价对益贫式增长有着显著作用，这里采用价格总水平的变化率来表示物价变化（pai）。

所有数据来自各省份统计年鉴、《中国统计年鉴》和 Wind 数据库，时间跨度为安徽 2003~2019 年、江苏 2001~2019 年、浙江 2005~2015 年、上海 2001~2017 年，所有数据构成了非平衡面板数据，各变量的描述性统计见表 7-1。

表 7-1　　　　　　　　　主要变量的描述性统计

变量	均值	方差	最小值	最大值
$pegr0$	-0.069	8.339	-21.396	3.596
$pegr1$	0.173	4.715	-11.464	8.762
$pegr2$	-0.293	22.583	-35.390	4.043
$wind\_1$	5.650	35.867	0.004	19.374
$wind\_2$	28.061	614.522	0.298	56.600
$wind\_3$	22.963	416.123	0.399	51.540

续表

变量	均值	方差	最小值	最大值
ind_1	1 546.145	1.52e + 06	78.000	4 297.240
ind_2	12 691.244	1.01e + 08	1 535.290	43 507.530
ind_3	12 734.046	1.24e + 08	1 638.420	50 852.050
lab_1	874.028	3.85e + 05	37.090	1 878.300
lab_2	1 231.732	3.89e + 05	309.910	2 047.160
lab_3	1 253.439	2.25e + 05	355.170	2 235.860
impexp	8.32e + 07	1.03e + 16	1 534.784	3.55e + 08
gov	4029.936	8.66e + 06	507.440	12 573.550
edu	9.011	1.264	7.039	11.406
rdgdp	2.045	0.563	0.784	3.930
pai	0.085	6.578	− 7.074	5.365
fin	1.359	0.198	0.705	2.194

（三）结果分析

在进行回归之前，对变量进行平稳性检验，由于是非平衡面板数据，本章采用面板单位根 IPS 检验，所有变量均拒绝所有截面都包含单位根的原假设。我们首先对各个产业的益贫性进行检验。检验结果见表 7 – 2。

表 7 – 2　　　　　　　　　　三次产业益贫性回归分析

变量	（1）随机模型	（2）随机模型	（3）随机模型	（4）混合回归	（5）随机模型
lnx1	1.165 (0.952)			3.867* (1.950)	4.000** (2.001)
lnx2		0.881 (1.513)		− 7.081* (4.017)	− 7.323* (4.065)
lnx3			2.072 (2.092)	5.087 (3.320)	5.539* (3.333)
gov	− 0.0136 (0.0443)	0.00638 (0.0457)	− 0.0209 (0.0564)	− 0.0999* (0.0590)	− 0.0714 (0.0608)
edu	1.882 (1.372)	0.774 (0.922)	0.705 (0.670)	2.686* (1.468)	3.045** (1.542)

续表

变量	(1) 随机模型	(2) 随机模型	(3) 随机模型	(4) 混合回归	(5) 随机模型
$impexp$	−3.25 (6.27)	−1.17 (9.53)	2.80 (1.03)	−1.05 (1.24)	−1.14 (1.24)
pai	−0.156 (0.151)	−0.178 (0.152)	−0.179 (0.151)	−0.116 (0.151)	−0.116 (0.151)
$\ln w$	−2.360 (1.865)	−2.157 (1.877)	−2.274 (1.870)	−2.826 (1.855)	−2.826 (1.855)
常数项	2.825 (21.63)	8.216 (24.44)	1.371 (24.43)	−21.03 (20.22)	2.230 (24.76)
N	58	58	58	58	58

注：*、** 分别表示在 10%、5% 的水平上显著，括号内数值为标准误差。

使用面板数据模型需要首先进行模型选择，我们使用豪斯曼检验，检验结果 p 值为 0.9959，强烈接受原假设，故使用随机效应模型。由于本章所使用的数据集时间跨度相对截面较长，为防止出现组内自相关，进行沃尔德检验，p 值为 0.4792，接受不存在一阶组内自相关的原假设。作为对比，本章也将混合回归的结果列出。

从表 7-2 第（5）列可以看到，第一产业和第三产业的发展对减贫作用具有显著的积极作用，而第二产业的发展并不利于减贫。三次产业的回归系数是否存在显著差异，在回归之后进行了 F 检验，结果表明三次产业之间的回归系数两两不相等。所以总体来看，三次产业益贫性的大小依次为：第三产业 > 第一产业 > 第二产业。之所以三次产业的益贫性有这样的差异，本书对此的解释是产业劳动力密集度的差异。采用该产业就业人数占地区总就业人数的比重与该产业产出占地区总产出的比重之比来表示产业劳动力密集度。为此，本书简单计算了各省份三次产业的产业劳动密集度的平均值，计算结果见表 7-3。

表 7-3   各省份三次产业的产业劳动密集度

省份	第一产业	第二产业	第三产业
安徽	0.029	0.005	0.009
江苏	0.036	0.007	0.008
浙江	3.3613	0.953	0.783
上海	6.958	0.944	0.971

从表 7 – 3 可以看到，除浙江外，其余各个省份第二产业的劳动密集度都是最低的。这和我们回归的结果基本一致。这不仅解释了产业的益贫性，而且解释了浙江和上海的经济益贫性表现出一定的持续性的原因。相对于安徽和江苏，浙江和上海第一产业和第三产业能吸纳更多的劳动力参与，这有利于经济发展成果惠及更多人。谢超峰和范从来（2017b）在分析江苏和浙江的益贫性时发现浙江的益贫性要强于江苏，一个重要原因就是浙江的批发零售业人均产值要高于金融业，批发零售是增加居民经营性收入门槛较低的行业，浙江充分发展了以阿里巴巴为代表的"互联网＋零售"的比较优势，使得居民具有更强的获得感。

在控制变量中，人力资本对促进经济的益贫性始终有正向作用，即提高人均受教育年限有利于低收入人群脱贫。物价和平均工资增长率虽然不显著，但稳定且和预期相符。

我们使用泰尔指数衡量产业结构和就业结构的匹配情况。泰尔指数取值范围在 0 和 1 之间，该值越大，说明产出结构与就业结构偏离越大，该产业的劳动生产率越低；该值越小，说明产业结构越合理。长三角地区泰尔指数的计算结果见图 7 – 2。

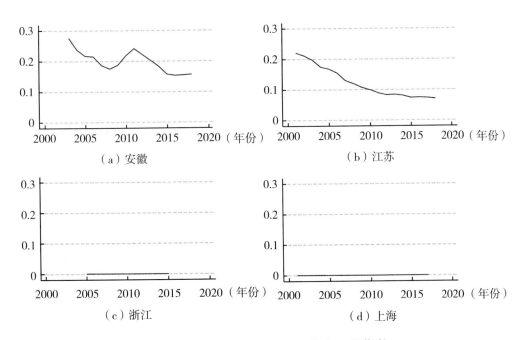

图 7 – 2 三省一市的产业结构合理化指数

从图 7-2 可以看出，浙江和上海的泰尔系数非常接近 0，说明这两个地方的产业结构和就业结构相当匹配，江苏的泰尔指数不断下降，而安徽的产业合理化还有待提高。产业结构合理化对经济益贫性的回归结果见表 7-4。

表 7-4　　　　　　　　　产业结构合理化的益贫性

变量	(1)	(2)
	固定模型	聚类固定模型
theil	-42.73 ** (23.20)	-63.15 ** (12.69)
edu	3.973 ** (1.741)	3.873 ** (1.368)
gov	-0.0516 ** (0.0592)	-0.121 ** (0.0239)
impexp	0.309 * (0.146)	0.305 ** (0.0672)
pai	-0.109 (0.149)	0.528 (0.772)
ln*w*	-2.029 (3.287)	-3.105 (10.348)
常数项	-28.89 ** (14.35)	-10.13 (10.17)
N	58	60

注：*、** 分别表示在 10%、5% 的水平上显著；第（1）列括号内为标准误，第（2）列括号中为稳健标准误。

豪斯曼检验显示应选择固定效应模型，回归结果见表 7-4 第（1）列。为防止出现组内自相关、组间异方差和组间同期相关的问题，我们进行了瓦尔德检验、LM 检验，检验结果拒绝了组间同方差的原假设，但没有组内自相关和同期相关。为此，我们采用聚类稳健标准误重新回归，结果见第（2）列。

从表 7-4 回归结果可以看到，产业结构合理化对经济增长的益贫性有极强且显著的作用。改革开放以来我国产业结构不断优化，大量农村剩余劳动力转移到城市中，既享受到了劳动力转移带来的生产效率的提高，也享受到了城镇化带来的红利。劳动力转移不仅影响了产业结构和就业结构的匹配，而且深刻影响了投资率的变化，提高了资本回报率，促进了资本积累（常进雄，2019）。

从图 7 - 3 可以看出，除上海城镇人口比重稳定在 90% 左右外，其他地区城镇人口比重不断提升。城镇化过程不仅是人口迁移的过程，也是产业结构合理化的过程。在这个过程中，第一产业的效率得到改善；第三产业得到快速发展；第二产业能够有力拉动 GDP 总量的增长，但是如果片面追求工业的高速发展，是不利于经济整体的益贫性的，无法使更多的人分享经济发展成果。

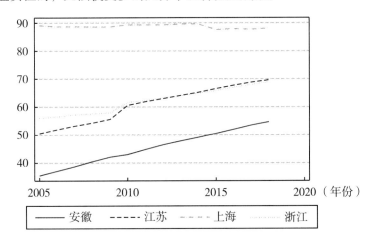

图 7 - 3 三省一市城镇人口比重

从控制变量来看，人力资本依然是提升经济益贫性的重要变量，同时政府干预与经济益贫性呈负相关，背后的逻辑可能是政府干预有可能会造成部分产业的快速发展，虽然有助于推高 GDP，但是不利于全社会共享经济发展成果。所以，地方政府实施产业政策不仅要考虑对 GDP 的拉动，还要考虑产业结构与就业结构的耦合。进出口对经济益贫性的影响也比较显著但是作用不强，进出口扩大了市场份额，增加了就业机会，提高了劳动收入，因此有利于经济的益贫性。

产业高级化（senior）过程采用第三产业产值与第二产业产值之比来表示。从图 7 - 4 可以看出，安徽第三产业发展相对较慢；上海的第三产业发展规模很早就超过了第二产业，在样本期间内，上海该指标始终大于 1；浙江和江苏的第三产业产值先后超越第二产业产值。

产业结构高级化对经济益贫性的影响分析结果见表 7 - 5。从第（1）列可以看出，产业结构高级化对经济的益贫性没有任何显著影响，同时考虑产业结构的合理化与高级化，合理化依然能够有效促进经济的益贫性，但是产业结构高级化并不显著具有益贫性。这与我们前面分析的结论一致，也就是说，产业结构高级化本身对经济的益贫性影响并不确定，可能有利于经济共享也可能不利于经济共享发展。为此，考虑到了引起产业结构变迁两种动力：金融和技术进步的作用，这里以地区金融机构年末存款余额与 GDP 之比表示金融约束的作用，以研发经费与 GDP 之比来表示技术进步的作用。将两个变量与产业结构高级化相乘作为交叉项引入模型中，结果见第（3）列和第（4）列。

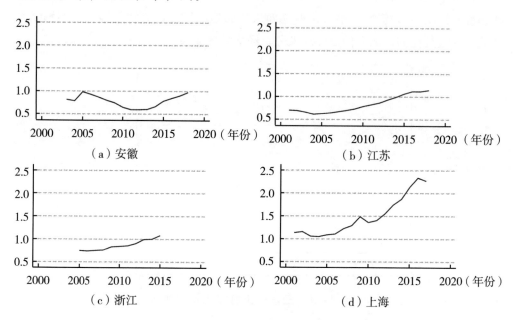

图 7 – 4　三省一市产业结构高级化指数

表 7 – 5　　　　　　　产业结构高级化的益贫性分析

变量	（1）	（2）	（3）	（4）	（5）
	$pegr0$	$pegr0$	$pegr0$	$pegr0$	$pegr0$
$senior$	0.241 (2.517)	0.442 (2.450)	14.91* (7.723)	6.689* (5.535)	16.22** (7.897)
$theil$		−46.98** (22.52)			
fs			−5.761* (2.936)		−3.150 (4.249)
rs				−2.465** (1.226)	−1.515 (1.777)
gov	−0.0375 (0.0372)	−0.0733* (0.0408)	−0.0873* (0.0499)	−0.0352* (0.0371)	−0.0897* (0.0501)
edu	2.472* (1.389)	3.034** (1.407)	3.696** (1.702)	2.271** (1.394)	4.004** (1.745)

续表

变量	(1)	(2)	(3)	(4)	(5)
	pegr0	pegr0	pegr0	pegr0	pegr0
impexp	1.07 (1.82)	2.70 (1.94)	-0.125 (1.87)	-0.191 (1.87)	-0.383 (1.90)
pai		-0.104 (0.150)	-0.135 (0.151)	-0.105 (0.151)	-0.118 (0.153)
lnw	-4.970 (3.657)	-3.278 (3.70)	-2.876 (3.840)	-0.871 (4.589)	-1.519 (4.680)
常数项	-22016* (12.26)	-23.24** (12.10)	-36.08** (15.43)	-23.19** (12.49)	-40.33** (16.26)
N	60	60	58	60	58

注：*、** 分别表示在 10%、5% 的水平上显著，括号内数值为标准误差。

从表 7-5 第（3）列可以看到，在金融约束（fs）作用下，产业结构高级化具有显著的益贫性。但这种益贫性是受金融约束的，随着金融约束的增强，产业结构高级化对经济益贫性影响的作用在下降。金融约束以金融机构期末存款与 GDP 的比值来表示，该值越大说明融资约束程度越弱，但是这里主要使用金融机构的存款余额，更多的是代表了以商业银行为代表的融资体系对产业的影响，这种融资体系对中小企业、民营企业的"隐形门"问题已被讨论很多，而中小企业和民营企业是吸纳我国劳动力的主力。这也就不难解释在这种金融体系下，政府可以通过金融抑制使得某些产业快速发展，形成产业结构高级化的结果，但是这个过程却难以使得经济发展成果全面共享。

我们继续分析技术对产业结构益贫性影响，同样发现了类似的问题。由于技术进步是有偏的，技术进步会带来资本和劳动替代弹性的变化，这会导致劳动力流动方向的变化，进而会影响收入分配格局，这将影响经济增长的益贫性。姚毓春等（2014）研究表明，资本偏向型技术进步是主导工业部门要素收入分配格局的重要因素；王林辉和袁礼（2018）利用供给面标准化系统法测算了我国有偏型技术进步，发现有偏型技术进步对我国收入分配格局有重要影响，因此提出选择适宜性技术抑制产业结构失衡问题。如果同时控制了金融约束和技术进步，此时产业结构高级化对经济益贫性的影响依然显著，两个约束变得不显著了，但是符号依然稳定。其他控制变量和前面分析基本一致。

长三角地区空间上紧密相连，经济上紧密相依，根据前文分析要素的产业与空间移动会影响经济增长与收入分配。这里采用空间计量的办法，考察经济变量之间的空间联系是否会影响产业结构的益贫性。空间计量模型通常分为三类：体现误差项空间自相关的空间误差模型，体现因变量的空间相关性的空间滞后模型，体现自变量的空间相关性的空间杜宾模型。这里主要使用空间杜宾模型，变量的空间相关性主要体现在自变量的空间滞后项上。在我国现行体制下，脱贫攻坚是各自行政区域着力解决的问题，因此本书主要采用空间杜宾模型来分析经济变量的空间相关性对经济益贫性的影响。结果见表 7-6。

表 7-6　　　　　　　　产业结构益贫性的空间杜宾模型分析

变量	(1)	(2)	(3)
	邻接权重 $w1$	地理权重 $w2$	经济权重 $w3$
$theil$	-48.97* (26.32)	-70.39** (30.49)	-51.51** (26.69)
$senior$	-3.400 (3.330)	-3.873 (3.328)	-3.854 (3.321)
gov	-0.0675 (0.0488)	-0.0102 (0.662)	-0.0369 (0.0386)
edu	4.428** (1.871)	3.295** (1.524)	4.091** (1.834)
$impexp$	7.36** (3.45)	6.27* (3.21)	7.66** (3.76)
$\ln w$	-0.828 (4.084)	-0.918 (4.246)	1.200 (5.065)
pai	-0.118 (0.173)	-0.140 (0.173)	-0.141 (0.172)
$w1$ $\ln w$	1.520* (0.730)		
$w2$ $\ln w$		3.996 (2.040)	
$w3$ $\ln w$			0.501** (0.249)
常数项	-51.27 (22.19)	-62.28 (28.69)	-32.51 (14.62)
N	40	40	40

注：*、** 分别表示在 10%、5% 的水平上显著，括号内数值为标准误差。

　　由于空间面板要求数据结构为平衡面板，这里所使用的时间跨度为 2006～2015 年，所使用模型均为随机效应模型。根据本章的探索性分析，本章主要考虑平均工资的对数值的空间效应。结果显示，本章关注的核心变量——产业结构合理化在三种空间权重矩阵下都显著为负，与前面的分析保持一致。但是正如前面分析所示，产业结构高级化依然不显著。其他控制变量——人力资本和对外贸易依然和前面分析保持一致。工资的空间滞后项在邻接矩阵情况下显著为正，其他类型的空间权重矩阵并不显著。这意味着本省份的工资水平变化并不具有益贫性，但是相邻地区的工资变化能通过地理联系而影响本地经济益贫性。而且这种空间效应更多是与是否相邻有关，而与经济是否发达无关。这可能表明相邻省份工资变化更可能会引起劳动力流动，这将会促进产业结构合理化，从而有利于经济的益贫，同时也可能表明空间上的相邻是影响劳动力流动的一个重要因素，这也许是这一地区劳动力流动的一个特征。这也表明，促进劳动力的合理自由流动是促进产业结构合理化的重要抓手。

　　我们进一步考察了产业结构高级化的益贫性，经过探索发现了一些有趣的结论：在考虑金融和技术的情况下，不同产业的空间关联作用下产业结构高级化对经济益贫性具有显著影响。我们以各个产业的比重为空间滞后项，结果见表 7-7。

表 7-7　　　　　　　　　产业结构高级化的空间杜宾模型

变量	(1)	(2)
	pegr0	pegr0
senior	26. 83 *	22. 73 *
	(13. 82)	(12. 87)
rs	-8. 000 **	
	(3. 738)	
fs		-8. 985 *
		(5. 182)
gov	-0. 0182	-0. 113
	(0. 125)	(0. 0857)
edu	6. 824 ***	5. 405 **
	(2. 426)	(2. 583)
impexp	9. 88	0. 382
	(7. 51)	(5. 23)
pai	-0. 077	-0. 142
	(0. 181)	(0. 190)

续表

变量	（1）	（2）
	pegr0	pegr0
lnw	0.987 （15.926）	0.532 （10.127）
w1 wind_1	7.492 ** （3.495）	
wind_2		− 0.285 * （0.129）
常数项	3.048 *** （0.359）	3.200 *** （0.377）
N	40	40

注：***、**、*分别表示在1%、5%、10%的水平上显著，括号内数值为标准误差。

使用邻接矩阵考虑第一产业的空间关联情况下，产业结构高级化、技术进步与产业结构高级化的交叉项对经济益贫性具有显著作用，变量符号与前文保持一致。一个可能的解释是，各省份的研发投资并不直接影响劳动力的产业和空间流动，更多体现在经济效益上，进而影响了劳动力的产业与空间的流动，特别是第一产业的剩余劳动力多，因而技术进步不断促使劳动力向其他地区、其他产业转移。同样使用邻接矩阵考虑第二产业的空间关联情况下，产业结构高级化、金融约束与产业结构高级化的交叉项对经济的益贫性同样具有显著作用，变量符号与前文保持一致，但相邻地区第二产业的发展反而会削弱该地区的经济益贫性。可能的解释是，经济金融化情况下，资本流动更加便利，金融与产业结构高级化相互作用过程中，金融资源进一步集聚，这种集聚通过第二产业的空间外溢性得到体现。一个地区的金融集聚会对相邻地区第二产业的发展产生负面影响，从数值上看有利于产业结构高级化，但减少了产业结构高级化的整体益贫性，当然这种金融虹吸的作用相对于产业结构高级化的积极作用要小很多。

四、长三角地区产业发展益贫性的比较分析

前面利用计量手段对长三角地区产业益贫性问题的讨论得出一些经验性结论。本节将从这些结论出发，结合产业发展的直观数据，进一步对长三角三省一市的产

业发展益贫性以及地区共享发展展开讨论。

（一）基于经济发展阶段的比较

产业结构合理化有利于益贫式增长，但是需要结合不同发展阶段进行区分，才能对产业结构合理化、促进共享发展提出可行的建议。图 7 - 5 显示了长三角地区三省一市自改革开放以来的三次产业发展情况。长三角地区产业结构变迁表现出一定共性，整个过程中农业占比持续下降、第三产业占比不断提高，截至 2018 年各省份第三产业的比重均超过 50%，超过第二产业，目前的产业结构都是"三二一"形态。但是，各地区也存在着差异。安徽的产业结构变化经历了"三二一""二一三""二三一""三二一"多种变化阶段，江苏、浙江的产业结构变化经历了"二一三""二三一""三二一"三个阶段，上海则经历了"二三一"和"三二一"两个变化阶段。

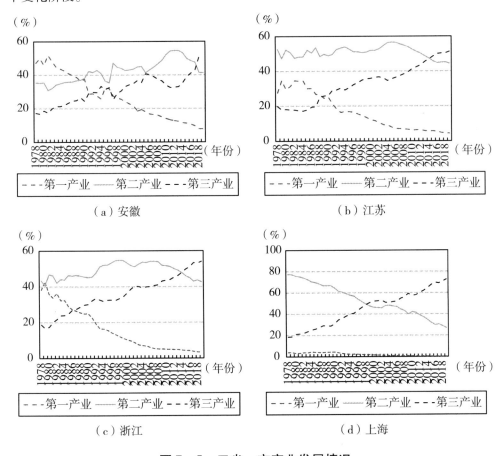

图 7 - 5　三省一市产业发展情况

四个地区的产业结构形态虽然近似，但是各自所处的发展阶段并不相同。从1999年之后的经济增长速度来看，1999～2007年上海连续保持了9年两位数的经济增长速度，增速的平均值为12%。在这个时期，第三产业占GDP的比重早已超过第二产业的比重，但是在高速增长时期，第二产业的比重稳定在47%左右。2008年之后，经济增速只有个位数，进入中高速增长阶段，增速的平均值为7.8%，同时第二产业比重也快速下降到44%以下。第三产业持续发展，从2012年开始占比超过60%，已经进入了后工业化时期。

江苏的工业基础较好，从1999年开始连续保持了14年两位数以上的增速，增速平均值为12.4%。在这个时期，江苏第二产业发展迅猛，2005年第二产业比重达到了56.5%，之后开始下降。第三产业发展相对滞后，增速平均值为37%。2013年之后，经济增速下降到个位数，进入中高速增长阶段，增速平均值为8.08%，同时第二产业比重下降到50%以下，2015年第三产业比重首次超过第二产业比重。2018年第二产业比重为45.2%，正处于工业化完成时期。

浙江的情况和江苏类似，具有相对较好的工业基础。1999～2008年保持了10年的高速增长，增速平均值为12.5%，这一时期第二产业比重稳定在53%左右，但是第三产业发展较快，10年间第三产业的平均增速达到39%，相对于江苏而言，浙江第三产业起步较早。2009年开始经济增速下降到个位数，进入中高速增长阶段，增速平均值为8.4%，2014年第三产业比重首次超过第二产业比重，2018年第三产业比重为53%，第二产业比重为43.6%，处于工业化完成时期。

安徽的工业基础没有苏浙好，进入20世纪90年代后，第二产业比重才超越第一产业。1999年以来，安徽经济增速并不高，从2004年开始经济增速达到两位数并保持了10年时间，到2013年结束，从2014年开始进入中高速增长阶段。在经济高速增长阶段，第二产业比重从45%提高到54.6%，这也是安徽第二产业比重的峰值，第二产业比重占比超过50%的时期仅有四年时间。从2014年开始，第二产业比重快速下降，到2018年第二产业比重仅为41.4%，同时第三产业比重达到50.8%，首次超过第三产业。从产业比重来看，安徽处于工业化后期，但是经济增速却进入了中高速增长阶段。

从三省一市的经济发展和产业结构变迁来看，工业是保持经济高速增长的重要动力，也只有经过工业化的高速增长阶段，居民生活水平才能达到较高水平。从长三角地区总体来看，上海已经进入后工业化时代，江苏和浙江处于工业化完成时期和后工业化早期的临界状态。江苏的第三产业发展相对浙江而言，起步较晚，发展滞后。安徽的工业化下降速度过快，从结构上来看，尚处于工业化后期，但是经济增速不能维持高速增长。从发达国家经验来看，各国的高质量发展是建立在稳固的工业化基础之上的。长三角地区一体化发展，内在要求各个地区首先做好自己的事，因此对于安徽而言，过早的去工业化不利于区域经济的共享发展。

（二）基于劳动力流动的比较

当前长三角地区人口众多、城市密集、经济发达，形成了以上海市为核心，南京、杭州、宁波、合肥等多个城市为骨干，各个中小城市为基础的大都市圈。人口分布均衡且和产业布局匹配是共享发展的重要体现。城市人口不断流入可以给城市不断增添新鲜血液，同时人口的集聚本身具有规模效应，有利于第三产业发展，有利于创新的形成，从而促进产业升级。因此，劳动力流动对于共享发展具有重要意义。当然，也必须意识到，人口的膨胀会引来大城市病，如上海会对人口流动进行一定的限制。

表7-8显示了长三角地区主要城市的人口流动和人口集中情况。常住人口与户籍人口的比重大于1说明人口不断流入，反之人口流出。在这几个城市中，作为长三角都市圈的核心，人口不断流入为上海经济发展增添了活力，其次为宁波、杭州、南京和安徽。省会及计划单列市常住人口占全省人口比重说明人口集聚情况，人口集聚程度最高的是杭州，2018年杭州常住人口占全省常住人口的17%，如果算上宁波，那么两个城市的常住人口占全省的1/3。合肥和南京作为省会城市对人口的集聚作用差不多。这与前文对三省一市的益贫性分析结果基本相似，上海和浙江的益贫性较好。

表7-8　　　　　　　　省会及计划单列市常住人口情况

年份	常住人口（万人）					常住人口/户籍人口（%）					占全省人口比重（%）			
	上海	南京	杭州	宁波	合肥	上海	南京	杭州	宁波	合肥	南京	杭州	宁波	合肥
2005	1 778	690	751	656	456	1.31	1.16	1.14	1.18	0.98	9	15	13	7
2006	1 815	719	773	672	470	1.33	1.18	1.16	1.20	1.00	10	16	13	8
2007	1 858	741	786	690	479	1.35	1.20	1.17	1.22	0.98	10	16	14	8
2008	1 888	759	797	707	487	1.36	1.21	1.18	1.24	0.97	10	16	14	8
2009	2 210	771	810	719	491	1.58	1.22	1.19	1.26	0.96	10	15	14	8
2010	2 303	800	871	761	495	1.63	1.27	1.26	1.33	0.86	10	16	14	8
2011	2 347	811	874	763	706	1.65	1.27	1.26	1.32	0.94	10	16	14	12
2012	2 380	816	880	764	711	1.67	1.28	1.26	1.32	0.94	10	16	14	12
2013	2 415	819	884	766	712	1.69	1.27	1.25	1.32	0.93	10	16	14	12

续表

年份	常住人口（万人）					常住人口/户籍人口（%）					占全省人口比重（%）			
	上海	南京	杭州	宁波	合肥	上海	南京	杭州	宁波	合肥	南京	杭州	宁波	合肥
2014	2 426	822	889	781	713	1.69	1.27	1.24	1.34	0.93	10	16	14	12
2015	2 415	824	902	783	718	1.67	1.26	1.25	1.33	0.92	10	16	14	12
2016	2 420	827	919	788	730	1.67	1.25	1.25	1.33	0.93	10	16	14	12
2017	2 418	834	947	801	743	1.66	1.22	1.26	1.34	0.93	10	17	14	12
2018	2 424	844	981	820	758	1.66	1.21	1.27	1.51	0.94	10	17	14	12
2019	2 424	928	1 036	854	818	1.65	1.19	1.30	1.40	1.06	10	17	14	12

研究表明，劳动力流动对促进产业结构合理化有重要作用，进而通过产业结构合理化实现益贫式增长。所以，通过劳动力合理流动有利于实现共享式发展。但也必须意识到，对于人口大量流入的城市，人口的快速膨胀给城市管理提出了巨大考验；而对于人口流出的城市，人口的流失会造成经济增长乏力等问题。特别是当前各地都已意识到人口对城市经济发展的重要性，都纷纷开出优惠政策留住人才。但这其中也有分化，例如，上海更注重顶尖人才，如企业家、科学家等。需要注意的是，一方面，吸引人才应当和当地产业合理化方向保持一致；另一方面，对于长三角地区内部的共享发展，可以打破行政区划的限制，给予长三角地区内部劳动力流动更多的自由，同时在内部可以尝试建立劳动力流动补偿机制。对于在劳动力流入地区工作满一定年限、社保缴纳达到一定标准的劳动者，劳动力流入地区可以对来自长三角的输出地区给予财政补贴，用于改善当地民生以及吸引人才的条件。

五、本章小结

党的十九大报告指出，要贯彻新发展理念，构建现代化经济体系。这也就意味着现代经济体系应该具有创新、协调、绿色、开放、共享的特征。2018 年 1 月习近平总书记在主持中共中央政治局就建设现代化经济体系进行的第三次集体学习时指出，现代化经济体系，是由社会经济活动各个环节、各个层面、各个领域的相互关系和内在联系构成的一个有机整体。在这个有机整体当中，产业结构怎样才能具有共享特征，从而有利于我国全面建成小康社会是一个值得研究的理论话题。

本章尝试从三次产业比重、产业结构合理化和高级化以及要素的空间关联等角度，利用长三角地区城镇居民分组数据及相关数据研究产业结构对经济增长益贫性的影响。基于三次产业比重的研究发现，第一产业和第三产业的益贫性较强，而第二产业不具有益贫性，这种差异在统计意义上显著。这可能是和产业的技术特征相关，第一产业和第三产业相对第二产业而言，劳动密集度更高，因此这些产业快速发展的同时能使得更多的人参与到经济活动中从而共享发展成果。

这是否意味着要促进第三产业发展，将第三产业比重的提高当作产业升级的方向呢？事实上，我们的研究认为，产业结构高级化本身并不具有益贫性。因为第三产业产值比重超越第二产业的过程中不仅影响经济增长，还影响分配结构，而对分配结构的影响方向并不确定。在我们的经验分析中，采用第三产业与第二产业产值表示产业结构高级化，发现产业结构高级化也确实不具有益贫性。产业结构高级化过程中除受到需求结构等因素影响外，技术进步和金融约束也有重要作用。本章在考虑这些因素影响的情况下发现，产业结构高级化是具有益贫性的，当然这种对经济的益贫性是受到技术进步和金融约束影响的。因此，技术进步和金融约束的方向将成为产业结构高级化对经济益贫性影响的重要因素。那么，产业结构的什么特征对经济增长的益贫性有重要影响呢？我们发现产业结构的合理化是经济增长益贫性更重要的特征。我们采用泰尔指数表示产业结构合理化，由于数据的问题，这里的产业结构合理化仅仅是指三次产业产值与三次产业就业结构的匹配。该变量在各个回归中表现出稳定和显著的益贫性。也就是说，各产业的产值和就业人数偏离度越小，经济益贫性越强。这也正说明劳动者都充分参与到经济活动中并从中共享了经济发展成果。

长三角地区行政区域之间的空间与经济联系紧密，为此我们尝试使用空间杜宾模型考虑产业结构合理化与高级化对经济增长益贫性的影响。研究发现，考虑平均工资的空间溢出效应情况下，产业结构合理化对经济增长益贫性有显著影响，进一步表明相邻地区的劳动力流动对促进产业结构合理化有重要作用。而考虑第二产业的空间外溢性情况下，产业结构高级化在技术进步和金融约束条件下具有益贫性。技术和金融可能会造成资源的虹吸效应，这对周边区域经济增长的益贫性造成负面影响。因此，区域经济发展需要协调该问题对益贫性的影响，从而促进整个地区的共享发展。

我们的研究对产业政策的制定提供了一个反贫困的视角，希望能在产业支撑经济快速发展的同时有利于减贫，促进现代经济体系的形成。具体而言有三方面的含义：一是完善各类企业的劳动人事制度和地区的人口政策，促进劳动力跨部门和跨地区的合理流动，促进产业结构和劳动力结构的持续优化。这可以作为落实新发展理念的重要抓手。二是恰当处理产业结构高级化的经济益贫性。不能简单地把第三产业比重提高当作产业结构高级化的方向，应当根据经济发展不同阶段，在工业化完成的基础上确定产业结构高级化方向。发挥金融市场的重要作用,促进形成地区性的多层次金融市场,使得各类居民和企业机会平等地参与金融市场,提高金融约束在产业结构高级化过程中的积极作用,从而有利于经济共享发展。三是注重技术偏向、基础设施和区域经济中心之间的关联,发挥基础设施在区域经济中心中的辐射作用,同时可以建立长三角地区内部的劳动力流动补偿机制,防范区域经济中的虹吸效应对经济共享发展的不利影响。

第八章

产业智能化与益贫式增长

一、引　言

　　党的十八大报告提出，实现共同富裕是中国特色社会主义的根本原则。党的十九大报告进一步提出，中国特色社会主义新时代是逐步实现全体人民共同富裕的时代。促进中国经济的益贫式增长是实现共同富裕的重要措施，让经济发展的成果更多地惠及低收入群体（范从来，2017）。从空间布局上看，国家在 2019 年发布《长江三角洲区域一体化发展规划纲要》，将长江三角洲区域一体化上升为国家战略，并赋予其提升地区创新能力、区域协同效率、引领国家高质量发展和建设现代化经济体系的重大战略任务。在实现共同富裕的现阶段，党的十九大报告提出要实现人工智能与实体经济深度融合，劳动力成本的上涨也促进了人工智能的应用（如产业机器人），我国劳动力实际成本从 2005 年开始快速上涨，2011 年后加速上涨，东部地区尤为明显，同发达国家相比，我国的劳动力成本优势下降较快（蔡昉和都阳，2016）。在此背景下，人工智能的大规模应用对我国经济的渗透率越来越强，产业智能化程度显著提高。根据国际机器人联合会数据以及陈永伟和曾昭睿（2019）的研究显示，2002 年我国只有 2 000 多台工业机器人，2005 年后开始加速增长，2013 年成为全球最大的工业机器人市场，截至 2015 年工业机器人存量已经达到 25 万台，2018 年一年就增加了 15 万台，东部发达地区的机器人渗透率明显高于西部地区。[①]

　　不过，机器人的大规模应用以及机器学习等新一代人工智能对劳动力

---

　　① 根据国际机器人联合会可得数据，我国服务机器人 2013 年的年均销售增速已超过 30%，2019 年的增速为 25%，高于全球平均速度，市场规模接近 9 亿美元，经济发达地区服务机器人的渗透率更高。

的替代引起了社会和学术界的普遍关注,[①] 一些学者认为这会对就业和劳动收入产生较大的威胁(Sachs et al.,2015;陈永伟和许多,2018)。图 8－1(a)显示,低/中技能劳动工资比从 2002 年开始上升,而低/高技能劳动工资比从 2005 年开始上升,这表明我国技能劳动收入分配从 2002 年开始呈现益贫性。图 8－1(b)显示,随着产业智能化程度的提升,低技能劳动的相对工资上升,结合我国机器人发展趋势可知,我国产业智能化与益贫式增长的趋势相一致。那么,人工智能的大规模应用(产业智能化)是否有利于中国的益贫式增长从而实现共同富裕的目标?这是本章的主要研究目的。

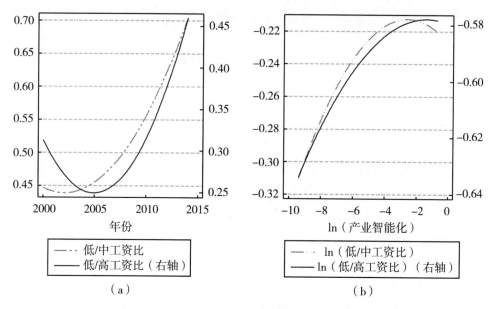

图 8－1 产业智能化趋势与技能劳动工资比

注:产业智能化用信息产品投入占增加值比重来表示。

资料来源:WIOD 数据库。

邓小平同志在改革开放初期提出,让一部分人和一部分地区先富起来,先富带动后富,最终达到共同富裕的目标。[②] 也就是说,在实现共同富裕的过程中允许收入差距出现一定程度的扩大,当经济发展达到一定程度后,先富起来的人和地区通过激励示范作用带动后富,让经济发展更多地惠及低收入群体,最终实现益贫式增

[①] 人工智能是信息技术的一个主流发展领域,20 世纪 70 年代开始得到越来越广泛的应用,随着信息技术(包括人工智能)在各类产业中应用程度的提高,产业智能化程度也越来越高。近年来机器学习和深度学习的应用是更高级的产业智能化。

[②] 邓小平文选(第二卷)[M]. 北京:人民出版社,1994.

长，这意味着共同富裕的过程中会经历收入差距先扩大后缩小的过程。先富带动后富或益贫式增长需要一定的经济手段来实现，根据本章的研究，产业智能化为此提供了可能。有文献研究表明，产业智能化虽然在短期内降低了规则化劳动（中等技能劳动）的需求和收入，但也提高了高技能劳动和低技能劳动的需求和收入，并且会创造新的工作岗位（Autor & Dorn，2013；Beaudry et al.，2016；Acemoglu & Restrepo，2018）。因此，从长期来看，产业智能化是否对劳动的就业和收入造成威胁是不确定的，因为过去几个世纪的工业化和现代化经验表明，机器的大规模应用总体上提高了劳动的就业和收入，那些被机器替代的劳动要么从事新创造的工作岗位，要么转而从事原有的高、低技能劳动岗位，从而使劳动力市场结构性的失业和收入失衡不会持续存在（Autor，2015）。孙早和侯玉琳（2019）研究表明，工业智能化显著提高了中国低技能劳动的相对就业，阿吉翁等（Aghion et al.，2020）的最新研究也表明，产业智能化显著促进了法国等一些欧洲国家的就业。因此，根据全球主要国家（包括发达国家和发展中国家）的发展经验以及中国改革开放以来共同富裕的理论研究和实践推断，产业智能化与益贫式增长是可以相容的，这表明政府可以辅以适当的政策措施促进产业智能化与共同富裕的相容发展，尽管在转型期（短期）内产业智能化会带来一定程度的结构性失业和收入失衡，这也是本章研究的意义所在。既然人工智能和产业智能化是经济发展的大趋势，我们就需要研究产业智能化对益贫式增长的影响机制，并提出有针对性的产业智能化政策和劳动力市场政策，从而为实现产业智能化与共同富裕的协调发展提供一些理论启发。

本章的结构安排如下：第二部分对益贫式增长与产业智能化的相关文献进行综述，第三部分构建基于产业智能化创新的内生增长模型，第四部分根据理论研究设计计量模型，第五部分进行实证检验和机制分析，第六部分进行进一步讨论并提出政策建议。

二、文 献 综 述

（一）共同富裕与益贫式增长

邓小平理论提出，共同富裕是社会主义本质的核心内容和必须坚持的根本原则。邓小平同志进一步提出，为了实现共同富裕可以采用先富带动后富的措施，这对于当时解放思想调动生产积极性具有重要作用，目前面临的问题是怎样和何时开始实现共同富裕（程恩富和刘伟，2012）。改革开放以来，收入差距的明显扩大给社会和经济发展带来了较大的负面影响，目前已经到了"先富"向"共富"的转换阶段（胡家勇和武鹏，2012）。实现共同富裕的目标就是缩小收入差距（胡家勇和武鹏，2012；邱海平，2016），实现益贫式增长。国内一些学者对我国目前的共同富裕现状进行了实证检验，覃成林和杨霞（2017）利用1999~2013年地市级面板数据检验了先富是否带动其他地区实现共同富裕，研究结果表明，先富地区主要通过经济增长的空间外溢效应带动周边地区富裕，但是这种带动作用范围有限，因此，我国需要进一步促进先富地区发展并设计新的区域发展战略。向国成等（2017）基于亚当·斯密的分工思想和新兴古典经济学研究表明，在良好的制度环境下，随着分工的加深，收入分配会出现倒"U"型关系，只有充分的分工和专业化才能实现共同富裕。

在收入差距扩大的情况下，实现共同富裕需要低收入群体在经济增长过程中实现更快的增长，即通过益贫式增长实现共同富裕。益贫式增长是指经济发展更有利于提高低收入群体的收入水平，低收入群体的收入增长率要高于平均收入增长率（Ravallion & Chen，2003）。现有文献根据该定义构建了益贫式增长指标，特别是二阶益贫式增长指标认为只要经济发展总体上提升了低收入群体的相对收入，即可认定为经济发展具有益贫性，不需要所有低收入群体的收入增长率高于平均收入增长率（Duclos，2009；周华等，2011）。

国内外学者对益贫式增长的影响因素进行了较多研究。[①] 许多重要的文献研究表明，经济发展有利于世界各国的益贫式增长，特别是良好的政府治理在其中发挥了重要作用（Dollar et al.，2016；Doumbia，2018）。在经济发展过程中，劳动密集型产业的生产率提高和技术创新更能促进益贫式增长。例如，低收入国家农业生产率的提高具有显著的益贫性，但是随着工业和服务业的发展，农业的益贫性减弱（Ivanic & Martin，2018）。班纳吉和迪弗洛（Banerjee & Duflo，2013）从微观视角和实验案例研究表明教育、健康和良治等因素对减贫的重要性，而这些因素同经济发展存在着密切的联系。罗楚亮（2012）利用1988~2007年微观数据研究表明，中国的经济增长具有益贫性，但益贫效应在下降。总体而言，我国目前的经济增长确实呈现出益贫性（万广华等，2018），只是经济增长的益贫性还有待进一步提高（覃成林和杨霞，2017）。随着产业智能化这一新趋势的出现，目前还缺乏产业智能化对益贫式增长的系统研究，而且，现有文献主要从个人收入分配的视角构建益贫

---

① 与益贫式增长相关的概念是包容性增长，但包容性增长的概念更为宽泛，不仅包括低收入群体的收入增长，更强调机会公平，因而还包括健康、教育、社保和权利公平等多个维度，基于研究目的，包容性增长的文献不再赘述。

式增长指标并对其影响因素进行研究，本章尝试从要素收入分配的视角研究产业智能化对益贫式增长的影响。

（二）机器替代劳动的历史及其益贫性研究

第一次工业革命以来，机器就开始替代劳动进行生产，第二次工业革命和第三次工业革命时期这一特征更为突出，信息时代的智能机器人替代劳动只是人类经济史上的最新一次（Autor，2015）。第一次工业革命时期，珍妮纺纱机的发明大幅提高了纺织业的生产率和生产规模，而且产品质量优于手工纺织品，在此背景下，新兴纺织工厂开始大规模建立，但也冲击了传统纺织业手工作坊和工匠的利益，为此，英国发生了手工业工匠打砸新兴纺织工厂的"卢德运动"。由于珍妮纺纱机只需要低技能劳动即可操作，所以，新兴工厂虽然损害了工匠（传统的高技能劳动者）的利益，但也提高了低技能劳动的相对需求和收入（Acemoglu，2002a；Katz & Margo，2014；Autor，2015）。[①] 以电力和内燃机为标志的第二次工业革命和以信息技术为代表的第三次科技革命呈现出显著的高技能偏向性，高技能劳动相对低技能劳动的需求上升，增加了高—低技能劳动的收入不平等程度（Acemoglu，2002a）。从20世纪90年代开始，制造业与信息技术进一步融合，特别是信息技术中的数字技术和人工智能深度融入制造业和高端服务业，替代了大量规则化的中等技能劳动，但也创造了诸如管理咨询、软件设计、数据分析和计算机辅助等领域的新工作，提升了高技能劳动的需求，并引致了对低技能服务以及低技能劳动需求和收入的增加（Autor，2015，2019；Christopher & Nicolas，2019）。从上述文献研究可知，第一次工业革命显著促进了益贫式增长，近年来的产业智能化也具有一定的益贫性，而第二次工业革命和第三次科技革命的益贫性不够显著。

机器是否会替代劳动，这种担忧在第一次工业革命时期就已出现（称为机器人恐惧症），目前也存在类似的担忧，不过历史发展经验表明我们可能不需要过度担忧。萨克斯等（Sachs et al.，2015）的研究表明，如果储蓄率较低，两部门产品替代弹性高，机器人的大规模应用会代替劳动，降低年轻人和未来人口的福利，机器人的大规模应用可能会对长期经济产生不利影响。但根据奥托尔（Autor，2015）

---

① 希克斯（Hicks，1932）最早提出诱致性技术进步来解释资本（机器）替代劳动的原因，他认为技术进步的方向取决于资本和劳动的相对价格，机器替代劳动是因为劳动的相对价格更高，促进了劳动节约型技术进步。李和简（Li & Jan，2012）进一步表明，英国的能源和资本价格相对低廉，激励企业更多地利用机器代替劳动，促进了纺纱机、织布机和蒸汽机的大规模应用，而古代中国的江南地区人口较多，劳动价格相对低廉，导致经济缺乏使用机器的激励，因此中国没有发生工业革命。

的研究，第一次工业革命以来，技术创新和机器的大规模应用虽然在短期内造成失业增加，但也会创造更多的新工作，长期而言，技术创新和机器的大规模应用促进了总就业的增加。阿吉翁等（2020）利用法国等欧洲国家企业数据实证研究表明，产业智能化显著促进了法国等一些欧洲国家的总就业。

（三）信息技术、产业智能化与劳动力市场的文献研究

信息技术对技能溢价的影响已经得到大量研究，随着信息技术的发展及其对实体经济的渗透，产业智能化程度越来越高。20 世纪 90 年代以来，发达国家开始出现劳动力市场极化，产业智能化提升了高、低技能劳动的相对就业和工资，降低了中等技能劳动的相对就业和工资（Autor，2015）。2008 年全球金融危机以后，产业机器人在世界主要国家得到大规模应用，特别是近年来机器学习和深度学习等新一代人工智能快速发展，产业智能化程度进一步提高，引发了学术界对人工智能影响劳动力市场的更大关注和研究。已有文献主要基于偏向性技术进步理论研究信息技术和人工智能对劳动力市场的影响，本节依据这一理论的发展脉络进行综述。

阿西莫卢和奥托尔（Acemoglu & Autor，2011）较早建立了基于任务的外生偏向性技术进步模型研究信息技术对劳动力市场极化的影响，研究表明，信息技术提升了从事管理、咨询、设计等工作的高技能劳动相对需求，但信息技术使产业的智能化程度上升，从而降低了从事规则化可编码工作的中等技能劳动的相对需求。该文进一步表明，高技能劳动收入水平的上升增加了其从事低技能服务的机会成本，进而提升了对低技能劳动的相对需求，由于工作转换难度的差别，失业的中等技能劳动大都转而从事低技能服务工作，最终导致劳动力市场出现极化。①随着新一代人工智能的快速发展及其对劳动力市场影响的扩大，阿西莫卢和雷斯特雷波（Acemoglu & Restrepo，2017，2018，2019）较早建立了内生偏向性技术进步模型研究人工智能对劳动力市场的影响，研究表明，人工智能会通过替代效应、新工作创造效应和生产率效应影响劳动的相对需求和收入，该模型进一步将劳动划分为高、低技能两类劳动后表明，人工智能会增加高—低技能劳动的收入不平等。许

---

① 许多文献利用劳动力市场数据研究表明，信息技术和机器替代了制造业流程化的、可编码的工作，导致中等技能劳动相对需求和收入下降，同时也提高了研发设计、程序编程和管理等高技能劳动的需求，由于高端服务业需要低端服务业的配套支持，高技能劳动收入上升提高了对低端服务业和低技能劳动的需求（Autor et al.，2003；Manning，2004；Mazzolari & Ragusa，2013；Goos et al.，2014；Michaels et al.，2014；Autor，2015）。

多学者基于这一理论进行了实证检验，奥托尔和所罗门（Autor & Salomons，2018）利用跨国数据研究表明，产业智能化通过替代效应降低了就业和劳动收入，而产业智能化的产业关联效应和生产率效应提高了就业和劳动收入，由于替代效应更大，产业智能化最终导致总就业和劳动收入的下降。但是，阿吉翁等（2020）利用法国等欧洲国家的数据研究表明，产业智能化提高了总就业，可见，产业智能化对劳动力市场的影响并非完全负面。

国内也在进行关于人工智能和产业智能化对经济影响的研究。吕世斌和张世伟（2015）、孙早和侯玉琳（2019）的研究表明，我国从2000年左右就出现了低技能劳动相对就业的增加，并且信息技术和工业智能化是这一现象的重要原因。陈彦斌等（2019）通过动态一般均衡模型研究了老龄化背景下人工智能促进经济增长的机制，同时也提出我们应该关注人工智能对就业和收入分配失衡的影响。郭凯明（2019）利用动态一般均衡模型研究人工智能对产业转型和劳动报酬份额的影响，认为产业转型和劳动报酬份额取决于人工智能产出弹性和产业间产品的替代弹性。[①] 宁光杰和林子亮（2014）利用世界银行微观企业数据研究表明信息技术提高了对高技能劳动的需求。从这些文献可以看出，已有研究分析了产业智能化通过新工作创造效应的引致需求对低技能劳动的影响，但关于生产率效应和产业关联效应对低技能劳动影响的研究较少。由于低技能劳动收入是益贫式增长和我国实现共同富裕的重要组成部分，本章在已有研究基础上构建了包含高、中、低技能劳动的内生人工智能创新模型，分析产业智能化对我国益贫式增长的影响。

三、理论模型

（一）模型设计

为分析产业智能化对益贫式增长的影响，本章借鉴阿西莫卢（2002b）、奥托尔和多恩（Autor & Dorn，2013）及阿西莫卢和雷斯特雷波（2017，2018，2019）的研究，建立了包含高、中、低技能劳动的内生人工智能创新模型。假设经济由高技能部门、中等技能部门和低技能部门组成，这三个部门分别生产高技能产品 Y_H、中等技能产品 Y_R 和低技能产品 Y_M，而且，这三部门产品分别由高技

---

① 本章同郭凯明（2019）的区别是将经济扩展为包含高、中、低技能劳动的三部门模型，分析内生人工智能创新对高、中、低技能劳动就业和收入的影响。

能劳动 L_H、中等技能劳动 L_R 和低技能劳动 L_M 生产。[①] 其中，中等技能产品和高技能产品共同生产制造品 Y_I。为此，设定制造品 Y_I 和总产品 Y 的生产函数为 CES 生产函数：[②]

$$Y_I = [\gamma Y_R^{\frac{\beta-1}{\beta}} + (1-\gamma)Y_H^{\frac{\beta-1}{\beta}}]^{\frac{\beta}{\beta-1}}, Y = [\lambda Y_I^{\frac{\varepsilon-1}{\varepsilon}} + (1-\lambda)Y_M^{\frac{\varepsilon-1}{\varepsilon}}]^{\frac{\varepsilon}{\varepsilon-1}} \tag{8.1a}$$

三部门产品的生产函数为柯布—道格拉斯生产函数：

$$Y_i = \frac{1}{1-\sigma}L_i^\sigma \int_0^{A_i} x_i^{1-\sigma}(j)\mathrm{d}j, i = H, R, M \tag{8.1b}$$

其中，$\lambda, \gamma \in (0,1)$ 为产品 Y_i 在 CES 生产函数中的相对重要性。A_i 为产品种类数，用来表示 i 要素增强型技术进步。人工智能创新表现为人工智能新产品种类的增加，由于需要高技能劳动进行研发和应用，因此，人工智能（产业智能化）属于高技能劳动增强型技术进步。x_i 为中间品。$\beta \in (0, +\infty)$ 为高技能产品和中等技能产品的替代弹性，如果替代弹性大于 1 表示高技能产品和中等技能产品存在替代关系，小于 1 表示两种产品之间存在互补关系。[③] ε 为低技能产品与高（中）技能产品的替代弹性。σ 为柯布–道格拉斯生产函数的份额参数。

（二）产品市场均衡

设高、中、低技能产品的价格分别为 p_H、p_R、p_M，制造品价格为 p_I，最终品价格标准化为 1。中间品价格 χ_i 为中间品的边际产品价值。竞争性条件下，产品的价格等于其边际产品价值，所以有：

$$P = [\lambda^\varepsilon p_I^{1-\varepsilon} + (1-\lambda)^\varepsilon p_M^{1-\varepsilon}]^{\frac{1}{1-\varepsilon}} = 1, p_I = [\gamma^\beta p_R^{1-\beta} + (1-\gamma)^\beta p_H^{1-\beta}]^{\frac{1}{1-\beta}} \tag{8.2}$$

---

① 高技能劳动是指从事管理、研发设计等高技能工作的劳动，也称为抽象劳动（abstract labor）；中等技能劳动是指从事规则化可编程工作的劳动，这些工作容易被机器人代替，该类工作多由高中或大专学历的劳动者操作，所以称为中等技能劳动；低技能劳动是指从事需要人与人面对面交流或人与工具接触的低技能工作，这些工作不容易被机器人代替，如餐饮、卫生和家政等低技能服务工作（Acemoglu & Autor, 2011；Autor & Dorn, 2013；Autor, 2019）。

② 根据研究目的，模型未纳入跨期的消费者均衡，这对本章结论没有实质性影响。如果纳入消费者均衡，可以借鉴奥托尔和多恩（2013）的做法，设消费者效用函数为 $U = C = Y - I - \Re$，C、I、$\Re$ 分别为消费、投资、研发投入，假设收入全部用于消费，没有资本积累，那么，该设定所得结论同正文模型结论相同。如果考虑跨期问题，设消费者效用函数为 $\int_0^\infty \frac{C(t)^{1-\theta-1}}{1-\theta}e^{-\rho t}\mathrm{d}t$，那么欧拉方程为 $g = \frac{r-\rho}{\theta}$，稳态时的经济增长率为常数，在经济增长率为常数的情况下，是否考虑消费者均衡对本章模型结论无实质性影响。

③ 卡兹和墨菲（Katz & Murphy, 1992）及赫克曼等（Heckman et al. , 1998）研究表明，中低技能产品和高技能产品的替代弹性 $\beta > 1$。

$$p_I = \lambda \left(\frac{Y_I}{Y} \right)^{-\frac{1}{\varepsilon}}, \quad p_M = (1 - \lambda) \left(\frac{Y_M}{Y} \right)^{-\frac{1}{\varepsilon}} \tag{8.3}$$

$$\frac{p_R}{p_I} = \gamma \left(\frac{Y_R}{Y_I} \right)^{-\frac{1}{\beta}}, \quad \frac{p_H}{p_I} = (1 - \gamma) \left(\frac{Y_H}{Y_I} \right)^{-\frac{1}{\beta}} \tag{8.4}$$

式（8.1a）、式（8.1b）的利润最大化问题分别为：

$$\max_{L_R, L_H, x_R, x_H} p_I Y_I - w_R L_R - w_H L_H - \int_0^{A_R} \chi_R(j) x_R(j) \, \mathrm{d}j - \int_0^{A_H} \chi_H(j) x_H(j) \, \mathrm{d}j \tag{8.5a}$$

$$\max_{L_M, x_M} p_M Y_M - w_M L_M - \int_0^{A_M} \chi_M(j) x_M(j) \, \mathrm{d}j \tag{8.5b}$$

对式（8.5a）、式（8.5b）取中间品和劳动的一阶导数，得到中间品需求量和劳动工资：

$$x_i(j) = \left(\frac{p_i}{\chi_i} \right)^{\frac{1}{\sigma}} L_i \tag{8.6}$$

$$w_i(j) = p_i \frac{\sigma}{1 - \sigma} L_i^{\sigma - 1} \int_0^{A_i} x_i^{1 - \sigma}(j) \, \mathrm{d}j \tag{8.7}$$

（三）技术市场均衡

假设中间品生产商是垄断型企业，因而可以获得垄断利润激励企业进行技术创新。中间品生产企业的利润为 $\max_{x_i(j)} [\chi_i(j) - \phi] x_i(j)$。借鉴阿西莫卢（2002b）的研究，设高、中、低技能中间品的边际成本为 $\phi = 1 - \sigma$，对中间品数量求导可以得到中间品价格为 $x_i(j) = \phi/(1 - \sigma) = 1$。根据中间品价格和式（8.6）可以得到中间品厂商的利润为 $\pi_i(j) = \sigma(p_i)^{\frac{1}{\sigma}} L_i$[①]。根据利润公式可知，高（中或低）技能产品的价格越高，企业的利润越高，企业越有激励研发高（中或低）技能产品的新技术，此为价格效应。同样，根据利润公式可知，高（中或低）技能劳动供给越高，企业的利润越高，这是因为高（中或低）技能劳动供给数量越多，企业研发基于该种生产要素的市场规模也越大，利润也就越高，此称为市场规模效应。由于要素供给越多，生产该要素密集型产品的价格越低，所以市场规模效应与价格效应对企业技术创新的影响方向相反。

企业不仅关注当期利润，更关注企业的长期市场价值 V_i。根据利润公式，我们

---

① 根据式（8.6）和利润公式可知，每类中间品 j 的需求和利润相同，因此，为表述简化，后文公式中不再标注（j）。

可以得到三种技能产品的市场价值：

$$V_i = \int_0^{+\infty} \pi_i e^{-rt} \mathrm{d}t = \frac{\pi_i}{r} \tag{8.8}$$

假设技术市场为完全竞争市场，技术创新动态为 $\dot{A}_i = \xi_i \mathfrak{R}_i$。$\xi_i$ 为研发成功的概率，$\mathfrak{R}$ 为总产品表示的研发投入的资源。平衡增长路径下高、中、低技能部门的经济增长率和技术进步率相同，那么，研发市场自由进出条件为：

$$\xi_H V_H = \xi_R V_R = \xi_M V_M \tag{8.9}$$

不失一般性，假设 $\xi_H = \xi_R = \xi_M$。利用利润表达式和研发市场出清条件可以得到：

$$\left(\frac{p_H}{p_R}\right)^{\frac{1}{\sigma}} \frac{L_H}{L_R} = 1 , \left(\frac{p_M}{p_R}\right)^{\frac{1}{\sigma}} \frac{L_M}{L_R} = 1 \tag{8.10}$$

（四）技术进步的方向

利用式（8.2）、式（8.3）、式（8.4）、式（8.6）和式（8.10）可以得到相对技术水平：

$$\frac{A_H}{A_R} = \left(\frac{1-\gamma}{\gamma}\right)^{\beta} \left(\frac{L_H}{L_R}\right)^{\eta-1} \tag{8.11}$$

$$\frac{A_M}{A_R} = \left(\frac{1-\lambda}{\lambda\gamma}\right)^{\varepsilon} \left(\frac{L_M}{L_R}\right)^{\theta-1} \left[\gamma + (1-\gamma)^{\beta}\gamma^{1-\beta}\left(\frac{L_H}{L_R}\right)^{\eta-1}\right]^{\frac{\beta-\varepsilon}{\beta-1}} \tag{8.12}$$

其中，$\eta = \beta\sigma - \sigma + 1$ 为高技能劳动与中等技能劳动的替代弹性，$\theta = \varepsilon\sigma - \sigma + 1$ 为低技能劳动与中、高技能劳动的替代弹性。由此可知，当 $\eta > 1$ 时，$\beta > 1$；当 $\theta > 1$ 时，$\varepsilon > 1$；当 $\eta > \theta$ 时，$\beta\sigma - \sigma + 1 > \varepsilon\sigma - \sigma + 1$，从而 $\beta > \varepsilon$。所以，产品间的替代弹性关系与劳动间的替代弹性关系是一致的，后文会根据论证需要交替使用。根据式（8.11），当替代弹性 $\eta > 1$ 时，市场规模效应大于价格效应，高技能劳动相对供给上升会促进高技能增强型技术水平；当替代弹性 $\eta < 1$ 时，市场规模效应小于价格效应，高技能劳动的相对供给上升会促进中等技能增强型技术水平。

奥托尔和多恩（2013）研究表明，高技能产品与中等技能产品的替代弹性 β 要大于低技能产品与制造品的替代弹性 ε，即 $\beta > \varepsilon$，这也表明低技能劳动与中、高技能劳动的替代弹性要小于高技能劳动与中等技能劳动的替代弹性。原因在于随着产业智能化程度的提高，高技能劳动逐步将从事规则化工作的中等技能劳动代替，而低技能劳动主要从事低技能服务性工作，中、高技能劳动都需要低技能服务，因而低技能劳动与中、高技能劳动的替代性较低。式（8.12）表明，如果 $\beta > \varepsilon$，高技能劳动相对供给增加会促进低技能劳动增强型技术进步 A_M/A_R，η 是否大于 1 不影响该结论，[①] 原因在于高技能劳动与低技能劳动的替代弹性较低，高技能劳动相对供给上升促进高技能增强型技术进步的同时，也提升了对低技能劳动的需求，因而促进了低技能增强型技术进步，从而实现益贫式增长。可见，人力资本积累最终有利于实现益贫式增长。结合本节结论和产业智能化的高技能增强型技术进步特性，得到推论 1。

推论 1：产业智能化取决于高、中、低技能劳动结构及其替代弹性。如果高—中技能劳动的替代弹性 $\eta > 1$，高技能劳动相对供给增加会提升相对技术水平 A_H/A_R（高技能增强型技术进步）。如果替代弹性条件满足 $\beta > \varepsilon$，高技能劳动相对供给增加会提升相对技术水平 A_M/A_R（低技能增强型技术进步）。总体而言，在满足替代弹性条件 $\beta > \varepsilon$ 的情况下，高—中技能劳动的替代弹性越大，高—低技能劳动的替代弹性越小，越有利于出现益贫式增长的技术创新。

（五）相对工资

为了推导产业智能化对高、中、低技能劳动的影响，我们需要推导技术内生情况下的相对工资。利用式（8.6）、式（8.7）、式（8.11）和式（8.12），可以得到相对工资的公式：

$$\frac{w_H}{w_R} = \left(\frac{1-\gamma}{\gamma}\right)^{\beta}\left(\frac{L_H}{L_R}\right)^{\eta-2} \tag{8.13}$$

$$\frac{w_M}{w_R} = \left(\frac{1-\lambda}{\lambda\gamma}\right)^{\varepsilon}\underbrace{\left(\frac{L_M}{L_R}\right)^{\theta-2}}_{\text{生产率效应}}\underbrace{\left[\gamma + (1-\gamma)^{\beta}\gamma^{1-\beta}\left(\frac{L_H}{L_R}\right)^{\eta-1}\right]^{\frac{\beta-\varepsilon}{\beta-1}}}_{\text{新工作创造效应}} \tag{8.14a}$$

将式（8.13）代入式（8.14a），可得：

$$\frac{w_M}{w_H} = \left(\frac{1-\lambda}{\lambda\gamma}\right)^{\varepsilon}\left(\frac{1-\gamma}{\gamma}\right)^{-\beta}\underbrace{\left(\frac{L_M}{L_R}\right)^{\theta-2}}_{\text{生产率效应}}\underbrace{\left(\frac{L_H}{L_R}\right)^{2-\eta}\left[\gamma + (1-\gamma)^{\beta}\gamma^{1-\beta}\left(\frac{L_H}{L_R}\right)^{\eta-1}\right]^{\frac{\beta-\varepsilon}{\beta-1}}}_{\text{新工作创造效应}}$$

$$\tag{8.14b}$$

式（8.13）表明，如果高技能劳动和中等技能劳动的替代弹性 $\eta > 2$，高技能劳动相对中等技能劳动占比增加将会提升高技能劳动的相对工资，原因在于高技能

---

① 因为 $\eta > 1$ 时，$\beta > 1$，所以式（8.12）中的 L_H/L_R 对相对技术水平的影响只取决于 $\beta - \varepsilon$ 的正负符号。

209

劳动相对供给上升会降低高技能劳动的相对工资，但此时也会促进高技能劳动增强型技术进步，进而又提高了高技能劳动的相对工资，后者的效应大于前者的效应，导致 w_M/w_R 上升；相反，如果高技能劳动和中等技能劳动的替代弹性 $\eta < 2$，后者的效应小于前者的效应，高技能劳动相对中等技能劳动占比增加将会降低高技能劳动的相对工资。[1] 可以看出，产业智能化不仅提高了高技能劳动对中等技能劳动的替代，而且创造了新的人工智能产品种类，导致高技能劳动相对工资和需求的上升，此为产业智能化对高技能劳动的新工作创造效应。[2]

式（8.14a）等号右边第 3 项为产业智能化对低技能劳动相对中等技能劳动的新工作创造效应。当 $\beta > \varepsilon$ 时，由于高技能劳动与低技能劳动的替代弹性更小，结合式（8.12）可知，产业智能化导致高技能劳动相对需求和收入上升，这会进一步提升对低技能劳动相对中等技能劳动的需求和工资 w_M/w_R，这是由产业智能化对高技能劳动的新工作创造效应导致的，为此，本章将此称为产业智能化对低技能劳动相对中等技能劳动的新工作创造效应。或者说，由于高技能产品与低技能产品的替代弹性更小，相比中等技能产品，产业智能化使得低技能产品（或服务）的利润更高，因而激励了低技能增强型技术进步，提升了低技能劳动的相对工资。

同理，式（8.14b）等号右边第 4 项为产业智能化对低技能劳动相对高技能劳动的新工作创造效应。在 $\beta > \varepsilon$ 的情况下，如果 $\eta < 2$，高技能劳动相对供给会提升低技能劳动的相对工资 w_M/w_H；如果 $\eta > 2$，新工作创造效应的第 1 项［由式（8.13）得到］表明，高技能劳动相对供给增加会使低技能劳动相对工资 w_M/w_H 下降，第 2 项［由式（8.14a）得到］表明，在 $\beta > \varepsilon$ 的情况下，高技能劳动相对供给上升会使低技能劳动相对工资 w_M/w_H 上升，所以在 $\eta > 2$ 和 $\beta > \varepsilon$ 的情况下，高技能劳动相对供给增加通过产业智能化的新工作创造效应对低技能劳动相对工资的影响方向不确定，取决于具体参数的大小，深层次的原因是产业智能化同时对高技能劳动和低技能劳动存在新工作创造效应。

式（8.14a）等号右边第 2 项和式（8.14b）等号右边第 3 项为产业智能化的生产率效应。将式（8.12）代入式（8.14a）和式（8.14b）得到如下方程，可进一

---

① 在技术外生的条件下，根据技能偏向性技术进步和 CES 生产函数的设定，如果替代弹性 $\eta > 1$，高技能增强型技术进步将更多地提升高技能劳动的边际产出，此时高技能增强型技术进步表现为高技能偏向性，即高技能偏向性技术进步；相反，如果 $\eta < 1$，高技能增强型技术进步（产业智能化）将更多地提升中等技能劳动的边际产出，此时高技能增强型技术进步（产业智能化）表现为中等技能偏向性。本章附录 A 推导了外生产业智能化对低技能劳动相对工资的影响。

② 本章模型将技术进步设定为产品种类扩张型，技术进步意味着新产品种类的增加。所以，产业智能化会带来高技能新产品种类的增加，从而带来对高技能劳动需求的增加，即增加了新工作种类。阿西莫卢和雷斯特雷波（2017，2018，2019）将新工作创造效应定义为人工智能导致新任务的出现，每一个新任务就对应着一个新产品，从而增加了对劳动的需求。

步理清生产率效应传导机制：

$$\frac{w_M}{w_R} = \left(\frac{1-\lambda}{\lambda\gamma}\right)^{\varepsilon} \underbrace{\left(\frac{1-\lambda}{\lambda\gamma}\right)^{\frac{\varepsilon(\theta-2)}{1-\theta}} \left(\frac{A_M}{A_R}\right)^{\frac{\theta-2}{\theta-1}}}_{\text{生产率效应}} \underbrace{\left[\gamma + (1-\gamma)^{\beta}\gamma^{1-\beta}\left(\frac{L_H}{L_R}\right)^{\eta-1}\right]^{\frac{\beta-\varepsilon}{(\beta-1)(\theta-1)}}}_{\text{新工作创造效应}}$$

(8.15a)

$$\frac{w_M}{w_H} = \left(\frac{1-\lambda}{\lambda\gamma}\right)^{\varepsilon} \left(\frac{1-\gamma}{\gamma}\right)^{-\beta} \left(\frac{1-\lambda}{\lambda\gamma}\right)^{\frac{\varepsilon(\theta-2)}{1-\theta}}$$

$$\underbrace{\left(\frac{A_M}{A_R}\right)^{\frac{\theta-2}{\theta-1}}}_{\text{生产率效应}} \underbrace{\left(\frac{L_H}{L_R}\right)^{2-\eta} \left[\gamma + (1-\gamma)^{\beta}\gamma^{1-\beta}\left(\frac{L_H}{L_R}\right)^{\eta-1}\right]^{\frac{\beta-\varepsilon}{(\beta-1)(\theta-1)}}}_{\text{新工作创造效应}}$$

(8.15b)

结合式（8.11）、式（8.12）、式（8.14a）和式（8.14b）可知，产业智能化的新工作创造效应导致低技能劳动相对需求的上升，这意味低技能劳动相对就业 L_M/L_R 增加，结合式（8.12），由于技术进步的内生性，这会进一步促进低技能增强型技术进步（生产率水平），根据式（8.15a）和式（8.15b），在 $\theta > 2$ 的情况下，这进一步提高了低技能劳动相对中、高技能劳动的工资。可见，这是由于产业智能化通过提升低技能劳动的相对生产率水平导致的对低技能劳动相对需求和工资的增加，本章称之为生产率效应[①]。

结合推论1、式（8.14a）和式（8.14b）可知，高技能劳动相对供给增加有利于促进产业智能化程度的提升，并通过高技能劳动占比上升（人力资本积累）、新工作创造效应和生产率效应提升低技能劳动的相对工资，从而实现益贫式增长。这也表明，相比技术外生的情况，在技术内生条件下，人力资本积累可以有效促进产业智能化，更有利于实现益贫式增长。值得注意的是，在满足替代弹性条件 $\eta > 2$ 和 $\beta > \varepsilon$ 的情况下，产业智能化会降低中等技能劳动的相对工资，此为产业智能化对中等技能劳动的替代效应[②]，这需要在产业智能化过程中由政府政策引导促进中等技能劳动的转岗就业。

推论2：产业智能化实现益贫式增长取决于高、中、低技能劳动结构和要素替代弹性。当 $\eta > 2$ 和 $\beta > \varepsilon$ 时，由于高技能劳动与低技能劳动的替代弹性更小，高

---

① 阿西莫卢和雷斯特雷波（2017，2018，2019）提出的生产率效应是产业智能化带来总体生产率的提高，从而提高了对劳动的需求（该文没有将劳动细分为三种技能劳动）。奥托尔和所罗门（Autor & Salomons，2018）将生产率效应称为市场需求效应，因为产业智能化提高了生产率进而带来产品市场需求规模的扩张，而本章模型中低技能劳动相对需求的上升也是低技能劳动以及低技能产品市场规模的扩张，本章新工作创造效应和生产率效应是对这一理论的拓展。

② 许多文献将人工智能对劳动的替代称为替代效应（Autor & Salomons，2018；Acemoglu & Restrepo，2019）。

技能劳动相对供给上升会促进产业智能化的创新和应用，并通过新工作创造效应提升低技能劳动相对工资 w_M/w_H，进而促进实现益贫式增长。当 $\theta > 2$ 时，产业智能化通过生产率效应提升低技能劳动相对工资 w_M/w_H，进而促进实现益贫式增长。当 $\eta > 2$ 和 $\beta > \varepsilon$ 时，产业智能化通过新工作创造效应对低技能劳动相对工资 w_M/w_H（益贫式增长）的影响方向不确定。人力资本积累可以促进产业智能化程度，更有利于实现益贫式增长。

四、计量模型设计

（一）模型设定

根据前文理论模型推论，为了检验产业智能化对益贫式增长的影响，计量模型设定如下：

$$\ln W_{it} = \alpha_0 + \alpha_1 \ln AI_{it} + \alpha_2 Newwork_{it} + \alpha_3 \ln AI_{it} \times \ln Tfp_{it}$$
$$+ \alpha_4 \ln Tfp_{it} + \alpha_5 Hlabor_{it} + \alpha_6 Hlabor_{it}^2 + \alpha_6 \chi_{it} + \upsilon_{it} \tag{8.16}$$

其中，i 为行业，t 为年份，$\ln$ 为取自然对数。W 为益贫式增长，AI 为产业智能化，$Newwork$ 为新工作创造效应，Tfp 为全要素生产率，交叉项为产业智能化与全要素生产率相乘，表示产业智能化的生产率效应对益贫式增长的影响。$Hlabor$ 为高技能劳动占比，根据推论2，高技能劳动相对供给对低技能劳动相对工资存在不确定的非线性影响，因此在解释变量中增加高技能劳动占比的平方项。χ 为控制变量，包括资本深化、产业服务化、贸易开放度、FDI 和行业竞争程度以及年份和行业固定效应等。资本深化对劳动的影响取决于资本—劳动替代弹性，当替代弹性大于1时，资本深化会降低对劳动的需求；反之，当替代弹性小于1时，资本深化会提升对劳动的需求（Acemoglu，2003），而且由于资本—技能互补的原因（Griliches，1969），资本深化可能提升高技能劳动的相对工资，资本产出比为加速的资本深化，本章以资本产出比代理资本深化。由于三次产业对技能劳动的需求不同，产业结构变迁也会影响到不同技能劳动占比和工资（Autor & Salomons，2018）。贸易开放会通过要素禀赋效应和偏向性技术进步效应影响劳动就业及其工资（Acemoglu，2002a）。FDI 会通过技术外溢和劳动力流动渠道影响技能劳动的相对工资（邵敏和包群，2010）。市场化程度会通过技术偏向和资本深化影响劳动力市场，也会创造就业提高就业率。υ 为随机扰动项。

（二）变量选择与数据说明

受数据可得性限制，本章研究采用了全国层面的数据进行讨论。此外，对益贫式增长的界定也采取了与本章研究问题更为相关的定义方法。具体如下。

1. 益贫式增长

从文献综述部分可知，益贫式增长指低收入群体的收入增长率高于全部人群收入的平均增长率。根据该定义和理论模型的研究结论，本章从要素收入分配的视角定义益贫式增长，采用低技能劳动相对于中、高技能劳动的工资来衡量。由于计量模型设定对该变量取自然对数，如果产业智能化对低技能劳动的相对工资具有显著的正向影响，说明产业智能化显著提高了低技能劳动工资的相对增长率，即产业智能化具有显著的益贫性。此外，本章还采用高、中、低技能劳动工资与增加值的比值作为因变量进行了稳健性检验。

2. 产业智能化

目前文献多采用分行业信息技术应用程度（Michaels et al.，2014）、机器人使用率（Acemoglu & Restrepo，2017）或全要素生产率（Autor & Salomons，2018）衡量产业智能化或自动化程度。基于数据可得性和已有文献使用情况，本章采用历年世界投入产出表全球计算机制造业和信息服务业对中国每个行业的投入占增加值的比重作为产业智能化的代理指标[①]。

3. 新工作创造效益

本章采用阿西莫卢和雷斯特雷波（2019）的测算方法，将新工作创造效应表述为：

$$\max\left\{0,\frac{1}{2}\sum_{\tau=t-1}^{t}\left[\Delta\ln Ls_{j\tau}-(1-\varepsilon)(1-Ls_{j\tau})\left(\Delta\ln\frac{w_{j\tau}}{r_{j\tau}}-\Delta\ln\frac{A_{L,j\tau}}{A_{K,j\tau}}\right)\right]\right\} \quad (8.17)$$

---

① 格雷戈里等（2016）采用规则化任务密集度来代理人工智能，因为该指标能够反映规则化任务领域资本（如机器人资本）的相对成本，因此这些任务领域的资本相对价格就可以代理人工智能的技术进步。奥托尔和所罗门（2018）采用全要素生产率代理自动化或人工智能，第一次工业革命以来，机器就一直在替代劳动，人工智能或机器人是自动化历史上最新的一次，而自动化是全要素生产率提升的重要原因，不过，全要素生产率还包含结构性改革因素，特别是中国的市场化转型特征明显，因此，本章采用信息技术指标衡量人工智能。

式（8.17）的值越大表示新工作创造效应越大，从而提高产业中的新工作含量。[①] ε 采用克朗普等（Klump et al.，2007）的标准化供给面系统法进行估计，[②] 估计结果表明 ε 为 0.88，$A_{L,jt}/A_{K,jt}$ 的增长率采用产业智能化指标的倒数来代理，原因在于产业智能化总体表现为资本增强型技术进步（如机器人的大量安装）。阿西莫卢和雷斯特雷波（2019）根据已有研究设定资本—劳动替代弹性为 0.8，$A_{L,jt}/A_{K,jt}$ 的增长率等于人均 GDP 增长率，这样的设定实际上测算了技术进步对劳动的替代，本章进一步采用产业智能化指标代理 $A_{L,jt}/A_{K,jt}$ 测算产业智能化对新工作的创造效应。[③]

4. 交叉项（生产率效应）

产业智能化会通过提高生产率进而影响低技能劳动的相对工资。为此，本章采用产业智能化与全要素生产率的交叉项对生产率效应进行机制检验；同时根据交叉项机制检验的设定方法，增加全要素生产率作为解释变量。全要素生产率的测算采用增长核算法。[④]

5. 高技能劳动占比

高技能劳动占比采用高技能劳动占总劳动的比重衡量。根据理论模型，高技能劳动相对供给上升会提升产业智能化程度，进而对低技能劳动的相对工资存在非线性影响。因此，本章采用高技能劳动占比及其平方项检验高技能劳动供给与益贫式增长的关系。

6. 控制变量

资本深化采用行业资本存量与增加值的比重衡量。产业服务化利用服务中间品投入占 GDP 的比重衡量，即行业服务化程度越大说明产业结构高级化程度越显著。贸易开放度利用进出口总额占行业增加值的比重衡量。FDI 采用国外直接投资占行业增加值比重衡量。行业竞争程度采用价格加成法表示，价格加成为（行业增加值 −

---

① 式（8.17）大括号内右边一项表达式为生产过程中劳动任务含量的变化（change in task content），如果该表达式小于 0，意味着劳动任务含量减少，产生了技术对劳动的替代，称为替代效应；如果该表达式大于 0，意味着劳动任务含量增加，技术增加了对劳动的需求，称为新工作创造效应。可以看出，相对工资上升会减少劳动任务含量，劳动增强型技术进步会增加劳动任务含量。表达式中的 1/2 为以两年为计算区间，然后取平均值。

② 标准化供给面系统法的具体测算方法见克朗普等（2007），因内容较多篇幅所限，本书不再详细列出，可与作者联系。

③ 根据本章方法测算的新工作创造效应与阿西莫卢和雷斯特雷波（2019）方法测算的结果相关性在 80% 以上，说明本章测算方式是稳健的。

④ 限于篇幅，具体测算过程并未详细列出，可向作者索取，数据来源于 WIOD 数据库。

行业劳动报酬)/(行业增加值＋行业中间品投入)（Domowitz et al.，1986)。

　　如无特别说明，本章计量模型所需数据均来源于 2000～2014 年世界投入产出数据库（WIOD)，其中，产业智能化和贸易开放度的测算数据来源于该数据库的历年世界投入产出表，其余指标均来源于该数据库的经济社会核算表。该数据库提供了 1995～2009 年和 2000～2014 年两个版本的行业数据，本章采用 2000～2014 年版本的行业面板数据，该数据包含了 56 个细分行业。2000～2014 年数据没有统计高、中、低技能劳动的劳动供给和工资，为此，本章借鉴 1995～2009 年版本的数据测算方法测算高、中、低技能劳动的劳动供给和工资，三类技能劳动的工资数据根据 2013 年城镇住户数据得到，2010～2012 年的工资数据采用线性插值法估算而得，假设 2014 年的工资与 2013 年相同。① 三类技能劳动供给的数据根据《中国劳动统计年鉴》的数据测算而得。FDI 数据来源于国家统计局。表 8－1 为解释变量和因变量的描述性统计。

表 8－1　　　　　　　　　　　　描述性统计

变量	观测值	均指	标准差	最小值	最大值
低/中技能劳动工资比	772	－0.232	0.225	－1.684	1.289
低/高技能劳动工资比	772	－0.588	0.405	－3.736	2.527
产业智能化	705	－5.506	1.580	－9.392	－0.684
新工作创造效应	772	0.006	0.014	0	0.111
美国 ICT 价格指数	705	0.204	0.016	0.171	0.226
高技能劳动占比	695	－0.970	0.782	－4.188	－0.045
全要素生产率	705	－0.941	0.705	－3.173	1.187
资本深化	705	0.246	1.391	－2.563	4.365
产业服务化	705	－7.176	1.017	－11.187	－4.899
贸易开放度	705	－3.227	1.279	－7.013	－0.354
FDI	705	－6.603	2.667	－14.857	－0.330
行业竞争程度	705	－2.194	0.563	－4.297	－0.930

　　注：表中的描述性统计值为自然对数值。

---

　　① 借鉴 WIOD 数据库技能劳动的分类，高、中、低技能劳动分别以大学本科及以上学历、高中高职学历和初中及以下学历的劳动作为衡量依据。

（三）估计方法及内生性问题

上述计量方程可能存在内生性问题，产业智能化与因变量低技能劳动的就业和工资存在互为因果关系、产业智能化存在的样本自选择问题以及测量误差等问题使得产业智能化与残差项相关。为此，本章在最小二乘法（OLS）估计的基础上，采用两阶段最小二乘法（2SLS）进行估计。阿西莫卢和雷斯特雷波（2017）为了解决美国机器人渗透率存在的内生性问题，采用欧洲国家机器人渗透率作为工具变量，借鉴该方法，本章产业智能化的工具变量采用美国、英国、德国和法国四个发达国家信息通信技术（ICT）的资本价格指数的倒数，原因在于信息通信技术越发达，ICT 资本价格指数越低，取倒数便于系数正负符号解释。因此，本章采用 ICT 价格指数的倒数作为产业智能化的代理指标。之所以选择发达国家的 ICT 价格指数作为工具变量，是因为发达国家的人工智能技术处于领先地位，中国的人工智能技术处于齐头并进或追随者地位，满足工具变量外生性和相关性的条件。ICT 价格指数数据来源于 EUKLEMS 数据库。

五、实证分析和机制检验

（一）产业智能化对低技能劳动相对工资的影响

表 8-2 根据前文计量方程分别采用 OLS 和 2SLS 方法进行了估计，因变量分别为低技能劳动对高技能劳动的相对工资和低技能劳动对中等技能劳动的相对工资（以下简称低技能劳动相对工资）。估计结果表明，在没有控制年份固定效应的情况下，产业智能化对低技能劳动相对工资存在显著的正向影响，而且在考虑了内生性问题后，产业智能化对低技能劳动相对工资的影响显著增加。但在控制了年份固定效应以后，产业智能化对低技能劳动相对工资影响的显著性减弱很多，产业智能化只对低/中技能劳动相对工资存在显著影响，说明产业智能化的影响大都体现为新工作创造效应和生产率效应。新工作创造效应对低技能劳动相对工资存在显著的正向影响，控制年份固定效应和内生性问题后，该效应依然很显著，表明产业智能化通过新工作创造效应能够显著提升低/中技能劳动相对工资和低/高技能劳动相对工资。该实证结论同理论模型的推论和后文对技能劳动间替代弹性的检验相吻合，即在满足替代弹性 $\beta > \varepsilon$ 的情况下，产业智能化对低技能劳动的新工作创造效应比较

显著。该结果也表明，产业智能化对中等技能劳动存在替代效应，从而导致低/中技能劳动相对工资显著上升。[①]

表 8 - 2　　　　　　　　　　　　基准估计结果

变量	（1）低/高 OLS	（2）低/中 OLS	（3）低/高 2SLS	（4）低/中 2SLS	（5）低/高 OLS	（6）低/中 OLS	（7）低/高 2SLS	（8）低/中 2SLS
产业智能化	0.110 *** (0.038)	0.058 *** (0.022)	0.470 *** (0.101)	0.253 *** (0.059)	0.026 (0.040)	0.016 (0.023)	0.083 (0.122)	0.183 ** (0.074)
新工作创造效应	3.515 *** (1.056)	2.190 *** (0.622)	3.515 *** (1.112)	2.215 *** (0.647)	2.791 ** (1.091)	1.550 ** (0.638)	2.584 ** (1.043)	1.525 ** (0.632)
生产率效应	0.0468 ** (0.020)	0.008 (0.012)	0.107 *** (0.036)	0.037 * (0.021)	0.012 (0.020)	− 0.012 (0.012)	0.067 ** (0.034)	− 0.001 (0.020)
全要素生产率	− 0.150 (0.094)	− 0.085 (0.055)	0.040 (0.130)	0.005 (0.076)	0.190 * (0.105)	0.113 * (0.062)	0.295 ** (0.143)	0.0518 (0.086)
高技能劳动占比	0.525 *** (0.067)	0.231 *** (0.040)	0.550 *** (0.070)	0.244 *** (0.041)	0.554 *** (0.070)	0.220 *** (0.041)	0.553 *** (0.068)	0.202 *** (0.041)
高技能劳动占比的平方	0.061 *** (0.009)	0.029 *** (0.005)	0.063 *** (0.009)	0.030 *** (0.005)	0.059 *** (0.009)	0.025 *** (0.005)	0.059 *** (0.008)	0.024 *** (0.005)
资本深化	− 0.249 *** (0.083)	− 0.120 ** (0.049)	− 0.394 *** (0.095)	− 0.192 *** (0.055)	0.222 ** (0.102)	0.162 *** (0.060)	0.080 (0.125)	0.042 (0.075)
产业服务化	− 0.202 *** (0.050)	− 0.115 *** (0.029)	− 0.164 *** (0.0526)	− 0.095 *** (0.031)	0.003 (0.056)	0.007 (0.033)	− 0.019 (0.054)	− 0.014 (0.033)
贸易开放度	− 0.274 *** (0.064)	− 0.116 *** (0.038)	− 0.424 *** (0.086)	− 0.200 *** (0.050)	− 0.316 *** (0.071)	− 0.166 *** (0.042)	− 0.324 *** (0.095)	− 0.252 *** (0.057)
FDI	− 0.015 (0.028)	− 0.009 (0.017)	0.013 (0.030)	0.006 (0.017)	0.025 (0.029)	0.020 (0.017)	0.027 (0.028)	0.027 (0.017)

[①] 本章还估计了产业智能化对高、中、低技能劳动绝对工资水平的影响，结果表明产业智能化对低技能劳动绝对工资影响的系数稍大于高技能劳动的系数，而中等技能劳动的系数是低技能劳动系数的一半，这也间接验证了表 8 - 2 的估计结果。估计结果可向作者索取。

续表

变量	(1) 低/高 OLS	(2) 低/中 OLS	(3) 低/高 2SLS	(4) 低/中 2SLS	(5) 低/高 OLS	(6) 低/中 OLS	(7) 低/高 2SLS	(8) 低/中 2SLS
市场竞争程度	0.121* (0.066)	0.083** (0.039)	0.044 (0.070)	0.043 (0.041)	−0.070 (0.069)	−0.031 (0.040)	−0.075 (0.067)	−0.016 (0.041)
行业固定效应	是	是	是	是	是	是	是	是
年份固定效应	否	否	否	否	是	是	是	是
观测值	646	646	646	646	646	646	646	646
拟合度	0.281	0.204	0.394	0.336	0.350	0.291	0.523	0.434

注：***、**、*分别表示在1%、5%、10%的水平上显著，括号内的值为标准误差。

产业智能化的生产率效应对低/高技能劳动相对工资存在显著的正向影响，控制内生性问题后系数值和显著性更大。产业智能化的生产率效应对低/中技能劳动相对工资的影响不显著。图8-1也表明，2005年后中/高技能劳动相对工资上升，新工作创造效应和生产率效应的估计结果同实际情况相符。相关文献也支持这一结论。奥托尔（2015，2019）研究表明，机器虽然对劳动有替代作用，但机器提高了生产率和产出规模的扩张，从而增加了对低技能服务和低技能劳动的需求。全要素生产率的系数显著为正，进一步说明了生产率和产出规模扩张对低技能劳动相对工资的影响为正。[①] 综合比较产业智能化的新工作创造效应和生产率效应可知，虽然这个效应的系数大小不具有可比性，但估计结果的显著性表明，新工作创造效应对低技能劳动相对工资的影响更大，生产率效应的影响相对小一些，但均有利于实现益贫式增长。这也说明人们对人工智能替代劳动的担忧可能过于悲观，已有最新研究也表明，在一些人工智能应用程度较高的欧洲国家，产业智能化显著促进了总就业（Aghion et al.，2020）。

高技能劳动占比及其平方项对低技能劳动相对工资存在显著的正向影响，控制内生性后，估计系数显著增加，表明人力资本积累确实对益贫式增长存在显著的非线性关系。高技能劳动占比一次项的系数为正，表明目前阶段我国的人力资本积累

---

① 表8-2第（2）列结果表明，在未控制内生性和年份固定效应的情况下，全要素生产率对低技能劳动相对工资影响为负。相对而言，控制内生性和年份固定效应的估计结果更为可靠。

已经开始更有利于提升低技能劳动的相对工资，正在促进益贫式增长,[①] 这也验证了本章理论模型推论 2 关于人力资本积累作用的论述。控制变量的估计系数多为负值或不显著。资本深化对低技能劳动相对工资在控制时间固定效应后存在一定的正向影响或不显著，贸易开放度对低技能劳动的相对工资存在显著的负向影响。FDI、产业服务化和市场竞争程度的系数总体不够显著。

通过表 8 - 2 各个影响因素的估计结果可知，促进益贫式增长的主要措施是通过人力资本积累提升产业智能化程度，进而通过新工作创造效应和生产率效应提升对低技能劳动的相对工资。而且，从本章的估计结果可知，产业智能化对低技能劳动相对工资不存在显著的负向影响，这有利于国家对产业智能化的推动，也说明我国快速增加的产业机器人并不会如人们所预料的那样对劳动力市场产生重大的负面影响。本章估计结果同已有研究看似存在差异，实则互补。例如，阿西莫卢和雷斯特雷波（2018）研究表明人工智能会减少就业提升收入不平等程度；奥托尔和所罗门（2018）研究表明，人工智能会降低劳动报酬份额。本章是将劳动细分为高、中、低技能劳动，人工智能虽然替代了规则化的中等技能劳动，但通过新工作创造效应和生产率效应提升了低技能劳动的相对收入。本章是对已有文献的有益补充，结论部分对此进行了进一步讨论。

（二）益贫式增长的替代弹性检验

根据理论模型，智能化促进益贫式增长依赖于推论 2 的替代弹性条件 $\eta > 2$ 和 $\beta > \varepsilon$ 以及 $\theta > 2$。为了使表 8 - 2 的计量结果更加可靠，本节进一步利用克朗普等（2007）的标准化供给面系统法估计高、中、低技能劳动的替代弹性。将模型进行简化，即不存在中间品投入（加入中间品是为了进一步将技术内生化），σ 为 1。生产函数就变为三层嵌套的 CES 函数：

$$Y_I = \left[\gamma \left(A_R L_R \right)^{\frac{\beta-1}{\beta}} + (1-\gamma)\left(A_H L_H \right)^{\frac{\beta-1}{\beta}} \right]^{\frac{\beta}{\beta-1}}, Y = \left[\lambda Y_I^{\frac{\varepsilon-1}{\varepsilon}} + (1-\lambda)\left(A_M L_M \right)^{\frac{\varepsilon-1}{\varepsilon}} \right]^{\frac{\varepsilon}{\varepsilon-1}}$$

利用该生产函数构建标准化供给面系统，利用可行广义非线性最小二乘法估计。[②] 表 8 - 3 给出的估计结果显示，高—低技能劳动替代弹性 ε 为 6.794，高—中技能劳动替代弹性 β 为 9.550，可知替代弹性 $\beta > \varepsilon$。而且，根据估计结果可知 $\eta > 2$

---

① 由于解释变量和因变量均取对数，根据系数可知，$\partial \ln W / \partial \ln Hlabor > 0$。作者还估计了只包含高技能劳动占比一次项的结果表明，高技能劳动占比的系数显著为正，限于篇幅未列出，可向作者索取。

② 限于篇幅，克朗普等（2007）标准化供给面系统法构建、参数设置未列出，只列出部分估计结果，感兴趣的读者可向作者索取。

和 $\theta > 2$。这表明，我们的估计结果满足推论 1 和推论 2 益贫式增长的替代弹性条件。已有文献测算了将劳动划分为两类（高、低技能劳动）的替代弹性，样本大约在 1960～1990 年的高—低技能劳动替代弹性为 1.4～2，而样本为 1978～2008 年的高—低技能劳动替代弹性最高为 3.7，说明高—低技能劳动替代弹性变大（Acemoglu & Autor，2011）。本章进一步将劳动划分为高、中、低技能劳动后估计的替代弹性进一步增加，说明本章的估计结果具有合理性。

表 8 - 3   参数估计结果

参数	系数	标准差	z 值	p > z（p 值）	95% 置信区间	
弹性 ε	6.794	0.582	11.68	0	5.655	7.934
弹性 β	9.550	0.694	13.76	0	8.189	10.911
λ	0.504	0.008	63.11	0	0.489	0.520
γ	0.757	0.003	265.98	0	0.752	0.763

从模型推论可知，高—低技能劳动替代弹性小于 1（互补）不是智能化促进益贫式增长的必要条件，只要满足替代弹性 $\eta > 2$ 和 $\beta > \varepsilon$ 以及 $\theta > 2$ 条件即可。现实生活中，信息技术和人工智能（机器学习等）对低技能劳动操作的工作替代范围在扩大，也即智能化对低技能劳动操作的工作既存在需求扩大的效应（新工作创造效应），也存在替代效应，关键取决于这些工作的可编程（可学习）程度。从本章的估计结果可知，高—低技能劳动总体呈替代关系，从而也可以看出，产业智能化促进低/高技能劳动相对工资对生产率效应的依赖性更大，这与表 8 - 2 中的估计结果相一致。

（三）产业关联效应的影响

已有研究表明，产业智能化不仅通过新工作创造效应和生产率效应等产业内效应影响劳动需求和工资，还会通过产业关联效应影响劳动需求和工资（Autor & Salomons，2018）。具体而言，生产率效应既有产业内效应，也有产业关联效应。生产率效应首先在本产业内出现，然后由于行业间的投入产出关系，生产率效应通过产业关联效应传导到其他产业，按照向下游行业和向上游行业传导的方向不同，可以分为前向关联效应和后向关联效应（Autor & Salomons，2018）。前向关联效应是指产业智能化引起本行业生产率的提高，从而会降低下游行业中间投入品的价格，导致下游行业产出以及对各类技能劳动需求和工资的变动。后向关联效应是指产业智能化通过提升本行业生产率增加了对上游行业的产品需求，但也会降低本行业产品的相对价格，从而降低对上游行业中间投入的需求，这两个正负作用机制共同作用引起上游行业各类技能劳动需求和工资的变化（Acemoglu et al.,2016）。由于各行业的生产对高、中、低技能劳动的需求比重不同，导致产业关联效应对高、中、低技能劳动的相对需求具有不确定性影响，需要进一步的计量检验。

借鉴奥托尔和所罗门（2018）的方法，前向关联效应为 $AI_{k\neq j,t}^{s} = \sum_{k} \omega_{k\neq j,j,t}^{s} \times \ln AI_{k\neq j,t}$，其中 $\omega_{k\neq j,j,t}^{s}$ 为行业 k 的产出投入行业 j 的份额，衡量了行业 k 作为供给者对行业 j 的重要性。后向关联效应为 $AI_{k\neq j,t}^{d} = \sum_{k} \omega_{j,k\neq j,t}^{d} \times \ln AI_{k\neq j,t}$，其中 $\omega_{j,k\neq j,t}^{d}$ 为行业 j 的产出投入行业 k 的份额，衡量了行业 k 作为产品使用者对行业 j 的重要性。份额值越大意味着行业 k 与行业 j 之间的投入产出关联度越大，产业智能化对上游行业或下游行业的关联影响就可能越大。计量估计方法同样采用 OLS 法和 2SLS 法，产业智能化的工具变量选择同上文。估计结果如表 8-4 所示。

表 8-4　　　　　　　　　　　产业关联效应检验

变量	（1）低/高 OLS	（2）低/中 2SLS	（3）低/高 2SLS	（4）低/中 2SLS	（5）低/高 OLS	（6）低/中 OLS	（7）低/高 2SLS	（8）低/中 2SLS
产业智能化	-0.012 (0.039)	0.008 (0.023)	0.079 (0.140)	0.205** (0.086)	-0.045 (0.044)	-0.019 (0.026)	0.063 (0.139)	0.189** (0.085)
新工作创造效应					2.689** (1.080)	1.501** (0.634)	2.530** (1.041)	1.547** (0.635)
生产率效应					0.003 (0.020)	-0.016 (0.012)	0.069** (0.034)	-0.002 (0.021)
前向关联效应	0.162*** (0.050)	0.070** (0.029)	0.031 (0.085)	-0.051 (0.052)	0.208*** (0.055)	0.102*** (0.033)	0.058 (0.083)	-0.014 (0.051)
后向关联效应	-0.015 (0.030)	0.0002 (0.017)	0.018 (0.031)	0.011 (0.019)	-0.034 (0.034)	-0.018 (0.020)	0.006 (0.036)	-0.007 (0.022)
全要素生产率					0.155 (0.105)	0.096 (0.061)	0.293** (0.141)	0.050 (0.086)

续表

变量	（1）低/高 OLS	（2）低/中 2SLS	（3）低/高 2SLS	（4）低/中 2SLS	（5）低/高 OLS	（6）低/中 OLS	（7）低/高 2SLS	（8）低/中 2SLS
高技能劳动占比	0.538 *** (0.067)	0.207 *** (0.039)	0.532 *** (0.065)	0.191 *** (0.040)	0.555 *** (0.069)	0.221 *** (0.041)	0.553 *** (0.068)	0.202 *** (0.041)
高技能劳动占比平方	0.059 *** (0.008)	0.024 *** (0.005)	0.058 *** (0.008)	0.023 *** (0.005)	0.060 *** (0.009)	0.025 *** (0.005)	0.059 *** (0.008)	0.024 *** (0.005)
控制变量	是	是	是	是	是	是	是	是
行业固定效应	是	是	是	是	是	是	是	是
年份固定效应	是	是	是	是	是	是	是	是
观测值	692	692	692	692	646	646	646	646
拟合度	0.360	0.289	0.517	0.403	0.366	0.303	0.527	0.430

注：**、*** 分别表示在5%、1%的水平上显著，括号内的值为标准误差。

表8-4第（1）~（6）列的估计结果表明，产业智能化的前向关联效应对低/高技能劳动相对工资存在显著的正向影响，对低/中技能劳动相对工资的显著性较弱（控制内生性后不显著）。这意味着上游产业智能化程度的提高会通过提高上游产业的生产率来降低下游产业的中间品投入成本，进而提高下游产业低技能劳动的相对需求和工资，显著性的下降意味着产业智能化的前向关联效应对高、低技能劳动的工资存在同等程度的影响。后向关联效应对低技能劳动相对工资不存在显著影响，奥托尔和所罗门（2018）的估计结果也表明后向关联效应对就业、工资和劳动报酬份额不存在显著影响，原因就在于产业智能化带来的正向生产率冲击虽然增加了该行业的产量，但也降低了价格，从而使得该生产率冲击对上游行业的生产没有显著的影响（Acemoglu et al.，2016）。新工作创造效应和生产率效应的估计结果同表8-2类似。

为了综合比较生产率效应、新工作创造效应、前向关联效应和后向关联效应对益贫式增长的影响，将这4种效应放在同一计量方程中并在控制了内生性后表明〔见表8-4第（7）~（8）列〕，新工作创造效应和生产率效应的估计结果同表8-2类似，而前向关联效应和后向关联效应对低技能劳动相对工资的显著性较弱或不显著，这表明，产业智能化主要通过产业内效应促进益贫式增长，我国工业机器人和服务机器人安装规模快速扩张，带动了产业内低技能劳动相对需求的增加。奥托尔和所罗门（2018）也表明，产业智能化的产业内效应更大，而产业关联效应相对较小，本章的结论同此类似。产业关联效应对低技能劳动相对工资的影响不显著并不意味着一个行业的智能化对其他行业的技能劳动工资没有影响，而是因为产业智能化对高、中、低技能劳动存在同等程度的影响或产业关联的作用机制相互抵消。网络经济学研究表明，行业冲击是否会通过产业关联效应对其他行业产生系统性影响或影响不显著，主要取决于冲击的行业分布特征（厚尾分布）以及要素、投入产出的参数值（Baqaee & Farhi，2019）。当然，虽然整个行业的产业关联效应不显著，但也不排除个别行业的产业关联效应比较突出，如家政行业的低技能劳动的需求主要由其他行业的从业人员雇佣。控制变量的系数同表8-2类似，限于篇幅不再具体列出。

（四）稳健性检验

益贫式增长体现为低收入群体收入增长率快于经济增长率，从而可以确保低收入群体在国民收入分配中保持较快的增长。根据该定义，本节采用行业高、中、低技能劳动工资与行业增加值比重作为因变量（取自然对数）重新进行计量估计。如果估计系数为正，表示产业智能化对技能劳动工资增长率的影响大于增加值（VA）的增长率。同时，通过分别估计产业智能化对高、中、低技能劳动工资的影响，可以对表8-2和表8-4的估计结果进行进一步验证，估计方法采用2SLS法。具体回归结果见表8-5。

表8-5　　　　　　　　　　稳健性检验（2SLS）

变量	（1） 低/VA	（2） 中/VA	（3） 高/VA	（4） 低/VA	（5） 中/VA	（6） 高/VA
产业智能化	0.781 *** (0.191)	0.599 *** (0.182)	0.712 *** (0.215)	0.633 ** (0.292)	0.439 * (0.303)	0.466 (0.421)
新工作创造效应				7.560 ** (3.114)	6.520 ** (3.233)	9.120 ** (4.492)
产业智能化× 生产率效应				-0.934 *** (0.277)	-1.019 *** (0.287)	-1.566 *** (0.399)
前向关联效应				0.038 (0.171)	0.112 (0.178)	0.256 (0.247)

续表

变量	(1)	(2)	(3)	(4)	(5)	(6)
	低/VA	中/VA	高/VA	低/VA	中/VA	高/VA
后向关联效应				0.108 * (0.073)	0.102 * (0.075)	0.106 (0.105)
全要素生产率	−0.247 (0.204)	−0.342 * (0.195)	−0.532 ** (0.230)	−4.811 *** (1.497)	−5.328 *** (1.554)	−8.184 *** (2.159)
高技能劳动占比	−0.048 (0.100)	−0.245 ** (0.096)	−0.597 *** (0.113)	−0.099 (0.156)	−0.302 * (0.162)	−0.684 *** (0.224)
高技能劳动占比平方	−0.001 (0.012)	−0.025 ** (0.012)	−0.061 *** (0.014)	−0.0002 (0.019)	−0.023 (0.019)	−0.059 ** (0.027)
控制变量	是	是	是	是	是	是
行业固定效应	是	是	是	是	是	是
年份固定效应	是	是	是	是	是	是
观测值	692	692	692	692	692	692
拟合度	0.909	0.914	0.881	0.788	0.762	0.546

注： *** 、 ** 、 * 分别表示在1%、5%、10%的水平上显著，括号内的值为标准误差。

表8-5第（1）~（3）列估计了产业智能化对高、中、低技能劳动工资与增加值比重的总效应，估计结果表明，产业智能化对三类技能劳动工资相对增加值的比重具有显著的正向影响，其中，对低技能劳动工资的影响最大，其次是高技能劳动的工资，影响最小的是中等技能劳动工资，这进一步验证了前文关于产业智能化更多地提升低技能劳动相对工资的结论。第（4）~（6）列的估计结果显示，考虑了新工作创造效应、生产率效应和产业关联效应后，产业智能化本身的系数变小或不显著，说明这四种效应产生了显著影响。具体而言，新工作创造效应具有显著的正向影响，生产率效应具有显著的负向影响，说明新工作创造效应对技能劳动工资增长的效应大于增加值，而生产率效应对增加值的促进效应更大。产业智能化的前向关联效应不显著，表明产业智能化同等程度提高了下游行业的增加值和技能劳动工资。后向关联效应显著提升了低、中技能劳动相对增加值的工资，影响系数大体相当，这同表8-4估计的后向关联效应不显著相符。后向关联效应对高技能劳动相对增加值的效果显著性较弱，但系数值同对低、中技能劳动的影响相当。虽然生产率效应的影响为负，但第（1）~（3）列估计结果表明，产业智能化的总效应为正，

从而促进了益贫式增长。高技能劳动占比对高技能劳动工资具有显著的负向影响，这是要素供求关系作用的结果。高技能劳动占比对中技能劳动工资的负向影响表明，中等技能劳动被高技能劳动替代，而高技能劳动没有对低技能劳动产生替代影响，这一估计结果很好地支撑了前文的研究结论。

（五）长三角区域一体化的讨论

前文研究表明，产业智能化能够显著地促进中国的益贫式增长，而且产业智能化程度越高，人工智能的益贫性越显著。前文的资料显示，东部地区的人工智能应用程度越来越高，其中，长三角地区人工智能的应用尤为突出，据中国电子学会《中国机器人产业发展报告（2019）》显示，长三角地区的机器人应用位居全国第一位，2018 年的销售收入超过 124 亿元，而且长三角地区的机器人企业也拥有较强的竞争力，形成了一定的品牌优势，产品涉及传感器、减速器、机器视觉、语音识别和人机交互等主要人工智能产品，国产化率也位居全国首位。结合本章的研究结论可知，长三角地区人工智能应用的领先将有利于长三角地区率先实现益贫式增长。长三角区域一体化将使长三角地区的市场规模向纵深发展，在不改变地区范围的情况下进一步扩大市场规模，进一步发挥人工智能的生产率效应（市场规模效应），而人工智能的大规模应用将会创造更大的新工作创造效应，这都将有利于长三角地区的益贫式增长。当然，目前的长三角区域一体化也面临一些障碍，产品市场、要素市场、基础设施和公共服务等领域需要进一步开放，同时也面临着地方保护主义等问题。如果这些障碍能够得到很好的解决，长三角地区的人工智能发展将会更进一步促进该地区乃至全国的益贫式增长。

六、本章小结

人工智能的大规模应用（产业智能化）对劳动力市场产生了深刻的影响，甚至引发机器人是否会取代劳动的担忧。基于目前产业智能化对劳动力市场和收入分配不利的争论和担忧，本章研究了产业智能化是否有利于我国的益贫式增长，即是否有利于低技能劳动相对工资的增加。通过理论和实证研究表明，产业智能化对我国低技能劳动具有显著的益贫性，说明人工智能的大规模应用有利于实现共同富裕，人力资本积累对产业智能化和益贫式增长很重要。机制检验表明，产业智能化的新工作创造效应和生产率效应显著促进了益贫式增长，产业间的前向关联效应和后向关联效应不显著，同时也意味着，产业智能化及其各项效应对低技能劳动的收入不具有显著的负面影响。

已有研究认为人工智能对就业和收入的影响不够乐观，可能会增加失业和收入不平等程度（Sachs et al.，2015；陈永伟和许多，2018；Acemoglu & Restrepo，2020）。但是，已有研究没有对劳动构成作进一步细分，本章将劳动细分为高、中、低技能劳动后发现，产业智能化反而能提升从事非规则化岗位的低技能劳动的相对工资。这表明，产业智能化有利于从事低技能岗位的低收入人群，当然，这也不可避免地对中等技能劳动产生负面影响。面对这一情况，我们应客观认识到这样一个历史事实：第一次工业革命以来，历次重大的科技创新均会对既有的收入分配（利益）格局产生重大冲击，甚至出现所谓的"机器恐惧症"和利益冲突，在促进经济发展的同时造成收入不平等的扩大，不过，成功国家会通过有效的政治与经济改革化解危机，经济得以可持续发展（Acemoglu & Robinson，2015），而且阿吉翁等（2020）研究发现，产业智能化显著促进了法国等欧洲国家的劳动就业。阿西莫卢和雷斯特雷波（2020）提出应开发能够创造更多工作岗位的"好的"人工智能，避免"坏的"人工智能，如教育、医疗和增强现实领域就大有可为，这需要政府在政策上加以引导。而且，包括中国在内的许多国家人口老龄化趋势越来越严峻，发展人工智能可以作为一个有效的应对手段（陈彦斌等，2019）。本章的研究表明，产业智能化所具备的益贫性能够减轻人工智能带来的负面影响，再辅以合理的产业政策、人才政策和劳动力市场政策，我们就可以有效应对人工智能带来的机遇和挑战。为此，本章提出以下政策建议。

第一，积极促进"好的"就业扩张型人工智能发展，提升人力资本积累和产业智能化程度。产业智能化有利于提升实体经济的国际竞争力，"好的"人工智能还可以创造更多的就业，提升低技能劳动的相对工资，缓和收入不平等程度。政策方面，政府不仅要加大产业智能化领域的财税支持力度，还应通过政策加以引导，促进人力资本积累、做好人才建设工作，鼓励企业开发"好的"有利于就业扩张的人工智能技术，如减免人工智能企业的所得税、提高产业智能化相关投入的增值税抵扣力度、提高产业智能化专利的财政补贴额度等。

第二，建立完整的产业智能化生产价值链，提升价值链的控制力。由于产业智能化对国际竞争力和国家安全具有重要影响，并且对总体经济的渗透率较高，缺乏完整的价值链和对价值链关键环节的控制会影响到整体产业智能化的创新和应用。近年来，美国对中兴和华为的制裁充分说明了完整的价值链和对价值链关键环节控制的重要性。就本章而言，这会危及我国的益贫式增长。政策方面，我们应从国家经济安全的战略高度看待产业智能化的发展。

第三，完善职业技能培训体系，促进技能劳动就业结构转换。人工智能的大规模应用导致规则化工作岗位减少和中等技能劳动就业下降，同时低技能劳动的需求提高。因此，政府应重视就业结构转换过程中结构性失业的变化，鼓励企业和政府职能部门加大对规则化劳动的转岗技能培训，引导失业工人转变就业观念，特别是转变对低技能服务型岗位的认识。

第四，大力推进长三角区域市场一体化程度。市场一体化可以扩大市场规模是促进长三角区域产业智能化和益贫式增长的重要推动因素，政府应该从产品市场、要素市场、基础设施、社会保险制度以及财政收税制度方面统筹推动市场一体化进程。

第五，在长三角一体化进程中推进人工智能与实体经济的深度融合。传统观点认为产业智能化可能会替代劳动，导致失业增加和收入不平等加剧。但是，本章的研究表明，产业智能化有利于改善低收入群体的收入分配状况，特别是有利于改善产业智能化程度较高地区的收入分配状况。因此，长三角地区作为中国经济发达地区和产业智能化程度较高的地区，进一步促进人工智能与实体经济的深度融合既能提升该地区的产业竞争力，也有利于改善收入分配状况。

附录 A　外生产业智能化对劳动力市场影响的模型构建

为了分析外生产业智能化对劳动力市场的影响，构建如下模型。总产品和各部门的生产函数采用如下设定形式：

$$Y = \left[\lambda Y_I^{\frac{\varepsilon-1}{\varepsilon}} + (1-\lambda) Y_M^{\frac{\varepsilon-1}{\varepsilon}} \right]^{\frac{\varepsilon}{\varepsilon-1}}, Y_I = \left[\gamma Y_R^{\frac{\beta-1}{\beta}} + (1-\gamma) Y_H^{\frac{\beta-1}{\beta}} \right]^{\frac{\beta}{\beta-1}} \tag{A.1}$$

$$\text{e. t.} \quad Y_i = A_i L_i, i = H, R, M$$

其中，$\lambda, \gamma \in (0,1)$ 为产品 Y_i 在生产过程中的相对重要性，A_i 表示 i 要素增强型技术进步。

假设产品为完全竞争市场，对式（A.1）求导数可得高、中、低技能劳动的工资，以及高技能劳动相对中等技能劳动的工资比：

$$\frac{w_H}{w_R} = \frac{1-\gamma}{\gamma} \left(\frac{A_H}{A_R}\right)^{\frac{\beta-1}{\beta}} \left(\frac{L_H}{L_R}\right)^{\frac{-1}{\beta}} \tag{A.2}$$

同理，可以得到高技能劳动相对低技能劳动的工资比：

$$\frac{w_H}{w_M} = \frac{\lambda(1-\gamma)}{1-\lambda} \left(\frac{L_H}{L_M}\right)^{-\frac{1}{\varepsilon}} \left(\frac{A_H}{A_M}\right)^{\frac{\varepsilon-1}{\varepsilon}} \left[\gamma \left(\frac{A_H L_H}{A_R L_R}\right)^{\frac{1-\beta}{\beta}} + (1-\gamma) \right]^{\frac{\varepsilon-\beta}{\varepsilon(\beta-1)}} \tag{A.3}$$

式（A.3）表明，如果 $\beta > 1$ 且 $\varepsilon < \beta$，产业智能化将首先促进高技能劳动相对低技能劳动的工资。当高技能劳动与低技能劳动互补时，产业智能化将促进低技能劳动相对工资的增加。同理，可以得到低技能劳动相对中等技能劳动的工资比：

$$\frac{w_M}{w_R} = \frac{1-\lambda}{\lambda \gamma} \left(\frac{L_M}{L_R}\right)^{\frac{-1}{\varepsilon}} \left(\frac{A_M}{A_R}\right)^{\frac{\varepsilon-1}{\varepsilon}} \left[\gamma + (1-\gamma)\left(\frac{A_H L_H}{A_R L_R}\right)^{\frac{\beta-1}{\beta}}\right]^{\frac{\beta-\varepsilon}{\varepsilon(\beta-1)}} \tag{A.4}$$

式（A.4）说明，当 $\beta > 1$ 且 $\varepsilon < \beta$ 时，产业智能化将提升低技能劳动相对中等技能劳动的相对工资。

第九章

长三角一体化发展与共享发展

一、经济一体化的概念

统一的市场能够产生更大的市场规模和更加充分的市场竞争，经济要素可以更加自由地流动，使得交易成本下降，从而带来资源配置效率的提高。因此，区域经济一体化一直是经济学研究的重要问题之一，长期以来，国内外很多学者都对区域经济一体化问题进行了大量研究。

1931 年，瑞典经济学家赫克歇尔（Heckscher）在其著作《重商主义》中首次使用"经济一体化"一词，其后通过多名经济学家的发展，区域经济一体化的理论逐渐完善。然而，对经济一体化的定义，各经济学家均有自己的见解。荷兰经济学家廷贝根（Tinbergen，1954）指出，经济一体化就是将有关阻碍经济最有效运行的人为因素加以消除，通过相互协调与统一，创造最适宜的国际或区域经济结构。美国经济学家巴拉萨（Balassa，1961）则认为，经济一体化既是一个过程，又是一种状态，其过程旨在消除一体化中各成员之间差别待遇的种种举措，而状态则表现为各成员之间差别待遇的消失。平德（Pinder，1965）提出，经济一体化是消除各成员国经济单位之间的歧视，形成和实施协调的共同政策。马克卢普（Machlup，1977）认为，经济一体化不仅包含不同国家加入一个经济集团这一情形，实际上经济一体化可以是一国之内各个地区的，也可以是各国之间的，后者又分为区域性的和次区域性的，即经济一体化的概念不应只局限于各国之间的研究，也应扩展到一国内部各地区之间一体化的研究。

区域经济一体化的反面则表现为市场分割，市场分割是指各国政府或一国范围内各地方政府为了自身利益，通过行政管制等手段，限制外地资源进入本地市场或限制本地资源流向外地的行为。国内外大部分学者采用市场分割作为区域一体化的代理变量。现有研究认为，地方保护和贸易壁垒是区域市场分割的重要原因。一些学者通过研究，指出自 1994 年我国实现财税分权的财政体制改革以来，中国的劳动力市场、货物贸易市场等存在着严重的地方保护主义和市场分割现象，地方政府采取行政壁垒、技术壁垒及环境壁垒等手段，加剧了市场分割，严重影响了一体化的进程（Kumar，1994；Young，2000；Poncet，2003）。陈剩勇和马斌（2004）提出受计划经济和地方保护主义影响，我国的地方间贸易成本很高，区域经济一体化进程非常缓慢，区域政府合作是现有体制下实现区域经济一体化的理性选择。还有一些学者认为，随着改革开放进程的深入以及经济制度的完善，中国的市场分割程度出现了波动下降的趋势，区域一体化程度在逐渐加深（喻闻和黄季焜，1998；李杰和孙群燕，2004；赵永亮和才国伟，2009）。

　　早期，对于区域经济一体化的研究集中在理论层面。陈剩勇和马斌（2004）提出受计划经济和地方保护主义影响，我国的地方间贸易成本很高，区域经济一体化进程非常缓慢，区域政府合作是现有体制下实现区域经济一体化的理性选择。陈建军（2004）从产业角度分析了长三角区域内部"趋同"的产业同构和经济一体化的互动关系问题。孙久文等（2008）从行业分工、产品要素市场、交通设施等方面综合分析了京津冀区域的经济一体化程度，并指出应该通过规划协调、机制设计、产业结构分工和调整等措施加快推进京津冀区域一体化进程。后来，很多学者开始选择从定量的角度测度区域经济一体化指数。有的学者选择从单一指标来计算区域一体化指数，如交通一体化（刘生龙和胡鞍钢，2011）、贸易一体化（黄赜琳和王敬云，2006）和产出一体化（千慧雄，2010）等。也有的学者选择多个指标综合测度，如周立群和夏良科（2010）在研究京津冀、长三角与珠三角区域经济一体化时选择了 4 个层次 28 个指标。顾海兵和段琪斐（2015）在研究西宁—海东一体化时选择了 2 个层次 8 个指标。侯赟慧等（2009）采用社会网络分析方法对长三角城市群的经济结构进行了分析，发现长三角区域经济一体化程度有向一体化发展的趋势。

　　根据研究主体的不同，区域经济一体化可以划分为两个层次：国际范围内国家间的区域经济一体化以及一国内部各地方之间的区域经济一体化。而区域经济一体化指数的构建，大致上可以分为两类：一是从经济运行的过程中测度，二是从经济运行的结果上测度。

　　第一，从过程中测度。即采用各区域间物质、资本、劳动力、技术等指标来测度区域经济一体化的程度。其理论依据是经济运行过程中的各项资源的流动可以反映各地经济联系的密切程度，从而说明区域内经济一体化的水平高低。例如，库玛

（Kumar，1994）采用的是劳动力流动，诺顿（Naughton，1999）采用的是投入产出表中的国内贸易流量，阿尔伯克基（Albuquerque，2003）用直接投资测度了世界市场的一体化，鲁晓东和李荣林（2009）采用的是资本流动，马蒂诺亚（Martinoia，2009）测度了欧洲劳动力市场的一体化，黄赜琳和王敬云（2006）测度了中国省际贸易一体化程度。

第二，从结果上测度。即测度各区域生产率的差异程度、价格水平，以及居民生活水平等的差异程度。其理论依据是一价定律，即在区域间没有贸易壁垒（包括天然的壁垒，如运输成本等，以及人为的壁垒，如税收等）的条件下，同一种商品在经济一体化的各地区应该是一价的，生产率水平以及居民生活水平也应该较为接近。格卢申科（Gluschenko，2003）选取了25种可贸易商品组成一个商品篮子，然后计算出这一商品篮子在测度年份的绝对价格水平，根据这些价格对各地区人均收入反应的敏感度来测度一体化的水平。周立群和夏良科（2010）在研究京津冀、长三角与珠三角区域经济一体化时选择了4个层次28个指标，发现京津冀地区的经济一体化程度最高，长三角地区次之，珠三角地区最低，三大区域经济一体化程度明显提高，三者之间的差距越来越小，趋同趋势明显。顾海兵和段琪斐（2015）在研究西宁—海东一体化时选择了2个层次8个指标，认为该区域的一体化水平还有很大的提升空间。

特别地，近年来交通与区域经济一体化的联系受到了学者们的普遍关注，这是因为加强地方间交通基础设施的建设可以有效地提升区域一体化水平。贝伦斯（Behrens，2004）的研究指出，基础设施建设对于一国的国际经济一体化和国内区域经济不平等的影响显著，交通基础设施条件的改善可以降低交通成本及增加贸易流量，从而带来区域经济的更均衡发展。刘生龙和胡鞍钢（2011）利用中国交通省际货物运输周转量的普查数据，发现了交通基础设施的改善对区域经济一体化的促进作用。张学良和聂清凯（2012）论证了交通基础设施对区域经济增长的空间溢出效应显著，交通基础设施能够扩大规模效应、促进专业分工、打破市场分割以促进区域经济增长。王雨飞和倪鹏飞（2016）指出，交通对经济发展产生了增长效应和结构效应，增长效应主要体现在交通发展促进了区域间的经济溢出进而实现经济增长，而结构效应则体现在交通发展对经济空间格局的改变，高铁的发展更加强化了这两种效应。因此，从交通设施（铁路、飞机、公路等）的发展程度来测算区域经济一体化的水平成为了一个新的重要的角度。

从以上文献中可以看出，一国内部的区域经济一体化指数可以从区域内经济运行的过程（如资本、劳动力、技术、贸易流量等）或结果（生产率的差异程度、价格水平，以及居民生活水平等的差异程度等）两方面进行考虑。诸多学者从不同角度对区域经济一体化的方方面面进行了详细、深入的探讨，但衡量区域一体化指数时所使用的数据大多为经济增速、贸易量等相对间接的数据，这些数据不仅更新周期长，样本量较小，而且不一定能直观地反映出区域间经济的相互依赖程度。本章拟采用互联网搜索指标来度量区域间的经济一体化程度，不仅具有数据粒度小（可以精确到周度数据）和便于预测的特点，还能够准确地度量出地区间经济相互依赖的特性。

二、测度方法回顾

（一）定性测度

美国经济学家巴拉萨（1962）指出，经济一体化可以分为贸易一体化、要素一体化、政策一体化以及完全一体化四个阶段，如图 9 – 1 所示。

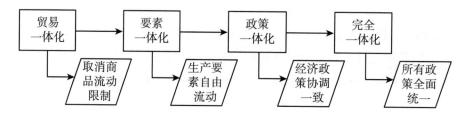

图 9 – 1　区域经济一体化的四个阶段

巴拉萨提出的四个阶段的经济一体化过程主要针对的是当时西欧各个国家之间的状况，他认为不同国家或地区之间要实现经济一体化的目标应先从签订贸易协议开始，消除国家间、地区间的贸易壁垒，成立自贸区，降低甚至取消关税；建立共同市场，实现生产要素在各成员国之间自由流动；成立经济联盟，成员国内协调制定共同的经济政策，并最终实现所有政策的完全统一，达到完全一体化的理想状态。随着地区或者成员国之间贸易壁垒的逐渐取消，区域经济交往的程度加强，区域发展的协调度也增强。因此，对于区域经济一体化所处阶段的判断，被认为是区域经济一体化水平的定性测度。

（二）定量测度

1. 贸易量法

贸易量法指的是通过区域间贸易流量的变化来判断区域间市场整合状况的方

法，区域之间贸易量越大表明区域市场整合程度越高和区域市场一体化程度越高，反之则越低。黄赜琳和王敬云（2006）认为，相比产业结构法、价格法等测度方法，贸易量法是测算区域经济一体化水平最为直接的方法，他们利用中国 1997 年省际贸易数据，对我国八个地区（京津地区、中部地区、西南地区、东北地区、北部沿海地区、南部沿海地区、东部沿海地区）的八个行业进行了贸易量法的经济一体化程度分析。使用的公式如下：

$$\ln \frac{m_{ij}}{m_{ii}} = \ln \frac{v_j}{v_i} - (\sigma - 1)\delta \ln \frac{d_{ij}}{d_{ii}} - \sigma \ln \frac{p_j}{p_i} + (\sigma - 1)\eta A_{ij} - (\sigma - 1)\left[\beta + \ln(1 + \mu)\right] + e_{ij}$$

$$(9.1)$$

其中，m_i 表示区域 i 消费的本地生产商品的总额，m_{ij} 表示区域 i 从贸易伙伴 j 进口的商品总额，v 为地区生产总值，σ 为任意两种产品的替代弹性，d 为两地区之间的地理距离，p 为行业商品价格，A_{ij} 表示 i 地消费者对从 j 地进口商品的消费者偏好权重，β 为 i 地消费者对外来商品的厌恶程度，δ 和 μ 为常系数。式（9.1）等号左边表示相对贸易流，右边是影响贸易流的因素（相对经济规模、相对距离、相对价格和相邻位置），常数项 $(\sigma - 1)\left[\beta + \ln(1 + \mu)\right]$ 表示总边界效应，包括关税和非关税壁垒效应以及对外来品的厌恶程度 β，测量实际所观察的贸易量和预测的无贸易壁垒时的理论贸易量之间的差。研究表明中国的区域间边界效应和贸易壁垒较高，省份之间行业商品流通阻力程度从高到低依次为农业 > 商业运输业 > 轻工业 > 采矿业 > 重工业 > 建筑业 > 水电煤业。

贸易量法的优势是可以较直观地通过不同地区的贸易量测算区域经济一体化的水平。不足之处有：一是省际贸易流数据较难获取；二是区域贸易流量除了受区域经济一体化程度影响外，还受要素禀赋差异、地区规模经济、各地区发布的贸易措施的影响；三是替代弹性较大的产品价格的微小变动都会对区域经济一体化程度的测算产生较大影响。

2. 产业结构法

产业结构法测算区域经济一体化指数有两种思路：一是分析产业地区的集中程度，随着一体化进程的加深，交通运输便利性增加，企业规模日益扩大，地方贸易壁垒逐渐消除，产业集聚更容易发生；二是分析产业结构差异程度，其思想来源于李嘉图的新古典理论，各地区资源禀赋的差异导致地区分工和专业化。一体化程度越高，区域间经济往来自由度越大，根据生产成本选择适合各地区的产业成为可能，专业化和产业集聚也就顺理成章地出现。因此，两种测度一体化的思路实则是殊途同归的，它们被认为是"同一个事物的两个方面"（胡向婷和张璐，2005）。

测度产业集聚的指标很多，常见的有区位基尼系数（locational Gini-coefficient）、胡佛（Hoover）系数、SP 指数等。

区位基尼系数由基尼系数演化而来。基尼系数是由意大利经济学家基尼·科拉多（Gini Corrado）于 1912 年提出的，主要用于度量一个国家或地区之间收入分配不平等的相对程度，区位基尼系数则主要用来度量中国制造业各行业在各省区之间的分布状况。张同升等（2005）利用 1980~2000 年中国制造业的工业增加值数据，计算并分析各行业的区位基尼系数及其变动趋势，判断各工业行业在省区之间分布的不平衡性及其变化趋势。其计算公式为

$$LG_{st} = 2 \sum_{p=1}^{30} \left(\frac{VA_{spt}}{VA_{snt}} \times \sum_{k=1}^{p} \frac{VA_{kt}}{VA_{nt}} \right) - 1 \qquad (9.2)$$

其中，p 和 k 代表不同省份，$p = 1, 2, \cdots, 26$；s 代表不同工业行业，$s = 1, 2, \cdots, 26$。LG_{st} 表示 t 年 s 行业的区位基尼系数，VA_{spt} 为 t 年 p 省份 s 行业的增加值，VA_{snt} 为 t 年全国 s 行业的工业增加值，VA_{kt} 为 t 年 k 省份制造业工业增加值，VA_{nt} 为 t 年份全国制造业的工业增加值。通过计算分析发现，20 世纪 80 年代到 90 年代，我国 26 个制造业工业行业总体的空间分布趋于集中，12 个分散分布型工业行业中有 9 个分散的程度有所收敛，9 个集中分布型行业中有 5 个集中的程度得到加强，另有 5 个行业的分布由分散型转为集中型。

贺灿飞等（2007）则通过计算各地区制造业产业基尼系数，发现珠三角、长三角以及环渤海地区制造业呈现聚集分布形式，另外，研究还表明产业联系对于促进中国产业集聚作用不大，可能与地方保护以及政府模仿政策等反市场力量有关。

美国区域经济学家胡佛在 1936 年提出了在区域内测算某行业集聚程度的指标 Hoover 系数，其原理和计算公式与基尼系数相似。

$$Hoover_i = 2 \sum_{j=1}^{n} \left(s_j \times \sum_{k=1}^{j} s_{ij} \right) - 1 \qquad (9.3)$$

其中，s_j 是地区 j 的工业总产值或产业在全国工业中所占比例，s_{ij} 表示地区 j 的产业 i 在全国产业 i 中所占比例。白重恩等（2004）通过研究中国 1986~1997 年 29 个省份 32 个行业的 Hoover 系数分析产业的地区集聚程度、决定因素及其变化趋势，并对杨（Young，2000）认为中国仍存在严重的市场分割的观点提出异议。

克鲁格曼（Krugman，1991）和米德尔法特-克纳尔维克（Midelfart-Knarvik，2000）设计了 SP 指数，又称为空间分散度指数（spatial separation index），计算公式为 $SP^k = c \sum_i \sum_j V_i^k V_j^k d_{ij}$，其中 V_i^k 和 V_j^k 分别表示 i 地区和 j 地区 k 产业的市场份额，d_{ij} 为地区之间的距离。与基尼系数、Hoover 系数相比，SP 指数把空间距离纳

入了考量因素中。范剑勇（2004）以长三角地区为研究对象，测算了长三角地区1998～2002 年 28 个制造业的 SP 指数和最高市场份额的转移路径，认为一体化带来了制造业空间转移和地区结构差异性增强。

产业结构法的测算方法和指标虽然各不相同，但是其基本思路是一致的，即通过测度产业的集聚程度或者产业结构差异来判断区域经济一体化程度。这一测算方法也存在一些不足：一是测算方法存在差异，即选取哪个指标更科学和精确尚有争议；二是地区之间产业结构和产业集聚差异现象并不一定由一体化进程导致，也受到地区间资源禀赋和技术水平差异的影响，还有可能是经济体制转轨带来的产业结构调整造成的。

3. 价格法

利用价格法测算区域经济一体化程度的理论依据是"一价定律"（law of one price），即商品在没有贸易壁垒和交易成本存在时，在任何地区出售价格应当一致；存在差异时，由于交易贸易的零成本会使商品流向高价格区域，直至价格相同，市场达到均衡。美国经济学家萨缪尔森在 1954 年提出了"冰川模型"，指出由于路耗等交易成本的存在，商品价值会在贸易过程中像冰川一样融化掉一部分，因此两地区价格不会绝对相等，而是在一定幅度范围内有浮动。冰川模型是一价定律的修正与拓展，更符合现实。价格法的计算公式为：

$$\Delta Q_{ijt}^k = \ln \frac{P_{it}^k}{P_{jt}^k} - \ln \frac{P_{it-1}^k}{P_{jt-1}^k} = \ln \frac{P_{it}^k}{P_{it-1}^k} - \ln \frac{P_{jt}^k}{P_{jt-1}^k} \qquad (9.4)$$

其中，ΔQ_{ijt}^k 为 t 年内 i 地区和 j 地区 k 商品的相对价格差异，P_{it}^k 表示 t 年 k 商品在 i 地区的价格。

使用价格法测算区域经济一体化程度的优势是它能够直接反映市场整合度，指标选取清晰，且其数据较为容易获取。但是，由于中国的实际情况，如政府管制以及户籍制度等的限制，加之商品市场的要素跨区流动较为困难，因此价格法也存在一定的缺陷：一是单个商品价格数据容易获取，但是全面的价格数据仍有难度；二是价格的差异受到需求弹性的影响，可能不是区域经济一体化所致；三是只分析考虑了商品价格而忽略了要素价格，且具体商品价格具有片面性，不能反映区域总体价格状况，进而影响一体化测度。

4. 综合测度法

综合测度法即通过构建综合指标体系测度区域一体化水平的方法，通常包括政治、社会、经济、技术、环境等方面的指标。它的优势是涵盖的内容全面，可以测度区域内各方面的综合一体化程度。但是也有一些不足，如有些指标表达信息冗余，有重复统计之嫌；指标权重的确定较为主观，缺乏客观的科学依据；更多的是反映区域内各地区之间的相似程度，和"一体化"的主旨不一定密切贴合。

5. 网络法

网络视角下的系统，其结构属性可以由节点和连线来表征，节点代表系统中的个体，而连线则是个体之间的联系。对于边界明确的网络结构模型，其计量包括个体联系的计量和网络结构特性的计量两个部分，而在研究区域经济一体化指数时，则主要考虑区域内各城市经济联系强度的计量以及区域经济网络结构特性的计量（汤放华等，2013）。

（1）经济联系强度的计量。

经济引力论认为城市经济间的联系存在着类似于万有引力的规律，在一定区域内城市之间会通过物流、人流、贸易流、金融流等方式互相作用、互相影响。城市间经济引力的基础模型为：

$$F_{ij} = k \frac{M_i M_j}{D_{ij}^b} \tag{9.5}$$

其中，F_{ij} 为城市 i 和城市 j 之间的引力；M_i 和 M_j 分别是城市 i 和城市 j 的"质量"，通常用城市经济的发展水平来表示，如 GDP、工业总产值、人口规模、建成区域面积等；D_{ij} 为城市 i 和城市 j 之间的地理距离，考虑到现实中的交通因素，在经济联系强度的测度中，通常用两个城市间的交通历程或者交通时间来表示；b 为距离衰减系数；k 为经验常数。

考虑到不同城市间经济规模的差异，两个城市对其之间的引力贡献可能并不完全相同，因此在引力模型中采用城市的 GDP 占两个联系城市 GDP 之和的比重来修正参数 k（王欣等，2006；侯赟慧等，2009）。最终得出经济联系强度的计算公式为：

$$F_{ij} = k_{ij} \frac{\sqrt[3]{S_i P_i G_i} \times \sqrt[3]{S_j P_j G_j}}{D_{ij}^2} \tag{9.6}$$

其中，F_{ij} 表示城市 i 对城市 j 的经济联系强度；S、P、G 分别表示城市的建成区面积、城镇人口、GDP 值；D_{ij} 表示城市 i 和城市 j 间最短公路交通里程；常数 $k_{ij} = \dfrac{G_i}{G_i + G_j}$。

（2）经济网络结构特性的计量。

社会网络分析（social network analysis，SNA）是社会学中一种重要的研究方法，近些年来也在经济学领域逐渐兴起。它认为互动的成员间存在的关系非常重要，力图用图论工具、代数模型技术描述关系模式，并探究这些关系模式对结构中的成员或整体的影响。社会网络分析的核心在于从"关系"的角度出发研究社会现象和社会结构，其中社会结构可以是行为结构、经济结构及政治结构等。社会网络分析中，一般从网络密度和网络中心度两个方面进行考量。

第一，网络密度。密度（density）是社会网络分析中最常用的一种测度，描述了网络中各成员结点之间关联的紧密程度。一个区域内的网络密度定义为该网络中各城市间实际拥有的连接关系数与可能拥有的理论最大关系数之比，密度概念试图对城市间联系的总分布进行汇总，以便度量网络中某一成员城市在多大程度上具有与所有其他城市直接关联的程度。该指标反映网络中节点之间的联系程度，网络密度越大，表明网络节点之间的关系越密切。区域网络密度的计算公式为：

$$D = \sum_{i=1}^{k} \sum_{j=1}^{k} d(c_i, c_j)/k(k-1) \tag{9.7}$$

其中，D 为区域的网络密度；k 为城市网络规模（即城市个数）；$d(c_i, c_j)$ 为城市 i 和 j 之间的关系量，若城市 i 与城市 j 之间有联系，则 $d(c_i, c_j)$ 为 1，无任何联系则为 0。

第二，网络中心度。中心度（centrality）是度量整个网络中心化程度的重要指标，在城市群网络中，处于中心位置的城市更易获得资源和信息，拥有更大的权力和对其他城市更强的影响力。网络中心度一般有以下三大指标：点度中心度、紧密中心度和中介中心度。

点度中心度（degree centrality）是根据城市网络中的联接度数衡量结点处于网络中心位置的程度，反映城市网络中那些对于其他结点城市而言处于相对中心位置的结点城市，即结点的点度中心度越高，则说明该城市处于网络较为中心的位置。点度中心度的相对数的计算公式为：

$$C_C(c_i) = d(c_i)/(n-1) \tag{9.8}$$

紧密中心度（closeness centrality）是以距离来计算某一结点城市的中心程度，可以用以表达城市网络成员在网络中分享资源的能力。紧密中心度值越高，则表明某一中心城市和其他城市间的联系程度越紧密，也可以得出与中心点城市距离最远的城市在信息资源、权力、声望和影响方面最弱。相对紧密中心度的计算公式为：

$$C_C(c_i) = (n-1) / \sum_{j=1}^{n} d_i(c_i, c_j) \qquad (9.9)$$

中介中心度（betweenness centrality）是衡量成员对资源控制能力的程度，表示结点成员在多大程度上是网络中其他成员的中介。如某结点城市位于与其他城市点最短路径上，则该城市具有较高的中介中心度，这种"中介"和"经纪人"的角色决定了网络中这个城市对其他成员的控制能力。中介中心度的计算公式为：

$$C_B(c_i) = \Big[\sum_{j<k} \frac{g_{jk}(c_j)}{g_{jk}} \Big] / (n-1)(n-2) \qquad (9.10)$$

其中，$g_{jk}(c_j)$ 表示包含城市 c_i 的两个城市之间短程线路数量（捷径数），g_{jk} 表示城市 c_j 与城市 c_k 之间存在的短程线数量。

根据研究范围的不同，网络中心度可以分为个体和整体两个方面，即中心度和中心势。中心度是对个体的中心化程度进行量化分析，而中心势则是计量网络的整体整合度，也就是说整个网络中心化的程度。中心势指数的计算主要包括四步：首先找到整体网中的最大中心度的值；然后计算该值与整体网中其他点的中心度的差，从而得到多个"差值"；再计算这些"差值"的总和；最后用这个总和除以在理论上各个差值总和的最大可能值。

从上述计算方法可知，相对于贸易量、产业结构和价格等间接测度方法，社会网络分析方法具有测度直观、整体把握性强、量化测评效果明显等特点。但是，现有网络分析方法主要针对无权重的无向图分析，城市之间的关系以 0 - 1 定性关系为主。这显然不能满足我们的研究需要，下一节我们将采用百度指数构建城市间的网络，探索带权重有向图的方法来构建长三角一体化指数。

三、基于百度指数的长三角一体化发展指数与构建

（一）搜索引擎指数简介

常见的搜索引擎指数主要有谷歌趋势（Google trend）和百度指数（Baidu index）。它们是搜索引擎巨头将海量网民搜索行为数据聚合而成的。这些数据不仅记录了网民用搜索引擎搜索常见关键词，还收集了搜索发生的时间和地点，能够准确反映不同地区的人们行为模式随着时间的变化。例如，俞庆进和张兵（2012）发现百度指数可以度量投资者的关注，能够给股票带来正向的压力。杨涛和郭萌萌

（2019）进一步发现 PM2.5 相关关键词的百度指数增加提高了概念股的活跃性和涨停的可能性。孟雪井（2016）等根据百度指数构建了具有领先性的投资者情绪指数。除了金融投资，一些学者还将百度搜索指数用于网络舆情的分析（陈涛和林杰，2013）、城市网络特征（熊丽芳等，2013）、销售预测（张爱华和刘力，2019）以及流行病传播分析（Li et al.，2019）。

（二）数据获取

"天气预报"是百度最热搜索词之一，该词具有强烈的地理特征，可以用来反映一些与地理相关的用户行为特征。相对于熊丽芳等（2013）采用的城市名作为关键词，"天气预报 + 城市名"有着更高的搜索量和稳定性，不易受到突发新闻事件的影响。通过对"天气预报 + 城市名"的搜索来源地的分类，剔除本地搜索的来源后，跨地区的搜索量可以反映出城市之间的经济关联性。例如，当在江苏南京的网民搜索关键词"上海天气预报"时，这意味着江苏南京和上海即将产生一次经济联系，联系的方向为江苏南京到上海，这种联系可能是探亲访友、个人旅游、商务出差、劳务输出、人员迁徙等。如果没有类似的经济联系，异地搜索天气预报的行为难以得到合理的解释。

除了城市名称，我们还对比了城市特产、城市景点等其他热门关键词，发现这些关键词不仅搜索量远远低于天气预报，受到偶然因素的影响较大，而且数据的稳定性远远不如天气预报，容易受到新闻报道和网络突发事件的影响。因此，我们采用"城市名 + 天气预报"作为主要分析的关键词，对长三角地区的上海、江苏 13市（南京、无锡、徐州、常州、苏州、南通、连云港、淮安、盐城、扬州、镇江、泰州和宿迁）、浙江 11 市（杭州、宁波、温州、嘉兴、湖州、绍兴、金华、衢州、舟山、台州和丽水）和安徽 16 市（合肥、芜湖、蚌埠、淮南、马鞍山、淮北、铜陵、安庆、黄山、滁州、阜阳、宿州、六安、亳州、池州和宣城）合计 41 座城市中每座城市的关键词的百度搜索指数进行检索，并且通过手工和网络爬虫的方式收集了其他 40 座城市作为搜索来源地的数据，采样时间为 2011 年 1 月 1 日至 2020 年6 月 29 日，采样频度为周，数据样本量达到了 83.546 万条。

随着智能手机的普及和移动互联网的兴起，近些年绝大多数网民都是通过手机等移动客户端搜索天气信息。而通过对数据的进一步分析发现，2013 年 7 月 1 日之前所有百度指数的移动端数据都为 0，因此我们使用 2013 年 7 月 1 日到 2020 年6 月 29 日共 7 年的数据，共计 61.525 万条。可以将这些数据构成一个带权重的有向图。数据描述见表 9 - 1 和表 9 - 2。

表 9-1   按搜索起点城市分类 41 城百度指数的数据描述

搜索起点城市	指数均值	中位数	标准差	最小值	最大值	样本数
上海	5 694.521	2 301	2 2040.2	336	358 874	15 006
南京	3 179.222	1 552	7 402.745	213	114 028	15 006
无锡	2 013.298	1 039	5 053.645	134	90 212	15 006
徐州	1 551.871	661	5 576.212	75	107 526	15 006
常州	1 417.584	789	4 014.868	65	79 941	15 006
苏州	4 041.234	1 734	11 945.99	233	208 903	15 006
南通	1 355.281	618.5	4 269.176	50	86 921	15 006
连云港	1 048.99	417.5	2 772.991	8	54 852	15 006
淮安	935.1422	384	2 811.127	8	47 436	15 006
盐城	1 128.05	412	4 145.057	0	73 699	15 006
扬州	1 124.659	511	3 549.824	17	62 802	15 006
镇江	878.7744	488	2 137.348	24	36 618	15 006
泰州	894.4442	409	2 677.992	0	50 123	15 006
宿迁	877.9152	415	2 299.023	0	43 397	15 006
杭州	4 816.873	1625	10 606.97	240	213 919	15 006
宁波	2 228.4	859	6 681.359	119	158 941	15 006
温州	1 693.954	659	5 059.066	83	114 313	15 006
嘉兴	1 145.117	512	3 141.399	33	78 015	15 006
湖州	753.6807	366	2 025.187	8	45 775	15 006
绍兴	965.9821	400	2 854.419	16	78 919	15 006
金华	1 169.757	477	3 529.88	24	81 854	15 006
衢州	396.4857	140	1 116.333	0	24 980	15 006
舟山	340.489	155	865.6534	0	18 592	15 006
台州	1 001.855	419	2 886.017	16	77 470	15 006
丽水	416.8233	153	1 015.985	0	19 765	15 006
合肥	3 580.159	1713	7 124.119	267	148 046	15 006
芜湖	736.5372	416	1 733.709	8	39 884	15 006
蚌埠	512.1591	277	1 435.798	0	25 058	15 006
淮南	380.3055	207	978.988	0	18 584	15 006

搜索起点城市	指数均值	中位数	标准差	最小值	最大值	样本数
马鞍山	449.9628	257	979.8815	8	19 321	15 006
淮北	314.381	164	798.9047	0	15 509	15 006
铜陵	279.0281	156	557.4216	0	8 699	15 006
安庆	568.1241	255	1 696.231	0	33 465	15 006
黄山	281.589	139	738.1993	0	12 557	15 006
滁州	632.0043	318	1 608.844	0	26 493	15 006
阜阳	758.1273	300	2 297.542	0	41 143	15 006
宿州	518.4727	256	1 555.859	0	30 432	15 006
六安	575.1437	248	1 604.68	0	29 160	15 006
亳州	424.3996	215	1 142.252	0	24 527	15 006
池州	260.8606	115	751.15	0	14 692	15 006
宣城	532.6391	243	1 535.946	0	31 229	15 006

表 9 - 2　按搜索目的地城市分类 41 城百度指数的数据描述

搜索目的地城市	指数均值	中位数	标准差	最小值	最大值	样本数
上海	4 364.366	739	22 216.86	143	358 874	15 006
南京	2 105.41	644	7 490.342	117	114 028	15 006
无锡	1 565.003	543	5 120.309	8	90 212	15 006
徐州	1 815.424	580	5 679.073	0	107 526	15 006
常州	1 292.338	422	4 122.4	8	79 941	15 006
苏州	3 323.624	1 094	12 025.76	48	208 903	15 006
南通	1 368.7	396	4 389.833	0	86 921	15 006
连云港	1 040.963	339	2 759.83	0	54 852	15 006
淮安	1 136.951	378	2 880.616	0	47 436	15 006
盐城	1 530.959	414	4 282.943	0	73 699	15 006
扬州	1 238.978	367	3 634.534	0	62 802	15 006
镇江	945.8415	372.5	2 244.118	0	36 618	15 006
泰州	1 097.624	400	2 768.464	0	50 123	15 006
宿迁	836.9781	311	2 305.691	0	43 397	15 006

续表

搜索目的地城市	指数均值	中位数	标准差	最小值	最大值	样本数
杭州	2 824.466	825	10 172.37	58	213 919	15 006
宁波	2 149.655	600	7 022.191	16	158 941	15 006
温州	1 700.72	426	5 414.291	0	114 313	15 006
嘉兴	1 424.586	499.5	3 545.94	0	78 015	15 006
湖州	1 185.994	528	2 364.73	0	45 775	15 006
绍兴	1 258.486	421	3 253.951	0	78 919	15 006
金华	1 577.25	536	4 007.363	0	81 854	15 006
衢州	624.6893	248	1 281.353	0	24 980	15 006
舟山	576.5638	246	1 059.913	0	18 592	15 006
台州	1 326.439	425	3 263.794	0	77 470	15 006
丽水	660.9051	218	1 202.336	0	19 765	15 006
合肥	1 765.259	580	6 993.837	33	148 046	15 006
芜湖	795.5512	344	1 935.784	8	39 884	15 006
蚌埠	806.2366	400	1 622.38	8	25 058	15 006
淮南	580.301	287	1 130.251	0	18 584	15 006
马鞍山	526.986	235	1 099.536	0	19 321	15 006
淮北	335.6045	155	848.5001	0	15 509	15 006
铜陵	390.8926	195	706.8979	0	12 474	15 006
安庆	930.2266	405	1 962.777	8	33 465	15 006
黄山	841.6195	506	976.925	33	12 557	15 006
滁州	956.2687	460	1 852.597	0	26 493	15 006
阜阳	957.3804	375	2 496.04	8	41 143	15 006
宿州	971.0267	471	1 907.804	0	30 432	15 006
六安	899.0199	381	1 893.803	0	29 160	15 006
亳州	720.6475	357	1 513.35	0	24 527	15 006
池州	452.5917	219	847.6342	0	14 692	15 006
宣城	971.7689	488	1 727.359	0	31 229	15 006

（三）　长三角城市的点中心度分析

由于 41 个城市之间的搜索指数都不为零，不存在城市之间网络不连通的情况，网络的密度达到 100%。一方面为了方便对相同 41 座城市组成的网络进行跨期比较，另一方面中心度的计算要支持有向权重图，因此，我们选取绝对中心度来衡量各城市在网络中所处的位置。根据搜索流量的流向，我们将中心度分为出中心度和入中心度，分别反映了城市资源的流出和流入关系。借鉴国家之间贸易赤字和盈余的概念，我们引入流量赤字和流量盈余两个概念，用来度量长三角城市资源流出净额（流出量－流入量），当资源流出净额为负时，表示流量赤字，反之表示流量盈余。如果某城市流量盈余较大，则它在长三角一体化中越有可能处于中心地位，带动其他城市实现长三角的一体化。

通过流量盈余计算可以看出，长三角地区 41 城中，只有上海、杭州、苏州、南京、合肥、宁波、无锡和温州 8 城常年处于流量盈余状态（见表 9 - 3），表明这些城市有足够的资本、技术等资源通过外溢效应来支撑长三角一体化，大城市的虹吸效应在长三角地区并不明显。由于流量不存在距离的概念，且城市之间全联通，紧密中心度和中介中心度分析也不适合用来分析样本中城市群的流量关系。

表 9 - 3　　　　　　2013 ~ 2020 年流量盈余排名前 10 位的城市

排名	2013 年	2014 年	2015 年	2016 年	2017 年	2018 年	2019 年	2020 年
1	上海	上海	上海	上海	上海	上海	上海	上海
2	杭州	杭州	杭州	杭州	杭州	杭州	杭州	杭州
3	合肥	合肥	苏州	合肥	苏州	苏州	苏州	苏州
4	南京	苏州	合肥	苏州	南京	南京	南京	南京
5	苏州	南京	南京	南京	合肥	合肥	合肥	合肥
6	宁波	温州	宁波	宁波	宁波	宁波	宁波	宁波
7	温州	无锡	温州	温州	温州	无锡	无锡	无锡
8	无锡	—	无锡	无锡	徐州	温州	温州	温州
9	徐州	—	徐州	—	无锡	徐州	徐州	徐州
10	—	—	—	—	—	—	—	—

（四）长三角群聚一体化活动指数的测算

在图论中，相邻节点往往倾向于创建相对紧密联系的群体（Holland & Leinhardt，1971），而群聚系数是用来描述图中的顶点之间集结成紧密联系群体程度的系数。从这个定义来看，群聚系数这一指标能够很好地反映长三角一体化活动的程度。然而，在社会网络的研究中，群聚系数一般是针对无向且无权重的网络图，定义为：

$$c_u = \frac{2T(u)}{\deg(u)(\deg(u)-1)} \tag{9.11}$$

其中，$T(u)$ 表示网络中经过 u 的三角形的数量，$\deg(u)$ 表示 u 的度数。对于无向带权重的网络图，一些学者提出了不同改进的方法。翁内拉等（Onnela et al.，2005）用标准化的三角形边的权重替换了三角形的数量：

$$C_u = \frac{1}{\deg(u)(\deg(u)-1)} \sum_{vw} \hat{w}_{uv}\, \hat{w}_{uw}\, \hat{w}_{vw}^{1/3} \tag{9.12}$$

但是，翁内拉等（2005）对于权重标准化的定义为：

$$\hat{w}_{uv} = w_{uv}/\max(w) \tag{9.13}$$

将图中的边的最大值定义为标准化的分母。对于本章有向带权重的图，同时为了反映同样的网络节点随着时间的变化，我们在式（9.13）的基础上加以改进，将 $\hat{w}_{uv}$ 定义为 $mean(w)/\max(w)$，同时参考法焦洛（Fagiolo，2007）的研究将指数设计为：

$$C_u = \frac{1}{\deg^{tot}(u)(\deg^{tot}(u)-1)-2\deg^{\leftrightarrow}(u)} \sum_{vw} \hat{w}_{uv}\, \hat{w}_{uw}\, \hat{w}_{vw}^{1/3} \tag{9.14}$$

其中，$\deg^{tot}(u)$ 和 $2\deg^{\leftrightarrow}(u)$ 分别为经过节点 u 加总权重和双向对等权重。

通过对 60 余万条数据的计算，我们得到 41 座城市的一体化活动指数，该指标为流量指标，反映了一段时期内长三角地区城市之间联系的紧密程度。经汇总平均，我们分别得到了年度、季度和月度的长三角一体化发展指数，以及上海、江苏、浙江和安徽相对应的一体化发展指数，数据序列分别为月度和年度，结果如表 9-4 至表 9-6、图 9-2 至图 9-3 所示。

表 9 - 4 长三角一体化活动指数的测算结果（年度）

年份	长三角地区	江苏	浙江	安徽	上海
2013（后 6 月）	0.612	0.642	0.613	0.582	0.702
2014	0.633	0.655	0.631	0.612	0.704
2015	0.655	0.671	0.653	0.638	0.719
2016	0.673	0.689	0.676	0.655	0.739
2017	0.665	0.680	0.668	0.646	0.727
2018	0.654	0.671	0.656	0.635	0.719
2019	0.670	0.684	0.670	0.656	0.730
2020（前 6 月）	0.676	0.687	0.674	0.666	0.731

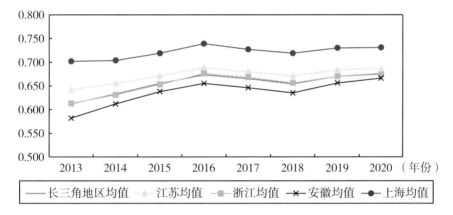

图 9 - 2 长三角一体化发展指数随年度变化

注：2013 年为后 6 个月指数，2020 年为前 6 个月指数。

表 9 - 5 长三角一体化发展指数测算结果（季度）

季度	长三角地区	江苏	浙江	安徽	上海
2013Q3	0.618	0.647	0.621	0.588	0.707
2013Q4	0.606	0.637	0.605	0.575	0.697
2014Q1	0.621	0.648	0.619	0.595	0.699
2014Q2	0.634	0.660	0.631	0.612	0.705
2014Q3	0.650	0.667	0.650	0.633	0.715
2014Q4	0.627	0.645	0.623	0.610	0.698
2015Q1	0.635	0.652	0.631	0.620	0.699
2015Q2	0.651	0.668	0.648	0.636	0.711
2015Q3	0.676	0.692	0.677	0.659	0.740

续表

季度	长三角地区	江苏	浙江	安徽	上海
2015Q4	0.656	0.673	0.657	0.636	0.725
2016Q1	0.669	0.685	0.671	0.650	0.735
2016Q2	0.664	0.681	0.665	0.645	0.726
2016Q3	0.682	0.697	0.685	0.664	0.748
2016Q4	0.678	0.694	0.681	0.660	0.746
2017Q1	0.676	0.690	0.677	0.658	0.738
2017Q2	0.660	0.676	0.663	0.641	0.721
2017Q3	0.670	0.684	0.673	0.652	0.730
2017Q4	0.654	0.671	0.658	0.634	0.719
2018Q1	0.654	0.672	0.658	0.634	0.719
2018Q2	0.655	0.672	0.656	0.637	0.720
2018Q3	0.651	0.667	0.653	0.632	0.717
2018Q4	0.656	0.672	0.657	0.639	0.720
2019Q1	0.673	0.687	0.674	0.658	0.732
2019Q2	0.665	0.679	0.666	0.650	0.724
2019Q3	0.679	0.692	0.680	0.665	0.739
2019Q4	0.663	0.678	0.660	0.649	0.724
2020Q1	0.680	0.690	0.677	0.670	0.732
2020Q2	0.673	0.685	0.670	0.661	0.731

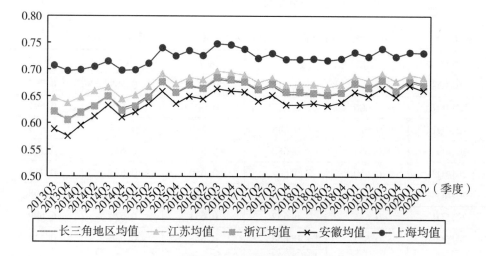

图 9 - 3　长三角一体化发展指数随季度变化

表 9 - 6　　　　　　长三角一体化发展指数测算结果（月度）

月份	41 城值	江苏	浙江	安徽	上海
2013 - 07	0.618	0.647	0.622	0.588	0.706
2013 - 08	0.622	0.649	0.624	0.593	0.708
2013 - 09	0.616	0.645	0.617	0.585	0.706
2013 - 10	0.608	0.638	0.610	0.577	0.696
2013 - 11	0.611	0.642	0.610	0.580	0.703
2013 - 12	0.601	0.632	0.598	0.571	0.694
2014 - 01	0.608	0.639	0.605	0.580	0.697
2014 - 02	0.630	0.655	0.628	0.606	0.704
2014 - 03	0.624	0.649	0.624	0.599	0.698
2014 - 04	0.643	0.666	0.641	0.621	0.713
2014 - 05	0.626	0.651	0.622	0.603	0.696
2014 - 06	0.634	0.661	0.630	0.612	0.705
2014 - 07	0.657	0.677	0.656	0.637	0.724
2014 - 08	0.654	0.669	0.654	0.638	0.715
2014 - 09	0.642	0.657	0.640	0.626	0.707
2014 - 10	0.633	0.651	0.630	0.615	0.703
2014 - 11	0.627	0.646	0.623	0.610	0.697
2014 - 12	0.622	0.641	0.619	0.605	0.694
2015 - 01	0.624	0.641	0.619	0.609	0.687
2015 - 02	0.649	0.667	0.643	0.634	0.716
2015 - 03	0.633	0.650	0.629	0.619	0.695
2015 - 04	0.632	0.650	0.628	0.618	0.691
2015 - 05	0.649	0.666	0.646	0.634	0.710
2015 - 06	0.668	0.683	0.666	0.653	0.729
2015 - 07	0.674	0.688	0.675	0.658	0.735
2015 - 08	0.679	0.695	0.679	0.661	0.744
2015 - 09	0.676	0.691	0.677	0.658	0.740
2015 - 10	0.668	0.685	0.669	0.648	0.740

续表

月份	41城值	江苏	浙江	安徽	上海
2015 – 11	0.653	0.670	0.655	0.633	0.722
2015 – 12	0.647	0.665	0.649	0.627	0.715
2016 – 01	0.665	0.681	0.667	0.647	0.729
2016 – 02	0.672	0.688	0.675	0.652	0.739
2016 – 03	0.669	0.686	0.672	0.650	0.735
2016 – 04	0.664	0.680	0.666	0.645	0.726
2016 – 05	0.663	0.680	0.663	0.645	0.724
2016 – 06	0.665	0.681	0.665	0.647	0.728
2016 – 07	0.677	0.693	0.679	0.659	0.743
2016 – 08	0.688	0.703	0.692	0.669	0.753
2016 – 09	0.681	0.696	0.685	0.662	0.747
2016 – 10	0.681	0.697	0.684	0.663	0.747
2016 – 11	0.678	0.693	0.681	0.660	0.745
2016 – 12	0.675	0.691	0.678	0.656	0.746
2017 – 01	0.685	0.700	0.688	0.668	0.751
2017 – 02	0.674	0.690	0.677	0.656	0.738
2017 – 03	0.664	0.678	0.665	0.648	0.722
2017 – 04	0.656	0.672	0.659	0.636	0.717
2017 – 05	0.661	0.678	0.663	0.642	0.724
2017 – 06	0.662	0.676	0.666	0.645	0.722
2017 – 07	0.673	0.688	0.677	0.655	0.735
2017 – 08	0.676	0.691	0.679	0.658	0.736
2017 – 09	0.659	0.673	0.662	0.642	0.719
2017 – 10	0.663	0.679	0.666	0.644	0.726
2017 – 11	0.648	0.664	0.653	0.628	0.713
2017 – 12	0.649	0.667	0.653	0.629	0.716
2018 – 01	0.656	0.672	0.658	0.636	0.719
2018 – 02	0.662	0.678	0.667	0.640	0.727

月份	41 城值	江苏	浙江	安徽	上海
2018－03	0.645	0.664	0.649	0.624	0.711
2018－04	0.659	0.676	0.660	0.641	0.724
2018－05	0.654	0.670	0.656	0.636	0.719
2018－06	0.651	0.668	0.652	0.633	0.718
2018－07	0.656	0.671	0.658	0.638	0.720
2018－08	0.661	0.677	0.664	0.643	0.726
2018－09	0.634	0.651	0.636	0.613	0.704
2018－10	0.647	0.664	0.648	0.628	0.712
2018－11	0.661	0.677	0.661	0.643	0.725
2018－12	0.662	0.677	0.663	0.647	0.724
2019－01	0.674	0.688	0.674	0.660	0.734
2019－02	0.685	0.697	0.686	0.671	0.743
2019－03	0.660	0.675	0.661	0.644	0.719
2019－04	0.665	0.679	0.667	0.649	0.724
2019－05	0.664	0.679	0.664	0.647	0.724
2019－06	0.666	0.677	0.667	0.652	0.723
2019－07	0.678	0.690	0.680	0.664	0.736
2019－08	0.683	0.695	0.685	0.668	0.741
2019－09	0.678	0.691	0.677	0.663	0.739
2019－10	0.670	0.685	0.668	0.656	0.731
2019－11	0.665	0.680	0.661	0.651	0.726
2019－12	0.656	0.670	0.654	0.642	0.717
2020－01	0.683	0.693	0.679	0.673	0.737
2020－02	0.687	0.697	0.685	0.678	0.739
2020－03	0.671	0.681	0.670	0.661	0.722
2020－04	0.671	0.683	0.669	0.659	0.724
2020－05	0.666	0.678	0.664	0.654	0.727
2020－06	0.680	0.693	0.677	0.669	0.740

四、长三角一体化发展对益贫式增长影响

（一）模型的设计与指标选取

在本节中，我们使用上述基于百度指数计算的长三角一体化发展指数研究一体化水平和益贫式增长的关系。益贫式增长是后华盛顿共识的重要内容之一，指的是一种有益于穷人的经济增长，当穷人从经济增长中显著获益且获得了提高其经济地位的机会时，这种经济增长便被称为是益贫式的（OECD，2001）。

参考前人的研究成果，我们设定如下的计量模型以进行实证检验：

$$Y_{i,t} = \beta_0 + \beta_1 INT_{i,t} + \beta_2 controls_{i,t} + \lambda_i + \delta_t + \xi_{i,t} \tag{9.15}$$

其中，i、t 分别代表不同的城市和年份；β 代表不同变量的系数；$Y_{i,t}$ 代表益贫式增长率，我们将分别使用城市和农村益贫式增长率两个指标；$INT_{i,t}$ 代表一体化水平，我们使用上述基于百度指数计算的长三角一体化发展指数来衡量；β_0 为常数项；$control_{i,t}$ 是控制变量的集合；λ_i 代表城市控制变量；δ_t 代表时间控制变量；$\xi_{i,t}$ 是随机扰动项。控制变量主要包括劳动参与率、城镇化率、消费价格指数、人均 GDP 以及地方政府的教育财政支出占当地 GDP 的比重，这些控制变量涵盖了其他可能影响益贫式增长的主要因素。表 9 - 7 说明了各变量的含义和数据来源。

表 9 - 7　　　　　　　　　　变量含义及数据来源

	变量	含义	数据来源
因变量	ln_uinc_pegr	城镇居民收入的益贫式增长率(对数)	基于统计年鉴数据计算得出
	ln_rinc_pegr	农村居民收入的益贫式增长率(对数)	
解释变量	INT	一体化发展指数	基于百度指数计算得出
控制变量	LBF	劳动参与率	各城市统计年鉴
	UBP	城镇化率	
	CPI	消费价格指数	
	PGDP	人均 GDP（元）	
	EDU	教育财政支出占 GDP 比重	

考虑到数据可获得性等因素，我们选取江苏省 13 个地级市和浙江省 11 个地级市 2011 ~ 2017 年共 7 年的数据进行回归分析，表 9 - 8 展示了样本的描述性统计结

果。从表 9 - 8 可以看出，苏浙两省 24 市的城市益贫式增长率和农村是有着较明显的区别的，城市益贫式增长率对数平均值为负数，说明在城市中更多的发展成果是被中高收入人群所获取，中低收入人群获益相对要更少；而农村益贫式增长率对数平均值为 0.078，体现了农村底层人民收入水平的改善程度比中高收入人群要更高，反映出近些年经济发展对于缩小农村收入差距的积极作用。而一体化程度也正如在第三节反映出的那样，不同时间、不同城市的差异较大，最小值仅为 0.544，而最大值已经达到了 0.741。

表 9 - 8　　　　　　　　　　　　　主要变量的描述性统计

变量	观测值	平均值	标准差	最小值	中位数	最大值
ln_uinc_pegr	168	-0.036	0.245	-0.790	0.034	0.296
ln_rinc_pegr	168	0.078	0.220	-0.528	0.078	0.538
INT	168	0.658	0.040	0.544	0.663	0.741
LBF	168	0.192	0.105	0.041	0.183	0.484
UBP	168	0.411	0.204	0.115	0.380	1.000
CPI	168	106.267	4.185	100.700	106.200	114.700
PGDP	168	78 467.929	32 720.889	27 839.000	72 328.000	1.99E + 05
EDU	159	0.025	0.009	0.014	0.024	0.091

（二）回归分析

我们采用多变量 OLS 回归及短面板固定效应回归实证检验上述回归模型，得出的结论如表 9 - 9 所示。

表 9 - 9　　　　　　　　　　　　　　回归结果

变量	ln_uinc_pegr			ln_rinc_pegr		
	（1）	（2）	（3）	（4）	（5）	（6）
INT	0.851 ** (0.407)	1.408 *** (0.526)	3.559 *** (0.965)	0.532 (0.425)	1.247 ** (0.482)	6.133 *** (0.938)
LBF		-1.044 *** (0.309)	-1.808 * (0.884)		-0.473 ** (0.230)	-0.486 * (0.265)
UBP		0.118 (0.131)	0.034 (0.307)		0.037 (0.113)	-0.134 (0.328)

续表

变量	ln_*uinc_pegr*			ln_*rinc_pegr*		
	（1）	（2）	（3）	（4）	（5）	（6）
CPI		− 0. 017 ** (0. 006)	− 0. 085 *** (0. 014)		− 0. 014 *** (0. 005)	− 0. 018 ** (0. 008)
PGDP		0. 000 (0. 000)	− 0. 000 * (0. 000)		− 0. 000 (0. 000)	− 0. 000 *** (0. 000)
EDU		0. 184 (2. 026)	3. 275 * (1. 809)		− 3. 449 (2. 311)	− 3. 599 (4. 405)
常数项	− 0. 596 ** (0. 273)	0. 841 (0. 665)	7. 197 *** (1. 571)	− 0. 273 (0. 285)	0. 959 (0. 617)	− 1. 423 (1. 022)
城市变量	否	否	是	否	否	是
年份变量	否	否	是	否	否	是
R^2	0. 02	0. 13	0. 34	0. 01	0. 11	0. 33
N	168	159	159	168	159	159

注：***、**、*分别表示在1%、5%、10%的水平上显著，括号内的值为标准误。

表9-9第（1）~（6）列使用的均是稳健标准误回归。其中，第（1）列和第（4）列是不加入任何控制变量，直接将因变量与自变量进行回归分析，可以看出，不管是城市还是农村，益贫式增长率与一体化水平都是呈正相关关系的，说明一体化水平越高，益贫式增长率也越高，发展更加有益于提高中低收入人民的收入水平，这与我们的预期是相符的。加入设定的控制变量后，一体化发展指数的系数得到了大幅的提升，说明一体化水平每提高1单位，城镇和农村的益贫式增长率便会分别随之增长1.41%和1.25%；一体化发展指数的t值也都较高，达到了1%以上的置信度，说明这一回归系数是较为可信的。而在第（3）列和第（6）列中，我们将样本视为短面板数据（24城市，7期数据），采用短面板固定效应回归模型控制住城市和年份的固定效应，在控制住了这些效应后，可以看出一体化水平对于益贫式增长率的影响更大了，一体化水平每提高1单位，城镇和农村的益贫式增长率分别会增长3.56%和6.13%，而且t值也都大幅提高，置信度更高。

（三）稳健性检验

为使得实证检验结果更加稳健和可靠，我们通过以下两种不同方法进行稳健性检验。一是替换因变量。我们使用不同参数重新计算了因变量，城镇和农村居民收入的益贫式增长率分别用 ln_*uinc_pegr*2 和 ln_*rinc_pegr*2 来表示。二是替换检验方法。在实证检验过程中，我们已经使用了 OLS 回归和短面板固定效应回归的计量方法，发现了一体化水平对于益贫式增长率的显著正面影响，为使结论稳健可信，不受回归方法影响，我们将回归方法替换为 Tobit 检验。

表 9 - 10 是使用不同参数计算后因变量的描述性统计。可以看到，各项统计值与初始因变量已经有了很大区别，呈现出了不同的特点，因此，用它们来进行稳健性检验是较为合理的。

表 9 - 10　　　　　　　使用不同参数计算的因变量的描述性统计

变量	观测值	平均值	标准差	最小值	中位数	最大值
ln_*uinc_pegr*2	168	− 0.017	0.153	− 0.242	− 0.079	0.365
ln_*rinc_pegr*2	168	0.011	0.254	− 0.715	0.074	0.356

我们使用与第二部分相同的计量方法进行实证检验，得出了如表 9 - 11 所示的结论。从表 9 - 11 可以看出，虽然一体化水平对于城镇收入益贫式增长率的显著性程度在一开始出现了下降，但是当控制住了城市和年份的固定效应后，显著性水平还是保持在了 1% 以上，显示出较高的置信度。

表 9 - 11　　　　　　　　　　　　稳健性检验

变量	ln_*uinc_pegr*2			ln_*rinc_pegr*2		
	（1）	（2）	（3）	（4）	（5）	（6）
INT	0.046 (0.344)	0.043 (0.397)	1.479** (0.614)	1.213** (0.481)	2.178*** (0.608)	8.244*** (0.638)
LBF		− 0.687*** (0.154)	− 1.558** (0.617)		− 0.658** (0.293)	− 1.302*** (0.320)
UBP		0.027 (0.071)	− 0.227 (0.320)		0.156 (0.122)	− 0.066 (0.282)
CPI		− 0.006* (0.003)	− 0.021** (0.008)		− 0.002 (0.007)	0.000 (0.010)
PGDP		0.000*** (0.000)	0.000* (0.000)		− 0.000 (0.000)	− 0.000*** (0.000)
EDU		− 0.092 (1.238)	− 0.276 (0.998)		− 3.050 (2.881)	− 0.193 (2.648)

变量	ln_uinc_pegr2			ln_rinc_pegr2		
	(1)	(2)	(3)	(4)	(5)	(6)
常数项	0.013 (0.229)	0.599 (0.495)	3.341 *** (0.938)	-0.788 ** (0.323)	-0.992 (0.807)	-4.672 *** (1.176)
城市变量	否	否	是	否	否	是
年份变量	否	否	是	否	否	是
R^2	0.01	0.09	0.21	0.04	0.12	0.39
N	168	159	159	168	159	159

注：*** 、** 、* 分别表示在 1% 、5% 、10% 的水平上显著，括号内的值为标准误。

表 9 - 12 展示了用 Tobit 检验得到的结论。结果表明，在采用了 Tobit 检验后，一体化水平对于城镇、农村居民收入益贫式增长率的正向影响依旧是显著的，大致在 1.25% ~ 1.41% ，这反映出上述实证检验结果是稳健和可靠的。

表 9 - 12   **Tobit 稳健性检验**

变量	(1)	(2)
	ln_uinc_pegr	ln_rinc_pegr
INT	1.408 ** (0.542)	1.247 *** (0.447)
LBF	-1.044 *** (0.287)	-0.473 ** (0.237)
UBP	0.118 (0.114)	0.037 (0.094)
CPI	-0.017 *** (0.005)	-0.014 *** (0.004)
PGDP	0.000 (0.000)	-0.000 (0.000)
EDU	0.184 (2.615)	-3.449 (2.155)
常数项	0.841 (0.673)	0.959 * (0.554)
N	159	159

注：*** 、** 、* 分别表示在 1% 、5% 、10% 的水平上显著，括号内的值为标准误。

五、本章小结

本章通过研究基于百度指数计算的长三角一体化发展指数与益贫式增长率之间的关系，得出了如下几点结论：（1）一体化水平对于提高益贫式增长率有显著的正向作用，通过提升一体化水平可以有效地使中低收入人群从经济发展中获益，分享经济发展的"蛋糕"；（2）一体化水平提高对农村益贫式增长的积极作用比城镇更加明显。

毋庸置疑，经济一体化对于扩大市场规模、优化经济资源配置，从而促进经济更好更快发展有着重要意义。目前我国已经出现了明显的城市群聚发展的现象，更进一步推动各城市群中城市一体化发展指数成为当前的一个重要课题。如何将经济一体化发展指数与减贫相结合，也是经济发展过程中亟待解决的重要理论和实践难题。在基于苏浙两省 24 个地级市 2011～2017 共 7 年数据的实证研究基础上，本章提出以下政策建议。

（1）要加强跨区域协调互动，提升城市一体化水平，充分发挥比较优势。目前长三角地区经济联系密切，但是科创和产业融合不够深入，产业发展的协同性有待提升，统一开放的市场体系也尚未形成。

（2）加强基础设施建设一体化。长三角地区目前的基础设施建设水平处于全国前列，但是也存在着苏北、安徽部分基础设施建设滞后、不同城市间的融合程度还不高等问题，应统一规划建设区域内路、水、电、气、邮、信息等基础设施，加强中心城市与其他城市的交通对接。

（3）推动城乡融合发展，公共服务一体化，使得城镇低收入人群和农村居民也能享受到优质便捷的公共服务。

第十章

长三角城市群扩容的共享发展效应

一、引　言

改革开放四十多年来，中国平均城镇化水平从 19.4% 上升为 58.5%，而同期世界平均城镇化水平从 39.5% 上升为 54.8%（方创琳，2018），中国实现了从落后到反超的城镇化发展进程。回顾往昔，从"十一五"规划实施以来，中国已逐步形成以城市群为主体推进城市化进程的中国特色新型城镇化发展道路（张贡生，2019）。《中共中央关于制定国民经济和社会发展第十四个五年规划和二〇三五年远景目标的建议》明确提出优化行政区划设置，发挥中心城市和城市群带动作用，建设现代化都市圈。首先，城市群的发展起源于中心城市的极化效应，集中大量资源和人口获得优先发展（陈群元和喻定权，2009）；其次，在集聚经济作用下，优先发展起来的中心城市逐步同周边城市形成分工体系，彼此间关系由松散转向紧密（丁建军，2010）。从空间范围看，由于规模效应、城市合作等需求的存在，城市群地域不断扩张，长三角城市群扩容正是此典型。长三角城市群在发展数十年间，经历了从"上海经济区"横向协作到"15（+1）"① 模式区域竞合联盟，再到国家战略下区域共同体（徐琴，2019），逐步形成打破地理边界的集群发展。2019 年 12 月，中共中央、国务院印发了《长江三角洲区域一体化发展规划纲要》（以下简称《纲要》），首次将安徽全域纳入长三角区域一体化发展。《纲要》中专列一章"推动形成区域协调发展新格局"，共享、共赢、共建等"一体化"词语贯穿始终。从发展目

---

① 15（+1）：上海、杭州、宁波、绍兴、嘉兴、湖州、舟山、台州、南京、苏州、无锡、常州、镇江、南通、扬州、泰州。

标看,《纲要》提出 2025 年中心区与全域人均 GDP 差距缩小到 1.2∶1, 可见长三角区域一体化未来的发展方向将更突出共享发展的新发展理念。从图 10 - 1 可以看出, 21 世纪以来, 长三角中心区与全域人均 GDP 比值呈现缩小趋势, 但距离 1.2 仍有一定差距, 近年更有抬头趋势。

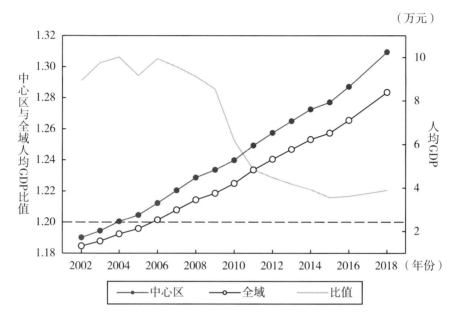

图 10 - 1　长三角中心区与全域人均 GDP 比值变化

　　如何在长三角区域一体化上升为国家战略但经济步入"增速放缓、结构转型、创新驱动"的新常态双重背景下, 借助扩容从供给侧实现产业合理分工、要素自由流动、行政规划优化, 在"双循环"发展格局下优先形成长三角等大城市群为载体的区域循环(刘志彪, 2020), 最终达到三省一市"1 + 1 + 1 + 1 > 4"的效果, 是长三角地区最终实现共享发展的可行之道。此次安徽全域的加入, 无疑扩大了长三角地区发展腹地和产业承接空间, 给予了未来更多想象空间。恰逢长三角地区过去亦存在数次扩容, 本章借助扩容这一准自然实验, 探究过去数次扩容下共享发展取得的成效, 总结经验、展望未来, 将对长三角地区落实"十四五"规划、探索高质量共享发展具有重要的现实意义。得益于广义合成控制法(GSC)异质处理效果的改进, 进一步探究长三角城市群"北上、南下、西进"三条扩容路径上原位城市与新进城市所受影响差异, 最后通过机制检验, 探究造成该差异的深层原因。围绕共享发展主线, 科学检验扩容对共享发展的政策效应、路径选择和作用机制。

二、文献回顾与理论分析

（一）文献回顾

区域一体化的核心问题是区域经济合作，因区域内经济基础、地理区位、战略布局等不同，造就了区域间合作组织形式和府际关系不同。但无论何种形式，最终目的在于促进各区域间的协调合作。协调合作带来的产业分工、协同与转移加速，使得区域的边界不断外扩。关于区域扩容的研究，国外学者主要关注欧盟扩容产生的经济增长效应，但没有得出一致结论。墨菲（Murphy，2006）、布瑞克曼和沃格尔（Braakmann & Vogel，2011）发现扩容既有利于新进城市，亦有利于原位城市，总体上促进了欧盟经济增长。埃尔斯纳（Elsner，2013）发现欧盟的扩容更有利于新进城市。而施特科夫斯基和霍希尔（Strielkowski & Höschle，2016）则发现扩容并没使欧盟经济收敛增长。国内学者对扩容影响的研究主要集中于长三角地区与珠三角地区。毕秀晶和宁越敏（2013）通过空间计量分析，发现长三角中心城市发展具有外溢性，能带动非大都市区发展，缩小经济差距。刘乃全和吴友（2017）首次引入合成控制法分析长三角城市群扩容，发现 2010 年扩容对整体城市群有促进作用。张学良等（2017）运用双重差分法分析，发现加入长三角地区城市经济协调会能降低边界效应。王全忠和彭长生（2018）发现新城市加入长三角城市群后增长有限，加入效应低于预期。丁焕峰等（2020）基于合成控制法对 2008 年珠三角地区纳入肇庆市与惠州市进行分析，发现肇庆市经济增长受到促进，但惠州市短期经济增长存在负面影响。邓文博和宋宇（2020）发现珠三角地区与粤东、西、北地区的经济合作未达到预期，与珠三角地区合作紧密的环珠 6 市经济增长受到负向冲击大于非环珠 6 市。回顾前人研究，可以发现有关区域扩容的研究已得到国内外学者高度重视，但仍存在以下不足：一是城市群扩容通常是稳步推进，而以往研究选取的双重差分法（DID）和合成控制法（SCM）均只能分析单期政策，只对单期扩容效应进行分析可能使结果失真；二是以往学者对扩容的影响更关注最终结果，缺少对扩容后经济增长的动态变化解释，因此关注动态变化有助于完善扩容效应的理论体系；三是局限于计量方法的不足，已有研究只能区分原位城市和新进城市进行分析，而在长三角城市群扩容中存在跨省的融合，不同扩容路径上的城市在扩容中是否均能共享发展成果？成效如何，都值得探究与总结。得益于 GSC 方法的改进，本章尝试在前人研究的基础上进一步完善扩容效应理论，为长三角地区进一步"西进"提供坚实的理论支撑。

（二）理论分析与研究假设

在克鲁格曼（1991）提出的"中心—外围"理论下，原位中心城市与新进外围城市间存在两股力量，分别是促进集聚的向心力和排斥集聚的离心力。原位中心城市与新进外围城市能否实现共享发展，最重要的是扩大促进集聚的向心力，减少排斥集聚的离心力。通常将促进集聚的向心力称为"涓流效应"，涓流效应的产生源于原位中心城市的知识技术外溢、金融辐射、规模经济、产业互补效应等，正外部性的存在使原位中心城市向外辐射能量，带动新进外围城市协同发展。而排斥集聚的离心力也被称为"极化效应"，极化效应的产生源于新进外围城市劳动力和资本单向外流、政策导向失衡、外部不经济等，负外部性的存在使新进外围城市经济能量不断被原位中心城市虹吸，造成区域不平衡加剧。城市群在发展过程中极化效应是无可避免的，因此，扩大涓流效应，使发展产生合力，才是实现共享发展的可行之道。

长江三角洲城市经济协调会前身为长三角经协委（办）主任联席会，并在较长时期形成了"15（+1）"模式区域竞合联盟。而后基于城市合作的需求，协调会在 2010 年吸收 6 市[①]，2013 年接收 8 市[②]，逐步完成对城市群一体化扩容。在中心—外围框架下，若将"中心 16 市"作为原位中心城市，则"扩容 14 市"为新进外围城市。我们将尝试从完善产业分工和加强市场联系两方面，探讨在扩容后新中心—外围结构下，涓流效应会否大于极化效应，实现共享发展？鉴于长三角地区市场配置作用在商品和服务市场已较为成熟，而在要素市场配置作用仍较有限，因此对市场联系加强的分析更侧重于资本和劳动力市场。

产业分工的完善。在中心—外围结构下，原位中心城市通过涓流效应带动新进外围城市的主要途径是实现产业互补，即原位城市与新进城市依据比较优势原则进行产业布局，通过合理产业分工实现城市群内部产业集聚。相关研究证实了城市群内部合理产业分工能促进经济增长。刘胜（2019）运用中国工业企业和城市面板匹配数据实证发现城市群内的产业分工能通过削弱行政壁垒和强化产城融合实现城市群高质量发展。尚永珍和陈耀（2020）发现城市群内产业分工能形成产业集聚，产业集聚能通过技术空间外溢性和成本外部性进一步促进经济增长。在区域一体化扩容前，中心 16 市由于缺乏统一规划，上海经济腹地为更好对接上海，形成以上海

---

① 6 市：金华、衢州、盐城、淮安、合肥、马鞍山。
② 8 市：丽水、温州、徐州、连云港、宿迁、芜湖、滁州、淮南。

为总部、经济腹地为生产基地的"前店后厂"模式，造成经济腹地产业同质、竞争激烈。扩容后，在新形成的中心—外围结构下，各区域有望在长三角地区"一盘棋"的战略高度上协调推进整体产业规划。一方面，原位中心城市能向新进外围城市进行产业转移和非核心功能疏解，缓解原位城市内部产业同构问题，实现产业的优化升级与增长模式转变；另一方面，新进外围城市能承接原位中心城市顺生命周期的产业梯度转移，与原位中心城市间依据比较优势形成差异化产业分工，完善城市群产业布局。区域内合理的产业分工与布局，有助于城市群内实现共享发展。

要素市场联系的加强。劳动力和资本作为推动经济增长的直接要素，其在城市群内合理流动是经济高质量增长的重要保障。但在中国财政分权体制下，政府官员晋升受到地方经济发展的影响，会设置要素流动壁垒和分割市场，影响市场化配置，防止资源外流。但扩容后，在新形成的中心—外围结构下，原位中心城市与新进外围城市有望通过多层次合作推进与政府间联系加强，降低城市群内边界效应，促进要素自由流动，最终改善市场配置效率（蔡欣磊等，2021）。吴俊和杨青（2015）发现从经济规模看，长三角城市群扩容后边界效应显著减小。张学良等（2017）发现长江三角洲城市经济协调会能促进市场整合，降低地区间市场分割。从劳动力流动看，扩容后，上海、江苏、浙江、安徽以"协同聚才、合作双赢"为目标签署《三省一市人才服务战略合作框架协议》，以设立"人才飞地"为代表的"柔性引才"等措施，均显著削弱流动壁垒，促进劳动力与高端人才自由流动。从资本流动看，扩容一方面实现城市群地域上的扩张，扩大资本在城市群内配置空间，城市间可通过"飞地经济""共建产业园区"等形式，促进城市群内跨区域投资；另一方面在上海金融中心的辐射下，各区域金融合作加强，功能互补、优势叠加、特色鲜明的金融集聚生态圈有望逐步成型，金融水平的整体提升能通过改善信息不对称降低交易成本、促进资本自由流动（Pang 和 Wu，2009）。综上所述，区域内要素市场联系的加强与流动壁垒的削弱，有助于要素实现市场化配置，从低收益率的地区流向高收益率的地区，实现城市群内共享发展成果。

综上，提出以下假设：

H1：区域一体化扩容能促进整体城市群经济增长，实现共享发展。

在中心—外围理论下，涓流效应与极化效应同时存在，但各自主导阶段不同，二者的动态变化会影响城市群内不同区域经济增长表现。米达尔（Myrdal，1957）认为极化效应在城市群发展初期起主导作用，但涓流效应在中后期不断加强。因此对新进外围城市而言，在扩容发生初期与原位中心城市在统一要素与产品市场、制定配套产业政策、转移相关产业等方面尚缺少磨合，短期内更易受到原位中心城市极化效应影响导致自身受到较大冲击，甚至出现负增长。王全忠和彭长生（2018）亦发现扩容初期城市群对新进城市经济增长拉动作用有限。而同期原位中心城市若产生极化效应，却是利于自身发展，因此增长效应较早显现。但从中长期来看，扩容后随着原位中心城市与新进外围城市不断同城契合，以及产业分工的完善和要素市场联系的加强，涓流效应最终会起到主导，且作用不断增强。从理论上看，虽然涓流效应最终会大于极化效应，但新进外围城市不可避免同时受到正负外部性影响，因此受益程度不如原位中心城市。而从现实角度看，长三角城市群扩容本质是要促进原位中心城市进一步发展，因此扩容更多是服务原位中心城市。

基于上述分析，提出以下假设：

H2：扩容过程中原位中心城市受益大于新进外围城市，扩容未能实现区域之间的益贫式增长。

目前长三角城市群扩容一般遵循"北上、南下、西进"三条路径。扩容路径上个体城市状况、跨省与同省跨市间行政壁垒阻隔强度、各地发展规划和定位等因素均会使扩容对不同城市、区域经济的增长影响产生异质性。

因此，提出以下假设：

H3：扩容对不同路径上城市的影响存在异质性。

三、模型设定与变量选取

（一）模型设定

目前学者主要运用 DID 和 SCM 对政策有效性进行评估。但 DID 存在以下局限：政策前后难以满足平行趋势假定，对象和时间的非随机性引发内生性问题，难以观测政策实施后短期动态变化。SCM 是通过处理组单元权重合成最优控制单元的非参数方法，克服了 DID 的不足，但仍存在只能用于单个处理单元同期政策评价的局限。刘乃全和吴友（2017）曾通过取平均将多实验单元合成一个新分析单元再代入SCM 分析，以此克服 SCM 分析单个处理单元的不足，但对于非同期的检验仍力不从心，同时该做法亦存在忽略原实验单元间异质性问题的不足。基于以上不足，徐（Xu，2017）提出基于交互固定效应（IFE）的广义合成控制法（GSC），将 SCM推广到多实验单元多期的政策检验，十分契合长三角地区多城市分期扩容的现实情形，因此本章在研究方法上首次引入 GSC 对长三角扩容效应进行分析。

假设 $PGDP_{it}$ 是城市 i 在第 t 期的人均 GDP，T 和 C 分别表示处理组和控制组的单元集合。总城市数为 $N = N_{tr} + N_{co}$，其中 N_{tr} 和 N_{co} 分别表示处理组和控制组城市数，且所有的城市在 T 期内均可观测。令 $T_{0,i}$ 为城市 i 第一次扩容前预处理期数，$T_{0,i} + 1$ 期为扩容第一期，扩容后观测期 $q_i = T - T_{0,i}$。控制组在观测期内受扩容持续影响较小或不明显。为便于说明，先假设所有处理组城市同时受到扩容影响，则 $T_{0,i} = T_0$，$q_i = q$。为控制城市的异质性和空间相关性，假设 $PGDP_{it}$ 线性模型如下：

$$PGDP_{it} = \xi_t + \delta_{it} D_{it} + X'_{it}\beta + \lambda'_i f_t + \varepsilon_{it} \qquad (10.1)$$

其中，若城市 i 在第 t 期受到扩容影响，则此后 $D_{it} = 1$，扩容前取 0；ξ_t 表示影响所有城市变量的时间固定效应；δ_{it} 表示城市 i 在第 t 时期的异质处理效应；X_{it} 为 $k \times 1$ 维可观测不受扩容影响的控制变量，$\beta = (\beta_1, \cdots, \beta_k)'$ 为 $k \times 1$ 维待估系数向量；$f_t = (f_{1t}, \cdots, f_{rt})'$ 表示 $r \times 1$ 维不可观测时变共同因子向量，以此控制不同城市空间相关性；$\lambda_i = (\lambda_{i1}, \cdots, \lambda_{ir})'$ 表示 $r \times 1$ 维不可观测因子载荷向量，$\lambda'_i f_t$ 反映了所有城市地区固定效应；ε_{it} 表示零均值未观测到的冲击，反映随机扰动因素。

显然，受扩容影响的控制组城市可由向量形式表示的交互固定效应模型表示：

$$PGDP_i = X_i\beta + F\lambda_i + \varepsilon_i \, (i \in C) \qquad (10.2)$$

若用矩阵形式表示，如 $PGDP_i = (PGDP_{i1}, PGDP_{i2}, \cdots, PGDP_{iT})'$，则模型表示为：

$$PGDP_{co} = X_{co}\beta + F\Lambda'_{co} + \varepsilon_{co} \qquad (10.3)$$

其中，$PGDP_{co} = (PGDP_1, PGDP_2, \cdots, PGDP_{N_{co}})'$，$X_{co}$、$\varepsilon_{co}$ 定义相同。

令 $PGDP_{it}(1)$ 和 $PGDP_{it}(0)$ 分别表示城市 i 在第 t 期受到扩容影响和未受到扩容影响的人均 GDP 变化，则城市 i 在第 t 期个体处理效应为 $\delta_{it} = PGDP_{it}(1) - PGDP_{it}(0)(i \in \Gamma, t > T_0)$。平均处理效应（ATT）为：

$$ATT_{t,t > T_0} = \frac{1}{N_{tr}} \sum_{i \in \Gamma} \left[PGDP_{it}(1) - PGDP_{it}(0) \right] = \frac{1}{N_{tr}} \sum_{i \in \Gamma} \delta_{it} \qquad (10.4)$$

（二）模型估计

首先，假定未知因子 r 个数已知，根据控制组样本 $\{PGDP_i, X_i\}_{i \in C}$，利用主成分法估计式（10.3），得到估计值 $(\hat{\beta}, \hat{F}, \hat{\Lambda}_{co})$，即：

$$(\hat{\beta}, \hat{F}, \hat{\Lambda}_{co}) = \underset{\beta, F, \Lambda_{co}}{\mathrm{argmin}} \sum_{i \in C} (PGDP_i - X_i\beta - F\lambda_i)'(PGDP_i - X_i\beta - F\lambda_i)$$

$$(10.5)$$

$$\text{s. t. } \frac{F'F}{T} = I_r, \Lambda'_{co}\Lambda_{co} = D, \text{ 其中 } D \text{ 为对角矩阵}$$

其次，基于 $(\hat{\beta}, \hat{F})$ 与处理组在扩容前的样本 $\{PGDP_i, X_i\}_{i \in C, t < T_0}$ 得到因子载荷 $\hat{\lambda}_i$，即：

$$
\begin{aligned}
\hat{\lambda}_i &= \underset{\lambda_i}{\arg\min} \left(PGDP_i^0 - X_i^0 \hat{\beta} - \hat{F}^0 \lambda_i \right)' \left(PGDP_i^0 - X_i^0 \hat{\beta} - \hat{F}^0 \lambda_i \right) \\
&= \left(\hat{F}^{0'} \hat{F}^0 \right)^{-1} \hat{F}^{0'} \left(PGDP_i^0 - X_i^0 \hat{\beta} \right)
\end{aligned}
\tag{10.6}
$$

最后，基于 $(\hat{\beta}, \hat{F}, \hat{\Lambda}_i)$ 估计处理组城市的反事实：

$$\widehat{PGDP}_{it}(0) = X'_{it} \hat{\beta} + \hat{\lambda}'_i \hat{f}_t (i \in \Gamma, t > T_0) \tag{10.7}$$

综上，可得到处理组在 t 期的 ATT 为：

$$\widehat{ATT}_t = \frac{1}{N_{tr}} \sum_{i \in \Gamma} \left[PGDP_{it}(1) - \widehat{PGDP}_{it}(0) \right] \tag{10.8}$$

以上先假定未知因子 r 已知，但实际运用中可通过交叉验证方法确定模型选择。具体参步骤见徐（2017）的研究。

（三）变量选取与数据来源

以长江三角洲城市经济协调会 2010 年和 2013 年两次扩容为准自然实验，将处理组分为原位"中心 16 市"与新进"外围 14 市"两类。选取该研究对象原因：一是长三角地区是中国发展历史最悠久、形态最成熟的城市群，且发展模式更符合"中心—外围"结构（毕秀晶和宁越敏，2013）；二是长三角地区两次扩容距今时日较长，处理期前后都有较长观测值表示变化趋势。

选取 2003~2018 年全国 198 个地级市面板数据为样本。数据来源于《中国城市统计年鉴》、《中国统计年鉴》、相应城市和省份对应年份的统计年鉴。缺失数据用线性插值法补齐。在样本期内部分城市存在行政规划调整，如巢湖市 2010 年起重新规划并入合肥、芜湖和马鞍山，寿县自 2016 年起从六安划归淮南，枞阳县自 2015 年起从安庆划归铜陵等，根据规划调整前数据进行调整。选取时间段与样本依据为：首先，台州 2003 年才加入长江三角洲城市经济协调会，形成最早的"中心 16 市"；其次，第二次扩容发生于 2013 年，本应尽可能延长观测期，但长江三角洲城市经济协调会在 2018 年中和 2019 年末又经历两次扩容，而这两次扩容一方面距今时间较短，不符合 GSC 数据选取要求，另一方面应尽可能避免这两次扩容对结果造成影响，因此时间节点截至 2018 年；最后，GSC 是根据数据的相似度来确定权重，再合成反事实，控制组样本与处理组样本越相似、控制组样本范围越大，越有利于确定最优合成对象，因此结合区位论中"距离衰减法则"，选取地理距离适中、经济联系紧密的城市。在剔除数据大量缺失的样本后，共选取 168 座城市作为控制组。

为考察区域一体化下共享发展取得的成效，本章参考学者们普遍使用的人均GDP 对数作为评估经济发展的因变量（张学良等，2017），同时选取实际 GDP 对数进行稳健性检验。参考相关研究，选取如下控制变量：产业结构（*second*、*third*）、外资水平（*for*）、交通可达性（*tra*）、金融发展（*fin*）、固定资产投资（*inv*）、科技投入（*tec*）、政府竞争（*gov*）。各数据变量的统计性描述如表 10 –1 所示。

表 10 –1　　　　　　　　　主要变量的统计性描述

变量名	变量含义	观测值	平均值	标准差	最小值	最大值	说明
PGDP	经济发展	3 168	9.950	0.812	7.772	12.389	人均 GDP 对数和实际 GDP 对数
second	产业结构	3 168	0.494	0.112	0.026	0.864	第二产业增加值/GDP
third	产业结构	3 168	0.433	0.108	0.051	0.828	第三产业增加值/GDP
for	外资水平	3 168	0.026	0.026	0	0.323	实际使用外资金额/GDP（期末汇率转换）
tra	交通可达性	3 168	6.867	0.995	3.714	10.117	年末实有城市道路面积的对数值
fin	金融发展	3 168	2.685	1.566	0.833	23.996	金融机构存贷总额/GDP
inv	固定资产投资	3 168	0.886	0.460	0.077	3.756	固定资产投资总额/GDP
tec	科技投入	3 168	0.002	0.002	0	0.025	科学技术支出/GDP
gov	政府竞争	3 168	0.201	0.126	0.041	1.931	地区公共财政支出/GDP

四、区域一体化的共享发展成效检验

（一）实证检验

本章运用徐（2017）提供的估计方法，通过 RStudio 软件测度区域一体化的共享发展成效。扩容将长三角城市群的区域划分为原位"中心 16 市"与新进"外围 14 市"，分别代入 GSC 运算。图 10－2 为两次扩容的综合处理效应，横轴为相对处理期。结果如图 10－2 和表 10－2 所示，图中的灰色竖线为实施扩容的分割线，0 期左边为扩容前（包括 0 期），0 期的右边为扩容后；灰色横线为处理效应为 0 的轴。首先，由图 10－2（a）受到扩容影响的实际经济增长路径与未受到扩容影响的反事实经济增长路径对比可知，长三角城市群各区域在扩容之前，实际经济增长与反事实经济增长的变化路径几乎是一致的，说明反事实经济增长结果较好地拟合了扩容之前的经济增长路径，GSC 分析是可行的。进一步结合图 10－2（b）和表 10－2，可以发现各区域扩容之前，两条路径间的差值在 0 左右波动，增长路径极为接近。扩容发生后，原位中心城市与新进外围城市实际经济增长与反事实经济增长均发生正向偏离，且差距逐渐扩大，说明扩容促进了整体城市群的经济增长，且促进作用随时间增长不断加强，共享发展取得成效。由此验证了 H1。

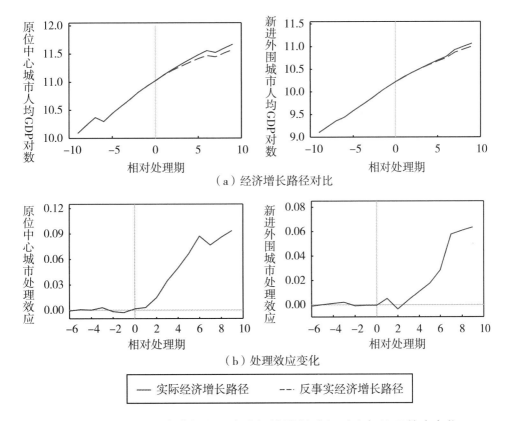

（a）经济增长路径对比

（b）处理效应变化

—— 实际经济增长路径　　　--- 反事实经济增长路径

图 10－2　实际经济增长和反事实经济增长路径对比与处理效应变化

表 10 - 2　　　　　　根据处理时点重新排列的实际经济增长效应
与反事实经济增长效应对比

相对处理时期	原位中心城市				新进外围城市			
	实际经济增长效应	反事实经济增长效应	历期处理效应	平均处理效应	实际经济增长效应	反事实经济增长效应	历期处理效应	平均处理效应
-6	10.29843	10.29924	-0.00081		9.44114	9.44226	-0.00111	
-5	10.44190	10.44115	0.00075		9.58313	9.58305	0.00008	
-4	10.56491	10.56474	0.00017		9.7095	9.70839	0.0011	
-3	10.68605	10.68300	0.00305		9.84071	9.83869	0.00202	
-2	10.81680	10.81852	-0.00172		9.98003	9.98097	-0.00094	
-1	10.92475	10.92761	-0.00286		10.10498	10.10545	-0.00047	
0	11.02514	11.02352	0.00162		10.22143	10.2219	-0.00047	
1	11.13104	11.12792	0.00312		10.33673	10.33163	0.0051	
2	11.22626	11.21148	0.01478	0.05120	10.43204	10.43556	-0.00352	0.01934
3	11.31507	11.28042	0.03465		10.52646	10.52249	0.00397	
4	11.40084	11.35130	0.04954		10.6159	10.60484	0.01105	
5	11.48139	11.41480	0.06659		10.69793	10.68013	0.01779	
6	11.55710	11.46988	0.08722		10.77541	10.74699	0.02841	
7	11.52403	11.44729	0.07674		10.92915	10.87137	0.05778	
8	11.59919	11.51333	0.08586		11.00175	10.94083	0.06092	
9	11.66907	11.57542	0.09365		11.06939	11.00583	0.06356	

　　进一步分析发现，新进外围城市与原位中心城市不同，其在扩容初期增长效应不显著，甚至产生出负效应，直到第 3 期起才显著正偏离。说明城市群扩容后，极化效应和涓流效应两股力量各自主导不同阶段，对新进外围城市而言，在扩容初期与原位中心城市尚缺少磨合，因此更易受原位中心城市极化效应影响导致自身受到较大冲击。从平均处理效应看，原位中心城市为 0.05120，新进外围城市为 0.01934，二者相差 2.65 倍。为更具体地观测扩容给原位中心城市与新进外围城市带来的经济发展差异，计算扩容后实际与反事实的人均 GDP 差值。从扩容发生当期起到相对处理的第 9 期，原位中心城市人均 GDP 增长的均值为 5 586.68 元，新进外围城市人均 GDP 增长的均值为 1 486.98 元。扩容对原位中心城市的增长效益远

大于新进外围城市。这表明扩容虽促进了城市群内各区域经济发展，但从区域差异角度看，增长的益贫性不明显。该现象产生的原因，一方面是新进外围城市不可避免地同时受正负外部性影响，受益程度不如原位中心城市；另一方面与政策导向有关，长三角地区基于城市合作的扩容本质是服务于原位中心城市发展，尤其是上海等发达城市的非核心功能疏解。综上所述，验证了 H2。

GSC 在一次运行中为所有处理单元提供了单独的处理，因此可对异质处理效果进行估计。按照城市所属省份分类，探究在一体化过程中哪条扩容路径最有成效？将扩容对不同省份平均处理效应汇总在表 10 - 3 中。

表 10 - 3　　　　　　扩容对不同省份经济发展平均处理效应

区域	项目	上海	江苏	浙江	安徽	分时间平均
新进外围城市	2010 年		0.04905	0.00626	0.03650	0.03061
	2013 年		0.03720	0.05510	- 0.05614	0.00667
	分省份平均		0.04313	0.02760	- 0.00982	0.01934
原位中心城市	分省份平均	0.07130	0.06238	0.04058		0.05120

由表 10 - 3 可知，原位中心 16 市在城市群的扩容过程中均为正向处理效应，经济均能发展，收益大小排序为上海 > 江苏 > 浙江，即 "北上" 路径优于 "南下"。在城市资源底线约束趋紧的背景下，影响原位中心城市发展的产业需要进行顺应产业生命周期的梯度转移。上海作为长三角地区唯一超大城市，人口膨胀、交通拥挤、资源紧张、成本过高等现象突出，内部急需通过梳理城市功能体系和疏解非核心功能，寻找新发展空间。当扩容发生后，新进外围城市为上海不属于金融、贸易、科创、航运、高端制造的非核心功能疏解提供了容纳之地，极大释放了上海过度集聚的压力，因此受益程度最高。位于江苏的原位中心城市在扩容中受益程度大于位于浙江的原位中心城市，主要原因是苏南五市在扩容中受益显著。改革开放以来，苏南五市，尤其是江苏、无锡和常州抓住发展机遇，形成积极对接上海和融入世界产业链的苏南模式，但旧苏南模式带来的同质化竞争、低水平重复等弊端亦逐步显现。扩容发生后，新进外围城市基于比较优势承接来自苏南的传统制造业，帮助苏南实现从以纺织、电子、化工等传统行业为主向以先进制造业和现代服务业等高附加值行业为主的新苏南模式转型，完成新旧动能转换与产业结构升级。位于浙江的原位中心城市在扩容中受益程度最小，一方面是浙江作为中国民营经济最活跃的地区，浙企在省内遍地开花，其商业、创业氛围浓厚，浙商精神传承悠久，

"新四千精神"深入人心，这很大程度上减少了企业家对地理区位的选择。另一方面，浙江省内区域经济发展相对江苏和安徽较均衡，省内各都市区亦有明确功能和定位。根据 2018 年浙江省委、省政府的"四大建设"重大决策部署，要求四大都市区按照特色优势，打造差异化的功能布局。都市区间更多通过产业升级与价值链提升实现相互兼容与支撑，而非通过产业转移实现区域间的互补，因此扩容带来地理空间扩张的收益较小。

新进外围城市不同于原位中心城市，并非在扩容过程中都能受益。以新进外围城市所属省份分类，分扩容时间探究。如图 10 - 3 所示，[①] 其中竖线为实施扩容分割线（2009 年和 2012 年），分割线左边为扩容前（包括分割线），分割线右边为扩容后；横线为处理效应 0 的轴。图 10 - 3 中扩容前江苏、浙江、安徽新进外围城市两条增长路径之间的差值均在 0 左右波动，说明 GSC 能较好拟合。两次扩容对江苏的新进外围城市经济增长均有显著促进作用，且处理效应相近，因此整体上增长效应随时间增加而增加；两次扩容最终对浙江的新进外围城市经济增长均有促进作用，但 2013 年的促进作用显著大于 2010 年，其中 2010 年扩容后初期，新进外围城市先受到极化作用，随时间推移才逐渐转为涓流作用；两次扩容对安徽的新进外围城市经济增长处理效应相反，2010 年扩容的新进外围城市经济增长受到正向影响，但 2013 年扩容的新进外围城市经济增长受到负向影响。结合表 10 - 3，从分省份平均处理效应看，扩容对江苏与浙江的新进外围城市经济增长有促进作用，但对安徽的新进外围城市有负向作用，"北上"优于"南下"、优于"西进"，与原位中心城市结果相对应。为何大多数新进外围城市通过涓流效应实现共享发展，而部分城市却是由极化效应主导加剧区域不平等？主要原因有两个。其一，发展基础不同。计算各新进外围城市处理效应，结果汇总于表 10 - 4，同时以 2019 年城市的实际 GDP 为横轴，平均处理效应为纵轴，绘制图 10 - 4。从图 10 - 4 可见，平均处理效应与城市发展程度相关，发达新进外围城市有更好对接原位中心城市的基础，能更有效地利用规模效应、产业互补、共同市场和资源流动等优势发展自身，共享发展成果。而较落后新进外围城市，由于缺乏内生发展动力与要素资源吸引力，在扩容过程中易受极化影响，经济发展受到抑制。其二，"财政分权"体制下的行政壁垒。从图 10 - 4 可知，苏北的新进外围城市受益大于安徽的新进外围城市，说明苏南帮扶苏北、苏南苏北共建产业园等政策的实施，使苏南传统产业更多向苏北外迁。但苏南经济能量在向西传导的过程中却存在阻碍，尤其是以南京为首的南京都市圈，

---

① 经济增长路径对比图与处理效应变化图表示同一结果，但处理效应变化图表现更为直观，因此省略增长路径对比图，只通过处理效应变化图来表现。

未能带动安徽的新进外围城市，这与张安驰和范从来（2019）发现南京经济发展没有显著溢出效应一致。跨省行政壁垒远大于同省跨市行政壁垒，因此要素流动、能量辐射在跨省过程中存在障碍。综上所述，结合原位中心城市排序，扩容路径共享发展成效排序为北上＞南下＞西进，验证了 H3。

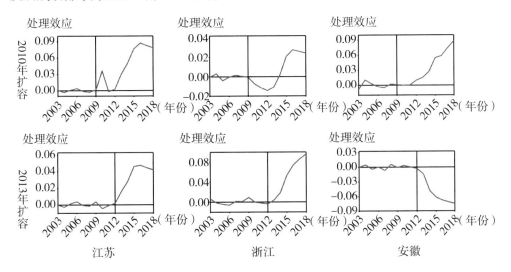

图 10 - 3　两次扩容对不同省份新进外围城市经济发展的处理效应变化

表 10 - 4　　　　　　　扩容对不同新进外围城市经济发展的平均处理效应

省份	安徽			江苏			浙江	
2010 年扩容城市平均处理效应	合肥 0.05979	马鞍山 0.01320		淮安 0.06093	盐城 0.03718		金华 0.03994	衢州 - 0.02741
2013 年扩容城市平均处理效应	滁州 - 0.07042	淮南 - 0.08281	芜湖 - 0.01520	连云港 0.03165	宿迁 0.04332	徐州 0.03664	丽水 0.01942	温州 0.09079

（二）稳健性检验

前文已运用 GSC 对区域一体化下的共享发展成效进行检验。但为避免因选取的估计方法、因变量、时间节点等外部因素影响，导致分析结果存在差异。本章进一步通过多期 DID 和 SCM 进行稳健性检验。一方面为保证结论稳健性，另一方面是通过不同方法评判区域扩容的共享发展成效。将处理组分为三组：含全部处理组的整体城市（30 市）、原位中心城市（16 市）、新进外围城市（14 市），进行细化异质性分析。因为徐（2017）所提出的广义合成控制法使用参数自助法（parametric bootstrap）对平均处理效应进行不确定性估计，因此无须再用传统安慰剂检验说明平均处理效应的有效性（见图 10 - 4）。

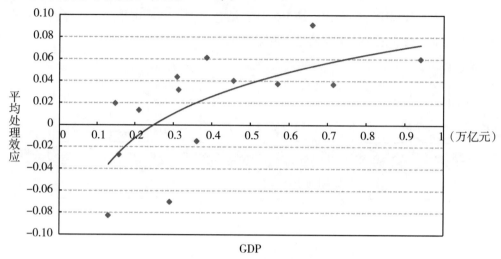

图 10 - 4 城市发展程度与平均处理效应

1. DID 检验

双重差分法（DID）起源于 20 世纪 80 年代西方经济学界，周黎安和陈烨（2005）最早引入该方法对农村税费改革效果进行评价。张学良等（2017）、邓文博等（2019）采用 DID 检验法对长三角区域一体化的经济绩效进行了评估。参照以往学者的研究，这里将多期 DID 模型设定为：

$$PGDP_{i,t} = \alpha_0 + \beta_1\, DID_{i,t} + \beta_n X_{i,t} + \gamma_i + \mu_t + \varepsilon_{i,t} \qquad (10.9)$$

其中，i 代表第 i 个地级市，t 代表第 t 年；$PGDP_{i,t}$ 是因变量，用人均 GDP 的对数和实际 GDP 的对数代替；$DID_{i,t}$ 是核心解释变量，代表城市 i 在 t 年是否处于城市群中，是则赋值 1，不是则赋值 0；$X_{i,t}$ 为一系列控制变量，与前文选取的变量一致；γ_i 表示地区效应，μ_t 表示时间效应，$\varepsilon_{i,t}$ 表示随机误差项。样本数据同上。

从表 10 - 5 可知，无论用人均 GDP 还是 GDP 作为因变量，模型（1）和模型（4）的交互项系数均显著为正，改变经济发展的代理变量并不会改变 H1 的稳健性，即扩容实现了共享发展。结合模型（2）和模型（3）、模型（5）和模型（6）可以发现交互项系数亦显著为正，但模型（3）和模型（6）的交互项分别小于模型（2）和模型（5），说明虽然扩容对原位中心城市与新进外围城市的经济发展均有促进作用，但对原位中心城市的促进作用大于新进外围城市，未能实现区域之间的益贫式增长，H2 稳健性得到验证。

表 10-5　　　　　区域一体化扩容的共享发展成效评估（多期 DID）

变量	人均 GDP 的对数			GDP 的对数		
	（1）	（2）	（3）	（4）	（5）	（6）
	整体城市	原位中心城市	新进外围城市	整体城市	原位中心城市	新进外围城市
DID	0.0210 ***	0.1873 ***	0.0151 **	0.0531 ***	0.3362 ***	0.0517 ***
	（2.85）	（7.31）	（2.03）	（4.11）	（7.46）	（3.92）
second	0.3838 ***	0.4276 ***	0.3911 ***	0.5604 ***	0.5726 ***	0.5863 ***
	（10.88）	（12.06）	（11.03）	（9.09）	（9.18）	（9.31）
third	0.0734 *	0.1094 ***	0.0738 *	− 0.0087	− 0.0041	0.0020
	（1.89）	（2.80）	（1.89）	（− 0.13）	（− 0.06）	（0.03）
for	− 0.0927	− 0.1333 **	− 0.0799	0.0304	0.0264	0.1644
	（− 1.54）	（− 2.15）	（− 1.24）	（0.29）	（0.24）	（1.43）
tra	0.0206 ***	0.0217 ***	0.0168 ***	0.0228 ***	0.0215 ***	0.0181 ***
	（5.52）	（5.81）	（4.36）	（3.50）	（3.27）	（2.64）
fin	− 0.0051 ***	− 0.0052 ***	− 0.0041 ***	0.0139 ***	0.0142 ***	0.0145 ***
	（− 3.47）	（− 3.59）	（− 2.75）	（5.45）	（5.57）	（5.53）
inv	0.0496 ***	0.0516 ***	0.0397 ***	0.1371 ***	0.1270 ***	0.1342 ***
	（10.12）	（10.21）	（7.84）	（16.03）	（14.30）	（14.95）
tec	3.9811 ***	2.2338 ***	5.3902 ***	7.8980 ***	5.5275 ***	8.5564 ***
	（5.21）	（2.75）	（6.70）	（1.336）	（3.87）	（5.99）
gov	− 0.1997 ***	− 0.2958 ***	− 0.2018 ***	− 0.0080	0.0555	− 0.0033
	（− 10.66）	（− 13.02）	（− 10.70）	（− 0.25）	（1.39）	（− 0.10）
Constant	8.1760 ***	8.1453 ***	8.1958 ***	14.4077 ***	14.4080 ***	14.4175 ***
	（185.50）	（184.43）	（183.85）	（187.16）	（185.51）	（182.17）
地区效应	Yes	Yes	Yes	Yes	Yes	Yes
年份效应	Yes	Yes	Yes	Yes	Yes	Yes
R^2	0.9961	0.9963	0.9955	0.9926	0.9930	0.9916
F 统计量	3 622	3 830	3 178	1 935	2 008	1 673
Root MSE	0.0510	0.0501	0.0509	0.0890	0.0880	0.0904
观测值	3 168	2 944	2 912	3 168	2 944	2 912

注：括号内为 t 值，*** 、** 、* 分别表示在 1%、5%、10% 的水平上显著。

2. SCM 检验

SCM 检验更适合对单个实验单元单期政策进行效果评估，本部分涉及多个实验单元多期政策的情形，参照以往学者做法，进行以下预处理。首先，将处理组同上分为三类，并通过取平均将多个实验单元合并成新分析单元；其次，分别以 2010 年和 2013 年两次扩容为处理期。采用阿巴迪等（Abadie et al.，2010）的估计方法进行分析。

从图 10 - 5 可以看出，在两次扩容政策实施前，各区域实际增长路径与合成的增长路径几乎是重合的，说明通过 SCM 合成的分析单元较好拟合了扩容前经济发展路径。2010 年扩容后，整体城市、原位中心城市和新进外围城市实际经济发展与合成经济发展没有立即产生差异，直到扩容中后期实际经济增长才开始高于合成经济增长，且差距不断扩大，说明 2010 年扩容整体上是有利于实现共享发展的，但促进作用需一定时间发酵。一方面，早期"前店后厂"模式带来的过度拥挤、重复建设和产业同质化等问题需要解决；另一方面，原位中心城市与新进外围城市需要磨合期，完善相应配套政策、合作计划等。2013 年扩容是长三角地区在已积累经验基础上进行的二次扩容，因此整体城市实际经济增长立即高于合成经济增长，且差距不断扩大。但是，原位中心城市与新进外围城市在二次扩容中呈现不同趋势，原位中心城市实际经济增长高于合成经济增长，但新进外围城市实际经济增长与合成经济增长几乎重合，说明二次扩容经济发展的主要贡献来源于原位中心城市，而新进外围城市在第二次扩容中发展并不明显，这与前文分析发现的安徽新进中心城市

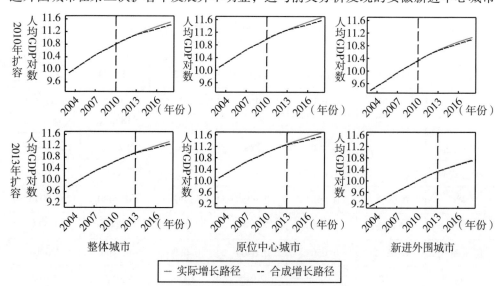

图 10 - 5 区域一体化扩容的共享发展成效评估

受到负效应一致。

进一步观察各区域实际经济发展与合成经济发展的差距变化，可以发现，无论是哪次扩容，其对原位中心城市的促进作用均显著大于新进外围城市，未能实现益贫式增长。综上所述，运用 SCM 不改变 H1 和 H2，结论稳健性得到验证。

五、区域一体化的共享发展机制检验

前文已验证区域一体化扩容实现了共享发展。那么，扩容是通过何种机制实现共享发展的？为何对原位中心城市与新进外围城市的影响存在异质性？本节尝试从产业分工完善和要素市场联系加强两方面进行分析。

（一）产业分工

回顾前文理论分析可以发现，学者一般认为城市群内部合理产业分工能促进经济增长（Krugman，1991）。而扩容后，在新形成的中心—外围结构下，各区域有望在长三角地区"一盘棋"的战略高度上协调推进产业规划，实现共享发展。城市间产业分工变化最直接的体现即为各行业从业人员占比变化，因此，本节参考陈国亮和唐根年（2016）的方法，采用长三角城市群中各城市 19 个行业从业人员数占比差异度量城市间产业结构差异：

$$divi_{i,t} = \ln \sum divi_{ij,t}$$
$$divi_{ij,t} = \sum_{k=1}^{19} \left| \frac{X_{i,t}^k}{X_{i,t}} - \frac{X_{j,t}^k}{X_{j,t}} \right| \tag{10.10}$$

其中，$divi_{ij,t}$ 表示 t 年两两配对的城市 i 和城市 j 的产业结构差异，其值越大表示产业分工越明显；k 表示行业；$X_{i,t}^k$ 和 $X_{i,t}$ 表示城市 i 在 t 年 k 行业人数和 19 个行业总人数；$X_{j,t}^k$ 和 $X_{j,t}$ 表示城市 j 在 t 年 k 行业人数和 19 个行业总人数。按照式（10.10），分别对受 2010 年扩容影响的 22 城与受 2013 年扩容影响的 24 城 2003~2018 年的数据进行测算。为进一步分析共享发展与产业分工间的关系，将这些城市区分为整体城市、原位中心城市与新进外围城市。借鉴邓文博和宋宇（2020）做法，绘制两次扩容 divi 随时间变动趋势。以 2010 年扩容为例，首先计算不同区域各年的 divi 均值和 90% 置信区间；其次以扩容前 2003~2009 年的平均数作为水平基准线，用于对比产业分工相对变化，2013 年扩容同上（见图 10-6）。

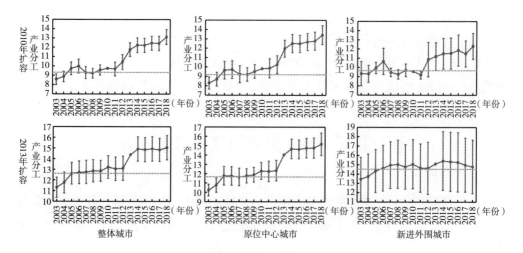

图 10 - 6　扩容后各区域产业分工变化趋势

注：图中水平虚线为扩容前平均数，竖线为实施扩容当期分割线。

从图 10 - 6 可以看出，两次扩容后整体城市产业分工均显著偏离水平基准线，且幅度不断扩大。说明扩容后整体城市间产业分工程度增强，各城市在统一规划下依据比较优势原则进行布局，原本存在的产业同构问题逐步改善。具体来看，2010年扩容后的原位中心城市与新进外围城市产业分工均显著偏离水平基准线，产业分工增强。这一方面源于新进外围城市不断承接来自原位中心城市顺生命周期的产业转移，另一方面源于原位中心城市内部产业结构优化升级及增长方式转变。2013年扩容后原位中心城市与新进外围城市产业分工呈现不同趋势，原位中心城市产业分工程度显著增强，而新进外围城市产业分工虽有改善，但不显著。这说明2013年扩容后整体城市产业分工的改善更多是由于原位中心城市内部产业结构持续优化升级，而新进外围城市在承接原位中心城市产业结构转移方面尚存在不足。由此，从产业分工角度解释了为什么原位中心城市在两次扩容中均能受益，而新进外围城市2010年扩容优于2013年扩容。

（二）劳动力流动

从效率角度看，劳动力自由流动能保证劳动力市场达到供需平衡，既最大化个人效用，亦发挥人力资本作用。劳动力的自由流动带来流入与流出问题。程名望等（2018）认为劳动力流入可以通过集中生产要素、提升劳动效率、拉动消费、扩大市场规模等促进流入地经济增长。而劳动力的流出会通过增加劳动力成本、摊薄经济产出、高素质人才流失等抑制流出地经济增长（杨玲和张新平，2016）。若劳动力流入与流出效用不同，那么区域经济如何实现增长？樊士德（2014）认为劳动力流动带来的经济增长非"强正效应"，而是"弱正效应"，即劳动力流动对流入地经济增长存在正效应，而对流出地经济增长存在负效应，但总体上，对流入地的正效应占据主导地位，即能促进整体区域经济正向增长。长三角区域一体化扩容后，各项促进人才、劳动力流动的政策实施削弱了流动壁垒，影响了劳动力区域流动。关于劳动力净流动的测量，借鉴张义和王爱君（2020）的测度思路：首先，通过在总人口变化中剔除由自然增长率引起的人口变化，得到人口净变动规模；其次，将人口净变动规模乘以适龄劳动力占比（根据第六次人口普查发现适龄劳动力大致占流动人口90%）；最后，除以年内平均人口得到劳动力净变动。即：

$$lf_{i,t} = \frac{(p_{i,t} - p_{i,t-1} - p_{i,t-1}r) \times 90\%}{\dfrac{(p_{i,t} + p_{i,t-1})}{2}} \tag{10.11}$$

其中，$lf_{i,t}$表示i城市t年的劳动力流动，$lf_{i,t} > 0$表示劳动力净流入，$lf_{i,t} < 0$表示劳动力净流出，$lf_{i,t}$绝对值越大表示劳动力流动越明显；$p_{i,t}$为i城市t年年末人口数；r为人口自然增长率。同前文做法，绘制lf均值随时间变动趋势和90%置信区间，区分原位城市、2010年扩容新进外围城市和2013年扩容新进外围城市三类。由于劳动力流动更关注流入或流出问题，即$lf_{i,t}$与0的相对大小，因此选取的水平基准线为0轴（见图10-7）。

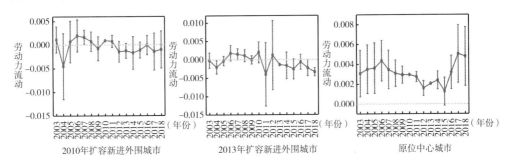

图10-7　扩容后各区域劳动力流动变化趋势

注：图中水平虚线为0轴，竖线为实施扩容当期分割线。

从图10-7可以看出，一直以来原位中心城市劳动力呈现流入趋势，尤其是2013年扩容后，劳动力流入进一步扩大。新进外围城市在扩容前劳动力流入与流出相对平衡，在扩容后整体呈现流出趋势。具体而言，2010年扩容新进外围城市虽然呈现流出趋势，但显著性不强，而2013年扩容新进外围城市则呈现显著流出趋势。这说明扩容后，城市群内流动壁垒削弱，改变了劳动力在城市群内的流动。流入效应使原位中心城市享受经济增长红利，流出效应使新进外围城市经济发展受抑制，整体城市群呈现"弱正效应"。综上所述，从劳动力流动的角度解释了扩容中原位中心城市更受益，城市群未能实现区域之间益贫式增长的原因；同时也解释了新进外围城市2010年扩容优于2013年扩容。扩容后，虽然长三角地区劳动力市场实现了更优配置，但同时也应关注"双刃剑"影响，关注新进外围城市劳动力、高端人才流失问题，避免新进外围城市沦为原位中心城市的人才输送基地。

（三）资本流动

资本集聚在不同阶段对城市发展的影响不同。在城市发展面临资本短缺时，资本集聚会成为推动经济增长的重要因素，这种现象在改革开放初期得到证实（周立和王子明，2002）。随着社会不断发展，资本已不再是严重稀缺资源，根据边际产出递减原则，资本配置效率整体呈下降趋势（蔡欣磊等，2021；周月书和王悦雯，2015）。因此，适度资本集聚才是经济最优增长必要条件，形成不足或过度均会损害最优增长（王定祥等，2009）。甘星和甘伟（2020）运用粤港澳大湾区数据实证发现资本的集聚能促进经济增长，但随着集聚加剧，作用逐渐减弱，二者在演变过程中呈现倒"U"型关系。王一乔和赵鑫（2020）发现资本集聚应处在合理区间才能实现效用最大化。由于资本变动无法直接由统计数据观测，本节尝试通过资本集聚与资本相对流动两个指标探究资本变动对经济增长的影响。其中，资本集聚借鉴罗富政和罗能生（2019）的做法，利用各城市固定资产投资额占长三角地区固定资产投资总额比例测算：

$$ca_{i,t} = \frac{inv_{i,t}}{\sum\limits_{i=1}^{41} inv_{i,t}} \qquad (10.12)$$

其中，$inv_{i,t}$为i城市t年固定资产投资额；$ca_{i,t}$表示i城市t年的资本集聚程度，值越高代表资本集聚程度越高。固定资产投资是当期流量数据，更能反映当期资本集聚的热点程度。

对于资本相对流动，借鉴王钺和白俊红（2016）做法，运用各城市资本存量占长三角地区总资本存量比重变化率测算：

$$cf_{i,t} = \frac{K_{i,t}/K_t}{K_{i,t-1}/K_{t-1}} - 1 \qquad (10.13)$$

其中，$K_{i,t}$和K_t分别表示城市i、t年资本存量和长三角地区总资本存量；$cf_{i,t} > 0$时，表示资本流入；$cf_{i,t} < 0$时，表示资本流出。式（10.13）中的资本存量K，参

考刘常青等（2017）的做法，用永续盘存法测度。由于部分城市曾更改固定资产投资额的统计方法和统计口径，如 2005 年由 50 万元以上计入统计提升到 500 万元以上、2018 年改用同比增幅替代具体数值，对于部分非 2005 年更改口径的城市，查询相应年鉴调整。在尽可能保证数据可比的基础上，选择 2005～2017 年数据进行分析（见图 10 - 8）。

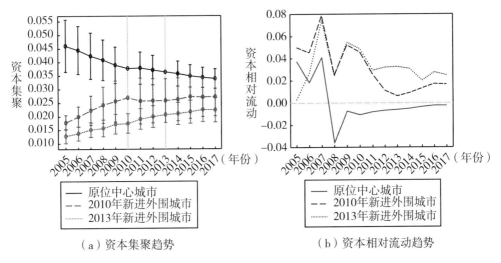

（a）资本集聚趋势　　　　　　　　（b）资本相对流动趋势

图 10 - 8　扩容后各区域资本集聚和资本相对流动变化趋势

注：图中水平虚线为 0 轴，竖线为实施扩容当期分割线。

从图 10 - 8（a）可以看出，新进外围城市资本集聚不断上升，而原位中心城市资本集聚不断下降，二者呈收敛趋势。这是由于中部崛起、西部大开发等战略逐步落实，资本集聚能量由东部向中西部地区传导（肖燕飞，2017）。因此，上海等发达原位城市资本集聚不断下降，而新进城市资本集聚不断增强。随着原位中心城市资本集聚过度及新进城市资本集聚不足问题逐步改善，城市群内资本结构趋于合理，经济向最优增长收敛。从图 10 - 8（b）可以看出，扩容后，新进外围城市资本从快速流入向缓慢流入转变，原位中心城市从快速流出向缓慢流出转变，这与图 10 - 8（a）中收敛趋势变缓相一致。说明扩容并没有进一步改善城市群内资本自由流动，阻碍仍然存在。这与理论分析中认为扩容能改善资本自由流动不一致。结合长三角地区现实基础，可能由两方面原因造成。一方面是在"财政分权"体制下，政府间彼此的利益不明晰，投入共担、利益共享的财税机制不健全。地方政府担心扩容后资本加速流失，因此通过财政支出竞争提供公共产品、差异化税收竞争减税降费、"断头路"阻隔流通等手段，锁定资本留存。另一方面是中国以银行信贷为主体的间接融资体系待完善。目前行政力量分割和银行地方分治的管理模式抑制了储蓄资金自由流动。从 2019 年长三角地区的存贷比（贷款/存款）指标看，上海为 60.1%，江苏为 86.0%，浙江为 92.7%，安徽为 82.0%。且长期来看，上海存贷比均小于江苏、浙江、安徽，可见上海聚集大量存款，江苏、浙江、安徽需要大量贷款，"资产荒"与"资金荒"并存。综上所述，从长期来看，长三角地区各区域的资本集聚呈收敛趋势，向实现经济最优增长靠近，但扩容没有加速收敛的进程，资本自由流动仍存在障碍，扩容通过促进资本自由流动进而实现共享发展的机制不显著。

（四）机制分析的模型检验

前文对三种机制的度量数据变化趋势进行了分析，验证了区域一体化扩容通过何种机制实现共享发展。为进一步检验机制有效性，构建如下模型：

$$
\begin{aligned}
PGDP_{i,t} = & \alpha_0 + \beta_1 \, join_{i,t} + \beta_2 \, divi_{i,t} + \beta_3 \, divi_{i,t} \times join_{i,t} + \beta_4 \, lf_{i,t} + \beta_5 \, lf_{i,t} \times join_{i,t} \\
& + \beta_6 \, ca_{i,t} + \beta_7 \, ca_{i,t} \times join_{i,t} + \beta_8 \, abscf_{i,t} + \beta_9 \, abscf_{i,t} \times join_{i,t} + \beta_n X_{i,t} \\
& + \gamma_i + \mu_t + \varepsilon_{i,t}
\end{aligned}
\tag{10.14}
$$

其中，i 代表第 i 个地级市，t 代表第 t 年；$PGDP_{i,t}$ 是解释变量；$join_{i,t}$ 为自变量，代表城市 i 在 t 年是否已加入长三角城市群，是则赋值 1，不是则赋值 0；$divi_{i,t}$、$lf_{i,t}$、$ca_{i,t}$、$abscf_{i,t}$ 依次为产业分工、劳动力流动、资本流动，其中，资本流动分为资本集聚和资本流动速率两方面。由于资本相对流动指标包含正、负，且正、负越大均代表速率越快，取绝对值表示资本流动速率；$X_{i,t}$ 选取与前文一致的控制变量；γ_i 表示地区效应；μ_t 表示时间效应；$\varepsilon_{i,t}$ 表示随机误差项。为验证扩容对共享发展的作用机制，样本限定为受扩容影响的 30 个城市。结果如表 10-6 所示，重点关注交互项系数。

表 10-6 区域一体化扩容的共享发展机检验

变量	(1)	(2)	(3)	(4)	(5)
join	0.0228 ** (2.37)	0.1156 *** (4.14)	0.0239 ** (2.49)	-0.0381 *** (-2.60)	0.0212 ** (2.16)
divi		0.0065 *** (3.42)			
divi × join		0.0058 *** (3.43)			
lf			-0.8052 (-1.11)		

变量	(1)	(2)	(3)	(4)	(5)
$lf \times join$			2.2222* (1.92)		
ca				0.0153 (0.02)	
$ca \times join$				2.3401*** (4.21)	
$abscf$					-0.1421* (-1.91)
$abscf \times join$					-0.0972 (-1.26)
控制变量	Yes	Yes	Yes	Yes	Yes
地区效应	Yes	Yes	Yes	Yes	Yes
时间效应	Yes	Yes	Yes	Yes	Yes
R^2	0.9964	0.9965	0.9964	0.9970	0.9965
F 统计量	2 370	2 349	2 291	2 765	2 358
观测值	450	450	450	450	450

注：括号内为 t 值，***、**、* 分别表示在 1%、5%、10% 的水平上显著。控制变量结果与表 10 - 5 一致。

从表 10 - 6 可知，在未添加任何机制检验时，模型（1）中 join 显著为正，说明加入长三角城市群能促进经济增长，共享发展成果，验证了前文结论稳健性。添加产业分工机制，模型（2）中交互项显著为正，说明新进外围城市加入城市群，协同原位中心城市在统一规划下依据比较优势原则布局，产业同构问题得到改善，整体城市群实现共享发展。添加劳动力流动机制检验，模型（3）中交互项在 10% 水平上显著，说明对于整体城市群而言，扩容后的劳动力流动有助于共享发展。但劳动力流动带来的经济增长为"弱正效应"，因此显著度下降。添加资本流动机制检验，模型（3）中交互项显著为正，模型（4）中交互项为负且不显著，说明扩容后，资本集聚不断向更合理、更符合市场规律的方向分布，整体城市群向实现经济最优增长靠近，但扩容并没有通过促进资本自由流动进而促进共享发展。

六、本章小结

目前长三角中心区与全域人均 GDP 比值仍高于 1.2，近年更有抬头趋势，这显然不符合《规划》要求。因此，在安徽全面融入长三角区域一体化之际，借助扩容从供给侧实现区域内循环，方是共享发展的可行之道。本章以中心—外围理论为基础进行扩展分析，认为扩容后新的中心—外围结构下，涓流效应影响最终会大于极化效应，实现共享发展。同时，以长三角地区过去数次扩容为准自然实验，在研究方法上首次引入基于交互固定效应的广义合成控制法，科学检验区域一体化扩容下共享发展的成效。研究发现：第一，从长期看，区域一体化扩容既有利于原位中心城市亦有利于新进外围城市，促进整体城市群实现共享发展，且作用不断增长；第二，扩容虽然促进了城市群内各区域经济增长，但由于极化效应的负外部性与扩容服务原位中心城市的本质，新进外围城市增长效益小于原位中心城市；第三，得益于广义合成控制法在异质处理效果方面的改进，进一步探究长三角地区"北上、南下、西进"三条扩容路径上城市的异质性影响，发现扩容实现共享发展成效排序为北上 > 南下 > 西进，其中新进外围城市受益为江苏 > 浙江 > 安徽，原位中心城市受益为上海 > 江苏 > 浙江。本章亦通过多期 DID 和 SCM 对共享发展成效进行检验，保证了结论的稳健性。在此基础上，进一步探究扩容实现共享发展的机制，以及存在异质性影响的原因。结果发现：产业分工机制利于整体城市群实现共享发展；劳动力流动机制更利于原位中心城市，这是未能益贫式增长的原因；资本流动使整体城市群向经济最优增长靠近，但扩容没有加速该进程，资本自由流动仍存在障碍。

为使长三角地区在一体化发展中继往开来，结合本章研究，提出以下政策建议。

第一，淡化"一纸文书"带来的盲目扩容，合理引导新进外围城市协同发展。在成效检验中发现，较落后的新进外围城市由于缺乏内生发展动力与要素资源吸引力，更易受极化影响。在《纲要》明确安徽全面融入长三角区域一体化之际，必须正视安徽境内新进外围城市相对于江苏、浙江境内新进外围城市相对落后的事实，淡化"一纸文书"带来的盲目扩容，关注落后新进外围城市在扩容中受到的负向影响。从长三角地区"一盘棋"的定位出发，合理引导新进外围城市协同发展。对发展较落后地区，通过政策上适当倾斜、布局上合理规划，以优化新进外围城市经济增长动能。例如，加大对较落后地区主导产业的资本投入，避免资源被发达地区虹吸；加大对较落后地区的人才培养与智力支持，避免较落后地区成为发达地区人才培养的后花园。习近平在十九届中共中央政治局常委同中外记者见面时强调，全面建成小康社会，一个也不能少；共同富裕路上，一个也不能掉队。强调的不仅是"小康"和"富裕"，更重要的是"全面"和"共同"。只有较落后地区与发达地区形成发展合力，最终才能实现共享发展。

第二，明晰各行政主体利益，探索投入共担、利益共享的财税机制，破除行政壁垒。在成效检验中发现，由于行政壁垒的存在，要素流动、能量辐射在跨行政区过程中存在障碍。长三角地区要实现一体化，最大的制约是"财政分权"体制下行政壁垒的存在，实质是各行政主体的利益博弈。要解决城市间的"断头路"、招商税费竞争等地方政府竞争问题，可借助"长三角生态绿色一体化发展示范区"发展契机，探索毗邻区财税管理体制；深度推进飞入地与飞出地分成利益共享制度改革，促进飞地经济发展。通过解决彼此间利益博弈，减少城市间"断头路"、招商税费竞争等问题，要素才能在长三角地区更大范围内实现配置和迸发活力。

第三，增强资本、劳动力市场间联系，提升市场配置作用，实现"资本、人才一体化"。机制分析发现，扩容后的资本自由流动仍存在障碍，人才壁垒的削弱加剧了新进外围城市劳动力和人才外流。基于长三角地区现状，要实现"资本一体化"，应分类推进金融市场建设，形成长三角地区多层次、广覆盖的资本市场体系。对于间接融资，信贷一体化是关键突破口。推动跨区域的机构互设与区域重组，并佐以"信用长三角"建设，是实现信贷自由流动与信息共享的关键。对于直接融资，应充分发挥上海证券交易所、上海股权托管交易中心等金融机构多年来在人才培养、运营维护等方面的长处，协助建立长三角区域性股权中心，为中小微企业提供融资和股权流动性服务。信贷一体化与区域股权市场的双轨推进，能为共享金融资源、促进资本流通提供平台。要实现"人才一体化"，核心是进一步完善区域积分互认制度、深化长三角地区户籍制度改革，推动公共资源按常住人口配置，让人才无论在哪座城市都能享受均等公共服务。区域内社会基本公共服务保障均等化，人力资本从地理区位限制中解放出来，新进外围城市人才和劳动力不至于过度外流，益贫式的共享发展才具备现实基础。

第十一章

外向型经济与长三角地区益贫式增长

一、引　言

改革开放以来，长三角地区率先利用良好的地理区位优势和劳动力成本优势融入全球价值链分工体系。随着国际贸易的发展和外商直接投资的增加，以降低关税和减少国际投资壁垒为主要形式的外向型经济逐步成为中国经济增长的推动力。在这一时期，全国层面的农业、制造业和采矿业等实体经济领域关税大幅度下降，服务贸易和国际投资活跃，大量的跨国公司和外资企业开始在长三角地区投资设厂，显著带动地区经济增长和劳动力就业、增收。长三角地区基于廉价的劳动力成本优势，快速融入全球价值链体系，逐渐成为"世界工厂"和国内制造业中心。1992 年至今，中国贸易部门进口商品关税税率不断下降。1992~2019 年，制造业、原油、矿石和金属以及农业初级产品的平均关税税率分别从 36.4%、8.2%、7.7% 和 18.5%，下降至 4.2%、0.4%、0.6% 和 3.9%（见图 11－1）。贸易自由化会推动国内外市场竞争，提升专业化国际分工的效率，增加就业机会，促进商品的国际流动，提高居民福利。实行高水平的贸易和投资自由化便利化政策，能够扩大对外开放，优化开放布局，促进国内居民福利提升。

在大量外国商品和外商企业涌入国内的同时，跨国公司开始在全球重新布局产业链分工体系，在经济全球化深入推进的进程中，中国国内经济发展和居民消费水平得到显著提升。长期以来，长三角地区外商直接投资（FDI）规模始终保持国内领先水平。据统计，截至 2019 年，长三角地区外商企业投资总额达到 27 950.8 亿美元。上海、江苏、浙江和安徽的外商企业投资总额占 GDP 比重分别为 1.73%、0.82%、0.55% 和 0.31%。以

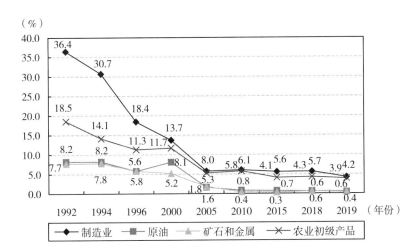

图 11 - 1　中国贸易部门主要行业年平均关税税率

注：选择贸易伙伴为全世界。行业关税率为行业 AHS 加权平均税率（％）。

资料来源：世界银行、WITS 数据库。

对外贸易和外商直接投资为代表的外向型经济为中国经济增长和居民生活水平的提升注入开放经济条件下的新活力和新动力。事实上，中国家庭人均可支配收入的增长和贸易自由化的进程是基本同步的。1990 年之后，中国城镇居民家庭年人均可支配收入进入快速增长期。2013 年，中国城镇居民家庭年人均可支配收入达到 2 038元，已接近 1987 年的 7 倍。其中，最低收入 10% 收入组居民家庭人均可支配收入年均增长 37.8%；中等收入阶层家庭年均人均可支配收入增速达到 62.3%；最高收入 10% 收入组居民人均可支配收入年均增长高达 128.4%。贸易自由化对不同收入阶层家庭收入增长均呈现显著的促进作用（见表 11 - 1）。

表 11 - 1　　　　十等份分组的城镇居民年家庭人均可支配收入　　　　单位：元

年份	D1	D2	D3	D4	D5	D6	D7	D8	D9	D10	均值
1987	154	208	238	264	289	315	344	379	428	579	320
1990	162	219	262	300	337	376	420	477	567	833	395
1996	354	472	572	664	757	855	971	1 123	1 369	2 191	933
2002	426	619	758	893	1 037	1 198	1 389	1 637	2 020	3 576	1 355
2005	487	720	889	1 057	1 232	1 431	1 667	1 978	2 460	4 487	1 641
2010	562	785	986	1 178	1 377	1 593	1 854	2 204	2 788	5 288	1 862
2013	562	813	1 043	1 265	1 496	1 748	2 054	2 463	3 148	5 785	2 038

注：使用 2011 年基期购买力平价的人民币对美元平均汇率换算。中等收入组界定为 D5 和 D6 组。

资料来源：世界银行、Wind 数据库。

与此同时，中国对外开放和外商直接投资的注入也伴随着国内收入差距的扩大和收入不平等的加剧。以表11-1的家庭分组可支配收入为样本，使用对数正态分布拟合十等份收入分组数据。拟合结果表明：1990年以前，家庭人均收入均值较低，峰度较高，分布函数形态陡峭，收入多集中在均值附近，收入差距较小；1990年以后，可支配收入均值不断提高，峰度变低，收入差距逐渐扩大。此外，城镇家庭居民人均可支配收入的分布曲线明显呈右偏态，说明低收入阶层占比明显高于高收入阶层（见图11-2）。共同富裕是社会主义的本质和目标。自2002年党的十六大提出共享发展成果以来，中国在关注对外开放和经济增长的同时，始终关注穷人是否会从增长中受益，努力寻求更有利于穷人的益贫式增长。长三角地区是中国东部沿海发达经济区的代表，是最具活力的中国三大经济增长极之一。外向型经济是长三角区域经济发展的重要驱动力。鉴于此，若要分析长三角地区益贫式增长的实现路径，外向型经济是必不可少的重要一环。基于此，本章着重讨论外向型经济对长三角地区益贫式增长的影响。重点从对外贸易和外商直接投资两个方面，分析外向型经济和开放经济条件下，贸易自由化和外商直接投资对长三角地区益贫式增长

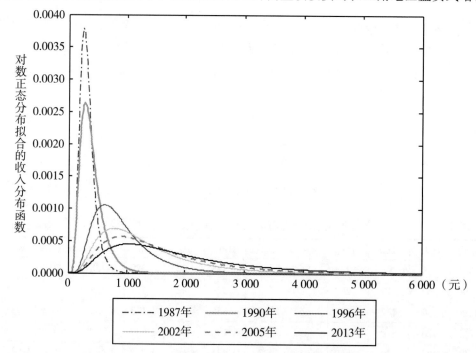

图 11-2 城镇家庭人均可支配收入分布

注：使用 Matlab 中的 lognfit 函数计算各年份分布函数的均值和标准差。定义收入范围：$x \in [0, 6000]$，每个点间隔10生成600个点绘制收入分布曲线。原始数据来自 1988~2013 年的 CHIP 微观调查样本。

的影响机制。本章以长三角地区 41 个地级市 2003～2019 年的面板数据为分析样本，利用第五章使用的益贫式增长指数测度方法和益贫式增长相关测度指标作为益贫式增长的核心因变量；使用长三角地区 41 个地级市的面板数据实证检验贸易自由化和外商直接投资对长三角地区益贫式增长相关指标的影响。同时，本章从影响区域劳动力要素流动的制度层面，分析长三角区域内城乡劳动力市场分割对贸易和外商直接投资益贫效应的可能影响，为推动长三角地区益贫式增长提供开放经济视角下的经验证据，并为提升长三角地区益贫式增长绩效提供全面对外开放视角的施政依据。

二、文 献 综 述

与本章相关的文献可以分为以下三类：一是贸易自由化与益贫式增长，二是外商直接投资的收入分配效应，三是劳动力市场分割对外向型经济益贫式效应发挥的影响。

（一）贸易自由化与益贫式增长

就业机会创造与商品价格抑价机制是贸易自由化促进益贫式增长的重要渠道。多拉尔和克雷（Dollar & Kraay，2004）使用 1980～2000 年跨国面板数据分析了贸易自由化对经济增长和减贫的影响。结果显示，全球化对消除绝对贫困产生了积极影响。郭熙保和罗知（2008）使用 1996～2005 年中国省级面板数据分析了贸易自由化、经济增长与贫困的关系。结论认为，贸易自由化会通过促进经济增长减少贫困。卡瓦尼等（2010）使用 1995～2004 年的居民调查数据分析经济全球化对巴西益贫式增长的影响。结果表明，经济全球化对低收入劳动者的人均收入产生了更强的促进作用。马钱德（Marchand，2012）使用印度 1988～2000 年的普查数据分析了贸易自由化对印度城乡居民福利的影响。结果显示，贸易自由化的人均工资提升效应呈现出较强的益贫性。韩等（Han et al.，2016）使用 1992～2008 年中国城镇居民调查数据（UHS）分析了中国城市地区贸易自由化的福利效应。结果表明，加入 WTO 对低收入居民的福利提升效应达到 13.6%，高于平均福利增幅的 7.3%。

贸易发展带动低收入人口增收的过程中，收入差距的扩大一直是削弱贸易减贫效应的重要因素。一是技能与非技能劳动力的收入差距。贸易自由化会减少该国对非熟练劳动力的需求，而非熟练劳动力将面临贸易自由化带来的失业和贫困率增加（Oslington，2005）。黄季焜等（2005）的分析则明确认为，贸易自由化会恶化内陆地区的收入分配，加剧地区之间农户的收入分配不均。二是城乡劳动力市场分割。贸易自由化在提高低收入人口绝对可支配收入的同时，却使贫困人口与其他人群的收入差距持续拉大，在产业间和产业内存在劳动力市场分割的地区，贸易自由化对收入差距扩大的影响程度更高，进而对减贫存在较大的负面影响（陈怡，2013；涂涛涛和马强，2014）。资本市场缺陷（Newman，1998）、劳动力市场摩擦（Lubyova & Ours，1999）以及制度环境（蔡昉，2005；陆铭等，2011）均会阻碍区域劳动力要素的自由流动。三是部门差异。一方面，由于中国大部分农产品在国际市场上不具有比较优势，受贸易自由化的影响，国内农产品价格的下降减少了农民的绝对收入，会对农民福利带来负面影响（朱晶和洪伟，2007）；另一方面，部门的可贸易程度与就业属性的差异同样会影响贸易自由化的收入分配效应。贸易自由化程度越高的地区，非正规就业增加越多，且这种效应也会导致地区总就业增加。但贸易自由化对不可贸易部门非正规就业的正向影响要大于可贸易部门（Goldberg & Pavenik，2004；Artuc et al.，2008；何冰和周申，2019）。通过上述文献分析可以发现，贸易发展或贸易自由化在推动经济增长的同时很有可能会加剧收入差距的扩大，受要素流动限制和部门差异的影响，贸易发展的减贫效应则会受到较大的抑制。

（二）外商直接投资与益贫式增长

从益贫式增长的影响机制看，经济增长和收入分配是决定益贫式增长成效的两个关键因素。外商直接投资促进减贫主要是通过增加地区资本存量和拉动劳动力就业增长两个渠道实现的。具体而言，在有关外商直接投资推动经济增长的研究方面，较多的研究支持了外商直接投资通过提升储蓄或资本存量拉动地区经济增长的机制。沙比尔等（Shabbir et al.，1992）估计了实际经济增长率和储蓄率的两方程模型，发现外国私人投资净额、赠款支付和外部贷款对实际国民生产总值的增长率具有积极影响。阿斯兰（Aslam，1987）发现公共外国资本流入对国内投资没有显著影响，而私人外国资本流入弥补了国内储蓄投资缺口。为了探讨全球化与南亚地区贫困之间的联系，西迪基和凯曼（Siddiqui & Kemal，2002）研究了在两种不同的情况下，同质和异质劳动对贫困的影响。他们利用可计算一般均衡模型进行模拟，以评估在存在和不存在贸易自由化的情况下外国资本增加对贫穷的影响，结论认为，外商直接投资流入的确促进了发展中国家的经济增长，但对外商直接投资流入国国内收入分配的影响则不明确（Pasha & Palanivel，2003）。

与此同时，关于外商直接投资是否会影响东道国收入分配的研究主要分为两种观点。一种观点认为，外商直接投资的流入可以带动发展中国家快速步入工业化进程。由于外商直接投资在流入发展中国家之后会促进当地劳动密集型产业的发展，在外商直接投资的拉动下，发展中国家农村劳动力加速向城市地区转移，城乡居民之间的收入差距进一步缩小，从而有利于缓解城乡收入不平等，促进城乡收入均等化。早期国外研究更多地认为，外资和内资是同质化的资本品。因此，在不对外商直接投资进行内资和外资构成划分的前提下，外商直接投资本质上增加了东道国国内可利用的资本构成，能够在短期内快速解决发展中国家国内资本稀缺的问题，从而有利于推动经济增长，改善收入分配（Papanek & Kyn，1987；Adelman & Robinson，1989）。

另一种观点则认为，外商直接投资扩大了东道国收入差距，加剧了东道国收入不平等。尽管外商直接投资能够促进发展中国家快速形成资本积累，但东道国的资本积累是否能够改善国民福利、实现收入均等化要取决于外资进入东道国之后对东道国经济地位造成的影响。如果外资进入后加剧了东道国与发达国家之间的中心—外围结构，促进东道国在全球经济体系中的"依附"关系，外资的进入就极有可能加剧东道国国内收入分配的恶化（Marshall，1985）。大量外商直接投资的存在推动了一国的工业化进程，同时也出现了一个新兴阶级（暂且称他们为人力精英）。但是，这种发展也伴随着资本密集型生产的快速发展，最终导致传统部门的失业率大增。结果，一部分人的工资水平提高不但不利于提高收入分配的平衡性，反而直接导致了收入的不平衡（张昊光和姜秀兰，2004）。在针对特定国家的研究方面，已有的国内外文献也关注了外商直接投资对特定国家国内收入不平等的影响。费基尼和格雷（Figini & Grg，2006）认为，在外商直接投资进入东道国之后，必然会促进东道国劳动力市场的分化，熟练劳动力和非熟练劳动力的市场分割将会在外商直接投资的影响下进一步加剧，因此，外商直接投资将加大这两种就业群体的工资收入差距，从而加剧结构性收入分配不平等（Maikusen & Venables，1997；Glass & Saggi，1999；Blonigen & Slaughter，2001）。戴枫等（2007）建立了一个包含内资企业和外资企业的模型，通过研究发现随着东道国外资吸收规模的扩大，东道国的收入差距将会拉大。艾尔肯等（Ailken et al.，1996）认为，外商直接投资流入会造成低技能和高技能劳动力类型的工资差距呈不断扩大趋势，外商直接投资很有可能是形成城市内部技能劳动力溢价扩大的主要因素（Blomstrom & Kokko，2001；Kevin，2006；郭庆旺和贾俊雪，2009）。郭玉清和姜磊（2012）则利用1994～2007年中国省际面板数据进行实证检验；结论认为，外商直接投资对当地劳动力市场冲击具有明显的规模效应和技术效应两种机制。在外资涌入初期，就业规模效应占据主导地位，外商直接投资会通过吸纳大量农村剩余劳动力就业，推动劳动力收入份额提升。但当外商直接投资对当地劳动力市场冲击具有明显的技术效应时，劳动力收入分配会偏离亲劳动力要素（Pro-Labor Factor）的轨道，转而增加外商直接投资引致的技术和资本偏好，进而不利于东道国劳动力要素收入份额的提升。哈利德等（Khalid et al.，2012）以巴基斯坦为样本的分析同样表明，外商直接投资在推动经济增长的同时，也扩大了巴基斯坦的国内收入不平等，并且加剧幅度已经超过对经济增长的正向影响，因此，外商直接投资的流入没有助推巴基斯坦的益贫式增长。张晓磊等（2020）认为，外资进入强度上升显著推高了中国制造业企业的单位劳动成本，这一方面是由于外资进入强度上升带来了正向工资溢出效应，但外资进入强度上升通过产品市场份额挤占和劳动力市场竞争两种机制带来的负向技术挤出效应拉低了中国制造业企业的人均产值。在研究外商直接投资影响工资溢价和劳动力要素分配份额之外，也有学者关注了外商直接投资对我国城乡收入差距的影响，但由于这种影响的具体机制比较复杂，区位选择、产业结构、劳动生产率、对外贸易以及就业劳动力市场结构等渠道都是外商直接投资影响收入分配的可能路径（阚大学，2012），加之中国城乡收入差距形成内在机制的复杂性以及研究中可能存在的内生性问题，国内学界至今也未对外商直接投资是否影响、如何影响中国城乡收入差距以及影响方向的研究形成一致的结论。张和张（Zhang X. B. & Zhang K.，2003）的研究表明，外商直接投资是加剧我国区域发展失衡和城乡收入差距的重要因素。崔（Choi，2004）的研究结果发现，外商直接投资占GDP的比例提高时，城乡收入差距也扩大了。但福荣（Furong，2009）的研究却发现，没有证据表明外商直接投资扩大了城乡收入差距。

（三）劳动力市场分割对益贫式增长的影响

贸易开放可以通过改变经济活动的空间集聚影响地区收入，特别是影响非流动要素的真实收入。但前提条件是，区域间生产要素可以实现自由流动。基于上述思想，较多的国内外学者分析了开放经济条件下，中国国内城乡之间劳动力市场分割对益贫式增长的影响。托帕洛瓦（Topalova，2010）认为，贸易开放对收入差距和贫困的影响程度取决于劳动力要素在多大程度上能够根据产品相对价格的变化实现部门间再分配。曾国彪和姜凌（2014）认为，如果劳动力要素充分流动，贸易自由化能够促进劳动者的收入增速快于资本所有者，有利于实现益贫式增长。赵奇伟（2009）使用1997~2004年中国28个省份的面板数据实证分析了外商直接投资溢出效应与地区市场分割之间的关系，论证了劳动力市场分割对外商直接投资溢出效应的负面影响。涂涛涛和马强（2014）则使用 CGE 模型分析了劳动力市场分割对中国农产品贸易自由化福利效应的影响，研究表明，劳动力市场分割会导致开放环境中的国民福利损失和收入差距扩大。

特定要素模型认为，当劳动力要素的流动受到限制时，贸易自由化将导致劳动与资本密集部门工人相对收入下降，扩大要素边际报酬的差距（Eaton，1987）。也有学者从非正式和正式就业部门的劳动力市场分割角度，分析了贸易自由化对工资差距的影响。马吉特（Marjit，2002）通过构建一般均衡模型，理论分析了贸易自由化政策导向下，正式就业部门和非正式就业部门的市场分割与国内低收入群体就业和工资的关系，结论为：发展中经济体贸易自由化会导致非正式部门就业人口增长。由于更多的流动人口流向非正式部门已获得更高的工资收益，即使存在正式部门对非正式部门劳动力的排斥，开放的政策也能够促进低收入人口收入增长。乔杜里和雅布齐（Chaudhuri & Yabuuchi，2007）使用一般均衡模型分析了贸易开放和资本流动对以技能水平作为劳动力分割因素的工资报酬的边际弹性影响，结论认为，由于低技能密集型进口商品关税的降低，国内高低技能制造业部门劳动力的工资不平等现象会上升；在特定行业要素产出比固定的条件下，外资的流入会促进工资不平等下降；非技能劳动力市场整合有助于缓解工资差距。汗（Khan，2007）使用可计算一般均衡模型（CGE）分析了贸易自由化对南亚发展中国家的减贫效应，结论认为，贸易自由化很难在劳动力市场分割存在的条件下对低收入人群和农业从业人员的福利水平有较强的拉动作用。相反，劳动力要素流动的限制只会抑制贸易自由化的益贫效应。拉纳等（Rana et al.，2011）使用 1999～2000 年印度统计局数据，验证了上述结论。因此，当劳动力市场分割程度较深，且劳动密集型部门工人接近或处于贫困线以下时，贸易自由化会加深贫困。

通过上述文献的分析可以看出，外向型经济对益贫式增长存在显著影响。具体来看，贸易自由化会提高低收入劳动力的工资报酬，有利于实现益贫式增长。外商直接投资有可能对东道国收入分配以及城乡与地区收入差距产生不利影响。与此同时，区域之间的劳动力市场分割会对外向型经济的益贫效应产生负面影响。然而，既有研究仍存在以下不足：首先，从外向型经济的视角出发，研究对外贸易和外商直接投资与工资不平等以及劳动力报酬的文献较多，鲜有文献分析贸易自由化和对外直接投资与益贫式增长的关系；其次，较多的文献分析了劳动力市场分割对收入不平等和贫困的影响，将外向型经济和劳动力市场分割纳入统一的分析框架，但研究二者对益贫式增长影响的文献较少。本章将外向型经济与益贫式增长联系起来，首先，建立一个多部门一般均衡分析框架，阐述存在劳动力市场分割的条件下，外向型经济中对外贸易和外商直接投资对不同技能劳动力工资报酬以及益贫式增长的作用机制；其次，实证检验外向型经济的益贫效应；最后，将影响劳动力自由流动的劳动力市场分割因素引入分析框架，从制度层面分析劳动力市场分割对外向型经济益贫效应的影响。

三、长三角地区的对外开放历程

（一）长三角地区的对外贸易

1. 长三角地区对外贸易发展历程

长三角地区地处中国东部沿海发达地区，改革开放以来，长三角地区凭借优越的地理区位和劳动力成本，快速融入全球价值链体系。对外贸易是推动长三角地区经济增长的重要动力之一，外向型经济是长三角地区经济增长的重要特征。1993 年以来，长三角地区的进出口总额占 GDP 比重始终高于全国同期水平。1993 年，长三角地区的进出口总额为 317.1 亿美元。其中，上海进出口总额为 145 亿美元，江苏进出口总额为 92.4 亿美元，浙江进出口总额为 67.3 亿美元，处于中部内陆地区的安徽进出口贸易总额略低，为 12.4 亿美元。同期，上海、江苏、浙江和安徽进出口总额占 GDP 比重（外贸依存度）分别为 55.00%、17.77%、20.14% 和 6.88%，全国进出口贸易总额则为 11 271 亿元，占 GDP 比重为 31.60%。从长三角地区对外贸易占 GDP 比重和全国均值的比较看，早期除上海市外贸依存度高于全国平均水平外，江苏、浙江和安徽的外贸依存度均低于全国平均水平。1998~2019 年，长三角地区进出口总额占 GDP 比重始终高于全国平均水平。其中，又以江苏、浙江、上海三地的进出口总额比重较高为基本特征。随着中国对外开放进程的深入，处于内陆地区的安徽对外贸易依存度也有显著提升，但其进出口总额占 GDP 比重始终低于全国平均水平。江苏和浙江的外贸依存度较为接近，上海的外贸依存度则在长三角地区始终保持领先水平。因此，从对外贸易的角度来看，上海在长三角地区的龙头地位依然明显，江苏和浙江在上海空间区位辐射影响的带动下，对外贸易依存度也处于长三角地区的较高水平。相反，安徽由于对外开放起步较晚，相对地理位置并不具有优势，其对外贸易依存度在长三角地区处于较低水平（见表 11－2）。

表 11 – 2　　1993～2019 年长三角地区进出口总额占 GDP 比重　　单位：%

年份	上海	江苏	浙江	安徽	全国平均
1993	55.00	17.77	20.14	6.88	31.60
1994	78.19	24.97	28.80	10.22	41.91
1995	81.38	26.42	27.02	9.26	38.31
1996	76.29	28.66	24.87	8.82	33.61
1997	71.84	29.32	25.19	8.40	33.83
1998	68.34	30.29	24.33	7.59	31.52
1999	76.32	33.61	27.84	8.08	33.01
2000	94.92	44.17	37.52	9.55	39.16
2001	96.74	44.94	39.35	9.23	38.05
2002	104.71	54.85	43.39	9.83	42.21
2003	138.90	75.58	52.37	12.55	51.29
2004	164.05	94.25	60.54	12.54	59.03
2005	165.06	100.39	65.56	13.96	62.42
2006	171.56	104.12	70.57	15.97	64.24
2007	172.15	102.13	71.71	16.46	61.80
2008	158.97	87.93	68.32	15.84	56.36
2009	126.08	67.15	55.78	10.64	43.23
2010	145.50	76.12	61.91	13.30	48.95
2011	147.22	70.96	61.83	13.22	48.45
2012	136.56	63.99	56.89	14.41	45.33
2013	125.26	57.09	55.08	14.66	43.54
2014	121.56	53.19	54.29	14.49	41.06
2015	111.37	48.46	50.36	13.54	35.64
2016	102.25	43.71	47.31	12.09	32.61
2017	104.96	46.45	49.29	13.50	33.42

续表

年份	上海	江苏	浙江	安徽	全国平均
2018	94.76	47.14	49.33	12.23	33.18
2019	89.30	43.58	49.48	12.78	32.01

资料来源：进出口总额和省级 GDP 数据均来自国家统计局网站，使用同期人民币对美元汇率折算成人民币单位并计算进出口总额占 GDP 的比重。

2. 长三角地区对外贸易的阶段性特征

基于表 11 - 2 的数据，我们绘制了 1993 ~ 2019 年长三角地区对外贸易依存度和全国平均水平的变化趋势。从图 11 - 3 中可以看出，长三角地区对外开放，特别是进出口贸易的发展具有典型的阶段性特征。其中，1993 ~ 2001 年是长三角地区对外贸易的发展期，在这一时期，江苏和浙江的对外贸易尽管有所发展，但发展规模较小，整体呈现缓慢上升的态势。此外，安徽对外贸易在 1993 ~ 2001 年也处于较低水平，不仅低于长三角地区的平均水平，也与全国外贸依存度的平均水平有明显的差距。2001 ~ 2009 年是全国对外贸易高速发展时期。自 2001 年中国加入 WTO 以来，以降低关税和减少国际投资壁垒为主要形式的外向型经济逐步成为中国经济增长的推动力。在这一时期，农业、制造业和采矿业等实体经济领域关税大幅度下降，服务贸易和国际投资活跃，大量的跨国公司和外资企业开始在长三角地区投资设厂。长三角地区基于廉价的劳动力成本优势，快速融入全球价值链体系，逐渐成为"世界工厂"。然而，2008 年全球金融危机对世界经济和全球价值链体系造成重创。外需订单较少，长期以代工和加工贸易为主要贸易形式的长三角地区外贸企业同样受到国际金融危机的冲击和影响。因此，2009 年长三角地区的对外贸易出现较大幅度的下滑。这一现象可以从全国对外贸易依存度的变动趋势中发现。在 2009 年外贸遭受重创之后，全国和长三角地区的对外贸易依存度在 2010 年均有显著的回升，但在短暂回升之后，2011 年至今全国和长三角地区的对外贸易依存度却一直处于持续下降的状态。这一情况直到 2016 年才有所改善和缓解。2016 年开始，多重国家战略在长三角地区叠加实施，为长三角区域高质量产业体系建设提供了前所未有的良好政策机遇。在经济转型升级和构建全方位开放新格局的引领下，上海自贸区、"一带一路"倡议、长江经济带、皖江城市带、东部沿海开发战略、G60 科技走廊等在长三角地区落地。在上述政策配套下，长三角区域高新技术园区建设、自主创新示范区建设、经济技术开发区建设项目陆续开展实施。长三角地区各级政府着手开展实施与"一带一路"相关的国家政策相配套的地方性外贸发展扶持政策，在海关通关、财政税收、金融改革、土地指标、对外贸易等方面为长三角地区建设高质量产业体系和"一带一路"交汇点提供了一系列的配套优惠政策。因此，对外贸易在 2016 年开始有所复苏。

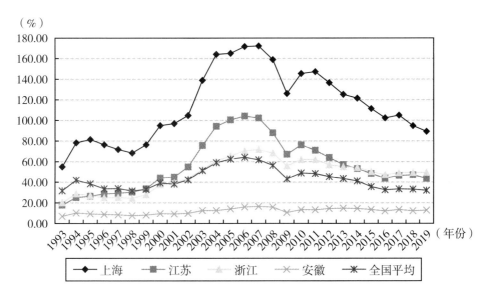

图 11－3　1993～2019 年长三角地区进出口总额占 GDP 比重

（二）长三角地区的外商直接投资

1. 长三角地区外商直接投资发展历程

在对外贸易快速发展的同时，外商直接投资的大量涌入同样是长三角地区外向型经济的典型特征。1993 年至今，长三角地区的外商直接投资流入量始终保持全国前列。1993 年，长三角地区的外商企业投资总额为 797.6 亿美元。其中，上海市外商企业投资总额为 298 亿美元；江苏、浙江的外商企业投资总额规模则分别达到 324.2 亿美元和 143.7 亿美元；安徽外商企业投资总额规模较小，仅为 31.7 亿美元。1993 年，上海、江苏、浙江和安徽外商企业投资总额占同期 GDP 比重分别为 8.79%、5.77%、3.09% 和 1.43%，仅上海外商企业投资总额占 GDP 比重高于全国平均水平，江苏、浙江、安徽三地均低于全国平均水平。1994 年开始，长三角地区的外商企业投资总额占 GDP 比重开始快速提升，与此同时，全国实际利用外资额占 GDP 比重却开始逐年下降。2019 年，上海、江苏、浙江和安徽的外商企业投资总额规模分别达到 255.4 亿美元、135.6 亿美元、190.4 亿美元和 179.4 亿美元。

长三角地区外商企业投资总额达到 760.9 亿美元，上海、江苏、浙江和安徽的外商企业投资总额占 GDP 比重分别为 3.44%、1.77%、1.50% 和 3.33%。2019 年，苏浙沪皖外商直接投资总额占 GDP 比重均高于全国平均水平的 0.97%（见表 11-3）。

表 11-3　　　　1993~2019 年长三角地区 FDI 占 GDP 比重　　　单位：%

年份	上海	江苏	浙江	安徽	全国平均
1993	8.79	5.77	3.09	1.43	4.45
1994	13.99	8.87	3.67	2.42	5.98
1995	10.78	7.74	2.95	2.23	5.11
1996	10.99	7.21	3.01	2.01	4.83
1997	10.11	7.19	2.65	1.35	4.71
1998	7.86	7.65	2.15	0.82	4.42
1999	5.56	6.88	2.32	0.74	3.69
2000	5.44	6.22	2.17	0.84	3.36
2001	6.76	6.23	2.64	0.80	3.50
2002	7.18	8.24	3.25	0.83	3.59
2003	7.12	10.51	4.62	0.75	3.22
2004	7.27	6.78	4.82	0.88	3.10
2005	6.07	5.96	4.86	1.05	2.64
2006	5.35	6.54	4.63	1.71	2.39
2007	4.68	6.41	4.23	2.87	2.11
2008	4.82	5.64	3.29	2.55	2.01
2009	4.57	5.02	2.97	2.44	1.76
2010	4.32	4.66	2.72	2.75	1.74
2011	4.24	4.25	2.37	2.83	1.54
2012	4.77	4.20	2.40	3.17	1.31
2013	4.76	3.47	2.35	3.44	1.23
2014	4.73	2.67	2.42	3.64	1.14
2015	4.48	2.12	2.43	3.85	1.14
2016	4.36	2.11	2.47	4.02	1.12
2017	3.75	1.94	2.31	3.97	1.06
2018	3.50	1.76	2.13	3.75	0.97
2019	3.44	1.77	1.50	3.33	0.97

　　资料来源：长三角地区省级 FDI 数据来自国家统计局网站，使用同期人民币兑美元汇率折算成人民币单位后计算 FDI 占 GDP 比重。

2. 长三角地区外商直接投资的阶段性特征

　　长三角地区外商直接投资的占比趋势也呈现阶段性特征。基于表 11 - 3 的数据，我们绘制了 1993~2019 年长三角地区外商直接投资总额占 GDP 比重和全国平均水平的变化趋势。从图 11 - 4 可以看出，1993~2019 年，全国及长三角地区外商企业投资总额占 GDP 比重整体有所下降。特别是，上海外商企业投资总额占比从 1994 年开始就逐年下降，且下降速度明显。上海的外商投资规模占比变化与全国的外商直接投资额占比变化趋势相同，都经历了先下降后上升再持续下降的基本趋势。同时，我们发现，江苏和浙江两地外商企业投资额占比则从 2000 年开始快速增长，在 2008 年全球金融危机的拐点到来之前，始终保持较快增速。自 2001 年中国加入 WTO 以来，原先以上海为吸引外商投资主要地区的长三角区域内，江苏和浙江的外商企业投资规模占比开始快速提升，部分投资于上海的外资开始转向投资于临近上海的江苏和浙江。然而，2008 年全球金融危机不仅对世界经济和全球价值链体系造成重创，也对长三角地区吸引外商直接投资造成比较大的负面影响。外商投资的下滑趋势是从 2007 年开始的，直至 2014 年，长三角地区外商企业投资额占 GDP 比重才开始逐步回升。这一情况在上海、江苏、浙江、安徽均有不同程度的反映。2017 年以来，全球经济复苏的前景更加复杂，在国际贸易和商品流通受到影响的情况下，国际投资的步伐也开始放缓。尤其明显的是，2017 年以来，长三角地区外商企业投资额占 GDP 比重增幅开始放缓，甚至停滞，上海的外商直接投资额占比则出现了明显的下降。

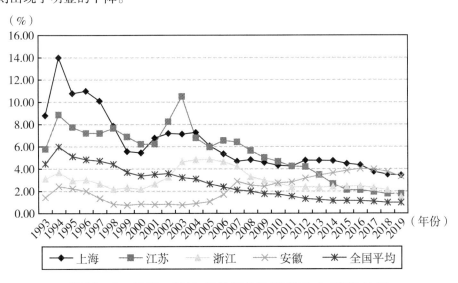

图 11 - 4　1993~2019 年长三角地区 FDI 占 GDP 比重

四、外向型经济影响益贫式增长的理论模型

国际贸易与投资理论是分析外向型经济影响益贫式增长的基本理论框架。国际贸易投资理论认为，在完全竞争市场结构和要素自由流动的条件下，国际贸易会促进资本和劳动力的跨国流动。在两国两种商品的要素禀赋理论模型中，开放的市场条件会促进发达国家更多地向发展中国家注入资本，促进发展中国家当地工业化和产业化发展。与此同时，在要素价格均等化理论（HOS）的预期下，以贸易自由化和投资便利化为主的外向型经济促进政策会促进跨国资本和劳动力要素价格的均等化，提升发展中国家的劳动力工资水平以及整体社会福利水平。此外，贸易自由化和更多的外商直接投资注入有助于创造就业机会，拉动低收入家庭就业，对益贫式增长有促进作用（Dollar & Kraay，2004；Marchand，2012）。因此，更为开放和自由化的贸易投资政策以及外商直接投资的便利化均有助于拉动发展中国家的就业，促进东道国私人经济和市场化体系的建立，从而有利于促进益贫式增长。然而，区域间和地区间贸易壁垒的存在会阻碍外向型经济向东道国经济纵深的传导，也会降低贸易自由化和外商投资便利化对东道国内陆或欠发达地区外向型经济的传导。值得一提的是，国外较多的文献分析了劳动力市场分割条件下，外向型经济背景下贸易自由化和投资便利化对社会福利水平以及工资收入的影响（Wood，1997；Marjit，2003；Chaudhuri & Yabuuchi，2007；Zhang，2015）。鉴于中国城乡二元劳动力市场结构以及长三角地区开放经济的特征事实，本章在建立理论模型的同时考虑区域间制度性壁垒的负面影响，将劳动力市场分割作为阻碍劳动力要素自由流动的制度因素纳入统一的分析模型，借鉴乔杜里和雅布齐（2007）的建模思路，在三部门一般均衡分析框架下，研究外向型经济以及劳动力市场分割对益贫式增长的影响。

（一）基本假设

1. 生产

二元经济和城乡发展的差异是发展中国家的典型特征，也是阻碍长三角地区益贫式增长的重要因素。在逐步开放国内市场促进贸易自由化和投资便利化的同时，发展中国家的二元经济和产业结构演进同样是影响益贫式增长进程的重要因素。本章的理论模型涉及农业生产和制造业生产部门。假设国内有三个生产部门。第一个生产部门是农业部门，定义为部门1，该部门主要生产农产品，主要使用土地和低

技能劳动力要素；第二个生产部门是生产高质量商品的制造业部门，定义为部门2，该部门在要素投入上主要使用高技能的熟练劳动力要素和一定量的资本要素；第三个生产部门是生产低质量商品的制造业部门，定义为部门3，该部门主要使用低技能劳动力要素和资本。土地和高技能劳动力分别是部门1和部门2的特定要素。低技能劳动力的要素市场存在劳动力市场分割。土地、资本、高技能劳动力市场结构均为完全竞争市场。土地的价格为 D，农业部门劳动力实际工资率为 W_A，制造业低技能劳动力实际工资率为 W_L，制造业高技能劳动力实际工资率为 W_H，并且 $1 > W_H > W_L > W_A > 0$。

2. 外向型经济模式

外向型经济涉及贸易和投资两个方面。其中，贸易自由化主要导致进口商品关税税率的下降以及部门产出相对价格的变化。外商直接投资则会以资本注入的形式直接提高东道国国内的资本存量。假定本国出口农产品和高技能劳动力制造业产业，进口低技能劳动力制造业商品。因此，贸易自由化所涉及的制造业部门2和部门3都会有关税的价格加成。因此，开放经济条件下的贸易自由化和投资便利化意味着以下三个方面的变化：一是高技能劳动力制造业部门的相对价格 P_2 上涨；二是进口低技能劳动力制造业部门的关税 T 下降，即该类商品的关税加成后的相对价格 $P_3^* = (1 + T)P_3$ 下降；三是更多的国外资本流入，促使国内的资本禀赋 K 增加。

3. 劳动力市场分割

参考尤恩等（Juhn et al.，1993）关于劳动力市场分割的界定，假定制造业低技能劳动力的工资 W_L 受高技能劳动力工资 W_H 和劳动力市场分割 G 的影响：

$$W_L = W_H^\alpha G^\beta \tag{11.1}$$

其中，$0 < \alpha < 1, \alpha = (\partial W_L/\partial W_H)(W_H/W_L) > 0$，表示制造业高技能劳动力工资提升会带动低技能劳动力工资增长。低技能劳动力工资对劳动力市场分割的弹性表示为 $\beta = (\partial W_L/\partial G)(G/W_L) < 0$，即劳动力市场分割加剧会促使低技能劳动力工资下降（陈媛媛，2013；金培振等，2015）。

（二）均衡条件

1. 要素市场均衡

在不考虑不完全竞争市场结构的假定下，本章理论部分的商品市场和要素市场均是完全竞争市场。生产要素的价格主要由生产要素的边际产品价值决定。于是，按照农业部门和高低质量产品制造业生产部门要素需求的假设，国内农产品和制造业产品的要素边际价值等于价格：

$$W_A a_{L1} + D a_{D1} = 1 \tag{11.2}$$

$$W_H a_{H2} + R a_{K2} = P_2 \tag{11.3}$$

$$W_L a_{L3} + R a_{K3} = P_3^* \tag{11.4}$$

其中，a_{Ki} 表示部门 i 资本要素的投入产出比，$i=2,3$。a_{Li} 表示部门低技能劳动力要素的投入产出比，$i=1,3$。a_{D1} 和 a_{H2} 分别表示特定要素土地和高技能劳动力的投入产出比。假定农业部门产品的价格为单位价格。R 表示资本回报率。其中，部门 2 为人力资本密集型行业，高技能劳动力投入产出比高于资本投入产出比，即 $0 < a_{K2}/a_{H2} < 1$；部门 3 为劳动力密集型行业，低技能劳动力投入产出比低于资本投入产出比，即 $0 < a_{L3}/a_{K3} < 1$。

2. 产品市场均衡

国内土地资源、高低技能劳动力和国内资本的要素禀赋分别为 F、H 和 L。因此，基于前文假定的各要素和部门产品的投入产出关系，可以得出产品市场均衡满足如下基本条件：

$$a_{D1} X_1 = F \tag{11.5}$$

$$a_{H2} X_2 = H \tag{11.6}$$

$$a_{L1} X_1 + a_{L3} X_3 = L \tag{11.7}$$

$$a_{K2} X_2 + a_{K3} X_3 = K \tag{11.8}$$

其中，X_i 表示三部门产品产量，$i=1,2,3$。

3. 社会福利水平

以劳动力报酬的变化表示社会福利水平。其中，国内低技能劳动力工资由农业部门工资和低技能制造业部门工资共同决定。因此，可以把低技能劳动力福利和社会福利水平分别表示为工资的函数：

$$U_L = W_L^A = (W_A \varphi_{L1} + W_L \varphi_{L3}) \tag{11.9}$$

$$U_A = W^A = (W_A \varphi_{L1} + W_L \varphi_{L3} + W_H \varphi_{H2}) \tag{11.10}$$

其中，U_L 和 U_A 分别表示低技能劳动力和全社会的总福利水平，φ_{L1} 和 φ_{L3} 分别表示农业部门和低技能制造业部门劳动力的雇佣比例，φ_{H2} 表示高技能劳动力在高技能制造业的雇佣比例。

（三）模型稳态求解

将式（11.5）、式（11.6）分别代入式（11.7）、式（11.8）后，经简单变化可得：

$$(a_{L1}/a_{D1})F + (a_{L3}/a_{K3})[K - (a_{K2}/a_{H2})H] = L \tag{11.11}$$

各部门产品价格由式（11.1）、式（11.2）至式（11.4）以及式（11.11）决定。农业部门和低技能制造业部门劳动力的雇佣比例可以分别表示为：

$$\varphi_{L1} = (a_{L1}/a_{D1})F/L \tag{11.12}$$

$$\varphi_{L3} = (a_{L3}/a_{K3})[K - (a_{K2}/a_{H2})H]/L \tag{11.13}$$

将式（11.3）和式（11.4）经简单变化代入式（11.12），可知：

$$W_H = \frac{1}{a_{H2}}\left[P_2 - \frac{(P_3^* - W_L a_{L3})a_{K2}}{a_{K3}}\right] \tag{11.14}$$

将式（11.14）代入式（11.1），有：

$$W_L = \left\{\frac{1}{a_{H2}}\left[P_2 - \frac{(P_3^* - W_L a_{L3})a_{K2}}{a_{K3}}\right]\right\}^{\alpha} G^{\beta} \tag{11.15}$$

将式（11.12）至式（11.15）代入式（11.10），可得三部门劳动力工资构成的社会福利函数为：

$$U^A = W_A \varphi_{L1} + \left\{\frac{1}{a_{H2}}\left[P_2 - \frac{(P_3^* - W_L a_{L3})a_{K2}}{a_{K3}}\right]\right\}^{\alpha} G^{\beta} \frac{a_{L3}}{a_{K3}}\left[\frac{K}{L} - \frac{a_{K2}}{a_{H2}}\frac{H}{L}\right]$$

$$+ \frac{1}{a_{H2}}\left[P_2 - \frac{(P_3^* - W_L a_{L3})a_{K2}}{a_{K3}}\right]\varphi_{H2} \tag{11.16}$$

对式（11.16）求外向型经济的偏导，可得：

$$\partial U^A/\partial P_2 = [\alpha/a_{H2}]N\Omega^{\alpha-1}G^{\beta} + \varphi_{H2}/a_{H2} > 0$$

$$\partial U^A/\partial P_3^* = [-\alpha/(a_{H2}a_{K3})]N\Omega^{\alpha-1}G^{\beta} - \varphi_{H2}/(a_{H2}a_{H2}) < 0 \tag{11.17}$$

$$\partial U^A/\partial K = [a_{L3}/(a_{K3}L)]\Omega^{\alpha}G^{\beta} > 0$$

其中，$\Omega = [P_2 - (P_3^* - W_L a_{L3})a_{K2}/a_{K3}]/a_{H2}$，$N = a_{L3}[K/L - a_{K2}H/a_{H2}L]/a_{K3}$。由式（11.17）可知，国内高质量制造业部门产品出口价格提升，进口低质量部门商品关税下降，以及国外资本流入均会提升稳态时的社会平均工资。由于发展中国家的贫困人口主要集中在农业部门就业，益贫式增长主要体现为非农就业劳动力收入更高比例的提升，进一步使用非农就业劳动力福利占全社会平均福利水平的比值表示模型稳态时收入增长的益贫性为：

$$PRO = \frac{U_N^A}{U^A} = \frac{W_L \varphi_{L3} + W_H \varphi_{H2}}{W_A \varphi_{L1} + W_L \varphi_{L3} + W_H \varphi_{H2}} \tag{11.18}$$

（四）比较静态分析

1. 稳态附近的对数线性化

考察稳态附近的非均衡状态下，贸易自由化与外商直接投资对益贫式增长的影响，同时考察劳动力市场分割对开放经济条件下益贫式增长的影响。界定前文所建立的三部门一般均衡模型中，内生变量有 W_A、W_L、W_H、R、D、X_1、X_2 和 X_3；而参数则包括 P_2、P_3^*、G、F、K、L 和 H。对式（11.1）~式（11.4）和式（11.9）~式（11.11）进行对数线性化处理，可得如下线性方程组：[①]

$$\begin{bmatrix} \bar{W}_A a_{L1} & 0 & 0 & 0 & \bar{D} a_{D1} \\ 0 & \bar{W}_H a_{H2}/\bar{P}_2 & 0 & \bar{R} a_{K2}/\bar{P}_2 & 0 \\ 0 & 0 & \bar{W}_L a_{L3}/\bar{P}_3^* & \bar{R} a_{K3}/\bar{P}_3^* & 0 \\ 0 & -\alpha & 1 & 0 & 0 \\ A & B & C & E & N \end{bmatrix} \begin{bmatrix} \tilde{w}_A \\ \tilde{w}_H \\ \tilde{w}_L \\ \tilde{r} \\ \tilde{d} \end{bmatrix} = \begin{bmatrix} 0 \\ \tilde{p}_2 \\ \tilde{p}_3^* \\ \beta \tilde{g} \\ Q \tilde{k} \end{bmatrix} \tag{11.19}$$

其中，$A = \Psi \dfrac{\bar{W}_A}{\bar{D}} \dfrac{\bar{W}_L}{\bar{W}_L} \bar{K} > 0$，$B = (-1) \Theta \dfrac{\bar{R}}{\bar{W}_H} \bar{K} > 0$，$C = (-1) \left(\Psi \dfrac{\bar{W}_A}{\bar{D}} \dfrac{\bar{R}}{\bar{W}_L} \bar{K} + \right.$

$\left. \Phi \dfrac{\bar{R}}{\bar{W}_L} \bar{K} \right) > 0$，$E = \left(\Psi \dfrac{\bar{W}_A}{\bar{D}} \dfrac{\bar{R}}{\bar{W}_L} \bar{K} + \Phi \dfrac{\bar{R}}{\bar{W}_L} \bar{K} + \Theta \dfrac{\bar{R}}{\bar{W}_H} \bar{K} \right) < 0$，$N = (-1) \Psi \dfrac{\bar{W}_A}{\bar{D}} \dfrac{\bar{R}}{\bar{W}_L} \bar{K} <$

0，$Q = \Pi \bar{K} + (-1) \left(\Psi \dfrac{\bar{W}_A}{\bar{D}} \dfrac{\bar{R}}{\bar{W}_L} \bar{K} + \Phi \dfrac{\bar{R}}{\bar{W}_L} \bar{K} + \Theta \dfrac{\bar{R}}{\bar{W}_H} \bar{K} \right) < 0$。

同时定义 $\Psi = \dfrac{a_{L1}}{a_{D1}} \dfrac{S_{LF}^1}{S_{FL}^1} \dfrac{S_{KL}^2}{S_{LK}^2} \varphi_{K2}$、$\Phi = (-1) \dfrac{S_{KL}^2}{S_{LK}^2} \varphi_{K2}$、$\Theta = (-1) \dfrac{a_{L3}}{a_{K3}} \dfrac{a_{K2}}{a_{H2}} \dfrac{S_{KH}^3}{S_{HK}^3} \varphi_{K3}$、

$\Pi = -\dfrac{a_{L3}}{a_{K3}}$。其中，$S_{ij}^k$ 表示部门 k 中两个生产要素的替代弹性，φ_{jk} 表示部门 k 中第 j 种要素的投入比例。因此，式（11.19）中系数矩阵的行列式值为：

$$\Delta = (\bar{R} \bar{W}_H a_{H2} a_{K3} - \alpha \bar{R} \bar{W}_L a_{K2} a_{L3})(A \bar{D} a_{D1} - N \bar{W}_A a_{L1})/\bar{P}_2 \bar{P}_3^* > 0 \tag{11.20}$$

---

① 模型对数线性化以及三部门厂商生态均衡条件所得线性方程组的详细推导过程备索，具体过程请参见本章附录 A 到附录 C。

2. 参数变化与非均衡稳态

根据克莱姆法则，可得 $\tilde{w}_A$、$\tilde{w}_L$ 和 $\tilde{w}_H$ 关于贸易自由化的参数 $\tilde{p}_2$、$\tilde{k}$ 和劳动力市场分割参数 $\tilde{g}$ 的函数[①]。于是有：

$$\partial \tilde{w}_A / \partial \tilde{p}_2 = -\bar{D}\,\bar{P}_2 a_{D1} [\, B\bar{R}\,a_{K3} + \alpha C\bar{R}\,a_{K3} - \alpha E\bar{W}_L a_{I3} \,]/\bar{P}_2 \bar{P}_3^* \Delta < 0 \quad (11.21)$$

$$\partial \tilde{w}_A / \partial \tilde{k} = -Q\bar{R}\,\bar{D}\,a_{D1}[\,\alpha\bar{W}_L a_{K2} a_{I3} - \bar{W}_H a_{H2} a_{K3}\,]/\bar{P}_2 \bar{P}_3^* \Delta < 0 \quad (11.22)$$

$$\partial \tilde{w}_A / \partial \tilde{g} = -\beta\bar{D}\,\bar{W}_H a_{D1}[\,C\bar{R}\,a_{H2} a_{K3} - E\bar{W}_L a_{H2} a_{I3}\,]/\bar{P}_2 \bar{P}_3^* \Delta > 0 \quad (11.23)$$

$$\partial \tilde{w}_L / \partial \tilde{p}_2 = \alpha\bar{R}\,\bar{P}_2 (A\bar{D}\,a_{D1} a_{K3} - N\bar{W}_A a_{K3} a_{L1})/\bar{P}_2 \bar{P}_3^* \Delta > 0 \quad (11.24)$$

$$\partial \tilde{w}_L / \partial \tilde{g} = \beta\bar{R}\,\bar{W}_H (A\bar{D}\,a_{D1} a_{H2} a_{K3} - N\bar{W}_A a_{H2} a_{K3} a_{L1})/\bar{P}_2 \bar{P}_3^* \Delta < 0 \quad (11.25)$$

$$\partial \tilde{w}_H / \partial \tilde{p}_2 = \bar{R}\,\bar{P}_2 (A\bar{D}\,a_{D1} a_{K3} - N\bar{W}_A a_{K3} a_{L1})/\bar{P}_2 \bar{P}_3^* \Delta > 0 \quad (11.26)$$

$$\partial \tilde{w}_H / \partial \tilde{g} = \beta\bar{R}\,\bar{W}_L (A\bar{D}\,a_{D1} a_{K2} a_{I3} - N\bar{W}_A a_{K2} a_{L1} a_{I3})/\bar{P}_2 \bar{P}_3^* \Delta < 0 \quad (11.27)$$

由式（11.18）可知，收入增长的益贫性指数是农业劳动力、低技能制造业和高技能制造业劳动力工资收入的函数，同时也是贸易自由化参数 $\tilde{p}_2$、$\tilde{k}$ 和劳动力市场分割参数 $\tilde{g}$ 的函数。对式（11.18）进行对数线性化可得：

$$\tilde{pro} = \frac{\varphi_{I3}(1 - P\bar{R}O\bar{W}_L)\tilde{w}_L + \varphi_{H2}(1 - P\bar{R}O\bar{W}_H)\tilde{w}_H - \varphi_{L1}P\bar{R}O\bar{W}_A \tilde{w}_A}{P\bar{R}O(\varphi_{L1}\bar{W}_A + \varphi_{I3}\bar{W}_L + \varphi_{H2}\bar{W}_H)} \quad (11.28)$$

3. 开放经济条件下的益贫式增长

由各部门实际工资率假设以及益贫式增长指数稳态值的特征可知：$1 > 1 - P\bar{R}O\bar{W}_L > 1 - P\bar{R}O\bar{W}_H > 0$。因此，开放经济条件下贸易自由化和外商直接投资对益贫式增长的影响可以通过考察 $\tilde{w}_A$、$\tilde{w}_L$ 和 $\tilde{w}_H$ 关于参数 $\tilde{p}_2$、$\tilde{k}$ 和 $\tilde{g}$ 的变化确定。[②] 于是有：

$$\frac{\partial \tilde{pro}}{\partial \tilde{p}_2} = \frac{\varphi_{I3}(1 - P\bar{R}O\bar{W}_L)\partial \tilde{w}_L / \partial \tilde{p}_2 + \varphi_{H2}(1 - P\bar{R}O\bar{W}_H)\partial \tilde{w}_H / \partial \tilde{p}_2 - \varphi_{L1}P\bar{R}O\bar{W}_A \partial \tilde{w}_A / \partial \tilde{p}_2}{P\bar{R}O(\varphi_{L1}\bar{W}_A + \varphi_{I3}\bar{W}_L + \varphi_{H2}\bar{W}_H)} > 0$$

$$(11.29)$$

$$\frac{\partial \tilde{pro}}{\partial \tilde{k}} = \frac{-\varphi_{L1}P\bar{R}O\bar{W}_A \partial \tilde{w}_A / \partial \tilde{k}}{P\bar{R}O(\varphi_{L1}\bar{W}_A + \varphi_{I3}\bar{W}_L + \varphi_{H2}\bar{W}_H)} > 0 \quad (11.30)$$

根据式（11.29）和式（11.30），并结合稳态均衡条件式（11.17），可得如下

[①]　运用克莱姆法则，使用 matlab 软件计算线性方程组的唯一解。

[②]　界定外商直接投资会增加东道国国内资本存量。因此，外商直接投资的流入不仅可以提高稳态下国内资本存量，也能够在比较静态模型中通过影响资本流量的变化实现益贫式增长。

待检验命题。

命题 1：贸易自由化能够通过商品价格效应和就业劳动拉动效应促进益贫式增长。在助推社会平均收入增长的同时，贸易自由化和外商直接投资均能够促进低收入阶层收入更快增长。

同理，对式（11.29）求关于劳动力市场分割参数 $\tilde{g}$ 的偏导，可知：

$$\frac{\partial p\tilde{ro}}{\partial \tilde{g}} = \frac{\varphi_{L3}(1-P\bar{RO}\bar{W}_L)\partial\tilde{w}_L/\partial\tilde{g} + \varphi_{H2}(1-P\bar{RO}\bar{W}_H)\partial\tilde{w}_H/\partial\tilde{g} - \varphi_{L1}P\bar{RO}\bar{W}_A\partial\tilde{w}_A/\partial\tilde{g}}{P\bar{RO}(\varphi_{L1}\bar{W}_A + \varphi_{L3}\bar{W}_L + \varphi_{H2}\bar{W}_H)} < 0$$

$$(11.31)$$

根据式（11.31），我们可以得到如下待检验命题。

命题 2：劳动力市场分割加剧会阻碍农业劳动力人口向制造业部门转移，不利于低技能劳动力收入提升，从而对益贫式增长有负面影响。

此外，由社会福利函数式（11.16）对数线性化后对劳动力市场分割参数 $\tilde{g}$ 求偏导，可得：

$$\partial\tilde{u}^A/\partial\tilde{g} = \bar{W}_A\varphi_{L1}\partial\tilde{w}_A/\partial\tilde{g} + \bar{W}_L\varphi_{L3}\partial\tilde{w}_L/\partial\tilde{g} + \bar{W}_H\varphi_{H2}\partial\tilde{w}_H/\partial\tilde{g} \qquad (11.32)$$

由参数变化对内生变量影响系数值式（11.23）、式（11.25）和式（11.27）以及各部门劳动力要素投入比例可知 $\partial\tilde{u}^A/\partial\tilde{g}<0$。因此，劳动力市场分割加剧会对社会整体福利水平产生负面影响。因此，结合式（11.32）以及命题 1 和命题 2，提出如下待检验命题。

命题 3：劳动力市场分割加剧会削弱贸易自由化和外商直接投资对东道国益贫式增长的促进作用，降低甚至逆转开放条件下外向型经济的益贫效应。

五、长三角地区外向型经济影响益贫式增长的实证检验

（一）实证设计

贸易自由化和外商直接投资会对益贫式增长产生积极的促进作用。以劳动力市场分割为主要特征的要素市场分割会减弱外向型经济的益贫式增长效应。因此，设定基础计量模型如下：

$$PRP_{it} = \beta_0 + \beta_1 TLZ_{it} + \beta_2 FDI_{it} + \beta_3 SEG_{it} + \sum\beta_4 control_{it} + \lambda_i + \lambda_t + \xi_{it}$$

$$(11.33)$$

其中，i 和 t 分别表示地区和年份；β_i 为估计系数；PRP_{it} 为家庭人均收入的益贫式增长相关指标，是核心因变量；TLZ_{it} 为贸易自由化指标；FDI_{it} 为外商直接投资指标；SEG_{it} 为劳动力市场分割指标；$control_{it}$ 为一组地区层面的控制变量集合；λ_i 和 λ_t 分别表示地区和年份控制变量；ξ_{it} 为随机误差项。

（二）指标界定及数据来源

1. 长三角地区地级市益贫式增长指标

使用第五章中测度的长三角地区地级市益贫式指数作为检验外向型经济影响益贫式增长的核心因变量。使用式（5.6）测度的长三角地区省级益贫式增长指数表示长三角地区地级市的益贫式增长水平。由于地级市收入五等分分组收入数据能够获得，我们使用省级层面的收入五等分收入组收入比重与地级市城镇人均可支配收入数据相乘，可以得到地级市城镇居民收入五等分分组数据，然后再利用式（5.5）测度地级市层面全局收入不平等指数 D_{ijt} 以及地级市城乡人均可支配收入，相加得到地级市层面的城镇益贫式增长指数 $PEGR_{it}$，其中，i 表示地区，t 表示时期。同时，考虑到城镇居民可支配收入的增加对益贫式增长的积极影响，在益贫式增长指标中增加城镇居民可支配收入的增长率 $UING_{it}$，作为衡量收入增长效应是否会影响益贫式增长的待检验指标进行回归分析。

2. 劳动力市场分割

由于本章主要考察劳动力市场分割背景下贸易自由化对益贫式增长的影响，需要界定劳动力市场分割的指标及变量。新古典经济学理论认为劳动力市场是充分竞争的，等同的人力资本应该可以得到大致相同的回报，人们可以在不同部门、行业、职业间自由流动。然而现实中，劳动力市场分割普遍存在。吴愈晓（2011）认为，劳动力受到城乡分割、所有制分割、产业分割、职业分割以及以教育文凭为表征的高学历和低学历的劳动力分割等。劳动力市场分割的存在直接导致了劳动力收入的差距和不平等（王晓丽，2013）。因此，工资收入不平等可以作为衡量劳动力市场分割的代理变量。较多的文献在界定劳动力要素市场分割时使用地区间工资的基尼系数或相对工资来衡量（赵奇伟，2009；付文林和赵永辉，2014；王宋涛等，2017）。

衡量收入不平等的指标很多，如极差、极差比、麦克伦指数、变异系数、基尼系数和泰尔指数等。城乡居民收入泰尔指数可以衡量组内差距和组间差距对总差距的贡献及分解，此外泰尔指数还纳入了不同区域劳动力变动的因素，因此，泰尔指数在衡量工资不平等时具有比其他指标更全面的优势。本章借鉴得克萨斯州立大学收入不平等项目在测算国内区域间工资收入不平等时的测算方法，使用长三角地区 41 个地级市城乡人口规模和居民收入数据所得的城乡泰尔指数 $THEIL_{it}$，作为本章劳动力要素市场分割的代理变量。[①]

3. 贸易自由化

中国加入 WTO 以来，进口商品关税下降是贸易自由化和贸易开放程度不断提升的重要标志。因此，参考坎德尔瓦尔和托帕洛娃（Khandelwal & Topalova，2010）的定义，通过构建地区规模关税水平指标衡量贸易自由化水平。地区规模关税的指标界定如下：

$$TAF_{it} = \frac{TAF_{jt} \sum_j EMP_{ijt_0}}{EMP_{it_0}} \tag{11.34}$$

其中，TAF_{it} 表示 t 期地区 i 的地区规模关税水平，EMP_{ijt_0} 表示基期地区 i 行业 j 中就业人数，EMP_{it_0} 表示基期地区 i 的全部就业人数，TAF_{jt} 表示时期 t 行业 j 的规模关税水平。为避免内生性的影响，借鉴曾国彪和姜凌（2014）的做法，同时使用仅在贸易部门的就业人数作为加权规模关税权重，构建非规模关税指标 $TTAF_{it}$ 作为替代指标进行稳健性检验。[②] 基期设定为 1991 年。在测算各行业细分关税水平时对国内工业行业标准分类（CICC）与国际贸易标准分类（SITC）和协调制度（HS）分类进行调整。各期分行业关税数据来自世界银行 WITS 数据库。地区分行业就业人数与总就业人数的原始数据均来自《中国城市统计年鉴》。

4. 外商直接投资

外商直接投资 FDI_{it} 直接使用长三角地区地级市实际利用外资规模表示，数据来自 2004 ~ 2020 年《中国城市统计年鉴》。

5. 其他控制变量

较多的研究表明，宏观层面的产业结构变迁、政府公共支出、教育投入、物价稳定、私人部门就业和城市化水平均会对益贫式增长产生影响（Kakwani & Son，

---

① 得克萨斯州立大学收入不平等项目测算 1963 ~ 2015 年 151 个国家收入不平等的泰尔指数，也包括中国省级和行业层面的泰尔指数。我们使用长三角地区地级市城乡居民人口规模以及城乡居民收入进行测算，获得 2003 ~ 2019 年地级市城乡居民收入差距的泰尔指数作为衡量劳动力市场分割的指标。

② 规模关税测算行业涉及：农林牧渔业，采矿业，制造业，电力与燃气及水的生产和供应业，建筑业，交通运输、仓储及邮电通信业，信息传输、计算机服务和软件业，住宿和餐饮业，金融业，房地产业，租赁和商务服务业，科学研究、技术服务和地质勘查业，水利、环境和公共设施管理业，教育业，卫生、社会保障和社会福利业，文化、体育和娱乐业。非规模关税测算的行业仅包括农林牧渔业、采矿业、制造业。

2008；周华，2008；Khandelwal & Topalova，2010；Han et al.，2016；谢超峰等，2017）。考虑到地方财政教育、医疗以及社会保障支出对长三角地区益贫式增长的影响已经在第五章中进行分析，本章充分考虑在之前计量模型中并未加入的私人部门就业占比、地方财政支出以及固定资产投资等变量。本章控制变量主要选择如下：地区产业结构 MS_{it}，用 t 期各地区第三产业增加值占各地 GDP 的比重表示；政府公共财政支出水平 PUB_{it}，用 t 期各地区地方财政一般预算支出占 GDP 的比重表示；地方固定资产投资 INV_{it}，用全社会固定资产投资占 GDP 的比重表示；私人部门就业 PVT_{it}，用各期城镇私人企业就业人数占地区城镇就业人数比重表示；劳动参与率 LBF_{it}，用城镇地区就业人口占总人口比重表示；同时考虑外商直接投资和对外贸易主要发生在城市地区，我们还引入城镇化率 URB_{it}，用以控制城市化进程中对外贸易和外商直接投资对长三角地区益贫式增长的影响。控制变量原始数据同样来自历年《中国城市统计年鉴》。变量定义及数据来源如表 11 - 4 所示。外商直接投资取对数处理。宏观控制变量中财政支出、固定资产投资均取对数使其变为无量纲变量进行回归分析。序列描述性统计分析结果如表 11 - 5 所示。

表 11 - 4　　　　各变量定义、指标说明及数据来源

项目	变量含义	变量	指标说明	数据来源
益贫式增长相关指标	益贫式增长率	PEGR	实际人均收入增长率与收入平等变化率之和	人均收入和五等分收入组收入比数据来自长三角地区各省份年度统计年鉴，测度方法参见第五章
	全局收入不平等	G	城镇地区收入不平等程度	测度方法参见第五章
	城镇收入增长率	UING	居民可支配收入增长率	《中国城市统计年鉴》
外向型经济	规模关税	TRF	地区分行业就业占比作为权重的加权行业商品平均关税	分行业就业人数及就业总人数数据来自《中国劳动统计年鉴》，行业平均关税数据来自 WITS 数据库
	非规模关税	TTRF	地区农林牧渔、采矿与制造业就业占比作为权重的加权行业商品平均关税	
	外商直接投资	FDI	各地区实际利用外资额	长三角地区各省份统计年鉴

续表

项目	变量含义	变量	指标说明	数据来源
劳动力市场分割	城乡泰尔指数	THEIL	省际层面工资收入不平等泰尔指数	依据得克萨斯州立大学收入不平等项目提供的泰尔指数计算方法测算长三角地区地级市城乡工资泰尔指数
控制变量	产业结构	MS	第三产业增加值占各地GDP的比重	《中国城市统计年鉴》
	公共财政支出	PUB	地方财政一般预算支出占GDP的比重	
	固定资产投资	INV	全社会固定资产投资占GDP的比重	
	私人部门就业	PVT	城镇私人企业就业人数占就业总人数比重	
	劳动参与率	LBF	城镇就业人口占总人口比	
	城市化率	URB	城镇人口占总人口比重	

表 11 - 5　　　　主要变量对数序列的描述性统计分析结果

变量	符号	观察值	算术平均值	标准差	最小值	最大值
益贫式增长指数	PEGR	656	0.134	0.292	-0.375	1.86
全局收入不平等	G	697	0.96	0.658	-0.444	2.019
收入增长率	UING	697	9.997	0.568	8.629	11.21
规模关税	TAF	697	1.519	0.331	0.001	2.087
非规模关税	TTAF	697	1.133	0.477	-0.662	2
外商直接投资	FDI	697	10.89	1.559	6.28	14.46
城乡泰尔指数	THEIL	697	0.622	0.225	0.164	1.291
产业结构	MS	697	3.695	0.19	3.151	4.287
公共财政支出	PUB	697	14.47	1.175	11.43	18.18
固定资产投资	INV	697	15.36	1.304	11.95	18.89
私人部门就业	PVT	697	-0.08	0.785	-3.777	2.062
劳动参与率	LBF	697	-2.264	0.721	-4.857	1.172
城市化率	URB	697	-1.102	0.536	-2.893	0.000

（三）基础模型的实证结果分析

1. 面板单位根检验

在做面板数据回归前，为避免出现虚假回归，需要对面板数据进行单位根检验，以检验变量的平稳性。近年来成熟的面板数据单位根检验的方法较多，根据单位根的性质及数据本身的特点还可以进一步划分不同的单位根检验方法。具体有，适用于空间上独立的同质面板数据的 LLC 检验、适用于在空间上独立的异质面板数据的费雪（Fisher）型组合 p 值检验统计量的 IPS 检验、适用于同期相关面板和空间相关面板的 SUR-DF 检验与 SN 检验和的组合 p 值检验等。就不同的数据样本而言，多数面板单位根检验只适合于平衡面板数据。由于样本中有少数指标出现缺漏值，会造成面板数据的非平衡性，本章将选择更为适合非平衡面板数据的费雪面板单位根检验，设定滞后期为 1 期，包含时间趋势项和常数项。表 11 - 6 列出了对数序列的单位根检验结果。

表 11 - 6　　　　　　　　面板 Fisher 对数序列单位根检验结果

对数序列	检验值	伴随概率（%）	一阶差分	检验值	伴随概率（%）
PEGR	—	—	*PEGR*	1 596.50	0.000
G	30.35	1.000	*G*	683.35	0.000
UING	176.84	0.000	*UING*	342.06	0.000
TAF	66.68	0.890	*TAF*	326.43	0.000
TTAF	54.98	0.991	*TTAF*	433.23	0.000
FDI	303.08	0.000	*FDI*	1 700.78	0.000
THEIL	52.36	0.996	*THEIL*	775.56	0.000
MS	16.96	1.000	*MS*	693.49	0.000
PUB	437.94	0.000	*PUB*	115.80	0.000
INV	236.85	0.000	*INV*	438.58	0.000
PVT	132.03	0.000	*PVT*	617.18	0.000
LBF	152.93	0.000	*LBF*	387.76	0.000
URB	193.20	0.000	*URB*	476.64	0.000

注：控制变量选取去中心化处理后的对数序列。

从表 11 - 6 的面板单位根检验结果看，大部分变量的原始对数序列并不存在单位根问题。我们发现，除城镇全局收入不平等以及第三产业占 GDP 比重的产业结构变量存在较严重的单位根问题外，较多变量的对数序列存在单位根。通过对对数序列变量的单位根进行一阶差分处理，全部变量均不存在单位根。因此，我们将采用对数序列的一阶差分进行计量分析。

2. 控制变量相关性检验

考虑到宏观控制变量之间可能存在的多重共线性问题，正式回归之前需要对主要解释变量的对数序列进行去中心化处理。从表 11 - 7 可以看出，主要控制变量的对数差分序列并不存在显著的相关性。因此，可以排除主要解释变量之间存在多重共线性的可能，表明使用对数差分序列进行外向型经济对长三角地区益贫式增长的影响研究是合理的。

表 11 - 7　　主要控制变量对数序列差分处理后的相关系数矩阵

变量	MS	PUB	INV	PVT	LBF	URB
MS	1.000					
PUB	-0.011	1.000				
INV	-0.039	0.019	1.000			
PVT	0.029	-0.025	-0.016	1.000		
LBF	-0.011	-0.014	0.005	-0.027	1.000	
URB	0.021	-0.033	0.032	0.018	0.080	1.000

3. 全样本回归结果

应用式（11.33）的基础回归模型实证检验贸易自由化和外商直接投资对长三角地区益贫式增长相关指标的影响，同时对地区劳动力市场分割是否会影响长三角地区的益贫式增长进行实证检验。考虑面板数据量以及结构特征，采用豪斯曼检验确定模型采用固定效应还是随机效应回归，在确定均使用固定效应回归的基础上，采用异方差稳健标准误方法进行最终模型的确定。表 11 - 8 至表 11 - 10 分别是以城镇居民人均可支配收入增长率（UING）、城镇全局收入不平等指标（G）以及城镇地区减贫等值增长率（PEGR）作为因变量的分步回归结果。

表 11 –8　　　　　　　　　基础模型全样本回归结果

（因变量：城镇居民人均可支配收入增长率）

变量	（1）	（2）	（3）	（4）	（5）	（6）	（7）	（8）
TAF	− 0.098 *** （− 3.706）	− 0.098 *** （− 3.726）	− 0.090 *** （− 3.416）	− 0.090 *** （− 3.415）	− 0.096 *** （− 3.504）	− 0.063 （− 0.760）	− 0.071 （− 0.856）	− 0.043 （− 0.515）
FDI	0.051 *** （5.544）	0.051 *** （5.755）	0.053 *** （5.966）	0.053 *** （5.940）	0.049 *** （5.303）	0.422 *** （22.071）	0.445 *** （25.453）	0.429 *** （25.071）
THEIL	0.147 *** （3.986）	0.147 *** （4.059）	0.126 *** （3.510）	0.129 *** （3.648）	0.169 *** （4.632）	0.423 *** （3.975）	0.399 *** （3.752）	
MS	0.022 *** （2.329）	0.023 *** （2.333）	0.028 *** （2.402）	0.028 *** （2.409）	0.013 *** （2.184）	0.779 *** （3.690）		
PUB	0.499 *** （32.980）	0.499 *** （33.472）	0.505 *** （33.984）	0.504 *** （34.308）	0.591 *** （70.004）			
INV	0.088 *** （5.904）	0.089 *** （6.517）	0.096 *** （7.109）	0.096 *** （7.162）				
PVT	0.004 *** （3.575）	0.004 *** （3.584）	0.004 *** （3.619）					
LBF	0.040 *** （3.053）	0.041 *** （3.192）						
URB	0.002 *** （2.055）							
常数项	− 0.098 *** （− 3.706）	− 0.098 *** （− 3.726）	− 0.090 *** （− 3.416）	− 0.090 *** （− 3.415）	− 0.096 *** （− 3.504）	− 0.063 （− 0.760）	− 0.071 （− 0.856）	− 0.043 （− 0.515）
观察值	656	656	656	656	656	656	697	656
R^2	0.947	0.947	0.946	0.946	0.942	0.473	0.513	0.503
地区数	41	41	41	41	41	41	41	41

注：括号内数值为 t 统计量。*** 表示在 1% 的水平上显著。经检验，表中所有模型均可以采用包含固定效应的异方差稳健标准误进行估计。模型形式的 F 检验以及 Hausman 检验结果及对应的伴随概率备索。

表 11 – 9　　　　　　　　　基础模型全样本回归结果

（因变量：城镇全局收入不平等指标）

变量	（1）	（2）	（3）	（4）	（5）	（6）	（7）	（8）
TAF	0.154 (1.630)	0.189 ** (2.015)	0.234 ** (2.540)	0.226 ** (2.456)	0.225 ** (2.456)	0.237 *** (2.597)	0.236 *** (2.588)	0.238 *** (2.596)
FDI	0.049 * (1.829)	0.050 * (1.869)	0.053 ** (1.978)	0.052 * (1.930)	0.052 * (1.933)	0.056 ** (2.102)	0.058 ** (2.183)	0.058 ** (2.195)
THEIL	0.139 (1.000)	0.215 (1.587)	0.292 ** (2.206)	0.306 ** (2.326)	0.307 ** (2.333)	0.337 *** (2.594)	0.332 ** (2.578)	
MS	0.032 (0.147)	0.048 (0.220)	0.023 (0.104)	0.025 (0.111)	0.028 (0.128)	0.063 (0.300)		
PUB	− 0.054 (− 1.056)	− 0.012 (− 0.256)	− 0.024 (− 0.497)	− 0.029 (− 0.624)	− 0.024 (− 1.427)			
INV	0.080 (1.451)	0.028 (0.565)	0.006 (0.114)	0.007 (0.133)				
PVT	− 0.039 (− 1.563)	− 0.047 * (− 1.910)	− 0.027 (− 1.142)					
LBF	− 0.090 * (− 1.776)	− 0.117 ** (− 2.360)						
URB	− 0.196 ** (− 2.227)							
常数项	− 0.713 (− 1.471)	− 0.362 (− 0.786)	0.441 (1.415)	0.490 (1.590)	0.505 * (1.762)	0.167 (1.034)	0.166 (1.029)	0.372 *** (2.628)
观察值	574	574	574	574	574	574	574	574
R^2	0.059	0.050	0.040	0.038	0.038	0.034	0.034	0.022
地区数	41	41	41	41	41	41	41	41

注：括号内数值为 t 统计量。 ***、**、*分别表示在 1%、5%、10% 的水平上显著。经检验，表中所有模型均可以采用包含固定效应的异方差稳健标准误进行估计。模型形式的 F 检验以及 Hausman 检验结果及对应的伴随概率备索。

表 11 – 10　　　　　　　基础模型全样本回归结果

（因变量：城镇地区减贫等值增长率）

变量	（1）	（2）	（3）	（4）	（5）	（6）	（7）	（8）
TAF	− 0.119 * (− 1.789)	− 0.135 ** (− 2.033)	− 0.150 ** (− 2.270)	− 0.151 ** (− 2.272)	− 0.150 ** (− 2.268)	− 0.131 * (− 1.960)	− 0.129 * (− 1.934)	− 0.141 ** (− 2.132)
FDI	0.180 *** (7.047)	0.181 *** (7.077)	0.184 *** (7.171)	0.182 *** (7.101)	0.183 *** (7.109)	0.197 *** (7.673)	0.199 *** (7.836)	0.198 *** (7.797)
THEIL	0.036 (0.397)	0.080 (0.915)	0.124 (1.440)	0.146 * (1.731)	0.143 * (1.724)	0.137 (1.640)	0.130 (1.570)	
MS	0.017 *** (3.100)	0.001 *** (3.005)	0.009 *** (3.051)	0.004 *** (3.022)	0.001 *** (3.006)	0.104 *** (3.604)		
PUB	0.047 *** (2.290)	0.030 *** (2.842)	0.039 *** (2.117)	0.046 *** (3.331)	0.053 *** (3.707)			
INV	0.029 (0.783)	0.003 (0.093)	− 0.010 (− 0.296)	− 0.007 (− 0.205)				
PVT	0.038 * (1.959)	0.042 ** (2.191)	0.026 (1.446)					
LBF	0.058 * (1.742)	0.075 ** (2.334)						
URB	0.137 * (1.789)							
常数项	0.222 (0.616)	0.477 (1.436)	0.985 *** (3.903)	1.028 *** (4.101)	1.017 *** (4.164)	0.224 * (1.883)	0.223 * (1.877)	0.323 *** (3.208)
观察值	656	656	656	656	656	656	656	656
R^2	0.136	0.131	0.123	0.120	0.120	0.100	0.100	0.096
地区数	41	41	41	41	41	41	41	41

注：括号内数值为 t 统计量。***、**、* 分别表示在 1%、5%、10% 的水平上显著。经检验，表中所有模型均可以采用包含固定效应的异方差稳健标准误进行估计。模型形式的 F 检验以及 Hausman 检验结果及对应的伴随概率备索。

（1）贸易自由化的益贫效应。首先，地区规模关税与家庭人均收入的纯增长效应 G 之间存在显著的负相关关系。平均而言，地区规模关税下降 1 个单位，会促使城镇家庭人均可支配收入的增长率提高 0.035 个单位。可以认为，地区规模关税下降反映的贸易自由化水平提升会显著拉动长三角地区城镇居民家庭人均收入的增长。其次，贸易自由化提升与收入的纯分配效应（KAW）和减贫等值增长率（$PEGR$）之间同样存在显著的正相关关系。贸易自由化提升 1 个单位，能够促使城镇全局收入不平等（G）和减贫等值增长率（$PEGR$）分别提高 0.226 个和 0.268 个单位。[①] 在控制劳动力市场分割与影响益贫式增长的相关宏观变量之后，贸易自由化与收入维度的益贫式增长之间显示出较强的正相关关系。从具体的影响机制看，贸易自由化能够增加社会就业水平，提高经济运行效率，促进经济增长。同时，贸易自由化会提高劳动密集型产业的就业比重，推动低收入群体获得增速更快的收入增长。因此，贸易自由化会同时通过收入增长和收入分配改善两个渠道，最终对益贫式增长产生显著的正面促进作用。该实证结果验证了理论命题 1 的结论。前人的研究较多地论证了贸易通过收入增长机制的减贫效应。较多关于贸易自由化减贫效应的研究主要从贸易自由化对经济增长影响的角度进行分析，以贸易自由化推动经济增长的机制，得出贸易自由化能够显著降低贫困发生率的结论（Ravallion，1996；Dollar & Karry，2004；Winters et al.，2004；Ravallion & Chen，2007；McCaig，2011）。与此同时，贸易自由化会降低消费品的物价水平，进而降低低收入人口的消费支出（Ianchovichina et al.，2002；王军英和朱晶，2011；Fajgelbaum & Khandelwal，2015；Han et al.，2016）。此外，贸易自由化则会通过生产资料与要素价格的变化，改变低收入家庭的收入水平或诱导低收入农户改变生产计划以追求利润最大化，从而带动低收入农户福利水平的提升（Costinot & Rodriguez-Clare，2014；施炳展和张夏，2017）。本章的研究与上述研究结论相同，即贸易自由化对长三角地区城镇居民收入提升以及收入不平等的改善均存在促进作用。

（2）外商直接投资对长三角地区城镇居民益贫式增长的影响。从表 11-8 至表 11-10 的分析结论看，长三角地区外商直接投资的流入的确对城镇居民人均可支配收入的提升有促进作用。大量的外商直接投资流入会创造更多的就业机会。在跨国公司主导的全球价值链分工体系中，外商直接投资通过在劳动力密集的东道国投资设厂，进而带动东道国劳动力就业。就业促进和工资收入的提升是低收入人口脱贫的重要手段。较多的观点认为，贸易自由化和外商直接投资会推动非农就业比例的提升，促进农户工资性收入增加，降低贫困发生率（Marchand，2012；罗楚亮，2012；余淼杰和高恺琳，2018）。但同时，我们发现，外商直接投资的流入与城镇全局收入不平等同样存在显著的正相关关系。因此，外商直接投资流入在提升长三角地区城镇居民收入的同时，也会扩大收入差距，加剧收入不平等。但从具体的影

---

① 由表 11-8 至表 11-10 贸易自由化与益贫式增长指标估计系数均值表示。

响机制看，外商直接投资流入对长三角地区城镇居民可支配收入的提升作用幅度要高于对全局收入不平等的拉动幅度。因此，从最终结果看，长三角地区的外商直接投资仍然对益贫式增长有显著的促进作用。

（3）城乡劳动力市场分割对益贫式增长的影响。从实证分析结果看，第一，劳动力市场分割与家庭人均收入中的纯增长效应（G）之间存在显著的正相关关系。以城乡收入不平等泰尔指数为代理指标的城乡劳动力市场分割对地区收入增长有较强的促进效应。较多关于收入不平等与经济增长的理论观点认为，在经济发展早期，适度的收入不平等有利于经济增长，但随着人均 GDP 的提高，收入不平等加剧会造成阶层分化和社会矛盾，不利于经济增长。本章的实证结果显示，国内劳动力市场分割并未达到阻碍经济增长的程度，以地区工资收入不平等衡量的劳动力市场分割表现出较明显的"效率"倾向，在一定程度上有利于维持国内地区之间劳动力竞争效率的差异，能够促进居民收入增长。第二，城乡劳动力市场分割对收入益贫式增长中的城镇居民全局收入不平等指数有显著正面影响。这说明，城乡劳动力市场分割会加剧长三角地区城镇居民的收入不平等，降低居民收入分配的"公平"绩效，不利于经济增长红利在不同收入阶层之间的公平分配。第三，通过对比不难看出，劳动力市场分割对城镇家庭人均可支配收入不平等的影响幅度显著强于对人均收入增长率的促进效应。因此，城乡劳动力市场分割对经济效率的提升效应在收入不平等加剧的情况下显著下降，导致城乡劳动力市场分割对益贫式增长的作用幅度低于城镇居民人均可支配收入的影响。上述结论部分检验了城乡劳动力市场分割对外向型经济益贫式增长效应发挥的负面影响，也回应了理论命题 2 的基本判断。

（4）其他控制变量。首先，产业结构（MS）、政府公共财政支出（PUB）、固定资产投资（INV）、私人部门就业（PVT）、劳动参与率（LBF）以及城镇化（URB）均与居民人均可支配收入增长率（$UING$）之间呈显著正相关关系。私人部门就业占比（PVT）、劳动参与率（LBF）以及城镇化（URB）与纯增长效应（G）负相关。减贫等值增长率同时受产业结构（MS）、政府公共财政支出（PUB）、固定资产投资（INV）、私人部门就业（PVT）、劳动参与率（LBF）以及城镇化（URB）的正向影响。随着国内经济发展，更多的就业机会集中在非垄断部门的中小企业，服务业逐步成为吸收社会就业的重要支柱产业。因此，服务业增加值占比 MS）会有助于居民收入增长和低收入阶层增收；而私人部门就业占比（PVT）提升对居民收入的纯增长效应有显著促进作用，也会带动减贫等值增长率提升。固定资产投资（INV）对收入的增长和收入分配的合理化均有显著的正向促进作用。其次，近年来，国内固定资产投资较多集中于城市建设、公共基础设施建设、民生事业等领域，是调整经济结构和生产力的地区分布、增强经济实力、改善人民物质文化生活创造物质条件的重要再生产活动。本章的分析表明，地区固定资产投资有利于益贫式增长。最后，使用城镇就业人口占城镇地区总人口比重表示的劳动参与率（LBF）与益贫式增长之间也存在正相关关系。说明劳动参与率提升，社会就业覆盖面以及就业量增加都可以对益贫式增长产生积极影响。城镇化水平（URB）对全局收入不平等的改善有积极作用，其影响幅度已经超过城镇化对城镇居民人均可支配收入的拉动幅度。说明城镇化是推动长三角地区益贫式增长的重要驱动力量之一。此外，政府公共财政支出（PUB）对城镇居民的可支配收入也存在显著拉动作用。政府财政主要投向医疗、教育和社会保障等软件公共服务以及交通基础设施、通信设备、网络体系等硬件基础设施领域。上述领域和关键性工程都是民生领域的重要工程。医疗基础条件提升能够改善居民就医条件，有利于提升家庭成员的健康水平，能够促进人力资本生产力的提升。教育水平提高，有助于低收入阶层获得更多就业与更高收入的机会，对收入分配的公平和合理化有促进作用。而交通、通信、网络等硬件基础设施对长三角地区益贫式增长的作用在第五章中也已经有所讨论。

（四）拓展性分析

1. 开放部门差异

为检验城乡劳动力市场分割背景下，外向型经济对益贫式增长的部门差异性，我们使用仅在贸易部门就业的人数作为加权规模关税权重，构建非规模关税指标（TTAF），替代地区规模关税（TAF）指标，非规模关税取决于地区贸易部门的规模。继续使用计量模型式（11.33）进行稳健性检验。估计时，所有模型均纳入全部控制变量，同时采用包含固定效应的异方差稳健标准误进行估计，具体结果如表 11-11 所示。从表 11-11 可以看出，用地区非规模关税进行衡量的贸易自由化指标与益贫式增长指数之间仍存在显著的正相关关系，但对全局收入不平等仍存在显著的负面影响。贸易自由化对家庭人均收入的益贫效应依然显著，说明基础回归模型中关于贸易自由化促进益贫式增长的结论是稳健的。从城乡劳动力市场分割对益贫式增长相关指数的影响方向和显著性看，城乡劳动力市场分割对地区收入纯增长效应的促进效应同样显著，与城镇全局收入不平等和减贫等值增长率之间依然存在显著的正相关关系，同样验证了劳动力市场分割对益贫式增长影响的结论是稳健的。从贸易自由化的益贫效应对比看，非规模关税对益贫式增长相关指数的促进效应明显低于规模关税，表明以贸易部门开放为表现的贸易自由化对益贫式增长的促进效应较低。如果单纯出台针对可贸易部门的贸易自由化政策，不能完全释放贸易自由化对益贫式增长的促进效应。全面开放和全行业的贸易自由化政策，能够显著提升贸易自由化的益贫效应，促进益贫式增长。

表 11 –11　　　　　　　　替代关键解释变量全样本回归结果

变量	城镇收入增长率（UING）		不平等指数（G）		减贫等值增长率（PEGR）	
	(1)	(2)	(3)	(4)	(5)	(6)
TTAF	-0.160*** (-10.784)	-0.560*** (-13.828)	0.088 (1.523)	0.144*** (2.702)	-0.030*** (-3.754)	-0.106*** (-2.770)
THEIL	0.182*** (5.293)	0.167* (1.768)	0.059 (0.414)	0.207* (1.936)	0.132 (1.437)	0.030*** (2.337)
控制变量	有	无	有	无	有	无
常数项	2.506*** (18.977)	6.620*** (35.945)	-0.767 (-1.592)	-0.710*** (-3.573)	0.611* (1.734)	-0.563*** (-3.032)
观察值	656	697	574	574	656	656
R^2	0.955	0.623	0.084	0.033	0.166	0.026
地区数	41	41	41	41	41	41

注：括号内数值为 t 统计量。***、* 分别表示在 1%、10% 的水平上显著。经检验，表中所有模型均可以采用包含固定效应的异方差稳健标准误进行估计。模型形式的 F 检验以及 Hausman 检验结果及对应的伴随概率备索。表中各计量方程均引入所有控制变量。鉴于控制变量符号及显著性与表 11 –8 至表 11 –10 中结果无明显差异，不再赘述。

2. 动态益贫效应

外向型经济中贸易自由化进程以及外商直接投资领域的开放对特定地区的益贫效应往往需要较长的时间才能体现出来。因此，外向型经济对长三角地区的益贫式增长相关指标可能存在跨期影响。此外，考虑到动态 GMM 方法是处理内生性问题的常用方法，并能够分析跨期变量之间的关系，本章进一步使用系统 GMM 和差分 GMM 对基础模型式（11.33）进行再检验。我们将当期的贸易自由化指标设定为严格外生变量，使用滞后 1 阶的益贫式增长相关指标作为工具变量，构建如下计量方程：

$$PRP_{it} = \alpha_0 + \alpha_1 \cdot PRP_{it-1} + \alpha_2 \cdot TLZ_{it} + \alpha_3 \cdot SEG_{it} + \sum \alpha_4 \cdot control_{it} + \zeta_{it}$$

$$(11.35)$$

其中，i、t 分别表示地区、年份，α_i 为估计系数，PRP_{it} 为家庭人均收入的益贫式增长相关指标，PRP_{it-1} 为因变量一阶滞后项，TLZ_{it} 为贸易自由化指标，SEG_{it} 仍为城乡劳动力市场分割指标，$control_{it}$ 为控制变量集合，ζ_{it} 为随机误差项，估计时采用异方差稳健两步法检验。

从动态面板模型适用性看，在各个动态面板计量模型估计中，差分 GMM 和系统 GMM 估计的一阶残差自相关检验值均显著，表明各个方程的残差项满足一阶自相关。进一步观察工具变量过度识别的萨甘（Sargan）检验结果，系统和差分 GMM 估计的萨甘检验结果的概率值均趋近于 1，均不能拒绝所有工具变量都有效的原假设，表明我们选取的工具变量并不存在过度识别问题，是有效而稳健的。动态面板数据回归结果显示，家庭人均收入的纯增长效应（G）、纯分配效应（KAW）以及减贫等值增长率均存在较强的滞后效应，滞后 1 期的益贫式增长指数会对当期的益贫式增长产生显著正影响。从系统 GMM 和普通固定效应回归结果对比看，动态面板模型设定与普通固定效应模型的估计结果在贸易自由化以及外商直接投资流入对长三角地区益贫式增长影响的估计系数和显著性相同。此外，劳动力市场分割对长三角地区益贫式增长影响的估计系数及显著性与普通 OLS 回归得到的估计结果之间同样并不存在显著差异。进一步考察贸易自由化对益贫式增长的动态影响，[①] 将式（11.33）改写为：

$$PRP_{it} = \alpha_0 \cdot \sum_{j=0}^{t-1} \alpha_1^j + \alpha_1^t \cdot PRP_{i0} + \alpha_2 \cdot \sum_{j=0}^{t-1} \alpha_1^j \cdot TLZ_{it-j} + \alpha_3 \cdot \sum_{j=0}^{t-1} \alpha_1^j \cdot FDI_{it-j}$$
$$+ \alpha_4 \cdot \sum_{j=0}^{t-1} \alpha_1^j \cdot SEG_{it} + \sum_{j=0}^{t-1} \alpha_1^j \cdot \zeta_{it-j} \tag{11.36}$$

其中，j 表示滞后期。表 11-12 的估计结果显示，益贫式增长的 1 阶自回归估计系数绝对值 α_1 均值小于 1，$\sum \alpha_1^j = 1/(1-\alpha_1) > 0$，式（11.36）有稳定解。稳定条件下，跨期贸易自由化的动态益贫边际总效应可表示为 $\partial PRP_{it}/\partial TLZ_{it-j} = \alpha_2 \cdot \sum \alpha_1^j$，跨期外商直接投资对益贫式增长的动态边际总效应表示为 $\partial PRP_{it}/\partial FDI_{it-j} = \alpha_3 \cdot \sum \alpha_1^j$，跨期城乡劳动力市场分割对益贫式增长的动态边际总效应则表示为 $\partial PRP_{it}/\partial SEG_{it-j} = \alpha_4 \cdot \sum \alpha_1^j$。因此，贸易自由化、外商直接投资和劳动力市场分割的长期益贫效应取决于式（11.36）中的系数 α_2、α_3 和 α_4。动态面板模型的估计结果显示，贸易自由化和城乡劳动力市场分割对益贫式增长相关指标的估计系数符号及显著性均不存在差异，说明贸易自由化的益贫效应依然显著。外商直接投资对城镇居民可支配收入增长率、全局收入不平等依然存在显著的正向促进作用，但在全

---

① 此处忽略对控制变量长期益贫效应的考察，对最终结果无明显影响。

局收入不平等加剧的情况下，外商直接投资对益贫式增长的拉动幅度明显低于对城镇居民可支配收入的提升幅度。劳动力市场分割对益贫式增长的影响情况与外商直接投资流入的影响类似，尽管劳动力市场分割会提升城镇居民人均可支配收入，但同时会加剧城镇居民的收入不平等，从而使劳动力市场分割不利于外向型经济对长三角地区益贫式增长效应的充分发挥。

表 11 - 12　　　　　　　　　　全样本动态面板回归结果

变量	城镇收入增长率（UING）		不平等指数（G）		减贫等值增长率（PEGR）	
	差分 GMM	系统 GMM	差分 GMM	系统 GMM	差分 GMM	系统 GMM
PRP（-1）	0.957 *** (140.188)	0.951 *** (156.015)	0.209 *** (5.118)	0.118 *** (3.753)	0.018 *** (6.560)	0.018 *** (6.656)
TAF	-0.002 *** (-2.304)	-0.007 ** (-2.004)	0.194 *** (2.768)	0.186 *** (2.773)	-0.075 ** (-2.061)	-0.071 ** (-2.199)
FDI	0.003 *** (5.629)	0.005 *** (5.190)	0.036 *** (3.637)	0.006 *** (3.348)	0.042 *** (4.825)	0.025 *** (4.392)
THEIL	0.032 ** (2.057)	0.051 *** (3.575)	0.009 (0.053)	0.579 *** (4.844)	0.141 * (1.852)	0.195 *** (3.167)
控制变量	有	有	有	有	有	有
常数项	0.479 *** (10.103)	0.510 *** (12.830)	-0.628 ** (-2.397)	0.200 (1.041)	-0.335 (-1.313)	-0.115 (-0.601)
观察值	615	656	492	533	574	615
地区数	41	41	41	41	41	41
一阶残差自相关检验	-5.781 **	-6.228 **	-4.234 ***	-6.186 ***	-4.314 **	-6.493 **
萨根检验	33.184	37.517	38.844	38.451	34.220	35.791
伴随概率	1.000	1.000	1.000	1.000	1.000	1.000

注：括号内数值为 t 统计量。***、**、* 分别表示在 1%、5%、10% 的水平上显著。PRP（-1）表示因变量的一阶滞后项。贸易自由化使用地区规模关税指标。经检验，表中所有模型均可以采用包含固定效应的异方差稳健标准误进行估计。模型形式的 F 检验、Hausman 检验结果及对应的伴随概率备索。表中各计量方程均引入所有控制变量。本表同时报告残差自相关检验和萨甘工具变量过度识别检验结果。

3. 边际益贫效应

通过分析可以发现，以城乡劳动力市场分割为主要特征的要素市场分割会减弱外向型经济条件下贸易自由化和外商直接投资的益贫效应。这里通过引入劳动力市场分割和贸易自由化的交叉项进行检验。设定基础计量模型如下：

$$PRP_{it} = \gamma_0 + \gamma_1 TLZ_{it} + \gamma_2 TLZ_{it}SEG_{it} + \sum \gamma_3 control_{it} + \theta_i + \theta_t + \upsilon_{it}$$

$$PRP_{it} = \rho_0 + \rho_1 FDI_{it} + \rho_2 FDI_{it}SEG_{it} + \sum \rho_3 control_{it} + \theta_i + \theta_t + \upsilon_{it} \quad (11.37)$$

其中，i、t 分别表示地区、年份；γ_i 为估计系数；PRP_{it} 为家庭人均收入的益贫式增长相关指标，是核心因变量；TLZ_{it} 为贸易自由化指标；SEG_{it} 为劳动力市场分割指标；$TLZ_{it}SEG_{it}$ 为劳动力市场分割与贸易自由化的交乘项；FDI 为外商直接投资指标；SEG_{it} 为劳动力市场分割指标；$FDI_{it}SEG_{it}$ 为外商直接投资与劳动力市场分割的交乘项；$control_{it}$ 为一组地级市层面的控制变量集合；λ_i 和 λ_t 分别表示地区和年份控制变量。因此，贸易自由化对益贫式增长的边际效应改写为：

$$\partial PRP_{it}/\partial TLZ_{it} = \gamma_1 + \gamma_2 SEG_{it}$$

$$\partial PRP_{it}/\partial FDI_{it} = \rho_1 + \rho_2 SEG_{it} \quad (11.38)$$

由式（11.38）可知，此时贸易自由化的边际益贫效应取决于式（11.37）的估计系数 γ_1 和 γ_2。外商直接投资的边际益贫效应取决于式（11.37）的估计系数 ρ_1 和 ρ_2。从表 11-13 的估计结果看，在引入城乡劳动力市场分割与贸易自由化交乘项后，贸易自由化的益贫效应明显减弱。此外，值得关注的是，交乘项的估计系数在各计量模型中均显著为正。因此，我们发现，劳动力市场分割加剧会减弱贸易自由化对益贫式增长的边际促进作用。当城乡劳动力市场分割处于特定较高水平时，贸易自由化很可能会对益贫式增长的相关指数产生负面影响，这一点在贸易自由化对减贫等值增长率（PEGR）的边际影响中表现得更为突出。此外，在引入 FDI 与劳动力市场分割的交叉项之后，FDI 对城镇居民人均可支配收入以及益贫式增长的促进效应变得不再显著，并且 FDI 与劳动力市场分割的交乘项与减贫等值增长率 PEGR 之间存在显著的负相关关系，但与全局不平等指数（G）则存在显著的正相关关系，说明在城乡劳动力市场分割的影响下，FDI 对长三角地区城镇居民收入不平等的加剧作用被扩大了，甚至在城乡劳动力市场分割加剧的情况下，贸易自由化以及外商直接投资对益贫式增长的积极作用会出现逆转。从具体的系数估计值看，劳动力市场分割会逆转开放经济条件下贸易自由化和外商直接投资对益贫式增长的促进作用，这一结论也验证了命题 3 的分析。

表 11 - 13　　　　　　劳动力市场分割对贸易自由化益贫效应的边际影响

变量	城镇收入增长率（UING）		不平等指数（G）		减贫等值增长率（PEGR）	
	（1）	（2）	（3）	（4）	（5）	（6）
TAF	-0.118 *** (-4.139)		-0.348 *** (-3.367)		-0.200 *** (-2.605)	
THEIL × TAF	0.101 (0.984)		0.195 ** (2.231)		0.111 * (1.800)	
FDI		0.470 *** (24.372)		0.021 (1.152)		0.039 ** (2.211)
THEIL × FDI		-0.041 *** (-3.971)		-0.024 * (-1.853)		-0.004 *** (-5.470)
控制变量	有	有	有	有	有	有
常数项	10.688 *** (60.750)	5.160 *** (27.959)	0.362 ** (2.560)	-0.382 ** (-2.136)	0.330 *** (3.126)	-0.326 * (-1.876)
观察值	697	697	574	574	656	656
R^2	0.026	0.514	0.022	0.016	0.012	0.013
地区数	41	41	41	41	41	41

注：括号内数值为 t 统计量。*** 、 ** 、 * 分别表示在 1%、5%、10% 的水平上显著。贸易自由化变量为地区规模关税。经检验，表中所有模型均可以采用包含固定效应的异方差稳健标准误进行估计。

4. 地区差异

（1）沿海沿江与内陆地级市比较。将样本划分为沿海、沿江以及内陆地区进行分样本回归，利用式（11.37）进行实证检验，结果见表 11 - 14。

表 11 - 14　　　　劳动力市场分割条件下贸易自由化益贫效应的地区差异

因变量	变量	沿海城市	沿江城市	内陆城市
城镇收入增长率（UING）	TAF	-0.495 *** (-5.849)	-0.605 *** (-2.282)	0.282 (1.553)
	THEIL × TAF	1.653 * (1.918)	2.145 *** (2.914)	-0.505 ** (-2.143)
	FDI	0.605 *** (6.810)	0.273 *** (4.627)	0.397 *** (14.991)
	THEIL × FDI	-0.592 *** (-4.643)	-0.341 *** (-3.360)	0.043 (1.332)

续表

因变量	变量	沿海城市	沿江城市	内陆城市
不平等指数 （G）	TAF	-0.881*** （-2.946）	-1.312** （-2.559）	-0.505** （-2.231）
	THEIL × TAF	0.011 （0.009）	2.214** （2.347）	0.476 （1.347）
	FDI	0.124*** （3.943）	0.003*** （4.052）	0.051*** （2.537）
	THEIL × FDI	0.026*** （3.135）	0.258* （1.933）	-0.044 （-0.824）
减贫等值增长率 （PEGR）	TAF	-0.151*** （-2.212）	-0.086*** （-2.217）	-0.540** （-2.289）
	THEIL × TAF	0.078*** （3.028）	0.002** （2.004）	0.467 （1.269）
	FDI	0.196*** （4.280）	0.160*** （3.112）	0.034 （0.995）
	THEIL × FDI	-0.237*** （-3.532）	-0.041 （-0.486）	-0.040 （-0.716）
所有控制变量		有	有	有
观察值		128	176	308
地区数		8	11	22

注：括号内数值为 t 统计量。***、**、* 分别表示在 1%、5%、10% 的水平上显著。控制变量及模型回归方法同表 11-11。沿海城市包括上海、盐城、南通、苏州、嘉兴、绍兴、宁波、舟山、杭州、台州。沿江城市包括安庆、铜陵、芜湖、池州、马鞍山、南京、镇江、常州、无锡、苏州和上海。其余地级市为内陆城市。

从表 11-14 可以看出：其一，贸易自由化和外商直接投资对长三角地区沿海城市的益贫式增长相关指标均有显著的促进作用。劳动力市场分割与贸易自由化的交乘项对长三角地区沿海区域益贫式增长依然存在显著的正相关关系，而外商直接投资与城乡劳动力市场分割的交乘项对长三角地区沿海地级市的益贫式增长也存在较强的抑制作用。说明贸易自由化和外商直接投资会提升长三角地区沿海城市经济增长的益贫性，但沿海城市的城乡劳动力市场分割会弱化外向型经济对长三角地区沿海城市经济增长的益贫效应。其二，贸易自由化对沿江城市的益贫式增长同样存在较强的促进作用。劳动力市场分割会扩大沿江城市城镇家庭人均收入的不平等程度，从而不利于沿江城市的益贫式增长。外商直接投资对沿江城市地区的城镇居民可支配收入提升作用较强，但由于城乡劳动力市场分割的存在，外商直接投资对沿江地区的益贫式增长并没有发挥应有的积极作用。其三，贸易自由化和外商直接投资流入并没有表现出对内陆城市地区家庭人均收入纯增长效应的积极作用。而长三角地区内陆城市的城乡劳动力市场分割对地区益贫式增长的影响同样并不显著。上述分析表明，外向型经济环境下，贸易自由化和外商直接投资对长三角地区不同区位城市的益贫式增长有明显的差异化影响。城乡劳动力市场分割对沿海、沿江以及内陆城市地区的益贫式增长的影响同样存在差异性。在影响益贫式增长的进程中表现出显著的地区差异性，对外开放和要素市场化也呈现出明显的梯度性。总体而言，长三角地区的沿海城市能够利用较好的地理区位优势获得外向型经济的发展红利，但城乡劳动力市场分割的存在不利于开放条件下贸易自由化和外资投资便利化对本地益贫式增长绩效的充分发挥。随着贸易自由化的开放红利在长三角地区内部也呈现出边际效用递减的现象，此时，外向型经济的开放红利难以获得，作为阻碍劳动力自由竞争因素的城乡劳动力市场分割又会呈现出阻碍沿江或内陆城市益贫式增长的特征。

（2）发展水平接近地区比较。东、中、西部的分样本回归表明，贸易自由化具有梯度递减的现象。为了更好地对比长三角地区不同城市在外向型经济环境下，贸易自由化和外商直接投资影响益贫式增长的差异性，我们对经济发展水平比较接近的城市区域之间进行进一步的对比分析。将样本划分为六大类别：苏南地区，包括苏州、无锡、常州和南京；浙东南地区，包括杭州、湖州、嘉兴、绍兴、宁波、金华和台州；皖北地区，包括蚌埠、宿州、淮北、淮南、阜阳、亳州和滁州；苏北地区，包括盐城、淮安、宿迁、徐州和连云港。利用式（11.37）进行分析。

从表11-15的分析结果可以看出，首先，苏南地区和浙东南地区的内部比较表明，贸易自由化对苏南地区的益贫式增长有更强的促进作用，劳动力市场分割在苏南地区并不明显，但浙东南地区的城乡劳动力市场份额对贸易自由化的益贫效应存在一定的阻碍。与此同时，外商直接投资对苏南地区和浙东南地区的益贫式增长也存在显著的促进作用，但浙东南地区存在的城乡劳动力市场分割对外商直接投资流入的益贫效应起到负面的阻碍作用。其次，从皖北地区和苏北地区的比较可以看出，皖北地区贸易自由化的益贫式增长效应并不显著，城乡劳动力市场分割对皖北地区益贫式增长的阻碍作用也不显著。相反，外商直接投资对皖北地区的益贫式增长效应也强于苏北地区。可能的原因在于，外商直接投资更多地投向劳动密集型产业，而皖北地区的劳动力禀赋更高，从而会促进外商直接投资在该地区益贫式增长效应的发挥。而在苏北地区存在的城乡劳动力市场分割会显著降低外向型经济的益贫效应。最后，通过对比长三角地区省会城市和非省会城市的差异可以发现，外向型经济对省会城市益贫式增长的影响要显著强于非省会城市。在长三角区域内省会城市可能聚集并吸引更多的外商直接投资并形成相应的制造业集群，从而有利于充分发挥外向型经济的益贫效应。省会城市是一省政治、经济和文化的中心，不仅会吸引更多的劳动力流入，也会通过省份的辐射扩散效应促进产业集群以及省会周边地区的发展。因此，外向型经济在省会城市的益贫式增长效应更强。然而，我们同时发现，省会城市的城乡劳动力市场分割也对对外开放的益贫效应产生了负面影响，甚至会逆转外商直接投资的益贫式增长效应。

表 11 - 15　　　　劳动力市场分割条件下贸易自由化益贫效应的地区差异

变量	苏南地区	浙东南地区	皖北地区	苏北地区	非省会城市	省会城市
TAF	- 0. 285 *** (- 2. 424)	- 0. 714 *** (- 3. 589)	0. 070 (0. 480)	- 0. 723 ** (- 2. 414)	0. 188 (0. 568)	- 0. 216 *** (- 2. 713)
THEIL × TAF	0. 094 (0. 173)	0. 399 *** (3. 737)	- 0. 040 (- 0. 342)	0. 501 (1. 613)	- 0. 053 (- 0. 212)	0. 114 * (1. 776)
R^2	0. 006	0. 159	0. 003	0. 093	0. 006	0. 014
FDI	0. 318 ** (2. 618)	0. 015 *** (2. 285)	0. 115 *** (3. 664)	0. 096 * (1. 677)	0. 068 (0. 934)	0. 038 ** (2. 052)
THEIL × FDI	0. 006 (0. 092)	- 0. 065 *** (- 3. 964)	- 0. 042 *** (- 2. 752)	- 0. 081 * (- 1. 910)	- 0. 010 (- 0. 329)	- 0. 075 *** (- 4. 541)
R^2	0. 113	0. 132	0. 116	0. 082	0. 015	0. 013
所有控制变量	有	有	有	有	有	有
观察值	64	112	112	80	64	592
地区数	4	7	7	5	4	37

注：括号内数值为 t 统计量。***、**、*分别表示在 1%、5%、10%的水平上显著。控制变量及模型回归方法同表 11 - 11。

5. 基于再分配政策的分时段检验

由于样本时期跨度较长，有必要结合国家收入再分配政策进行稳健性分析，以考察不同政策时期贸易自由化和劳动力市场分割对益贫式增长影响的差异性。考虑到 2003 ~ 2019 年国家扶贫开发政策和扶贫战略的调整会对益贫式增长产生影响，为了更好地体现国家层面不同扶贫开发政策时期外向型经济对长三角地区益贫式增长影响的差异性，本部分增加了分时间段回归的模型稳健性检验，同时考虑不同时期国家再分配政策特别是扶贫开发政策的差异，依照政府再分配和扶贫开发政策划分时间段，以期对不同时期贸易自由化和劳动力市场分割对益贫式增长的影响进行稳健性分析。改革开放以来，扶贫开发作为国家层面收入再分配政策的综合体现，在减少农村贫困人口、提升低收入农户收入和生活水平、完善贫困地区基础设施以及推动贫困地区经济发展等领域取得显著成效，扶贫开发政策在中国益贫式增长进程中发挥着重要作用。因此，我们基于城市年鉴的样本时间区间，结合国家扶贫开发再分配政策的阶段性特征，将样本时期划分为以下两个时间段：2003～2012年为综合扶贫开发阶段，2013～2014年为精准扶贫阶段（武沁宇，2017），使用式（11.37）进行基于分时段再分配政策的稳健性分析。

从表11-16的回归结果可以看出，在本章设定的考察期样本时间段以及二阶段扶贫开发政策时期内，地区规模关税下降以及外商直接投资流入与减贫等值增长率之间存在显著的正相关关系，说明地区规模关税下降会促进居民收入的益贫式增长，即贸易自由化与益贫式增长之间存在显著的正相关关系。外商直接投资也能够促进长三角地区的益贫式增长，从而验证了前文实证分析结论的可信度。与此同时，城乡劳动力市场分割与地区规模关税的交叉项系数依然显著为正，表明不同扶贫开发政策实施时期内，城乡劳动力市场分割依然会阻碍贸易自由化益贫效应的发挥，这与前文的实证分析结果一致。劳动力市场分割与外商直接投资的交叉项系数依然显著为负，表明城乡劳动力市场分割也会对外商直接投资的益贫效应产生不利影响，再次证明前文的实证分析是稳健可信的。我们同时发现，对比扶贫开发政策实施的不同时期，贸易自由化以及外商直接投资对益贫式增长的影响幅度存在一定差异。在精准扶贫阶段，外向型经济中贸易自由化和外商直接投资对长三角地区益贫式增长的促进效应更强，城乡劳动力市场分割的负面影响效应更弱。由于将精准扶贫作为新时期国家扶贫开发战略的重要调整，我国在脱贫攻坚事业进入精准扶贫阶段制定了目标明确、对象清晰、措施具体、时限倒排的扶贫开发国家战略。长三角地区，尤其是苏北、浙西和皖北等落后区域先后出现大量的扶贫资产投资的产业扶贫项目，其中很多产品扶贫项目都涉及产品出口和多元化的资本投入。此外，在该时期，更多的精准扶贫资金开始投入贫困户和低收入群体的民生和医疗保障等领域，更多的当地就业政策和劳动力转移的就业扶持政策开始实施。因此，精准扶贫阶段，在国家和地方层面密集的再分配政策和扶贫政策的影响下，贸易自由化和外商直接投资呈现出更强的益贫性。尽管不同扶贫政策实施期间，城乡劳动力市场分割依然存在阻碍贸易自由化益贫效应发挥的负面影响，但在精准扶贫时期，城乡劳动力市场分割对外向型经济环境下长三角地区益贫式增长的负面影响幅度也是整个考察期内最小的。

表 11-16 基于扶贫开发再分配政策的分时段稳健性检验

变量	综合扶贫开发阶段 （2003~2012 年）		精准扶贫阶段 （2013~2019 年）	
减贫等值增长率	（1）	（2）	（3）	（4）
TAF	-0.390 *** （-6.423）		-1.109 *** （-4.469）	
THEIL × *TAF*	0.391 * （1.717）		0.159 *** （5.002）	
FDI		0.102 *** （2.955）		0.058 *** （3.198）
THEIL × *FDI*		-0.015 *** （-4.447）		-0.042 *** （-4.726）
常数项	0.385 *** （3.946）	-1.018 *** （-3.451）	0.257 ** （2.511）	-0.278 *** （-5.520）
R^2	0.012	0.048	0.095	0.085
所有控制变量	有	有	有	有
观察值	369	369	287	287
地区数	41	41	41	41

注：括号内数值为 t 统计量。*** 、** 、* 分别表示在 1% 、5% 、10% 的水平上显著。按照国家扶贫开发政策（再分配政策）不同阶段对应的时间段，设定 2001~2013 年为综合扶贫开发阶段，2012~2017 年为精准扶贫阶段，关于扶贫政策的阶段性划分依据参考武沁宇（2017）的研究。控制变量选取及模型回归方法同表 11-8。

六、本章小结

（一）主要结论

本章首先构建了三部门一般均衡分析框架，理论阐释了以贸易自由化和外商直接投资为代表的外向型经济对长三角地区益贫式增长的影响。在纳入城乡劳动力市场分割因素的情况下，分析劳动力市场分割对外向型经济中长三角地区城市层面益贫式增长的影响机制。以长三角地区 41 个地级市 2003～2019 年的面板数据为分析样本，利用第五章使用的益贫式增长指数测度方法和益贫式增长相关测度指标作为本章益贫式增长的核心因变量，实证检验贸易自由化和外商直接投资对长三角地区益贫式增长相关指标的影响。同时，本章从影响区域劳动力要素流动的制度层面，分析长三角区域内城乡劳动力市场分割对贸易和外商直接投资益贫效应的可能影响，为推动长三角地区益贫式增长提供开放经济视角下的经验证据，并为提升长三角地区益贫式增长绩效提供施政参考。本章的主要结论如下。

1. 外向型经济助力长三角地区益贫式增长

出口导向的开放经济环境为长三角地区的经济增长和社会福利提升提供了重要推动力。外向型经济也是长三角地区经济发展的主要模式。在益贫式增长的实现路径中，外向型经济是长三角地区益贫式增长的重要推动力量之一。本章的研究从理论和实证两个方面验证了上述结论。对外贸易对长三角区域经济增长产生了重要的促进作用，贸易投资便利化对长三角地区的益贫式增长也起到了积极影响。贸易自由化能够同时通过提升城镇居民可支配收入和改善城镇居民收入不平等两个渠道实现长三角地区的益贫式增长。同时，外商直接投资的流入对城镇居民收入的促进作用明显，但也在一定程度上加剧了城镇居民的收入不平等。因此，外商直接投资流入在提升长三角地区当地城镇居民收入的同时，也会扩大城乡居民之间的收入差距，加剧收入不平等。但从本章的具体影响程度和作用机制看，外商直接投资流入对长三角地区城镇居民可支配收入的提升作用幅度要高于对全局收入不平等的拉动幅度。因此，从最终结果看，长三角地区的外商直接投资仍然对益贫式增长存在着显著的正向促进作用。

2. 劳动力市场分割阻碍益贫效应发挥

城乡劳动力市场分割加剧会削弱贸易自由化的益贫性，甚至逆转贸易自由化的益贫效应。本章的分析表明：贸易部门开放的贸易自由化对益贫式增长的促进效应较低。因此，单纯出台针对可贸易部门的贸易自由化政策，并不能完全释放贸易自由化对益贫式增长的促进效应。城乡劳动力市场分割同样会阻碍外商直接投资流入对长三角地区益贫式增长的积极影响。值得一提的是，目前，长三角地区的城乡劳动力市场分割并未达到阻碍经济增长的程度，以城乡居民收入不平等衡量的劳动力市场分割表现出较明显的"效率"倾向，在一定程度上有利于维持国内地区之间劳动力竞争效率的差异，能够促进居民收入增长。劳动力市场分割对收入益贫式增长中的城镇居民全局收入不平等指数有显著正面影响。这说明,城乡劳动力市场分割会加剧长三角地区城镇居民的收入不平等,降低居民收入分配的"公平"绩效,不利于经济增长红利在不同收入阶层之间的公平分配。因此,城乡劳动力市场分割对经济效率的提升效应在收入不平等加剧的情况下显著下降,导致劳动力市场分割对益贫式增长的作用幅度低于城镇居民人均可支配收入的影响。上述结论部分则充分表明了城乡劳动力市场分割对外向型经济益贫式增长效应发挥的负面影响。

3. 空间区位因素影响的益贫效应差异

在分样本回归中,本章还发现贸易自由化和外商直接投资的益贫效应在长三角地区区域间存在较大的差异性。外向型经济环境下,贸易自由化和外商直接投资对长三角地区不同区位城市的益贫式增长有明显的差异化影响。城乡劳动力市场分割对沿海、沿江以及内陆城市地区益贫式增长的影响同样存在差异性。在影响益贫式增长的进程中表现出显著的地区差异性,对外开放和要素市场化也呈现出明显的梯度性。总体而言,长三角地区的沿海城市能够利用较好的地理区位优势获得外向型经济的发展红利,但城乡劳动力市场分割的存在不利于开放条件下贸易自由化和外资投资便利化对本地益贫式增长绩效的充分发挥。贸易自由化的开放红利在长三角地区内部呈现出边际效用递减的现象,此时,外向型经济的开放红利难以获得,作为阻碍劳动力自由竞争因素的城乡劳动力市场分割又会呈现出阻碍沿江或内陆城市益贫式增长的特征。与此同时,即便经济发展水平相近的地区之间,贸易自由化和外商直接投资的益贫式增长效应也存在较大的差异。地区产业结构、发展模式、开放程度以及劳动力市场分割的差异均会影响外向型经济益贫效应的发挥。由于长三角地区内部区域经济发展的不平衡,沿海地区和省会城市能够获得更多的外商直接投资流入,私人部门经济发展水平更高,贸易自由化的外向型经济红利能够更好地促进长三角地区沿海地区和省会城市的益贫式增长。

(二) 政策建议

1. 持续扩大开放程度

改革开放推动了长三角地区的经济增长。贸易自由化提升了中国益贫式增长的绩效。党的十九大报告指出,我国社会主要矛盾已经转化为人民日益增长的美好生活需要和不平衡不充分的发展之间的矛盾。如何实现贸易自由化条件下的益贫式增长和开放红利人民共享的政策举措呼之欲出。长三角地区是中国经济最具活力的地区之一。尽管长三角城市群率先利用对外开放的政策红利实现了经济高速增长，同时也促进了益贫式增长，但长三角区域内部不同地区之间贸易自由化、劳动力市场分割对益贫式增长影响的差异性也值得关注。同等发展程度城市之间的城乡劳动力市场分割对贸易益贫效应的影响也存在差异性。尽管贸易自由化给长三角地区带来居民收入和福利水平的提升，但由于国内劳动力市场的统一远未完成，区域性、产业性和制度性的劳动力市场分割显著已经成为长三角地区经济实现平衡和充分发展的阻碍。因此，仍需进一步持续扩大长三角地区的对外开放程度，大力推进制度型开放和要素市场化进程。2008 年全球金融危机对长三角区域外向型经济发展造成较大影响。2018 年，美国挑起对中国的贸易摩擦，大幅度提高针对中国商品和服务的关税与非关税贸易壁垒，对长三角地区进出口贸易和服务贸易均产生不利影响。此外，2019 年底暴发的新冠疫情对全球供应链和价值链产生严重冲击。2019 年末发布了《中共中央 国务院关于推进贸易高质量发展的指导意见》，2020 年 5 月 14 日中央政治局常务委员会会议提出，充分发挥我国超大规模市场优势和内需潜力，构建国内国际双循环相互促进的新发展格局。上述政策的提出是中共中央应对全球经济复苏前景不清晰、结合我国新发展阶段所提出的针对性政策举措。然而，从本章的研究结论看，长三角地区固有的外向型经济基础和参与全球价值链分工的优势并未发生根本性转变。贸易自由化和对外开放依然是长三角区域经济增长的重要引擎，也是推动长三角地区共享发展的关键环节。因此，现代化建设阶段，长三角地区仍应充分利用贸易自由化和投资便利化的制度红利，坚持创新驱动引领，打造自主可控、功能完备的长三角地区制造业产业链体系，更好发挥新时代长三角地区作为中国经济增长核心驱动的新优势，从而进一步提升长三角地区的益贫式增长成效。

2. 提升招商引资质量

本章的研究肯定了外商直接投资对长三角地区益贫式增长的积极影响。但本章的研究发现，外商直接投资在推动城镇居民可支配收入提升的同时也会促使城镇居民全局收入不平等的加剧。因此，单纯依赖招商引资和外商资本注入推动益贫式增长的模式存在疑问，但不能因为外商直接投资流入可能造成的收入不平等加剧而否定其对长三角地区经济社会发展的积极影响。事实上，外资对地区经济发展的重要作用也已得到大量研究的充分证明，不能单由外商直接投资扩大收入不平等单一维度就全盘否定外资对于长三角地区经济社会发展的重要积极作用。因此，仍应进一步提升长三角地区的招商引资质量。加强对先进制造业、高科技技术产业以及现代生产性服务业企业的招引力度。逐步扩大长三角地区的服务贸易市场，鼓励更多的外资企业进入长三角地区的服务领域，加大在金融、信息、科技、教育以及医疗与社会保障等领域外商直接投资的吸引力度，从而更为有效地发挥外商直接投资对长三角地区居民社会福利提升的积极作用。同时，在长三角区域内先发展地区与后发展地区之间构建完备的外商招引目录和"负面清单"。推进长三角区域内先发展地区"雁阵式"转移劳动密集型和传统加工贸易型制造业进入区域内后发展地区，先发展地区则应聚焦全球"头部企业"和创新型企业，重点招引具有行业创新和引领性优势的"总部经济"入驻先发展地区，从而建立起长三角区域内内资外资协同、高附加值与低附加值产业联动、制造业门类齐全的全产业链和供应链格局。在加大非污染性外商直接投资企业招引力度的同时，鼓励更多产业链条较长、具有产业协调发展优势以及产业溢出效应的制造业企业进驻长三角地区，促进外资全产业链的转移、长三角区域全域布局，推动长三角地区技能劳动力和熟练劳动力与外商资本的深度融合，提升外资对于长三角地区人力资本、技能劳动力和普通劳动力的就业和增收效能，切实促进长三角地区的益贫式增长。

3. 消除要素市场分割

外向型经济环境中，长三角地区的经济发展和城市化发展取得了显著成效。服务业占比、私人部门经济在东部沿海地区同样处于较高水平。从本章的分析结论看，城乡劳动力市场分割会阻碍贸易与投资便利化的益贫式增长效应。由第九章和第十章的研究结论亦可以看出，随着长三角一体化和长三角区域扩容进程的加快，省域间劳动力要素自由流动的制度性"堵点"逐步破除。目前，劳动力流动呈现出局部近距离小范围"流动"的集聚新特征，从以往单纯流向上海、杭州等长三角超大规模城市，转为流向省会、区域经济中心。不同于资本和土地要素，从要素流动灵活性来看，劳动力要素"用脚投票"最能体现区域经济发展的潜力和城市吸引力，也是决定城市经济未来发展空间的重要内生因素。长三角区域目前在人才招引、城乡劳动力流动、农民工市民化等方面仍存在不足。例如，2019~2021年，在宁沪杭兴起的各地"抢人大战"、长三角区域内城乡社会保障体系不健全以及城乡接合部"失地"农民"进城"的社会成本较高等问题依然存在。针对上述问题，长三角地区仍应着力消除城乡之间劳动力要素的流动限制，推动区域劳动力和资本要素的自由流动，建立健全区域内完备的统一劳动力要素市场，进一步促进劳动力在城乡和地区之间的自由流动，更为充分地发挥外向型经济对长三角地区益贫式增长的积极作用。

4. 构建共建共享格局

本章研究认为，服务业是吸纳城乡劳动力就业的主要部门，诚如第八章中关于产业智能化影响技能劳动力与非技能劳动力收入差距的研究结论。应当说，随着城市劳动生产率的提升，大量农村劳动力流入城市主要从事生产性、生活性服务业工作。在流入非技能劳动力与本地高技能劳动力就业部门差异和就业替代弹性较低的条件下，技术进步并不会对非技能劳动力收入产生明显的抑制作用。相反，集聚经济的城市"虹吸效应"实际上会强化城市地区就业技能差异化劳动力的技能互补。本章的研究同样说明，城镇服务业发展在吸纳更多低技能农村转移劳动力就业的同时，也提升了低技能劳动力的收入水平，促进了益贫式增长，让城市经济社会发展红利更好地辐射全体民众。应持续加大政府对民生和社会保障领域的资金投入，消除城乡公共服务领域的差距，促进公共服务的城乡均等化，加大医疗、教育、基础设施等社会保障资源在城乡的均衡分布，促进农村地区人力资本生产力的提升，保障低收入阶层获得更多就业与更高收入的机会等举措，均会对长三角地区益贫式增长产生积极作用。与此同时，本章的研究结论也说明，随着长三角地区的经济发展，更多的就业机会将集中在非垄断部门的中小企业。因此，私人部门的发展仍是长三角地区中小企业带动就业、促进益贫式增长的最好论据。私营经济是社会主义市场经济体制的重要组成部分，更是吸纳劳动力就业的重要部门。以共享发展推进中国式现代化进程，全体人民共同富裕的现代化是应有之义，也是体现"共建共享"发展新格局的关键环节。因此，应优化项目创新生态、大力扶持科技孵化基地成长和高端人才创新创业。深入推进长三角区域创新制度环境一体化建设，依托"双创"载体，外引内联，积极探索抱团创新、借力创新等开放式创新模式，培育打造众创、众包、众扶、众筹支撑平台。鼓励设立长三角区域创投基金、科技创新中心，大力发展创客空间和专业化众创空间，重点扶持一批创业孵化、创业辅导、公共服务平台。全力构建长三角地区创新驱动引领、多产业部门协同联动、多元社会主体共同参与的"共建共享共治"的现代化发展新格局。

附录 A　模型对数线性化

对第四节部门模型系统式（11.1）至式（11.4）、式（11.9）、式（11.10）以及式（11.18）进行稳态附近的对数线性化处理。

1. 劳动力市场分割

$$W_L = W_H^\alpha C^\beta \tag{A.1}$$

$$\tilde{w}_L = \alpha \tilde{w}_H + \beta \tilde{g} \tag{A.2}$$

2. 要素市场均衡

$$W_A a_{L1} + D a_{D1} = 1 \qquad (A.3)$$

$$a_{L1} \bar{W}_A \tilde{w}_A + a_{D1} \bar{D} \tilde{d} = 0 \qquad (A.4)$$

$$W_H a_{H2} + R a_{K2} = P_2 \qquad (A.5)$$

$$a_{H2} \bar{W}_H \tilde{w}_H + a_{K2} \bar{R} \tilde{r} = \bar{P}_2 \tilde{p}_2 \qquad (A.6)$$

$$W_L a_{L3} + R a_{K3} = P_3^* \qquad (A.7)$$

$$a_{L3} \bar{W}_L \tilde{w}_L + a_{K3} \bar{R} \tilde{r} = \bar{P}_3^* \tilde{p}_3^* \qquad (A.8)$$

3. 社会福利水平与收入增长的益贫性

$$U_L = W_L^A = (W_A \varphi_{L1} + W_L \varphi_{L3}) \qquad (A.9)$$

$$\bar{W}_L^A \tilde{w}_L^A = (\varphi_{L1} \bar{W}_A \tilde{w}_A + \varphi_{L3} \bar{W}_L \tilde{w}_L) \qquad (A.10)$$

$$U_A = W^A = (W_A \varphi_{L1} + W_L \varphi_{L3} + W_H \varphi_{H2}) \qquad (A.11)$$

$$\bar{W}^A \tilde{w}^A = (\varphi_{L1} \bar{W}_A \tilde{w}_A + \varphi_{L3} \bar{W}_L \tilde{w}_L + \varphi_{H2} \bar{W}_H \tilde{w}_H) \qquad (A.12)$$

$$PRO = \frac{W_L \varphi_{L3} + W_H \varphi_{H2}}{W_A \varphi_{L1} + W_L \varphi_{L3} + W_H \varphi_{H2}} \qquad (A.13)$$

$$p\tilde{r}o = \frac{\varphi_{L3}(1 - \bar{PRO}\bar{W}_L)\tilde{w}_L + \varphi_{H2}(1 - \bar{PRO}\bar{W}_H)\tilde{w}_H + (-1)\varphi_{L1}\bar{PRO}\bar{W}_A \tilde{w}_A}{\bar{PRO}(\varphi_{L1}\bar{W}_A + \varphi_{L3}\bar{W}_L + \varphi_{H2}\bar{W}_H)} \qquad (A.14)$$

其中，式（A.2）、式（A.4）、式（A.6）、式（A.8）、式（A.10）、式（A.12）、式（A.14）表示对数线性化处理后的方程。

附录 B　三部门厂商的生产均衡条件

对式（11.11）的对数线性化涉及三个生产部门的要素供求均衡条件，假设三部门生产函数均为科布 – 道格拉斯生产函数[①]。农业部门需求土地和农业劳动力两种要素，低技术制造业部门需求资本和低技能劳动力要素，高技术制造业部门则需求资本和高技能劳动力生产要素。因此，在三部门利润最大化条件下的部门均衡条件为：

部门 1：

$$\frac{S_{FL}^1}{S_{LF}^1} \frac{F}{\varphi_{L1} L} = \frac{\varphi_{L1} W_A}{D} \qquad (B.1)$$

---

① 一般均衡模型中较常用的生产函数形式主要有科布 – 道格拉斯生产函数和里昂惕夫生产函数。假设三部门生产中规模报酬不变，本章选择科布 – 道格拉斯生产函数作为三个部门生产函数形式，能够保证边际技术替代率和要素替代弹性不变。此外，选择其他类型生产函数形式也并不影响模型最终结果。

部门 2：

$$\frac{S_{KL}^2}{S_{LK}^2}\frac{\varphi_{K2}K}{\varphi_{L2}L}=\frac{\varphi_{L2}W_L}{R} \tag{B.2}$$

部门 3：

$$\frac{S_{KH}^3}{S_{HK}^3}\frac{\varphi_{K3}K}{H}=\frac{W_H}{R} \tag{B.3}$$

其中，S_{ij}^k 表示部门 k 中两个生产要素的替代弹性。φ_{jk} 表示部门 k 中，第 j 种要素的投入比例。将式（A.13）、式（A.14）、式（B.1）、式（B.2）代入正文的要素约束条件模型式（11.11）中，可得：

部门 1：

$$F=\frac{S_{LF}^1}{S_{FL}^1}\frac{W_A}{D}L \tag{B.4}$$

部门 2：

$$L=\frac{S_{KL}^2}{S_{LK}^2}\frac{R}{W_L}\varphi_{K2}K \tag{B.5}$$

部门 3：

$$H=\frac{S_{KH}^3}{S_{HK}^3}\frac{R}{W_H}\varphi_{K3}K \tag{B.6}$$

附录 C 稳态附近的动态经济系统

将三部门厂商均衡条件式（B.4）和式（B.5）代入产品市场均衡条件(a_{L1}/a_{D1}) $F+(a_{L3}/a_{K3})[K-(a_{K2}/a_{H2})H]=L$，可得：

$$\frac{a_{L1}}{a_{D1}}\frac{S_{LF}^1}{S_{FL}^1}\frac{W_A}{D}\frac{S_{KL}^2}{S_{LK}^2}\frac{R}{W_L}\varphi_{K2}K+(-1)\frac{S_{KL}^2}{S_{LK}^2}\frac{R}{W_L}\varphi_{K2}K+(-1)\frac{a_{L3}}{a_{K3}}\frac{a_{K2}}{a_{H2}}\frac{S_{KH}^3}{S_{HK}^3}\frac{R}{W_H}\varphi_{K3}K=-\frac{a_{L3}}{a_{K3}}K \tag{C.1}$$

定义：

$$\Psi=\frac{a_{L1}}{a_{D1}}\frac{S_{LF}^1}{S_{FL}^1}\frac{S_{KL}^2}{S_{LK}^2}\varphi_{K2},\Phi=(-1)\frac{S_{KL}^2}{S_{LK}^2}\varphi_{K2},\Theta=(-1)\frac{a_{L3}}{a_{K3}}\frac{a_{K2}}{a_{H2}}\frac{S_{KH}^3}{S_{HK}^3}\varphi_{K3},\Pi=-\frac{a_{L3}}{a_{K3}}$$

于是式（C.1）改写为：

$$\Psi \frac{W_A}{D} \frac{R}{W_L} K + \Phi \frac{R}{W_L} K + \Theta \frac{R}{W_H} K = \Pi K \qquad (\text{C.2})$$

对式（C.2）进行对数线性化处理，可得：

$$\Psi \frac{\overline{W}_A}{\overline{D}} \frac{\overline{R}}{\overline{W}_L} \overline{K} (\tilde{w}_A + \tilde{r} + \tilde{k} - \tilde{d} - \tilde{w}_L) + \Phi \frac{\overline{R}}{\overline{W}_L} \overline{K} (\tilde{r} + \tilde{k} - \tilde{w}_L)$$

$$+ \Theta \frac{\overline{R}}{\overline{W}_H} \overline{K} (\tilde{r} + \tilde{k} - \tilde{w}_H) = \Pi \overline{K} \tilde{k} \qquad (\text{C.3})$$

由式（C.3）各项经进一步整理可得：

$$\Psi \frac{\overline{W}_A}{\overline{D}} \frac{\overline{R}}{\overline{W}_L} \overline{K} \tilde{w}_A > 0 \qquad (\text{C.4})$$

$$(-1) \Theta \frac{\overline{R}}{\overline{W}_H} \overline{K} \tilde{w}_H > 0 \qquad (\text{C.5})$$

$$(-1) \left(\Psi \frac{\overline{W}_A}{\overline{D}} \frac{\overline{R}}{\overline{W}_L} \overline{K} + \Phi \frac{\overline{R}}{\overline{W}_L} \overline{K} \right) \tilde{w}_L > 0 \qquad (\text{C.6})$$

$$\left(\Psi \frac{\overline{W}_A}{\overline{D}} \frac{\overline{R}}{\overline{W}_L} \overline{K} + \Phi \frac{\overline{R}}{\overline{W}_L} \overline{K} + \Theta \frac{\overline{R}}{\overline{W}_H} \overline{K} \right) \tilde{r} < 0 \qquad (\text{C.7})$$

$$(-1) \Psi \frac{\overline{W}_A}{\overline{D}} \frac{\overline{R}}{\overline{W}_L} \overline{K} \tilde{d} < 0 \qquad (\text{C.8})$$

$$\left[\Pi \overline{K} + (-1) \left(\Psi \frac{\overline{W}_A}{\overline{D}} \frac{\overline{R}}{\overline{W}_L} \overline{K} + \Phi \frac{\overline{R}}{\overline{W}_L} \overline{K} + \Theta \frac{\overline{R}}{\overline{W}_H} \overline{K} \right) \right] \tilde{k} < 0 \qquad (\text{C.9})$$

由附录对数线性化条件式（A.1）、式（A.4）、式（A.6）、式（A.8）以及产品市场均衡条件的对数线性化式（C.3），可将三部门的模型系统改写为如下矩阵形式：

$$\begin{bmatrix} \overline{W}_A a_{L1} & 0 & 0 & 0 & \overline{D} a_{D1} \\ 0 & \overline{W}_H a_{H2}/\overline{P}_2 & 0 & \overline{R} a_{K2}/\overline{P}_2 & 0 \\ 0 & 0 & \overline{W}_L a_{L3}/\overline{P}_3^* & \overline{R} a_{K3}/\overline{P}_3^* & 0 \\ 0 & -\alpha & 1 & 0 & 0 \\ A & B & C & E & N \end{bmatrix} \begin{bmatrix} \tilde{w}_A \\ \tilde{w}_H \\ \tilde{w}_L \\ \tilde{r} \\ \tilde{d} \end{bmatrix} = \begin{bmatrix} 0 \\ \tilde{p}_2 \\ \tilde{p}_3^* \\ \beta \tilde{g} \\ Q \tilde{k} \end{bmatrix} \qquad (\text{C.10})$$

其中，

$$A = \Psi \frac{\overline{W}_A}{\overline{D}} \frac{\overline{R}}{\overline{W}_L} \overline{K} > 0$$

$$B = （-1）\Theta \frac{\bar{R}}{\bar{W}_H} \bar{K} > 0$$

$$C = （-1）\left(\Psi \frac{\bar{W}_A}{\bar{D}} \frac{\bar{R}}{\bar{W}_L} \bar{K} + \Phi \frac{\bar{R}}{\bar{W}_L} \bar{K} \right) > 0$$

$$E = \left(\Psi \frac{\bar{W}_A}{\bar{D}} \frac{\bar{R}}{\bar{W}_L} \bar{K} + \Phi \frac{\bar{R}}{\bar{W}_L} \bar{K} + \Theta \frac{\bar{R}}{\bar{W}_H} \bar{K} \right) < 0$$

$$N = （-1）\Psi \frac{\bar{W}_A}{\bar{D}} \frac{\bar{R}}{\bar{W}_L} \bar{K} < 0$$

$$Q = \Pi \bar{K} + （-1）\left(\Psi \frac{\bar{W}_A}{\bar{D}} \frac{\bar{R}}{\bar{W}_L} \bar{K} + \Phi \frac{\bar{R}}{\bar{W}_L} \bar{K} + \Theta \frac{\bar{R}}{\bar{W}_H} \bar{K} \right) < 0$$

因此，式（C.10）中系数矩阵的行列式值为：

$$\Delta = \frac{1}{\bar{P}_2 \bar{P}_3^*} \left[（\bar{R}\bar{W}_H a_{H2} a_{K3} - \alpha \bar{R}\bar{W}_L a_{K2} a_{L3}）（A\bar{D} a_{D1} - N\bar{W}_A a_{L1}）\right]$$

由于 $0 < \alpha < 1$，且 $0 < a_{K2}/a_{H2} < 1$、$0 < a_{L3}/a_{K3} < 1$，于是有 $\Delta > 0$，因此式（C.8）存在唯一解。求解式（C.10）的线性代数方程组，可得 $\tilde{w}_A$、$\tilde{w}_L$ 和 $\tilde{w}_H$ 关于贸易自由化参数 $\tilde{p}_2$、$\tilde{p}_3^*$ 和 $\tilde{k}$ 以及劳动力市场分割指标 $\tilde{g}$ 的函数，从而可得正文中各内生变量的唯一代数解。

第十二章

长三角地区共享发展的案例研究：
以宿迁为例[*]

一、引　言

　　本书前十一章基于益贫式增长的视角，从不同的角度研究了长三角地区实现共享发展的路径。共享发展理念的本质是坚持以人民为中心的发展思想，这同时也是中国特色社会主义现代化的基本立场。在实践中，建设社会主义现代化要遵循共享发展的理念，而社会主义现代化的建设目标也是共享发展理念的重要体现。江苏在全国属于发达省份，有条件率先实现现代化。但在江苏省内同样存在发展不平衡不充分的问题。江苏的现代化建设要走在前列，朝着共享发展的方向前进，基本前提是省内不同地区都能实现现代化。相对而言，先发展起来的苏南地区实现现代化的难度小、进度快，后发展的苏北地区实现现代化的难度相对大、进度也慢。因此，从共享发展的要求出发，以案例研究的方式讨论如何推动江苏的后发展地区通过现代化建设实现跨越发展具有重要的现实意义。2021 年 9 月 22 日，江苏省委、省政府研究出台了《关于支持宿迁"四化"同步集成改革推进现代化建设的意见》，这是江苏省委、省政府贯彻新发展理念，推动后发展地区跨越式发展、实现区域现代化的重要举措，也是长三角地区实践共享发展理念的最佳案例样本。

---

　　* 如无特别说明，本章数据均来自江苏及其各地级市统计年鉴。

（一）共享发展理念下中国式现代化建设要求与宿迁的跨越发展目标

《中共中央关于制定国民经济和社会发展第十四个五年规划和二〇三五年远景目标的建议》（以下简称《建议》）中多次提及"现代化"一词，明确提出到 2035 年基本实现社会主义现代化远景目标。党的十九届五中全会擘画的基本实现社会主义现代化远景目标中关于人民生活现代化的部分有：中等收入群体显著扩大，基本公共服务实现均等化，城乡区域发展差距和居民生活水平差距显著缩小。习近平在党的十九届六中全会上进一步明确提出"中国式现代化道路"这一重要论断。他将中国式现代化特点总结为五个方面：人口规模巨大的现代化，全体人民共同富裕的现代化，物质文明和精神文明相协调的现代化，人与自然和谐共生的现代化，走和平发展道路的现代化。[①] 这表明中国式的现代化既符合现代化的一般规律，也体现了进入新时代后中国特色社会主义的要求。符合现代化一般规律，指的是中国式现代化首先应建立在一定的经济社会发展水平上，这与全世界实现现代化的国家并无二致。体现中国特色社会主义要求的现代化，突出表现在中国式现代化是以人民为中心的现代化，是以促进人的全面发展、实现全体人民共同富裕为根本目标的现代化。因此，中国式的现代化，不仅要实现中华民族伟大复兴，还要追求人民幸福安康；不仅要实现物质生活丰富，还要追求精神生活富足；不仅要实现经济持续增长，还要追求生态和谐美丽。中国式现代化是全体人民共享发展的现代化。

在江苏的 13 个地级市中，宿迁市是最年轻的一个。1996 年，由 4 个省级贫困县（原县级宿迁市、泗阳县、沭阳县、泗洪县）组成了地级宿迁市。可以说，宿迁从建市之初就属于省内发展基础最弱、底子最薄的地级市，堪称江苏乃至整个长三角地区经济发展上的"洼地"。2020 年，习近平总书记视察江苏时提出了"争当表率、争做示范、走在前列"的现代化建设总要求，这是江苏必须肩负起的重大历史使命。如前所述，江苏的现代化建设要走在前列，需要省内不同地区都能实现现代化。宿迁作为江苏经济发展的"洼地"，能否实现跨越式发展对江苏的现代化建设至关重要，也是共享发展理念在江苏实践效果的重要体现。

（二）经济的现代化要求实现"四化"同步

2013 年习近平在十八届中央政治局第九次集体学习时的讲话中提出："我国现

---

① 习近平深刻阐释中国式现代化的五个重要特征 ［EB/OL］. 人民网，2022 - 09 - 19.

代化同西方发达国家有很大不同。西方发达国家是一个'串联式'的发展过程，工业化、城镇化、农业现代化、信息化顺序发展，发展到目前水平用了二百多年时间。我们要后来居上，把'失去的二百年'找回来，决定了我国发展必然是一个'并联式'的过程，工业化、信息化、城镇化、农业现代化是叠加发展的。"将经济现代化归纳为这四个领域，并突出并联式的"四化"同步，是中国式现代化的独特创造和经验（洪银兴，2022）。以"四化"同步为目标、以集成改革为手段推动宿迁实现跨越发展，是加快江苏全省现代化建设不可或缺的步骤。只有实现"四化"同步的目标，才有共享发展的基础。

如何理解"四化"同步？洪银兴（2018，2022）对此进行过深入的阐述。他认为，中国改革开放以来经济的快速发展以及产业结构的优化调整，已经证明我国以降低传统农业部门比重为标志的工业化、以农民进城为标志的城镇化都基本实现。"并联式"的"四化"在中国大地上取得了成功。

洪银兴（2022）认为，在中国改革开放的实践中，工业化与城镇化、农业现代化是同步推进的。西方发达国家的现代化是在200多年前以工业化起步的，其工业化以剥削农民为代价。它们是在实现工业化以后再来逐步解决农业农村问题，因而其整体的现代化需要漫长的过程。我国原先是农业大国，工业化和城市化是农业国实现现代化的必经过程，20世纪50年代的国家工业化从无到有，建立了独立的工业体系。大规模的工业化则发端于20世纪80年代，通过发展乡镇企业推进农村工业化。一般的工业化过程都在城市进行，中国的工业化则是在农村推进。工厂、企业办在农村城镇，或者以乡镇工业为基地新建城镇。从农业中转移出来的劳动力进入城镇的非农产业就业，创造了中国特色的城镇化道路。我国工业化与城镇化同步推进，反哺农业，没有出现西方国家当年工业化时产生的农业和农村凋敝的现象。同步发展农村小城镇，创造了农业剩余劳动力转移到城镇的城镇化道路。然后发展外向型经济，大举引进外商直接投资，企业与外商合资合作，工业化进入质的提升阶段。这一过程对城镇化的带动作用也非常明显：一方面，吸引外资的开发区基本上都是建在当时的农村，是地域的城市化；另一方面，开放地区及城市工业迅猛发展，离土不离乡的农业剩余劳动力开始离土又离乡，进入沿海和发达地区，开始了城市化进程。同时，城镇的乡镇企业也在与外商合资合作及改制中脱去"乡镇"的外衣。显然，工业化、城镇化和农业现代化"并联"推进，不仅在较短时期内实现了工业化，而且明显加快了城镇化进程，同时促进了农业发展。据《中国统计年鉴（2012）》数据，2011年，国内农业增加值占GDP的比重降到10%，这标志着中国已经由农业国转变为工业国。与此同时，城镇化同步发展，2011年的城镇化率达到51.27%。工业化和城镇化促进了农村繁荣，农业剩余劳动力转移，农民富裕了起来。

在改革开放的实践中，工业化和信息化是融合发展的。西方发达国家是从第一次和第二次产业革命先后开始推进工业化的。从20世纪70年代初开始出现以微电子技术、生物工程技术、新型材料技术为标志的新技术革命，简称为信息化。因此，西方发达国家是在已经完成了工业化后进入信息化阶段的。许多发展中国家进入工业化阶段，通常的逻辑是追随发达国家，先工业化、后信息化，结果是不但跟不上发达国家，距离还在进一步扩大。我国的工业化起步较晚，但在工业化还没有完成时就赶上了信息化的浪潮。在此背景下，我国的现代化紧紧抓住了信息化的机会，不走西方国家先工业化、后信息化的老路。党的十五届五中全会明确提出：以信息化带动工业化，发挥后发优势，实现社会生产力跨越式发展。党的十六大提出：以信息化带动工业化，以工业化促进信息化。党的十七大提出：大力推进信息化与工业化融合。党的十八大提出：促进工业化、信息化、城镇化、农业现代化同步发展。推动信息化和工业化深度融合是党的十八大作出的一个重要战略部署。进入新时代后，工业现代化和信息化融合发展，以信息化推动工业化，使工业等产业的技术基础发生革命性变化。例如，一般的工业化都会经历重化工业阶段，这个阶段具有高消耗、高污染的特征，信息化则可能跨越这个高消耗、高排放的阶段。现阶段的信息化已经发展到移动互联网化阶段。移动互联网广泛应用，"互联网＋"平台不仅创新了新产业，而且使许多传统产业部门一跃进入现代产业体系。我国制造业水平不断提升，与发达国家的距离明显缩短，很大程度上要归功于信息化的带动（洪银兴，2022）。

党的十九大及十九届五中全会进一步要求，到2035年基本实现现代化远景目标，基本实现新型工业化、信息化、城镇化、农业现代化。新时代推进的现代化需要继续坚持走"四化"同步的道路，同时必须准确把握工业化、信息化、城镇化、农业现代化在新时代的新内容。洪银兴（2020）认为，新型工业化是以建设制造业强国为目标。我国已经成为制造业大国，传统意义上的降低农业比重的工业化任务在全面小康社会建设阶段已经基本完成。根据党的十九届五中全会要求，工业化的目标是"坚定不移建设制造强国"，即由制造业大国向制造业强国进阶，主要涉及三个方面：一是工业转向低消耗、低排放的绿色化；二是产业基础高级化，即在机械化基础上向信息化和智能化发展，发展高端制造业，由"世界工厂"发展为世界高技术研发中心；三是产业链现代化，产业迈上全球价值链中高端。信息化以建设网络强国、数字中国为目标。智能化、大数据、云计算、物联网等新技术不断涌现；信息网络技术和服务成为经济发展的主要推动力，使各个产业的技术基础发生革命性变化。这正是现在我国所面临的现代化关口。中国特色社会主义现代化不仅要求发展新一代的信息技术和信息产业，还要求推动互联网、大数据、人工智能和实体经济深度融合。现代工业和服务业以新一代信息技术和智能化为支撑，以信息化推动产业创新，通过信息技术对传统产业进行升级改造。城镇化以城镇城市化为目标。中国已有的城镇化基本上属于农民进城的城镇化，现在这一意义上的城镇化已经基本到位，未来，我们需要根据以人为核心的城镇化要求，推进农业转移人口的市民化。现有的大中城市无力解决数量巨大的农业转移人口的市民化，可行的路径是农业转移人口进入当地城镇实现市民化，这就提出了城镇城市化的要求——增强小城镇产业发展、公共服务、吸纳就业、人口集聚的城市功能。城市是现代化的中心和策源地，是科技和文化的创新中心，是人流、物流、信息流和资金流的集聚地，同时也是周边农村现代要素的集散地，因此可以将其现代化势头和要素推向农村，带动农村的现代化。农业农村现代化以发展现代农业为目标。《建议》指出，"优先发展农业农村，全面推进乡村振兴""加快农业农村现代化"。按此要求，农业农村现代化有两个理念转变。一是改变农业发展范式，即由农产品"数量剩余"范式转向"品质和附加值"范式，涉及农产品的品种优化、品质提升，以及农业全产业链中的产品附加值提升，由此构建与居民消费快速升级相适应的高质高效的现代化农业产业体系。这种发展范式下的农业可能改变自身的弱势地位。二是改变发展农业农村的路径。新时代的农业农村现代化一改过去依靠农业农村外部的发展动力（以非农化发展农业，以城镇化发展农村，以农业劳动力转移富裕农民），而是直面农业和农村，构建现代农业产业体系、生产体系、经营体系。可见，在深入贯彻新发展理念的前提下，"四化"被赋予了新的时代内涵。"四化"同步是实现共享发展的必然要求。

正是在这样的前提下，江苏省委、省政府将"四化"同步作为了江苏后发展地区跨越发展，实现省内协调发展、共享发展的重要路径。

本章以宿迁建设"四化"同步集成改革示范区为主题，开展了系统的调查研究，并针对性地就如何以新型工业化推动宿迁建设"四化"同步集成改革示范区进行了深入分析。

二、宿迁建设"四化"同步集成改革示范区的重大战略意义

江苏全面建成小康社会后开启了社会主义现代化建设新征程。"争当表率、争做示范、走在前列"的现代化建设总要求，是江苏省必须肩负起的重大历史使命。为此，江苏的现代化建设必须做到：一要领先全国；二要高质量；三要"四化"

同步；四要区域协调，苏南、苏中、苏北共同发展。在这一大背景下，宿迁作为江苏现代化水平的"洼地"，若能以"四化"同步为特色，以集成改革创新为动力，加快步伐实现现代化，将成为后发展地区现代化水平由"洼地"变"高地"的示范，具有重要的战略意义。

（一）　创建区域共同现代化的江苏示范

党的十九大报告明确提出在全面建成小康社会的基础上，分两步走在本世纪中叶把我国建成富强民主文明和谐美丽的社会主义现代化强国。根据"两个一百年"奋斗目标，全面建成小康社会是现代化的起点。在这个起点上，我国社会的主要矛盾转化为人民日益增长的美好生活需要和不平衡不充分的发展之间的矛盾。这表明新时代社会主义现代化的着力点是解决发展的不平衡不充分问题。江苏在全国属于发达省份，有条件率先实现现代化，但在江苏省内同样存在发展的不平衡不充分问题。江苏的现代化建设要走在前列，基本前提是省内不同地区都能实现现代化。相对而言，先发展起来的苏南地区实现现代化的难度小、进度快，后发展的苏北地区实现现代化的难度相对大、进度慢。而宿迁在苏北又处于相对落后的位置，其经济社会发展尤其是现代化水平处于"洼地"状态。可以说，在全面小康的建设过程中，江苏创造了"苏南模式"。在基本实现现代化的进程中，江苏可以通过集成改革创新在宿迁实现"四化"同步，使其由现代化的"洼地"变"高地"，创造后发展地区实现现代化的"宿迁模式"，形成区域共同现代化的江苏示范。

从现实情况来看，宿迁也已经具备由"洼地"变"高地"的潜力和优势条件。第一，宿迁历来就有改革创新的优良传统，改革创新的基因是宿迁发展的鲜明特征，先后涌现出"春到上塘""耿车模式""沂涛新歌"等改革创新的典型。建市以来，全市上下大力弘扬改革创新精神，依靠改革闯新路、凭借创新攻难关，推动经济社会取得长足的进步。第二，宿迁虽然经济基础薄弱，但近年经济增速始终处于江苏省前列，并自2017年起跻身华顿经济研究院发布的中国百强城市排行榜。在江苏省2019年度高质量发展综合考核中，宿迁还获得第一等次的评价。[①] 第三，在全面建成小康社会基础上要开启的现代化涉及经济、社会、文化各个方面。不仅在经济现代化方面，还要向更多维度延伸，增进人民的精神和生态财富。宿迁历史文化底蕴深厚，在全国文明城市创建和复查中均名列前茅；有良好的生态家底，是

---

① 宿迁获全省2019年度高质量发展综合考核设区市第一等次 ［EB/OL］. 中国江苏网，2020－04－28.

江苏的生态资源高地之一，具有实现绿色发展的先天优势，相较于苏南发达地区，宿迁在生态环境上离现代化指标更近。

综上所述，宿迁作为"四化"同步集成改革的示范区，既是江苏实现区域共同现代化的必然要求，也是后发展地区在现代化建设中由"洼地"变"高地"的理想示范。

（二）探索省内全域一体化的江苏路径

党的十九届五中全会明确 2035 年基本实现现代化的重要指标之一是全体人民共同富裕取得更为明显的实质性进展，这是社会主义现代化的重要特征。江苏各地全面小康社会建设中在共同富裕方面作出了示范。现代化的进一步要求是在全省范围促进共同富裕，其路径是在全省范围推进区域协调发展战略，促进后发展地区加快现代化进程。

2018 年，长江三角洲区域一体化发展上升为国家战略。为推动长三角区域一体化在江苏取得实质性进展，江苏省委十三届六次全会上鲜明地提出了"六个一体化"要求，并首次提出了省内全域一体化这一新概念。从江苏省内情况来看，区域发展的差异较大，省内区域一体化的重点在跨江，难点在苏北。宿迁作为苏北目前经济发展的"洼地"，更是实现全域一体化难点中的难点。因此，若能通过示范区的建设，探索出加快宿迁融入苏南进而融入长三角区域一体化进程的具体路径，将能从实质上推进省内更快实现全域一体化。

宿迁建设"四化"同步集成改革示范区要在全省区域一体化中推进。这就需要打破各类要素流向苏北的壁垒，在苏南、苏北的互补发展、协调发展中寻找更多发展机会。也就是说，宿迁的"四化"同步现代化需要省内全域一体化水平的提高。从全省范围看，尤其在制造业的发展上，南强北弱的现象十分明显。针对此现象，江苏省"十四五"规划纲要指出，要"加强苏南苏北产业转移合作，共建优势产业链，构建制造业转移利益分配机制"。这为苏南苏北的协调发展指明了方向。在这方面，宿迁业已做出有益尝试。有着苏州工业园区苏北"分号"之称的苏宿工业园区自建成以来，积累了许多创新的发展理念，已成为江苏推进区域协调发展、缩小南北差距的生动注解。未来，在"四化"同步集成改革中，还将推动宿迁从更多方面实现与苏南发达城市间的分工与合作，整合利用区域内的资源和要素，扩大整个长三角地区的商品和要素进入宿迁的流动量。现代化的外源要素与宿迁的内生要素结合，不断提高省内全域一体化水平，使全省范围内实现共同富裕。目前，推进区域经济社会协调发展仍是全国各地面临的共同课题。在宿迁建设"四化"同步集成改革示范区是江苏实现区域一体化的有效路径，也可为全国提供区域协调发展的示范。

（三）创造和提炼"四化"同步的江苏经验

改革开放以来，苏南地区通过"苏南模式"实现了快速增长，在我国全面实现小康的进程中发挥了重要的示范作用。"苏南模式"以农村工业化实现经济总量快速增长和收入水平快速提高，表现为乡镇企业异军突起。农村工业化的带动以及农业承包经营制形成了农业发展的"剩余"范式，即农业只能提供剩余农产品和剩余农业劳动力，附加值低且收益水平低，农业弱势地位始终未变。可见，"苏南模式"是解决温饱、实现小康过程中，在"一部分人先富起来"的发展理念下形成的一种不平衡发展战略，符合当时我国的国情需要。如今，站在全面实现小康这一现代化的新起点上，需要我们用新发展理念指导未来的发展方向和发展路径，重点解决城乡发展不平衡、区域发展不协调等问题。因此，要从过去不平衡的发展战略转变为如今"四化"同步的平衡发展战略。在宿迁建设"四化"同步集成改革示范区，就有机会创造一种通过平衡发展战略在后发展地区实现现代化水平由"洼地"变"高地"的新发展模式。其主要原因包括以下三个方面。

第一，进入新时代的现代化有了新内容、新要求。就工业化来说，传统意义的工业化任务已基本完成，工业化要给服务业发展留出空间，因此工业化不是简单提高工业比重，而是要保持制造业比重基本稳定，推动工业现代化，尤其是工业基础高级化。就城镇化来说，传统"农民进城"意义上的城镇化基本到位，现代化要求的城镇化是以人为核心的新型城镇化，包括农业转移人口市民化和留在农村的农民市民化。就农业现代化来说，以往的理念是靠"三农"以外产业的发展带动"三农"。虽然非农产业发展的确带动了"三农"发展，但它们之间的差距也在扩大，农业现代化成为"四化"同步的短板。现代化要求我们直面"三农"，推动农业现代化（农业强）、农村现代化（农村美）和农民现代化（农民富）。信息化是进入新时代后的新要求，不只信息化本身要达到现代水平，还要求信息化赋能其他"三化"。既需要针对服务业的信息化，还需要针对制造业和农业的信息化。苏南地区在推进上述"四化"同步的现代化时已有一定基础，其核心任务是补齐短板。而宿迁的"四化"都才起步，需要全面同步推进。如何通过集成改革达到"四化"同步发展没有现成经验可循，需要江苏创造。

第二，以"四化"同步的思路推进现代化意味着现代化的四个方面相互依赖、相互促进。首先，新型工业化的实现依赖创新，离不开对信息技术的利用。其次，宿迁作为农业大市，农业现代化程度不高，要通过"四化"同步补齐农业现代化短板。实现农业现代化包含农业生产工业化和农业装备现代化过程。最后，新型城镇化要为其他"三化"提供有效支撑。高水平的城镇化能聚拢人气，为其他"三化"提供人力资源的支撑。无论是工业现代化、信息化还是农业现代化，第一要素是人才。目前宿迁是人口净流出地区，各类人才严重缺乏，根本原因是宿迁市区城市首位度低，各县城和城镇现代化程度不高。

第三，江苏选择宿迁作为"四化"同步示范区有其特别的代表性。首先，从数据看，目前宿迁处于新型工业化的早期向中期过渡阶段，其工业现代化的任务仍非常突出。与此同时，宿迁近年的工业增速持续超过全省和苏北平均水平，具有很强的工业发展潜力。其次，根据《宿迁统计年鉴》数据，2021 年，宿迁的农业增加值占 GDP 比重仍在 10% 以上；农业从业人口占比达 30%，省内排名第 2；乡村劳动力占常住人口的 44.5%，省内排名第 1；农作物播种面积达 73.9 万公顷，省内排名第 5。宿迁作为农业大市，实现农业现代化意义重大。再次，宿迁在江苏属最年轻的省辖市，其市区及下辖县城和乡镇虽然取得了长足进步，但其城市现代化和城镇化水平还有待提高。最后，宿迁近年信息化水平提升明显，增速名列全省前茅，京东集约化客服中心推动宿迁农村电子商务发展水平走向全省前列。不过，宿迁目前信息化的整体水平还不够高，尤其对工业化的赋能效应还不明显，江苏省工业和信息化厅（江苏省信息化领导小组办公室）发布的《2019 年江苏省地区信息化发展水平报告》显示，宿迁的信息化指数 2019 年仅排名全省第 12，仍有较大的发展空间。

综上所述，宿迁的现代化目标有三个突出特点：一是"四化"同步；二是集成改革创新；三是共同富裕。这一现代化的宿迁模式能够为更多的后发展地区实现现代化提供宝贵的江苏经验。

（四）创造集成改革创新的江苏样板

根据党的十九届五中全会精神，坚持系统观念是"十四五"时期我国经济社会发展必须遵循的原则。全面深化改革已经进入了系统集成、协同推进的新阶段。集成改革是全面深化改革进入新阶段的一个战略性变化。之所以强调集成改革，正是因为在过去的改革中存在各部门"各自为政""单兵突进"的现象，导致改革碎片化、零散化，难以发挥改革的整体效益。集成改革的主要目的是形成改革项目之间的关联性和耦合性，调动一切有利于改革的积极因素向改革聚焦，助力改革破解一系列难题。

　　"四化"同步需要集成改革创新。之所以在集成改革后加上创新，是因为高质量推进现代化不仅需要改革的动力，还需要创新的动力。经过 40 多年的改革开放，改革的动力显现，但创新的动力不足。创新是"四化"同步实现现代化的第一动力。集成改革创新从这一意义上说就是要围绕创新搞改革，创造集成改革创新的江苏样板。

　　如何开启现代化新征程？根据党的十九大精神，要以建设现代化经济体系为突破口，这是实现以"四化"同步为目标的集成改革创新的着力点。现代化不再以 GDP 为唯一衡量标准。需要创新实现的现代化经济体系包括：创新引领、协同发展的产业体系，彰显优势、协调联动的城乡区域发展体系，资源节约、环境友好的绿色发展体系，这是现代化的支撑系统；与改革相关的现代化经济体系包括体现效率、促进公平的收入分配体系，多元平衡、安全高效的全面开放体系，这是现代化的动力系统；统一开放、竞争有序的市场体系，充分发挥市场作用、更好发挥政府作用的经济体制，这是现代化的国家治理系统。集成改革创新就是要采取各种有效的改革办法推动各种现代化经济体系的构建。

　　宿迁建设"四化"同步现代化的示范区需要集成改革创新先行。集成改革创新要为贯彻落实新发展理念提供制度保障，新发展理念强调创新、协调、绿色、开放、共享，是"四化"同步的理念指导。集成改革创新既要顶层设计，也要各方协作、上下联动，使各类改革措施在取向上相互配合，在实施中相互促进。不能把集成改革简单理解为多头改革。集成改革需要聚焦一个中心问题，才能真正实现集成。2014 年 11 月 9 日，习近平在亚太经合组织工商领导人峰会开幕式上的演讲中指出，如果说创新是中国发展的新引擎，那么改革就是必不可少的点火器。因此，在"四化"同步集成改革的过程中，创新就是中心。要围绕此出台一揽子的解决方案，同步谋划，一体部署。

　　推进以创新为中心的集成改革，实现"四化"同步，将成为成功的实践。宿迁在省委、省政府各项政策大力支持下建设"四化"同步示范区，在集成改革创新上先行先试。从这一意义上说，示范区也是集成改革创新的试验区，所取得的经验和成果可以为其他地区提供有价值的样板，更好地发挥江苏"争当表率、争做示范、走在前列"的作用。

（五）创造后发展地区率先发展的江苏模式

　　我国在低收入水平时曾以经济增长效率为先，强调各种生产要素按贡献取得报酬。这种效率型发展方式在当时产生了提高效率和调动发展要素的正面效应，但其弊端也逐步显现：以效率为原则不可避免地使收入差距逐步拉大，并导致城乡、地区间发展不平衡，进而反过来影响效率。因此，中国经济发展进入中等收入国家水平后，效率型发展原则就应转向公平与效率兼顾型发展原则。

在以往追求效率的环境里，不仅资源配置追求效率优先，鼓励发展的政策制定上也倾向于效率优先，表现为制定优惠政策时常采取选优原则。例如，各类试验区安排均较多放在先发展地区，导致后发展地区的发展机会少于先发展地区。随着先发展地区快速发展，资源和环境压力逐步显现，政府开始出台环保、土地等限制类政策。这些限制类政策往往又以先发展地区为标准，采取"一刀切"原则，导致后发展地区面临与先发展地区相同的限制约束强度，无形中加大了后发展地区的发展压力，进而在先发展地区和后发展地区间形成"收益先发展地区独享，成本各个地区均摊"的不公平现象，这样的政策制定无疑限制了后发展地区的发展，更不用说鼓励其跨越式发展了。这一点在宿迁这样基础薄弱却又发展迅速的地区体现得最为明显。

要实现宿迁这样的后发展地区率先发展，必须推动有效市场和有为政府相结合。目前，先发展地区已经有了自我持续发展的能力，而后发展地区要实现跨越式的现代化还需发展政策的支持。至于限制类政策，则要在"公平、共同但有区别责任"的原则下，为后发地区提供更大的发展空间和更平等的发展机遇，为发展类政策发挥更大效能创造有利条件。在宿迁建设示范区的过程中，省委、省政府若能创新性地发挥有为政府功能，改变"收益先发展地区独享，成本各地区均摊"的实质不公平状况，推进宿迁通过集成改革创新加快实现"四化"同步现代化，将能创造出公平与效率兼顾、后发展地区率先发展的宿迁模式。

三、宿迁建设"四化"同步集成改革示范区的行动方案

宿迁正处在工业化、城镇化的加速期，由农业大市向农业强市转变的关键期，新一轮技术革命和产业变革的风口期，高水平扩大对外开放的机遇期。推进"四化"同步恰逢其时、正当其势。在江苏省委、省政府大力支持下，宿迁要通过集成改革创新，以新型工业化为动力来源，以新型城镇化为载体支撑，以农业现代化为基础保障，以信息化为其他"三化"赋能，"四化"同步发展，建成后发展地区现代化水平由"洼地"变"高地"的示范区。具体来说，要通过大力发展现代产业体系，围绕"6+3+X"的产业发展方向，形成长三角地区先进制造业基地；加大新基建投入，放大京东互联网领军企业辐射力，建江苏数字经济新高地；推进城市现代化和城镇城市化，提升城市汇聚发展要素的能力，打造城乡融合宜业宜居智慧

城市；转变农业经营范式，探索新型农业经营主体和经营模式，重塑新时代鱼米之乡；坚守生态文明，将绿色发展融入"四化"同步，保护完善宿迁生态大公园。

（一）宿迁建设"四化"同步集成改革示范区的目标与内容

1. 通过新型工业化提升产业质态，建设长三角地区先进制造业基地

纵观各个现代化国家，其现代化都是由工业化带动。我国一些经济不发达的地区"四化"发展程度不高，其根本原因是与工业化发展滞后，对其他"三化"缺乏带动力。因此，对宿迁这类工业基础相对薄弱的地区，推进新型工业化建设是实现"四化"同步的关键步骤。未来五年，宿迁要努力争取把规模以上工业增加值的增速维持在年均10%，使工业固定资产投资年均增长率达到8%，把制造业增加值占比由目前的33.7%提升至36%左右。要注意的是，作为"四化"同步示范区的新型工业化不是发展低端、高污染的制造业，而是要发展现代制造业，实现制造业基础高级化，以发展高端制造业为核心加快建设现代产业体系。

（1）提升创新能力，建设自主可控的现代产业体系。党的十九届五中全会有两个概念值得关注：一是自立自强；二是自主可控。自立自强强调的是科技战略，自主可控强调的是产业体系。建立长三角地区先进制造业基地是宿迁的重要定位。先进制造业基地如何建设？关键是科技创新和产业创新的结合。目前科技发展的趋势是技术创新上升为科技创新。党的十九届六中全会强调要打通从科技强到产业强、经济强、国家强的通道。把自立自强的科技战略与自主可控的产业体系有效结合起来，关键在于产学研深度融合。因此，鼓励创新的政策，应着力于推动大学和企业共办研发机构，这样既能保证有源源不断的科学发现成果供给，又能够确保这些成果真正适应市场的需要。

目前，宿迁的创新能力在江苏省处于落后位置。宿迁缺少研发中心和高新技术的研发机构，科教资源也不丰富。因此，要在宿迁实现产学研融合，应大力推动研究型大学进入宿迁的企业共建协同创新平台。宿迁很难在短时间内建立太多大学，但是有条件使国内研发中心的科技成果在这里落地，成为高科技产业化的基地。在发展高技术产业上，宿迁应该瞄准高端产业，如果在高端产业上没有突破，将很难改变目前的落后状况。未来五年内，宿迁应加快建设科教城，采用多种方式深化与科创中心的合作与对接；加大对创新投入的支持力度，争取高新技术企业数量达到1 000家，市级以上创新载体达到500个，技术改造投资增长达11%，高新技术产业产值占比达到50%。

（2）构建新发展格局，培育产业竞争力，打造特色产业集群。宿迁的新型工业

化关键是培育产业竞争力，应探索开展宿迁产业竞争力培育工程。由于宿迁工业化起步晚，培育产业竞争力的主要路径是外源而不是内生。就像已经引进的天合光能等公司那样，是通过引进高端企业从而引进高端制造业。具体来说，宿迁可从两个角度着力培育产业竞争力。一是产业链方式，实施"横向一体化"或"纵向一体化"策略。横向一体化是围绕已有优势企业所在行业开展招商引资、合并重组，形成宿迁的主导产业集群，以企业去招商，形成优势产业。纵向一体化则要围绕现有优势产业向上下游招商引资，构建优势产业链，通过产业链提高优势产业竞争力并制定"一产一策"的招商配套政策。以产业链和技术环节为重点，推动招商引资思维转变，在"补链""壮链""增链"上取得实质性进展。二是突出核心产业园区主导地位，加快项目群、产业群引进。打破县域招商区域限制，加强乡镇工业集中区整合，实现招商信息共享、项目利益共享，重点推进地区特色产业培育。实施骨干企业培育计划，探索建立园区入园企业竞争淘汰和退出机制，切实提高招商成效。

未来五年，宿迁的产业发展目标是加快构建特色鲜明、高端引领的"6＋3＋X"制造业产业体系，打造若干个地标性产业和优势产业集群；机电装备、绿色食品、高端纺织、光伏新能源等产业达到千亿级规模；重点培育化学纤维、纺织服装、晶硅光伏、酿造（酒）、膜材料等融入国内大循环、国内国际双循环的20条产业链，力争产值突破7 000亿元，形成布局合理、差异竞争、功能协调的特色产业群；进一步激发招引大项目的积极性和创造性，力争百亿级企业由目前的4家增加到10家，主板上市企业由7家增加到15家。

（3）发挥优质企业引领作用，推动传统产业转型升级。虽然高新技术产业在经济发展中的地位不断上升，但这并不意味着传统产业就不重要了。对传统产业注入新技术，提高竞争力，提高产品的技术含量和附加值，同样能够实现传统产业更高层次的发展和转型升级。用高新技术改造传统产业可以催生新产业。因此，用信息化等现代技术手段激发传统产业发展活力，同时注入创新要素开发传统产业新产品、新工艺同样应当成为新型工业化发展的重要战略。结合宿迁现实，传统产业的高端化是其新型工业化发展的主要方向之一。

在科技赋能背景下，传统产业的转型升级方向应突出管理创新导向的服务型制造和制造业品质革命，让宿迁制造成为品质高、服务优的代表。除加大技术投入、推动科技赋能转型外，还可尝试通过以下两个途径助推传统产业转型：一是加大对个别优势产业的支持力度，并以此带动其他传统产业发展。宿迁是江苏，乃至长三角地区唯一的"中国酒都"。2019年，苏酒集团上缴税费超过宿迁财政收入的两成以上，其对宿迁新型工业化发展的意义不言而喻。宿迁一方面应以品质和服务革命为目标出台振兴苏酒发展意见，支持苏酒集团转型升级、持续发展；另一方面可推动苏酒集团与省政府投资基金联合成立传统产业发展基金，对宿迁的纺织、化纤、材料等传统产业转型升级提供支持。二是强化京东作为平台企业的功能，在"强强联合"中推动传统产业业态革新。将京东从电子商务的交易平台拓展成为宿迁高端产业的创新创业平台，推动京东与部分中高端消费品制造企业实现"强强联合"，探索出融合发展的新模式。

2. 通过信息化实现跨越式发展，建设江苏数字经济高地

新一轮信息革命带来的产业发展具有路径依赖小的特征，使后发展地区有借助信息化实现其他"三化"跨越式发展的可能。数字化是信息化的最新发展。数字经济涉及数字产业化和产业数字化两个方面。宿迁要成为数字经济高地，这两个方面都有很大发展空间。未来五年，宿迁要大力提高信息化发展水平，争取信息化发展指数达到95%，在江苏省的发展规划中把宿迁作为数字经济高地来培育。

（1）大力发展新基建，推进数字产业化。新基建是以建设更高效的时空网络为主，建设大数据中心、物联网平台等信息经济基础设施的新模式，包含信息基础设施和融合基础设施两类。其中，信息基础设施包含以5G、物联网、工业互联网为代表的通信网络基础设施，以人工智能、云计算为代表的新技术基础设施以及以数据中心为代表的算力基础设施；融合基础设施包含电子商务、智慧物流等深度应用互联网、大数据和人工智能技术的平台。

宿迁推进数字产业化，提高信息产业本身的赋能水平，需要大力发展新基建。一是要加快信息基础设施建设以实现信息产业自身发展以及为其他"三化"赋能。宿迁要实现信息化跨越发展，5G、宽带等信息基础设施的建设不能按照经济总量规模来配给，而必须实现一定的超前发展。因此，至少应以苏北领先的目标来配置宿迁的5G、宽带信息基础设施。未来五年内，宿迁要争取将5G网络用户普及率提升至75%，千兆宽带网络用户普及率提升至20%；同时要以京东华东云数据中心为基础，加大对物联网和人工智能企业的招商引资力度，大幅增加信息基础设施的供给保障能力。二是宿迁要围绕领军企业来发展融合基础设施。充分发挥以京东为代表的领军企业的作用，围绕电子商务平台、智慧物流平台、金融科技三大京东优势平台将互联网、大数据和人工智能技术与业务深度融合，打造江苏领先的融合基础设施。

（2）深化与京东合作，发展京东总部经济。京东近年来与宿迁展开了全面深入的合作，除了设立客服中心总部，还在宿迁落成了京东物流平行总部、京东云小镇、京东云华东数据中心、京东（宿迁）全国乡村振兴示范基地等26个重点合作项目。宿迁也专门成立了"宿迁与京东全面合作领导小组"这一专门机构推进京东在宿迁的投资。如何进一步深化与京东的合作，深入利用京东的平台优势，对全面推进宿迁信息化工作的开展意义重大。

这是因为，总部经济是一种能够实现企业、总部所在区域、生产加工基地所在区域三方利益都得到增进的经济形态。研究表明，领军企业总部向一个区域迁移，会带动几个甚至是十几个与其有紧密业务关联的知识型服务公司随之迁移，产生乘数效应；同时，还可以通过商务活动和高端人才的消费，带动服务业发展，提供更多就业岗位，引发消费带动效应、劳动力就业效应和社会资本效应。目前，京东已在宿迁投资呼叫中心和调度中心的全国总部以及数据中心和仓储物流中心两个区域总部基地，已产生较大社会发展效应。宿迁要不断深化发展京东总部经济，提供一切可能的条件和资源，吸引支持京东物流等传统业务、"新通路"为代表的各类新业务全国总部或区域总部落地宿迁。宿迁助力京东降低运营成本，京东通过产业布局、平台整合、营销服务和科技创新为宿迁带来高效协作分工的网络平台，赋能产业链各环节，提升产业整体的运营效率，降低新型工业化、城镇化和农业现代化的成本，提高信息化对其他"三化"的引领水平。

（3）推进产业数字化，加速赋能效应。五年内，宿迁要全面提升信息化对其他"三化"的赋能。一是实现信息化带动制造业跨越式发展。首先，加速数据要素赋能，宿迁制造业企业数字化转型动力从"技术驱动"向"数据驱动"加速转移，落实制造业全面上云，提升企业经营管理效率、降低组织运营成本，显著提升"两化"融合水平。其次，加速网络互联赋能，加快构建工业互联网体系，统一宿迁工业互联网的数据共享标准，实现设备、数据的兼容连接，适应制造业高可靠、广覆盖、大连接、低延时的需求。再次，加速人工智能赋能，扭转宿迁劳动力劣势，借助京东无人物流、无人仓库和无人机的产业优势大力发展以应用机器人和智慧工厂为代表的"无人经济"新业态，改变传统产业对人力的高度依赖，确保宿迁制造业可持续地向高端化的方向发展，将宿迁的"两化"融合指数提升至62%。二是信息化要赋能城镇化，实现智慧城市的示范效应。首先，需要打通城市底层计算平台数据，依托京东华东云数据中心的本地优势，充分赋能服务业。其次，推进人工智能在智慧城市的应用，完成宿迁市区与周边县域城镇的一体化，推动数据要素落地宿迁。再次，对隐私保护与便捷应用之间的平衡不断试错，测试总结增加公共数据供给的各种机制有效性，为中国智慧城市的发展提供宿迁经验。三是信息化要赋能农业现代化，打造数字农业新高地。一方面需要整合农村电商和农业科技，大力发展农业大数据平台，完善农业生产全程智能监测体系，优化产销衔接，将"靠天吃饭"改造为"靠数据吃饭"，大大降低农业现代化的成本，提高信息化对农业现代化的引领水平，未来五年内力争将农业信息化覆盖率提升至75%，全市设施农业物联网应用占比达到30%；另一方面，对宿迁泗阳国家现代农业产业园、宿城省级现代农业产业示范园等现有农业发展旧高地加快数字化升级，打造数字农业新高地。

3. 通过城市现代化和城镇的城市化，实现城乡融合宜居宜业

根据《宿迁统计年鉴（2021）》，2020年宿迁城镇化率超过62%，稍高于全国60%的水平，明显低于江苏省72%的水平。宿迁城镇化正迈入中后期加速发展阶段。"四化"同步中，城镇化要为其他"三化"提供发展要素，尤其是人力资源的支持。新型城镇化一方面为其他"三化"吸引和集聚发展要素提供新空间，另一方面也为满足宿迁人民对美好生活的向往、缩小城乡差距提供坚实保障。宿迁新型城镇化的目标是增强城市和城镇对发展要素的吸引力，使人流、物流、信息流、资金流更多流向宿迁。为此，宿迁新型城镇化的目标突出表现在两方面：一是城市现代化；二是城镇城市化。

（1）一个地区的现代化是以城市的现代化水平为标识的。城市吸纳现代生产要素的能力是城市现代化的重要标志。宿迁存在中心城区首位度不高的问题，因此宿迁的城市现代化涉及两个方面：第一，要做强宿迁中心城市，强化市域核心增长极和区域首位度。聚焦经济密度、创新浓度、产业高度、市场强度、文明程度，增强商务商贸、先进制造业、优质文化教育等的集聚度，有序实施城市有机更新和城市空间扩容，促进城市向高端化提升。将宿迁中心城区打造为全市城镇化的主要承载区域，成为全市经济发展的引擎、人口集聚的主要载体、高品质生活的标杆典范。第二，把沭阳、泗阳、泗洪三个县城打造为区域副中心城市。鼓励沭阳围绕"百万人口区域副中心城市"的目标，大力发展城市经济，加快建设宿迁中心城市与沭阳快速通道，进一步壮大区域副中心城市的经济实力。

城市现代化涉及产、城、文化、生态融合发展四个维度。

"产"就是产业支撑，发达的服务业与发达的制造业相配合才能成为经济强市。宿迁应立足全市统筹布局、区域特色发展，优化市级核心商圈、区级商业中心、重点商业街区、社区（乡镇）商业网点建设布局，加快形成层级分明、跨界融合、模式创新的现代化城市商业网点体系。

"城"指的是市场、商贸、交通、文化、科技、教育、医疗中心。城市必须要解决人气问题，没有人气就不是城市。宜居宜业的人居环境是城市聚集人气的重要前提。具体包括：办好更有质量和更富活力的教育，鼓励国内外一流高校在宿迁开展合作办学或开设研究院；提升医养服务水平，加快建设公办三级甲等、专科医院，大幅提升医疗卫生条件，推动中心城市和县城医疗资源下沉和共享。

城市文化直接影响城市文明程度。历史文化和现代文化交融，文明和文化的建设是城市的形象。宿迁应以文化引导城市品质提升。加快"全国文明城市群"建设，依托汉文化发展文化旅游；力争沭阳、泗阳、泗洪全部进入新一轮全国文明城市提名城市行列；完善县城公共文化网络，加快形成以县博物馆、规划馆等为主体的文化聚集区，使之成为县城新城区的标志性文化精品区域。

生态越好的城市价值越高。一个城市的价值不能仅看经济价值，还要看生态价值。宿迁应不断厚植生态底色，围绕"江苏绿心、华东绿肺"的目标，大力推进植树造林和生态修复，不断拓展生态空间。

（2）城镇城市化指的是农村城镇具有城市功能。苏南地区是在城镇化取得明显进展、基本具有城市功能后开始了乡村振兴，而苏北是在城镇化相对滞后、城镇还没有大发展的前提下推进乡村振兴的。因此，正在推进的乡村振兴战略赋予城镇新的功能，成为乡村振兴的依托，要在城镇相对集中的基础上建设具有城市功能的现代化城镇。

城镇城市化的内容：一是增强城镇的产业发展、公共服务、吸纳就业、人口集聚功能；二是引导优质基本公共服务资源进入城镇，改善城镇就业吸纳能力。宿迁应加强镇区供水、供气、道路交通等市政设施和教育、医疗、文化等公共服务设施建设，吸纳更多农业人口就地城镇化；在允许有序扩大城镇建设边界等方面，支持有条件的重点镇发展成现代新型小城市，并明确为副县级镇，从而补齐城镇体系链条，优化城镇化布局和形态；力争在五年内将城乡社区常住人口基本公共服务均等化水平提升至70%。

总的来说，宿迁推进新型城镇化要深刻认识和把握其发展的阶段性特征，探索出一条集约型、融合型、生态型、高效型的城镇化新路子，在五年内将常住人口城镇化率稳步提升至66%，在保证城乡收入差距持续缩小的前提下，保持全体居民人均可支配收入实现年均7%的增长，为全省乃至全国后发展地区科学推进新型城镇化提供借鉴。

4. 通过农业现代化建设农业强市，重塑新时代鱼米之乡

江苏历来以鱼米之乡而闻名。但随着工业化进程的加速，江苏粮食产量的全国占比由1990年的7.3%降至2019年的5.6%，淡水产品产量占比则由1990年的16%降至2019年的11%。宿迁作为江苏省内的农业大市，粮食和淡水产品产量占全省比重一直稳步增长。宿迁若能依靠农业现代化从根本上改变农业的弱势地位，将有望在江苏重塑新时代的鱼米之乡，使宿迁在农业现代化上走在全省前列。

（1）农业发展范式从"剩余"范式（追求农业剩余，提供剩余农产品和剩余农业劳动力）转向提高农产品的品质和附加值范式。这不仅能彻底改变农业的弱势产业地位，还能满足人民日益增长的美好生活需要。宿迁农业在生产空间布局方面特色鲜明，各区县已形成了各具特色的高品质高附加值农业产业。例如，沭阳县的花木产业、果蔬产业、沂东北优质粳米优势区；泗阳县的果蔬产业、国家现代农业产业园工厂化食用菌产业集群、子湖片区特色渔业以及运南、运北片区优质稻米优势区；泗洪县的优质稻米、生态河蟹两大产业集聚区；宿豫区的肉鸡产业、中东部30万亩优质籼稻标准化示范区；宿城区的黄河故道沿线果蔬产业、以耿车为核心的花木产业、成子湖沿线藕（稻）虾共作产业；洋河新区的果蔬产业；市湖滨新区的骆马湖沿线优质大规格河蟹等特色产业。未来宿迁农业可在此基础上总结发展经验、扩容增产，推动宿迁农业布局进一步合理化、高级化。在未来五年中，农业中一二三产业①的比重朝着3：4：3的比例目标发展。

（2）积极探索新型农业经营主体与经营模式。2013年12月习近平在中央经济工作会议上提出，要解决好"谁来种地"问题，培养造就新型农民队伍，确保农业后继有人；要以解决好地怎么种为导向，加快构建新型农业经营体系。宿迁的农业现代化应围绕这一方略开展，大力培育新型农业经营主体，发展多种形式的农业规模经营和社会化服务。

新型农业经营主体最为突出的是科技型农业龙头企业。截至2021年上半年，宿迁农业龙头企业有36家，全省排名第7。虽然数量还不够多，但龙头企业差不多覆盖了宿迁农业生产的各个重要领域。特别是江苏绿港现代农业发展股份有限公司等农业高科技公司，为宿迁借助农业科技创新来实现农业现代化提供了坚实基础。

依托新型农业经营主体完善产业链条是提高农业附加值的重要途径。以提升精深加工能力为突破口，对农工贸产业延链、补链、强链，进一步提升产业发展能级，推动农产品增值，壮大现代农业引领力量。例如，做优稻米精深加工产业链，加快沭阳高墟、宿豫来龙、泗洪孙园三个稻米加工集中区建设；做优果蔬制品产业链，积极引导汇源食品、百事美特、董小妹罐头、大林农业、江浦农业等龙头企业做优做大；做优生猪食品产业链，扶持引导德康、光明、牧原等龙头企业做大做

---

① "农业中一二三产业"的提法源于近年国内外学术界关于通过"三产融合"实现农业现代化的相关研究（苏毅清等，2016；赵霞等，2017）。这些研究认为应通过积极支持农户从事种植农作物（第一产业）、农产品加工（第二产业）、销售农产品及其加工品（第三产业）等多种经营活动，来延长农业产业链、延伸农业价值链从而提升农产品附加值，缩小农业与工业、服务业之间的生产效率差距，最终逐步推进农业农村的可持续发展。

强，积极引进以生猪加工副产品为原料的生物工程制品和医药产品生产企业，延伸产业链条；依托益客、正大、桂柳、益和等龙头企业，做优肉禽精深加工产业链，建设江苏规模最大的肉禽精深加工基地；依托新渔人、缤纷泗洪等龙头企业做优水产品加工产业链。未来五年内，宿迁应进一步鼓励农产品加工企业的发展，争取将规模以上农产品加工企业提高至800家。

（3）以乡村振兴实现农村现代化。农村最基层的是乡村，没有乡村的现代化就没有农村的现代化。乡村振兴是包括产业振兴、人才振兴、文化振兴、生态振兴、组织振兴的全面振兴。

产业振兴主要指创新农业生产新业态。从宿迁的发展现状看，主要涉及两方面内容。一是推动农村电商提档升级。优化电商发展布局，推动各县区网销主打农产品做大做强，推广"互联网+三农"乡村振兴发展模式。创新电商业态模式，推动新零售、在线餐饮、在线旅游、在线教育、休闲娱乐等业态参与农村电商生态链，引导农业生产经营主体开展网络直销，发展"云经济"。未来五年争取使农业科技进步贡献率达到72%。二是推动乡村全域旅游发展。优化乡村旅游布局，突出沭阳、宿豫国家级休闲农业与乡村旅游示范区提质，洋河全域休闲旅游经济塑造，洪泽湖、成子湖、骆马湖和古黄河沿线乡村旅游资源开发，扶持创建一批有影响力的休闲农业精品村、主题创意农园，因地制宜培育一批业态新、模式好、效益高的"农业+康养""农业+体验"示范镇村和示范点。未来五年力争乡村休闲旅游农业年接待游客数达到3 000万人次。

文化振兴主要是指重视对农民的科技普及与培训，建立终身学习制度。这有利于农民跟上科技发展潮流，使得新农业科技以最快的速度出现在田间地头。建立专业的农业技术推广机构以及农业技术远程培训网络，对农民的农业科学技术进行培训。探索建立政府主导、企业参与的农业教育机构与推广机制，促进农业科技成果传播与应用。

生态振兴重点在持续改善农民住房条件。强化农房改造规划布局。目前在江苏省委、省政府的支持下，宿迁农房改造取得了明显的效果，但仍存在缺口和短板，需要继续得到各方面的支持，加快农民住房改造的进度。依托村镇规划和农房改造重点建设一批新型农村社区，不断拓宽农房改善资金渠道，加强建后管理。按照特色田园乡村标准，加强农房改善配套产业、社区治理、文明新风等配套工程建设，系统推进新型农村社区治理。改善农村人居环境，提升农村生活垃圾分类治理水平，建设一批区域性垃圾分类处置中心；扩大农村生活污水处理设施管网覆盖面；提升村庄风貌水平，强化规划设计；打造农村人居环境整治精品村。巩固农村厕所革命成果，因地制宜建设农村公厕，健全粪污处理利用体系。强化财政资金引导社会资本参与，鼓励村集体自主实施村庄环境整治项目，推广以工代赈、以奖代补方式，引导群众参与环境整治与管护。

乡村振兴需要与提高城镇化水平结合进行。没有城镇的现代化就难以实现乡村振兴。实施城镇公共基础设施提升工程，聚焦农村路网、水网、电网、气网、通信网五大基础设施短板的补齐与改善。实施乡村教育提升工程，推动农村学前教育健康普惠发展、城乡义务教育均衡化发展、农村职业教育提升发展。实施乡村医疗卫生升级工程，加快区域性公办医疗卫生中心和社区卫生服务中心建设，配全配强基层卫生人才队伍。实施公共文化服务提升工程，健全城乡公共文化服务供给机制。实施社会保障提升工程，持续提升社保覆盖面，完善统一的城乡居民基本医疗保险制度。

5. 将绿色发展融入"四化"同步，保护完善宿迁生态大公园

绿色化虽不属于"四化"，但内含于"四化"同步之中。作为生态大公园是宿迁开展"四化"同步集成改革的优势条件，进一步保护和完善宿迁生态大公园更是开展"四化"同步须坚守的底线。

（1）新型工业化与生态文明建设相适应。宿迁工业化有必然增长的趋势。未来应采取总量与质量并行管理的排污限制措施，推动生态文明建设与新型工业化相协调。质量方面，推动原有项目改造，降低新项目单位产值排污，实现工业生产绿色化发展。总量方面，考虑到宿迁经济发展的现实需求和排污总量较低的情况，应在生态可承载的范围内，适度给予宿迁一定的排污调整空间。

要推进适应生态文明建设的新型工业化，必须坚决贯彻"生态优先、绿色发展"的指导思想，采用以下三点措施。第一，建议奖罚并举引导已有项目整改。一方面要强化源头防治和监管执法，坚决打好污染防治攻坚战；另一方面，对于积极整改的企业应该予以奖励，充分调动市场主体的环境保护积极性。第二，建议通过坚持生态优先提高项目准入门槛。第三，通过多点发力增强绿色项目吸引力。需大力扶持符合生态要求的龙头骨干企业，依托骨干企业进行项目招引，形成生态产业集群。

（2）新型城镇化与生态文明建设相促进。现代化城镇不能缺少优美的生态环境，生态文明建设也离不开现代城镇体系的支持。城镇是产业的主要载体，污染排放有相当大一部分来自城镇，要建设好生态文明就必须处理好城镇的生态环境问题。同时，城镇也是现代经济处理污染能力的核心节点。要提高城市的污染处理能力，就必须持续推进城镇化，不断完善环境基础设施体系，通过城镇化促进生态文明建设。

宿迁未来将从以下两点着手实现城镇化与生态文明相互促进。一是加大基建投入保障污染防治能力。针对工业生产，加强专业化废水集中处理和雨污分流设施建设，逐步实现生活污水与工业废水分开收集、分质处理；对园区积极推进企业串联用水、分质用水，废污水循环利用。加强城镇雨污分流和污水收集管网的配套建设，提高污水收集率；对已有污水处理项目技术加以提升，进一步提高污水处理品质。二是通过提振文旅产业发掘生态资源经济价值。一方面，对有潜力的生态资源进行修复和发掘，形成一系列生态旅游项目；另一方面，也需要从交通、餐饮住宿以及娱乐等多方面进行配套，提高旅游项目质量。

（3）农业现代化与生态文明建设相融合。宿迁是农业大市，推动生态文明与现代农业相互融合是必由之路。农业发展范式转向品质和附加值范式，就包含提供生态产品和服务。生态本身成为农产品价值的一部分，生态保护和农业生产就能实现融合，农业主体会自发形成生态保护的动力。要实现农业现代化与生态文明建设相融合，承载农业活动主体的农村人居环境也是重要环节。

宿迁未来应采取以下两点措施来解决农业农村生态问题。第一，继续推进农田、池塘等农业功能区的标准化建设；引导推广秸秆还田、深松整地、有机肥替代化肥等措施，加强农业资源养护，积极进行生态补偿；加大对生态高效生产技术推广等领域的扶持和补贴力度，调动各类农业经营主体应用生态品种、技术和模式的积极性；积极鼓励农业企业创新，使生态农业成为宿迁农业的普遍形态。第二，通过推进乡村振兴改善农村人居环境，巩固农村"厕所革命"的成果；建立区域性的生活废弃物处理体系。

（4）信息化助力生态文明建设。信息化是当前科技发展的重要特征，在网络化、数字化的社会环境下催生了许多低消耗、低污染的行业。宿迁要实现跨越式发展，就需要抓住这一轮产业革命，以信息化为助力，发展符合生态需求的高附加值新产业。同时，信息化也是实现农业生态化的重要动力，可以通过智能化的信息技术有效控制对农药、化肥的使用，同时提高农产品的品质实现高附加值。信息化还为达成更科学、更严格的城市生态标准提供了机会，可以利用大数据技术对城市情况进行收集和分析，实现重点把握、及时处理、有效提高。建议通过完善环境大数据平台加强污染管控能力。宿迁需要基于已有的城市综合管理服务平台和智慧城管综合监管平台逐步完善对全市生态环境的监管网络。同时，利用大数据平台增加公众对城市生态管理的参与度，实现政府和市民对生态环境的共同管理。

（5）有计划地推动重大生态项目落地，建设高质量的生态文明。除了需要在"四化"同步过程中全面贯彻生态环保的新发展理念，还需要针对性地解决当前宿迁面临的主要生态威胁。从实际情况来看，宿迁下一步需要在以下三个方面加强建设力度：第一，通过上级协调和区域协商实现生态共治，给予滞洪区政策支持，同时提高宿迁地区生态补水；第二，加大退圩还湖工程建设力度，进一步推进生态修复；第三，提升市域防洪标准，减少生态灾害的发生概率。

（二）宿迁建设"四化"同步示范区的制约因素和集成改革创新行动方案

进入新时代，在后发展地区推进"四化"同步的现代化从何入手？面对各种制约因素，需要以集成改革创新为突破口，实现"四化"的跨越，创造后发展地区弯道超车的奇迹。

1. 宿迁实现"四化"同步的制约因素

宿迁作为后发展地区，在推进现代化的过程中，不可避免地面临一系列制约因素。这些制约因素系统性地体现在以下四个方面。

（1）推动"四化"同步的创新资源和内生动力不足。如前所述，处于后发展地区的宿迁，工业基础薄弱，"四化"同步要靠新型工业化来推动。宿迁工业化发展的重要目标是要建立长三角地区先进制造业基地，这需要科技创新和产业创新的结合。但从目前宿迁工业发展的现状来看，无论是科技创新力还是产业创新力，都是制约宿迁实现创新驱动新型工业化发展的短板。首先，科技创新需要各类高新技术研发机构，而宿迁只有一所普通本科院校——宿迁学院，学院建院时间短，科研能力弱，校内目前还缺乏省级以上的科研平台。从其他研发平台的数量来看，宿迁省级以上的工程技术研究中心等企业研发机构数为 174 家，位列全省第 11 名；省级以上科技创新平台数和新型研发机构数分别为 11 个和 8 家，均位列全省第 13 名。其次，科技创新力不足导致宿迁高水平的创新产出低，在每十万人申请授权发明专利数量以及每亿元研发投入取得发明专利数量这两项指标上，宿迁均在省内处于落后位置。最后，创新资源匮乏带来产业创新的内生动力不足。宿迁目前仅拥有科技企业孵化器 22 个，位列全省第 11 位；高新技术企业 477 家，位列全省第 12 位；高新技术产值占规模以上工业企业总产值的比重为 31.6%，同样位列全省第 12 位。

（2）推动"四化"同步的人才资源不足，人才外流严重。目前，宿迁每万人中普通高等学校的在校人数不超过 30 人，远远落后于江苏省内其他城市，苏北其他地级市的该项指标均接近或超过 100 人，江苏省的每万人中普通高等学校的在校人数更是达到 259 人。此外，宿迁各类专业技术人员数量占常住人口的比例仅为 1%，同样在江苏省内位居末席。与人才资源不足并存的，是宿迁的人口外流现象严重。若以常住人口与户籍人口的比例来看,江苏省的该项指标超过 100%,说明全省人口处于净流入状态,但苏北五市的该项指标均不足 90%,其中,宿迁的该项指标最低,仅为 83%,是省内人口流出最为严重的城市。之所以出现如此明显的人力资源外流现象,根本原因是宿迁的城市和城镇现代化水平不高,城市少、城市小、城市功能弱严重影响宿迁集聚发展要素的能力。其中,公共服务弱的问题尤为突出。从居民最为关注的基础教育和医疗服务两方面来看,宿迁目前的基础教育潜在缺口大,高质量教育匮乏。根据江苏省教育厅 2021 年宿迁市基础教育资源需求预警报告,2021 年全市基础教育学位总缺口为 23.15 万个,学校总缺口达 237 所,教师总缺口为 19 759 人,预警等级为红色;宿迁每百万人拥有的四星级中学数量仅为 2.23 所,位列江苏省最末。由于宿迁特殊的医疗卫生体制,国家对公立医疗卫生机构建设的补助资金一直未到位,省级乡镇卫生院债务化解资金宿迁市也未享受到,国家和江苏省对宿迁医疗卫生事业投入的资金与其他市相差较大,宿迁目前仅有三甲医院 3 家,仅高于泰州,宿迁的三甲医院大多是民营属性。宿迁的公共服务之所以弱,与其人均财力弱有关。宿迁的人均财力一直居于全省末位。2019 年,宿迁的人均财力为 7 222 元/人,比江苏省平均水平 11 992 元/人低出 6 510 元/人。①

(3)交通被边缘化,难以成为发展中心。宿迁由于建市晚、基础差,重大交通设施相对薄弱。首先,交通基础设施规模总体偏低。目前,全市铁路网密度为 2.31 公里/百平方公里,分别为苏北、江苏省平均水平的 88.1%、66.9%;高速公路网密度为 2.89 公里/百平方公里,分别为苏北、江苏省平均水平的 85.1%、60.9%;普通国省干线公路网密度为 7.2 公里/百平方公里,分别为苏北、江苏省平均水平的 74.1%、60.2%;干线航道网密度为 1.67 公里/百平方公里,分别为苏北、江苏省平均水平的 84.1%、71.9%。其次,综合立体交通指数偏低。对照营商环境综合立体交通指数(衡量干线道路密度以及机场、火车站港口等交通基础设施情况),2020 年宿迁的第三方评测结果为 48 分,低于周边城市的平均分 53.24 分。最后,物流成本偏高。2020 年宿迁社会物流总费用与 GDP 的比率为 15.3%,高于江苏省社会物流总费用 13.8%的占比水平。② 形成物流成本高的原因主要有三个:多式联运发展滞后,尚未形成多式联运枢纽,货物转运不便,大多数企业选择价高的公路运输;水运中转成本高,水路货运到连云港,需要从淮安盐河中转,增加了费用;铁路运输量小,南北向铁路缺乏,宿迁洋河火车站运价和周边城市接近,但车皮少、需要转运,增加了仓储、保管时间,抬高了铁路运输成本。

---

① 资料来源:《江苏统计年鉴(2021)》和《宿迁统计年鉴(2021)》。
② 数据由宿迁市政府办公室提供。

（4）发展与限制政策存在不对等现象，制约了后发展地区的发展。从目前政策的制定逻辑来看，往往存在用发达地区的现代化思维来要求后发展地区的现象，形成了政策制定过程中的实质不公平，对后发展地区的发展形成了制约。例如，在土地开放强度上，南京土地开发强度为 29.40%（2019 年）、无锡土地开发强度 32.50%（2019 年）、南通土地开发强度为 21.44%（2020 年），土地开发强度都在 21% 以上。[①] 宿迁目前开发强度仅为 15.3%，若按照与苏南和苏中先发展地区相同的力度控制宿迁的土地开发强度，将对宿迁发展形成较大制约。另外，在江苏省高质量考核体系中，并未按照不同区域进行分档次差异化要求。宿迁还处于工业化中前期，新型工业化发展水平较苏南、苏中地区还相对滞后。在大力推进工业化的进程中，宿迁全社会用能需求增长迅速，而由于约束性指标限制，能源消费总量增量空间越来越小，市级层面已无法实现平衡，特别是拟新上重大耗能项目能耗指标作为项目审批的前置条件无法在市内解决，已经严重制约新型工业化进程。

2. 以系统思维认识集成改革创新的重要性

面对上述后发展地区现代化的制约因素，要实现"四化"同步的现代化必须以系统思维推动改革和创新。

系统思维是习近平总书记多次强调的重要思维方法。"四化"同步是一个复杂的系统工程，它不是简单的齐步并走、等量齐升，而是一个深度融合、高度一体化、互促互进、整体提升的过程。首先，对宿迁这样的后发展地区来说，新型工业化的发展对其他"三化"有很强的带动作用。新型工业化是符合当前科技发展特征的工业化过程，因此，新型工业化与信息化本身高度相关；新型工业化的发展不仅本身能带来就业机会，还会给生产性服务业带来更大发展空间，这些都将对城镇化带来很大的推动作用；而农业的现代化本质上就需要用工业的发展方式来发展农业。其次，城镇化的目标是提高城镇的现代化程度，增强其集聚发展要素的能力，这为信息化和新型工业化提供了重要保障；新型城镇化还能为农村城镇化赋能，成为乡村振兴的依托，满足农业转移人口到城镇的安家需求，为农民提供就地市民化的机会和场所，这更是农业现代化发展的目标之一。再次，农业现代化过去是"四化"同步中的短板，其核心原因正是工业化、城市化忽视了农业、农村和农民的发展，农业现代化的核心是要完善农业的经营主体，不管是采用农业龙头企业的模式，还是从农业产业链的角度发展农业，都离不开信息化和新型工业化的支撑；在

---

① 南京市 2019 年的土地开发强度数据来自南京市规划和自然资源局网站；无锡市 2019 年的土地开发强度数据来自 2019 年 3 月 4 日《无锡日报》的新闻报道"无锡加快打造美丽中国样板城市之'净土城市'篇"；南通市和宿迁市 2020 年的土地开发强度数据由宿迁市政府办公室提供。

农业现代化的前提下，农业从业人员的收入水平才能提高，农民的集中居住才能实现，这些又带来了新型城镇化的发展，乡村振兴本就是新型城镇化的一个重要方面。最后，信息化能够为其余"三化"赋能，不管是新型工业化，还是城镇化和农业现代化，都离不开新技术的支撑，信息化本身就是一个技术创新和技术应用的过程。尤其是在新型工业化的过程中，信息化更要发挥重要作用。

要实现"四化"同步，必须坚持系统思维，集成改革创新。在以往，改革往往聚焦于 GDP 增长这一单一目标，使得改革容易形成"单兵突进"的局面。进入现代化经济体系的建设阶段，改革进入"深水区"，各领域各环节改革举措的关联性、耦合性、互动性明显增强，在"四化"同步集成改革过程中，各项工作、各类要素相互交织，牵一发而动全身，只有坚持系统思维，科学统筹，推进各方面改革举措良性互动、协同配合，才能形成强大合力，将集成改革顺利推向前进。要用系统思维来开展"四化"同步的集成改革创新，必须厘清改革与创新的关系。党的十九届五中全会提出以改革创新为根本动力，强调坚持创新在我国现代化建设全局中的核心地位。因此，服务于"四化"同步的集成改革创新实际上是围绕创新进行各个方面的同步改革，以此来推动"四化"同步。

3. 加大开放力度，围绕改革开放创新形成制度集成

2020 年 12 月习近平主持召开中央全面深化改革委员会第十七次会议并发表重要讲话强调，要把深化改革攻坚同促进制度集成结合起来，聚焦基础性和具有重大牵引作用的改革举措，加强制度创新充分联动和衔接配套，提升改革综合效能。目前，实现"四化"同步现代化是宿迁改革攻坚的目标，要实现制度集成，就要求我们紧紧抓住推动"四化"同步发展中的重大牵引性问题，加强顶层设计，围绕其强化各项具体改革措施的联动和衔接配套，实现制度集成。结合宿迁的实际和发展要求，创新就是宿迁推动"四化"同步集成改革的中心，围绕如何整合各方资源全面提升宿迁的创新发展能力为核心，出台"一揽子"的解决方案，同步谋划，一体部署。

（1）以开放发展促进宿迁提升创新力。宿迁现有的创新基础较为薄弱，要提升其创新能力和创新水平，需要加大宿迁对内和对外开放的力度，深化宿迁与科创中心的合作与对接。区域经济学中有中心和外围的概念。就创新发展的能力而言，宿迁无疑处于外围区域。外围与中心对接的要素需转向科技创新要素。当今的科技创新需要将科学新发现转化为可实现的新技术，在这一基本规律下，外围地区与创新中心对接，必然要求作为创新中心的创新型城市主动向外围扩散技术。对于宿迁这样的外围地区而言，其创新驱动离不开与扩散高新技术的创新中心区域实现有效对接。因此，应围绕如何更好地推动宿迁与创新中心对接，出台"一揽子"解决方

案，同步谋划，一体部署，实现制度集成。一是以科教城建设为载体提升宿迁的创新能力。具体来说，宿迁可以围绕科教城建设，构建创新引领的长效机制。通过建立科技创新平台、孵化平台、科技产业创新园区等方式，直接引进一批国际、国内一流的专业研发机构，或者吸引区域内外研究型大学进入园区建立大学研究院，落户产学研协同创新平台。将各类研发中心和科技创新活动引入宿迁，同时加大对高校、科研院所在宿迁转化科技成果的支持力度。围绕产业链部署创新链，围绕创新链布局产业链。二是以联动发展提升宿迁的创新力。建议利用"飞地经济"和"逆飞地经济"模式，实现宿迁与创新中心的联动发展。一方面，将"飞地经济"模式应用到创新力提升上，建立省属高校、科研院所对口帮扶机制，借鉴"南北挂钩"模式共建园区，在宿迁依托现有企事业单位，建设分支机构，在人才引进、技术培训、科研成果转化等方面给予全面合作支持。与省内外院校和科研单位联合共建，搭建种源创新、农业物联网应用、农业生物科技等重大科技创新平台。另一方面，还可以参考"逆飞地经济"模式，由宿迁逆向"飞入"科技、资本、高端人才丰富的发达地区，建立以引资引智为目的的"创新飞地"，探索"研发孵化在飞地，产业化在本地"的经济发展新模式，采用多种途径实现外围和中心创新资源的对接。三是以对外开放提升宿迁的创新力。宿迁目前的开放水平还不高，要充分借助长三角地区高质量一体化建设这一更大的平台，通过开展区域间分工与合作，整合和利用整个区域内的资源和要素促进宿迁开放。通过加大对外开放促进国内外技术、产业、人才资本对接，提升本土企业创新能力。

　　（2）以新基建保障宿迁提升创新力。在当前技术发展的背景下，与信息化有关的创新力是提升重点。宿迁需要抓住新基建的机遇，为信息化快速发展提供资源保障。一是要围绕网络质量全国领先的目标发展信息基础设施。以京东云华东数据中心为样板，加强以5G网络、人工智能、工业互联网、物联网等为代表的新型基础设施建设。以苏北领先的目标保障宿迁"四化"同步示范试点。围绕网络质量全国领先目标，大力实施基础网络建设、感知系统建设、数据归集与共享、公共数据库建设、政务云建设。二是围绕农业现代化需求提升农业数字化基础设施水平。支持数字农业产业园建设，全面建设智慧农业园区；支持宿迁数字乡村全域试点，推动宿迁数字乡村基建提档升级、智慧农业、乡村数字治理等方面加快发展。三是围绕智慧城市需要支持宿迁建设公共数据共享应用试点市。依托京东集团在宿迁投资建设的数据中心，推动省级部门将数据灾备中心、大数据研究中心、创新基地等落地宿迁，同时推动省级数据向宿迁回流；从省级层面推动宿迁加入2021年城市综合管理服务平台建设全国试点市，支持宿迁打造特色鲜明的全国中小城市智慧城市建设标杆。四是围绕京东平台发展融合基础设施。推动与制造业直接相关的生产性服务业走向数字化、智能化，以其强大的算力和具备分布式协同处理的能力助力能源、环境、健康、农业等众多行业实现跨行业、跨领域的科技创新。以壮大新一代信息技术产业和京东生态链产业为重点，聚力发展大数据应用、区块链、软件服务、工业物联网等数字产业。

4. 以企业为主体多渠道吸纳现代发展因素，实现要素集成

2020 年 8 月 24 日，习近平在主持召开的经济社会领域专家座谈会上指出，要发挥企业在技术创新中的主体作用，使企业成为创新要素集成、科技成果转化的生力军。从微观层面看，推动创新引领的"四化"同步集成改革，应以企业为主体，围绕企业发展需求，提升宿迁集聚各类创新要素的能力，实现要素集成。具体包括人力资本要素的集聚、资金要素的集聚和营商环境的改善。

（1）全面提升宿迁集聚人力资本要素的能力。在创新驱动的发展模式中，人力资本是最核心的要素，宿迁作为外围地区与创新中心对接并接受其科技成果辐射，人才是决定对接质量的核心因素。"四化"同步中的任何一"化"都离不开人力资本的支撑。因此，宿迁要围绕如何培养人才、吸引人才、留住人才开展集成改革创新。一是加大对宿迁人才工作的支持力度。建议将宿迁作为省级以上人才政策改革试点城市，推动产才融合、南北合作、资源共享，从政策、资金、载体等方面全方位给予支持，推动人才智力资源向宿迁集聚。二是加强本地人才培养。大力发展本地高等教育机构，创造条件吸引本科院校到宿迁办新校区，同时加大对宿迁学院建设支持力度，协调省内"双一流"高校，对宿迁学院进行精准对接帮扶，尤其针对宿迁创新发展急需的相关学科领域开展重点支持；提高职业培训水平，支持宿迁打造苏北职业教育中心，支持宿迁"一县一高等职业院校"建设；支持京东等龙头企业对本地人才的培养，鼓励本地校企合作，破除人才流动的障碍，促进知识技术在当地的扩散。三是更加主动地搞好各方面人才保障服务。加大科研经费投入力度，强化人才支撑保障，帮助解决好实际问题，为产学研深度融合提供优质高效服务。四是提高城市现代化和城镇城市化水平，提升公共服务的供给能力和供给质量。加大城市基础设施建设力度，在医疗、教育、生态环境等方面加大投入，提高对高端人才的吸引能力。大力推动城乡融合发展。一方面，以放松落户限制、实现同城同待遇、保障性住房供给、保障随迁子女平等享有受教育权利、提高就业能力、拓宽住房保障渠道为切入点，增强城市对农业转移人口的包容性，实现城市劳动力人口的有效补充。另一方面，建立城乡一体的公共基础设施与基本公共服务体系，探索系统规划、建设管理、资源均衡配置以及体系对接的新机制、新模式，增强城乡之间的交通基础设施连接性和公共服务衔接性，优化农村生态环境，持续推动农房改

善，为农业现代化水平提供足够的人力资源保障。

（2）全面提升宿迁集聚资金要素的能力。从企业发展的角度来说，就是要争取更多的企业项目落地在宿迁。除了依靠宿迁自身创新能力的提高吸引各类资金投资本地的创新项目以外，以宿迁当前的发展阶段来说，更重要的还是要依赖引入外来项目。未来，宿迁还应进一步通过集成改革创新，加大各类资金和项目的引入力度。一是设立宿迁建设"四化"同步集成改革示范区发展基金。更好发挥政府投资基金对"四化"同步集成改革示范区建设的赋能作用，提高财政资金使用效益。建议省、市合作设立宿迁"四化"同步集成发展基金，基金规模 100 亿元，其中江苏省财政出资 50%、市（县、区）财政出资 50%，与现有的宿迁市产业发展基金形成合力，更好地满足"四化"同步集成改革示范区建设中重点项目的资金需求。二是用创新的方式完善"南北挂钩"的合作模式。"南北挂钩"政策是江苏创造的，该政策希望通过在苏南苏北不同发展水平的城市间建立挂钩关系，形成先发展城市带动后发展城市协同发展的效应。目前，该政策还有进一步完善的空间。例如，苏南一些地区因为土地开发强度满额，需要上新项目时就向宿迁等苏北地区购买土地指标，这种挂钩方式无法真正起到推动苏北发展的作用，需要做出调整。苏北地区缺少的是工业化项目，因此可以采取有效的方式做足"飞地经济"文章。通过GDP、税收等方面的适当分享制度安排，鼓励和吸引更多的"飞地经济"在宿迁落地生根，甚至可将其进一步扩展至跨省园区联动建设。对那些受到土地约束无法落地项目的发达城市，可以考虑让项目总部设在发达地区，把生产基地放到宿迁，实现联动发展。当然，宿迁对进入的项目需要进行选择，特别要重视其环保指标是否符合绿色发展的要求。三是以涉农领域重点平台建设带动农业生产工业化。在国家级现代农业产业园区、国家级特色农业产业集群、省级现代农业示范园、国家级农业产业强镇申报中争取省级政府的名额支持，由此吸引更多的农业投资和项目落地宿迁。四是积极组建专门的招商队伍，完善招商机制。通过集成改革打造制度型开放高地，在信息不对称的条件下，并不必然会导致优质和高端生产要素的流入。因为营商环境可能非常优越、制度质量可能非常完善，但是外部企业和人才等不一定了解和掌握相关的政策信息。尤其是在各地区招商引资的激烈竞争中，更加需要我们及时总结和宣传改革开放的做法和经验，向可能入驻宿迁的企业或者来宿迁创业的各类人才精准推送各类优惠政策性信息，构建"面对面"政企沟通渠道。在构建制度型开放高地的基础上，通过加大招商引资力度，吸引和集聚各类生产要素和产业项目，为此需要推进招商机构改革，打破以往招商促进主要由政府部门担当的传统模式，可以考虑探索投资促进由专业化企业运作的市场化模式，创新考核激励机制，培育专业化国际化的投资促进和企业服务队伍，加快"走出去"步伐，实现外资招商新突破。通过政府部门和投资促进的专业化企业联合，开展全球性委托招商、专业招商、联合招商，深化国际合作。

（3）不断优化宿迁的营商环境。良好营商环境的建立一方面要依靠政府服务意识的提升，为企业提供良好的经营环境；另一方面也要依靠政策支持和创新，为企业提供良好的政策环境。要优化企业营商环境，一是应建立政府与企业间良好的信息沟通机制。通过定期举办企业家座谈会、论坛，推动企业家交流合作和企业创新发展。具体来说，建议定期或不定期地举办全区民营经济发展座谈会，认真听取企业家汇报。建议管理部门对口联系一家或者多家企业和行业商协会，了解企业发展的困惑和遇到的难题；摸清企业需求，建立"一站式"服务制度，推动行政审批整合，落实"让企业只跑一趟"服务。认真研究解决项目建设中存在的问题和困难，确保招商引资项目引得来、留得住、发展得好。二是应大力推进信用体系建设。在招商引资承诺、行政许可决定等事项上不断完善政府诚信机制。鼓励企业诚信生产合法经营，建立企业信用监督大数据，严格落实企业红黑榜制度，加大对失信企业的惩戒力度，营造公平公正的经营环境。三是强化监督问责。建议将营商环境列入年度考核内容，把营商环境建设上升到法律层面，对破坏营商环境的单位和个人严肃查处，造成重大经济损失的，要追究刑事责任。采取多项举措改善营商环境，提振民营企业经营信心，释放发展活力，确保民营经济不断发展壮大。

5. 有效市场和有为政府结合，实现政策集成

所谓政策集成，就是运用系统思维对各类政策进行整合，加倍释放能量，实现政策效果质的提升。宿迁开展集成改革，说到底是要通过政策集成来推动其实现"四化"同步。从宿迁内部来说，政策集成重点要提高各领域的政策协调度，打通部门壁垒，达到"1＋1＞2"的政策效果。从更大的范围来看，实现政策集成是要围绕宿迁建设"四化"同步示范区这一关键目标，协调和优化各类可能影响宿迁发展的外部政策，为宿迁实现"四化"同步创造更好的政策环境。

（1）在政策集成中发挥有效市场和有为政府这一调控模式的优势，推动宿迁建设"四化"同步集成改革示范区，以此为前提和目标推动政策集成。现代化的国家治理体系是现代化经济体系的一个重要组成部分。宿迁作为后发展地区，其实现现代化的道路上离不开政府作用的发挥。宿迁建设的"四化"同步是社会主义的"四化"同步，实现公平正义以及推动公共服务城乡、区域均等化都需要政府的推动；宿迁作为后发展地区，很难像先发展地区那样依靠市场力量实现要素集聚，必须是政府与市场共同发力；宿迁目前的市场发育还不够完善，同样需要政府在培育市场机制中发挥重要的作用。只有有效市场和有为政府相结合，充分发挥政策的作

用，才能更快地通过集成改革创新推动宿迁实现"四化"同步。

建议江苏省委、省政府尽快明确支持宿迁建设"四化"同步集成改革示范区，这是宿迁依靠政府和市场的合力实现"四化"同步发展的前提条件。在不违背国家法律法规的前提下，要允许和支持宿迁采取比其他地区更加灵活的政策，支持宿迁大胆试、大胆闯。

（2）在政策设计上坚持公平与效率同步原则，兼顾先发展地区和后发展地区处于不同发展阶段的差异。一方面，应加大发展政策的倾斜力度，尤其是结合宿迁财政实力较弱的现实状况，给予更大力度的财政支持和支撑。建议出台财力差额均衡性转移支付政策，对宿迁基本公共服务补助比例提高到80%，同时对宿迁与苏北人均财力水平的差额部分给予均衡性转移支付补助。出台对宿迁税收返还的支持政策，地方财政收入及税收的省集中部分①全额返还，用于支持地方经济发展。宿迁的宿豫、宿城两区农业占比大、农村人口多，建议给予宿豫区、宿城区在相关财政省级补贴方面不低于县域的同等待遇。另一方面，在限制类政策上遵循公平、共同但有区别责任的原则。改变过去那种将后发展地区和先发展地区按照同一个标准和要求来制定政策的方式，围绕后发展地区实现跨越式发展的要求来制定政策。举例来说，与苏南地区相比，宿迁的土地开发强度相对低，继续承载产业项目发展的空间和潜力大。在开发强度较高的地区，现代化建设要求实现产业升级、生产要素的再流入、新型产业项目的再开工，必然意味着原有产业或企业与新引进产业或企业的腾换关系，从而面临着高额的转移成本。但是，对于宿迁这样的后发展地区来说，在很大程度上可以避免产业转型升级的腾换成本，从而使原有的劣势转变为新发展优势，能够在新一轮经济全球化发展背景下，吸引和集聚高端和创新生产要素，以高起点和出类拔萃的开局方式，直接实现产业高级化发展，推动"四化"同步，实现协调发展。对此，江苏省委、省政府对宿迁这类开发强度低的地区给予支持的重要途径就是适当提高其土地开发强度指标。若能将宿迁的土地开发强度指标提高到江苏省的平均水平，就可以释放出较大的发展空间。另外，宿迁具有良好的生态环境，在坚持绿色发展原则的基础上，宿迁仍存在一定的环境容量。从 GDP 的绿色程度来看，以人均 GDP 为标准确定发展阶段，与同一发展阶段的苏州、南京以及徐州相比，② 宿迁单位 GDP 对应的废水、二氧化硫以及工业烟尘排放量都处

---

① 我国的财政收入（包括税收收入）采用分级入库的办法，即财政收入在缴入国库时，按政策规定的比例分别缴入中央金库、省级金库、市县金库。在分级入库的基础上，绝大多数省级财政还会对市县财政进行集中，将缴入下级财政国库的税收收入划出一定比例归入省级财政，这部分通常被称为"税收的省集中部分"。

② 按照人均 GDP 为标准确定发展阶段，2020 年的宿迁与 2006 年的苏州、2010 年的南京和 2015 年的徐州具有可比性。相关数据来自江苏省各地级市统计年鉴。

于相当低的水平。若是能结合宿迁的发展实际，在不影响宿迁生态环境的基础上，适当提高环境容忍度，适当降低宿迁单位 GDP 能耗下降率要求，有利于宿迁加快推进工业化进程，带动其他"三化"发展。

（3）补开放型经济短板，实现开放政策的联动和延伸。宿迁作为江苏对外经济的"洼地"，同时也是对外开放政策的"洼地"。宿迁的开放必须在体制机制上有所创新。主要路径是在争取国家和省级政府的支持下，对接和联动省内已经获得的优惠政策，实现各类政策在宿迁的延伸，培育开放发展竞争新优势。一是积极推动对外的平台和载体建设，做好联动大文章。以联动发展思路做大做强开发区。进一步支持宿迁采用"园中园、委托管理、投资合作"模式与长三角中心区城市共建合作园区，放大南北共建带动效应。加强与自贸区联动发展。特别是促进苏宿工业园区与苏州自贸区联动发展。积极开展工业企业资源集约利用平台建设，基于 GIS 技术和大数据分析技术，构建园区内工业企业资源集约化利用管理体系。与此同时，扩大园区与自贸区联动发展范围，凡是在江苏各类开发区的各项开放政策，都可以在宿迁实施和试验，尤其要将江苏在自贸区内实施的各种开放政策，通过联动发展形式在宿迁实现同步落地。二是积极参与"一带一路"建设。江苏是国家"一带一路"建设的交汇点，"一带一路"交汇点要想真正发挥支撑作用，必须沿江、沿大运河、沿淮河真正联通起来。而宿迁是黄河故道和大运河的流经地，本身就是一个重要的节点。因此，宿迁还可以通过积极参与"一带一路"建设，实现与其他区域的互联互通。具体来说，通过加强与"一带一路"沿线国家的国际产能合作，支持企业与相关国家机构合作，参与建设境外经贸合作区、产业合作区等；在对内畅通方面，将沿江、沿大运河、沿淮河地区真正联通起来，建成"一带一路"的重要节点。三是积极用好周边地区的开放平台和载体。用整合利用全球要素和资源的眼光，通过利用周边资源破解宿迁高水平开放的约束。积极联动连云港"海港"、徐州"陆港"、淮安"空港"，把"物流三角"的优势转化为宿迁发展可利用的宝贵资源。目前，宿迁尚没有二类口岸，但是可以借助连云港自贸区建设带来的机遇，充分与连云港地区展开合作，将连云港的口岸功能延伸至宿迁。四是积极以跨境电商为抓手发展外贸新业态。以宿迁建设跨境电商综合试验区为契机，加大企业、平台培育力度。抓住建设跨境电商综合试验区的战略机遇，充分利用京东平台，大力促进跨境电商发展，促进电子商务大发展，推动内外贸一体化发展。

（4）围绕"四化"同步示范，争取政策支持，解决发展痛点。一是加强交通基础设施建设，改变交通被边缘化的局面。打通宿迁的对外交通、打造便利的区位环境是宿迁实现"四化"同步的重要环节。在高铁建设上，要围绕加快融入南京1.5 小时高铁圈，加快宿迁高铁建设步伐，实现宿迁与南京、连云港之间的快速铁路联系，加快合宿新铁路、淮沭新铁路以及连宿蚌铁路建设。在航道建设上，打造海河联运枢纽，利用水运、铁路向西辐射，构建以宿迁为物流中转枢纽的中西部地区出海新通道。在公路建设上，进一步缩短宿迁与长三角地区重要城市的时空距离。二是加快口岸建设，改变开放经济的"洼地"状态。宿迁开放经济发展水平低与宿迁缺乏开放口岸有一定的关联。未来希望能依托运河宿迁港及市域铁路，创建具有国际营商环境竞争力的宿迁对外开放窗口和平台，推动宿迁加快实现"四港联动"，支持宿迁运河港加强与徐州国际陆港、连云港海港、淮安空港互为支撑的"物流金三角"协作分工、联动发展，助推宿迁深度融入长三角一体化等国家发展战略。

四、以新型工业化推动宿迁建设"四化"同步集成改革示范区

（一）加快推进新型工业化建设是宿迁实现现代化的必由之路

经过近 30 年的发展，宿迁已快速成长为苏北地区重要的制造业增长极。但是，由于宿迁工业化的基础十分薄弱，从整体水平看，目前宿迁正处于工业化中前期阶段，并在向工业化后期过渡。在整个江苏省，宿迁的工业化水平相对而言仍处于"洼地"。

江苏省最新公布的"十四五"规划纲要中指出，要聚力打造制造强省，还提出了保持制造业增加值占比基本稳定的目标。从江苏省工业化的发展状况看，南强北弱的状况十分明显。据此，规划中强调，要加强苏南苏北产业转移合作，共建优势产业链，构建制造业转移利益分配机制。可见，处于不同工业化水平基础上的省内各城市，未来的工业化发展战略应有所区别。例如，苏州这种工业化发展水平较高的城市，其核心目标是保持制造业增加值的占比相对稳定。而对宿迁这种工业化相对落后的城市，则仍需坚定不移地加速推进新型工业化建设，补工业化的课。这在宿迁制定的"十四五"规划纲要中也有明确体现。这对宿迁乃至江苏省推进"四化同步"集成改革，率先实现全面现代化具有重要的意义。

1. 新型工业化的评价方法与标准

西方发展经济学家钱纳里（1989）认为工业化一般可以由国内生产总值中制造业份额的增加来度量，这实际上仅把工业化看成了一个结构转化的过程。在此基础上提出的"钱纳里标准"主要依靠工业发展带来的经济效益（人均 GDP）和经济

结构变化，对一国的工业化阶段进行评价。国内一些代表性的工业化阶段的评价方法（陈佳贵等，2007；黄群慧等，2020）便是基于这一标准展开的。

中国发展经济学奠基人张培刚（2002）最早把工业化定义为国民经济一系列基本生产函数连续发生变化的过程，他用熊彼特的创新理论揭示工业化的特征。新型工业化是指以信息化带动工业化的跨越式发展，工业经济领域技术贡献的提升，在人口、资源、环境协调发展的基础上实现工业化，以充分就业为先导，强调工业化的连续性和阶段性，强调工业经济增长方式的转变（任保平和洪银兴，2014）。可见，传统对工业化的评价标准中忽视了新型工业化中信息化和技术进步带来的创新驱动效应，以及新型工业化对资源和环境协调发展的要求。据此，本书在已有研究基础上构建了涵盖经济效益、结构升级、创新驱动、绿色发展四个维度的新型工业化评价指标体系（见表 12 - 1），对地区的新型工业化发展水平开展了全面的评价。

表 12 -1 　　　　　　　　　　　　新型工业化评价指标体系

评价指标			前工业化阶段	工业化实现阶段			后工业化阶段
				初期	中期	后期	
经济效益	人均 GDP（美元）	2004 年	720 ~ 1 440（含）	1 440 ~ 2 880（含）	2 880 ~ 5 760（含）	5 760 ~ 10 810（含）	>10 810
		2010 年	827 ~ 1 654（含）	1 654 ~ 3 308（含）	3 308 ~ 6 615（含）	6 615 ~ 12 398（含）	>12 398
		2019 年	956 ~ 1 912（含）	1 912 ~ 3 824（含）	3 824 ~ 7 648（含）	7 648 ~ 14 353（含）	>14 353
	恩格尔系数（%）	城镇	35 ~ 40	35	≈30	≈25	≈20
		农村	45 ~ 50	45	≈40	≈30	≈25
结构升级	三次产业产值结构(%)		A > I	A > 20 且 A≤I	A≤20	A≤10，且 I > S	A≤10，且 I < S
	制造业占总商品增加值比重(%)		<20（含）	20 ~ 40（含）	40 ~ 50（含）	50 ~ 60（含）	>60
	城镇化率(%)		<30（含）	30 ~ 50（含）	50 ~ 60（含）	60 ~ 70（含）	>70
	农业就业人口比重(%)		>60（含）	45（含）~ 60	30（含）~ 45	10（含）~ 30	<10

续表

评价指标		前工业化阶段	工业化实现阶段			后工业化阶段
			初期	中期	后期	
创新驱动	全员劳动生产率(万元/人)	<5(含)	5~10(含)	10~15(含)	15~25(含)	>25
	全社会 R&D 占 GDP 比重(%)	<0.5(含)	0.5~1(含)	1~2(含)	2~2.5(含)	>2.5
	高新技术产业产值占比(%)	<15(含)	15~20(含)	20~30(含)	30~40(含)	>40
绿色发展	万元 GDP 消耗标准煤(吨)	>1.2(含)	1(含)~1.2	0.7(含)~1	0.5(含)~0.7	<0.5
	工业废水处理达标率(%)	≈90	≈92	≈96	≈98	100%

注：（1）A、I 和 S 分别表示第一产业、第二产业和第三产业增加值在 GDP 中所占比重。（2）总商品增加值用第一产业和第二产业增加值之和表示。（3）经济效益和结构升级指标不同阶段标志值划分标准参考陈佳贵等（2007）的研究。（4）创新驱动和绿色发展指标对应的工业化不同阶段标志值确定方法如下：以 R&D 投入强度，即 R&D 投入占 GDP 比重指标为例，本书根据 WDI 数据库中公布的数据，计算了低收入国家、中低收入国家、中等收入国家、中高收入国家、高收入国家的平均 R&D 投入强度，将其依次对应工业化五个阶段的 R&D 强度标志值；同时，使用 OECD 国家和美国的 R&D 强度平均值补充验证后工业化阶段的 R&D 强度标志值。（5）2010 年人均 GDP 指标标志值参考黄群慧等（2020）的研究。2019 年人均 GDP 标准以 2004 年人均 GDP 为基期，以美国 GDP 平减指数为年增长率折算到 2019 年。

2. 宿迁工业化进程的基本判定：工业化实现阶段由中期向后期过渡

本书采用 2019 年各项数据对江苏省以及苏北五市的新型工业化进程进行了测度，结果如表 12-2 所示。对照表 12-1 可见，在宿迁的 12 项指标中，处于工业化实现阶段中期和后期的指标均为 5 项，2 项指标处于后工业化阶段。[①] 综合看来，宿迁基本处于工业化实现阶段的中期向后期过渡状态。也就是说，宿迁目前仍处于实现工业化的进程之中，加速推进宿迁的新型工业化建设正逢其时。

---

① 其中，三次产业结构为 1 个指标，城市和农村的恩格尔系数为独立的 2 个指标。

表 12 – 2　　　　　　江苏省与苏北五市新型工业化评价指标体系

评价指标			连云港	淮安	盐城	徐州	宿迁	江苏
经济效益	人均 GDP（美元）		10 078	11 386	11 473	11 762	8 960	17 918
	恩格尔系数（%）	城镇	31.2	29	28.3	30.3	32.1	25.5
		农村	31.5	30.3	28.9	29.5	33.0	26.2
结构升级	三次产业产值结构（%）	第一产业	11.6	10.0	10.9	9.5	10.5	4.3
		第二产业	43.4	41.8	41.6	40.4	42.7	44.4
		第三产业	45.0	48.2	47.5	50.1	46.8	51.3
	制造业增加值占总商品增加值比重（%）		54.2	61.4	60.0	59.3	64.8	73.1
	城镇化率（%）		63.6	63.5	64.9	66.7	61.1	70.6
	农业就业人口比重（%）		30.4	26.8	22.1	22.1	29.4	15.5
创新驱动	全员劳动生产率（元）		13 万	14 万	13 万	15 万	11 万	21 万
	R&D 占 GDP 比重（%）		2.01	2.10	2.10	1.76	1.81	2.72
	高新技术产值占比（%）		40.5	24.3	37	41.6	31.6	44.4
绿色发展	万元 GDP 耗标准煤		0.49	0.26	0.24	0.36	0.16	0.23
	工业废水处理达标率（%）		100	98	96	97	98	98

注：除宿迁的高新技术产值占比为 2020 年数据外，其余皆为 2019 年数据。

资料来源：江苏及各地级市统计年鉴以及国民经济和社会发展统计公报、政府工作报告等公开资料。

（1）工业化水平发展迅速，但整体经济效益仍有提升空间。经过 20 多年的发展，宿迁的工业化水平有了明显起色。图 12 – 1 展示了 2010 ~ 2020 年宿迁市、苏北地区和江苏省的工业增加值增速变化趋势。可以看到，江苏省、苏北和宿迁的工业增加值增速在样本期内均有所回落，但宿迁的工业增长速度始终高于苏北地区和江苏省的整体水平。特别是 2017 年以来，苏北的工业增加值增速由原先高于江苏省水平滑落为低于江苏省水平，但宿迁的工业增加值增速仍旧保持高于江苏省的水平。尤为难得的是，面对新冠疫情冲击，2020 年宿迁工业增加值增速逆势上升，达到 7.8%，位居江苏省首位。

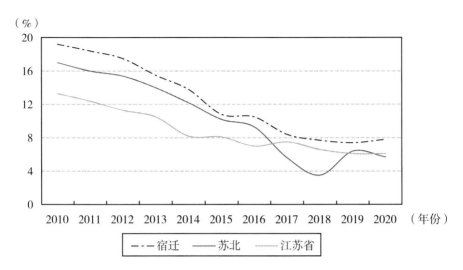

图 12 - 1　2010～2020 年宿迁、苏北地区和江苏省工业增加值增长率

资料来源：历年《江苏统计年鉴》。

　　虽然宿迁的工业增速成绩喜人，但由于工业基础薄弱，整体的经济效益仍不容乐观。首先，工业整体规模仍然偏小。2020 年，宿迁的工业增加值总量仅占江苏省总量的 3%左右，宿迁工业规模与苏北地区其他城市之间的差距虽有所缩小，工业增加值占苏北地区工业增加值的比例上升至 14.1%，但总量仍排在末尾。在整个国民经济体系中，宿迁的第二产业增加值占比为 42.7%，低于江苏省 44.4%的水平。从工业发展的规模水平来看，宿迁刚刚跨入工业化中期的门槛。其次，受工业发展不足影响，人均收入水平处于江苏省低位。2019 年宿迁人均 GDP 仅为 8 960 美元，位居江苏省末位，也低于全国 10 276 美元的平均水平，仅为江苏省 17 918 美元的人均 GDP 水平的 50%。依据工业化发展阶段的划分，宿迁的人均收入刚刚越过工业化实现阶段后期的底限水平。最后，工业发展不足制约了居民消费能力，这反过来也影响了消费力对宿迁实现新型工业化的支撑。恩格尔系数通过计算居民购买食物的支出占总支出的比重来衡量一个地区的消费水平和现代化水平。通常来说，经济越不发达，恩格尔系数值就越大。宿迁城乡居民的恩格尔系数近年都有明显下降。其中，城镇居民恩格尔系数从 2010 年的 37.9 降至 2019 年的 32.1，农村居民的恩格尔系数从 2010 年的 42.9 降至 2019 年的 33.0。在消费结构改善的同时，城乡差距也有所缩小。但是，横向比较来看，宿迁城乡居民的恩格尔系数在苏北五市中均排名末位，占人口数量比例更高的城镇居民的恩格尔系数仍处于工业化实现阶段的中期水平。

　　（2）经济结构有所优化，但工业与服务业仍需提升协调发展程度。如前文所述，在"钱纳里标准"中，经济结构的升级是评价工业化水平的一个重要标准。除了产业结构外，工业内部结构、空间结构（城镇化）、就业结构都能体现经济结构的变迁。

图 12 - 2 显示了宿迁第一产业产值和从业人数占比的变化趋势，可以看到，2010 ~ 2019 年，上述两项指标均处于持续下降状态。这表明产业结构和就业结构持续处于优化趋势。但从表 12 - 2 来看，2019 年宿迁的第一产业占比仍高于 10%，农业的就业人口占比则接近 30%，均处于工业化实现阶段的中期偏后期水平。此外，2019 年城镇化率为 61.1%，同样刚刚越过工业化实现阶段后期的底限水平，且在苏北五市中排名最末。受资源禀赋影响，宿迁的采矿业规模很小，使其制造业在总商品增加值中的占比相对较高，该项指标在苏北五市中列于第一，但仍远低于江苏省的平均水平。由此可见，宿迁仍需进一步优化其经济结构。

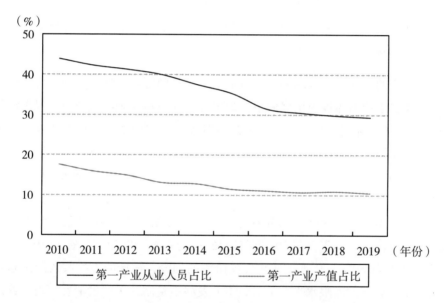

图 12 - 2 2010 ~ 2019 年宿迁第一产业发展情况

资料来源：历年《宿迁统计年鉴》。

本书认为，加快推进新型工业化建设，实现第二产业与第三产业的协调发展，是宿迁进一步优化经济结构的重要抓手。世界主要发达国家成长为世界强国，无一不是依靠制造业的强大。随着这些发达国家进入后工业化时代，世界强国牢牢占据产业链、价值链的高端环节，服务业比重也持续上升，其制造业比重经历一段时间下降后，基本保持稳定，进入新的平衡点。中国经过几十年的发展，目前已成为制造大国，但同时也存在制造业大而不强、迫切需要转型升级的问题。正是在这一背景下，"十四五"规划中明确提出要保持制造业比重基本稳定。作为传统的制造业大省，江苏省在其"十四五"规划中更是提出要聚力打造制造强省，保持制造业增加值占比基本稳定的目标。

众所周知，江苏省经济的区域不平衡现象较为突出。在南强北弱的经济发展格局下，苏南和苏北地区在推进新型工业化的进程中，应形成区域合作、优势互补、差异发展、协调共赢的格局。以苏州、无锡、常州为代表的苏南城市，工业化基础本身就较强。以苏州为例，如图 12 - 3 所示，改革开放以来很长一段时间，苏州第二产业增加值占比一直保持在 50% ~ 60%；强大的工业基础带动地区经济快速发展，苏州第三产业占比随之上升，第一产业占比则不断下降；直到2005 年后，在第三产业不断发展、第一产业占比已经较低的情况下，苏州的第二产业增加值占比才开始下降，并逐渐被第三产业超越。可以说，苏州工业化的发展路径基本符合先进地区工业发展的普遍规律，也与表 12 - 1 中按照"钱纳里标准"设定的工业化发展进程一致。在苏州这类工业化水平已经较高的城市，其核心目标是在保持第二产业占比相对稳定的基础上，推动转型升级。

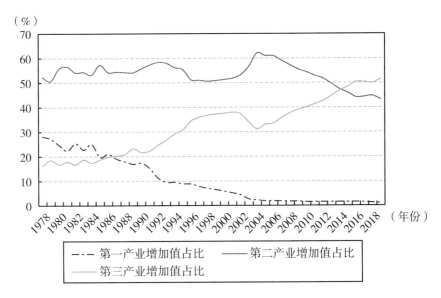

图 12 - 3　1978 ~ 2018 年苏州的工业化进程

资料来源：历年《苏州统计年鉴》。

对于宿迁这类工业基础较为薄弱、人均 GDP 水平较低的城市，其当前发展工业的目标与思路应与苏州这样的城市形成差异。从宿迁实现新型工业化的现实需要出发，其服务业的发展应建立在工业发展水平不断提升的基础上。在工业化尚未进入较高水平的时期，应力求实现服务业占比上升的同时，工业占比稳中有升。

图 12 – 4 展示了 2010 ~ 2019 年宿迁的工业和服务业占比变化趋势。可见，在 2014 年之前，宿迁的服务业和工业均保持上升趋势，工业占比的上升甚至快于服务业的上升；但在 2014 年之后，工业占比的上升势头便有所扭转。按照表 12 – 1 给出的参考值，随着工业化进程不断加深，第一产业占比应逐步下降，当降至 10% 后进入工业化实现阶段的后期，此时第二产业占比应高于服务业占比，直至进入后工业化时期后，服务业占比才会超过工业占比。而表 12 – 2 数据显示，宿迁目前的第一产业占比仍高于 10%，第二产业占比却已略低于服务业。可见，加速推动新型工业化建设，实现宿迁制造业占比稳中有升是当前的重点。目前，宿迁的制造业增加值占比约为 33%，在最新公布的宿迁市"十四五"规划中，该占比值的目标被设定为 36%，这符合宿迁的发展需要。

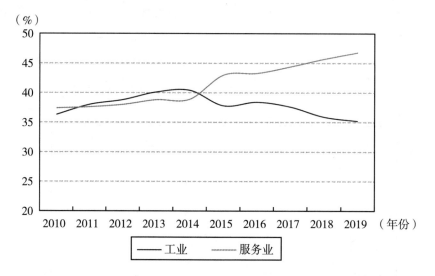

图 12 – 4　2010 ~ 2019 年宿迁工业和服务业占比变化趋势

资料来源：历年《宿迁统计年鉴》。

（3）创新驱动有所增强，但创新能力亟待提升。近年来，宿迁市大力推进高新技术产业发展，推动传统工业化转型升级。"十一五"期间的 2009 ~ 2010 年，宿迁高新技术产业产值平均增速达到 48.5%，显著高于江苏（21.9%）和苏北（39.9%）。2010 年，宿迁高新技术产业产值年增幅达到历史高位的 56.1%，显著高于同时期江苏的 27.6% 和苏北的 43.6%。"十二五"时期，宿迁高新技术产业总产值依然保持着较高的增速。"十三五"时期，在江苏省高新技术产业产值增幅均出现下降的大背景下，2016 年宿迁高新技术产业产值仍然保持了 18.5% 的同比增幅，同样高于江苏（8.6%）和苏北（14.3%）（见图 12 – 5）。

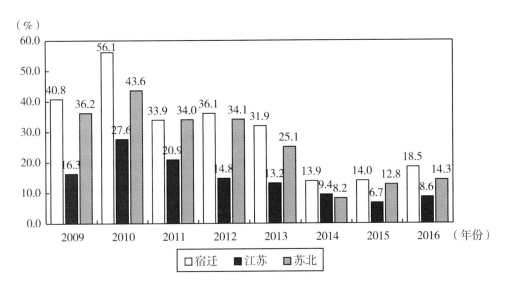

图 12 – 5　2009～2016 年宿迁、苏北地区及江苏高新技术产业产值增长率

资料来源：历年《江苏统计年鉴》。

虽然近年来宿迁的高新技术产业发展迅速，但其科技综合实力仍相对偏弱，从创新驱动的角度看，与新型工业化发展目标之间仍有一定差距。一是全员劳动生产率水平仍然较低，劳动力要素投入产出比仍需提升。2019 年，宿迁全员劳动生产率为 11 万元，低于全国平均水平（11.05 万元），同样低于苏北其他城市，仅是江苏省平均水平（21 万元）的一半。从工业化阶段全员劳动生产率的标志值看，宿迁市以及苏北五市的全员劳动生产率均仍处于工业化实现阶段的中期。江苏平均全员劳动生产率为 21 万元，也依然处于工业化实现阶段的后期，与后工业化阶段 25 万元以上的标志值存在一定差距。①

理论上，影响劳动生产率的因素主要有人力资本、劳动参与率和技术进步。宿迁市整体劳动力结构依然处于人口红利的"窗口期"，然而，大量的年轻劳动力外流、外地高端人才招引困难严重制约着宿迁市人力资本的积累，造成其劳动生产率整体处于较低水平。

二是研发经费支出占 GDP 比重较低。后工业化阶段全社会 R&D 投入占 GDP 比重应超过 2.5%，工业化实现阶段后期全社会 R&D 投入占 GDP 比重也须达到 2% 左右。纵观苏北五市 2019 年全社会 R&D 投入占 GDP 比重可以发现，徐州、盐城、淮安、连云港全社会 R&D 投入占 GDP 比重分别为 1.76%、2.1%、2.1%、2.02%，

---

① 黄群慧等（2020）分析认为，江苏在创新驱动、高附加值产业以及"卡脖子"技术突破领域存在劣势。

宿迁为 1.81%，江苏省平均水平为 2.72%，全国平均水平为 2.19%。从工业化阶段 R&D 标志值看，在江苏省全社会 R&D 投入较高的背景下，宿迁市全社会 R&D 投入比重仅略高于徐州市，未达到工业化实现阶段后期 2% 以上的门槛值。

三是高新技术产业产值占工业总产值比重较低。2020 年，宿迁市高新技术产业产值占工业总产值的比重为 31.6%，刚好迈入后工业化实现阶段后期 30% 以上的门槛值。但相对而言，该占比水平不仅远低于江苏省 44.4% 的平均水平，也与邻近的徐州、连云港、盐城等城市存在一定差距。

（4）绿色发展是亮点，可以借此构建区域协调发展机制推进新型工业化。工业基础较为薄弱虽然使宿迁经济发展相对落后，但也使其避免了早期工业化过程中形成的高污染问题。"江苏生态大公园"目前已经成为宿迁一张重要的城市名片。从绿色发展的相关指标来看，宿迁目前的万元 GDP 消耗标准煤仅为 0.16 吨，低于江苏省的平均水平；工业废水处理的达标率达到 98%，与江苏省平均水平持平。

如前所述，宿迁的绿色发展指标表现较好，与其前期工业发展较为薄弱有关。但本章认为，这更多体现出未来宿迁作为发达省份后发展城市的优势。一方面，宿迁在新型工业化的道路上，可以避免重走苏南城市先污染后治理的老路，在主导产业的设定、重点企业的引进上有选择地规避高污染行业、高污染企业，坚持绿色发展的方向。另一方面，与苏南发达地区相比，宿迁的环境容量相对更大。从公平发展的角度，宿迁可以争取环境方面的政策支持，在确保绿色发展方向不变的基础上，加强与苏南发达地区的产业转移合作力度，共建优势产业链，推动宿迁更快实现新型工业化。

（二）加快推进宿迁新型工业化建设对江苏实现全面现代化意义重大

1. 发达省份后发展城市的赶超历程

"十二五"以来，宿迁无论是经济总量还是人均 GDP 都实现了快速增长。2011 年，宿迁市 GDP 年增长率达到 10.1%，距离苏北平均水平（15.9%）还有 5.8 个百分点的差距，同样低于江苏省的 GDP 同比增速（15.7%）。2012 年宿迁市 GDP 增速达到 13.8%，显著高于苏北（12.2%）和江苏（9.2%）。2011～2015 年的"十二五"时期，宿迁 GDP 年均增速达到 11.9%，高于苏北（11.6%）和江苏（10.0%）。"十三五"时期，宿迁 GDP 仍保持了年均 8.0% 的增速，高于苏北"十三五"时期的 GDP 年均增速（7.8%）。2011～2019 年，宿迁市 GDP 平均增速达到 10.1%，分别高出苏北和江苏 0.3 个和 0.8 个百分点（见图 12-6）。

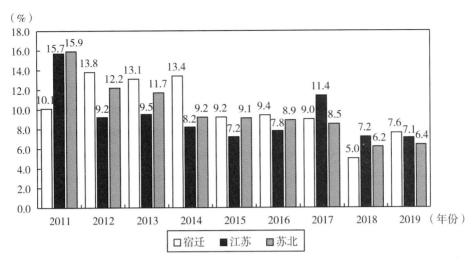

图 12 - 6　2011～2019 年宿迁、苏北及江苏 GDP 年增长率
资料来源：历年《江苏统计年鉴》。

从人均 GDP 年增长率来看，2011 年宿迁人均 GDP 年增长率为 9.7%，低于江苏（15.3%）和苏北（16.1%）。2012 年，宿迁人均 GDP 增速达到 12.5%，高于江苏（8.9%）和苏北（12.2%）。2011～2015 年的"十二五"时期，宿迁人均 GDP 年均增速达到 11.5%，高于江苏（9.7%），略低于苏北（11.7%）。2016～2019 年，宿迁人均 GDP 年均增速为 7.4%，虽低于江苏（8.1%），但与苏北人均 GDP 年均增速持平。2011～2019 年，宿迁市 GDP 平均增速达到 9.6%，显著高于江苏（9.0%）（见图 12 - 7）。

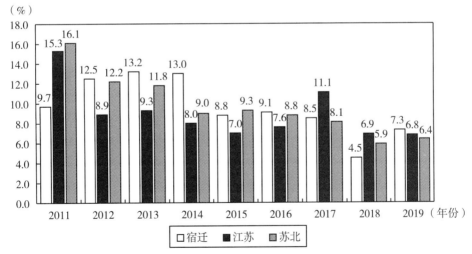

图 12 - 7　2011～2019 年宿迁、苏北及江苏人均 GDP 年增长率
资料来源：历年《江苏统计年鉴》。

2. 宿迁加速推进工业化与江苏全面实现现代化紧密相关

2011 年以来，宿迁市加速工业化进程，经济发展、工业规模和经济结构转型推进均进入加速发展期。接下来，本章进一步通过计算江苏 GDP 和苏北 GDP 的标准差，利用相关系数分析，研究苏北五市 GDP 对江苏 GDP 标准差与苏北 GDP 标准差的相关性，比较论证提升苏北五市 GDP 对江苏实现 GDP 同步增长和苏北共同富裕的意义。我们结合新型工业化指标评价体系，搜集 1996～2019 年江苏 13 个地级市的相关数据进行分析。

第一，推动宿迁经济增长能够有效提升江苏整体 GDP 和苏北的 GDP 水平，也能有效缩小江苏区域发展差距。从表 12－3 可以看出，宿迁 GDP 与江苏、苏北 GDP 和人均 GDP 之间均存在显著的正相关性。对比苏北五市 GDP 与江苏和苏北 GDP 的相关系数可以看出，一方面，尽管宿迁 GDP 与江苏和苏北 GDP 相关系数绝对值小于苏北其他四市，但宿迁 GDP 的提升会直接促进江苏和苏北 GDP 以及人均 GDP 的提高；另一方面，宿迁 GDP 与缩小江苏区域经济发展差距有较强的负相关性，并且这一负相关系数绝对值显著高于苏北其他四市。因此，我们可以推断，加速提升宿迁市经济增长速度，可以有效缩小苏北区域内部和江苏 13 个地级市之间的经济发展差距。

表 12－3　　　苏北各市 GDP 与缩小江苏经济发展差距的相关系数结果

地区	江苏	苏北	江苏	苏北	江苏	苏北
	GDP	GDP	GDP 标准差	GDP 标准差	人均 GDP 标准差	人均 GDP 标准差
宿迁	0.996*	0.999*	－0.302*	－0.799*	－0.949*	－0.910*
徐州	0.999*	0.999*	－0.259*	－0.767*	－0.936*	－0.909*
淮安	0.997*	0.999*	－0.286*	－0.780*	－0.933*	－0.903*
盐城	0.996*	0.999*	－0.264*	－0.765*	－0.943*	－0.906*
连云港	0.998*	0.999*	－0.284*	－0.762*	－0.938*	－0.902*

注：使用纵列苏北各市 GDP 与横列江苏及苏北 GDP 相关指标进行 Pearson 相关系数分析。＊表示在 10% 的水平上显著。

资料来源：江苏及各地级市 GDP 数据来自 CNKI 中国经济社会大数据研究平台，数据时间范围为 1996～2020 年，部分缺失数据来自《江苏统计年鉴》及各地级市统计年鉴。

第二，加速推进宿迁新型工业化能够显著缩小宿迁与江苏工业化发展之间的差距，也能够缓解苏北区域内部工业化发展的不平衡性。从表 12－4 可以看出，苏北五市中，只有宿迁第二产业劳动生产率的上升能显著缩小江苏省内各地级市之间第二产业劳动生产率的差距。与此同时，宿迁市工业总产值、工业增加值、高新技术产值均与苏北和江苏工业总产值、工业增加值、高新技术产值差距及标准差之间同样存在显著的负相关关系。具体来看，宿迁工业总产值与江苏工业总产值差距的相关系数为 –0.998，绝对值明显高于徐州、淮安、盐城和连云港。宿迁工业总产值与苏北工业总产值标准差的相关系数为 –0.667，绝对值同样显著高于徐州、淮安和盐城，略低于连云港。此外，宿迁市工业增加值与苏北工业增加值标准差相关系数的绝对值同样高于苏北其他四市。这一结果表明，加速推进宿迁新型工业化进程能够有效缩小江苏区域工业化发展的差距。

表 12 – 4　　　苏北各市工业化与缩小江苏工业化差距的相关系数分析结果

地区	江苏 第二产业 劳动生产率 差距	苏北 第二产业 劳动生产率 标准差	江苏 工业 总产值 差距	苏北 工业 总产值 标准差	江苏 工业 增加值 差距	苏北 工业 增加值 标准差	江苏 高新技术 产值 差距	苏北 高新技术 产值 标准差
宿迁	– 0.578*	– 0.850*	– 0.998*	– 0.667*	– 0.972*	– 0.738*	– 0.955*	– 0.247*
徐州	– 0.219	– 0.873*	– 0.991*	– 0.634*	– 0.995*	– 0.621*	– 0.984*	– 0.1112
淮安	– 0.227	– 0.892*	– 0.980*	– 0.622*	– 0.995*	– 0.660*	– 0.983*	– 0.232
盐城	– 0.310	– 0.720*	– 0.980*	– 0.639*	– 0.996*	– 0.651*	– 0.962*	– 0.255*
连云港	– 0.315	– 0.842*	– 0.977*	– 0.702*	– 0.990*	– 0.678*	– 0.991*	– 0.213

注：使用纵列苏北各市与横列江苏及苏北对应指标进行 Pearson 相关系数分析。* 表示在 10% 的水平上显著。各市第二产业劳动生产率 = 第二产业 GDP/第二产业就业人数，数据时间范围为 2002 ~ 2019 年，工业总产值数据时间范围为 1996 ~ 2017 年，工业增加值数据时间范围为 1996 ~ 2019 年。

资料来源：部分缺失数据来自《江苏统计年鉴》及各地级市统计年鉴。

第三，加速推动宿迁新型工业化能够实现共同富裕。"四化同步"集成改革要求工业化、信息化、城镇化、农业现代化协同推进。工业化与信息化要实现融合发展，城镇化能够为宿迁加速新型工业化进程提供空间载体，城乡居民消费则为工业化提供了需求条件。因此，城镇化率和城乡居民消费水平同样是新型工业化的重要评价指标。从表 12 – 5 可以看出，宿迁市工业增加值与江苏城镇化率差距以及与苏北城镇化率标准差之间存在显著的负相关关系。同时我们发现，宿迁市工业增加值与江苏城乡居民可支配收入差距间存在显著的负相关关系，且相关系数的绝对值同样超过了苏北其他四市。因此，可以认为，加速推进宿迁新型工业化进程能够显著缩小宿迁与江苏城乡居民收入及消费结构之间的差距。

表 12 – 5   苏北各市工业化与实现江苏共同富裕的相关系数分析结果

地区	江苏	苏北	江苏城镇		江苏农村	
	城镇化率差距	城镇化率标准差	恩格尔系数差距	居民收入差距	恩格尔系数差距	居民收入差距
宿迁	− 0. 934 *	− 0. 686 *	− 0. 830 *	− 0. 991 *	− 0. 658 *	− 0. 976 *
徐州	0. 586	− 0. 781 *	− 0. 849 *	− 0. 978 *	− 0. 745 *	− 0. 954 *
淮安	− 0. 971 *	− 0. 723 *	− 0. 132	− 0. 985 *	− 0. 08	− 0. 991 *
盐城	− 0. 960 *	− 0. 742 *	− 0. 559	− 0. 971 *	− 0. 416	0. 218
连云港	− 0. 443	− 0. 698 *	− 0. 802 *	− 0. 988 *	− 0. 604	− 0. 974 *

注: 使用纵列苏北各市工业增加值与横列对应指标进行 Pearson 相关系数分析。* 表示在 10% 的水平上显著。各市城镇化率数据时间范围为 2006 ~ 2019 年，城镇恩格尔系数数据时间范围为 2004 ~ 2019 年，城乡居民可支配收入数据时间范围为 2001 ~ 2019 年。

资料来源: 历年《江苏统计年鉴》。

3. 推进宿迁新型工业化建设对江苏实现现代化有显著积极影响

本部分选取 1996 ~ 2019 年的宿迁及江苏 13 个地级市数据为样本。数据均来自《江苏统计年鉴》及 CNKI 中国经济社会大数据研究平台。构建如下计量分析模型，就宿迁加速推进新型工业化对江苏现代化的影响进行预测分析:

$$Y_t = \rho_0 + \rho_1 \cdot X_t + \rho_2 \cdot control_t + \lambda_t \qquad (12.1)$$

其中，t 表示年份; ρ_i 为估计系数; Y_t 为核心被解释变量，分别用江苏 GDP、江苏人均 GDP、江苏高新技术产值、江苏工业增加值、江苏城乡居民收入表示; X_t 为核心解释变量，分别用宿迁工业总产值、工业增加值、高新技术产业产值、劳动生产率以及城镇化率表示; $control_t$ 为控制变量集合，用宿迁就业总人数和固定资产投资额表示; λ_t 为随机误差项。限于样本较少，使用普通 OLS 回归获得估计系数。所有变量均取对数差分后回归，以体现加速推进宿迁工业化进程对江苏现代化的影响。限于篇幅，数据描述性统计及单位根检验省略。ρ_1 的系数回归结果如表 12 – 6 所示。

表 12 – 6   宿迁加速工业化对江苏现代化的影响预测
（所有变量均为对数差分）

变量	江苏 GDP	江苏人均 GDP	江苏高新技术产值	江苏工业增加值	江苏城镇居民收入	江苏农村居民收入
工业总产值	0. 181 *** (3. 131)	0. 176 *** (3. 135)	0. 638 ** (3. 766)	0. 165 * (1. 954)	0. 143 *** (3. 439)	0. 140 *** (2. 986)

续表

变量	江苏GDP	江苏人均GDP	江苏高新技术产值	江苏工业增加值	江苏城镇居民收入	江苏农村居民收入
工业增加值	0.133 ** (2.898)	0.130 *** (2.927)	0.406 *** (4.357)	0.116 * (1.774)	0.092 ** (2.569)	0.106 ** (2.890)
高新技术产业产值	0.087 ** (2.727)	0.083 ** (2.664)	0.305 *** (15.747)	0.073 (1.939)	0.050 *** (5.791)	0.068 ** (3.926)
劳动生产率	0.436 *** (3.262)	0.427 *** (3.313)	1.034 ** (3.457)	0.367 * (1.849)	0.234 * (2.039)	0.354 *** (3.333)
城镇化率	0.078 (0.343)	0.146 (0.763)	1.155 ** (2.949)	0.098 (0.360)	0.001 (0.005)	0.032 (0.234)
控制变量	有	有	有	有	有	有

注：括号内数值为 t 值。***、**、* 分别表示在 1%、5%、10% 的水平上显著。核心被解释变量为纵列宿迁工业总产值、工业增加值、高新技术产业产值、劳动生产率和城镇化率，被解释变量为横列江苏相关指标。控制变量为宿迁就业总人数和固定资产投资额。所有变量均取对数差分后回归，体现加速推进宿迁工业化进程对江苏现代化的影响。数据时间范围为 1996～2019 年，限于观察值个数较少，均使用 OLS 回归。所有变量对数一阶差分后均不存在单位根。单位根检验略。表中每个回归系数对应包含横列核心解释变量和纵列被解释变量的回归，R^2 及观察值个数均有不同，故未提供。

首先，宿迁新型工业化相关指标对江苏经济发展具有显著积极影响。具体来看，宿迁工业总产值增速每增加 1 个单位，能够促进江苏 GDP 和人均 GDP 增速分别增加 0.181 个和 0.176 个单位，带动江苏高新技术产业产值和工业增加值增速分别提高 0.638 个和 0.165 个单位。在实现江苏共同富裕方面，宿迁工业总产值增速每提升 1 个单位可以促进江苏城镇和农村居民收入增速分别提高 0.143 个和 0.140 个单位。宿迁工业增加值提高对江苏现代化相关指标的影响幅度略低于工业总产值，但系数影响方向不变。这说明，加速推进宿迁工业化能够实现江苏新型工业化整体进程，在提高江苏工业发展水平的同时，带动江苏城乡居民增收。

其次，宿迁新型工业化中高新技术产业产值与劳动生产率加速提升对江苏新型工业化进程及共同富裕目标的实现同样具有显著积极影响。我们将高新技术产业产值和劳动生产率的提升作为宿迁创新驱动的代理指标。从表 12-6 可以看出，宿迁高新技术产业产值和劳动生产率增速每增加 1 个单位能够促进江苏 GDP 和人均 GDP 增速分别增加 0.087 个和 0.436 个单位，其中劳动生产率增速提升对江苏增长的促进作用最强。此外，宿迁高新技术产业产值和劳动生产率增速每提高 1 个单位，同样能够实现人均 GDP 增速的提高。值得注意的是，宿迁劳动生产率提高，能够实现江苏高新技术产业产值获得更快的增速。这也表明，宿迁加速推进新型工业化的重点应放在促进"工业化""信息化"融合发展，实现创新驱动引领劳动生产率提升的新型工业化道路上。

最后，应充分发挥宿迁新型城镇化对经济发展的促进作用。在较多的回归结果中，宿迁城镇化对江苏经济增长和实现共同富裕的影响并不显著。这从侧面反映出，宿迁当前的城镇化并没有充分发挥对经济社会发展的空间承载作用。特别是在实现城乡居民收入提升方面，宿迁城镇化对江苏城乡居民收入并不存在可观察的显著性影响。这表明，宿迁新型城镇化应重点关注城乡空间规划对产业的承载能力，在"四化同步"的背景下，应更好地发挥城镇化对工业化的平台功能，重点推进宿迁产城融合发展，夯实新型工业化推进"四化"同步集成改革中城镇化的平台功能，实现改革创新的发展成果更好地惠及城乡居民。

（三）宿迁新型工业化的目标是建成长三角地区先进制造业基地示范市

1. 创新引领推动新兴产业跨越式发展，打造苏北创新之都

高质量增长的第一动力是创新，创新在我国现代化建设全局中居于核心地位。在宿迁的"四化"同步集成改革中，坚持创新引领同样是改革的核心。要坚持创新引领，就意味着宿迁的科技进步不能停留在跟跑水平，不但要逐步并跑，还要力争在某些领域实现领跑。这应该成为宿迁快速推进新型工业化建设所遵循的核心目标。

（1）坚持创新引领，实现与先发展地区的并跑，甚至领跑。如前所述，宿迁作为发达省份的后发展地区，在推进新型工业化建设时，要加强与先发展地区的协调与合作。但是，这并不意味着宿迁应将自身定位为先发展地区低端产业的转入地。事实上，在发展高新技术产业时，宿迁这样的后发展地区与先发展地区相比，没有明显的劣势，反而可能在土地资源、环境承载力等方面具有一定优势。在互联网时代，借助互联网、信息化，后发展地区完全可以采用最新技术，直接建成高端产业，或者与先发展地区已有的高端产业形成配套，实现与先发展地区并跑，甚至在部分领域领跑。贵州的大数据产业便是一个很好的范例（见专栏一）。这也正是江苏省"十四五"规划中提到的要"加强苏南苏北产业转移合作，共建优势产业链，构建制造业转移利益分配机制"的真正内涵。

专栏一

云上突围——政策主导贵阳大数据产业发展

2013年7月，《贵州省云计算产业发展战略规划》发布，明确"通过设立云计算产业园、制定扶持政策，实施六个重点项目，在贵州打造完整的云计算产业链"。2015年2月，工信部批准创建贵阳·贵安大数据产业发展集聚区，这是首个国家级大数据发展集聚区。

2016年7月，出台《中共贵阳市委关于以大数据为引领加快打造创新型中心城市的意见》，提出了发展大数据的十大重点工程、十大改革措施、十大开放平台、十大保障机制及评测指标体系。2017年11月，出台《中共贵阳市委贵阳市人民政府关于加快建成"中国数谷"的实施意见》，迈出打造大数据发展升级版的新征程。

贵阳"云上突围"的经验主要有：一是推动数字产业化。建设大数据产业发展集聚区。以建设"贵阳·贵安大数据产业发展集聚区"为抓手，以企业培育和引进为重点，积极构建大数据产业生态体系。全市大数据企业超过5 000家，占全省比重近70%。产生了一批数字经济新业态、新技术、新模式。

二是推动产业数字化。以"万企融合"行动为抓手，强化大数据与工业、服务业、农业的深度融合，推动智能化生产、网络化协同、个性化定制、服务化延伸融合升级。大数据与工业深度融合，搭建了"一企一策"线上服务系统，并依托贵州工业云平台，利用"大数据＋智能制造"应用技术，为工业企业转型升级提供指导和解决方案。

三是集聚创新要素。坚持大数据引领创新驱动，大力筑牢创新平台，做优创新生态，有力推动大数据理论创新、规则创新、标准创新、技术创新、应用创新。搭建科研平台。成立了大数据国家工程实验室、大数据战略重点实验室、贵州省大数据产业发展研究院、贵州大数据安全工程研究中心、贵州大学公共大数据重点实验室、中科院软件所贵阳分部等大数据科研平台。首创"痛客"概念，成功举办"云上贵州大数据商业模式大赛"等活动，进一步激发大众创业、万众创新活力。

（2）引外力，科技创新与产业创新结合推动宿迁实现创新引领。科技创新要结合产业创新才能实现宿迁新型工业化"并跑"。在宿迁自身创新能力偏弱的背景下，构建多种协调机制合理利用外力是宿迁实现创新引领的现时选择。

互联网时代，科技创新和高技术产业化在空间上能够实现分离。产品的研发机构可以落在发达地区，产业化基地则可以落在后发展地区。这种模式非常类似浙江的"逆飞地经济"。基于此，宿迁谋划新型工业化发展，不能亦步亦趋地重复发达国家和地区的工业化老路，否则很可能陷入"追赶者陷阱"，丧失后发赶超的机会。相反，应转变传统承接产业转移的模式，创新制度机制，打造遍布海内外的创新"飞地"，变"一般性产业承接"为"战略性产业技术对接"，高端对接战略性新型产业和产业链中高端项目与技术环节，强势推进产业链招商和重大项目招商，推动产业经济高端发展。积极学习和承接苏南的经验和资金技术，融入长三角地区产业分工体系。一是积极融入长三角地区多能级产业体系。宿迁应积极采取多种形式和模式，融入长三角地区"中国制造2025"示范区，争取建成国家新型工业化示范基地，与长三角各地区之间形成因地制宜、特色突出、区域联动、错位竞争的制造业发展新格局。以强化中小企业竞争优势为目标，逐步建立起依托于传统大企业市场需求和产业链垄断能力基础上的长三角区域中小企业产业集群。将多能级产业融合发展作为长三角地区构建高质量产业体系的重要内容。二是将宿迁确定为承接长三角地区产业升级转移的示范基地。设立省级承接产业升级转移示范区建设专项资金。参照浙江"飞地经济""逆飞地经济"经验做法，每年为宿迁谋划落地一批重大项目（见专栏二）。支持已有国家级开发区、高新区扩区；支持条件较好的工业集聚区筹建省级开发区，符合条件的省级经济开发区可同时设立为省级高新区；加强建设用地计划指标统筹，全省年度新增建设用地计划指标预留专项用于示范区重大项目建设，对投资额1亿美元或5亿元以上鼓励类产业转移重大项目用地计划、排放等指标单列。

专栏二

双向挂钩——浙江"飞地经济"与"逆飞地经济"

"飞地经济"是指两个在空间上分离独立的区域经济主体通过体制机制创新，促进生产要素跨空间配置并实现共赢发展的区域合作模式。"逆飞地经济"则是指欠发达的行政地区打破行政区划限制，跨空间在另一个相对发达的行政地区进行行政管理和经济开发，实现两地资源互为补充、经济协调发展的区域经济合作模式。

近年来，浙江部分欠发达地区创造性地利用"飞地"的方式，逆向飞入科技、资本、高端人才丰富的发达地区，建立以引资引智为目的的"创新飞地"。采用"飞地＋本地"的联动方式搭建发达地区和欠发达地区之间深度经济合作的桥梁，

> 探索"研发孵化在'飞地'，产业化在本地"的经济发展新模式，实现两地资源效用最大化。特别是飞出地能够更好地对接中心城镇的科技、信息和人才资源，以创新创业服务产业，借助创新"飞地"重点培育有利于本地区域产业升级、产业链完善和企业发展的创业方向，利用本地区域的空间和市场资源推动飞入地的科技产品产业化和创新成果转化，为创新发展增加动力。

此外，宿迁还应加大与江苏省内外高校和科研院所的合作，设立优惠政策，鼓励高校和科研院所将其科技创新成果在宿迁落地。具体来说，一是拓宽企业与高校、科研院所的科技对接渠道，持续开展"校（院）企"联动合作，鼓励高校、科研院所在宿迁的科教城内建设一批聚焦细分领域的科技成果中试基地、熟化基地和科研试验站等，促进企业技术成果规模化应用。支持科研院所采用市场化方式为企业提供检测、测试、标准查询、技术咨询等服务。科技型企业购买科技成果并转化应用的资金支出，由财政科技计划按技术交易额一定比例给予补助。二是健全成果激励分配机制。赋予高校、科研院所科技成果转化自主权。转制院所和事业单位管理人员、科研人员，在按有关规定履行审批程序后，以"技术股＋现金股"组合形式持有股权，与孵化企业发展捆绑在一起，提升科技成果转化效率和成功率。鼓励企业建立健全科技成果转化的激励分配机制，充分利用股权出售、股权奖励、股票期权、项目收益分红、岗位分红等方式激励科技人员开展科技成果转化。

（3）练内功，打造宿迁科教城构建创新引领的长效机制。目前，宿迁的创新能力受自身科教资源的制约较为明显。唯一的高等院校宿迁学院目前规模还较小，学科实力较弱，很难成为推动宿迁创新引领的中坚力量。为此，宿迁应借鉴江苏省内已有的成熟经验，考虑开展建设创新科教，从根本上提升宿迁自身的创新实力和优化宿迁的创新环境，构建宿迁创新引领的长效机制。

在科教城创新载体建设上，一方面，应加大对宿迁学院的支持力度，针对宿迁发展急需的专业重点投入，提升其学科实力，解决宿迁创新人才匮乏的难题；另一方面，可引入江苏省内外高校和科研院所在宿迁科教城内直接建立研究和培训机构，提升宿迁整体的科教实力和创新水平。

在科教城创新人才吸引上，建立市、县区（园区）、乡镇三级联动的产学研合作议事协调机制，推进市政府与江苏省产业技术研究院、科研院所等的深度合作。大力实施江苏省"双创计划"、宿迁市"领军人才集聚计划"，鼓励高层次人才携带技术、项目、成果来宿迁创新创业。

在科教城创新氛围营造上，应常态化举办人才科技恳谈会系列活动、创赢宿迁——中国宿迁创新创业大赛，确保每年引进一批优秀人才和优质项目落户宿迁，加快提升企业自主创新能力。

在科教城科技成果的转化上，通过"一企一策"对不同规模、不同层次的企业进行分类指导、分层推进，建立研发机构高质量提升培育库，培育一批高水平、高层次、高质量的企业研发机构；争取省厅支持宿迁市范围内企业建设省级科技创新平台，优先支持建设省级企业重点实验室，依托市级以上众创空间、星创天地、科技企业孵化器等，建设高质量制造业创业企业孵育基地，健全以科技企业孵育为导向的创业载体绩效评价奖励制度，促进运营机构提供深层次服务，提高成果孵化水平。

2. 科技赋能推动传统产业转型升级，建设中国酒都

目前，宿迁已初步形成"6+3+X"产业新体系。"6"是指光伏新能源、机电装备、纺织服装、食品饮料、绿色家居、新材料六大主导产业，"3"是指新一代信息技术、生物医药、数字经济三大先导产业，"X"是指考虑随着项目引进、产业发展变化，适时培育发展其他先导产业。其中，既有快速发展的新兴产业，也有食品饮料、纺织服装为代表的传统产业。可以看出，传统产业的转型升级是宿迁实现新型工业化的重要组成部分。传统产业的发展应面向人民对美好生活的向往。在科技赋能的背景下，传统产业的转型升级应突出管理创新导向的服务型制造和制造业品质革命。用新的技术和新的管理推动传统产业的新型工业化，让宿迁制造成为品质高、服务优的代表。宿迁应以建设中国酒都为代表，强化科技赋能，实现传统产业的品质升级和服务升级。

根据罗斯托的经济增长理论，中国的中高端消费是经济高质量发展阶段的重要增长因素，与中高端消费相关的产业应成为产业结构高级化主导产业。宿迁的苏酒集团是中高端消费品生产商，而京东集团则是中高端消费品销售平台。两者同属中高端消费相关的强企业，因此，应将其作为宿迁的战略性主导产业来发展，加快推进中国酒都建设。

具体来说，一方面，应加大对宿迁建设"中国酒都"的支持力度。研究出台振兴苏酒发展意见，结合酿造（酒）产业链培育，建立省级协调推进工作机制。设立振兴苏酒发展专项资金，重点支持洋河等酒企实施技术改造、智能化改造、绿色化改造、质量体系建设等。将"中国酒都文化旅游节"升格为全省性或全国性节会，打造苏酒集体商标，统一树立品牌形象，围绕苏酒整体品牌大力宣传和营销，实现苏酒系列产品的品质革命和服务革命。另一方面，探索建立京东平台与苏酒集团"强强联合"的发展模式，强化京东作为平台企业，与供给端用户基于共同的技术

构建来提供新产品和服务的能力，将京东从电子商务的交易平台拓展成为宿迁高端产业的创新创业平台。

专栏三

品质标准：苏格兰威士忌行业发展

中国以酒闻名的地方不少，但延绵千年传承名酒的地方凤毛麟角。目前，贵州怀仁、江苏宿迁、山西汾阳和四川宜宾四个城市拥有"中国酒都"的美誉。纵观全球，与宿迁经济发展历程和产业结构转型相似的地区还有苏格兰。苏格兰威士忌同样具有享誉世界的酒业发展历史。在全球威士忌酒品牌中，苏格兰威士忌不仅在产量上是全球最大的，在利润方面也是世界蒸馏酒行业中超过其他任何一个单一品种的最大赢家。苏格兰威士忌的制作已有500年以上的历史。苏格兰威士忌产业发展的重要经验有三个方面：一是产业规模化发展；二是制定行业规范和产品标准；三是提升产品品质满足高端消费需求。

第一，产业规模化发展。苏格兰有超过100家以麦芽和谷物（通常为小麦和黑麦）为造酒原料的威士忌酒厂，是世界上最大的苏格兰威士忌制造集中区。根据威士忌的产地来分，通常又分为五个主要类别——高地（highland）、低地（lowland）、斯佩赛德（speyside）、艾乐（islay）和坎贝尔敦（campbeltown），划分的标准是根据酿酒厂分布的地理位置。在影响威士忌生产的诸多因素中，一个地方的地理位置和气候是影响该地区酒厂酿造威士忌风味的重要因素。

第二，提升质量标准。为了规范苏格兰威士忌的生产，从1933年起苏格兰便开始执行统一的产业生产标准规范。从2009年11月23日起，冠以苏格兰威士忌名称的蒸馏酒必须符合《苏格兰威士忌准则（2009年版）》（SWR），该准则定义并规范了苏格兰威士忌的生产、标签、包装以及广告。而此前的《苏格兰威士忌准则（1990年版）》只对生产工艺提出了具体要求。按照国际贸易协定的要求，SWR的一些规定不仅适用于英国，同样适用于其他国家。

第三，提升产品品质满足高端需求。苏格兰威士忌行业已经开展了产品的碳足迹（carbon footprint）管理活动。使用碳信托的核算方法和全球行业ISO标准，该行业已经制定出了产品生产与拆除过程详细的"生命周期评估"（life cycle assessment，LCA）标准及其操作细则，量化了系列产品的不同消费等级商品的质量标准。此外，苏格兰威士忌是以中产阶层为消费主体、连接高收入和低收入阶层的休闲消费品。近年来，该行业不断地提高管理和科研水平，降低生产成本，生产安全和性价比高的产品来满足消费者的中高端需求。

3. "横纵一体化"打造优势产业竞争力，形成优势产业集群

竞争力不仅是企业竞争力，更是产业竞争力。宿迁的新型工业化想要快速发展，关键是培育产业竞争力。应探索开展宿迁产业竞争力培育工程。不搞"大水漫灌""撒胡椒面"式的"遍地开花"，而应集合优势资源，围绕一两个重点产业，打"歼灭战"。"横纵一体化"是宿迁实现主导产业强势崛起的重要路径。其中，"横向一体化"是围绕已有的优势企业，在主导产业所在的具体行业开展招商引资、合并重组，形成宿迁的主导产业集群，以企业去招商，形成优势产业。例如，可围绕京东大数据平台，突出大数据和互联网领域相关企业的招商引资，加强上下游产业政策配套；"纵向一体化"则要围绕现有的优势产业向上下游招商引资，构建优势产业链，通过产业链来提高宿迁优势产业的竞争能力并制定"一产一策"的招商配套政策，以产业链和技术环节为重点，推动招商引资思维的转变。

具体来说，应强化项目支撑，注重引进带动能力强、产业链条长的项目，吸纳投资强度大、科技含量高的项目，以重点企业和重点项目推动产业集群集聚发展，形成具有区域特色的优势产业。一是加快推进"十四五"期间对接各项重大战略规划、重大基础设施项目建设。提高招商引资质量，着力提高投资效益；突出核心产业园区主导地位，加快项目群、产业群引进；打破县域招商区域限制，加强乡镇工业集中区整合，实现招商信息共享、项目利益共享，重点推进地区特色产业培育。二是"补链""壮链""增链"取得实质性进展。建议将宿迁20条重点产业链和重点企业纳入江苏省14个先进制造业产业集群和50条优势产业链培育体系；将宿迁膜材料、晶硅光伏、高端纺织等产业龙头企业、重大项目纳入省级布局范围，实现项目资金等省级支持更大突破，不断提升宿迁主导产业、重点产业链和龙头企业在江苏省的影响力。三是建立和完善招商引资考核激励机制。进一步激发招引大项目的积极性和创造性；实施骨干企业培育计划；强化项目投资强度、用地以及产出等方面的考量，探索建立园区入园企业竞争淘汰和退出机制，切实提高招商成效。

专栏四

产业集群——浙江桐庐县的"内窥镜之梦"

桐庐县位于浙江省西部、杭州市中部低山丘陵区，截至目前，桐庐已集聚了超过1 000家医疗器械企业，生产企业82家，配套手术器械国内市场份额占有率达30%以上，是浙江省重要的医疗器械产业集聚区，也是全国最大的硬管内窥镜

生产基地，被授予"中国医用内镜产业基地"称号。2017年，桐庐县医疗器械行业总产值达到13.7亿元，税收1.22亿元。2018年，桐庐县新增医疗器械生产经营企业达500多家，同比增长超过130%，产业集聚效应显著。当地政府则在医疗器械产业"从有到强""从强到优"阶段性跨越进程中发挥着重要作用。

桐庐县"内窥镜之梦"的经验主要有：一是重视顶层设计。自2015年起，桐庐县在《浙江省人民政府办公厅关于"精准对接精准服务"支持医疗器械产业提升发展的若干意见》的基础上，出台《关于"精准对接精准服务"加快桐庐县医疗器械产业提升发展的若干意见》，牵头开展全县医疗器械规范提升行动。2017年，桐庐县推出"中国微创外科器械小镇"的核心概念。2018年，桐庐县出台《中国微创外科器械小镇建设实施方案（2018—2020年）》，围绕"新布局""新定位""新生态"三个维度进行整体建设规划。此外，桐庐县抢抓生命健康产业的时代先机，大力发展大健康产业，重点打造富春山健康城、健康小镇、凤栖生命港等产业平台，扎实推进"中国杭州·桐庐（国际）生命健康产业先行试验区"创建工作，为大健康产业开拓了广阔的发展前景。

二是因"企"制宜。桐庐是典型的特色化产业集群，桐庐县政府将全县52家医疗器械生产企业划分为四类，针对不同类别的企业给予针对性奖励制度、配套资源。政府通过引进专业人士指导、开展知识讲座等方式，科学分析企业知识产权发展方向，由被动地"为了专利而申请专利"转变成"为企业的发展需求，有目标、有规划地进行专利申请"，有效提升企业专利申请资源的利用效率。

三是多维度服务体系。桐庐县政府整合全县医疗器械知识产权资源、金融资源、技术资源、人力资源、政策资源，深化全县医疗器械产业知识产权联盟建设。截至目前，桐庐县已有49家拥有较多知识产权的医疗器械生产企业建立了专利池，打造桐庐"中国微创外科器械小镇"公共区域品牌。桐庐县政府成立了杭州首个"知识产权纠纷人民调解委员会"、"桐庐县知识产权维护援助工作站"和"调解员专家库"等个性化服务机构；同时建立股改、挂牌和上市储备资源库，支持医疗器械企业"股改""上市"；积极主动与上级部门沟通对接，为企业审批验收开通绿色通道，加快产品上市，实现快速落地。积极探索"智慧医疗"，推动技术创新，深入挖掘产业潜力。

资料来源：主要参考桐庐县多举措擘画医疗器械产业发展新蓝图 [EB/OL]. 浙江省药品监督管理局网站，2020-12-20.

4. 发挥平台头部企业优势推动新型工业化，深化"两化"融合水平

信息化作为现代产业体系和即将到来的新产业革命时代的突出特征之一，是推进新型工业化过程中技术创新和组织创新最重要的支撑力量。宿迁要更好地实现信息化和工业化的深度融合，必须打好"京东"这张牌。

京东作为互联网头部企业，是宿迁加速推进新型工业化道路上可以依赖也必须依赖的重要企业。目前，京东已经在宿迁建设呼叫中心、数据中心，未来还将建成物流中心。在此基础上，宿迁应进一步挖掘京东平台企业资源，推动京东将智能工厂和消费者大数据研发中心落户宿迁，打造新时代宿迁大数据产业的创新平台依托。

与此同时，宿迁应找准发力点，推进新兴工业化智能升级。应当看到，宿迁推进"两化融合"并非"零基础"。调研中发现，宿迁在电子商务、农产品深加工、工业机器人、新材料等优势产业集群的基础上，具有高水平推进"两化融合"的物质基础，有条件抓住下一代互联网、物联网、云计算等新一代信息技术应用的战略机遇，向智能工业阶段发展，推动信息技术嵌入、渗透、覆盖工业生产经营全过程，形成以智能、柔性和服务型制造为特征的新型生产方式，推动新型工业化智能升级。

5. 优化营商环境，汇聚高端生产要素

营商环境的改善是汇聚宿迁新型工业化高端要素的重要环节。宿迁新型工业化的建设应该有支撑要素。现代金融、企业家、创新人才、新基建都应成为宿迁新型工业化发展的重要支撑。加速推进新型工业化应成为宿迁实现"四化同步"的核心要素。因此，应优化宿迁企业服务系统平台服务功能。在数据共享、网上办事深度、系统功能的完善、招标采购平台、知识产权服务体系等方面，深入推进"互联网＋"，完善各平台体系，减少社会成本，应用更加便民。同时，在"一窗"建设推进方面，进一步规范工程建设联合审批区域窗口设置，逐步实现"前台综合受理，后台分类审批，窗口统一发件"的常态化办理模式。在压缩接电时间方面，推广使用标准化供电方案模板，提前制订项目供电方案，实现"零等待"。

附录　课题组发表论文成果

1. 范从来. 探索中国特色社会主义共同富裕道路 [J]. 经济研究, 2017 (12).

2. 范从来. 益贫式增长与中国共同富裕道路的探索 [J]. 经济研究, 2017 (12).

3. 杨飞, 范从来. 产业智能化是否有利于中国益贫式发展? [J]. 经济研究, 2020 (5).

4. 范从来. 共生共荣推动金融同实体经济均衡发展 [J]. 经济研究, 2021 (1).

5. 范从来, 彭明生. 新时代中国经济运行的趋势性特征 [J]. 经济学家, 2018 (3).

6. 范从来, 王勇, 杜晴. 分层居民消费价格指数的编制及扶贫政策的启示 [J]. 中国经济问题, 2017 (3).

7. 范从来, 谢超峰. 益贫式经济增长与中国特色社会主义共同富裕的实现 [J]. 中国经济问题, 2018 (3).

8. 王三川, 范从来. 社会保障、社会信用水平与家庭金融财产结构的多元化 [J]. 中国经济问题, 2021 (9).

9. 赵锦春, 范从来. 企业异质性、全球价值链分工与劳动力要素报酬 [J]. 江苏社会科学, 2018 (1).

10. 范从来, 秦研, 赵锦春. 创建区域共同富裕的江苏范例 [J]. 江苏社会科学, 2021 (5).

11. 吴凯, 范从来. 中国省区间要素收入的整体同构化研究 [J]. 社会科学战线, 2018 (12).

12. 赵锦春, 范从来. 收入不平等、金融包容性与益贫式增长 [J]. 世界经济研究, 2020 (8).

13. 赵锦春, 范从来. 贸易自由化、劳动力市场分割与益贫式增长 [J]. 世界经济研究, 2018 (11).

14. 谢超峰, 范从来. 富民与增长的统一: 基于江苏和浙江的比较研究 [J]. 江海学刊, 2017 (9).

15. 赵锦春，范从来．分项收入、家庭信贷约束与消费支出益贫性——基于 CFPS 微观数据的实证分析 [J]．山西财经大学学报，2019（3）．

16. 蔡欣磊，范从来，林键．区域一体化下的共享发展：成效和机制——以长三角扩容为准自然实验的测度 [J]．南通大学学报（社会科学版），2021（5）．

17. 赵锦春，范从来．风险冲击、农村家庭资产与持续性贫困——基于 CHNS 微观数据的实证分析 [J]．农业技术经济，2021（10）．

18. 蔡欣磊，范从来，林键．区域一体化扩容能否促进高质量发展——基于长三角实践的准自然实验研究 [J]．经济问题探索，2021（2）．

19. 张安驰，范从来．空间自相关性与长三角区域一体化发展的整体推进 [J]．现代经济探讨，2019（8）．

20. 吴凯，范从来．劳动收入份额的驱动因素研究——基于 1993 年至 2017 年数据的 LMDI 分解 [J]．世界经济与政治论坛，2019（1）．

21. 谢超峰，范从来，王泽亚．发达地区的益贫式增长：以长江三角洲为例 [J]．南京大学学报（哲学·人文科学·社会科学），2017（7）．

22. 范从来．经济增长中的收入增长：以江苏为例 [J]．南京财经大学学报，2017（8）．

参考文献

［1］阿比吉特·班纳吉（Banerjee A），埃斯特·迪弗洛（Duflo E）. 贫穷的本质：我们为什么摆脱不了贫穷［M］. 北京：中信出版社，2013.

［2］艾春荣，汪伟. 习惯偏好下的中国居民消费的过度敏感性——基于1995—2005 年省际动态面板数据的分析［J］. 数量经济技术经济研究，2008（11）：98 - 114.

［3］白重恩. 地方保护主义及产业地区集中度的决定因素和变动趋势［J］. 经济研究，2004（4）：29 - 40.

［4］白重恩，钱震杰. 国民收入的要素分配：统计数据背后的故事［J］. 经济研究，2009（3）：27 - 41.

［5］毕秀晶，宁越敏. 长三角大都市区空间溢出与城市群集聚扩散的空间计量分析［J］. 经济地理，2013（1）：46 - 53.

［6］蔡昉，都阳. 积极应对我国制造业单位劳动力成本过快上升问题［J］. 前线，2016（5）：24 - 25.

［7］蔡昉. 城乡收入差距与制度变革的临界点［J］. 中国社会科学，2003（5）：16 - 25.

［8］蔡萌，岳希明. 中国社会保障支出的收入分配效应研究［J］. 经济社会体制比较，2018（1）.

［9］蔡荣鑫. "益贫式增长"：越南的实践与经验［J］. 东南亚纵横，2009（1）：10 - 13.

［10］蔡欣磊，范从来，林键. 区域一体化扩容能否促进高质量发展——基于长三角实践的准自然实验研究［J］. 经济问题探索，2021（2）：84 - 99.

［11］常进雄，朱帆等. 劳动力转移就业对经济增长、投资率及劳动收入份额的影响［J］. 世界经济，2019，42（7）：24 - 45.

［12］钞小静，廉园梅. 劳动收入份额与中国经济增长质量［J］. 经济学动态，2019（9）：66 - 81.

［13］陈斌开，林毅夫．金融抑制、产业结构与收入分配［J］．世界经济，2012（1）：3－23．

［14］陈国亮，唐根年．基于互联网视角的二三产业空间非一体化研究——来自长三角城市群的经验证据［J］．中国工业经济，2016（8）：76－92．

［15］陈佳贵，黄群慧，钟宏武，王延中，等．中国工业化进程报告——1995～2005年中国省域工业化水平评价与研究［M］．北京：社会科学文献出版社，2007．

［16］陈建军．长江三角洲地区的产业同构及产业定位［J］．中国工业经济，2004（2）：19－26．

［17］陈群元，喻定权．我国城市群发展的阶段划分、特征与开发模式［J］．现代城市研究，2009（2）：77－82．

［18］陈剩勇，马斌．区域间政府合作：区域经济一体化的路径选择［J］．政治学研究，2004（1）：24－34．

［19］陈涛．基于搜索引擎关注度的网络舆情时空演化比较分析［J］．情报杂志，2013（3）：7－16．

［20］陈彦斌，林晨，陈小亮．人工智能、老龄化与经济增长［J］．经济研究，2019（7）：47－63．

［21］陈怡，王洪亮，姜德波．贸易自由化、劳动要素流动与贫困［J］．国际贸易问题，2013（4）：27－39．

［22］陈永伟，许多．人工智能的就业影响［J］．比较，2018（2）：135－160．

［23］陈永伟，曾昭睿．"第二次机器革命"的经济后果：增长、就业和分配［J］．学习与探索，2019（2）：101－113．

［24］陈媛媛．市场分割与出口竞争力：基于中国数据的经验研究［J］．世界经济研究，2013（11）：49－55．

［25］陈兆明，李敏．产业结构高级化对经济增长影响的门槛特征分析［J］．统计与决策，2019（22）：139－142．

［26］陈宗胜，周云波．再论改革与发展中的收入分配［M］．北京：经济科学出版社，2001．

［27］程恩富，刘伟．社会主义共同富裕的理论解读与实践剖析［J］．马克思主义研究，2012（6）：41－47．

［28］程莉．产业结构的合理化、高级化会否缩小城乡收入差距——基于1985～2011年中国省级面板数据的经验分析［J］．现代财经（天津财经大学学报），2014，34（11）：82－92．

［29］程名望，贾晓佳，俞宁．农村劳动力转移对中国经济增长的贡献（1978～

2015年）：模型与实证［J］．管理世界，2018，34（10）：161-172．

［30］崔景华，李万甫，谢远涛．基层财政支出配置模式有利于农户脱贫吗——来自中国农村家庭追踪调查的证据［J］．财贸经济，2018（2）：21-35．

［31］戴枫，王艳丽，姜秀兰．外资对东道国收入分配的影响：基于中国的实证分析［J］．国际贸易问题，2007（9）：89-94．

［32］戴魁早．中国工业结构的优化与升级：1985—2010［J］．数理统计与管理，2014，33（2）：296-304．

［33］邓文博，宋宇，陈晓雪．区域一体化带动长三角欠发达地区经济增长效应评估——基于DID模型的实证研究［J］．华东经济管理，2019，33（7）：14-20．

［34］邓文博，宋宇．区域合作促进经济增长效应评估［J］．华东经济管理，2020，34（8）：64-75．

［35］邓小平．邓小平文选（第二卷）［M］．北京：人民出版社，1994．

［36］邓小平．邓小平文选（第三卷）［M］．北京：人民出版社，2001．

［37］邓旋．财政支出规模、结构与城乡收入不平等——基于中国省级面板数据的实证分析［J］．经济评论，2011（4）．

［38］丁焕峰，孙小哲，刘小勇．区域扩容能促进新进地区的经济增长吗？——以珠三角城市群为例的合成控制法分析［J］．南方经济，2020（6）：53-69．

［39］丁建军．城市群经济、多城市群与区域协调发展［J］．经济地理，2010，30（12）：2018-2022．

［40］段进军．长江三角洲地区交通、城市化及产业发展态势分析［J］．经济地理，2002，22（6）：679-683．

［41］樊士德．劳动力流动对中国经济增长贡献显著吗——基于区域递归视角的经验验证［J］．财经科学，2014（1）：61-70．

［42］范从来，谢超峰．益贫式经济增长与中国特色社会主义共同富裕的实现［J］．中国经济问题，2018（2）：3-12．

［43］范从来，谢超峰．益贫式增长、分配关系优化与共享发展［J］．学术月刊，2017（3）：61-67．

［44］范从来．益贫式增长与中国共同富裕道路的探索［J］．经济研究，2017（12）：14-16．

［45］范剑勇．市场一体化、地区专业化与产业集聚趋势——兼谈对地区差距的影响［J］．中国社会科学，2004（6）：39-51．

［46］方创琳．改革开放40年来中国城镇化与城市群取得的重要进展与展望［J］．经济地理，2018，38（9）：1-9．

［47］付文林，赵永辉．价值链分工、劳动力市场分割与国民收入分配结构［J］．财经研究，2014（1）：50-61.

［48］傅秋子，黄益平．数字金融对农村金融需求的异质性影响——来自中国家庭金融调查与北京大学数字普惠金融指数的证据［J］．金融研究，2018（11）：68-84.

［49］干春晖，郑若谷，等．中国产业结构变迁对经济增长和波动的影响［J］．经济研究，2011（5）：4-16，31.

［50］甘星，甘伟．金融集聚对经济增长的影响及行业异质性——基于粤港澳大湾区的实证研究［J］．宏观经济研究，2020（7）：33-46.

［51］耿海清，陈帆，詹存卫，仇昕昕，刘磊．基于全局主成分分析的我国省级行政区城市化水平综合评价［J］．人文地理，2009（5）：53-57.

［52］巩师恩，范从来．中国城镇居民分项收入的消费促进效应研究——基于2002—2009年省级面板数据［J］．江苏社会科学，2012（1）：56-60.

［53］顾海兵，段琪斐：区域一体化指数的构建与编制——以西宁—海东一体化为例［J］．中国人民大学学报，2015（4）：92-99.

［54］郭凯明．人工智能发展、产业结构转型升级与劳动收入份额变动［J］．管理世界，2019（7）：60-77.

［55］郭庆旺，贾俊雪．公共教育政策、经济增长与人力资本溢价［J］．经济研究，2009（10）：22-35.

［56］郭熙保，罗知．贸易自由化、经济增长与减轻贫困——基于中国省际数据的经验研究［J］．管理世界，2008（2）：15-24.

［57］郭玉清，姜磊．FDI对劳动收入份额的影响：理论与中国的实证研究［J］．经济评论，2012（5）：43-51.

［58］韩秀兰，李宝卿．益贫式增长与社会机会分配［J］．统计研究，2011（12）：41-48.

［59］韩秀兰．中国经济增长的益贫性评价——基于PEGR方法和微观数据的实证［J］．统计与信息论坛，2013（2）：37-41.

［60］韩秀兰．个人所得税、减贫效应与居民收入增长的相对益贫性［J］．统计研究，2015，32（2）：44-50.

［61］杭斌，修磊．收入不平等、信贷约束与家庭消费［J］．统计研究，2016，33（8）：73-79.

［62］何冰，周申．贸易自由化与就业调整空间差异：中国地级市的经验证据［J］．世界经济，2019（6）：119-142.

［63］贺灿飞，潘峰华．产业地理集中、产业集聚与产业集群：测量与辨识［J］．地理科学进展，2007（2）：1 - 13.

［64］贺洋，臧旭恒．家庭资产结构与消费倾向：基于 CFPS 数据的研究［J］．南方经济，2016，35（10）：75 - 94.

［65］洪银兴．论中国式现代化的经济学维度［J］．管理世界，2022（4）：1 - 14.

［66］洪银兴．新时代社会主义现代化的新视角——新型工业化、信息化、城镇化、农业现代化的同步发展［J］．南京大学学报（哲学·人文科学·社会科学），2018（2）：5 - 11.

［67］洪银兴．以新发展理念全面开启现代化新征程［J］．人民论坛，2020（11）上：24 - 27.

［68］侯赟慧，刘志彪，岳中刚．长三角区域经济一体化进程的社会网络分析［J］．中国软科学，2009（12）：90 - 101.

［69］胡家勇，武鹏．推进由"先富"到"共富"的阶段性转换［J］．经济学动态，2012（12）：21 - 26.

［70］胡向婷，张璐．地方保护主义对地区产业结构的影响——理论与实证分析［J］．经济研究，2005（2）：102 - 112.

［71］黄季焜，徐志刚，李宁辉，Rozelle S. 贸易自由化与中国的农业、贫困和公平［J］．农业经济问题，2005（7）：9 - 14.

［72］黄群慧，李芳芳，等．中国工业化进程报告（1995~2020）［M］．北京：社会科学文献出版社，2020.

［73］黄赜琳，王敬云．地方保护与市场分割：来自中国的经验数据［J］．中国工业经济，2006（2）：60 - 67.

［74］黄征学，高国力，滕飞，潘彪，宋建军，李爱民．中国长期减贫，路在何方？——2020 年脱贫攻坚完成后的减贫战略前瞻［J］．中国农村经济，2019（9）：2 - 14.

［75］金培振，张亚斌，邓孟平．区域要素市场分割与要素配置效率的时空演变及关系［J］．地理研究，2015，34（5）：953 - 966.

［76］阚大学．外资依存度与城乡收入差距的非参数估计——基于省级面板数据的实证研究［J］．国际贸易问题，2012（12）：106 - 113.

［77］康璞，蒋翠侠．贫困与收入分配不平等测度的参数与非参数方法［J］．数量经济技术经济研究，2009（5）：120 - 131，157.

［78］勒沙杰，佩斯著，肖光恩等译．空间计量经济学导论［M］．北京：北京

大学出版社，2014.

［79］李晖，李詹．省际共享发展评价体系研究［J］．求索，2017（12）：87－95.

［80］李慧玲，徐妍．交通基础设施、产业结构与减贫效应研究——基于面板VAR模型［J］．技术经济与管理研究，2016（8）：25－30.

［81］李建军，韩珣．普惠金融、收入分配和贫困减缓——推进效率和公平的政策框架选择［J］．金融研究，2019（3）：129－148.

［82］李杰，孙群燕．从啤酒市场整合程度看WTO对消除地方保护的影响［J］．世界经济，2004（6）：37－45.

［83］李慎明．正确认识中国特色社会主义新时代社会主要矛盾［N］．人民日报（理论版），2018－03－09.

［84］李实，Knight J．中国城市中的三种贫困类型［J］．经济研究，2002（10）：47－58，95.

［85］李永友，沈坤荣．财政支出结构、相对贫困与经济增长［J］．管理世界，2007，170（11）：14－26.

［86］李政，杨思莹．创新强度、产业结构升级与城乡收入差距——基于2007－2013年省级面板数据的空间杜宾模型分析［J］．社会科学研究，2016（2）：1－7.

［87］梁向东，乔洪武．我国经济增长的滴漏效应研究——基于动态计量模型的分析［J］．经济评论，2008，151（3）：54－59.

［88］林伯强．中国的经济增长、贫困减少与政策选择［J］．经济研究，2003（12）：15－25，90.

［89］林伯强．中国的政府公共支出与减贫政策［J］．经济研究，2005（1）：27－37.

［90］林毅夫．新结构经济学：反思经济发展与政策的理论框架（增订版）［M］．北京：北京大学出版社，2014.

［91］刘常青，李磊，卫平．中国地级及以上城市资本存量测度［J］．城市问题，2017（10）：67－72.

［92］刘乃全，吴友．长三角扩容能促进区域经济共同增长吗［J］．中国工业经济，2017（6）：79－97.

［93］刘生龙，胡鞍钢．交通基础设施与中国区域经济一体化［J］．经济研究，2011（3）：72－82.

［94］刘胜．城市群空间功能分工带来了资源配置效率提升吗？——基于中国城市面板数据经验研究［J］．云南财经大学学报，2019，35（2）：12－21.

［95］刘涛雄，徐晓飞．互联网搜索行为能帮助我们预测宏观经济吗?［J］．经济研究，2015（12）：68－83.

［96］刘雯．个体信贷与可视性消费行为——基于借出方视角［J］．经济学（季刊），2018，17（1）：103－128.

［97］刘晓昀，辛贤，毛学峰．贫困地区农村基础设施投资对农户收入和支出的影响［J］．中国农村观察，2003（1）：31－36，80.

［98］刘志彪．重塑中国经济内外循环的新逻辑［J］．探索与争鸣，2020（7）：42－49，157－158.

［99］卢现祥，徐俊武．公共政策、减贫与有利于穷人的经济增长——基于1995～2006年中国各省转移支付的分析［J］．制度经济学研究，2009（2）.

［100］卢现祥，徐俊武．中国共享式经济增长实证研究——基于公共支出、部门效应和政府治理的分析［J］．财经研究，2012（1）.

［101］鲁晓东，李荣林．区域经济一体化，FDI与国际生产转移：一个自由资本模型［J］．经济学（季刊），2009，4.

［102］鲁元平，张克中．经济增长、亲贫式支出与国民幸福——基于中国幸福数据的实证研究［J］．经济学家，2010（11）：5－14.

［103］陆铭，陈钊．城市化、城市倾向的经济政策与城乡收入差距［J］．经济研究，2004（6）.

［104］陆铭．玻璃幕墙下的劳动力流动——制度约束、社会互动与滞后的城市化［J］．南方经济，2011（6）：23－37.

［105］路锦非，曹艳春．支出型贫困家庭致贫因素的微观视角分析和救助机制研究［J］．财贸研究，2011（2）：86－91.

［106］吕世斌，张世伟．中国劳动力"极化"现象及原因的经验研究［J］．经济学（季刊），2015（2）：345－366.

［107］罗楚亮．经济增长、收入差距与农村贫困［J］．经济研究，2012（2）：15－27.

［108］罗富政，罗能生．政府竞争、市场集聚与区域经济协调发展［J］．中国软科学，2019（9）：93－107.

［109］罗军．产业结构与收入分配关系研究综述［J］．郑州大学学报（哲学社会科学版），2008（3）：72－74.

［110］孟雪井，孟祥兰，胡杨洋．基于文本挖掘和百度指数的投资者情绪指数研究［J］．宏观经济研究，2016（1）：144－153.

［111］聂文静，李太平．中国贸易产业的经济距离及比较优势分析［J］．国际

贸易问题，2015（10）：25 – 36.

　　［112］宁光杰，林子亮. 信息技术应用、企业组织变革与劳动力技能需求变化
［J］. 经济研究，2014（8）：79 – 92.

　　［113］裴小革. 共同富裕是建设中国特色社会主义的必由之路［J］. 红旗文
稿，2011（20）：25 – 27.

　　［114］齐良书. 新型农村合作医疗的减贫、增收和再分配效果研究［J］. 数量
经济技术经济研究，2011，28（8）：35 – 52.

　　［115］千慧雄. 长三角区域经济一体化测度［J］. 财贸研究，2010（5）：24 – 31.

　　［116］钱纳里. 工业化与经济增长的比较研究［M］. 上海：上海三联书店，1989.

　　［117］钱水土，毛绍俊. 综合普惠金融对城乡收入差距的影响研究——基于中
国省际面板数据的实证分析［J］. 金融与经济，2019（4）：37 – 42.

　　［118］邱海平. 共同富裕的科学内涵与实现途径［J］. 政治经济学评论，
2016，7（4）：21 – 26.

　　［119］任保平，洪银兴. 新型工业化道路：中国 21 世纪工业化发展路径的转
型［J］. 人文杂志，2004（1）：60 – 66.

　　［120］尚永珍，陈耀. 城市群内功能分工有助于经济增长吗？——基于十大城
市群面板数据的经验研究［J］. 经济经纬，2020，37（1）：1 – 8.

　　［121］邵敏，包群. 外资进入与国内工资差异：基于工业行业面板数据的联立
估计［J］. 统计研究，2010（4）：44 – 53.

　　［122］申朴，刘康兵. 中国城镇居民消费行为过度敏感性的经验分析：兼论不
确定性、流动性约束与利率［J］. 世界经济，2003（1）：61 – 66.

　　［123］沈坤荣，李永友. 比较优势、差异化选择与对抗性利益关系——长三角
制造业梯度升级战略［A］//2010 国际都市圈发展论坛会议论文集［C］. 上海：
上海交通大学，2010.

　　［124］沈悦，郭品. 互联网金融、技术溢出与商业银行全要素生产率［J］. 金
融研究，2015（3）：160 – 175.

　　［125］盛天翔，范从来. 金融科技、最优银行业市场结构与小微企业信贷供给
［J］. 金融研究，2020（6）：114 – 132.

　　［126］施炳展，张夏. 中国贸易自由化的消费者福利分布效应［J］. 经济学
（季刊），2017，16（3）：1421 – 1448.

　　［127］苏毅清，游玉婷，王志刚. 农村一二三产业融合发展：理论探讨、现状
分析与对策建议［J］. 中国软科学，2016（8）：17 – 28.

　　［128］孙晶，许崇正. 空间经济学视角下"经济引力"模型的构建与运

用——以 2010 年长三角地区经济数据为例［J］. 经济学家，2011（7）：39－46.

［129］孙久文，邓慧慧，叶振宇. 京津冀区域经济一体化及其合作途径探讨［J］. 首都经济贸易大学学报，2008（2）：55－60.

［130］孙早，侯玉琳. 工业智能化如何重塑劳动力就业结构［J］. 中国工业经济，2019，374（5）：63－81.

［131］覃成林，杨霞. 先富地区带动了其他地区共同富裕吗——基于空间外溢效应的分析［J］. 中国工业经济，2017（10）：46－63.

［132］谭昶，吴海涛. 产业结构、空间溢出与农村减贫［J］. 华中农业大学学报（社会科学版），2019（2）：8－17，163.

［133］汤灿晴，董志强. 劳动收入份额和收入不平等存在相互影响吗［J］. 当代财经，2019（8）：3－13.

［134］汤放华. 长江中游城市集群经济网络结构分析［J］. 地理学报，2013（10）：1357－1366.

［135］陶长琪，杨海文. 空间计量模型选择及其模拟分析［J］. 统计研究，2014，31（8）：88－96.

［136］涂涛涛，马强. 农产品贸易自由化的福利效应分析——基于中国劳动力市场分割视角［J］. 国际经贸探索，2014（9）：4－12.

［137］万广华，吴婷，张琰. 中国收入不均等的下降及其成因解析［J］. 劳动经济研究，2018（3）：23－54.

［138］汪三贵，胡联. 产业劳动密集度、产业发展与减贫效应研究［J］. 财贸研究，2014，25（3）：1－5，31.

［139］汪三贵. 在发展中战胜贫困——对中国 30 年大规模减贫经验的总结与评价［J］. 管理世界，2008（11）.

［140］王朝明，姚毅. 中国城乡贫困动态演化的实证研究：1990～2005 年［J］. 数量经济技术经济研究，2010（3）：3－15.

［141］王定祥，李伶俐，冉光和. 金融资本形成与经济增长［J］. 经济研究，2009，44（9）：39－51，105.

［142］王军英，朱晶. 贸易开放、价格传导与农户消费［J］. 农业技术经济，2011（1）：111－120.

［143］王林辉，袁礼. 有偏型技术进步、产业结构变迁和中国要素收入分配格局［J］. 经济研究，2018（11）：115－131.

［144］王琳. 中国扶贫开发的理论演进、实践发展与思路创新［J］. 宏观经济研究，2018（1）：75－81.

［145］王全忠，彭长生．城市群扩容与经济增长——来自长三角的经验证据［J］．经济经纬，2018，35（5）：51－57.

［146］王宋涛，朱腾腾，燕波．制度环境、市场分割与劳动收入份额——理论分析与基于中国工业企业的实证研究［J］．南开经济研究，2017（3）：70－87.

［147］王维．长三角交通基础设施一体化研究［J］．学海，2006（6）：159－163.

［148］王晓丽．城市劳动力市场分割与工资决定［J］．人口与经济，2013（5）：70－78.

［149］王欣，吴殿廷，王红强．城市间经济联系的定量计算［J］．城市发展研究，2006（3）：55－59.

［150］王一乔，赵鑫．金融集聚、技术创新与产业结构升级——基于中介效应模型的实证研究［J］．经济问题，2020（5）：55－62.

［151］王艺明，蔡翔．财政支出结构与城乡收入差距——基于东、中、西部地区省级面板数据的经验分析［J］．财经科学，2010，269（8）：49－57.

［152］王宇伟，范从来．企业部门的货币持有与中国货币化率的变动——来自微观层面的证据［J］．中国工业经济，2016（7）：5－22.

［153］王雨飞，倪鹏飞．高速铁路影响下的经济增长溢出与区域空间优化［J］．中国工业经济，2016（2）：21－36.

［154］王钺，白俊红．资本流动与区域创新的动态空间收敛［J］．管理学报，2016，13（9）：1374－1382.

［155］卫兴华．共同富裕是中国特色社会主义的根本原则［J］．经济问题，2012（12）：4－8，114.

［156］温涛，田纪华，王小华．农民收入结构对消费结构的总体影响与区域差异研究［J］．中国软科学，2013（3）：42－52.

［157］吴福象，刘志彪．城市化群落驱动经济增长的机制研究——来自长三角16个城市的经验证据［J］．经济研究，2008（11）：126－136.

［158］吴俊，杨青．长三角扩容与经济一体化边界效应研究［J］．当代财经，2015（7）：86－97.

［159］吴万宗，刘玉博．产业结构变迁与收入不平等——来自中国的微观证据［J］．管理世界，2018（2）：22－33.

［160］吴愈晓．劳动力市场分割、职业流动与城市劳动者经济地位获得的二元路径模式［J］．中国社会科学，2011（1）：119－137.

［161］武力超，孙浦阳．基础设施发展水平对中国城市化进程的影响［J］．中国人口·资源与环境，2010（8）：125－129.

［162］武沁宇. 中国共产党扶贫理论与实践研究［D］. 吉林：吉林大学，2017.

［163］向国成，谌亭颖，钟世虎. 分工、均势经济与共同富裕［J］. 世界经济文汇，2017（5）：40 - 54.

［164］肖燕飞. 中国区域资本时空演变特征及其对经济增长影响［J］. 经济地理，2017，37（11）：28 - 36.

［165］谢超峰，范从来. 发达地区的益贫式增长：以长江三角洲为例［J］. 南京大学学报（哲学・人文科学・社会科学），2017（4）：24 - 38.

［166］谢超峰，范从来. 富民与增长的统一：基于江苏和浙江的比较研究［J］. 江海学刊，2017（5）：84 - 90，238.

［167］谢婷婷，潘宇. 金融集聚、产业结构升级与中国经济增长［J］. 经济经纬，2018（4）：86 - 93.

［168］熊丽芳，甄峰，王波，席广亮. 基于百度指数的长三角核心区城市网络特征研究［J］. 经济地理，2013（7）：67 - 73.

［169］徐康宁，赵波，王绮. 长三角城市群：形成、竞争与合作［J］. 南京社会科学，2005（5）：5 - 13.

［170］徐琴. 从横向协作、竞合联盟到区域共同体的长三角一体化发展［J］. 现代经济探讨，2019（9）：25 - 28.

［171］徐现祥，李郇. 市场一体化与区域协调发展［J］. 经济研究，2005（12）：57 - 67.

［172］杨玲，张新平. 人口年龄结构、人口迁移与东北经济增长［J］. 中国人口・资源与环境，2016，26（9）：28 - 35.

［173］杨仁发，李娜娜. 产业结构变迁与中国经济增长——基于马克思主义政治经济学视角的分析［J］. 经济学家，2019（8）：27 - 38.

［174］杨上广，吴柏均. 收入分配相关问题思考及政策启示［J］. 商业研究，2007（6）：17 - 21.

［175］杨水根，王露. 流通产业发展的减贫效应研究——基于中国2000—2015年省级面板数据的经验证据［J］. 财经理论与实践，2018，39（2）：101 - 108.

［176］杨穗，高琴，李实. 中国城市低保政策的瞄准有效性和反贫困效果［J］. 劳动经济研究，2015，3（3）：52 - 78.

［177］杨涛，郭萌萌. 投资者关注度与股票市场——以 PM2. 5 概念股为例［J］. 金融研究，2019（5）：190 - 206.

［178］姚毓春，袁礼，董直庆. 劳动力与资本错配效应：来自十九个行业的经

验证据［J］. 经济学动态, 2014 (6): 69 – 77.

[179] 叶志强, 陈习定, 张顺明. 金融发展能减少城乡收入差距吗？——来自中国的证据［J］. 金融研究, 2011 (2): 42 – 56.

[180] 易行健, 周利. 数字普惠金融发展是否显著影响了居民消费——来自中国家庭的微观证据［J］. 金融研究, 2018 (11): 47 – 67.

[181] 殷凤, 陈宪. 中国收入分配差距与产业结构转型［J］. 上海大学学报 (社会科学版), 2013 (4): 70 – 83.

[182] 余东华, 张昆. 要素市场分割、产业结构趋同与制造业高级化［J］. 经济与管理研究, 2020 (1): 36 – 47.

[183] 余淼杰, 高恺琳. 中国—东盟自由贸易区的经济影响和减贫效应［J］. 国际经济评论, 2018 (4): 102 – 125.

[184] 俞路. 我国 FDI 地区间溢出效应与渠道影响因素分析［J］. 世界地理研究, 2015, 24 (4): 94 – 102.

[185] 俞庆进, 张兵. 投资者有限关注与股票收益——以百度指数作为关注度的一项实证研究［J］. 金融研究, 2012 (8): 152 – 165.

[186] 喻闻, 黄季. 从大米市场整合程度看我国粮食市场改革［J］. 经济研究, 1998 (3): 52 – 59.

[187] 约瑟夫·E. 斯蒂格利茨. 不平等的代价［M］. 张子源, 译. 北京: 机械工业出版社, 2013.

[188] 臧旭恒, 裴春霞. 转轨时期中国城乡居民消费行为比较研究［J］. 数量经济技术经济研究, 2007 (1): 65 – 72, 91.

[189] 曾国彪, 姜凌. 贸易开放、地区收入差距与贫困: 基于 CHNS 数据的经验研究［J］. 国际贸易问题, 2014 (3): 72 – 85.

[190] 张爱华, 刘力. 基于搜索量的消费品需求预测研究［J］. 北京邮电大学学报 (社会科学版), 2019 (8): 56 – 62.

[191] 张安驰, 范从来. 空间自相关性与长三角区域一体化发展的整体推进［J］. 现代经济探讨, 2019 (8): 15 – 24.

[192] 张苹. 中国经济增长与贫困减少——基于产业构成视角的分析［J］. 数量经济技术经济研究, 2011 (5): 51 – 63.

[193] 张贡生. 中国区域发展战略之 70 年回顾与未来展望［J］. 经济问题, 2019 (10): 10 – 18.

[194] 张昊光, 姜秀兰. 必须防止外资拉大我国居民收入分配的差距［J］. 财经科学, 2004 (2): 82 – 86.

［195］张慧芳，朱雅玲．居民收入结构与消费结构关系演化的差异研究——基于 AIDS 扩展模型［J］．经济理论与经济管理，2017，36（12）：23－35.

［196］张军，金煜．中国的金融深化和生产率关系的再检测：1987－2001［J］．经济研究，2005（11）：34－45.

［197］张克中，冯俊诚．通货膨胀、不平等与亲贫式增长——来自中国的实证研究［J］．管理世界，2010（5）.

［198］张培刚．农业与工业化（上卷）［M］．北京：华中科技大学出版社，2002.

［199］张同升，梁进社，金平．中国制造业省区间分布的集中与分散研究［J］．经济地理，2005（3）：315－319，332.

［200］张晓磊，谢建国，张二震．外资进入强度与本土企业竞争力——基于企业单位劳动成本视角的检验［J］．国际贸易问题，2020（2）：1－15.

［201］张学良，李培鑫，李丽霞．政府合作、市场整合与城市群经济绩效——基于长三角城市经济协调会的实证检验［J］．经济学（季刊），2017，16（4）：1563－1582.

［202］张学良，聂清凯．中国交通基础设施促进了区域经济增长吗——兼论交通基础设施的空间溢出效应［J］．中国社会科学，2012（3）：60－77.

［203］张勋，万广华，张佳佳，何宗樾．数字经济、普惠金融与包容性增长［J］．经济研究，2019（8）：71－86.

［204］张义，王爱君．空气污染健康损害、劳动力流动与经济增长［J］．山西财经大学学报，2020，42（3）：17－30.

［205］章奇，刘明兴，Vincent Yiupor Chen．中国的金融中介增长与城乡收入差距［A］//万广华，蔡昉．中国转轨时期收入差距与贫困［C］．北京：社会科学文献出版社，2006.

［206］赵锦春，范从来．贸易自由化、劳动力市场分割与益贫式增长［J］．世界经济研究，2018，297（11）：116－134，137.

［207］赵磊，张晨．旅游减贫的门槛效应及其实证检验——基于中国西部地区省际面板数据的研究［J］．财贸经济，2018（5）：130－145.

［208］赵培红，卜凡月，李立国．京津冀共享发展水平研究［J］．区域经济评论，2018（2）：34－44.

［209］赵奇伟．东道国制度安排、市场分割与 FDI 溢出效应：来自中国的证据［J］．经济学（季刊），2009（2）：891－924.

［210］赵霞，韩一军，姜楠．农村三产融合：内涵界定、现实意义及驱动因素分析［J］．农业经济问题，2017，38（4）：49－57.

[211] 赵霞，刘彦平．居民消费、流动性约束和居民个人消费信贷的实证研究 [J]．财贸经济，2006（11）：32-36．

[212] 赵永亮，才国伟．市场潜力的边界效应与内外部市场一体化 [J]．经济研究，2009（7）：119-130．

[213] 中国电子学会．中国机器人产业发展报告 2019 [R]．2019．

[214] 钟腾，吴卫星，玛西高娃．金融市场化、农村资金外流与城乡收入差距 [J]．南开经济研究，2020（4）：144-164．

[215] 周华，李品芳，崔秋勇．中国多维度益贫式增长的测度及其潜在来源分解研究 [J]．数量经济技术经济研究，2011（5）：37-50．

[216] 周华．益贫式增长的定义、度量与策略研究——文献回顾 [J]．管理世界，2008（4）：160-166．

[217] 周黎安，陈烨．中国农村税费改革的政策效果：基于双重差分模型的估计 [J]．经济研究，2005（8）：44-53．

[218] 周立，王子明．中国各地区金融发展与经济增长实证分析：1978-2000 [J]．金融研究，2002（10）：1-13．

[219] 周立群，夏良科．区域经济一体化的测度与比较：来自京津冀、长三角和珠三角的证据 [J]．江海学刊，2010（4）：81-87．

[220] 周绍杰，王洪川，苏杨．中国人如何能有更高水平的幸福感——基于中国民生指数调查 [J]．管理世界，2015（6）：8-21．

[221] 周月书，王悦雯．二元经济结构转换与城乡资本配置效率关系实证分析 [J]．中国农村经济，2015（3）：44-55，83．

[222] 朱晶，洪伟．贸易开放对我国工农产品贸易条件及农民福利的影响 [J]．农业经济问题，2007，28（12）：9-14．

[223] Abadie A，A Diamond，J Hainmueller. Synthetic Control Methods for Comparative Case Studies：Estimating the Effect of California's Tobacco Control Program [J]. Journal of the American statistical Association，2010，105（490）：493-505．

[224] Acemoglu D，Akcigit U，Kerr W. Networks and the Macroeconomy：An Empirical Exploration [M]. In NBER Macroeconomics Annual，Eichenbaum M and Parker J A（eds.），2016，30（1）：273-335．

[225] Acemoglu D，D Autor. Skills，Tasks and Technologies：Implications for Employment and Earnings [M]. In Handbook of Labor Economics Volume 4，Amsterdam：Elsevier，Orley Ashenfelter and David E Card（eds.），2011：1043-1171．

[226] Acemoglu D，J Robinson. The Rise and Decline of General Laws of Capital-

ism [J]. Journal of Economic Perspectives, 2015, 29 (1): 3 –28.

[227] Acemoglu D, P Restrepo. Automation and New Tasks: How Technology Displaces and Reinstates Labor [J]. Journal of Economic Perspectives, 2019, 33 (2): 3 –30.

[228] Acemoglu D, P Restrepo. Robots and Jobs: Evidence from US Labor Markets [R]. NBER Working Paper, No. 23285, 2007.

[229] Acemoglu D, P Restrepo. The Race Between Machine and Man: Implications of Technology for Growth, Factor Shares and Employment [J]. American Economic Review, 2018, 108 (6): 1488 –1542.

[230] Acemoglu D, P Restrepo. The Wrong Kind of AI? Artificial Intelligence and the Future of Labor Demand [J]. Cambridge Journal of Regions Economy and Society, 2020, 13 (1): 25 –35.

[231] Acemoglu D. Technical Change, Inequality, and the Labor Market [J]. Journal of Economic Literature, 2002a, 40 (1): 7 –72.

[232] Acemoglu D. Directed Technical Change [J]. Review of Economic Studies, 2002b, 69 (4): 781 –809.

[233] Acemoglu D. Labor and Capital Augmenting Technical Change [J]. Journal of the European Economic Association, 2003, 1 (1): 1 –37.

[234] Adelman I, S Robinson. Income Distribution and Development [A]. Handbook of Development Economics, 1989: 949 –1003.

[235] Agenor P R, Dinh H T. Social Capital, Product Imitation and Growth with Learning Externalities [J]. Social Science Electronic Publishing, 2013.

[236] Aghion P, Antonin C, Bunel S, Jaravel X. What Are the Labor and Product Market Effects of Automation? New Evidence from France [R]. CEPR Discussion Paper, No. DP14443, 2020.

[237] Aitken B, A Harrison, R E Lipsey. Wages and Foreign Ownership A Comparative Study of Mexico, Venezuela, and the United States [J]. Journal of International Economics, 1996, 40 (3): 345 –371.

[238] Albuquerque R. The Composition of International Capital Flows: Risk Sharing Through Foreign Direct Investment [J]. Journal of International Economics, 2003, 61 (2): 353 –383.

[239] Amiti M, C A Pissarides. Trade and Industrial Location with Heterogeneous Labor [J]. Journal of International Economics, 2004, 67 (2): 392 –412.

[240] Artuc E, S Chaudhuri, J Mclaren. Delay and Dynamics in Labor Market Adjustment: Simulation Results [J]. Journal of International Economics, 2008, 75 (1): 1 – 13.

[241] Aslam N. The Impact of Foreign Capital Inflow on Saving and Investment: The Case of Pakistan [J]. The Pakistan Development Review, 1987, 36 (4): 787 – 789.

[242] Atkinson A B. Income Maintenance and Social Insurance [A]. In Handbook of Public Economics, Atkinson, B A (eds.), 1987.

[243] Autor D, A Salomons. Is Automation Labor-Displacing? Productivity Growth, Employment, and the Labor Share [R]. NBER Working Paper, No. 24871, 2018.

[244] Autor D, D Dorn. The Growth of Low-Skill Service Jobs and the Polarization of the US Labor Market [J]. American Economic Review, 2013, 103 (5): 1553 – 1597.

[245] Autor D, F Levy, R Murnane. The Skill-Content of Recent Technological Change: An Empirical Investigation [J]. Quarterly Journal of Economics, 2003, 118 (4): 1279 – 1333.

[246] Autor D. Why Are There Still So Many Jobs? The History and Future of Workplace Automation [J]. Journal of Economic Perspectives, 2015, 29 (3): 3 – 30.

[247] Autor D. Work of the Past, Work of the Future [J]. AEA Papers and Proceedings, 2019, 109: 1 – 32.

[248] Balassa. The Theory of Economic Integration [M]. R. D. Irwin, 1961.

[249] Baldwin R, R Forslid, P Martin. Economic Geography and Public Policy [R]. Université Parisl Panthéon-Sorbonne (Post-Print and Working Papers), 2003.

[250] Baldwin, R, T Okubo. Agglomeration, Offshoring and Heterogenous Firms [R]. CEPR Discussion Papers, 2006.

[251] Baqaee D R, E Farhi. The Macroeconomic Impact of Microeconomic Shocks: Beyond Hulten's Theorem [J]. Econometrica, 2019, 87 (4): 1155 – 1203.

[252] Beaudry P, Green D, Benjamin M. The Great Reversal in the Demand for Skill and Cognitive Tasks [J]. Journal of Labor Economics, 2016, 34 (S1): 199 – 247.

[253] Beck T, Demirguc-Kunt A, Peria M S M. Reaching Out: Access to and Use of Banking Services Across Coun-tries [J]. Journal of Financial Economics, 2007, 85 (1): 234 – 266.

[254] Behrens K. International Integration and Regional Inequalities: How Important Is National Infrastructure [J]. The Manchester School, 2011, 79 (5): 952 – 971.

[255] Blake A, J S Arbache, et al. Tourism and Poverty Relief [J]. Annals of

Tourism Research, 2008, 35 (1): 107 –126.

[256] Blomstrom M, Kokko A. The Economics of Foreign Direct Investment Incentives [J]. Social Science Electronic Publishing, 2001.

[257] Blonigen B A, Slaughter M J. Foreign-Affiliate Activity and U. S. Skill Upgrading [J]. Review of Economics and Statistics, 2001, 83 (2): 362 –376.

[258] Borck R, Pflüger M, Wrede M. A Simple Theory of Industry Location and Residence Choice [J]. Social Science Electronic Publishing, 2010, 10 (6): 913 –940.

[259] Bourguignon F, Chakravarty S R. The Measurement of Multidimensional Poverty [J]. Journal of Economic Inequality, 2003, 1 (1): 25 –49.

[260] Braakmann N, Vogel A. How Does Economic Integration Influence Employment and Wages in Border Regions? The Case of the EU Enlargement 2004 and Germany's Eastern Border [J]. Review of World Economics, 2011, 147 (2): 303 –323.

[261] Calderón C, Servén L. Infrastructure, Growth, and Inequality: An Overview [R]. World Bank Group, Policy Research Working Paper, WPS7034, 2014.

[262] Calderón C, Servén L. The Effects of Infrastructure Development on Growth and Income Distribution [J]. Annals of Economics and Finance, 2004, 15 (2).

[263] Caliendo L, Dvorkin M A, Parro F. Trade and Labor Market Dynamics: General Equilibrium Analysis of the China Trade Shock [J]. Social Science Electronic Publishing, 2015.

[264] Campbell J Y, Mankiw N G. Permanent Income, Current Income, and Consumption [J]. Journal of Business and Economic Statistics, 1990, 8 (3): 265 –279.

[265] Canavire-Bacarreza G J, Rioja F K. Financial Development and the Distribution of Income in Latin America and the Caribbean [R]. IZA Discussion Paper, No. 3796, 2008.

[266] Chatterjee S, Turnovsky S J. Infrastructure and Inequality [J]. European Economic Review, 2012, 56 (8): 1730 –1745.

[267] Chaudhuri S, Yabuuchi S. Economic Liberalization and Wage Inequality in the Presence of Labor Market Imperfection [J]. International Review of Economics and Finance, 2007, 16 (4): 592 –603.

[268] Choi Y C, Hummels D, Xiang C. Explaining Import Quality: The Role of the Income Distribution [J]. Journal of International Economics, 2009, 78 (2): 0 –303.

[269] Christopher R T, Nicolas A R. Skill Prices, Occupations, and Changes in the Wage Structure for Low Skilled Men [Z]. NBER Working Paper, 2019, No. 26453.

[270] Clarke G, Xu L C, Zou H F. Finance and Income Inequality: Test of Alternative Theories [J]. Policy Research Working Paper, 2003, 72 (3): 578 – 596.

[271] Cosci S, Mirra L. A Spatial Analysis of Growth and Convergence in Italian Provinces: The Role of Road Infrastructure [J]. Regional Studies, 2018, 52: 1 – 12.

[272] Costinot A, Rodriguez-Clare, A. Trade Theory with Numbers: Quantifying the Consequences of Globalization [J]. Handbook of International Economics, 2013 (4): 197 – 261.

[273] Danziger S. After Welfare Reform and An Economic Boom: Why is Child Poverty Still so Much Higher in the U. S. than in Europe? [J]. Child Welfare, 2016.

[274] Datt G, M Ravallion. Is India's Economic Growth Leaving the Poor Behind? [J]. The Journal of Economic Perspectives, 2002, 16 (3): 89 – 108.

[275] Deaton A, Paxson C. Measuring Poverty Among the Elderly [J]. NBER Working Papers, 1995, 5 (2): 3 – 17.

[276] Demirguc-Kunt A, Klapper L. Measuring Financial Inclusion: The Global Findex Database [Z]. Policy Research Working Paper, No. 6425, 2012.

[277] Dercon S, Christiaensen L. Consumption Risk, Technology Adoption and Poverty Traps: Evidence from Ethiopia [J]. Journal of Development Economics, 2010, 96 (2): 159 – 173.

[278] Démurger S, Wang X. Remittances and Expenditure Patterns of the Left Behinds in Rural China [J]. China Economic Review, 2016, 37: 177 – 190.

[279] Dollar D, A Kraay. Trade, Growth, and Poverty [J]. Economic Journal, 2004, 114 (493): 22 – 49.

[280] Dollar D, Kleineberg T, Kraay A. Growth Still Is Good for the Poor [J]. European Economic Review, 2016, 81 (C): 68 – 85.

[281] Domowitz I, Hubbard R G, Petersen B C. Business Cycles and the Relationship between Concentration and Price-cost Margins [J]. Rand Journal of Economics, 1986 (17): 1 – 17.

[282] Doumbia D. The Quest for Pro-poor and Inclusive Growth: The Role of Governance [J]. PSE Working Papers halshs-01945812, 2018.

[283] Duclos Jean-Yves. What is "Pro-Poor"? [J]. Social Choice and Welfare, 2009, 32 (1): 37 – 58.

[284] Easterly W, S T Rebelo. Fiscal Policy and Economic Growth: An Empirical Investigation [J]. Social Science Electronic Publishing, 1993, 32 (3): 417 – 458.

［285］ Eaton J, Kortum S. Technology, Geography, and Trade ［J］. Econometrica, 2002, 70 （5）: 1741 –1779.

［286］ Eaton J. A Dynamic Specific-Factors Model of International Trade ［J］. Review of Economic Studies, 1987, 54 （2）: 325 –338.

［287］ Elsby M W L, Michaels R. Marginal Jobs, Heterogeneous Firms, and Unemployment Flows ［J］. American Economic Journal: Macroeconomics, 2013 （1）: 1 –48.

［288］ Elsner B. Does Emigration Benefit the Stayers? Evidence from EU Enlargement ［J］. Journal of Population Economics, 2013, 26 （2）: 531 –553.

［289］ Essama-Nssah B, Lambert P J. Measuring Pro-poorness: A Unified Approach with New Results ［J］. Review of Income and Wealth, 2009, 55 （3）: 752 –778.

［290］ Estache A. On Latin America's Infrastructure Privatization and Its Distributional Effects ［J］. Social Science Electronic Publishing, 2003.

［291］ Eysenbach G. Infodemiology and Infoveillance: Framework for an Emerging Set of Public Health Informatics Methods to Analyze Search, Communication and Publication Behavior on the Internet ［J］. Journal of Medical Internet Research, 2009, 11 （1）: e11.

［292］ Fajgelbaum P D, Khandelwal A. Measuring the Unequal Gains from Trade ［J］. Social Science Electronic Publishing, 2015.

［293］ Fan S, X Zhang. Public Expenditure, Growth and Poverty Reduction in Rural Uganda ［J］. African Development Review, 2008, 20 （3）: 466 –496.

［294］ Fan S, Zhang L, Zhang X. Reforms, Investment, and Poverty in Rural China ［J］. Economic Development and Cultural Change, 2004, 52 （2）: 145 –168.

［295］ Ferreira F H G, Leite P G, Ravallion M. Poverty Reduction without Economic Growth?: Explaining Brazil's Poverty Dynamics, 1985 –2004 ［J］. Journal of Development Economics, 2010, 93 （1）: 20 –36.

［296］ Figini P, H Grg. Does Foreign Direct Investment Affect Wage Inequality? An Empirical Investigation ［Z］. IZA Discussion Papers, 2006, 34 （9）: 1455 –1475.

［297］ Foster J, Greer J, Thorbecke E. A Class of Decomposable Poverty Measures ［J］. Econometrica, 1984, 52 （3）: 761 –766.

［298］ Foster J, Seth S, Lokshin M. A Unified Approach to Measuring Poverty and Inequality ［J］. World Bank Publications, 2013.

［299］ Furong J. Foreign Direct Investment and Income Inequality in China ［J］. Seoul Journal of Economics, 2009 （1）: 315 –337.

［300］Galí Jordi, Valles J, Lopez D. Understanding the Effects of Government Spending on Consumption ［J］. Working Papers U. S. Federal Reserve Boards International Finance Discussion Papers, 2004.

［301］Getachew Y Y. Public Capital and Distributional Dynamics in a Two-sector Growth Model ［J］. Journal of Macroeconomics, 2010, 32 (2): 606 – 616.

［302］Giorgio F. Clustering in Complex Directed Networks ［J］. Physical Review E, 2007, 76 (2): 26107.

［303］Glass A J, Saggi K. Multinational Firms and Technology Transfer ［J］. The Scandinavian Journal of Economics, 2002, 104 (4): 495 – 513.

［304］Gluschenko K. Market Integration in Russia During the Transformation Years ［J］. The Economics of Transition, 2003, 11 (3): 411 – 434.

［305］Goldberg P K, Pavcnik N. The Effects of the Colombian Trade Liberalization on Urban Poverty ［J］. NBER Chapters, 2007.

［306］Goodwin H. Tourism and Poverty Reduction: Pathways to Prosperity ［J］. Tourism Management, 2011, 32 (5): 1236.

［307］Goos M, A Manning A Salomons. Explaining Job Polarization in Europe: The Roles of Technology, Globalization and Institutions ［J］. American Economic Review, 2014, 104 (8): 2509 – 2526.

［308］Gregory T, A Salomons U Zierahn. Racing with or Against the Machine? Evidence from Europe ［R］. ZEW Discussion Papers, 2016: 16 – 053.

［309］Griliches Z. Capital-Skill Complementarity ［J］. Review of Economics and Statistics, 1969 (51): 465 – 478.

［310］Han J, R Liu M Beyza. Market Structure, Imperfect Tariff Pass-through and Household Welfare in Urban China ［J］. Journal of International Economics, 2016, 100: 220 – 232.

［311］Hansen B E. Threshold Effect in Non-Dynamic Panels: Estimation, Testing and Inference ［J］. Journal of Econometrics, 1999, 93 (2): 345 – 368.

［312］Harrison A. Has Globalization Eroded Labor's Share? Some Cross-Country Evidence ［R］. MPRA Paper 39649, University Library of Munich, Germany, 2005.

［313］Hazari B R, J J Nowak. Tourism, Taxes and Immiserization: A Trade Theoretic Analysis ［J］. Pacific Economic Review, 2003, 8 (3): 279 – 287.

［314］Heckman J, Lochner L, Taber C. Explaining Rising Wage Inequality: Explorations with a Dynamic General Equilibrium Model of Labor Earnings with Heterogeneous Agents [J]. Review of Economic Dynamics, 1998, 1 (1): 1 – 58.

[315] Hicks J R S. The Theory of Wages [M]. Macmillan, 1932.

[316] Hoff K, Stiglitz J E. Introduction: Imperfect Information and Rural Credit Markets: Puzzles and Policy Perspectives [J]. World Bank Economic Review, 1990, 4 (3): 235 – 250.

[317] Holland P, S Leinhardt. Transitivity in Structural Models of Small Groups [J]. Small Group Research, 1971, 2 (2): 107 – 124.

[318] Holt R P F, Greenwood D T. Negative Trickle-down and the Financial Crisis of 2008 [J]. Journal of Economic Issues, 2012, 46 (20): 363 – 370.

[319] Ianchovichina E I, Nicita A, Soloaga I. Trade Reform and Poverty: The Case of Mexico [J]. World Economy, 2002, 25 (7): 945 – 972.

[320] Ivanic M, Martin W. Sectoral Productivity Growth and Poverty Reduction: National and Global Impacts [J]. World Grouth, 2018, 109: 429 – 439.

[321] Jalan J, Ravallion M. Does Piped Water Reduce Diarrhea for Children in Rural India? [J]. World Bank Development Research Group, 2001, 112 (1): 153 – 173.

[322] Jappelli T, Pagano M. Consumption and Capital Market Imperfections: An International Comparison [J]. American Economic Review, 1989, 79 (5): 1088 – 1105.

[323] Juhn Chinhui, Murphy K, Pierce Brooks. Wage Inequality and the Rise in Returns to Skill [J]. Journal of Political Economy, 1993, 101 (3): 410 – 442.

[324] Kakwani N, H Son. Linkages Between Pro-Poor Growth, Social Programs and Labor Market: The Recent Brazilian Experience [J]. World Development, 2010, 38 (6): 881 – 894.

[325] Kakwani N, H Son. Poverty Equivalent Growth Rate [J]. Review of Income and Wealth, 2008, 54 (4): 643 – 655.

[326] Kakwani N, H Son. Pro-poor Growth: The Asian Experience, Globalization and the Poor in Asia [M]. Palgrave Macmillan UK, 2008.

[327] Kakwani N, M Pernia. What is Pro-poor Growth? [J]. Asian Development Review, 2000, 19 (1): 1 – 16.

[328] Kakwani N. On the Class of Poverty Measures [J]. Econometrica, 1980, 48 (2): 437 – 446.

[329] Kapoor A. Financial Inclusion and Future of the Indian Economy [J]. Futures, 2014, 56: 34 – 42.

[330] Karabarbounis L, B Neiman. The Global Decline of the Labor Share [R].

NBER Working Papers, 2014, 129 (1): 61 – 103.

[331] Katz L, Margo R. Technical Change and the Relative Demand for Skilled Labor: The United States in Historical Perspective [J]. Published in Human Capital in History: The American Record, Boustan, Frydman, and Margo, 2014.

[332] Katz L, Murphy K. Change in Relative Wages 1963 – 1987: Supply or Demand Factors [J]. Quarterly Journal of Economics, 1992, 107 (1): 35 – 78.

[333] Kay C. Development Strategies and Rural Development: Exploring Synergies, Eradicating Poverty [J]. The Journal of Peasant Studies, 2009, 36 (1): 103 – 137.

[334] Kevin Z. Foreign Direct Investment and Economic Growth in China [R]. WTO, China and Asian Economics UIBE, 2006.

[335] Khalid Zaman, Muhammad Mushtaq Khan, Mehboob Ahmad. The Relationship between Foreign Direct Investment and Pro-poor Growth Policies in Pakistan: The New Interface [J]. Economic Modelling, 2012, 29 (4): 1220 – 1227.

[336] Khandelwal Amit, Topalova Petia. Trade Liberalization and Productivity: The Case of India [J]. Review of Economics and Statistics, 2010, 93 (3): 995 – 1009.

[337] Klump R, McAdam P, Willman A. Factor Substitution and Factor—Augmenting Technical Progress in the United States: A Normalized Supply-Side System Approach [J]. Review of Economics and Statistics, 2007 (89): 183 – 192.

[338] Krugman P. Increasing Returns and Economic Geography [J]. Journal of Political Economy, 1991, 99 (3): 483 – 499.

[339] Krugman P R. The Return of Depression Economics and the Crisis of 2008 [N], W. W. Norton.

[340] Kuznets S. Economic Growth and Income Inequality [J]. American Economic Review, 1955, 45 (1): 1 – 28.

[341] Lesage J P, Pace R K. Spatial Econometric Models [M]. Handbook of Applied Spatial Analysis, 2010.

[342] Li Bozhong, Jan Luiten van Zanden. Before the Great Divergence? Comparing the Yangzi Delta and the Netherlands at the Beginning of the Nineteenth Century [J]. The Journal of Economic History, 2012, 72 (4): 956 – 989.

[343] Li Hongyi, Lyn Squire, Heng-fu Zou. Explaining International and Intertemporal Variations in Income Inequality [J]. Economic Journal, 1998, 108 (446): 26 – 43.

[344] Li K, Liu M, Yi F. Using Baidu Search Engineto Monitor Aids Epidemics Inform for Targeted Intervention Of Hiv/aids In China [J]. Scientific Reports, 2019 (9): 1 – 12.

［345］ Limao N, Venables A J. Infrastructure, Geographical Disadvantage, and Transport Costs ［J］. Policy Research Working Paper, 1999.

［346］ Limao N, Venables A J. Infrastructure, Geographical Disadvantage, Transport costs, and Trade ［J］. World Bank Economic Review, 2001, 15 (3): 451 −479.

［347］ Li X, Fan S, Luo X, et al. Community Poverty and Inequality in Western China: A Tale of Three Villages in Guizhou Province ［J］. China Economic Review, 2009, 20 (2): 338 −349.

［348］ Li Y, Wang X, Zhu Q. Assessing the Spatial and Temporal Differences in the Impacts of Factor Allocation and Urbanization on Urban-Rural Income Disparity in China, 2004 −2010 ［J］. Habitat International, 2014 (42): 76 −82.

［349］ Loayza K. Openness Can Be Good for Growth: The Role of Policy Complementarities ［J］. Journal of Development Economics, 2009, 90 (1): 33 −49.

［350］ Loayza N V, C Raddatz. The Composition of Growth Matters for Poverty Alleviation ［J］. Journal of Development Economics, 2010, 93 (1): 137 −151.

［351］ Lopez J H. Pro-Growth, Pro-Poor: Is There a Trade-off? ［J］. Policy Research Working Paper, 2004.

［352］ Lubyova M, Ours J. Unemployment Durations of Job Losers in a Labor Market in Transition ［J］. Economics of Transition, 1999, 7 (3): 665 −686.

［353］ Maitra Ray. The Effect of Transfers on Household Expenditure Patterns and Poverty ［J］. Journal of Development Economics, 2003, 71 (1): 23 −49.

［354］ Majumder R. Infrastructure and Regional Development: Interlinkages in India ［J］. Indian Economic Review, 2005, 40 (2): 167 −184.

［355］ Manning A. We Can Work It Out: The Impact of Technological Change on the Demand for Low-Skill Workers ［J］. Scottish Journal of Political Economy, 2004, 51 (5): 581 −608.

［356］ Marchand Beyza Ural. Tariff Pass-through and the Distributional Effects of Trade Liberalization ［J］. Journal of Development Economics, 2012, 99 (2): 265 −281.

［357］ Marjit Sugata. Economic Reform and Informal Wage: A General Equilibrium Analysis ［J］. Journal of Development Economics, 2003, 72 (1): 371 −378.

［358］ Markusen J R, Venables A J. Foreign Direct Investment as a Catalyst for Industrial Development ［J］. European Economic Review, 1999, 43 (2): 335 −356.

［359］ Marshall P. Welfare: Inequality and Poverty ［M］. Palgrave Macmillan UK, 1990.

[360] Marshall S E. Development, Dependence, and Gender Inequality in the Third World [J]. International Studies Quarterly, 1985, 29 (2): 217 -240.

[361] Mazzolari F, Giuseppe R. Spillovers from High-Skill Consumption to Low-Skill Labor Markets [J]. Review of Economics and Statistics, 2013, 95 (1): 74 -86.

[362] McCaig B. Exporting Out of Poverty: Provincial Poverty in Vietnam and U. S. Market Access [J]. Journal of International Economics, 2011, 85 (1): 102 -113.

[363] Michaels G, Ashwini N, John Van Reenen. Has ICT Polarized Skill Demand? Evidence from Eleven Countries over 25 Years [J]. Review of Economics and Statistics, 2014, 96 (1): 60 -77.

[364] Murphy A B. The May 2004 Enlargement of the European Union: View from Two Years Out [J]. Eurasian Geography and Economics, 2006, 47 (6): 635 -646.

[365] Myrdal G, Sitohang P. Economic Theory and Under-Developed Regions [M]. Harper & Brothers Publishers, 1957.

[366] Naughton B. China's Transition in Economic Perspective [J]. Harvard Contempary China Series, 1999: 30 -46.

[367] Newman B. Information, the Dual Economy, and Development [J]. The Review of Economic Studies, 1998, 65 (4): 631 -653.

[368] Obisesan A, Akinlade R J. Credit Constraints and Poverty among Nigerian Farming Households [J]. Agricultural Journal, 2013, 8 (2): 94 -100.

[369] OECD, Rising to the Global Challenge: Partnership for Reducing World Poverty [J/OL]. Paris: OECD, 2001. http://www. oecd. org/dataoecd/45/28/1895254. pdf. 2011. 11. 12.

[370] Onnela J P, J Saramäki J Kertész K Kaski. Intensity and Coherence of Motifs in Weightedcomplex Networks [J]. Physic Review, 2005, 71 (6).

[371] Oslington P. Deus Economicus [C]. University Library of Munich, Germany, 2005.

[372] Otchia C S. Domestic Agricultural Value Chain Development and Pro-poor Growth: A Computable General Equilibrium Microsimulation Application for the Democratic Republic of Congo [J]. Review of Development Economics, 2019, 23 (1): 475 -500.

[373] Ottaviano G, Puga D. Agglomeration in the Global Economy: A Survey of the "New Economic Geography" [J]. World Economy, 1998, 21 (6): 707 -731.

[374] Ottaviano G I P. Infrastructure and Economic Geography: An Overview of Theory and Evidence [R]. EIB Papers, 2008.

［375］ Palley T. Inequality and Growth in Neo-Kaleckian and Cambridge Growth Theory ［J］. Review of Keynesian Economics，2017，5（2）：146 － 169.

［376］ Pang J，Wu H. Financial Markets，Financial Dependence，and the Allocation of Capital ［J］. Journal of Banking & Finance，2009，33（5）：810 － 818.

［377］ Papanek G，Kyn O. Flattening the Kuznets Curve：The Consequences for Income Distribution of Development Strategy，Government Intervention，Income and the Rate of Growth ［J］. The Pakistan Development Review，1987，26（1）：1 － 54.

［378］ Pasha H A ，Palanivel T . Pro-poor Growth and Policies：The Asian Experience ［J］. The Pakistan Development Review，2003，42（4）：313 － 348.

［379］ Piketty T，Saez E. Income Inequality in the United States，1913 － 1998 ［J］，Quarterly Journal of Economics，2003，118（1）：1 － 39.

［380］ Piketty T，Saez E. The Evolution of Top Incomes：A Historical and International Perspective ［J］. American Economic Review，2006，96（2）：200 － 205.

［381］ Poncet S. Measuring Chinese Domestic and International Integration ［J］. China Economic Review，2003，14（1）：1 － 21.

［382］ Puga D，Venables A J. Agglomeration Economics ［J］. Blackwell Publishers Ltd，1999，109（455）：292 － 311.

［383］ Rana H，M Devashish M Beyza. Trade Liberalization，Labor-Market Institutions，and Poverty Reduction：Evidence from Indian States ［J］. India Policy Forum，2011，3（1）：71 － 122.

［384］ Ravallion M，G Datt. How Important to India's Poor Is the Sectoral Composition of Economic Growth?［J］. World Bank Economic Review，1996，10（1）：1 － 25.

［385］ Ravallion M，G Datt. Why has Economic Growth been More Pro-poor in Some States of India than Others?［J］. Journal of Development Economics，2002，68（2）：381 － 400.

［386］ Ravallion M，Chen S. China's（uneven）Progress Against Poverty ［J］. Journal of Development Economics，2007，82（1）：1 － 42.

［387］ Ravallion M，Chen S. Measuring Pro-Poor Growth ［J］. Economics Letters，2003，78（1）：93 － 99.

［388］ Ripberger J T. Capturing Curiosity：Using Internet Search Trends to Measure Public Attentiveness ［J］. Policy Studies Journal，2011，39（2）：239 － 259.

［389］ Rui Albuquerque. The Composition of International Capital Flows：Risk Sharing through Foreign Direct Investment ［J］. Journal of International Economics，2003，

61 （2）：353 – 383.

［390］Sachs J, Seth G Benzell, Guillermo L. Robots：Curse or Blessing? A Basic Framework ［J］. NBER Working Paper, No. 21091, 2015.

［391］Sahoo P. Infrastructure for Asian Connectivity ［M］. Edward Elgar Publishing, 2012, No. 14819.

［392］Serven L, Calderon C. The Effects of Infrastructure Development on Growth and Income Distribution ［C］. Econometric Society 2004 Latin American Meetings, 2004, Econometric Society.

［393］Shabbir T, Mahmood A, Niazi S. The Effects of Foreign Private Investment on Economic Growth in Pakistan ［J］. The Pakistan Development Review, 1992, 31 （4）：831 – 841.

［394］Siddiqui R, Kemal A R. Remittances, Trade Liberalization, and Poverty in Pakistan：The Role of Excluded Variables in Poverty Change Analysis ［Z］. PIDE-Working Papers, 2002.

［395］Son H H, Kakwani N. Global Estimates of Pro-Poor Growth ［J］. World Development, 2008, 36 （6）：1048 – 1066.

［396］Strielkowski W, Hoschle F. Evidence for Economic Convergence in the EU：The Analysis of Past EU Enlargements ［J］. Technological and Economic Development of Economy, 2016, 22 （4）：617 – 630.

［397］Tinbergen. International Economic Integration ［M］. Elsevier, 1954.

［398］Topalova, Petia. Factor Immobility and Regional Impacts of Trade Liberalization：Evidence on Poverty from India ［J］. American Economic Journal Applied Economics, 2010, 2 （4）：1 – 41.

［399］Wang S, Liu W, Wu L. Realize Facilitated Targeted Poverty Elimination with Targeted Poverty-Alleviation：A New Anti-Poverty Approach for Rural China ［J］. Contemporary Social Sciences, 2017, （5）：10 – 20.

［400］Wei C, X Qian. Regional Disparity of Labor's Share in China：Evidence and Explanation ［J］. China Economic Review, 2013, 27：277 – 293.

［401］White H, Anderson E. Growth versus Distribution：Does the Pattern of Growth Matter? ［J］. Development Policy Review, 2001, 19 （3）：267 – 289.

［402］Winters L A, McCulloch N, Mckay A. Trade Liberalization and Poverty：The Evidence So Far ［J］. Journal of Economic Literature, 2004, 42 （1）：72 – 115.

［403］Wood Adrian. Openness and Wage Inequality in Developing Countries：The

Latin American Challenge to East Asian Conventional Wisdom [J]. World Bank Economic Review, 1997, 11 (1): 33 – 57.

[404] Xie P. Reforms of China's Rural Credit Cooperatives and Policy Options [J]. China Economic Review, 2003, 14 (4): 0 – 442.

[405] Xu Y. Generalized Synthetic Control Method: Causal Inference with Interactive Fixed Effects Models [J]. Political Analysis, 2017, 25 (1): 57 – 76.

[406] Young A. Razor's Edge: Distortions and Incremental Reform in the People's Republic of China [J]. The Quarterly Journal of Economics, 2000, 115 (4): 1091 – 1135.

[407] Yu L, G Wang D W Marcouillerc. A Scientometric Review of Pro-poor Tourism Research: Visualization and Analysis [J]. Tourism Management Perspectives, 2019 (30): 75 – 88.

[408] Zeldes S P. Optimal Consumption with Stochastic Income: Deviations from Certainty Equivalence [J]. Quarterly Journal of Economics, 1989, 104 (2): 275 – 298.

[409] Zhang Jingjing. Factor Mobility and Skilled-unskilled Wage Inequality in the Presence of Internationally Traded Product Varieties [J]. Economic Modelling, 2015, 30 (3): 579 – 585.

[410] Zhang X B, Zhang K. How does Foreign Direct Investment Affect Economic Growth in China? [J]. Journal of Development Studies, 2003, 39 (4): 47 – 67.

[411] Zhu L, He W. China's Four-Decade Rural Poverty Reduction in Urbanization: Efforts and Outcomes [J]. China Economists, 2019, 14 (3): 4 – 13.

[412] Zhu N, Luo X. The Impact of Migration on Rural Poverty and Inequality: A Case Study in China [J]. Social Science Electronic Publishing, 2014.

后　记

　　党的十八届五中全会提出创新、协调、绿色、开放、共享五大发展理念。其中，共享发展既是新发展理念的出发点，也是落脚点。长三角地区作为中国经济的增长极，是研究在新发展阶段如何实现共享发展的最佳样本。

　　我从 2009 年开始关注收入分配问题，在国内较早从收入结构优化的角度入手，探讨中国居民的收入分配问题。2016 年，《收入优先增长：总量与结构》一书在经济科学出版社顺利出版，并获得第十五届江苏省哲学社会科学优秀成果一等奖。在此基础上，2016 年 11 月，由我主持的教育部人文社会科学重点研究基地重大项目"长江三角洲全面建设小康社会中的共享发展研究"正式立项。立项以来，我带领课题组成员根据评审专家的建议，进一步调整和优化了既有研究计划，紧紧围绕长三角地区的共享发展问题进行了深入研究。围绕本课题的研究，课题组已在 CSSCI 期刊发表标注基金资助的论文 23 篇。根据中国知网（CNKI）提供的数据，截至 2021 年 12 月 31 日，上述论文已累计被下载 23723 次，累计被引用 126 次。

　　除了在学术期刊发表研究型论文，2021 年 3 月以来，我还带领课题组针对性地以江苏省的宿迁市为研究对象，以长三角地区的后发展城市如何实现共享发展为主题，重点围绕如何依靠新型工业化和信息化推动后发展城市实现跨越发展进行了实地调查研究，并形成了一系列研究报告，分别报送至中央农村工作领导小组和江苏省委、省政府。2021 年 9 月 22 日，江苏省委、省政府研究出台了《关于支持宿迁"四化"同步集成改革推进现代化建设的意见》，这是江苏省委、省政府在现代化建设开局的关键阶段首次为一个设区市明确目标要求、谋划顶层设计，标志着课题组的研究成果获得了省委、省政府的高度认可。2022 年 4 月 27 日，中央农村工作领导小组办公室给课题组发来感谢信，信中认为课题组的调研报告"内容丰富，调研深入，论证充分，理论性和针对性较强，对我办研究新发展阶段'三农'若干重大问题起到了重要的参考作用"。

　　在上述研究成果的基础上，我们以长三角地区的共享发展为主线，形成了此书稿。编写组成员来自南京大学、江苏省社会科学院、河南师范大学、南京审计大学等高校，包括王宇伟、赵锦春、谢超峰、杨飞、周耿、蔡欣磊和吴凯。本书的出版除了要感谢教育部人文社会科学重点研究基地重大项目的支持，还要感谢南京大学文科卓越研究计划"十层次"项目的大力支持。

　　感谢我的老师洪银兴教授！老师一直致力于做立足中国大地的理论和政策研究，为讲好中国故事孜孜以求。近年，他虽已年过七旬，但仍笔耕不辍。先后在《中国社会科学》《经济研究》《管理世界》《中国工业经济》等国内一流期刊发表一系列文章，对新时代背景下中国的新发展理念、现代化建设等重要问题开展了广泛而深入的思考。正是在他的启发和引领下，我开始关注长三角地区的共享发展问题，并开展了以宿迁为例的案例研究。没有老师作为引路人，我不可能完成这项繁复的研究工作，谢谢洪老师！

　　在书稿的出版过程中，经济科学出版社的编辑和校对同志为书稿作了十分艰辛而细致的编校工作，没有他们对学术的关心和对我们研究工作的支持，这种学术研究著作的出版是非常困难的，在此表示深深的谢意！

　　根据世界银行提供的数据，20 世纪 80 年代以来，全世界主要经济体的基尼系数都呈现明显的上升趋势，表明共享发展不仅是中国在新发展阶段要实现的重要目标，也是全世界各国都需正视的重点和难点问题。面对这样一个复杂而重要的问题，虽然我们力求有所创新，但由于学识和研究水平有限、掌握的资料有限，成果中还有很多不成熟或不完善之处。因此，本书的出版不是我们对中国共享发展问题研究的结束，而恰恰是一个新的开始。敬请各位读者批评指正！

范从来

2022 年 8 月

图书在版编目（CIP）数据

长三角共享发展的实现路径：基于益贫式增长视角的研究／范从来等著. —北京：经济科学出版社，2022.8

（长三角区域践行新发展理念丛书）

"十三五"国家重点出版物出版规划项目 南京大学文科卓越研究计划"十层次"项目

ISBN 978 - 7 - 5218 - 3871 - 8

Ⅰ.①长… Ⅱ.①范… Ⅲ.①长江三角洲 - 区域经济发展 - 研究 Ⅳ.①F127.5

中国版本图书馆 CIP 数据核字（2022）第 128665 号

责任编辑：初少磊 赵 蕾 尹雪晶 王珞琪
责任校对：蒋子明
责任印制：范 艳

长三角共享发展的实现路径：
基于益贫式增长视角的研究
范从来 等著
经济科学出版社出版、发行 新华书店经销
社址：北京市海淀区阜成路甲 28 号 邮编：100142
总编部电话：010 - 88191217 发行部电话：010 - 88191522
网址：www.esp.com.cn
电子邮箱：esp@esp.com.cn
天猫网店：经济科学出版社旗舰店
网址：http://jjkxcbs.tmall.com
北京季蜂印刷有限公司印装
787 × 1092 16 开 28.5 印张 542000 字
2023 年 3 月第 1 版 2023 年 3 月第 1 次印刷
ISBN 978 - 7 - 5218 - 3871 - 8 定价：115.00 元
（图书出现印装问题，本社负责调换。电话：010 - 88191545）
（版权所有 侵权必究 打击盗版 举报热线：010 - 88191661
QQ：2242791300 营销中心电话：010 - 88191537
电子邮箱：dbts@esp.com.cn）